SEVEN
PILLARS
OF
WISDOM

智慧七柱

〔英〕T. E. 劳伦斯 著

蔡悯生 译

人民文学出版社
PEOPLE'S LITERATURE PUBLISHING HOUSE

图书在版编目(CIP)数据

智慧七柱 /（英）T. E. 劳伦斯著；蔡悯生译.
—北京：人民文学出版社，2020（2024.8 重印）
ISBN 978-7-02-016137-9

Ⅰ.①智…　Ⅱ.①T…②蔡…　Ⅲ.①劳伦斯
(Lawrence，Thomas Edward 1888-1935)-回忆录
Ⅳ.①K835.615.2

中国版本图书馆 CIP 数据核字（2020）第 040986 号

责任编辑　朱卫净　何炜宏
装帧设计　钱　珺

出版发行　人民文学出版社
社　　址　北京市朝内大街 166 号
邮　　编　100705

印　　刷　上海盛通时代印刷有限公司
经　　销　全国新华书店等

字　　数　600 千字
开　　本　700 毫米×1000 毫米　1/16
印　　张　40.5
插　　页　5
版　　次　2020 年 9 月北京第 1 版
印　　次　2024 年 8 月第 2 次印刷

书　　号　978-7-02-016137-9
定　　价　128.00 元

如有印装质量问题，请与本社图书销售中心调换。电话：010－65233595

有"阿拉伯的劳伦斯"迷人称号的 T.E. 劳伦斯

穿着阿拉伯服装的劳伦斯

罗纳德·斯托尔斯爵士

右：总司令艾伦比将军

下：陆军志愿役部队（A.V.C.）的佩里中士、霍恩比上尉，以及韦德中尉，还有劳伦斯上校的坐骑加扎拉与它的小骆驼。

侯赛因的长子阿里（1879—1935）

麦加的谢里夫侯赛因（1854—1931）

侯赛因的四子扎伊德（1896—1972），摄于塔菲拉，旁为七点五英寸奥地利机枪。

侯赛因的次子阿卜杜拉（1882—1951）与若干官员摄于吉达，
时为一九一六年十月。后列左数第三位起为威尔森上校、阿
齐兹·马斯里、罗纳德·斯托尔斯爵士、休伯特·扬。

侯赛因的三子费萨尔（1885—1933），
一九一九年摄于巴黎美国俱乐部内。
这张照片可能是威尔逊总统夫人
所摄。

沃季的水井

由艾斯返回沃季途中路过的奥斯曼池

铁道袭击部队，劳伦斯摄于一九一七年。后列由左至右：不知
名部落族人、纽科姆中校、艾哈迈德、阿齐兹、霍恩比上尉。

在奈赫勒穆巴拉克扎营的凌晨，劳伦斯摄于一九一七年十二月。

纽科姆中校

T. E. 劳伦斯，摄于一九一七年二月。

一九一七年七月
攻略阿卡巴

由内陆一侧眺望阿卡巴，摄于一九一八年一月十八日。

在安曼，劳伦斯摄于一九一八年。前列由左至右为不知名族人、奥达幼子穆罕默德、不知名族人、奥达、奥达侄子查阿尔。查阿尔曾在一九一七年七月伴随劳伦斯进行一项破坏铁道的任务，以期将土耳其的注意力转离阿卡巴。他也是豪威塔特族领袖之一，率领族人在阿巴里森击溃土耳其军。

奥达·阿布·塔伊，豪威塔特族阿布塔伊支系
的族长，这个部落立基于汉志北方。劳伦斯于
一九一七年四月在沃季的费萨尔营帐中首次与奥
达会面。

纳西尔谢里夫，劳伦斯摄于一九一七年七月。麦
地那的纳西尔谢里夫是费萨尔的侄子，也是阿拉
伯起义的伟大领袖之一。他也是阿卡巴远征的正
式指挥官。

圭威拉，劳伦斯摄于一九一七年五月。伊腾
河谷的圭威拉位于阿卡巴往内陆二十五英里
处，在进军阿卡巴之役的后半段，费萨尔与
乔伊斯少校就将总部设于此处。

劳伦斯骑骆驼的英姿，摄于阿卡巴。

进占阿卡巴

一九一七年八月至一九一八年一月

各部落的代表扬着白旗，络绎不绝地前来阿卡巴，向费萨尔宣誓效忠。

"亨伯"号，劳伦斯摄于阿卡巴。

瓦地伦，劳伦斯摄，他对这座位于阿卡巴后方的壮丽河谷赞不绝口。

祖巴拉河谷和阿布克哈萨夫山，劳伦斯摄于一九一七年十二月三十日。劳伦斯在一九一七年的最后几天，率同乔伊斯上校展开一场装甲车之旅。他们原本打算埋火药炸火车，后改为攻击一座小型土耳其碉堡。

袭击汉志铁路　一九一七年至一九一八年

阿布塔卡附近的汉志铁路，狭轨的汉志铁路由大马士革穿越沙漠绵延八百英里长。驻麦地那土耳其军队的物资补给与联络完全得仰赖这条铁道。

在德拉附近的"郁金香"爆破，劳伦斯摄。

贾迪哈吉附近遭损毁的火车厢，劳伦斯摄。

土耳其兵正在马安近郊修补铁道，劳伦斯摄。

费萨尔与亚格利族护卫队

朱诺中尉所驾驶的 B.E.12 军机残骸

一九一八年十月一日，劳伦斯乘车进入刚收复的大马士革。

劳伦斯身着代表尊贵身份的阿拉伯白色丝绸大袍。

献给 S.A.*

我爱你，所以我才率此波涛人马在手中，
以星辰书写我志在天空，
誓为你争自由：那七柱之宝屋，
当我来临，
你的明眸也将为我晶莹泪涌。

死神沿路对我唯唯诺诺，直到目标就在前头
并看到你在鹄候：
你展颜微笑，令他伤心嫉妒不再对我称臣俯首
并欺前将你掳走：
囚入他死寂的冥幽。

爱，旅途疲惫，摸索着寻你的躯壳，
这是我们的报酬，只有片刻，
在大地以柔软的手对你的形貌探索、
盲目的蛆也借着你的骸体长胖之前，
暂时是我们的。

人们祈求我将我们的成果，那座神圣的华宅，
当作对你的缅怀。
但我将它拆碎，重建适合你的纪念堂，尚未完成：现在
那些卑琐的东西爬出来

在你的礼物残缺不全的影子中，

替他们自己拼凑陋室。

---

* S.A. 含义不详，可能是一位男性、一位女性、一个国家或三者的结合。劳伦斯本人
也称 S.A. 是个混合的角色。有人认为 S.A. 指劳伦斯在卡赫美士考古发掘时的叙利亚
人助手达浑，他的阿拉伯名字塞利姆·艾哈迈德（Selim Ahmed）的缩写即是 S.A.。

前　言

　　本书初稿完成于巴黎和会期间，以每日行军时所做的笔记为蓝本，再以我寄交开罗的长官们的若干报告作补充。随后，在一九一九年秋季，这份初稿与若干笔记不慎遗失。我认为基于历史的必要性，应该使这个故事重现原貌，因为在费萨尔 ① 阵营中，或许就只有我曾想到要将我们当时的感受、我们的期望以及我们所作的尝试等记录下来。所以在一九一九年至一九二〇年冬季，就这么再度百般无奈地凭着记忆与残存的笔记重写。那些事件的记录对我而言记忆犹新，或许很少有错误——除了在日期或数目上的细节，不过因为事过境迁，心随境转，事情的轮廓与意义已不似往日鲜明。

　　只要我的笔记本中有记录，日期与地点都是正确的，不过人名则未必。与我出生入死的战友中有若干已马革裹尸，葬身沙场，他们的名字都是随意取的。其他仍健在的，在此则姑隐其名。有时一个人会化成数个不同的名字，如此可以隐藏真实身份，使书中人成为一堆面目模糊的傀儡，而不是一群活生生的血肉之躯；然而一旦对人说长道短，总有些人不管我对他们是褒或贬，都不会感激我的。

　　将焦点独揽在我身上，对我的英国同胞而言很不公平。我尤其遗憾未能论及一些无名英雄的表现。这些小兵对自己的目标说不出所以然，但表现杰出，若考虑到他们既无军官所赖以支撑的参战动机，亦对整场战争的终极目标为何浑然不知时，他们的表现更是令人佩服。不幸我所关注的只局限于战争的终极目标，本书也只是再现阿拉伯人由麦加到大马士革循序渐进争取自由的过程。本书的用意是将这场奋战合理化，让世人能认定成功是水到渠成，沛然莫之能御的，而且根本不需借助高人指点，更无需少数几个英国人的外力支援。这是一场由阿拉伯人筹划和领导，为了在阿拉伯半岛达成一个阿拉伯民族的目标而

---

　　① 阿拉伯建国运动的领导者侯赛因·伊本·阿里的三子，劳伦斯于一九一六年十二月起担任费萨尔的联络官。

奋斗的阿拉伯之战。

我置身其间，人微位卑，不过借着一管生花彩笔、无碍辩才，以及堪称机灵的头脑，所以便如前文所述，自认是当仁不让。事实上，我不曾担任阿拉伯军方的一官半职，也不曾主导过任何与阿拉伯人合作的英军任务。威尔森、乔伊斯、纽科姆、道内、达文波等都是我的顶头上司。我安慰自己，这是因为我年纪较轻，才在这部著作上付出较多心血。我已全力以赴。威尔森、纽科姆、乔伊斯、道内、达文波、巴克斯顿、马歇尔、斯特林、扬、梅纳德、罗斯、斯科特、温特顿、劳埃德、沃迪、西登斯、高斯列特、斯滕特、亨德森、斯彭斯、吉尔曼、加兰、布罗迪、梅金斯、努南、利森、霍恩比、皮克、斯科特-希金斯、拉姆齐、伍德、欣德、布赖特、麦金杜、格林希尔、葛里森斯威特、道塞特、本内特、韦德、格雷、帕斯科等，也都已尽力而为。

由我来颂扬他们，实属僭越。当我想数落局外人的缺失时，我毫不保留：虽然这很少在本书出现，大都只在日记中提及，因为随着时光的流逝，人的污点似乎也得以漂白。当我想称赞局外人时，我也畅所欲言，不过我们的家务事是自己的事。我们对执行自己的计划也心满意足。其他人有朝一日也大可自己提笔上阵，写一则与我的故事相仿，但就如我很少提及他们一样，也在他们的书中如蜻蜓点水般将我带过，因为我们都是各尽本分，各自随心所欲，几乎没注意到周遭友人的存在。

本书所叙述的不是阿拉伯人建国运动的史实，而是置身其间的我。描述的是日常生活、悲惨的事件、卑微的小人物。本书既没有让世人警惕的教训，也没有让人震撼的内幕。书中全是些芝麻琐事，部分原因是微不足道的小人物有朝一日也会创造历史，另一个原因则是回忆战时与我同甘共苦的同胞，令我极感快慰。我们相处甚欢，因为置身于广袤的天地间，共享野风、阳光，以及我们戮力以赴的目标。每天清晨我们都会为即将成形的新世界而同感振奋，为无法言喻但有待奋斗争取的理念而激动不已。我们在枪林弹雨中出生入死，不曾贪生怕死。然而当我们达成目标、新世界已具雏形时，老一辈的人又站出来，夺走我们的胜利，将这新世界重塑成他们所熟知的旧模样。年轻人有能力打胜仗，但不知如何乘胜追击，面对老一辈时又束手无策。我们气喘如牛地说我们已经打造出一个新天地，老一辈则向我们亲切道谢，然后安然享用。

人皆有梦，但多寡不同。夜间做梦的人，日间醒来发现心灵尘灰深处所梦不过是虚华一场；但日间做梦的人则是危险人物，因为他们睁着眼行其所梦，甚至使之成为可能。而我就是如此。我打算建立一个新国家，重建一种已沦丧的影响力，为两千万闪族人 ① 提供一块磐石，让他们得以创立维系民族精神的梦幻殿堂。如此崇高的理想需要他们心灵中固有的高贵情怀，并让他们积极参与；然而当我们获胜后，我却成为众矢之的，谓我使英国在美索不达米亚地区 ② 原本享有的采油特权陷于未定之天，而法国在黎凡特 ③ 的殖民政策也沦于幻灭。

这种发展对我而言恐怕是正中下怀。我们为了争取这些特权，不仅赔上了宝贵的信誉，还使无数无辜的生灵涂炭。我曾与一百位来自英国德文郡的国防义勇军一同溯底格里斯河而上，他们都是年轻、清秀纯洁、开朗讨喜的小伙子，能带给妇女和孩童幸福与欢乐。看着他们，不禁让人以身为他们的英国同胞为荣。然而我们却将成千上万的他们推入万劫不复的火坑，不是为了赢得这场战争，而是为了争夺美索不达米亚地区的五谷和油田。我们唯一要做的便是打败我们的敌人（包括土耳其），最后借着艾伦比 ④ 将军的睿智，策动受土耳其压迫的民众替我们效命，才得以在只牺牲四百条人命的情况之下完成任务。我对自己所参与的三十场战役深感自豪，因为我没有造成弟兄任何伤亡。对我而言，再肥沃的领土也不值得牺牲任何一个英国人的性命。

如今战争结束已逾三年，若干仍不能曝光的事我必须三缄其口。即使如此，本书有些章节对每位读者而言几乎都是前所未闻的，有些人想在书中找寻他们熟悉的情节，却往往遍寻不着。我曾经向长官作完整的报告，后来发现他

---

① 闪族人，即闪米特人，近代主要指阿拉伯人和犹太人，古代包括希伯来人、巴比伦人、腓尼基人、亚述人等。
② 美索不达米亚地区，指今日的伊拉克，但历史上这名称指的是西南亚的两河流域，即底格里斯河与幼发拉底河流域平原，在叙利亚东部和伊拉克境内。
③ 黎凡特，指地中海东部诸国及岛屿，即包括叙利亚、黎巴嫩在内的自希腊至埃及的地区。
④ 埃德蒙·艾伦比（1861—1936），一九一七年七月起取代阿奇博尔德·默里成为英国驻埃及军队指挥官，一九一九年至一九二五年担任埃及总司令。

们将这些事当作我的个人功劳。不该如此的。荣誉对一支职业军队而言或许是必要的，由各种嘉奖令的一再强调已可见一斑，而我们只要投身戎伍，无论是否心甘情愿，立场皆已与正规军无异。

我已决定不接受任何对自己在阿拉伯前线的表现的奖赏。内阁为了颂扬阿拉伯人为我们卖命征战，曾应允要让他们拥有主权。阿拉伯人相信的是人，不是组织。他们将我视为英国政府的全权代表，要求我为英国白纸黑字所作的承诺背书。我因而不得不介入了这场阴谋，并且向他们信誓旦旦地保证会依约报答他们。在我们共同出生入死的这两年间，他们已经习惯相信我，也认为我的政府和我一样，是讲究诚信的。他们基于这份期望，表现得可圈可点，可是，当然，我不但不以我们的合作为荣，反倒不断觉得羞愧万分。

从一开始就很明显，假如我们赢了战争，这些承诺不过废纸一张。如果我是阿拉伯人诚实的顾问，我应该奉劝他们收拾东西回家，别为这种空话出生入死。可是我自欺欺人地期盼，借着带领这些阿拉伯人奋不顾身地赢取最后的胜利，我可以让他们在手握军权的情况下，获得巩固（即使不是绝对优势）的地位，以迫使列强与他们协商出一个公平的解决方案。换句话说，我假设（放眼望去，也没有其他领袖有这种意愿与能耐）我在战后仍能幸存，而且不只能在战场上打败土耳其人，还能在会议室内打败我自己的祖国与盟邦。这是极度自负的假设。我是否已经成功了，至今仍混沌不明。不过，很显然我并不想让被蒙在鼓里的阿拉伯人卷入危难之中。我冒了食言背信之险，坚信阿拉伯人的协助对我们在中东地区获得廉价而快速的胜利是必需的，而且我们胜利后食言，总比战败来得好。

亨利·麦克马洪 ① 爵士被免职，使我更深信我们缺乏诚信，不过我在战争期间无法向温盖特 ② 将军阐述我的看法，因为在名义上我终究还是他的下属，

----

① 亨利·麦克马洪（1862—1949），一九一四年十二月起担任英国驻开罗总督。一九一六年十二月遭撤职。由于麦克马洪爵士被撤职前几个月一直采取亲阿拉伯人的立场，故而劳伦斯认为他无故被撤职，必是法国与伦敦方面亲印度派从中作梗。

② 雷金纳德·温盖特（1861—1953），一九一六年十二月起取代亨利·麦克马洪爵士担任英国驻开罗总督。

而且他似乎对自己的立场到底有多虚伪也浑然不觉。唯一能做的是，拒绝一切因我做一个成功的骗子所颁赠的荣誉，以免引起内心的不快，于是我在报告中开始隐瞒事实，并说服少数几个知道真相的阿拉伯人也保持缄默。在本书中，我也打算最后一次为该说些什么自作主张。

自 序

　　杰弗里·道森先生说服万灵学院在一九一九年至一九二〇年间，让我有闲撰写一部关于阿拉伯起义事件的著作。赫伯特·贝克爵士则让我住在他位于伦敦西敏市的房子内工作。

　　于是本书就此完稿，并于一九二一年进行校对，幸而有诸多友人不吝提出针砭。本书尤其必须感谢萧伯纳伉俪，他们俩提供了无数珍贵的建议与不同的意见，目前版本所见到的所有分号也是他们俩的贡献。

　　本书并无意故作超然客观，我是为争取自己的利益而奋战。请将之视为借着回忆所撰写的"夫子自道"之作。我无法做精确的笔记；事实上，如果我在阿拉伯人正奋战不懈时，却自顾优哉地写笔记，将是怠忽职守，愧对阿拉伯弟兄们。我的长官，威尔森、乔伊斯、道内、纽科姆、达文波等，都可以叙述相同的故事。对斯特林、扬、劳埃德、梅纳德等人而言亦然；还有巴克斯顿、温特顿、罗斯、斯滕特、西登斯、皮克、霍恩比、斯科特—希金斯、加兰、沃迪、本内特、麦金杜、巴塞特、斯科特、高斯列特、伍德、格雷、欣德、斯彭斯、布赖特、布罗迪、帕斯科、吉尔曼、葛里森斯威特、格林希尔、道塞特、韦德、亨德森、利森、梅金斯、努南等人。

　　对其他诸多领袖或孤军奋战的斗士而言，这本夫子自道的书并不公平。当然，就像所有的战争故事一样，本书对那些与光彩无缘的无名小兵而言更不公平，不过，这也是必然的，除非他们能列名于有功人员名册上。

T.E.S.[1]

一九二六年八月十五日于克伦威尔

---

　　① 一九二三年，劳伦斯改名为"T. E. 肖"并申请加入坦克兵部队。

目　录

001　前言
001　自序

简介　起义的基础
003　第一章　濒临疯狂的两面人
007　第二章　所谓的阿拉伯
011　第三章　黑白的信仰
016　第四章　土耳其伺机崛起
021　第五章　起义
026　第六章　美索不达米亚
032　第七章　内斗

卷一　发现费萨尔
037　第八章　航向沙特
043　第九章　凝滞之城
047　第十章　前往麦加
054　第十一章　沙漠群峰
059　第十二章　会面
062　第十三章　起义沿革
068　第十四章　大会各路英雄

072　第十五章　狂野的山民

076　第十六章　重回埃及

卷二　阿拉伯攻势展开

085　第十七章　渐入佳境

088　第十八章　苦涩的重逢

092　第十九章　费萨尔的一天

095　第二十章　固守延布

100　第二十一章　战局骤变

104　第二十二章　第一波攻击

108　第二十三章　起兵

114　第二十四章　两百英里跋涉

120　第二十五章　进军阿布杰雷贝特

126　第二十六章　与海军会合

130　第二十七章　攻占沃季

卷三　铁路攻防

135　第二十八章　智斗布雷蒙

139　第二十九章　沃季扎营二三事

142　第三十章　各方臣服

146　第三十一章　抱病出任务

151　第三十二章　会见阿卜杜拉

156　第三十三章　梳理起义原则

165　第三十四章　破坏汉志铁路

171　第三十五章　二度埋雷

178　第三十六章　阿卜杜拉

182　第三十七章　重返北部

187　第三十八章　实践新计划

卷四　远征阿卡巴

195　第三十九章　踏上征途

199　第四十章　扎营吉济尔河谷

204　第四十一章　火山迷宫

209　第四十二章　炸了就跑

213　第四十三章　行行复行行

217　第四十四章　抵达锡尔汉

222　第四十五章　行军任务完成

227　第四十六章　豪威塔特族飨宴

231　第四十七章　各方投效

235　第四十八章　蓄势待发

242　第四十九章　进军阿卡巴

246　第五十章　骗敌突击队

251　第五十一章　满载而归

254　第五十二章　富维拉得而复失

258　第五十三章　马安守军吓破胆

264　第五十四章　直抵阿卡巴

卷五　转捩点

273　第五十五章　求援奔波苦

277　第五十六章　前往开罗

282　第五十七章　叛变疑云

287　第五十八章　种族大杂烩

292　第五十九章　种族与宗教大拼盘

299　第六十章　空袭、突击、骗敌

303　第六十一章　暂栖圭威拉

308　第六十二章　绝美的瓦地伦

311　第六十三章　斡旋

315　第六十四章　修改计划

319　第六十五章　进退维谷

322　第六十六章　大获全胜

326　第六十七章　凯旋荣归

332　第六十八章　攻击火车的战略意义

卷六　突袭桥梁

339　第六十九章　艾伦比及其左右手

343　第七十章　间谍？帮手？

347　第七十一章　重选护卫

351　第七十二章　星夜行军

356　第七十三章　班尼沙赫族人

361　第七十四章　塞拉因族入列

367　第七十五章　一波三折

372　第七十六章　炸桥失利

377　第七十七章　祸不单行

382　第七十八章　小有斩获

386　第七十九章　以阿兹拉克为家

391　第八十章　德拉历险

397　第八十一章　双骑南下

卷七　死海战役

405　第八十二章　局势大好

411　第八十三章　强化护卫队

417　第八十四章　占领塔菲拉

422　第八十五章　土耳其反扑

426　第八十六章　空泛的胜利

430　第八十七章　地冻天寒

435　第八十八章　运送金币

439　第八十九章　独自上路

444　第九十章　挂冠求去

448　第九十一章　妥协

卷八　好事多磨

453　第九十二章　重责大任

457　第九十三章　痛失同志

463　第九十四章　第七个夏天

470　第九十五章　骆驼大礼

475　第九十六章　空袭

478　第九十七章　拨云见日

卷九　打破均势局面

483　第九十八章　诱饵

489　第九十九章　飞向杰佛

496　第一百章　欺骗与赎罪

499　第一百零一章　暗通款曲

503　第一百零二章　目标阿兹拉克

508　第一百零三章　自我解剖

513　第一百零四章　全员到齐

516　第一百零五章　快速推进

521　第一百零六章　内讧

卷十　华宅落成

527　第一百零七章　大会师

533　第一百零八章　好彩头

537　第一百零九章　开战

542　第一百一十章　心痒难耐

545　第一百十一章　不硬拼

548　第一百十二章　最关键的一座桥

551　第一百十三章　讨救兵

558　第一百十四章　亨德里-佩奇机

562　第一百十五章　移防谢赫萨阿德

566　第一百十六章　战果辉煌

570　第一百十七章　入主德安

577　第一百十八章　会师基斯沃

581　第一百十九章　大马士革

586　第一百二十章　成立新政府

590　第一百二十一章　战俘

595　第一百二十二章　卸下重担

598　后记　一己之私

599　附录一　汉志装甲车连与十磅炮兵连人员名册

602　附录二　行军日志

609　附录三　T. E. 劳伦斯年表

614　附录四　T. E. 肖所著《智慧七柱》附注

简介
起义的基础

第一章至第七章

以基钦纳①为首的若干英国人相信，阿拉伯人挺身对抗土耳其，将可使正在与德国交战的英国一举击败德国及其盟邦土耳其。

基于对阿拉伯民族的天性、能力、环境等的认知，他们认为这种起义应是皆大欢喜之事，并开始定位起义的属性与方法。

所以他们在获得英国政府愿意襄助的正式承诺后，便听任起义发动。然而即使如此，麦加的谢里夫②揭竿起义，仍令大多数人深感诧异，各盟邦都尚未准备就绪。此举引发了错综复杂的情绪，也使敌友立场泾渭分明，在敌视者强烈的挞伐下，此事终告流产。

---

① 赫伯特·基钦纳（1850—1916），一九一四年起任英国陆军元帅，两年后乘"汉普郡"号巡洋舰时，因船舰在奥克兰群岛误触水雷炸沉而溺毙。
② 谢里夫，阿拉伯部落的传统头衔，相当于"亲王"。

第一章　濒临疯狂的两面人

我的故事中有许多邪恶或许是我们环境中与生俱来的。几年来，我们与其他人住在寸草不生的沙漠中，待在无情的苍穹下。白天，烈日蒸炙我们，强风把我们鞭笞得头晕目眩；夜晚，露珠沾渍我们，沉默的满天繁星让我们瑟缩得无比渺小。我们是一支自组的军队，没有阵式，没有仪礼，致力于求自由。这目的让人如此渴求，使我们必须殚精竭虑；这期望如此崇高，令我们昔日的野心都显得微不足道。

随着时光流逝，我们为理想挺身奋战的需求日渐强烈，成为不容置疑的当务之急，它驱策着我们，也驱除了我们的疑虑。不管我们乐不乐意，这都已成为一种信念。我们已自甘为其奴役，听其差遣，谦卑地为这神圣的目的竭尽绵薄之力。一般人类奴隶的心理状态很可怕——他们已没有自己的天地，我们已向贪得无厌的胜利俯首称臣，不止身体，还包括心灵。我们这么做，已掏空了自己的道德、意志、责任，有如风中的枯叶。

永无止境的战役使我们视自己和别人的生命如草芥。我们的颈子都系着催命索，敌人对我们项上人头的悬赏，正显示我们一旦被逮到，将难逃大刑伺候。每天，我们队上都有人阵亡；苟活残存者知道，自己只是上帝舞台中的一具行尸走肉。的确，我们的主人冷酷无情，只要我们早已瘀肿的双脚能继续蹒跚上路，他们就不会改变。精疲力竭的人羡慕那些已经累死的，因为成功看来还遥不可及，失败则近在咫尺又似是理所当然，索性死得干脆，倒也是种解脱。我们的日子不是神经紧张就是精神萎靡，不是气血翻腾便是灰心丧气。这种无力感使我们痛苦万分，使我们只为眼前而活，不在乎是否会得罪别人或被人得罪，因为喜怒哀乐都是不会持久的。突如其来的粗暴、凶恶、狂野，对我们而言都只如来匆匆去匆匆的疾风，我们丝毫不以为意；因为防范这些傻事的道德规范似乎更遥不可及。我们已体验到，有太多难熬的痛苦、深沉的悲恸以及强烈的狂喜，皆令我们有限的身心无力负荷。当情感太强烈时，心灵会窒息，记忆也会成为一片空白，直到整个环境再度回归平寂为止。

此种矫揉造作的激情令精神无所适从，使其无法如昔日般不厌其烦地掌控躯体。躯体于是日渐迟钝，无法感受强烈的喜怒哀乐。因此，我们对身体弃如敝屣，置之不顾，继续上路，一个个如行尸走肉，孤立无援，面临平常会本能畏缩的外力时也逆来顺受。弟兄们都年轻力壮，却随时可能必须捐出温热的血肉之躯，或饱受饥肠辘辘的折磨。物资缺乏与危机四伏为这种身心的煎熬火上浇油，令人心力交瘁。我们没有可供独处的遮阳避风之室，也没有厚实的衣服来掩饰本性。人与人坦诚相处。

阿拉伯人有禁欲的天性。他们实行世界通行的婚姻制度，几乎不可能出轨。我们在四处征战的几个月间于殖民地所遇到的风尘女子，队上的弟兄都视若无睹——尽管对健康的男人而言，她们红扑扑的细皮嫩肉相当秀色可餐。我们的年轻弟兄们对这种淫乱的交易裹足不前，也开始不当一回事地以自己洁净的身体互相满足对方的欲求——一种冷冰冰的权宜之计，相较之下，像是毫无性生活，近乎纯洁。后来，有人开始为这种乏味的过程辩解，信誓旦旦地说：朋友以火热的肢体交缠着在沙堆中翻滚，可发觉隐藏在黑暗中的一种让精神得到满足的情欲，以激情的烈火，使我们的心灵融而为一。有些人一心想惩罚自己无法遏止的欲念，以蹂躏躯体为豪，残暴地让自己接受各种必会招致身体疼痛或污秽的习惯。

我奉派到这些阿拉伯人阵营中，人生地疏，无法以他们的思维模式思考，或认同他们的理念，却奉命率领他们向前，尽全力鼓动他们从事任何可以使英国在战争中获利的行动。如果我无法揣摩他们的个性，至少可以掩藏自己的个性，置身于他们之间而不致引人侧目，既不会与他们格格不入，也不会批评他们，只是潜移默化地发挥影响力。我既然是他们的一分子，便不会为他们的行为辩解或宣扬。如今我恢复原来的身份，可以当个客观的旁观者，站在我们的立场来感受……不过我应该坦白承认，这些理念与行为在当时都是顺其自然地发生的。如今看来荒诞不经的行为，在战场上似乎是顺理成章，或只是不足为奇的例行公事。

我们的手随时是血淋淋的：我们有权杀人。受伤与杀戮似乎是转瞬即逝的痛苦，我们的生命既短暂又痛苦。生活的悲苦既已如此强烈，惩罚就必须冷酷无情。我们过一天算一天，随时可能丧命。当惩罚人的理由和欲望产生时，我们立刻以枪或鞭子将我们的教训写在倒霉鬼的血肉之躯上，这种案子可没得上诉。置身荒漠间，无法采用法庭与监狱这种文绉绉、温吞吞的刑罚。

当然，我们的奖赏与喜悦也如苦恼般来如疾风。不过，尤其对我而言，喜事的数量总远少于伤心事。贝都因人[①]的生活方式是艰苦的，即使对土生土长的他们也是如此，对外来者简直是恐怖：一种活着的死亡。每当行军或勤务告一段落，我总疲惫得连记下当时的心情都提不起劲，即使偶尔有闲情逸致观察沿途遇见的赏心乐事，也无心着墨。在我的笔记中占一席之地的不是怡人的美景，而是无情的荒地。我们当然更想享受无忧无虑的珍贵时光；不过我对创痛、恐惧与错误记得格外深刻。我所撰述的并不是我们生活的总结（有些事由于耻于提起，不宜冷酷无情地重述），不过都是生活上的点点滴滴。祈求上帝，阅读本书的人不会为了喜爱异国情调的魅力，而糟蹋他们自己与他们的聪明才智，转为别的种族效命。

一个让自己沦为异邦人的财产的人，过的像是供人驱遣的次等人的生活，把自己的灵魂出卖给一个暴虐的主人。他不是他们当中的一员。他可以反对他们，说服自己接受一场任务，将他们敲打扭曲成与他们原意大相径庭的模样，然后利用自己旧有的环境迫使他们离开他们的环境。或者，依照我的模式，他会惟妙惟肖地模仿他们，使得像是他们在模仿他。然后他放弃自己的环境：自以为已与他们融为一体；然而那只是自欺欺人、毫无价值的。到头来都不曾为自己做过一件事，也没有一件事是纯粹属于他自己的（从不想去改造），只期望他们能随喜好并依他潜移默化的影响来采取行动或反应。

以我而言，几年来费尽心机地穿着阿拉伯服装过活，并模仿他们的思维，使我放弃了英国的自我，以新的观点来看西方及其习俗：它们已替我将西方的习俗全盘推翻了。同时我又无法与阿拉伯人真正融为一体，只能与他们相亲相爱。一个人很容易会变成异教徒，却很难改变他的信仰。我已放弃了一种，却

---

① 贝都因人，分布在阿拉伯半岛、叙利亚、约旦、伊拉克以及中东其他沙漠地区的游牧民族，使用阿拉伯语。

没有接受另一种，就像我们传说中伊斯兰先知穆罕默德的棺材 ①，对生命充满强烈的孤寂感，并鄙视别人，并非人身的攻击，而只是针对他们的所作所为。这种疏离感在一个人精疲力竭和与世隔绝时就会出现。他的身体仍机械化地拖着沉重的步伐踽踽前行，理智的心灵则已离他远去，自体外带着批判的眼光望着他，搞不懂那没出息的臭皮囊在做什么，或者为何这么做。有时候这些自我会在虚无中互相交谈，然后濒临疯狂，因我相信一个能同时透过两种风俗、两种教育、两种环境的面纱看事情的人，都已濒临疯狂。

① 传说穆罕默德的棺材是靠磁力悬空的，故有此喻。

第二章　所谓的阿拉伯

　　要讨论阿拉伯建国运动，第一个难题便是理清何谓阿拉伯民族。他们是由外力融合的民族，因此名称在意义上也逐年缓缓改变。一度意指阿拉伯人。有一个国家就叫做阿拉伯，不过那与我们的议题无关。有一种语言称为阿拉伯语，不过这也有待商榷。那是目前叙利亚、巴勒斯坦、美索不达米亚，以及一个地图上称为阿拉伯半岛的地方通用的语言。这些地区在被穆斯林征服前，住着许多不同的民族，说的都是阿拉伯语系的语言。我们称这些语言为闪族语系，不过（就如大部分的科学名词一样）并不正确。然而，阿拉伯语、亚述语、巴比伦语、腓尼基语、希伯来语、阿拉米语①、古叙利亚语等，皆为大同小异的语言；因为我们已了解目前在亚洲说阿拉伯语的各民族之外貌与习俗也是大同小异，使这些语言在昔日曾互相影响，甚至是衍自同一语源的迹象获得强化。我们甚且可称他们为表兄弟——而且这些表兄弟当然地，或许也很悲哀地，明白彼此之间的血缘关系。

　　亚洲说阿拉伯语的地区依此看来大约是一个平行四边形。北方由地中海沿岸的亚历山大勒塔开始，穿越美索不达米亚往东到底格里斯河。南方是印度洋的边缘，由亚丁到马斯喀特；西边由地中海、苏伊士运河、红海，直通亚丁；东方则是由底格里斯河、波斯湾直至马斯喀特。这块面积大约与印度相仿的方形区域便是闪族的故居，没有外来民族能在此长住久安，虽然埃及人、赫梯人、腓力斯丁人、波斯人、希腊人、罗马人、土耳其人、法兰克人都曾尝试过。他们的势力后来都冰消瓦解，残存的成分则被闪族强烈的民族性吞噬。闪族有时也会将版图往外扩张，他们自己也同样曾被外界的天地吞噬。埃及、阿尔及尔、摩洛哥、马耳他、西西里、西班牙、西里西亚、法国，都曾并吞并湮没了闪族的殖民地。只有在非洲的的黎波里，以及奇迹般永不消失的犹太人居

---

① 阿拉米语，闪族语系中最古老的语言之一，至今仍被中东一些小族群使用。为古叙利亚语的基础，而古叙利亚语则是现在中东和美国境内共约一百万人使用的一种方言。阿拉米语中的一种方言曾是耶稣及其门徒使用的语言。

留区，才有远古的闪族人留下若干遗迹。

这些民族的起源是个学术问题；不过为了了解他们的起义，便得先了解目前的社会与政治差异，这一点也只能借着观察他们的地理位置才能掌握。这块大陆可分成数个大地区，各区间的显著差异造成各地居民不同的生活习惯。在平行四边形的西边，由亚历山大勒塔到亚丁，在一条山脉旁边的地区，称为叙利亚（在其北部），再往南则称为巴勒斯坦、米甸、汉志，最后是也门。此地区的平均高度约为三千英尺。它面向西方，因靠海而云层浓密，雨水丰沛，人口稠密。

另一个有人烟的丘陵区域面向印度洋，位于平行四边形的南边。东边的界线一开始是一片冲积土平原，称为美索不达米亚，不过巴士拉南方则是一片平坦的沿海区，称为科威特和哈萨，直到加塔。这片平原大都有人居住。这些丘陵与平原围着一片干旱的沙漠，核心部分是一系列水源丰沛、人口稠密的绿洲，称为卡锡姆与阿里德。阿拉伯半岛的正中心就在这些绿洲之间，此区域保存着本土精神和最强烈的自我意识。四周沙漠环绕，与世隔绝。

绿洲周围的沙漠有此隔绝外力的杰出功能，也因而造就了阿拉伯半岛的特色，以及本质上的差异。绿洲南部像是一片无路可通的沙海，几乎延伸到印度洋沿岸人口稠密的陡坡，使其与阿拉伯民族的历史隔绝，也未受任何阿拉伯民族的道德和政治方面的影响。这片南方海岸称为哈德拉毛，形成荷属东印度群岛的一部分历史；其思想则偏向于爪哇，而不是阿拉伯。这些绿洲的西方至汉志丘陵的地区称为内志沙漠，地质为碎石与熔岩，几乎没有沙。这些绿洲的东方至科威特的地区，也是类似的碎石区，不过有几处地段含有软沙，行路困难。绿洲北部是一片沙漠，沙漠之外则是一大片碎石与熔岩平原，直延伸到叙利亚东边和美索不达米亚源头的幼发拉底河沿岸。这片北部沙漠由于人车皆可通行，也使阿拉伯起义得以速战速决。

西部的丘陵与东部的平原，一向是阿拉伯半岛人口最稠密，也是最活跃的地区。尤其是西部，叙利亚、巴勒斯坦、汉志、也门等地的山岭，与欧洲往来频繁。就伦理上来说，这些富饶的山区位于欧洲，而非亚洲，因为阿拉伯民族在寻求文化认同、发展贸易，尤其是扩充版图时，都是望向地中海沿岸，而非印度洋，因为对阿拉伯半岛影响至巨也最复杂的便是迁徙问题，而且各个阿拉伯地区面临的困境都是大同小异。

在北部（叙利亚），城市的出生率低而死亡率高，因为卫生状况极差，而且绝大部分人的生活都过于忙碌。结果农村的剩余人口在城市找到出路，并被都市吞噬。在卫生状况略有改善的黎巴嫩，每年都有许多年轻人移民美国，使整个地区的外观面临（希腊时代以来首度发生的）剧变。

在也门，解决方式则有所不同。当地没有对外贸易，也没有会使人口大量聚集在不卫生地区的大型工业。城市只是些市集，与一般的村庄一样干净单纯。所以人口逐渐增加，生活水准则日渐低落，经常有人满为患之虞。他们无法移居海外，因为对岸的苏丹比阿拉伯半岛还贫瘠。少数冒险渡海的部落，到异乡后皆得彻底改变他们的生活方式与闪族文化，以求生存。他们无法往北迁徙至丘陵地带，因为这些地区受到圣城麦加及其卫星港吉达所阻隔：一条带状外国地区，不断有由印度、爪哇、布哈拉、非洲等地迁徙来的外国人，精力充沛，对闪族人满怀敌意，而且借由宗教力量的维系，无视经济、地理、气候的差异，仍然住了下来。因此，也门的人口过剩问题日益严重，只有在东部才能获得缓解，将该区的边界逐渐沿着伟狄安地区的山坡地往外推，由半荒芜的比舍、达瓦西尔、兰耶、塔拉巴等有丰沛水源的山谷，直延伸到内志的沙漠地带。这些边疆少数民族在水源枯竭、农作物短缺后，便得不断迁徙至水草丰饶处，直到最后抵达无法从事农耕的贫瘠之地。于是他们开始借着饲养羊与骆驼以补充已无法糊口的农耕，结果便越来越依赖这些牲畜来维持生计。

最后，迫于人口压力，边界的居民（此时已几乎完全过着农耕生活）不得已由最偏远的绿洲迁徙至蛮荒野地，成为游牧民族。这段过程，由今日借着有确切姓名与日期的个别家族和整个部落的迁徙看来，必早在移民也门时便已开始。位于麦加和塔伊夫之下的伟狄安便充满了数十个由该处移民的部落的回忆与地名，今日在内志、舍迈尔山脉、哈马德，甚至在叙利亚和美索不达米亚的边境，都可以找到这些部落的足迹。这里是迁徙的根源，游牧民族的来源，波斯湾沿岸沙漠流浪者的起源。

因为沙漠民族与山地民族一样静不下来。沙漠的经济生活是以骆驼为主，这种动物在遍地荆棘的高地草原上如鱼得水。贝都因人便是借养骆驼维生，这种产业也左右了族人的生活，划分了各部落的领土，也使得他们依春夏秋冬周而复始地在草原间迁徙，让牲畜得以在贫瘠的牧草中觅食。叙利亚、美索不达米亚、埃及等地的骆驼市场决定了沙漠所能养活的人口，他们的生活标准也依市场大小而做调整。所以沙漠偶尔会人口过剩，于是那些人满为患的部落便会挣扎着向外发展。他们或许不会往南移居至荒凉的沙漠或海边。他们也不能向西——那边汉志的陡峭山脉都已被山地部落捷足先登。有时候他们会往阿里德和卡锡姆的中央绿洲迁徙，如果这些想找新家的部落足够壮大，或许可以占有一片立足之地。不过，如果沙漠民族争不过原来的居民，便只得逐渐往北移，在汉志的麦地那与内志的卡锡姆之间落脚，这时又面临另一个抉择。他们可以往东，沿着瓦地伦或舍迈尔山脉，直到通往沙米亚的巴登，成为幼发拉底河下游的阿拉伯人；或者他们也可以慢慢地往西方的绿洲推进——汉纳奇亚、凯海拜尔、泰马、焦夫、锡尔汉，直到在命运的安排下接近叙利亚境内的德鲁兹山脉，或在前往阿勒颇或亚述的途中，在北方沙漠的泰德穆尔沿岸让牲畜饮水。

压力仍未解除，往东移民的残酷趋势仍持续不断。这些部落发现他们被逼到叙利亚或美索不达米亚耕地的最边缘。因缘际会加上急于果腹，使他们开始豢养山羊，随后还饲养绵羊；最后他们开始播种，虽然只种些供牲畜食用的大麦。他们至此已不算是贝都因人了，而且也和农村的居民一样，开始饱受游牧民族的掠夺。不知不觉中，他们已与当地的农民融为一体，成为了农民。所以我们看到出生于也门高地的族群，被更强大的族群逼入沙漠，不得已成为游牧民族。我们看着他们四处流浪，每年都往北或往东推进一些，受着命运的摆弄深入蛮荒之境，直到最后又被迫离开沙漠，和原本不得已成为游牧民族般，再度被迫过着农耕生活。这是闪族人最常出现的循环。几乎每个闪族部落的祖先，在某个黑暗年代都曾在沙漠中讨过生活。每个闪族人身上或多或少都有这种游牧民族的标记，也是最深沉而痛彻心扉的社会历练。

第三章　黑白的信仰

如果在阿拉伯语系的亚洲地区，部落人与都市人并非隶属于不同种族，而只是置身于不同社会与经济阶层的人，则他们的思想应极相似，所以这些民族的产物有共同元素也是顺理成章的。一开始，在我们首度与他们碰面时，便会发现每个人对信仰几乎都有一种鲜明或坚定的立场，这种立场的界线精确，毫无与他们共鸣的机会。闪族人的视野中没有半调色。他们是一种原色的民族，或者说是黑白分明的民族，看世界总是采用二分法。他们是武断的民族，蔑视我们现代人视为荆冠的存疑之心。他们不懂我们的形而上难题，也不了解我们内省的质疑。他们只知道真理与非真理，信神与不信神，不像我们分为更细密的层次。

这个民族是黑白的，不只在视觉上，也在内心最深处。他们的思想只在处于极端时才会安心。他们自己选择至高无上。有时候他们似乎也会反复无常；不过他们绝不妥协：他们会荒谬之至地在几种互不相容的意见间寻求逻辑，对其互相矛盾处视若无睹。他们以冷静的头脑与客观的评断，如钟摆般由一条渐近线荡到另一条渐近线，毫不察觉两者间的强烈差异①。

他们是一个有限的、心胸狭窄的民族，毫无好奇心，迟钝的心智完全没有作用，他们的想象力很鲜活，可是没有创造力。亚洲的阿拉伯艺术少得几近于无，虽然他们的阶级是自由人，也很鼓励族人学习邻邦和农奴在建筑、陶艺或其他手工业上的才能。他们也无力掌控大型产业，因为他们的身心都没有组织。他们不曾发展任何哲学体系，没有复杂的神话。他们依循着部落民族与洞穴民族的偶像前进。他们是最不怨天尤人的民族，毫不质疑地接受人生的安排，视其为理所当然。对他们而言，祸福都是无法避免、与生俱来的，只能享用，无法控制。自杀是不可能的，死亡则并不可悲。

---

① 钟摆"由一条渐近线荡到另一条渐近线"的隐喻是我在与一个朋友聊天时想起的，他告诉我，他误将"渐近线"（asymptote）当成"双曲线"（hyperbola）的两条曲线。——原注

他们是一个会突然发作、出现巨变、充满意念的民族，是一个有个人天才的种族。他们的起义运动相较于宁静的日常生活，格外显得令人震惊；他们的伟人与谦卑的大众相较之下，显得更是伟大。他们的信念出自本能，他们的行为出自直觉。他们生产最多的是信仰，仿佛各种天启教都是他们的专利。他们仍保留三种自己发展出来的宗教，其中有两种（经过形式上的修正后）也外销给非闪族人。基督教在经由民情截然不同的希腊、拉丁和日耳曼民族吸收后，曾征服了欧洲与美国；伊斯兰教在经过转化后，也征服了非洲及部分亚洲地区。这些都是闪族人的成就。他们的失败则留给自己，沙漠的外围撒满他们破碎的信心。

这些没落的宗教遗迹就散布在沙漠与农耕地的交会处，意义深远。那说明了所有这些宗教的产生方式。这些宗教是声明，不是辩论，所以需要一位先知来宣扬。阿拉伯民族说他们曾有过四万位先知，我们有记录的至少就有数百位。他们之中没有一个出自荒野，不过生活却都衍生自同一种模式。他们的出生将他们置身于人口稠密之地，一种莫名的激情却驱使他们投身沙漠。他们住在沙漠中或长或短的时间，过着弃绝躯体的冥想生活；然后再带着想象出来的信息回来宣扬，向昔日的同伴，也就是如今对他们满心怀疑的同胞宣教。三大宗教的创立者都遵循这一循环：这种巧合日后经由无数承先启后的先知之实践，成为一种铁则，这些先知中有若干不幸者失败了，他们的教义我们或许也认定有相当多的真理，不过这些人时运不济，无法找到足够的善男信女蔚然成风。对城市中的思想家而言，想前往尼帝亚的冲动简直是无法抗拒的，或许不是因为他们发现神就住在这里，而是在它的寂静中，他们更明确地听到自己带来的鲜活话语。

所有闪族宗教的共同基础，无论成功者或失败者，都是尘世不值得眷恋的思想。看破红尘的深刻见解使他们大力宣扬清心寡欲、弃绝奢华、安贫乐道，这种创见的气氛更使沙漠民族的心灵无情地受到抑制。我在早年曾对他们的清心寡欲有初步的认识，当时我们正穿越北叙利亚崎岖的旷野，到达一座罗马时代留下的废墟，阿拉伯人相信那是一个边界的王子替他的王后搭建的沙漠行宫。据说这建筑物的黏土在揉捏时极为讲究，调和时用的不是水，而是用百花的香精。我的向导像狗般嗅着空气，带我经过一间间已成断垣残壁的房间，说道："这是茉莉，这是紫罗兰，这是玫瑰。"

不过后来达浑扯扯我："来闻闻最香的气味。"然后带着我到主卧室，站在东面的窗口，张口吮啜着由沙漠中飘来的、尘土不扬的亘古微风。这道微风起源于远方的幼发拉底河，经过几天几夜拂过枯草后，遇到第一道障碍物，也就是我们这栋破旧王宫的人造墙壁。这道风宛如围着他们徘徊不去，有如婴儿般喃喃低语着。"这个，"他们告诉我，"才是最好的，因为它没有味道。"我的阿拉伯友人弃绝香水与奢侈品，选择不曾被人类加工过的事物。

沙漠中的贝都因人从小在这种环境中长大，全心拥抱这种严苛的简朴生活，感觉得到但无法言喻，因为他只有借此才能觉得完全解脱。他挣脱了物质、舒适物品，所有尘世浮华的羁绊，以获取有饥饿及死亡之虞的个人自由。他本身并不将贫困当成一种德行：他喜欢小小的败德与奢侈品——咖啡、清水、女人，这些他仍能保存。他的生活中有空气与微风，太阳与光线，空地与旷野。这里没有人工产品，没有对自然的加工，只有头顶的天空与脚下无瑕疵的土地。他在此不知不觉间接近神。神对他而言不是人格化的，不是有形的，与道德无关，与世界或他无关，不是自然的，而是无颜色的、无形的、无法触摸的灵。因此，不是借着剥夺而是借着授予，才有资格当一个善解人意的神，成为所有行动的雏形，自然与物质只是反映他的一面镜子。

贝都因人无法在自己内部找神，他非常确信他在神里面。他无法想象有什么是神或不是神，神原本就是至高无上的。然而阿拉伯民族的神有朴素、平凡的一面，他就在他们的饮食、打斗、情欲之间，是他们最平凡的想法，他们熟悉的凭借与伴侣。对那些将神蒙上神秘面纱、强调清心寡欲及拘泥于形式的敬拜的其他宗教信徒而言，他们这种信仰简直难以想象。阿拉伯人觉得将神带入最卑微的日常生活中并无任何不妥。神是他们日常用语中最熟悉的字眼。的确，我们在将神变成最短也最丑陋的单音节字眼时，也丧失了许多表达方式。

这种沙漠的宗教似乎无法以言词及思想来表达。它很容易被当成影响力来感受，人在进入沙漠够久，忘了它的广袤空间与无垠无涯后，难免会将神当成唯一的避风港与生命的律动。巴达维人在名义上可能是逊尼派，或瓦哈比派，或任何一支闪族派系，他们对此不会太在意，这有点像是一个在锡安教会大门当警卫的人，边喝啤酒边嘲笑着锡安教徒。每位游牧民族都有他自己的宗教，不是口述或传统所能表达的，而是凭他的直觉。所以我们发现闪族人的所有宗教（在特征与本质上）都强调尘世的虚无与神的圆满，每位信徒也依自己的能力与机会来表达这些教义。

沙漠居民不能为他的信仰居功。他从来不曾是福音宣扬者或传其他宗教衣钵者。他只是闭上眼不去看这世界及潜伏在他身上的潜在物欲，这样才能清心寡欲一心敬神。他获得一种很明确而强有力的信任，只是范围何其狭隘！贫乏的经验剥夺了他的恻隐之心，将他的人类仁慈扭曲成他所藏身的荒野之形象。结果他伤害了自己，不只为了求自由，也为了自娱。在痛苦之后紧接着是喜悦，这种自虐对他而言比财产还要重要。沙漠中的阿拉伯人最大的喜悦便是自我抑制。他借着清心寡欲、弃绝享受、自我抑制，获得最大的满足。对他而言，赤裸裸的心灵和赤裸裸的身体一样引人遐思。或许，他拯救了自己的灵魂，而且毫无危险，不过却是铁石心肠的自私。他的沙漠被当成一种精神的冰库，长久以来一直将神的统一幻象保持得很完整，但毫无长进。有时候，由外界来的求道者可在此获得短暂的解脱，因而疏离地望着他们想改造的那一代的本质。

这种沙漠中的信仰在城市中行不通。因为太奇怪、太简单、太玄奥，不适合推广，也不适合日常使用。这种意念也是所有闪族宗教的基本信仰，它一直存在，不过必须加以稀释才能让我们理解。蝙蝠的尖叫声对大部分人而言都太刺耳：我们资质愚鲁，无法掌握沙漠精神。先知从沙漠中带着他们对神的模糊印象回来，经由他们朦朦胧胧的媒介（有如经由一面深色玻璃）展现神的庄严与光辉，他的全貌足以使我们眼盲、耳聋、喑哑，如同对待贝都因人般对待我们，使我们弃绝文明，与世隔绝。

信徒依照大师的指示，在致力于弃绝他们自己与邻人的尘世羁绊时，因为无法挣脱人性弱点而失败。为求生存，农村居民或都市人必须每天都乐于累积财富，也受环境影响，变成最粗鄙、耽于纸醉金迷的生活的人。鄙绝红尘俗世可使别人过最安贫乐道的生活，却会逼得他陷入绝望。他浪掷自己的人生，像个挥金如土的人，匆匆过完这一生，渴望及早到达终点。布莱顿商业中心的犹太人、守财奴、断袖癖者、大马士革妓院中的好色之徒，这些都是闪族有享乐能力的佐证，也显现他们与艾赛尼派，或早期的基督徒，或发觉精神贫乏的人最容易上天堂的初期哈里发们背道而驰的另一面。闪族人在纵欲与自制间徘徊。

阿拉伯人可以像被绳子吊着般被一种思想系住，因为逆来顺受的心灵使他们成为乖顺的仆从。他们没有人能逃离这桎梏，直到成功到来，伴随成功而来的则是责任与义务。然后那思想消失了，工作结束了——成为废墟。若没有宗教，他们可能会经由接触到世间的财富与乐趣，而被带到世界各地（但不会上天国）；不过如果在路上，依这模式被带路，他们会遇见一种思想的先知，这先知无处容身，只靠人施舍或吃野鸟糊口，然后他们全都会放弃财富，寻求他的启示。他们是意念的子民，无可救药，一无是处，色盲，对他们而言身体与精神永远是对立的。他们的心灵既奇怪又黑暗，充满沮丧与得意，缺乏规则，不过比起世上的其他人，在信仰上有更多热情与想象力。他们是个冲动的民族，对他们而言抽象概念是最强烈的动机，过程是无限的勇气与变化万端，而结果则无关紧要。他们和水一样不稳定，也像水一样或许终究可克服万难。自从混沌初开，他们便一波接一波地冲击血肉之躯的海岸，每道浪都撞得浪花四溅，不过，像大海一样，抢滩失败，只磨损掉微不足道的岩石，然而经年累月，有朝一日或许终会越过物质世界，上帝也会浮出水面。我激起这么一道浪（而且不是最小的），它越过理念，直达浪峰，然后倒下来坠在大马士革。这道浪的冲击受到既得利益者的抵抗而受挫，但终将成为下一道浪的基础，当时机成熟时，大海将再度扬波。

第四章　土耳其伺机崛起

　　阿拉伯民族在地中海沿岸首度逞威时，向世人显现出这个激动的民族短时间内强烈的体能活力；不过在热力燃烧完后，闪族人心灵中的耐性不足便彰显出来。侵略过的国家他们都置之不理，基于对制度的厌恶，还必须寻求被他们征服的臣民或更强盛的邻邦协助，以管理他们规划不周的草创帝国。所以，早在中世纪，土耳其人便已在阿拉伯国家立足，一开始是当仆人，接着是助手，然后像寄生虫般将老朽的政治躯壳吸食殆尽。最后，当旭烈兀①或帖木儿②大军满足了他们的嗜血欲，带着自命不凡的优越感将看不顺眼的一切悉数烧毁时，剩下的只有仇恨而已。

　　阿拉伯文明一向带着抽象的特质，讲究德性与知性而非实用；而缺乏公共精神，使他们杰出的私人特质派不上用场。他们幸亏生逢其时：欧洲已垮台，沦为野蛮之邦；人们不再热衷于学习希腊与拉丁的知识。相较之下，阿拉伯民族似乎青出于蓝而胜于蓝，他们的心智活动更进步，他们的国家更富强。他们已为日后的中古时期保存古典的过去尽了一份心力。

　　随着土耳其人的到来，这种安和乐利的日子也沦为幻影。亚洲的闪族人逐步受到土耳其人征服，而且发现求死不得。他们的财产都被强行夺走；而在军事政府的淫威下，精神也枯萎了。土耳其人采取军警统治，他们的政治理论也一样粗糙。土耳其人教导阿拉伯人，地区的利益高于爱国主义，各地区的琐事比国家还重要。他们借着挑拨离间，使阿拉伯人互相猜忌，借此统治他们。即使在法院、公家机构及高等学校，也不得使用阿拉伯语。阿拉伯人只能借着牺牲他们的种族特质，才能在政府机关任职。阿拉伯人对这些统治手段并非默默承受。闪族人在叙利亚、美索不达米亚、阿拉伯半岛间多次对抗土耳其人的

---

① 旭烈兀（约1217—1265），伊朗地区的蒙古统治者，曾攻陷并掠夺伊斯兰教宗教文化首都巴格达，有些历史学家认为他是摧毁中世纪伊朗文化的第一人。

② 帖木儿（1336—1405），绰号"跛子帖木儿"。鞑靼征服者，一三六九年登撒马尔罕王位。曾夺得大马士革和叙利亚，并于一四〇二年打败土耳其人，俘其苏丹巴耶塞特。

文化渗透与同化阴谋时，将不屈不挠的特性展露无遗。阿拉伯人不肯放弃自己优美的语言，改学粗鄙的土耳其语；他们反倒使土耳其语中增加无数的阿拉伯语，并且保存了他们的文学宝藏。

他们丧失了地理上的感觉，以及种族、政治、历史的记忆，不过却紧紧抓住自己的语言，将语言推崇得几乎成为自成一体的祖国。每个穆斯林的第一项义务是研读伊斯兰教的圣书《古兰经》，这也是阿拉伯文学中最伟大的不朽杰作。了解到这是他的宗教，也只有他有充分的资格去体会并实践，这给每一位阿拉伯人提供了一个标准，让他们得以自行评断土耳其的成就有多么微不足道。

接着发生了土耳其革命，阿卜杜勒·哈米德王朝垮台，青年土耳其党掌握大权。阿拉伯人的领域转眼间豁然开朗。青年土耳其党起而对抗伊斯兰教的政教合一观念及土耳其苏丹的泛伊斯兰教理论，这位老迈的土耳其苏丹渴望通过成为伊斯兰世界的精神领袖，而成为它的政界领袖。这些年轻政治家基于维护主权国家宪政理念的一股热忱，揭竿起义将他逮捕入狱。所以，当西欧正开始脱离国家主义进入国际主义，并不再借战争解决种族纷争时，西亚却开始脱离天主教，进入国家主义，并梦想着要借由战争来争取国家主权与自治，而不是基于信仰或主义而发动战争。这趋势在近东的巴尔干半岛各国最早爆发，也为势最烈，而且使它们得以熬过为争取脱离土耳其的目标而经历的惨烈牺牲。后来在埃及、印度、波斯，最后在君士坦丁堡都爆发国家主义运动，它们借着新的美国教育思潮得以强化：这种思潮在东方的古板气氛中发表时，掀起划时代的变革。美国的学校借着发问的方式来教学，鼓励科学的超然及自由交换意见。他们倡导革命也是无心栽柳，因为生在现代的土耳其，身为长久以来一直受统治的种族——希腊人、阿拉伯人、库尔德人、亚美尼亚人或阿尔巴尼亚人，实在很难为国效忠。

青年土耳其党人在初试啼声获得成功后，被他们基本方针的逻辑冲昏了头，也为了对泛伊斯兰主义表达抗议，而大力倡导奥斯曼同盟。那些容易受骗的受统治种族（人数远超过土耳其人）相信他们是接受号召要合作建立一个新的中东。他们迫不及待地投入这工作，发表包罗万象的新思潮，并称土耳其人为盟友。青年土耳其党人被他们所鼓动的这股力量吓坏了，急忙想扑灭自己点燃的烈焰。他们的口号变成"Yeni-Turan"，也就是"土耳其替土耳其人塑造土耳其风格"。稍后，这项政策使他们致力于拯救他们被统治的同胞——在中亚被俄国人统治的土耳其人；不过，他们的当务之急是肃清帝国内抗拒统治的异族臣民。阿拉伯人是土耳其境内人数最多的异族，故而首当其冲。阿拉伯人的议会因此被解散，阿拉伯人也不准组织结社，名流都遭到刻意打压。此时接掌大权的恩维尔帕夏① 对阿拉伯人的示威活动及阿拉伯语的强力打压，比起被斗垮的阿卜杜勒·哈米德还有过之而无不及。

然而，阿拉伯人已尝过自由的滋味。他们无法像改变行为一样立刻改变思想，他们顽强的意志也不是那么容易被打压的。他们阅读土耳其的文件，将爱国口号中的"土耳其"改为"阿拉伯"。他们受到镇压后，便采取激烈的暴力抗争。他们无法在体制内改革，便转而发动革命。阿拉伯人的组织结社纷纷走入地下，也由原本的自由派社团变成阴谋集团。阿拉伯社团中创社最早的阿克华社，被公开解散。在美索不达米亚，一个更具危险性的团体阿哈德社取而代之，这个组织非常隐秘，成员几乎全局限于在土耳其军队中任职的阿拉伯军官，他们矢志设法向上司套取军事情报，以便发动革命的时机来临时，用来对抗土耳其，替阿拉伯民族效劳。

这个组织规模庞大，在伊拉克南部的不毛之地有个很安全的根据地，阿拉伯起义运动的领袖赛义德·塔利布在此掌控大局。在美索不达米亚出生的军官，十人中有七人加入该组织。他们的保密工作很彻底，因此直到战争末期仍有成员在土耳其军队中担任高阶军官。在起义发动后，艾伦比将军越过哈米吉多顿② ，土耳其已溃败，率领巴勒斯坦的败兵残将撤退的，就是这秘密组织的一位副主席；另一位成员则指挥土耳其军队在安曼地区横越约旦。再后来，在停战后，土耳其军中仍有很多阿拉伯高阶军官在待命，准备一旦接到阿拉伯方面的指示便窝里反。大多数军官都没接到这种指示，因为这些组织都只支持阿拉

---

① 恩维尔帕夏（1881—1922），奥斯曼将领与总司令，为一九〇八年青年土耳其党革命的英雄人物，后于一九一三年至一九一八年成为土耳其政权中的领导人物。"帕夏"为旧时奥斯曼帝国和北非高级文武官员的尊号，置于姓名后，在波斯语中意为"国王"或"总督"。

② 哈米吉多顿，指位于巴勒斯坦的米吉多。

伯人，只愿为争取阿拉伯独立而战。他们认为支持盟国毫无助益，倒不如支持土耳其，因为他们不相信我们可让他们获得自由的承诺。的确，他们当中有很多人宁愿在土耳其的统治下成立一个统一的阿拉伯国家，也不要一个被列强瓜分的破碎家园。

比阿哈德社更庞大的组织，是叙利亚境内争取自由的菲塔社。地主、作家、医师、高阶公务员相继加入该组织，他们有共同的誓言、密语、暗号、出版社，及由中央保管的资金，致力于推翻土耳其帝国。他们凭借叙利亚人的特质让组织迅速茁壮——他们是一个像人猿的种族，如日本人般敏捷利落，但很肤浅。他们向外求援，也期盼能借着向人哀求来获取自由，而不是靠牺牲。他们与埃及联络，也和阿哈德社（该组织的成员都有美索不达米亚人的顽固个性，很看不起摇尾乞怜的菲塔社）、麦加的谢里夫、英国等有往来，四处寻求盟友。他们保持极度隐秘。虽然官方怀疑这个组织的存在，却总是查不出任何蛛丝马迹。土耳其政府在找到足够证据让英国与法国外交官满意前，不敢轻举妄动；当时英法两国的外交官在土耳其都有一言九鼎的分量。这些外交官在一九一四年的战争爆发后被调回国，于是土耳其政府便肆无忌惮地铲除异议分子。

官方一声令下，生杀大权完全交付给负责清查的人员——恩维尔、塔拉特①、杰马勒帕夏。他们是最冷酷、头脑最清醒，也最有野心的青年土耳其党人。他们毫不留情地铲除境内所有非土耳其的思潮，尤其是阿拉伯与亚美尼亚的国家主义。他们一开始便大有斩获，在叙利亚的法国领事馆找到一位领事留下的秘密文件，那是他与一个阿拉伯秘密组织的往来信函（谈论阿拉伯建国运动），这组织与菲塔社无关，不过成员却是更爱大放厥词、更不受欢迎的叙利亚沿岸知识分子。土耳其人自然是如获至宝，因为当时法国在北非的殖民侵略行为，使法国在阿拉伯语系的伊斯兰世界中恶名昭彰。于是杰马勒以这些信函为佐证，向伊斯兰教友表示，这些阿拉伯国家主义分子都是叛教的异端，宁可与法国勾结而背叛同是信仰伊斯兰教的土耳其。

---

① 塔拉特（1874—1921），奥斯曼政治家，青年土耳其党运动领导人。一九〇九年被任命为内政部长。

当然，他所揭露的并不是什么新鲜事，但该组织的成员都是德高望重之士。他们遭到逮捕、判刑、驱逐出境、行刑等，使叙利亚境内风声鹤唳，也使菲塔社的成员领悟到，如果不记取前车之鉴，这些亚美尼亚同志的命运必会降临到他们头上。亚美尼亚人早已武装就绪，但领导人却使他们未战先败。他们被解除武装，彻底瓦解，男人遭到集体屠杀，妇孺则被剥光衣服逐入时值寒冬的沙漠，饥寒交迫，成为路过沙漠的野兽的猎物，任他们自生自灭。青年土耳其党人残杀亚美尼亚人，不是因为他们是基督徒，而是因为他们是亚美尼亚人；他们也为了同样的理由将大批阿拉伯穆斯林和阿拉伯基督徒逮捕入狱，并在同一座绞刑台上将他们处死。杰马勒惨无人性的高压手段使叙利亚境内的各阶级与教派同仇敌忾，因而使一场联合起义成为可能。

土耳其人对他们军中的阿拉伯官兵也心存怀疑，并打算采取类似对付亚美尼亚人的策略，将他们分调各处，使他们无法聚在一起。一开始运输的困难使这计划窒碍难行，随后叙利亚北方在一九一五年出现阿拉伯官兵的会集（土耳其军中有将近三分之一人说阿拉伯语）。他们设法将这些军队打散，派他们到欧洲、达达尼尔、高加索或运河区——哪儿都行，只要能将他们送到最前线或调至最后方，使他们无法协助同胞起义。宣告要发动一场圣战，可以使"统一与进步"这旗帜在老一辈的穆斯林眼中，给哈里发兼土耳其苏丹的战争令增添传统的神圣色彩。麦加的谢里夫也受到邀请——倒不如说是受命，附和呐喊。

第五章　起　义

　　"麦加的谢里夫"这个地位一直是异于寻常的特例。谢里夫这头衔意指由先知穆罕默德传给他女儿法蒂玛，再传给他长子哈桑，一脉嫡系相传的先知子孙。可证实的谢里夫名单记录在族谱中——厚厚的一卷，保存在麦加，由麦加的埃米尔保管，他是由各谢里夫中挑出、公认地位最高的谢里夫领袖。先知穆罕默德的家族在最近九百年来一直统治着麦加，人数达两万余人。

　　土耳其的奥斯曼政府对这个先知家族既敬又畏。因为他们势力太强大，无法摧毁，所以土耳其苏丹借着隆重认可麦加埃米尔的地位，给自己找了个台阶。这种无实质性作用的认可，经年累月后也树立了威信，后来新任的埃米尔开始觉得，必须经过这认可过程，他的上任仪式才算圆满。最后，土耳其人发觉必须将汉志也列入他们刚萌芽的泛伊斯兰观念中，成为由他们统治的版图。这时他们因缘际会地遇上苏伊士运河开放的良机，使他们得以派兵驻防这座圣城。他们辟建汉志铁路，并利用金钱、阴谋、武装部队等，扩大土耳其在各部落间的影响力。

　　土耳其苏丹在势力逐渐强大后，便试图让自己与麦加的谢里夫平起平坐，有时甚至会铤而走险地将一个他认为太过德高望重的谢里夫罢黜，再提名一个与这谢里夫素来不睦的人继任，希望借着分化他们而从中得利。最后，阿卜杜勒·哈米德将若干谢里夫送到君士坦丁堡软禁，其中包括日后成为领导人的侯赛因·伊本·阿里，他被软禁了将近十八年。在此期间，他让他的儿子们——阿里、阿卜杜拉、费萨尔、扎伊德接受现代教育与历练，让他们日后得以有能力领导阿拉伯军队获得胜利。

　　阿卜杜勒·哈米德垮台之后，较不谙权谋狡诈的青年土耳其党人推翻了他的政策，将侯赛因送回麦加当埃米尔。侯赛因立刻着手以他的老班底暗地重建旧势力，并经由在土耳其国会当副议长的儿子阿卜杜拉和担任吉达议员的费萨尔，与君士坦丁堡维持紧密而友好的关系。他们随时向他汇报土耳其首都的政治情势，直到战争爆发两人才匆匆赶回麦加。

战争爆发使汉志陷于混乱。朝圣的队伍皆暂时裹足不前，圣城的税收与商业也因而萧条。有人担心印度的运粮舰不会再来（因为侯赛因已成为敌人），这也不是杞人忧天。汉志地区本身并不产粮，必须唯唯诺诺地看土耳其的脸色，他们可以封锁汉志的铁路交通而使圣城人民活活饿死。侯赛因不曾对土耳其摇尾乞怜。在这剑拔弩张的时刻，土耳其格外需要他投入他们的"吉哈德"，也就是全部穆斯林对抗基督徒的"圣战"。

为了扩大圣战号召力，势必得由麦加当局来背书。然而一旦麦加出面背书，便很可能会使中东地区血流成渠。侯赛因是个品德高尚、高瞻远瞩、择善固执且极为虔诚的穆斯林，他认为圣战与侵略性的战争在宗旨上南辕北辙，而且与德国这个笃信基督教的国家结为盟友，更是荒谬至极。所以他拒绝土耳其的要求，同时对各盟邦发表一份义正词严的声明，表示错不在他的子民，并要求不要因此而使圣城绝粮。土耳其的回应是立刻对汉志采取局部封锁，控制朝圣必经的铁路交通。英国则开放沿岸，以供特别调遣来的运粮舰进出。

然而，侯赛因所面临的不只是土耳其的威胁。在一九一五年一月，美索不达米亚的统帅易辛，及大马士革的统帅阿里·勒扎，还有代表叙利亚人民的阿卜杜勒·加尼·阿雷西，联署提议要在叙利亚对土耳其发动兵变。美索不达米亚与叙利亚被压迫的人民，以及阿哈德社与菲塔社两个革命组织，都呼吁侯赛因这位阿拉伯国父、穆斯林中的穆斯林、他们伟大的王子、他们最资深的长老，出面拯救他们免于遭受塔拉特与杰马勒的毒手。

侯赛因身为政治家、国王、穆斯林、现代主义者、国家主义者，不得不聆听他们的请命。他授命三子费萨尔代表他到大马士革，与他们磋商大计，再向他汇报。他派遣长子阿里到麦地那，命他在汉志各村落间偷偷招兵买马，起事的名义则随他编造，并要他们静待费萨尔的指示行动。最有政治头脑的次子阿卜杜拉，则负责以信函将此事知会英国，并了解英方对阿拉伯起兵对抗土耳其所持的态度。

费萨尔于一九一五年一月汇报，地方上的情况不错，不过发动全面战争对他们不利。在大马士革，有三个师的阿拉伯军队已集结待命。阿勒颇也有两个师，满怀阿拉伯国家主义的热忱，只要其他地方起事，他们必会闻风响应。托罗斯山①的这一侧只有土耳其的一个师，一旦揭竿而起，可望一举攻下叙利亚。另一方面，舆论对采取激烈的手段却仍无心理准备，军方则确信德国可以战胜，而且是速战速决。然而，如果协约国愿意将他们的澳大利亚远征军（正在埃及培训）借调至亚历山大勒塔，以掩护叙利亚侧翼，则可谓是安全的高招，不仅可免于被德国击败，也不必先与土耳其和谈。

结果协约国的兵马不是前往亚历山大勒塔，而是去攻打达达尼尔，致使他们的计划顺延。费萨尔跟着这支兵马同行，以打听盖利博卢半岛的情况，因为一旦土耳其战败，便是阿拉伯人起兵的信号。随后几个月的达达尼尔之役使情势陷于胶着。最后奥斯曼帝国残存的前锋部队在这杀戮的战场上被击溃了。土耳其伤亡惨重，费萨尔因此认定已是起事良机，于是火速赶回叙利亚，不料这时他却发现地方上的局势已转为不利。

他的叙利亚支持者不是被捕就是四处躲藏，而他们的亲友成百上千地遭受政治迫害。他也发现那些精心部署的阿拉伯军队不是被流放到远方的前线，便是被打散，安插在土耳其部队之间。阿拉伯农民被土耳其军方盯死了，而叙利亚在冷血无情的杰马勒面前也只能俯首称臣。费萨尔的王牌都凭空消失了。

他致函父亲，建议再度将行动延期，直到英国准备就绪，而且土耳其也已穷途末路。不幸的是，英国的情况同样很悲惨。英军在达达尼尔惨败，在库特陷入胶着的战局已接近尾声，埃及的塞努西教团②也发动战事，这时保加利亚又参战，使英国腹背受敌。

费萨尔的处境危在旦夕。他在战前曾是秘密组织的主席，如今只能期盼成员不会出卖他。他必须住在大马士革，当杰马勒的客人，以刺探敌方军情，因为他哥哥阿里在汉志起兵的托辞，便是他们两人将率领这支军队在苏伊士运河协助土耳其军队。所以费萨尔身为优秀的奥斯曼人，也是土耳其军官，必须住在总部里，还得忍气吞声于蛮横的杰马勒酒后对阿拉伯人的谩骂羞辱。

---

① 托罗斯山，位于目前土耳其疆域南部，靠近地中海，右下方即为叙利亚。
② 塞努西教团，十九世纪在阿拉伯及北非创建的伊斯兰教组织，主张恢复早期伊斯兰教的质朴，并发展成政治运动。一战期间，该教团站在同盟国那边，曾对英属埃及发动攻击，但最后以失败告终。

杰马勒屡屡召请费萨尔，把他带到他的叙利亚弟兄执行绞刑的地方。这些正义的牺牲者不敢表现出他们知道费萨尔真正的意图，费萨尔也同样不敢用言语或表情来泄露他的心迹，因为这个机密一旦曝光，他的家人，甚至他的族人，将走向同样悲惨的命运。唯有一次，他忍不住脱口说出，这类罪无可逭的暴行将导致杰马勒付出惨痛代价，最后，多亏了他在君士坦丁堡几位德高望重的土耳其友人出面为他陈情，才免于因逞口舌之快而惹祸。

　　费萨尔与父亲通信本身就冒着极大的风险。他们由家族的老仆人传信，这些老人不会引人怀疑，他们将信藏在剑柄内、蛋糕内，缝在鞋底里，或用隐形墨水写在包装纸上，在汉志铁路上来回奔波。费萨尔在信中提及的都是局势不乐观，并请求父亲将行动延后至较妥当的时机。

　　然而，侯赛因不为所动。青年土耳其党人在他眼中只是一群人类及宗教的罪人——他们叛离当时的时代精神，也背叛伊斯兰教的最高利益。他虽已六十五高龄，仍雄心勃勃地要起兵与他们对抗，依赖正义来弥补所付出的代价。侯赛因将一切交付给神，把军事现况抛诸脑后，也认为汉志可望与土耳其一决雌雄。故而他派阿卜杜勒·卡德尔·阿卜杜送一封信给费萨尔，表明一切已准备就绪，大军只等他在麦地那阅兵后便可开拔上前线。于是费萨尔向杰马勒要求前往麦地那，可是杰马勒却表示他们的最高统帅恩维尔帕夏正要到当地去，所以他们可以一同前往麦地那，校阅当地军队。费萨尔原本打算一抵达麦地那便打出父亲的旗号，打得土耳其措手不及，如今却多了两个不速之客，而依据阿拉伯的待客之道，他不能伤害他们。他们或许会使他的行动延误，并使整个起义行动的秘密曝光！

　　最后事情圆满落幕，虽然阅兵的过程充满强烈的讽刺。安佛、杰马勒、费萨尔看着那些部队在城门外的平原上模拟骆驼战，来回冲刺，或策马做阿拉伯式的镖枪比赛。"这些都是自愿参加圣战的？"恩维尔转向费萨尔问道。"是的。"费萨尔说。"愿意挺身对抗与穆斯林为敌者，死而后已？""是的。"费萨尔再度说。然后那些阿拉伯族长们依次上前接受引见，其中莫狄革的谢里夫将费萨尔拉到一旁，低声说："大人，我们是否要现在杀了他们？"费萨尔说："不，他们是我们的客人。"

那些族长纷纷抗议，因为他们相信若当下就动手，可以用两发子弹立刻结束这场战争。他们决定逼费萨尔动手。费萨尔只得上前在两个客人看得见但听不见之处，为两个曾绞死他最要好朋友的土耳其独裁者向几位谢里夫请命。最后他必须编造借口，将人马迅速带回麦地那，并派他自己的仆从在宴会厅担任警戒，同时护送恩维尔与杰马勒回大马士革，以免他们在路上被狙杀。他将这种大费周章的安排解释为阿拉伯人的待客之道。不过恩维尔与杰马勒对这一切已深觉狐疑，于是立刻严密封锁汉志的对外交通，并调派土耳其大军前来支援。他们想将费萨尔留在大马士革。不过麦地那传来的电报要求他立刻回去，以防止发生动乱，杰马勒只得极不甘心地放走他，但条件是必须将他的随从留下当人质。

　　费萨尔到麦地那后，发现城内全是土耳其军队，其中还包括由法赫里帕夏领军的第十二军团，这支最骁勇凶狠的部队曾残酷地"净化"了亚美尼亚的扎伊通与乌尔法两地的异议分子。显然土耳其已有警觉，费萨尔打算出奇制胜的如意算盘已不可能。然而，箭已上弦，不得不发。四天后，他的随从骑马逃离大马士革，往东躲入沙漠，接受贝都因酋长努里·沙兰 ① 的庇护；费萨尔在同一天也采取行动。当他揭起阿拉伯的旗帜时，阿卜杜勒·哈米德不择手段推行的泛伊斯兰超级大国，以及德国希望与穆斯兰合作征服世界的期盼，也同时归于幻灭。单单侯赛因揭竿起义这个事实，已使这两个春秋大梦走入历史。

　　揭竿起义是政治人物所能采取的最重大的步骤，而阿拉伯起义的成败，则是连先知也不敢断言的危险赌注。然而，幸运之神总算眷顾了勇于下注的玩家，阿拉伯史诗总算摆脱积弱不振、痛苦与怀疑的长河，迎向鲜红的胜利。那是冒了如此大的风险后的合理结局，不过在胜利后，理想却逐渐破灭，接着，有一天晚上，那些身经百战的斗士们发现他们的期望全都落空。如今，他们了解自己已完成一桩足以激励后代子孙的不朽志业，洁白的和平终于降临在他们身上。

---

　　① 努里·沙兰，沙漠地区排名第四的长老。

第六章　美索不达米亚

战前我曾在闪族的中东地区待过数年，学习农村居民、部落民族、叙利亚和美索不达米亚居民的风俗。我阮囊羞涩，因而必须与较卑微的小人物为伍，这个阶级是欧洲观光客很少接触的，这样的经验给了我一个与众不同的视角，使我得以了解无知的大众并为他们着想，而不只体贴受过教育的未来的意见领袖。此外，我曾见识过中东民众心中政治思潮的转变，也特别留意土耳其帝国各地出现的腐败现象。

土耳其衰亡的原因是已面临强弩之末，试图以日渐拮据的资源来维续它所继承的庞大帝国。奥斯曼民族的子民曾借着剑表现勇气，而今剑已落伍，取而代之的是更致命也更科学的武器。人生对这个孩子气的民族而言太复杂了，他们的长处在于朴素、有耐心，以及勇于牺牲。他们是西亚地区对外界反应最迟缓的种族，很难适应新的政府制度与人生，更无法自行独创新的艺术。他们的行政部门也无可避免地沦为档案与电报、高等财务、优生学、数据等例行公事。老一辈的首长都借高压手段或个人意志来统治，知识浅薄、仗势欺人、假公济私，必然要被淘汰。大权转移到新一辈手中，他们更机敏灵活，能适应机器时代。青年土耳其党那些肤浅、生涩的成员都是希腊人、阿尔巴尼亚人、保加利亚人、亚美尼亚人、犹太人的后裔——就是没有塞尔柱人①或奥斯曼人。社会大众与他们的行政首长的想法格格不入，这些首长的文化背景源自黎凡特，政治理论源自法国。土耳其正在衰亡，唯有大刀阔斧的改革才能使它维持健康。

安纳托利亚人喜欢旧式稳定的生活，在村落吃苦耐劳，在国外当兵也任劳任怨。而此时土耳其帝国内占总人口十分之七的受统治种族的势力与知识都与日俱增，因为他们没有传统与责任，而且思想较无包袱，脑筋也动得快，对新

---

① 塞尔柱人，为土耳其佣兵家族。十一至十二世纪在小亚细亚势力隆盛，征服了该地区很大一部分土地。他们改信伊斯兰教，在今叙利亚和土耳其东部一带取得统治地位。十三世纪蒙古人自东方施加压力，于一二四三年将其击溃，从此塞尔柱人一蹶不振。

思想的包容力较强。原本至高无上、令人望而生畏的土耳其名流，如今相形逊色。这种土耳其与统治省份间权力均衡的改变，使得帝国必须借增加驻军人数来巩固原有的地位。的黎波里、阿尔巴尼亚、色雷斯、也门、汉志、叙利亚、美索不达米亚、库尔德斯坦、亚美尼亚等地都落得众叛亲离，也苦了安纳托利亚的农民，他们被募集的士兵人数逐年增加。负担最重的是穷困的村落，景况自是雪上加霜。

征召入伍的士兵毫无异议地接受了自己的命运，依循土耳其农民逆来顺受的习性。他们像绵羊，既没缺失也无美德。若任之独处，他们什么也不做，或许就呆坐在地上；若奉命要表现友善，他们连遇上敌人也会像与好友相聚；若奉命对自己的父亲拳打脚踢，或将他们的母亲剖心挖肝，他们会若无其事地执行，表现杰出。他们无可救药、没进取心，因此成为全世界最温驯、最吃苦耐劳也最没士气的士兵。这种人自然会成为他们趾高气扬的黎凡特长官的牺牲品，他们被派去送死，或因疏忽而平白丧命。的确，我们发现他们只是长官的出气筒。他们被视为草芥，连最寻常的预防针也没有注射。我们为几批土耳其战俘进行身体检查后，发现他们几乎有半数罹患性病。像梅毒这种性病在这个国家仍是无法理解的疾病，也因此在各军营间蔓延开来，这些士兵就在其间服役六七年，退伍后，幸存者如果是来自清白人家，往往羞于回家，不是转而投入宪警工作，便是在城镇外围像残障人士般打些零工，造成出生率下降。土耳其在安纳托利亚的农业，也因他们的入伍服役而衰微。

我们看得出来，东方需要一个新的元素，某种势力或种族，在人数、生产力和智力上都要胜过土耳其人。依历史看来，我们不认为这些特质可以由欧洲提供。欧洲列强试图在亚洲黎凡特地区立足的努力都以惨败收场，我们不忍心再引诱其他西方人步上后尘。继之而起者与解决方式都必须来自当地；幸好所需要的效率也是采取当地的标准。竞争的对象是土耳其，而土耳其已腐败不堪。

我们当中有些人判断，阿拉伯各民族（也是土耳其帝国最大的组成分子）有绰绰有余的潜力，有强大的闪族凝聚力、杰出的宗教思想，相当勤奋，有商业头脑，够精明，然而在个性上则温驯、毫不盛气凌人。他们已被土耳其的铁蹄蹂躏了五百年，开始梦想要争取自由。故而当最后英国与土耳其决裂，东方与西方同时爆发战争时，我们这些自信可以看出未来趋势的人，便开始设法扭转英国的努力方向，朝向在亚洲培养新的阿拉伯世界。

我们人数不多，而且几乎都是英国驻埃及情报局局长克莱顿身边的人马。克莱顿是统御我们这群脱缰野马的最佳人选。他冷静、客观，眼光独到，义无反顾地担起重责大任。他放手让部属自由发挥。他的观点与知识同等广泛，而且他采取潜移默化的领导方式，绝不靠颐指气使的咆哮。他的影响力很难一眼看透。他就像流水，或无孔不入的油，静悄悄且持之以恒地穿透万物。克莱顿几乎可说是无所不在，不过也很难说到底有多少事迹真的是他的功劳。他从不曾有形地领导我们，但他的观念与采取有形领导的人一样能让我们接纳。他的稳健与庄严令人印象深刻。在实际事务上他采取自由放任、不守常规、不修边幅的态度，是个可以让独立自主者忍受的人。

我们这支队伍的第一位成员是英国总督官邸的东方事务秘书罗纳德·斯托尔斯，也是近东最聪明的英国人，虽然他将不少精力投注在他热爱的音乐、文学、雕塑、绘画，以及世间一切的美好事情中，但办事效率仍高得令人难以想象。尽管如此，斯托尔斯所播种的都由我们来坐享其成。他做事也一向一马当先，是我们当中最杰出的一位。如果他能够摒除外界的干扰，以一个运动员投身一场硬仗般的心志，全力以赴地磨练自己的身心，他的巨影则将我们的工作和英国在东方的政策遮蔽得毫无光彩。

劳埃德·乔治也成为我们的一员。他信心十足，他对钱财的知识让我们得以对中东的商界与政界之内幕了若指掌。他也是中东未来走向的先知，如果没有他参与，我们绝对无法如此快速地完成这么多的任务。不过他是个闲不住的人，什么都想尝试。对他而言许多事都是非做不可的，所以他与我们相处的时间总是不长。他不了解我们有多喜欢他。

接下来是没有说服力但想象力丰富的马克·赛克斯。他满脑子成见、直觉、半科学。他的思想全是拾人牙慧；他在选择他想倡导的思想时，也没有耐心深入了解其内涵。他会看事实的某个层面，将它从环境中抽离，使其膨胀、扭曲并重塑，直到变成令人发笑的四不像，而引人发笑最令他得意洋洋。他的天赋在于插科打诨。如果要他选择，他宁可当漫画家而不想当艺术家，即使投身政界也是如此。他看每件事都只看一面而漏看另一面。他会匆匆几笔便描绘出一个新世界，比例全都不对，却也生动地描绘出我们期盼的事情的某些层面。他的帮忙对我们有利也有弊，为此他在巴黎的最后一星期试图赎罪。那时他刚到叙利亚结束一趟政治任务，深切体会到自己的梦想真貌，他勇敢地说："我错了，以下才是事实真相。"他昔日的朋友不会了解他的诚意，认为他反复无常，而且犯了错误。不久他便过世了。对阿拉伯人而言，那是悲剧中的悲剧。

霍格思不是狂放不羁的野人，而是我们众人的精神导师、聆听我们告解的神父与顾问，他启迪我们的历史、中庸之道与勇气。对外人来说，他是个和事佬（我则是张牙舞爪的恶魔），凭借他的英明裁决，使我们心服倾听。他有敏锐的价值感，并教导我们如何看出隐藏在阿拉伯人褴褛衣衫与溃烂皮肤下的潜力。霍格思是我们的裁判，也是我们诲人不倦的历史老师，即使是最微不足道的事他也能展现渊博的学识与睿智，因为我们相信我们正在做的事。接下来这位是康沃利斯，看起来很粗糙，但显然是由熔点高达数千度的超硬金属所铸造。所以他的热度可以比别人持续更久，然而外表却冰冷坚硬。他之后还有别人，纽科姆、帕克、赫伯特、格雷夫斯，全都秉持同一信念，也都奋斗不懈。

我们这一群人称自己为"好事者"，因为虽然前人已为我们铺好了路，我们仍决意要打破英国外交政策的陈规，在东方培养一个新民族。因此在开罗的情报部那间不伦不类的办公室里（一个很嘈杂的地方，门铃响个不停，人来人往，熙熙攘攘，被赫伯特比喻为一座东方火车站），我们开始对所有的领导人下工夫，无论远近。英国驻埃及最高行政首长亨利·麦克马洪爵士自然就成为我们第一个努力的目标。他眼光敏锐，阅历丰富，立刻了解我们的意图，并颇为肯定。其他人，像威姆斯、尼尔·马尔科姆、温盖特，也乐于助我们一臂之力，使这场战争更有建设性。阿卜杜拉谢里夫在几年前到埃及向基钦纳勋爵求援时，勋爵应允伸出援手，便是他们鼓吹支持的具体成果。故而麦克马洪最后终于替我们奠定了基础，与侯赛因取得共识。

不过在这之前，我们对美索不达米亚有所期盼。阿拉伯独立运动便是在此地发源，一开始领导人是冲劲十足但不择手段的赛义德·塔利布，随后是亚辛·哈希米与军方人士。阿齐兹·马斯里在我们的极力安排下住在埃及，他是恩维尔的死对头，也是阿拉伯军官的偶像。战争爆发后几天，基钦纳勋爵便前去游说他，希望争取到土耳其驻守美索不达米亚的军队加入我们的阵营。不幸的是，英国因战争初期赢得太过轻松，充满自信，而把击溃土耳其称为是骑马兜风。因此，印度政府反对与阿拉伯国家主义者结盟，以免妨碍他们为全盘利益而牺牲美索不达米亚殖民地的野心。他们中止谈判，拒绝阿齐兹，拘禁已投入我们阵营的赛义德·塔利布。

于是大军强行推进巴士拉。位于伊拉克阵营的敌军几乎都是阿拉伯人，他们代表压迫他们的土耳其统治者出战，而身为他们对手的我们，却被视为即将解放他们的救星，可是我们又迟迟不愿表态，这些士兵的苦闷可想而知，打起仗来自然是敷衍了事。我们的军队百战百胜，后来不禁认为印度部队比土耳其部队精良。然后我们到达泰西封，遇上全由当地土耳其人组成的部队，他们负隅顽抗，致使我们攻势骤然受挫。我们铩羽而归，库特地区因而长期沦陷。

这时候，英国政府对于指派我到美索不达米亚了解如何采取迂回策略化解当地胶着的战况，已有后悔之意，这或许与埃尔祖鲁姆的沦陷不无关系。当地的英国人对我的到来强烈反对，其中两位将军还好心向我解释，我的任务（其实他们并不知道）对一个军人（其实我不是）而言是很可耻的。事实上当时要采取行动已太迟了，库特正在苟延残喘。结果，我虽然有心也有权，却什么也没做。

当时的情况对阿拉伯建国运动很有利。位于哈利勒帕夏的部队大后方的纳杰夫与卡尔巴拉两地民众已起义起义。而哈利勒本人也承认，他部队中残余的阿拉伯士兵已公然反叛土耳其。至于海伊与幼发拉底的部落，只要看到英国示好的迹象，便会立刻投入我们的阵营。如果我们公布已和侯赛因谈妥的承诺，甚至只要在巴格达被占领之后将此公告周知，并信守承诺，则必有大批当地战士愿意与我们并肩作战，前去破坏巴格达与库特间的交通。只要这么打上几个星期，必可逼得敌方仓皇撤离，或被我们反包围在库特城外，下场不会比被他们包围在城内的汤森将军强 ①。我们有足够的时间推展这个计划。只要英军在美索不达米亚的总部能向陆军部再争取八架飞机，增加每天空投给库特守军的粮食，汤森将军必可再撑得久一点。他的防御原本不是土耳其能攻破的，只因腹背受敌，才黯然投降。

然而，因为当地的领导集团并不采用这套计划，于是我立刻返回埃及。直到战争结束，在美索不达米亚的英军，本质上一直是侵略敌人领土的外国部队，当地民众或保持消极的中立，或没好脸色地排拒他们，所以不像在叙利亚的艾伦比将军活动自如，可灵活调度：他以朋友的身份进军叙利亚，当地民众箪食壶浆热烈支持他。我们在美索不达米亚的人数、气候、交通等因素都比在叙利亚有利，而且高阶将领的能力与经验也都不逊色。不过将他们的伤亡名单和拙劣的战术与艾伦比将军的相比较，便可看出一旦政治局势不利，将对纯粹的军事行动造成惨痛的打击。

---

① 一九一五年，英国派遣由汤森将军率领的特遣队，沿底格里斯河挥军深入土耳其占领区内的战略要地库特阿马拉。起初汤森将军连战皆捷，九月即攻陷库特阿马拉，随后他往北长驱直入，十一月二十三日在距巴格达仅二十英里处与阿拉伯守军大战。然而，此后训练精良的土耳其援军陆续到达，取代了无心恋战的阿拉伯守军，汤森不得不撤退至库特阿马拉，而他的一万七千人马也立刻被围困。英印联军的其余部队当时仍在南方两百英里外，他们因而死守了几个月仍孤立无援。

第七章　内　斗

　　美索不达米亚的挫败令我们大感失望，但麦克马洪继续与麦加方面协议。虽然当时在加利波利被迫撤军，在库特弃城投降，而且整体战况并不乐观，他最后还是顺利达成任务。很少人（甚至那些对整个协议过程知之甚详的人）相信侯赛因真的愿意参战，故而他最后揭竿起义，开放沿岸地区供我们的船舰进出并加以协助，令我们大感意外。

　　我们发现棘手问题这才刚开始。令我们头痛的新因素是麦克马洪与克莱顿：他们两人一碰头便出现同行相忌的征兆。驻防埃及的阿奇博尔德·默里[1]将军当然不希望他的阵营中有人勾心斗角。他嫌恶文职人员，文官一直在他和马克斯韦尔[2]将军间担任说客。阿拉伯事务不宜交付给他处理，因为他或他的部属都没有足够的专业能力来处理这错综复杂的问题。另一方面，他也会因为明争暗斗而使英国驻埃及代表处出丑。他相当神经质，异想天开，争强好胜。

_____

——————— [3]

　　他向他的参谋长林登·贝尔将军求援，贝尔是个激进的军人，对政治人物本能地敬而远之，并刻意表现出热忱开朗。————————————

_____

[1]　阿奇博尔德·默里（1879—1922），当时为地中海远征军指挥官，一九一五年春天，该远征军从加利波利撤退，移师埃及。一九一六年三月中旬，地中海远征军与在埃及的英军合并，默里接掌兵权，马克斯韦尔则打道回府。

[2]　约翰·马克斯韦尔（1859—1929），当时担任英国驻埃及军队总指挥官。

[3]　此中译本采用一九六二年英国企鹅出版社的版本，据该版序文撰稿人 A.W. 劳伦斯（1900—1991，作者的弟弟，排行老五）所言："目前读者看到的这个版本，除了以下几处删除与修改外，和一九二六年印行的三十基尼金币版完全一样。为了避免伤害到仍健在的书中人的感情，删除是在所难免的。删除处包括原书第六十一、六十二、三百二十九页，删除的部分在本书中以同样长度的空白取代。一九二六年版中并没有第十一章，本书为了改正这跳码的误失，已将各章重新编流水码。在原书第三百页第七行，'停止呼吸'（halts to breath）这句话已改为'停下来喘口气'（halts to breathe），以求符合牛津版中'我们让骆驼喘口气'的原意。第三百九十八页第十四行，'亨伯'号这个词以斜体印刷，借此凸显其含义。在一九二六年版中，其他船的名称也同样以斜体印刷。"为求确切表达原文，译本中删除段落以同样长度的删节号取代，船名则一律加上引号，但保持正体。

——————————————————。参谋总部的两位军官全力配合他们长官的号召；所以不幸的麦克马洪发现自己不再获得军方支援，只能靠他在外交部的随从人员打这场在阿拉伯的战争。

——————————————————。有些人显然对于让外人干涉他们的事务相当反感。另外，他们长期受压迫，光是这种磨练已足以使他们将繁琐的日常外交也视为男子汉的工作，所以当有更重要的事情待办时，他们却将之当成日常的小事。他们的声音微弱，互相欺瞒诈骗，惹得军方厌烦不已；而且对我们也不好，因为他们显然也让英国驻埃及行政首长失望，他的靴子——————————————————擦得不够干净。

温盖特自信对中东局势很有把握，他看出阿拉伯人的发展对这个国家很有利。不过在麦克马洪饱受抨击后，他也和麦克马洪划清界限，伦敦当局同时开始暗示，处理这么错综复杂的事，最好找较有经验的老手。

无论如何，汉志的情势江河日下。战场上的阿拉伯部队没有联络官，各谢里夫也无从得悉军情，没有人提供战术或战略的建议，也没有人尝试了解当地状况，善加利用当时盟军的资源。法国军事代表团（克莱顿基于谨慎，曾建议调派他们到汉志，借着让他们离开战场，在当地有事做，来安抚我们那些疑心重重的盟邦）获准执行一桩精心策划的密谋，要在吉达和麦地那对付侯赛因，他们打算向他和英国当局提出一些建议，设法让他被所有穆斯林视为叛徒。温盖特如今已是我们与侯赛因并肩作战的军事指挥官，他被劝诱派若干外国部队在位于麦地那与麦加之间的拉比格登陆，以防卫麦加，并防堵土耳其人重振旗鼓后由麦地那再往前推进。麦克马洪置身于众多顾问间，大感迷惑，并极力反对，结果让默里掌握了把柄。阿拉伯起义行动变得前途堪虞。驻埃及的参谋全都幸灾乐祸地向我们预言，这项行动不久便会夭折，侯赛因的脖子也会被吊在土耳其的绞刑台上。

我自己的日子也不好过。我在克莱顿队中担任上尉参谋官，隶属于默里的情报组，奉命搜集土耳其部队的部署状况并准备地图。基于个人志趣，除了这些资料外，我还附加了《阿拉伯公报》，那是一份报道中东政情的秘密周刊。克莱顿迫于需要，在阿拉伯局的军事方面对我的依赖日渐加深，这个负责外交事务的情报与战争幕僚的小单位是他正在为麦克马洪筹组的。后来，克莱顿被逐出参谋总部，默里从伊斯梅利亚调派情报官霍迪奇上校来接任。克莱顿一心想留我在他身边，由于他的新职显然用不上我，我看出他是一番好意，想设法让我别再处理阿拉伯事务。看来如果我想离开，便得立刻采取行动。我在提出请调后遭到拒绝，所以我采取迂回策略。我开始在电话中（总司令部在伊斯梅利亚，而我在开罗）向那些在运河区服务的参谋们找碴；我一有机会便挑他们在情报局所犯的缺失（不难！），并进一步吹毛求疵地在他们的报告中挑文法与修辞的毛病，借此激怒他们。

几天后他们已被我搞得怨声载道，最后决定不再容忍我。我趁机请十天假，表示斯托尔斯爵士在侯赛因的陪同下，正要到吉达做商务考察，我打算趁着假期与他在红海会面。他们都不喜欢斯托尔斯，当时也乐于将我打发走。所以他们立刻同意，并开始准备等我一回来就将我调去担任会闷出病来的闲差事。不用说，我不想让他们得逞，因为，我虽然乐于担任轻松的职务，却不愿让自己的才能闲置。所以，我去找克莱顿，并将情况向他说明。他安排总督府帮我打电报向外交部申请调到阿拉伯局。外交部会直接与陆军部交涉；驻埃及的指挥部在尘埃落定前，将毫无知悉。

于是斯托尔斯与我开心地一起出发。东方人深信，要穿越一座广场，最好迂回而行；我脱身的诡计就此而言也是相当东方的。不过我之所以这么做，是因为深信：如果阿拉伯人获得良好建言，起义活动必可成功。打从一开始我便是这行动的推动者，我对它充满期待。职业军人以服从为天职（英国军方对法国的阴谋仍不知情），这将使军方眼睁睁看着战斗计划被一些置身事外、无法感同身受的人破坏。不要是我们，主啊！

卷一
发现费萨尔

第八至十六章

　　我一直深信起义的悲惨局面主要得归咎于领导不当，甚或是缺乏领导人才，阿拉伯与英国皆然。于是我远赴阿拉伯半岛，与他们的大人物会面并加以评估。首先是麦加的谢里夫，我们知道他已年迈。我发现阿卜杜拉太精明，阿里太纯洁，扎伊德太冷漠。

　　随后我千里单骑去找费萨尔，在他身上发现一个领袖必备的热忱，而且也有足够的理智可以将我们的理念付诸实行。他的族人看来足堪托付重任，他的山脉则可当天然屏障。故而我喜不自胜又满怀信心地回埃及，向我的上司回报：麦加所依恃的防御不是在拉比格所设的障碍，而是费萨尔来自沙布山脉的侧翼威胁。

第八章　航向沙特

停泊在苏伊士运河外等待的是"拉马"号，一艘改装的小型定期客轮。我们搭乘这艘船立刻起程。这么短的行程搭军舰，对我们这些旅客而言也算赏心乐事。然而，此时却有点尴尬。我们这支由各路英雄好汉组成的队伍，似乎打乱了船员原来的作息。低阶士兵将床位让给我们过夜，白天我们则挤在他们的客厅高谈阔论。斯托尔斯向来我行我素，也不管是否有旁人在场。今天他比平常更狂傲，两度环顾甲板，不屑地说："没有一个值得交谈的。"然后大摇大摆地坐在两张舒适的安乐椅中的一张，开始与阿齐兹·马斯里（坐在另一张安乐椅内）畅谈音乐家德彪西。阿齐兹原本在土耳其军中官拜上校，如今则是侯赛因麾下的将军。他正要前往麦加，与侯赛因讨论他正在拉比格训练的阿拉伯正规军之装备。几分钟后他们撇下德彪西不谈，开始将瓦格纳贬得一文不值：阿齐兹用流利的德文，斯托尔斯则用德文、法文、阿拉伯文。舰上的官兵都觉得他们谈的内容根本不值得讨论。

我们如往常般平稳地航向吉达，红海的天气风和日丽，船航行时不觉得热。白天我们就躺在阴凉处；晚上则大部分时间在星光点点、和风徐徐的甲板上四处闲晃。当我们终于在港外下锚时，阿拉伯半岛的热气才开始如利刃出鞘，热得我们说不出话来。当时日正当中，东方的太阳在正午会和月光一般，照得令人辨不出颜色。放眼望去只能看出明亮处与阴暗处、白色的房子与黑色的街道，前方是港内苍茫耀眼的蒸汽，后方是无垠无际的黄沙，直延伸到远方一座在热气中若隐若现的小山山脚下。

吉达北方有另一片黑白相间的建筑物，随着船只下锚时的起伏，在海市蜃楼间像活塞般上下浮动，时断时续的阵风使空气中的热浪不断转向。看起来与感觉起来都很可怕。恶劣的天气与有碍健康的航程——汉志在起义期间能高枕无忧的两大因素，已让我们开始觉得后悔。

新任的英国驻阿拉伯代表威尔森上校已派他的汽艇来迎接我们。我们直到登岸，才了解刚才看到的人都是浮在空中的幻影。半小时后，领事馆的东方事务助理鲁希开怀迎接他的老长官；新上任的叙利亚警察与港区内的军官，包括一支仪仗队，则在码头上列队向阿齐兹·马斯里致敬。据报，侯赛因的次子阿卜杜拉刚刚进城，我们要会面的人正是他，所以我们来得可真是时候。

我们走过石造的白色水门，穿越市场的狭小巷道，走向领事馆。成群的苍蝇像灰尘般在空中飞舞，由人们身上飞向椰枣再飞到肉块上，光束由遮阳布的破洞射入那些阴暗的小摊角落。整个环境看来像是间大浴室。斯托尔斯在"拉马"号的安乐椅上坐了四天，椅背的红皮革染红了他的白上衣及长裤，鲜明耀眼，这时他满身是汗，使得这些鲜红斑点像是涂上了亮光漆。我只顾着端详他，没注意到自己的卡其衫也因汗流浃背，而使与身体接触的部位都变成深褐色。斯托尔斯很想知道，如果前往领事馆的路程够远，我是否会全身湿透，让衣服颜色更均匀；而我则在想，待会儿他一坐下来，他坐过之处是否也会和他身上一样变成鲜红色。

不过领事馆一下子就到了，无法验证。威尔森坐在阴暗的房间内，身后有一扇格子窗，可迎接海风的吹拂。他是个坦诚而率直的英国人，态度不大自然地接待我们，并对斯托尔斯那种艺术气息不大苟同。他在开罗与我接触时，曾对我们穿阿拉伯服装是否有失体面，与我有不同看法。我只说这些衣服穿起来不舒服，他则觉得我们不该穿这种衣服。尽管对我们的言行有点意见，威尔森还是公事公办，他已经安排妥当与阿卜杜拉的会谈，并愿倾全力支援我们。更何况，我们好歹也是他的客人，而东方的待客之道很契合他的精神。

阿卜杜拉骑着一匹白色雌马，带着一群全副武装的徒步仆从，沿路接受镇民默默地致敬，态度温和地前来与我们会面。他因在塔伊夫打了场胜仗而眉开眼笑，满脸红光。我是首次与他碰面，斯托尔斯则和他是老朋友，而且交情深厚。然而，他们交谈不久后，我便怀疑他可能平常也同样笑口常开。他的眼光闪烁不定；虽然年仅三十五，已臃肿发福——或许是笑多了，心广体胖。对阿卜杜拉而言，生活似乎是一件乐事。他身材矮壮，皮肤白皙，褐色胡子修剪得极为整齐，遮住他光滑的圆脸与薄小的唇。他的态度坦率，或许是矫揉造作的坦率，初见面时很迷人。他毫无架子，轻松地与众人谈笑风生，然而，当我们讨论到严肃的议题时，他的开朗面纱似乎立刻消失，开始字斟句酌，滔滔雄辩。当然，他是与对于对手要求较高的斯托尔斯在讨论。

在阿拉伯人眼中，阿卜杜拉是个高瞻远瞩的政治家，也是个精明的政客。称他精明当然不为过，但仍无法精明到使我们相信他的真诚。他的野心非常明显。传闻中他是他父亲及阿拉伯起义运动的智囊，不过他看来似乎志不止于此。阿卜杜拉的目标当然是争取阿拉伯独立，并建立阿拉伯国家，不过他也有意将这打出来的新兴国家成为他们家族的天下。所以他留意我们，并经由我们来迎合英国人的口味。

在我们这一方，我则是实事求是地端详他、评估他。侯赛因的起义这几个月来发展不尽如人意（按兵不动，这在非正规战争中是惨败的前兆），我怀疑问题出在缺乏领导才能；不是知识，也不是判断力或政治智慧，而是足以燃烧整片沙漠的热忱之火。我此行的主要目的是找出起义的主要精神领袖，并评估他有无能力让起义达到我所预期的目标。我们与阿卜杜拉谈得越久，我就越确定阿卜杜拉太沉稳、太冷静、太幽默，无法当先知——尤其是能领导革命成功的武装先知。他的价值或许在于成功后的承平时期。在需要全力投入、牺牲、奉献的奋战期间，阿卜杜拉太复杂，不适合单纯的目的——虽然现在的他也不容忽视。

我们首先与他讨论吉达的现况，为了让他在这初次会面时能放松心情，我们谈论些无关紧要的侯赛因的施政话题。他答道，以他们的文人政府而言，这场战争打得很吃力。他们在城镇中完全沿袭土耳其的行政制度，以较小的规模继续推行。土耳其政府通常对有权有势者相当礼遇，让他们拥有许多特权执照。结果，导致汉志地区许多拥有执照者不希望由阿拉伯人接掌大权。尤其在麦加与吉达，舆论一面倒地反对建立阿拉伯国家。社会大众都是外国人：埃及人、印度人、爪哇人、非洲人及其他国家的侨民，很难认同阿拉伯人建国的心愿，尤其是由贝都因人来倡导；因为贝都因人一向沿路打劫陌生人，或抢家劫舍，与城里的居民素来水火不容。

贝都因人是侯赛因唯一能掌握的战士，起义也得靠他们的支援。他给他们提供足够的武装，支付军饷，并在这些战士离家期间供养他们的家人，还向他们雇用骆驼载运补给品至战场。结果，乡野地区繁荣富裕，城镇地区则日渐萧条。

令都市居民觉得委屈的另一因素是法律。土耳其的民法已废除，改为采用旧有的宗教法，完全依照《古兰经》的规矩行事。阿卜杜拉笑着向我们解释，假以时日，他们应该可以在《古兰经》中找到适用于现代商业行为的论点，例如银行业与汇兑业。当然，在找到之前，都市居民因废除民法而造成的损失，也正是贝都因人的收获。侯赛因已默许恢复旧式的部落规矩。贝都因人发生争执时，可向部落中的执法者申请仲裁。这是由最孚众望的家族世袭的职位，每户人家每年要付他一头羊当酬金。这些仲裁者依习俗及先例来判案，审理过程完全公开，免诉讼费。如果是两个不同部落的人发生纠纷，则由双方共同推举彼此都能接受的仲裁者，不然就得由第三个部落的执法者代劳。如果案情太复杂且相持不下，则还要再找四位陪审员——两位由原告从被告家族中挑选，另两位由被告从原告家族中挑选。最后总是在全体无异议通过后，才算定案。

我们思索着阿卜杜拉所描绘的情景，悲伤地想着伊甸园，及如今已在伊甸园外的墓中长眠的夏娃，以及她给凡夫俗子带来的损失。然后斯托尔斯要我也加入讨论，要求阿卜杜拉向我们说明他对战况的看法，让我进入状态，以便向埃及的总部汇报。阿卜杜拉立刻满脸肃穆，并说要敦促英国立刻对这件事表示关切，他还将他的想法条列如后：

由于我们未能切断汉志铁路，导致土耳其得以在麦地那重振旗鼓。

费萨尔已被迫由麦地那撤退。敌军正在筹组一支机动部队，准备进军拉比格。

由于我们的疏忽，山区的阿拉伯部队缺乏补给品、机枪及大炮，无法支撑太久。

马斯路哈尔卜族的族长侯赛因·马贝里格已投效土耳其。如果麦地那的土耳其机动部队开拔，他们也会同行。

仍得由他父亲领导麦加人民，为圣城作殊死战。

这时候电话铃响了，侯赛因要与阿卜杜拉谈话。阿卜杜拉向他禀报我们刚才的谈话，他立刻表明必会誓死守城，土耳其想进入麦加必须踏过他的尸体才行。电话挂断了。阿卜杜拉面带微笑，问道，要避免这种惨剧发生，能否调派一旅由穆斯林组成的英军戍守苏伊士运河，以便在土耳其从麦地那发动攻势时，立刻前往支援。还有，我们对这提议有何看法。

我回答：首先，依先例来看，侯赛因曾要求我们不要切断汉志的交通线，因为他若打胜了，侯赛因自己也需要由这条铁路进军叙利亚；其次，实际上我们曾运送给他爆破用的炸药，他悉数退回，并附上一张纸条表示让阿拉伯人使用太过危险；第三，具体地说，费萨尔不曾向我们提出供应装备的要求。

至于调派部队支援拉比格，这问题很复杂。船只数量有限，我们不能让船空着，无限期地在苏伊士运河待命。英军中也没有穆斯林组成的部队。要筹组一旅英军是很繁重的工作，要花很多时间才能运送过来。拉比格这个阵地相当庞大，光是一旅的部队根本无力围堵由内陆绕过拉比格的土耳其机动部队。他们充其量只能在船舰炮火的掩护下防守海滩，而这一点让船舰执行即可，无需另派部队。

阿卜杜拉回答，光靠船舰其实已无法胜任了，因为达达尼尔之役已粉碎了英国海军所向披靡的神话。土耳其部队也不可能绕过拉比格，因为那是当地唯一的水源，他们必须到水井取水。调度一旅部队只是权宜之计，因为他已将他在塔伊夫打胜仗的部队由麦加往东移师麦地那。一旦他的部队就位，他便会下令阿里与费萨尔由南面与西面包抄，完成三路会师，重击麦地那，老天保佑，可望一举夺城。这期间，阿齐兹·马斯里也在训练由美索不达米亚与叙利亚招募来的志愿军，准备投入拉比格的战斗。要是我们能将在印度与埃及的阿拉伯战俘也调去支援，便足以接任这一旅暂时调来的英国部队的职务了。

我说我会将他的看法向埃及汇报，不过英国极不乐意将驻守埃及的部队调开（虽然他不认为苏伊士运河会受到土耳其的威胁），而且，派基督徒去保护伊斯兰教圣城更是强人所难；就如有些印度的穆斯林认为，土耳其政府可以恣意享用穆斯林的妇女，这是土耳其人不可剥夺的权利，印度穆斯林很可能会误解我们的动机与行为。我认为如果我能对局势及当地人的感受有进一步的认识，再据此向上汇报拉比格的问题，则替他表明他的观点时或许会更有说服力。我也表明想去见费萨尔，与他讨论他的需求，以及如果我们向他的部落提供补给品，他是否可持续防守他的山头。我想由拉比格沿沙坦尼路朝麦地那前进，直达费萨尔的阵营。

这时斯托尔斯也加入谈话，并全力支持我，表示由一个训练有素的观察员代埃及的英军总司令搜集完整的一手信息是至为重要的，并表示他派他的幕僚中我这个资历最完整、最不可或缺的军官前往，更证明默里将军对阿拉伯事务的高度关切。于是阿卜杜拉去打电话，试图征求他父亲同意让我前往。侯赛因满心狐疑地看待这个提案。阿卜杜拉向他解释这么做的若干好处，然后将话筒交给斯托尔斯，由斯托尔斯的三寸不烂之舌向老谢里夫游说。斯托尔斯滔滔不绝地雄辩，单就阿拉伯语的演说而言已足以令人侧耳倾听，他的表现也在如何应付满心狐疑又百般不愿的东方人这方面，替每位英国人上了一课。只要听他谈上几分钟，便无法拒绝他，以这次而言，他也游说成功。侯赛因再叫阿卜杜拉去听电话，授权由他写信给阿里，并建议如果他认为合适，而且情况正常，便可让我到沙布山脉找费萨尔。阿卜杜拉在斯托尔斯的影响下，将这仍有所保留的口信，变成直接以白纸黑字指示阿里要立刻将我安然送抵费萨尔营区。这对我而言是正中下怀，也是斯托尔斯所乐见的，于是我们休会用午餐。

第九章　凝滞之城

在前往领事馆的途中，吉达的景观让我们觉得赏心悦目。因此在午饭后，等气温稍微凉些，或者至少已过了正午，我们便在威尔森的副官扬的带路下，出去散步看风景。这位扬先生偏爱古文物，不喜欢现代制品。

这的确是一座颇具特色的小镇。街道都是小巷子，闹市的屋顶也是木制的，但其他地方的高大的白墙房屋则是露天屋顶。这些建筑有四五层楼高，横梁以桃红色碎布绑住，由底层到顶楼都以灰色木嵌板制的宽大弓形窗装饰。吉达没有玻璃，但是有很多精美的格子窗，有些在窗框的木嵌板上还有细腻的浮雕。门以厚重的双扇式柚木制成，雕刻很深，通常门上还有小门，以及豪华的铰链与铁制的叩门环。许多屋子涂有灰泥，较古式的房屋在门顶框及门侧框则有精细的石头直铺到可俯视庭院的窗户。

这些建筑作品像是狂放的伊莉莎白时代半露木建筑，带有雕梁画栋的英格兰柴郡风格，但是华而不实得极为离谱。房子正面有回纹图案，先刻好再涂上灰泥，看起来好像是用厚纸板裁割来当浪漫舞台剧的布景。每层楼都有凸出部分，每扇窗户各具特色地倾斜着，通常连墙壁也会倾斜。这里看起来像座死城，地面这么干净，这么安静。蜿蜒而平坦的街道上覆着一层湿沙，经年累月后凝固，踩起来像地毯般静悄悄。格子窗与隔音墙消除了所有声响。街上没有车子，也没有任何街道宽得可以行车，不见钉了蹄铁的牲畜，也没有熙来攘往的人群。一切都寂然无声，显得紧张兮兮，甚至鬼鬼祟祟。我们经过时，家家户户的房门立刻轻轻掩起。没有狗的狂吠声，没有喧闹的儿童。的确，除了集市地区之外，几乎没有人迹。我们偶尔遇见的几个人都很消瘦，虚弱得像是久病缠身，满脸刀疤，没胡子，眯着眼睛，小心地匆匆溜过我们的身边，没瞧我们一眼。他们穿着朴素的白袍，修剪整齐的头发上戴着无边的便帽，披着红色棉披肩，打着赤脚，这完全一样的装扮几乎像是制服。

气氛滞闷，死气沉沉。似乎没有生命迹象。这时不算酷热，空气中有股湿气，以及一丝历尽沧桑的气息，似乎是此地特有的味道：不像士麦那、那不勒斯、马赛那种充满热情的气息，而是一种经过长久使用，由许多人的鼻息与经年累月的澡堂热气及汗水味所累积成的。感觉吉达像是已经有好几年没经过强风的吹拂了，街上的气息一年到头都是同样的味道，从城市创立那天，直到那些房子倒塌前都一样。集市中没东西可买。

傍晚时电话响了，侯赛因要求与斯托尔斯通话。他问我们想不想听他的乐队演奏。斯托尔斯愣住了，问是什么乐队，并对他的风雅表示佩服。侯赛因解释，以前在土耳其统治下，汉志的总司令部有一支管乐队，每天晚上演奏给统帅聆赏；当统帅在塔伊夫被阿卜杜拉逮捕时，他的乐队也跟着被俘。其他战俘都被送到埃及监禁，唯独那支乐队例外，被留在麦加，演奏给他们的征服者听。侯赛因于是将话筒摆在桌上，而我们则郑重其事地一个个上前去听话筒中传来的四十五英里外的麦加王宫乐队演奏。斯托尔斯替众人表示感谢。侯赛因慷慨地表示，那支乐队会由武装部队护送到吉达来，在我们的庭院里演奏。"还有，"他说，"到时候你可以打电话给我，让我也能和你共享。"

第二天，斯托尔斯到阿卜杜拉位于夏娃墓园旁的营地去拜访他。他们一起巡视医院、军营、市政府办公厅，并接受市长的款待。其间他们也聊起金钱、谢里夫的头衔，以及他和其他阿拉伯王子的关系，还有这场战争的前因后果。两国使节该谈的都谈了。这些话题很沉闷，大部分时间我都借故离开，因为在早上与阿卜杜拉聊过之后，我认定他不是领袖的料。我们曾请他简单描述一下阿拉伯建国运动的起源，他的回答充分显露他的个性。他花了很长的时间描述塔拉特，也就是第一个以关怀角度和他谈起汉志动乱的土耳其人。塔拉特打算出兵镇压，并像在土耳其帝国的其他地方一样派兵驻守。

阿卜杜拉为了避免塔拉特出兵，草拟了一份使汉志的动乱和平落幕的计划，他知会基钦纳后没得到回应，于是将日期暂定于一九一五年。他打算召集所有部落聚餐，并暂时中止朝圣团进城。到时候参加聚餐者将包括土耳其的许多领导人，以及埃及、印度、爪哇、厄立特里亚、阿尔及尔等地的穆斯林领袖。他希望借着掌握这几千名人质，能引起列强的关切。他认为他们会对土耳其政府施压，以确保他们的国民安全。土耳其政府无力借军事行动对抗汉志，如果不向侯赛因让步，便得向外国承认它的无能。就后者而言，阿卜杜拉会直接与他们接触，并答应他们的要求，条件是要他们保证叛离土耳其。我不喜欢他的这个计划，在他不屑地说费萨尔听到后吓得请求他父亲不要这么做时，我倒暗自窃喜。这么说来费萨尔还不错，我这时寻找伟大领袖的期望已逐渐转移到他身上。

当晚阿卜杜拉来与威尔森上校共进晚餐。我们在屋前的台阶迎接他。他身后跟着他那群抢眼的家仆与奴隶，他们之后则是一群满脸胡子、容貌憔悴、愁眉苦脸的人，他们穿着褴褛的军服，拎着已失去光泽的管乐器。阿卜杜拉朝他们挥挥手，得意洋洋地宣称："我的乐队。"我们请他们坐在前院的长椅上，威尔森向他们递烟，我们则走向餐厅，餐厅阳台的百叶窗已拉开，饥渴地迎接海风。我们就座后，那支乐队在阿卜杜拉的家仆的刀枪戒护下，开始演奏令人心碎的土耳其曲子，每个人各吹各的，我们的耳朵被噪音吵得发疼，不过阿卜杜拉倒是自得其乐。

这场晚宴真是特别。阿卜杜拉本人原是土耳其议会副主席，如今是阿拉伯的外交部长；威尔森是苏丹位于红海省份的总督，也是英国驻麦加公使；斯托尔斯于戈斯特、基钦纳、麦克马洪之后，接任开罗的东方事务大臣；扬、柯其兰科克伦，还有我及几个跟班；赛义德·阿里是埃及陆军的将领，分遣舰队指挥官，奉席尔达 ① 之命前来协助阿拉伯；阿齐兹·马斯里如今是阿拉伯正规军的参谋总长，在以前是恩维尔的死对头，曾率领土耳其与塞努西的部队合力抵抗意大利，也曾是潜伏在土耳其军中的阿拉伯军官的首脑分子，专事打击"统一与进步委员会"，后因遵守《洛桑条约》② 而被土耳其判处死刑，但被《泰晤士报》及基钦纳勋爵所救。

我们被土耳其音乐烦死了，要求他们演奏德国曲子。阿齐兹走到阳台外，以土耳其话朝那支乐队高喊，要他们演奏些外国曲子。他们没什么把握地演奏着《德意志的土地高于一切》时，侯赛因正好由麦加打电话来，他也加入了我

---

① 席尔达，指埃及军队中的英国总司令。
② 《洛桑条约》，一九二三年七月二十四日在瑞士洛桑签订，为第一次世界大战后的最后一款和约，终结了这次大战。和约双方为土耳其和协约国。合约中承认土耳其共和国现在的疆域，而且土耳其不再享有前阿拉伯省份统治权，也要认可英国拥有塞浦路斯和意大利对多德卡尼斯群岛的统治权等。

们的音乐飨宴。我们要求多演奏几首德国曲子，于是他们演奏《一座坚固的城堡》。演奏到一半，音乐声逐渐变弱，只剩有气无力的鼓声。鼓皮在吉达潮湿的空气中膨胀。他们要求生火，于是威尔森的仆人与阿卜杜拉的侍卫抱了些干草与纸箱给他们。他们将鼓拿到火堆前翻动烤热，然后开始演奏他们所谓的"仇恨圣歌"，虽然我们都听不出这首歌有欧洲旋律。赛义德·阿里转身告诉阿卜杜拉："这是死亡进行曲。"阿卜杜拉瞪大了眼睛。这时斯托尔斯立刻插嘴打圆场，说了几个笑话化解僵局。我们将没吃完的菜肴送给那些愁眉苦脸的音乐家充当奖赏，他们对我们的赞美毫不领情，只恳求我们送他们回家。隔天早晨我搭船离开吉达，前往拉比格。

第十章　前往麦加

印度军舰"北河"号停泊在拉比格。阿里的联络官帕克上校在舰上，他替阿卜杜拉送信给阿里，下达他父亲的"指示"，要他立刻送我去见费萨尔。阿里有点举棋不定，但又身不由己。因为他与麦加联络的唯一途径是由船舰拍电报，而他觉得通过我们来传达他的抗议很没面子，所以只好将就，替我准备坐骑，提供他自己最出色的骆驼，配备他自己的鞍座，还披挂着内志出产的豪华皮革鞍套及坐垫，上头镶饰得五彩缤纷。至于信得过的护送人员，他挑的是哈瓦辛哈尔卜族的塔法斯·拉希德和他的儿子。

在巴格达的幕僚人员努里·赛义德的协助下，阿里亲切地替我张罗一切。努里曾在开罗病倒，我照顾过他。他如今是阿齐兹·马斯里正在训练的正规军的副指挥官。另一位在场的是秘书法伊兹·古赛因，他是来自豪兰的索路特族族长，也曾是土耳其政府官员，在战时取道亚美尼亚逃到巴士拉找格特鲁德·贝尔① 小姐。她附了一封很温馨的推荐函叫他来找我。

我对阿里本人甚有好感。他身高中等，瘦骨嶙峋，看起来比三十七岁的实际年龄苍老。他有点驼背，皮肤呈病黄色，褐色的眼睛大而深，鼻子细而勾，嘴角下垂，满脸愁容。他蓄了把稀疏的黑胡子，手很纤细。他的举止雍容华贵，令人肃然起敬，但为人很率直。他给我的印象是像个翩翩君子，正直，个性温和，神经质，无精打采。病弱的体质（罹患肺痨）使他喜怒无常。他学识渊博，精研法律与宗教，虔诚得近乎狂热。他太清楚自己的高贵血统，不愿太过招摇；他的本性太纯洁，不愿去看穿或怀疑他身旁的人是否别有居心。他因此常被身边的人吃定，而太敏感的个性也不适合当伟大的领袖——尽管心地善良纯洁，做事光明磊落，与他实际相处过的人都很敬爱他。如果费萨尔当不成

---

① 　格特鲁德·贝尔（1868—1926），英国旅行家，进行过两趟环球之旅。一八九七年，她开始学习阿拉伯语和考古学。她对阿拉伯地区和民族的丰富知识，使得她于第一次世界大战期间被英国情报局延揽入局，稍后成为巴格达最高指挥官的东方秘书。

先知，则起义领袖的重责大任必会落在阿里肩上。我认为他比阿卜杜拉或他同父异母的弟弟扎伊德还具有阿拉伯特质。扎伊德正在拉比格协助阿里，也陪着阿里、努里和阿齐兹到棕榈树林替我送行。扎伊德是个羞涩、白皙、未长胡子的少年，大约十九岁，轻浮不懂礼数，对起义也兴趣索然。事实上，他母亲是土耳其人。他一直在后宫成长，所以对阿拉伯的复国运动无法认同。不过他今天已尽力表现得和蔼可亲，比阿里还亲切，或许是因为他并不会为我这个基督徒竟然在麦加埃米尔的允许下要前往圣城而觉得愤慨。当然，扎伊德比阿卜杜拉更不适合当我寻寻觅觅中的天生领袖人选，然而我很喜欢他，而且看得出等他找到自己的路之后，必会是个果断坚决的人。

阿里不肯让我在天黑前出发，以免被他的手下看到我离营。他对我此行守口如瓶，连家奴都不肯透露，并给我一件有头套的阿拉伯斗篷，让我将自己及军服裹住，如此我在黑暗中骑骆驼的身影不致被认出来。我没带食物；所以他吩咐塔法斯带我到距此约六十英里的第一个落脚处谢赫井用餐，再三叮咛塔法斯沿途不要让人盘问我，并且要避开所有的营地与行人。住在拉比格地区的马斯路哈尔卜族只在口头上听从侯赛因，他们真正效忠的主人是侯赛因·马贝里格，他是王族中极具野心的谢里夫，一直觊觎麦加埃米尔的宝座，并曾与他公然决裂。他如今已成亡命之徒，住在东部山区，据说和土耳其暗中勾结。他的族人并不是特别亲土耳其，但都唯他马首是瞻。如果让他得悉我的行程，他很可能会派一支人马在我通过他的地盘时中途拦截。

塔法斯是哈尔卜族中班尼萨利姆支系的哈济米族人，所以和马斯路族向来不睦。这使他和我站在同一阵线。只要他答应护送我去见费萨尔，我们便可以充分信赖他。对阿拉伯的部落民族而言，沿路同伴的忠诚极为重要。向导得向重感情的舆论负责，必须以他的生命来保证同伴的存活。有位哈尔卜族的人曾答应护送一位叫休伯的人到麦地那，后来发现他是基督徒后，在拉比格附近背信杀了他，结果受到舆论制裁，而且虽然宗教偏见对他有利，他仍被放逐到山区，孤苦伶仃地过着悲惨的日子，亲友皆与他断绝往来，也不准他娶任何族人的女儿。所以我们可以信得过塔法斯和他儿子（也叫阿卜杜拉）的善意，阿里也一再耳提面命，以确保他们能全力以赴。

我们穿越那片像围篱般环绕着拉比格村中屋舍的棕榈树林，然后沿着帖哈马，在星光下走入绵延数百英里的沙漠。白天这地区酷热难耐，缺乏水源更使其不适合行路。然而非走这条路不可，因为较阴湿的山区太过崎岖，不适合载重的牲畜南北奔波。

在拉比格经过一整天冗长的讨论后，凉意袭人的夜晚令人心旷神怡。塔法斯默默在前面带路，骆驼静悄悄地踏过柔软平坦的沙地。我边走边思忖着，这条路在无数世代以来，都是朝圣的必经之路，北方的人们由此前往圣城朝拜，诚心带着礼物到圣殿；阿拉伯起义可谓是朝圣之旅的回程，往北折返，回到叙利亚，以一个理想回报另一个理想，以对自由的信仰回报他们昔日在宗教上的信仰。

我们持续走了数小时，过程一成不变，除了偶尔骆驼会陷入沙坑，挣扎一下，使鞍座咯吱出声：这表示这地区已成为吹积沙床，到处是凹凸不平的小洞，因为植物无法在根部凝聚土堆，漩涡状的海风又将沙面刮成坑坑洞洞。骆驼在黑暗中行走显然不大稳当，星光下的沙面又看不出阴影，所以很难辨识路面的沙堆与坑洞。我们在午夜之前停下来，我用长袍将自己紧紧裹住，找了个适合我身材的洞钻进去，直睡到将近天亮。

塔法斯一察觉空气变冷，天气似要转变，便立刻起身，两分钟后我们已再度上路。一个小时后，天已大亮，我们走过一片几乎全被黄沙掩埋的熔岩裸露处。这片熔岩与汉志海边的主要熔岩区相连，就在我们右手边的熔岩区西侧，也造成沿岸道路如今的模样。这片裸露处全是石块，不过一下子就过了。两侧都是隆起的蓝色熔岩，塔法斯说，站在那些隆起的熔岩上，可以看到海中的船。朝圣团在路上堆起路标，有些是个人设的石堆，只是两三颗石头堆叠而成；有些则是众人共同堆成的，每个想参与的行人都可以摆颗石头上去——不知用意何在，或许只是依样画葫芦，也或许他们知道用意。

越过了丘陵，道路往下延伸到迈斯图拉，这是一片宽阔空旷的区域，也就是富拉河谷流经的平原。地面上有无数偶尔交错的纵横沟渠，才几英寸深，乱石遍布，在塔雷夫下大雨时，洪水大作，这些水道便会成为汹涌的河流，奔流入海。眼前这块三角洲宽约六英里。在某些下游地区，每隔几十年才会有水流一两天，甚至一两个小时。地下则有充沛的水分，由表层的沙隔绝太阳的热气。荆棘植物与灌木丛便是借这地下水滋长茁壮。有些树干直径达一英尺，高度可达二十英尺。这些树木与灌木一簇簇地生长，较低的枝芽都被饥饿的骆驼啃光了，看起来像是经过预先规划而修剪过的，这在荒野中看来相当诡异，因为帖哈马一向是不毛之地。

塔法斯告诉我，往上游走两小时，便可到达富拉河谷由最后一座花岗岩山区流出的咽喉。当地有一座小村落胡雷巴，有河道、水井及棕榈树林，住着一些以前是奴隶、如今以种植椰枣树维生的自由人。这一点很重要。我们原本不了解，富拉河谷的河床还可充当由麦地那附近通往拉比格附近的捷径。此地位于费萨尔的山区阵地东南方甚远处，他一定无法顾及。还有，虽然此地在补给上很可能影响拉比格，阿卜杜拉却没有警告我们有胡雷巴这个村落的存在，敌军在此有水源，又不受我们的干扰，我们军舰的炮火也打不到。土耳其可以在胡雷巴集结大批兵力，攻击我们准备调到拉比格的部队。

在我的继续追问下，塔法斯透露，在拉比格东方山区的哈贾有另一处水源地，是马斯路族人的地盘，如今是他们亲土耳其的族长侯赛因·马贝里格的大本营。土耳其人可以将该处当成他们由胡雷巴推进至麦加的中继站，丝毫不用惊动在他们侧翼的拉比格。这意味着英军将无法由土耳其手中抢救麦加。为了使敌军无法使用这三处水源地，必须有一支前锋可涵盖半径二十英里的部队。

这时我们在朝阳中催促骆驼加快脚步，在树林间较好走的沙砾河床上赶路，去往迈斯图拉的水井，也就是由拉比格朝圣的第一个休息站。我们可在当地补充饮水，并小憩片刻。我的骆驼让我相当满意，因为我从没见过这么好的骆驼。埃及没什么像样的骆驼；在西奈沙漠的骆驼虽然健壮又吃苦耐劳，却不像这些阿拉伯王子华贵的坐骑，它们没学过要如何走得既平稳又快速。

然而它的才能今天大都浪费了，因为它是供熟稔窍门并懂得如何要求的驾驭者骑的，像我这种只想被驮运，对如何驾驭毫无头绪的人着实浪费了它的才干。要坐在骆驼背上不摔下来不难，但要懂它的特性，并充分善用它的才能，使它长途跋涉也不会疲惫，则是一门深奥的学问。塔法斯边走边教我窍门：事实上，这也是他愿意开口谈的少数几项话题之一。他奉命不得让人与我交谈，似乎使他自己也三缄其口。真可惜，因为我对他的方言很有兴趣。

我们在相当接近迈斯图拉的北岸时找到一口水井。井旁有几片已成废墟的小屋石墙，墙边有几处可供遮阴的树枝与棕榈叶，有几个贝都因人就坐在树下纳凉。我们没上前与他们打招呼。塔法斯反倒掉头骑到石墙边，然后跨下骆驼。我坐在树荫下，塔法斯和阿卜杜拉（他儿子）牵骆驼去喝水，并舀了些水给他们自己和我喝。这口井很老旧，也很宽广，井口堆砌着整齐的石块，上头还有结实的顶盖。井深大约二十英尺，为了方便像我们这种没带绳子的旅客，还以石块砌了一道烟囱状的方形通道，有扶手及阶梯，让人可以走下去舀水注满羊皮水袋。

很多人无聊得往通道乱丢石块，使得水井的底部有一半已塞住，因此水量不丰沛。阿卜杜拉将他的宽大袖口绑在肩头，长袍的下摆塞入腰带，在水井内爬上爬下，每次都提四五加仑的水上来，他将水倒入井边的石槽内供我们的骆驼饮用。每只骆驼大约喝了五加仑，因为前一天在拉比格已经喂过水了。然后我们让它们去闲晃一阵子，我们则悠闲地坐着，呼吸着由海边吹来的微风。阿卜杜拉抽了根烟慰劳自己的辛劳。

几个哈尔卜族人赶了一大群骆驼走过来，并开始喂它们喝水，他们派一个人下水井去舀水装满一口皮制的大水桶，然后其他人依序接力往上递，边传水边大声吆喝不已。我们望着他们，默不作声，因为他们是马斯路族，而我们则是班尼萨利姆族，虽然两族目前相安无事，也可以在对方的地盘内通行无阻，但这只是暂时和解，让侯赛因得以继续与土耳其对抗，并非两族真已化干戈为玉帛。

正当我们望着他们时，有两个人骑着纯种的骆驼飞快地由北方朝我们这方向过来。两人都很年轻，一个穿着鲜艳的克什米尔羊毛长袍与丝质刺绣厚头巾，另一个穿得较为朴素，白色棉长袍，红色棉头巾。他们在水井旁停下来。衣着较华丽的那一位优雅地滑下来，不用使他的骆驼跪下来，并将缰绳递给同伴，随口说道："喂它们喝水，我到那边休息一下。"然后优哉地走过来，装作若无其事地瞄了我们一眼，坐在我们这片墙下。他递给我一支草草卷成的烟，说：

"阁下是由叙利亚来的？"我客气地回避他的问题，反问他是不是麦加来的，他也没有正面回答我。我们聊了些关于战争和马斯路族的母骆驼很纤瘦的话题。

这时他的同伴站在一旁，茫茫然挽着缰绳，或许是在等那些哈尔卜族人喂完他们的骆驼。那年轻的大人叫道："怎么了，穆斯塔法？还不快去喂它们。"那仆人无奈地上前回答："他们不会让我喂的。""老天！"他的主人怒不可遏地咆哮着，跃身而起，扬起他的马鞭，朝可怜的穆斯塔法的头与肩膀挥打了三四下。"去求他们。"穆斯塔法看来满脸委屈、震惊、愤怒，好像想还手，但想了想还是忍下来，朝水井跑过去。

那些哈尔卜族人被这一幕吓住了，同情地挪出一个位置，让穆斯塔法用他们的水槽喂那两峰骆驼。他们低声问："他是谁？"穆斯塔法回答："我们大人是侯赛因的表弟。"那些人一听，立刻跑到他们的鞍座前取出一个包裹，将里面的绿叶与嫩芽摊开在两峰骆驼面前。他们经常在树下铺一块布，再用木棒挥打较低的树枝，借此收集树叶当骆驼饲料。

年轻的谢里夫满意地望着他们。待他的骆驼水足叶饱后，他毫不费劲地缓缓跨上骆驼的脖子，再坐入鞍内，悠闲地、油腔滑调地向我们告别，并请求神赐福阿拉伯人。他们也祝他旅途愉快。然后他往南离去，这时阿卜杜拉也牵起我们的骆驼，我们起身北行。十分钟后，我听到老塔法斯的窃笑声，也看到他长满灰胡子的脸上挤满了笑纹。

"你怎么了，塔法斯？"我问。

"大人，你可看到刚才在井边的那两个人？"

"就是那个谢里夫和他仆人？"

"是的。不过他们其实是封邑在莫狄革的阿里·伊本·侯赛因和他的表弟穆赫辛谢里夫，两人都是哈里斯的贵族，他们与马斯路族人是不共戴天的死敌。他们担心如果那些阿拉伯人认出他们，可能会被耽搁，或被驱离水井，所以装扮成由麦加来的主仆。你可看到穆赫辛在被阿里鞭打时有多火大？阿里是个鬼灵精。他才十一岁大时便离家出走，投奔他一个靠劫掠朝圣团为生的抢匪叔叔；他跟着叔叔抢劫了好几个月，才被父亲抓回去。他在麦地那一开战便投效我们的费萨尔大人，率领亚提巴族在阿尔与德威希井的平原间出生入死。那都是骑骆驼的遭遇战。阿里不准身手不如他的人加入他的部队，他可以跟在骆驼身边奔跑，一手抓着步枪，另一手扶着鞍座，然后飞身跃上骆驼。哈里斯一带的子民都是战斗之子。"这是这位老人第一次打开话匣子，叽里呱啦说个没完。

第十一章　沙漠群峰

塔法斯一边谈着，我们一边沿这片刺眼炫目的平原前行。此时几乎已不见树木，地面踩起来也较为松软。一开始地面是灰石砾，然后沙逐渐增加，细石逐渐减少，直到我们可以辨识偶尔出现的碎石片的颜色，有斑岩、片岩、玄武岩。到最后则几乎全是白沙，沙下才是较硬的地层。走在这种地面，像是专为我们的骆驼铺的地毯。沙粒晶莹剔透，在阳光下像小钻石般闪闪发光，不久便刺眼得令我受不了。我紧蹙着眉头，将头巾往前拉，遮住眼睛，看起来像只海狸，试图挡住由地面浮升、直朝我脸上扑过来的透明热浪。在我们前方八十英里处，位于延布后方的赖德瓦山的高峰若隐若现，山脚则被耀眼的蒸气遮住。不远处浮现轮廓模糊的黑斯纳丘陵，像是挡住了我们的去路。我们右边是班尼阿尤布山陡峭的棱线，高低起伏像锯齿，这是在帖哈马与麦地那周围的陡坡及高原之间最先出现的群山。班尼阿尤布山往北延伸后，逐渐缩成较小的蓝色山脉，看起来较柔和。这些山脉之后是如阶梯般一峰高过一峰的高耸群山。红彤彤的太阳这时看起来像低悬着，在峰顶布满奇岩怪石的沙布山脉高耸的主峰间爬升。

不久后我们转朝右走，离开朝圣团走的道路，抄捷径沿一道玄武岩缓升坡前进，岩面埋在沙底下，直到最高处才露出地面。此地水分充足，斜坡上长满硬草与灌木丛，有些绵羊与山羊在山坡上吃草。塔法斯指着一块石头要我看，那是马斯路族的地界。他苦笑着告诉我，他总算回到家，置身于他族人的地盘，可以松口气了。

一般人将那片沙漠视为不毛之地，谁想要便可以拥有。事实上每座山及山谷都各有其主，不容别人入侵。连水井与树木都有主人，他们可以允许别人视实际需要汲水或伐木，但如果有人想占有这些财产，或为私利而擅自使用，他们就会立刻挺身而出。沙漠被视为共有财产，大自然与其间的万物都可以让每个友善的熟人自由取用所需，但不得逾越。必然的结果是这种有权使用仅限于沙漠中的人，而他们对未经介绍或保证的陌生人皆冷酷无情，因为公共安全是亲戚间的公共责任。塔法斯在他自己的家乡，肩上保护我安全的重担就轻了些。

　　山谷的轮廓已非常清晰，有沙与石砾的洁净地表，偶尔还有大洪水冲刷来的大圆石。有许多灰色与绿色的金雀花丛，看来赏心悦目，也很适合当柴薪，不过不适合当牧草。我们平稳地下坡，直到再度进入朝圣团的主要道路。我们便沿这条路直走到日落，这时我们看到谢赫井。在晚餐的炊烟袅袅上升的薄暮时分，我们骑着骆驼步入村中宽广的街道并停了下来。塔法斯走入二十间破茅屋中的一间，经过几句低声细语与一阵沉默后，他买了些面粉，掺水后揉成两英寸厚、八英寸宽的面饼。他把这块面饼埋入一位当地妇人拿给他的一堆柴火灰烬中，他与那妇人似为旧识。待面饼煨熟后，他将之从柴火中抽出来，抖落上头的尘垢。然后我们分享这块面饼，阿卜杜拉则自顾去买烟草。

　　他们告诉我，当地有两座砌着石头的水井，在南面斜坡的山脚，但我不大想去探视，因为骑了一整天，我尚未习惯的肌肉酸痛不已，大漠的热气更蒸得我苦不堪言。我的皮肤都起了水泡，强光照在沙面及小石头后反射的刺眼光线，也使眼睛疼痛难耐。这两年来我一直待在开罗，整天坐在办公桌前，或在一间拥挤嘈杂的办公室内用心思考，每天有忙不完的公务，但只是案牍劳形，除了每天在办公室与旅馆间来回外，并没耗费什么体力。结果这一趟走下来，环境变化太过激烈，因为我没时间让自己逐渐适应阿拉伯的炎阳，以及骑骆驼长途跋涉的枯燥。今晚还得赶赴另一个休息站，明天还得再骑一整天，才能到达费萨尔的营地。

　　所以我很庆幸能有这么一个小时来烹炊及采购，随后我们同意再休息一个小时。休息时间结束后，无奈地再度上路，在伸手不见五指的情况下翻山越岭。一道道夜风拂过，在狭窄盆地内吹的是热风，在旷野则是清新的空气。地面此时想必已是沙地，因为沿路走来静悄悄的，我的耳朵也就因为一直竖耳聆听而疼痛不已。另外，这应该是平坦的沙地，因为我一直打盹，在睡着后几秒钟才猛然醒来，凭着本能紧抓住鞍座，才维持住差点失去的平衡。天色太暗，地貌又太单调，使我无法撑起千斤重的眼皮。午夜过后许久我们才停下来打尖。在塔法斯帮我安顿骆驼时，我早已裹着长袍窝在一个最舒适的小洞里呼呼大睡了。

三小时后我们再度出发，在残月的微光中上路。我们沿着马瑞德河谷前进，此地的夜色一片死寂闷热，两旁陡峭的山岭在燥热的空气中显得黑白分明。树林浓密。在我们经过狭长的路段进入开阔地区时，黎明终于到来，空地上有一股令人不安的风在打转，在尘土中不断地变换方向。天色越来越亮，这时已可看到哈沙尼井就在我们右方。褐色与白色的小小屋宇排列得很整齐，为了安全而建在一起，看起来像玩具积木，在后方沙布山脉悬崖绝壁的阴影衬托下，显得比沙漠更孤绝。我们四下张望，期待有人会推门而出。这时阳光已露脸，高低起伏的悬崖耸立在我们头顶数千英尺上方，在强光的照射下，与泛白的苍穹相映，显得格外抢眼。

我们继续穿越这座气势磅礴的山谷。一位老年人由房子中走出来，骑着骆驼加入我们。这位聒噪不休的老人自称名叫哈拉夫，太过亲善了。他在如连珠炮般喋喋不休许久后，才向我们问好；在我们也向他问好答礼后，他又设法想与我们交谈。然而，塔法斯不想与他为伍，因此都答得简短扼要。哈拉夫仍不死心，最后，他为了示好，弯下身，将手探入鞍座袋内，掏出一口上了釉漆的有盖铁锅，里面放了足够他前往汉志沿途食用的丰盛食物。那是昨天那种没加酵母的面饼，不过还热乎乎的，拿在手中都会碎裂，要先加奶油使其湿润，才不会捏得粉碎。然后加上砂糖，再像潮湿的锯木屑般抓起一把，以手指头揉成颗粒状。

我吃了一些，这是我首度尝试，塔法斯与阿卜杜拉则大快朵颐。哈拉夫慷慨过度，所以自己要挨饿了。活该，因为阿拉伯人认为，区区一百英里路就要带着食物上路，也未免太娘娘腔了。这时我们已打成一片，话匣子也再度打开。哈拉夫告诉我们最近的那场战役，及费萨尔前一天的败仗。费萨尔似乎在沙夫拉河谷的上游被赶出海夫，如今在哈姆拉，就在我们前方不远，至少哈拉夫认为他目前在那边。我们到达下一个村落瓦斯塔之后便可以确定。这场战役并不惨烈，不过受伤人员都是塔法斯与哈拉夫的族人。哈拉夫还将伤者的名字与伤处逐一念出来。

这时我环顾四周，兴味盎然地发现自己置身于一个新环境。昨晚在谢赫井的细沙与碎石已消失了。我们正在一座宽达两百至五百码的山谷中前进，谷中尽是石砾与泥地，相当坚硬，偶尔会出现几墩绿色的碎石堆。谷中有许多荆棘植物，其中有些是茂盛的相思树，高达三十余英尺，绿意盎然，还有不少落叶松与灌木丛，整体感觉像是一座管理完善的迷人公园，如今正笼罩在清晨的柔和阴影下。地面平坦而干净，鹅卵石的色泽五彩缤纷，整个景色像经过设计规划一般。而山岭的轮廓分明，更加深了这种感觉。两侧的山势不断爬升，峭壁高达上千英尺，都是褐色花岗石与深色斑石，还有粉红色斑点。最神奇的是，这些攀升的山岭全部坐落在纹理不规则的百英尺宽的岩石基座上，那种罕见的色泽显示上头长着一层薄苔藓。

我们沿着这片美景走了约七英里，到达一处低矮的分水岭，由一道细长的花岗岩隔断，如今看来只不过是不起眼的石块，不过以前无疑是一道屏障。它由一座峭壁延伸至另一座峭壁，斜坡不太陡的地方，甚至还远达山腰处。在中央，道路经过之处有两座像栅栏的小围墙。我问哈拉夫这道墙的用途。他的回答是，他曾到过大马士革、君士坦丁堡、开罗，也认识不少埃及名流。"你可认得那边的英国人？"哈拉夫似乎对我的来意与背景很有兴趣。他试着以埃及当地的惯用语来考我。在我以阿勒颇的方言回答后，他提起他认识的叙利亚名流。这些人我也认识。接着他将话题转到当地的政情，很有技巧、迂回、慎重地问我关于侯赛因及他儿子们的问题，以及我认为费萨尔会有何打算。这我自己也不懂，因此支支吾吾地避开这话题。这时塔法斯前来解围，改变了话题。后来我们才知道哈拉夫早已被土耳其人收买，经常向土耳其汇报经过哈沙尼井地区的阿拉伯部队动向。

经过分水岭后，我们进入水流丰沛的沙夫拉河谷，这山谷较荒凉、石头较多，山势也较不险峻。它与另一座山谷在西边相会处有一片茂密的棕榈树林，阿拉伯人称此地为杰狄达，是沙夫拉河谷中的几座奴隶住的村落之一。我们向右走，越过另一座马鞍形的山，然后下坡走几英里来到一座峭壁的角落。我们绕过峭壁，发现已到达寻觅许久的沙夫拉河谷中最大的村落瓦斯塔。瓦斯塔有一落落的房子，依附着两侧山腰河岸的冲积土而建，或搭盖在深凹的水道中像孤岛的岩堆上，这些水道也就是形成这河谷的源头。

我们在水道中的孤岛上前行，往河谷的另一岸走去。我们走过冬季洪水期的主要河床，那是一大片布满白色碎石与大圆石的区域，相当平坦。在两侧都是棕榈树丛的河床中间，出现一段清澈见底的水域，或许有两百码长、十二英尺宽，沙质底层，两旁都有十英尺宽的草地，花草繁密。我们在这水域歇息片刻，让骆驼饮水，在整天放眼望去都是阳光下耀眼的碎石后，突然看到绿油油的草坪，令我不由得抬头看看是不是太阳被云遮住了。

我们沿这片水域来到一处繁花似锦的园地，由此处起，流水在布满石头的河道中冲击而下。我们在树荫下绕过这园地到达另一座隐秘的村落。塔法斯带路顺着村中的小路走（那些房屋低得我们骑在骆驼上都可以看到他们的黏土屋顶），并在抵达较大的几栋房子中的一栋时停下来敲门。一个奴隶出来应门，于是我们各自跨下骆驼来。塔法斯牵着这些骆驼，解开它们腰腹处的系带，取出一包绿色饲料撒在门旁，然后带我进入房子的客房，一个阴暗洁净的小泥砖房，屋顶以半圆形棕榈木搭盖成，上头还铺着硬土块。我们坐在棕榈树叶编的席子上。这山谷中的白天很热。不久我们便一个个躺了下来。随后，屋外花园中的蜜蜂以及房内在我们面纱上盘旋的苍蝇的嗡嗡声，就像催眠曲似的，引我们酣然入睡。

第十二章　会　面

在我们醒来之前，屋内的人已替我们准备了面包与椰枣。椰枣是刚采的，汁甜味美，与我以前吃的完全不一样。这房子的主人是个哈尔卜族人，他和其他邻居一样，已投效费萨尔阵营；他的妻子儿女带着骆驼住在山里的帐篷中。沙夫拉河谷的阿拉伯部落民族住在村里的时间一年最多五个月，外出期间家园都交由奴隶照顾，这些奴隶和刚才端餐盘给我们的那个少年一样都是黑人，他们粗壮的四肢与圆胖发亮的身躯，置身于苗条瘦小的阿拉伯人之间，显得相当醒目。哈拉夫告诉我，这些黑人都是非洲人，从小被他们以游牧为生的父亲带到亚洲来，于朝圣期间在麦加被卖掉。他们长大成人后，身价可值五十至八十镑，并依个人身价决定他们受到的待遇。有些黑奴成为家仆或主人的贴身侍从；不过大部分被派到酷热难耐的有水的山谷中干活，阿拉伯劳工无法适应炙热的天气，但这些黑奴却在山谷中生根苗壮成长，替自己搭盖坚固的房舍，与女奴结婚，以劳力养家糊口。

他们人数众多——例如，在这个沙夫拉河谷中就有十三座他们搭建的村落比邻而居，所以也自成一个社区，自得其乐。他们的工作很辛苦，但监督很松，想逃脱也很容易。他们在法律上的地位很悲惨，因为他们无法向部落中的执法者或向侯赛因的法庭请愿上诉。不过基于舆论与个人利益，主人都不致虐待他们，而且伊斯兰教教义认为善待奴隶是积功德，所以奴隶到最后几乎都可以获得自由。他们在服务期间若能讨主人欢心，也可赚取零用钱。我就看到过这种拥有家产的奴隶，他们也认为过得心满意足。他们除了替主人种椰枣树外，自己也种甜瓜、葫芦、胡瓜、葡萄和烟草。阿拉伯生产过剩的椰枣都漂洋过海送到苏丹，换回五谷、衣服，以及非洲或欧洲的高级货品。

中午的热气稍散后，我们再度上马，沿清澈的小溪前行，直到溪水隐没于棕榈树园间。在那些树根之间，挖了些深达一两英尺的水道，这么设计是要将溪水由布满石头的水道引至树林间，让每棵树都可自行吸取水分。这条溪的源头是社区共同拥有，并依惯例决定每位地主每天可以使用的时段。溪水含有一点盐分，这对高级的棕榈树是不可或缺的。不过树林中各口水井的井水都是甘甜的。这些水井随处可见，只要挖到地下三四英尺深便可找到水源。

我们走的这条路通往村落的正中央及市集。商店中没什么货品，整个村落有一股已腐败的感觉。瓦斯塔在三四十年前相当繁荣（据说有上千栋房子），不过有一天大洪水侵袭沙夫拉河谷，棕榈树被连根拔起，有些围墙崩塌，有些用土块搭的房子也还原成泥土，造成村中不幸的黑奴家毁人亡。要是水土保持得好，也不致如此。然而，由于他们经年累月从正常的河道上挖土建造家园，使这场高达八英尺、连续奔流三天的洪水由原来的水道转向，流到沿岸。

我们来到距瓦斯塔不远的喀马，这是个有浓密棕榈树林的小村落，有一条支流自北流经其间。经过喀马后，山谷宽阔了些，平均大约有四百码（约三百六十六米），河床的质地是石砾与细沙，在冬雨的洗刷下，分布得相当均匀。山壁是光秃秃的红色与黑色岩石，山脊与棱线尖锐得像刀刃，而且如金属般反射阳光。看到这群秃山，便觉得草木扶疏的绿地弥足珍贵。这时我们已看到费萨尔的一群手下，以及他们正在吃草的骆驼。在我们到达哈姆拉之前，每块山岩或每片树林间都有军队扎营。他们大声与塔法斯打招呼，他这时再度精神抖擞，挥着手回应他们，加快速度结束护送我的任务。

哈姆拉在我们的左手边。村中大约有上百户人家，深藏在约二十英尺高的几座土堆间的花园里。我们涉过一小段浅滩，走入一片树林间的通道，到达一座土堆的顶端，在一栋矮而长的房子的庭院前让骆驼跪下。塔法斯朝门口一个握着银鞘剑的奴隶说了几句话。他带我进入内院，在院子尽头处的门口站着一个白色的身影，全神贯注地等待我的到来。我看了他一眼，便认定这就是我来阿拉伯想找的人——率领阿拉伯起义获得胜利的领袖。费萨尔看起来很高大，玉树临风，身材修长，穿着白色丝质长袍，褐色头巾上系着一条金红相间的艳丽彩带。他垂着眼睑；和他仍全神戒备的身体相较，黑色的胡子与苍白的脸庞像是一副面具。他双手在身前交叉，按在匕首上。

我上前向他致意。他带我进房间，然后坐在门口他的地毯上。待我的眼睛适应阴暗后，发现小小的房间里有许多默不作声的身影，有的凝神望着我，有的望着费萨尔。费萨尔一直低头看着自己的手，双手则缓缓扭搓着匕首。最后他温和地问我对这趟旅程有何感想。我提起难耐的酷热后，他问我出发处离拉比格多远，并认为以这季节而言，我的行程算快的。

"你可喜欢我们沙夫拉河谷这地方？"

"很喜欢，不过距离大马士革太远了。"

这句话对他们而言像一把利刃。房内一阵骚动。然后每个人都僵坐着，屏住气，沉默许久。或许，有些人在梦想着来日的胜利，其他人或许在想那正反映了他们最近吃的败仗。最后，费萨尔抬起眼，笑着望向我说："赞美神，有些土耳其人距离我们比较近。"我们与他会心一笑，然后我起身暂且告退。

第十三章　起义沿革

在枝叶繁茂的高大棕榈树下一片柔软的草地上，我发现有一座整齐的埃及陆军营地，指挥官是埃及少校纳菲·贝伊，他们奉温盖特爵士之命刚由苏丹调来协助阿拉伯起义。他们队上配制了重炮及几挺机枪，看来是一支精锐部队。纳菲是个和蔼可亲的人，虽然身体不适，而且对必须调到这偏远沙漠来打一场没必要又辛苦的仗颇觉忿忿不平，但对我倒是亲切而热忱。

埃及人安土重迁，热爱家乡，对置身异域总觉得是种苦难。以这次被调来阿拉伯而言，他们还得慈悲为怀地替别人而战，这使他们更是懊恼。他们必须代表阿拉伯人与土耳其人交战，而他们对土耳其人反倒较有好感。阿拉伯人是一个与他们讲类似语言但民族性截然不同、生活很原始的异族。阿拉伯人似乎对文明的恩赐有反感，不愿享受物质生活。好意试图改善他们的生活，反倒会引来他们喝倒彩。

英国人对自己信心十足，可以持续帮他们忙，不会怨声载道，但埃及人已失去信心。他们既没有对自己的国家尽义务的情操，也没有乐于助受难异族一臂之力的胸怀。英国人积极地想当国际警察，调解国际纷争，埃及人对此则是避之唯恐不及。所以，虽然这支部队状况不错，粮秣充足，健康良好，没有伤亡，但他们还是怨天尤人，也希望我这个突然现身的英国人可以扭转局势。

有人通报费萨尔带着茂路德·慕克路斯来见我。他是提克里特地区的极端分子，由于宣扬激烈的国家主义，在土耳其军中服役时两度被降级，并曾与伊本·拉希德一起在内志度过两年流亡生活。他曾在夏巴之前担任土耳其骑兵队的指挥官，也是在任内被我们策反。他一听到侯赛因起义，立刻前去投效，也是第一个加入费萨尔阵营的正规军官，如今他是费萨尔名义上的副官。

茂路德为他们的补给匮乏而大吐苦水，这也是他们面临目前困境的主要原因。侯赛因每个月发给他们部队三万镑，但缺乏面粉、米、大麦、步枪、弹药，没有机枪与大炮，没有技术支援，也没有情报。

我打断茂路德的抱怨，表示我来此便是想了解他们缺少什么，再向上汇报，不过他们必须先让我知道目前局势才行。费萨尔同意了，并开始向我描述他们起义的经过。

在麦地那举兵，可谓孤注一掷。当时阿拉伯人缺乏武器弹药，土耳其则兵多将广，因为土耳其将领法赫里帕夏的部队刚调来增援，原本要护送施托青根到也门的部队也尚未离城。在最危急的时刻，班尼阿里族首先发难。阿拉伯人冲出城去，土耳其以大炮轰击他们。阿拉伯人从来没见识过这种新武器，被吓坏了。亚格利族与亚提巴族的人纷纷找地方栖身，不肯再出来。费萨尔与阿里·伊本·侯赛因于是在族人面前，骑着骆驼到空地上，表示炮弹不像传闻中那么可怕。士气一天比一天低落。

班尼阿里族的一个部落潜往土耳其阵地，要求只要放过他们的村落，他们就愿意投降。法赫里耍了他们，趁他们没防备，带兵围住阿瓦里，然后突然命令部下发动突袭，对村民格杀勿论。数百名村民被屠杀或奸杀，房子焚毁，无论活人死人都被丢入火焰中。法赫里与他的部下当年在北方，已学会如何凌虐及屠戮亚美尼亚人。

土耳其人这种惨无人道的兽行令阿拉伯人大为震惊：因为阿拉伯人作战的第一原则便是不可侵犯妇女；第二原则是年幼无战斗能力的儿童也要放过；第三，带不走的财物就留着不要破坏。跟随费萨尔的阿拉伯人发觉他们面对的是截然不同的作战方针，因此纷纷打退堂鼓，回去调整自己的心态。投降已不可能，阿瓦里村的屠戮已种下血海深仇，使他们有义务拼命报仇。但如今看来这显然是一场长期抗战，而他们只有旧式步枪当唯一的武器，休想打赢这场战。

所以他们由麦地那附近的平原退回到沙坦尼路之外的山区，进驻阿尔、拉哈和阿拔斯井附近，在当地休养生息一阵子，阿里与费萨尔则一再派信差到他们的海军基地拉比格打听补给品、军饷、军火何时可以运来。起义发动得太过仓促，是奉他们父亲的命令行事，而老人向来一意孤行，不曾和儿子们推心置腹地讨论要如何部署才能长期抗战。所以他们打听了许久，答案是只有一点点粮食。后来也运来一些日本步枪，大都已残破不堪；枪管尚完好未断的，枪膛内又其脏无比，在那些心急的阿拉伯人试射时就报废了。军饷没有着落，为提振士气，费萨尔在一口精美的箱子内装满石头，上锁后还以绳子牢牢绑住，每次行军时都由他的侍从亲自护送，每晚小心翼翼地抬入他的帐篷。他们几个兄弟就借着这种自欺欺人的方式，设法维系住几乎要瓦解的部队。

最后阿里到拉比格探询到底出了什么问题。他发现当地的族长侯赛因·马贝里格已认定土耳其终将获胜（他曾两度和他们交手，都惨败而归），因此决定要投效他们。在英国将提供给侯赛因的补给品运达之后，他便偷偷藏在自己家里。阿里立刻展现军力，并火速派人叫他同父异母的弟弟扎伊德由吉达带兵来支援。侯赛因·马贝里格吓得逃到山区，成为丧家之犬。两位谢里夫占领他的村落，并在他家中找出大量武器与粮食，足够他们的部队用上个把月。他们抵挡不住渴望悠闲过日子的诱惑，在拉比格定居下来。

这使费萨尔留在乡间孤军奋战，不久后他便发现自己孤立无援，不得不依赖当地的资源。他撑了一阵子，但在八月时利用英国驻阿拉伯代表威尔森上校去巡视刚占领的延布港的机会，去找威尔森解释他迫切的需求。威尔森深受他和他的故事感动，立刻承诺要提供他大炮与机枪，由埃及驻苏丹的部队支援操作。这也就是纳菲·贝伊和他的部队会在此出现的缘由。

他们调来时，阿拉伯人大喜过望，也相信可以与土耳其抗衡了。不过四挺机枪都已高龄二十四，射程只有三千码，而且这支部队也缺乏进行非正规战斗的斗志。然而，他们还是跟着大军往土耳其的前哨推进，这时法赫里对这支援军大感惊慌，亲自到前线视察，并立刻将受到威胁的阿拔斯井阵地的守军增援到三千余名。土耳其人有野战炮与榴弹炮，而且位于制高点，占了地利之便，他们开始盲目开炮，令阿拉伯人心惊肉跳。有一次费萨尔正与所有重要干部商议时，一颗炮弹差点就落在他的帐篷上。于是他要求那些埃及炮兵还击，压制土耳其的炮火，他们则推说他们的武器派不上用场，因为射程根本到不了九千码。他们因而被讥为窝囊废，而阿拉伯人则再度躲回山中。

费萨尔深觉气馁。他的手下疲惫不堪，他已损失许多人马。这一阵子，他制敌的唯一有效战术是绕到他们背后以骑兵奇袭，而许多骆驼已阵亡或受伤，不然就是被这些代价高昂的战役折磨得憔悴困顿。阿卜杜拉仍在麦加，阿里与扎伊德也滞留在拉比格，费萨尔犹豫着是否该一肩扛起整场战争。最后，他将他的主力部队撤走，只留下哈尔卜族原就住在阿拔斯井的几个部落。他自己被土耳其的游击战搞得撑不下去，因此留下这些部落对土耳其的补给线不断发动奇袭反制。

然而他不怕土耳其会再对他发动突袭。打不过他们，并没有使他因而敬重他们。他之所以决定撤到哈姆拉，并不是出于被逼；他以此表示厌恶，因为他对自己的无能为力深感厌烦，也决定要休养一阵子以维护尊严。

毕竟，双方还未正式交锋。土耳其的炮火猛烈，使他们在远距离时占上风，阿拉伯人一直近不得身，所以大部分的肉搏战都是在夜间枪炮无法瞄准时进行。我听过双方以滔滔不绝的唇枪舌剑进行最原始的斗智比赛。在彼此都把能骂的话骂光后，出现了最高潮——土耳其人疯狂地骂阿拉伯人是"英国佬"，而阿拉伯人则回骂他们是"德国佬"。当然，汉志根本没有德国人，而我也是第一个出现的英国人。不过双方都喜欢咒骂，对这些骂人艺术家而言，什么话都骂得出口。

我问费萨尔如今有何打算。他说他们势必要被困在汉志，受到法赫里的摆布，直到麦地那失守为止。依他的看法，土耳其打算夺回麦加。他们的主力部队如今已编成一支机动部队，有很多条路径可以将这支部队推进到拉比格，这使阿拉伯人一直寝食难安。在沙布山脉消极地防守，证明阿拉伯人光靠防守已无济于事。当敌人发动攻势时，必须以攻制攻。

费萨尔还想再往后退，前去招募延布河谷边缘的朱罕纳族。有了他们这支生力军，在阿卜杜拉从东方经由沙漠攻击麦地那时，他可以往东朝麦地那后方的汉志铁路推进，两面夹攻。他希望到时阿里也可以同时由拉比格出兵，而扎伊德则可进军沙夫拉河谷，牵制住阿拔斯井的土耳其大军，使他们无法投入主战场。依这个计划，麦地那将会同时受到四面八方的威胁或攻击。无论能否一举攻下麦地那，这三路人马集结，至少可以迫使土耳其打散原本打算在另一路出兵的部队前来支援，如此便可以让拉比格与汉志南部有喘息的空间，有机会做好防御或反攻的准备。

在我们交谈时，茂路德一直坐立不安，这时他再也忍不住了，大声叫出："不要帮我们写历史。真正得做的是战斗再战斗，把他们杀了。给我大炮与机枪，我可以帮你解决他们。我们谈了又谈，什么也没做。"我和颜悦色地安抚他。茂路德这个猛将则认为，如果他身上没有伤疤足以证明他曾参战，就算打了胜仗也是白打，因此与我抬杠。我们斗起嘴来，费萨尔则带着笑容旁观。

这次交谈对他而言算是度假。连我来访这种小事也会使他深受鼓舞。他是个很情绪化的人，时而得意，时而沮丧，此时则心力交瘁。他看起来比三十一岁苍老许多。他迷人的暗黑色眼睛如今也布满血丝，深凹的脸颊因不断沉思而刻出丝丝皱纹。依他的个性，他不喜欢思考，因为那会妨碍他行动的速度；而经常思考也使他的脸上出现苦恼纹。他的外表高大，优雅而活力充沛，步履高雅，举手投足有股王者的威仪。他当然也有自知之明，他在公开谈话时，手势与姿势便占了很大的分量。

费萨尔的举止相当急躁。他暴躁而敏感，甚至很不讲理，也经常突然改变话题。食欲不佳使他体质虚弱，借着勇气才能撑住病躯。个人魅力、鲁莽、看似脆弱的体态、王者的威仪，使他成为部属的偶像。人们不曾问他是否讲究诚信，不过稍后他展现出他可以以诚信回报诚信，以猜忌回报猜忌。他的机智多于幽默。

担任阿卜杜勒·哈米德的随从期间所受的训练，使费萨尔成为外交长才；在土耳其军中的磨练，使他学到用兵之道；在君士坦丁堡及在土耳其国会的生涯，使他对欧洲的问题与风俗了若指掌。他不轻易对人下论断。如果有能力实现梦想，他会全力以赴，因为他总是埋头苦干，也只为此而活。不过令人担心的是，他会因为把目标定得比实际情况高而将自己累垮，或可能因为过度操劳而累死。他的手下告诉我，有一次在长期征战后，他因为必须保护自己，并身先士卒冲锋陷阵，还要控制他们及鼓舞他们，累得不支倒地，来不及看到胜果便昏迷不醒，口吐白沫地被抬走。

此刻，此地，交到我们手中的（手要够大才拿得住）似乎是一个先知，如果替他蒙上面纱，可以给阿拉伯起义行动背后的思想一个有说服力的形貌。那已远胜于我们所能期待的，也远超过我们在此逗留所预期的收获。我此行的目的已达成。

如今，我的责任便是带着当晚在棕榈树林中所获得的消息与情报，走最近的路回到埃及。那棕榈树林在我心中茁壮成长为千枝巨树，结满果实与树叶，我坐在树下，心不在焉地听着，看到幻象。暮色渐浓，夜色苍茫，一列奴隶提着灯，沿棕榈树间的蜿蜒走道前来。于是我和费萨尔与茂路德穿过花园走回小屋，庭院内仍挤满等着我们的人，再进入燠热的房间内，亲友都已齐聚一堂。我们就在房内坐下，共享由奴隶端到毛毯上作为我们晚餐的热乎乎的米饭与肉食。

第十四章　大会各路英雄

　　各路英雄齐聚一堂，有谢里夫、麦加人、朱罕纳族与亚提巴族的族长、美索不达米亚人、亚格利人。我提出议题，引发众人争论，每个人争相发言，毫不迟疑地表达他们的勇气与信念。费萨尔抽了无数支烟，即使在争论最热烈时仍能控制会场；看他指挥若定很令人欣慰。他展现了八面玲珑的机智，有办法依他的期望来引导别人的感受。斯托尔斯在这方面也很有一套，但斯托尔斯会夸耀自己的能力，展示他摆布对方所使用的机巧与手段。费萨尔则似乎在不知不觉间操控着身旁的人，浑然不知他是如何将他的想法灌输到他们心中，几乎不在乎他们是否愿意顺从。那是与斯托尔斯的手段一样高明的艺术，而且丝毫不露痕迹，因为费萨尔天生有此异禀。

　　阿拉伯人毫不掩饰地爱戴费萨尔。事实上，这些偶然的聚会已让我看得很明白，对各部落族人而言，侯赛因谢里夫与他的儿子们是何等的英雄人物。侯赛因谢里夫（他们称他为"赛义德纳"）外表纯洁温文得近乎软弱，但其内包藏着长袖善舞、深沉的野心、坚强的个性与顽固。他对大自然的兴趣加强了他的运动本能，也使他（在他高兴时）像个无瑕疵的贝都因王子，而他有切尔克斯人 ① 血统的母亲，也赋予他土耳其人与阿拉伯人所没有的特质。他相当机灵，懂得有时利用他所继承的某一种特色，有时利用另一种特色，以取得有利地位。

　　然而，土耳其政治界如此下流，即使是最清高的人也别想出淤泥而不染。侯赛因谢里夫年轻时曾经诚实、坦率……后来他不只学会有话不说，也会利用说话来掩饰真正的意图。这门艺术若不能有所节制，便会成为一种他无法挣脱的恶习。他老了后，与人沟通常会模棱两可。这种性格像云一样，遮住了他的个性、处世智慧，以及能力。许多人否认他有这些特质，但是历史可供佐证。

---

　　① 切尔克斯人，高加索人的一支。为逊尼派穆斯林，大多数人从事农耕和畜牧。实行等级
　　　制度，有王族、贵族。

侯赛因谢里夫处世智慧的一个例证是儿子们的教养。土耳其苏丹要他们住在君士坦丁堡接受土耳其教育。于是侯赛因谢里夫亲自安排他们接受通才教育，而且成效相当不错。等到他们穿着欧洲服装，举止像个土耳其人般回到汉志时，侯赛因谢里夫命令他们换上阿拉伯服装；而为了让他们的阿拉伯语说得流利，还替他们安排麦加人作伴，并派他们前往荒野，与骆驼部队一起在朝圣路上巡逻。

几个小伙子原以为这种差事或许挺有意思的，但在父亲不准他们享受特殊的食物、床铺、软鞍座时，不禁懊恼万分。他不准他们回麦加，要他们不分季节、不计日夜地在那些路上守卫，应付各式各样的人，学习新的骑术与战技。不久他们变得坚强而独立，而且像是来自两种不同世系混血般，智慧与活力兼具。他们庞大的家族很受景仰，能力也很强，但奇怪的是却被社会所孤立。他们不是任何国家的人民，也不偏爱任何土地。他们没有真正的心腹之交或忠心耿耿的侍从；他们彼此间也不会坦诚相待，或对父亲开诚布公，只会敬而远之。

晚餐后这场辩论热闹非凡。我以叙利亚人的立场，对那些在大马士革被杰马勒帕夏处死的阿拉伯领袖表示同情。他们立刻尖锐地驳斥我：报纸都登出来了，那些人与外国政府暗中勾结，而且只要法国或英国愿意帮忙，他们便愿意向这两国称臣。这对阿拉伯国家主义而言是罪大恶极，杰马勒处死他们并不为过。费萨尔笑了笑，像在对我使眼色。"你看，"他解释道，"我们如今必须与英国站在同一阵线。我们很高兴与他们为友，感谢他们的协助，也期待我们未来能共享利益。但是我们不是英国的臣民。要是他们不是这么高高在上的盟友，我们的心情会轻松许多。"

于是我提起一则我们在来哈姆拉的途中阿卜杜拉·拉希德所讲的故事。他向我抱怨，英国水手每天都在拉比格登陆。"不久他们会在那边过夜，然后会长住下来，并占领我们国家。"我为了安慰他，告诉他有数百万英国人如今就住在法国内陆，法国人并不会因此而害怕。这时他轻蔑地望着我，问我是不是想拿法国和汉志比！

费萨尔沉吟半晌后说："依我所受的教育，我不算是个汉志人；然而，我对神发誓，我真羡慕汉志人。虽然我知道英国人不想这么做，然而英国当初不想要苏丹，结果还不是加以占领？我又能怎么说？他们对人烟稀少的土地都虎视眈眈，想加以建设。所以，或许有朝一日他们也会垂涎阿拉伯半岛。你所谓的善良与我所谓的善良或许是不同的，无论是被迫的善良或被迫的邪恶，都会使一个民族痛苦哀嚎。矿砂会钦佩将它烧炼成金属的火吗？攻击不需要理由，但一个积弱不振的民族对他们自己的软弱是会急着辩驳的。我们民族在能站立之前，真的只有和肢体残障者没两样的脾气。"

与我们共餐的那些衣衫褴褛的部落民族，以他们的教育程度竟然对国家主义这种抽象深奥的政治议题也耳熟能详，令我颇为讶异。侯赛因谢里夫有处世的智慧，将他的教训筑基在阿拉伯人本能的信念上，他们是防止世界腐败的社会中坚，能自给自足。然后，借着与我们结盟，以武器及金钱支持他的教义，他深信可以成功。

当然，这种成功在各处的层次都是不尽相同的。大部分的谢里夫，有八九百人，了解他的国家主义理念，也是他的宣传者，多亏他们是伊斯兰教先知的后裔，得以成为成功的宣传者，他们的身份使他们有权掌握人们的心灵，将人们往沉默乖驯的方向引导。

那些部落都跟随他们的种族狂热主义。都市人或许会为奥斯曼帝国的法令太呆板而叹息，部落人则相信他们已经建立了一个自由的阿拉伯政府，而且每个人都是政府。他们是独立的，而且可以爱怎么做就怎么做。如果他们没有更紧密的家庭约束力，与亲戚间责任感的束缚力，这种信念和决心可能会导致无政府状态。但这必须否认中央权力。侯赛因谢里夫在国外或许有法律的管辖权，如果他喜欢这个华而不实的玩具的话；不过国内事务必须依惯例而行。外国理论家的问题："是大马士革要统治汉志，还是汉志能统治大马士革？"对他们而言根本不是问题，因为他们根本不会提出这个问题。闪族人的国家主义思想是派系与村落的独立，他们国家统一的理念则是偶尔团结起来抵抗外侮。建设性的政策、有组织的国家、规模庞大的帝国，这些他们早就见识过了，也恨之入骨。他们是为摆脱帝国而战，不是为了建立帝国。

这些阿拉伯部队中的叙利亚人与美索不达米亚人的感受是间接的。他们相信借着在本国部队中服役，即使在汉志这里，他们都是在拥护全部阿拉伯人争取国家生存的权力。他们没有想象一个国家，甚至一个联邦，只往北看，希望在阿拉伯这个大家族中加入一个有自治权的大马士革与巴格达。他们在物产方面极端贫乏，即使成功后亦然，因为他们是农业与牧业的社会，没有矿产，也永远无法在现代化军备上与人抗衡。若非如此，我们在中东的战略中心激发起这么热烈的新国家运动之前，便得紧急喊停。

至于宗教狂热，则几乎没有迹象。侯赛因谢里夫拒绝将他的起义扭曲成宗教问题。他的战斗宗旨是国家主义。部落人知道土耳其人是穆斯林，也认为德国人或许是穆斯林真正的朋友。他们知道英国人是基督徒，而英国人是他们的盟友。在此情况下，他们的宗教对他们没什么帮助，所以他们将之搁置一旁。"基督徒会与基督徒打战，所以为什么穆斯林不能如法炮制？我们要的是一个说我们自己的阿拉伯语，并让我们平安过日子的政府。而且我们也痛恨那些土耳其人。"

第十五章 狂野的山民

　　第二天早上，我起了个大早，跟着费萨尔的部队出发，朝海夫的侧面前进，我单独骑在队伍中，利用前一晚使用在他们族长身上的技巧，试图感觉他们意见的脉动。我此行最重要的就是把握时间，因为我必须以旁敲侧击的模式，在十天内获得一般必须花数星期观察才能得到的印象。前几天我常在只听得见声音的状况下走上一整天，我看不清楚外界的细节，只大约知道身旁有什么红色、灰色或明亮的物体。今天，我的眼睛想必已经重归头脑管控了，所以比起原本的模模糊糊，我现在可以较清晰地看到一两样东西。这些东西几乎都是形体：岩石及树木，或者人在休息或行动中的身影；不是像花朵那样的小东西，也不是像颜色那样的性质。

　　然而此刻急需一个活跃的记录人员。在这场单调的战争中，不合常规的事越少，大家就越开心，麦克马洪也一心想激发参谋总部内潜在的想象力。我相信阿拉伯建国运动，也很有信心借此将土耳其势力彻底粉碎，甚至在我来之前即有此想法。然而在埃及的其他同胞则缺乏信心，也没有人教过他们战场上的阿拉伯人之特性。借着将圣城附近山上那些浪漫主义者的精神记载下来，我或许可以争取开罗的同情，进一步提供必要的协助。

　　他们热情地接待我。他们在每块大岩石或树丛间或坐或卧，像慵懒的蝎子，避开热气，借着清早时阴影下冰凉的石块，让褐色的四肢歇息。因为我穿着卡其服，他们将我视为一个受土耳其训练而背叛土耳其的军官，也大开令人毛骨悚然的玩笑，揣测如果我被抓回去将会有何下场。他们大都很年轻。虽然在汉志，"战士"一词指的是十二岁到六十岁间任何神志清醒得能射击的人。他们看起来很强悍，皮肤黝黑；有些人有黑人血统。他们身材削瘦但相当匀称，行动敏捷，十分讨人喜欢。似乎很难找到比他们更强健或更吃苦耐劳的人了。他们可以日复一日地长途跋涉，赤脚在酷热中横越沙漠与岩地数小时也不觉得难熬，爬起山来就像山羊一般。他们的衣服主要是一件宽大的衬衫，有时会有棉内裤，还有一条头巾，通常是红布做的，可充当毛巾、手帕或包裹布，视需要而定。他们身上背着一排子弹，一高兴就找机会开枪庆贺。

　　他们很狂野，大叫着这场战争可能会持续十年，这是山区居民所知最长的时间。侯赛因谢里夫不只供养这些士兵，还照顾眷属，每个月每人发两镑，骆驼四镑。要想让部落人待在战场上五个月，也只有用钱收买才能有此奇迹。我们习惯于嘲讽东方士兵的贪财，但汉志之役可显示这种论调与事实不尽相符。土耳其人提供大笔贿款，只得到阳奉阴违的效命。阿拉伯人拿了他们的钱，并信誓旦旦地表示会效忠；然而这些部落民族都暗地里与费萨尔联络，他也付他们军饷，但得到的是真正的效忠。土耳其人将他们的战俘割喉，像在屠牛宰羊一般。费萨尔出价每逮获一名战俘赏金一镑，很多战俘都毫发无伤地押解给他；他也出价收买掳获的骡子与步枪。

　　这些士兵不断地依各人的家庭状况而作调动。每个家庭拥有一把步枪，每个儿子依序轮流服役数天。已婚的人就在部队与老婆间两边跑。有时某一族觉得厌烦了，就集体休假。结果是领军饷的人比实际动员的人多；他们也经常提供大族长金钱，充当酬金，借此巴结示好。费萨尔的八千名士兵中，有十分之一是骆驼部队，其余是山区的部落民族，他们只听命于自己的族长，而且只在住家附近服役，自备伙食与运输。通常一个族长有一百名手下，各个谢里夫则依各人的身份地位担任分组领袖，这使他们免于因嫉妒而争权夺势。

　　世仇名义上都已获得化解，而在侯赛因谢里夫的地盘上也真的暂时握手言和：比黎族与朱罕纳族，亚提巴族与亚格利族，全都在费萨尔的阵营中并肩作战。尽管如此，各个部落的族人还是对其他部落存有戒心，同一个部落的人对他的邻人也不见得能推心置腹。或许每个人都全心要对抗土耳其，通常是如此，然而这不足以使他们在战场上能真正忘掉家族仇恨。结果造成他们无法进攻。土耳其只要有一个连的兵力在空地中挖壕沟坚守，便可使所有阿拉伯部队无法越雷池一步；而在激战后被击退，再加上有伤亡，常会使阿拉伯人吓得打道回府。

　　我的结论是：部落人只适合防守。他们贪婪成性，见钱眼开，使他们很适合从事掠夺战利品、拆毁铁路、抢劫沙漠商队、偷骆驼等任务；然而他们太过我行我素，无法接受指挥或集体行动。一个单枪匹马可以表现出色的勇士，通常是个很蹩脚的军人。这些战将在我看来也不适合接受我们的训练。不过如果我们能给他们供应像路易斯牌轻机枪这样的现代化武器,让他们自行操作,他们或许可以守住自己的山头,充当良好的屏障,我们可以在他们后方,或许在拉比格,建立一支阿拉伯正规军的机动部队,足以与土耳其军队抗衡(以游击战骚扰他们),也可能击溃他们。要成立这种正规军,不宜在汉志地区招兵买马。它的兵员必须在我们已占领的叙利亚及美索不达米亚的城市中招募,还有像阿齐兹·马斯里或茂路德这种由土耳其军中策反的阿拉伯军官。他们最后终可对土耳其部队迎头痛击结束这场战争,而那些部落民族则可到处打游击战,以防不胜防的突袭来扰乱土耳其军心。

目前的汉志战争将是狂叫乱舞的战士对抗正规部队。这是以多石、多山、不毛的荒野(在一群狂野的山地人的支援下)对抗一支装备精良的部队。土耳其人在德国的现代化武器的供应下,几乎已忘了什么叫肉搏战。山脉是狙击手的天堂,而阿拉伯人是狙击艺术家。只要两三百名熟悉地形的精兵,便足以堵住任何一个隘口,因为那些斜坡太陡峭,无法攀爬。那些山谷也是唯一的通道,经常绵延数英里仅见隘道或狭谷,有时宽两百码,有时只有二十码,曲折迂回,纵深达一千至四千英尺,毫无遮掩,两侧都是冰冷的花岗岩、玄武岩、斑岩,不是笔直而上的斜坡,而是像铁一样硬,也一样尖锐的万千个参差不齐的锯齿状岩堆。

依我这外行人看来,若没有先买通山地部落,土耳其必然不敢冒险横越这些山脉。即使已经买通,要翻山越岭也是险象丛生。敌军无法担保派出去的人都能平安归来;而在后方遇上这种迷宫似的隘道,在补给线之外,比在前方遇上还惨。若没有部落人的友好协助,土耳其人将只能保有每个士兵所站立的方寸之地。而战线如此绵长复杂,一转眼便可吞噬几千名士兵,使前线无可用之兵。

唯一令人不安的是土耳其成功地利用巨炮,轰得阿拉伯人人人心惶惶。阿齐兹·马斯里在土耳其与意大利交战时,曾在的黎波里遇上同样震撼的攻势,不过他也发现这种恐惧可以克服。我们期待本地的阿拉伯人也能克服,但目前只要一听到重炮的轰然巨响,每个人都溜进掩蔽物躲藏。他们认为武器的杀伤力与发出的声响是成正比的。他们不怕子弹,其实也不是贪生怕死,只是被炮弹炸得血肉横飞的惨状令他们无法忍受。依我看,要提振他们的士气,唯一的办法就是供应他们大炮，不管有用没用，只要能发出轰然巨响就行了。由威仪赫赫的费萨尔到最低阶的小兵，每个人谈论的主题都是巨炮、巨炮、巨炮。

我告诉他们，已经有五英寸榴弹炮运抵拉比格，他们欣喜若狂。在他们心目中，这种消息已足以抚平他们最近在沙夫拉河谷的挫败。这些巨炮对他们并没有什么实际的作用。事实上，我认为那对阿拉伯人反倒有害，因为他们的特长在于机动性高，以智取胜，我们供应他们巨炮，反而碍手碍脚，使他们无法施展。只是如果我们不供应重炮，他们就要打退堂鼓。

在这些军营内，起义规模之庞大令我动容。这个人口稠密的地区，由乌姆莱季到康菲达，骑骆驼也要花上半个月才能走完。此地转瞬间由那些以劫掠维生的小毛贼所走的路，摇身一变成为对抗土耳其的大本营，虽然战法与我们不同，但已够凶狠了，而原本土耳其是想利用宗教，在东方发动一场圣战来对抗我们。我们已激发了难以想象的反土耳其狂潮，由于他们已被压迫无数世代，这股狂潮一发不可收拾。在交战区内的部落之间，我猜必有一股与所有的民族起义一样略带紧张的狂热，但对一个已丧国多年的人而言，必觉得惴惴不安，使得国家自由变得像嘴中的水一样，淡而无味。

稍后我再度与费萨尔碰面，并答应竭尽所能地协助他。我的上司会在延布港安排一处基地，他所需要的补给品将在该地卸货，悉数供他运用。我们会设法从在美索不达米亚或苏伊士运河掳获的战俘中，替他寻觅志愿投效的军官。我们也会在战俘营中挑选合适人选，筹组机枪与炮兵部队，提供他们可从埃及调派的重炮与机枪。最后，我会建议派英国军官、专业人员，前来担任他在战场上的顾问与联络官。

这次我们谈得极为投机，会谈结束时他热情地道谢，并邀我尽快赶回来。我向他解释，我在开罗的工作不包括战地勤务，不过假如他目前的需求获得满足，而且他的行动也能顺利推展，或许我的上司稍后愿意让我再来拜访。这期间我会要求各项设备运送到延布港，也会要求埃及方面尽速使一切步上轨道。他立刻指派一队由十四名朱罕纳族谢里夫组成的护卫，全都是朱罕纳族的埃米尔穆罕默德·阿里·巴达维的皇亲国戚。他们奉命将我安然送到延布港，找当地行政长官阿卜杜勒·卡德尔·阿卜杜。

第十六章　重回埃及

　　我们于薄暮时分离开哈姆拉，回到沙夫拉河谷，直到面对喀马，在此向右转入山侧的谷中。这山谷长满浓密的树丛，我们费力地驱赶骆驼穿越其间。走了两英里后，我们开始攀爬狭窄的狄夫兰山径，即使在夜色中，也看得出开凿这条路花了不少心血。路面很平坦，两旁的石头排列整齐，形成一道可防雨水冲刷的厚墙。有些路段铺有坡道，偶尔还有堤道，大约有六或八英尺高，由未经裁切的原石堆成，不过在每个转弯处都有被水流冲蚀的裂缝，已成废墟。

　　我们往上坡走了约一英里，山的另一侧陡急的下坡大约也这么长。然后我们到达平地，发现已进入一处更荒凉的山脊，山谷中的河道错综复杂，主要水道显然是通往西南方。这段路对我们的骆驼而言很好走。我们在黑暗中走了约七英里，到达一座水井，称为慕拉井，位于相当陡峭的绝壁之间的河床上，峭壁上有一座以石头砌成的方形小碉堡，挺立在星空下。可以想见碉堡与堤道都是埃及奴隶建的，以供延布来的埃及朝圣团通行。

　　我们在此地过夜，虽然两度被发现我们帐篷的山地强梁在暗处骚扰，仍然睡了六小时，这在旅途中算很奢侈了。然后我们走过更多小山脊，直到曙光照入这片沙质山谷，环绕在我们四周的都是奇形怪状的熔岩小丘陵。此地的熔岩不像拉比格附近那种蓝黑色的火山渣岩，它是红褐色的，高耸成悬崖峭壁。地面的沙起初像地毯般铺在玄武岩的山脚，而后逐渐往上延伸。沙越堆越高，丘陵看来就较低了，到后来连丘陵上也布满了沙，被沙掩没。所以，随着日渐高升，阳光灼烈，我们也进入不毛的沙丘，往南蔓延数英里，直通往雾气弥漫、在热气造成的距离错觉中看起来像是灰蓝色的海。

　　沙丘很狭窄。七点半，我们已到达一片由细沙与沙砾组成的耀眼平原，上头遍布灌木林与荆棘丛，还有一些美观的相思树。我们迅速穿越这片平原，而我则有点不舒服。因为我骑术不精，这趟旅程使我筋疲力竭，汗水由前额流下，滴入我沾满沙粒、被阳光晒裂的眼睑。如果汗水是由一束发梢上冷不防地朝脸颊甩过去，像被泼水一般，倒也是一件赏心乐事，然而这种偶尔出现的乐趣，实在无法弥补炙热造成的痛苦。我们持续赶路，细沙已变成碎石，再往前，细石凝结成一座大山谷的地表，沿着一道狭小的谷道通往大海。

我们越过一座山丘，山的另一边展开辽阔的视野，也就是延布河谷的三角洲，那是北汉志最大的山谷，上头似乎长满了柽柳树与荆棘丛。右方，沿山谷往前数英里，是奈赫勒穆巴拉克浓密的棕榈树林，这是班尼易卜拉欣朱罕纳族的村落与林园。在我们前头的远方，是巍峨的赖德瓦山脉，虽然距离延布二十英里之遥，看起来却像直接笼罩在延布上头。我们在迈斯图拉便已看见这座山，它是汉志最高大的山脉之一，因为直接由平坦的帖哈马高耸入云，轮廓分明，故而看起来更雄伟壮观。我的同伴们一看到它就安心了。于是，我们在路旁相思树下的树荫间午休，以避开平原上难耐的热气。

到下午，我们先到枝叶繁茂的柽柳树篱间，在一条沙质河床的分叉小河道上的水坑，让骆驼饮用那略带盐味的水，然后轻松愉快地又往前走了两小时。最后我们在典型的帖哈马田野中停下过夜，质地为沙与细石的光秃秃的山脊逐渐高耸，山谷低浅。

那些护送我的谢里夫以带有香味的木块升火，用来烘焙面包和煮咖啡。泌凉的海风拂过我们被晒裂的脸上，让我们畅然酣睡一觉。我们凌晨两点起身，骑着骆驼穿过一处平淡无奇的硬沙砾与湿沙平原，到达延布港，高达二十英尺的城墙与高塔挺立在一片珊瑚礁岩上。他们带我直接穿越大门，走过颓败、空旷的街道——自从辟建汉志铁路后，延布几乎已完全荒芜了，直到抵达阿卜杜勒·卡德尔·阿卜杜的门口。他是费萨尔驻延布的代理人，见多识广，有才干，沉稳，仪表堂堂。他在麦加当邮局局长时，我曾与他通过信，而且驻埃及的勘察小组曾替他们的新国家设计邮票。他刚被调派至此地。

我在阿卜杜勒·卡德尔·阿卜杜的住处待了四天等船，深恐船在约妥时刻仍不会出现。他的住处如诗如画，浪漫之至，可以俯瞰荒芜的广场，以前有许多麦地那商队皆由此出发。所幸"苏瓦"号终于出现，船长是博伊尔，他护送我回吉达。这是我首次与博伊尔碰面。他在起义一开始便立下不少汗马功劳，日后也树功无数，但我给他的印象则不大好。我当时因跋涉而全身污垢，也没带行李。最糟的是我为了向阿拉伯人表示敬意，还系了条当地人的头巾。博伊尔非常不以为然。

我们走到哪里都戴着帽子（基于担心会中暑的误解），使东方人不由得想探究道理何在，玩味再三后，他们当中最聪明的人得到结论，认为基督徒戴着那丑恶的东西，是因宽大的帽檐可以将他们脆弱的眼睛与神发怒的眼神隔开。所以穆斯林一看到帽子，就想起基督徒常惹神生气。英国人认为这种偏见真该骂（我们厌恶头巾与此不可相提并论），必须竭尽所能纠正过来。如果当地居民不肯让我们戴帽子，就干脆别找我们了。然而我正巧战前在叙利亚当学生时，曾在必要时穿着整套阿拉伯服饰，既不觉得怪异，也不觉得是一种妥协。当跑步上楼梯时，裙摆的确很麻烦，然而在这种气候下，头巾则极为方便。所以我在横越内陆时顺理成章地戴着头巾，而如今在海军的严词斥责下，也只能硬着头皮继续戴，直到能找到商店买一顶帽子。

停泊在吉达内的是"欧律阿罗斯"号，船长是威姆斯上将，打算驶往苏丹港，他要在喀土穆与温盖特爵士碰面。温盖特爵士的地位相当于埃及陆军的总司令，他已奉命接任亨利·麦克马洪爵士的职务，担任与阿拉伯并肩作战的英军指挥官，麦克马洪则继续指挥政界。我要向温盖特爵士透露此行的印象，非得晋见他不可。于是我恳求威姆斯上将让我搭个便船，然后搭火车到喀土穆时也让我挤一挤。他在反复再三地盘问我许久后，对这个要求倒是爽快地答应了。

我发现威姆斯上将的积极与睿智，使他在一开始便热心投入阿拉伯起义。每当情况危急，他便指挥他的旗舰前来施以援手，更曾越界上岸帮忙二十次以上，那原本应是陆军的事。他给阿拉伯人提供大炮、机枪、登陆部队与技术协助，再加上无止尽的运输支援以及海军联合作战，对阿拉伯人的要求总是深感荣幸，而且配合的程度远超乎他们的预期。

若非威姆斯上将的善意与先见之明，以及博伊尔舰长鞠躬尽瘁地执行他的命令，恐怕阿奇博尔德·默里少将的嫉妒心已使侯赛因谢里夫的起义行动一开始便触礁。因此，在阿拉伯人自行站稳脚跟前，威姆斯上将一直扮演着教父的角色，直到他被调往伦敦。当时也正值艾伦比刚到达埃及并发现阿拉伯人是他战场前线的一个要素，于是将陆军的精力与资源交由阿拉伯人全权处理。这个决定来得正是时候，因为在其他军种眼中，接任威姆斯上将在埃及担任海军司令的艾伦比，对他们来说并无太大助益，尽管他对待他们显然并不比对待自己的部属差。的确，要从威姆斯上将手中接下这重责大任，绝非易事。

我们在苏丹港看到两位在埃及陆军服役的英国军官，正等着前往拉比格。他们是要前去指挥汉志的埃及部队，协助阿齐兹·马斯里训练阿拉伯的正规军，借这支军队由拉比格来结束这场战争。这是我首次与乔伊斯和达文波会面，他们也是阿拉伯起义最需要感激的两个外国人。后来乔伊斯长年与我并肩作战；至于达文波在南部的战功，我们则不断从报告中得悉。

到过阿拉伯半岛后，在喀土穆便觉得有点凉意，而要将这几天我在延布等船时所写的长篇报告呈给温盖特爵士过目，更令我紧张。我极力主张局势相当乐观。最主要的需求是专业人才的协助。如果有若干英国正规军军官具备专业素养，而且能说阿拉伯语，能在阿拉伯领导人身旁担任顾问，使我们保持适度联系，则这场战役将大有可为。

温盖特听到乐观的论调感到很欣慰。阿拉伯起义是他多年的梦想。当我在喀土穆时，碰巧遇上他有权担任起义运动的重要角色：因为打压亨利·麦克马洪爵士的行动已达巅峰，成功地迫使他被调回英国，温盖特爵士奉命前来接任他的遗缺。在喀土穆热情待客的王宫内阅读《亚瑟王之死》，惬意地休养了两三天后，我觉得负责此事的人已经知道我要传达的信息，于是前往开罗。这趟尼罗河之旅像在度假。

埃及一如往昔，正为拉比格的问题而伤脑筋。已有几架飞机奉调前来；目前正在争论是否要派一旅部队前往拉比格。法国驻吉达的军事代表团指挥官布雷蒙上校（与威尔森地位相仿，但更具权威，因为他有丰富的实战经验，曾在法属非洲立下彪炳战功，也是法国索姆河军团的前任参谋长），极力主张协约国部队在汉志登陆。他为了诱我们上钩，还运巨炮、机枪到苏伊士运河来，另外还带了若干骑兵与步兵，全都是阿尔及利亚的穆斯林低阶士兵以及法国军官。这些人加入英军之后，会使整个部队有国际联军的味道。

布雷蒙对阿拉伯事务的危险状况持似是而非的论调，气势上压过了温盖特爵士。温盖特是一位英国将军，也是"汉志部队"这支有名无实的远征军的指挥官。这支部队的成员其实只有几位联络官，以及十多位补给人员和指导员。

如果让布雷蒙得逞，则他将成为英法联军的实际总指挥官，掌管现有的装备和人员，以及日后可能的增援部队，并得到官方的认可。故而温盖特写了一封措词谨慎的公文，半倾向于直接介入阿拉伯起义。

我在哈尔卜族地区亲身体验到阿拉伯人的感受，使我对拉比格问题有强烈的意见（事实上，我大部分的意见都很强烈），于是写了一份措词强烈的备忘录给克莱顿将军，表达我对整个事件的看法。我目前已经奉调到克莱顿管辖的阿拉伯局，他对我的观点相当赞许，也同意只要给部落民族提供建议与枪炮，他们确实有能力坚守数个月，不过一旦他们听说有外国部队登陆，也必会再度一哄而散。此外，直接介入阿拉伯起义的计划太过一厢情愿，因为才一个旅的部队，根本不足以防御那个阵地，或防堵土耳其由附近水路运送补给，或围堵他们前往麦加的通路。我谴责布雷蒙上校居心叵测，不是真心为了军事需要，也没考虑到阿拉伯人的利益，以及起义对我们的重要性。我还引述他在汉志的言行当作不利于他的佐证，这使我的谴责更是义正词严。

克莱顿将我的备忘录呈给阿奇博尔德·默里爵士，他对我这么痛快淋漓的控诉相当欣赏，于是立刻将这份备忘录以电报拍回伦敦当证词，表示阿拉伯专家要求他派部队上战场的意见有分歧，这些专家对此举是否明智与诚信也举棋不定。伦敦当局要求解释。于是局势逐渐豁然开朗，虽然已较为和缓的拉比格问题又持续了两个多月。

我的直谏帮了默里爵士一个忙，使我受到驻埃及的英国参谋团的欢迎，这倒颇令我受宠若惊。他们开始以礼相待，并赞赏我观察入微，批评酸辣够劲，很有个性。他们指出，派我到阿拉伯处理此棘手问题，真是找对人了。总指挥官也召见我，但我在晋见途中被他的副官拦截，先被带去见参谋长林登·贝尔将军。由于无论默里爵士如何反复无常，林登·贝尔将军都将支持他当成自己的天职，故而常被人视如默里爵士的分身。因此，我一出现在他面前，他就突然站起来，倾身上前，揪住我肩头，气急败坏地说："你可别吓坏他了！你给我牢牢记住这句话！"这令我大吃一惊。

我想必是满脸惶惑，因为他的眼色已变得温和些，并吩咐我坐下，亲切地聊了些牛津往事以及大学生活的乐趣，并表示我那份关于与费萨尔手下共同生活的报告很有意思，他认为我已经有了好的开始，应该回去继续执行任务。其间他还谈起总指挥官有多神经质，对什么事都忧心忡忡，并指示我必须向他作令人振奋的描述，但也不能太乐观，因为两种极端他们都无法忍受。

我暗自窃喜，并答应会好好表现，但也表示我的目标是确保能增援阿拉伯人需要的补给、武器和军官，以及我为达此目的，必须激起默里爵士的兴趣，还有，若有必要（因为我为达成任务会不择手段），引起总指挥官的激动也在所不惜。这时林登·贝尔将军接口说补给是他的权责，他可以全权处理，并说可以立刻，就是此时此刻，承诺全力支援我们。

自此，他也真的实践了他的诺言。我和他上司交谈时，措词温和得不得了。

卷二
阿拉伯攻势展开

第十七至二十八章

我的上司听到这么有利的消息都大为讶异，但也答应要协助，同时送我回阿拉伯，虽然我百般不愿。我到达费萨尔营地当天，土耳其击垮了沙布山脉的防线，彻底粉碎我想利用部落民族打仗的信心。

我们在延布附近滞留一段时日，期盼能收复阵地。但部落民族显然在攻击时一无是处，我们也认识到，如果起义运动要持续下去，必须立刻拟出新的作战计划。

这真是危急存亡之秋，因为已同意增援的英国军事专家尚未到达。然而，我们决定为了重新掌握主动权，必须不理会敌军的主力部队，全力攻击他们在远方的铁路侧翼。为达此目的，第一步便是将我们的基地移到沃季。我们军容壮盛地展开移防。

第十七章　渐入佳境

几天后，克莱顿叫我回阿拉伯找费萨尔。由于这不合我的本意，所以我强调自己不适合这份工作，并说我痛恨负责任——显然当个尽职的顾问是必须负责的。而且我一向喜欢事物胜过喜欢人物，喜欢理念又胜过喜欢事物。所以要与人融洽相处，调度他们，这种任务对我而言是难上加难。我不适合这种环境，那不是我的专长。我不像军人，也痛恨当军人。当然，我和其他的牛津大学学生一样，读过常见的兵法（太多书了），如克劳塞维茨①、约米尼②、马汉③、福煦④等人的作品，也推演过拿破仑的战役，研究过汉尼拔⑤的用兵之道，以及贝利萨留⑥的战争，可是我从没想过要担任真正的指挥官，亲身打一场仗。

最后我提醒克莱顿，席尔达（总司令）已拍电报给伦敦，要求几位够格的正规军军官前来指导阿拉伯战争。克莱顿的回答是他们要几个月后才能到达，在这期间我们仍必须与费萨尔并肩作战，也必须将他的需求立刻向埃及汇报。所以我非去不可。我所创立的《阿拉伯公报》、我想画的地图、土耳其军队的部署及移防档案，这些令我痴迷也是我专长的工作，都得转手他人，我则得百般无奈地去担任一份毫无兴趣的职务。在起义运动成功后，旁观者赞许是领导有方，其实在幕后却充满外行人领导、实验性的协议、意见分歧、朝令夕改等

① 卡尔·冯·克劳塞维茨（1780—1831），德国军事评论家和军事历史学家，主要著作为《战争论》，主张战争是政治的延续，提出总体战概念。
② 安托万-亨利·约米尼（1779—1869），法国将领、军事评论家、军事史学家，由于系统阐述战争原理而被尊为现代军事思想奠基人之一。
③ 阿尔弗雷德·塞耶·马汉（1840—1914），美国海军军官、历史学家，海上力量的倡导者，著有《海上力量对一六六〇年至一七八三年历史的影响》等。
④ 斐迪南·福煦（1851—1929），法国元帅，曾任高级军事学院院长（1908），第一次世界大战时任法国参谋总长（1917）、协约国军总司令（1918），著有《战争原理》等。
⑤ 汉尼拔（公元前247—前183或前181），迦太基统帅，率大军远征意大利（公元前218），从而发动第二次布匿战争，曾三次重创罗马军队，终因缺乏后援而撤离意大利（公元前203），后被罗马军多次击败，服毒自杀。
⑥ 贝利萨留（505—565），东罗马帝国将领，镇压尼卡起义，在征战北非、意大利和波斯中战功显赫，后引起查士丁尼一世的疑忌而遭贬黜。

缺失。

我的目的地是延布，此地如今是费萨尔部队的特殊基地，加兰单枪匹马地在当地训练谢里夫如何使用炸药炸毁铁路，以及如何将补给制度化。加兰是物理专家，几年来一直在钻研炸弹，对炸火车、破坏电报线及切断金属等都有他的独门秘诀。他的阿拉伯语流利，加上不受制于工兵学校那一套刻板的教法，所以能迅速有效地使那些不识字的贝都因人学会爆破艺术。他的学生对他的从不失手敬佩万分。

他顺便也教我熟悉强力炸药。一般的爆破兵处理这种炸药时如临大敌，加兰却常抓起一把雷管、导火线、引信、信管等，顺手塞进口袋里，然后若无其事地跳上骆驼，骑一个星期到汉志铁路。他的健康状况不佳，当地天气也使他经常病痛缠身。他的心脏衰弱，每当担任吃重的工作及面临危机时总是饱受折磨。然而他应付这些折磨就像处理炸药般若无其事，一直咬牙苦撑，直到他在阿拉伯将第一列火车炸出轨，并炸毁第一条电报管路。不久后，他便病逝了。

这个月来，汉志的情势有了相当大的变化。费萨尔已按照原先的计划移防延布河谷，试图在大规模攻击铁路前先确保后方的安全。他的弟弟扎伊德为了分忧，扛起率领哈尔卜族的繁重任务，并且已由拉比格前往沙夫拉河谷，担任阿里名义上的助手。往前推进的哈尔卜族不时突袭麦地那和阿拔斯井间的土耳其交通，令土耳其不堪其扰。他们每天派遣一支小特遣队，将掳获的骆驼、步枪、战俘、逃兵等送交费萨尔处理。

拉比格在十一月七日曾因土耳其飞机的出现而人心惶惶，如今因四架英国 B.E. 型飞机的到达而安心。这支飞行队的指挥官是罗斯少校，他的阿拉伯语极为流利，他也是一位出色的指挥官，由他带队是再合适不过的了。每星期都有更多的大炮运来，共二十三座，十四种不同的形式，大都是老式的。阿里手下大约有三千名阿拉伯步兵，其中有两千名是穿卡其军服的正规军，由阿齐兹·马斯里指挥。另外有九百名骆驼部队，以及三百名埃及部队。法国炮兵则已承诺要来支援。

阿卜杜拉终于在十一月十二日离开麦加。两星期后，他已去过他想去的地方，麦地那南部、东部、东北部，并切断了土耳其由卡锡姆与科威特运来的补给。阿卜杜拉拥有大约四千名士兵，但只有三挺机枪，以及在塔伊夫和麦加掳获的十部老旧大炮，因此无法进一步执行原本要与阿里和费萨尔朝麦地那三面夹攻的计划，而只能执行封锁任务。这使他戍守在汉纳奇亚这片沙漠地区，位于麦地那东北方八十英里，距离太远而派不上用场。

延布基地的补给作业已步上轨道。加兰将之移交给阿卜杜勒·卡德尔·阿卜杜，他做事有条理而且迅速，办事效率让我们很欣慰，因为那使我们无后顾之忧。费萨尔仿效阿齐兹在拉比格训练的新式正规军，也正在将农民、奴隶、穷人组织成正式的部队。加兰开班传授爆破技巧，修理机枪大炮、车轮、马具等，是他们的军械师。感觉既忙碌又有信心。

费萨尔尚未对我们寄予厚望的沃季采取行动，他打算派朱罕纳族去占领该地。这期间他正与族人众多的比黎族联络，该族的总部就在沃季，他希望能争取他们的支持。他们的大族长苏莱曼·里法达一直在敷衍他，其实则包藏祸心，因为土耳其人封苏莱曼为帕夏，还授予他勋章。不过他的表弟哈米德已投入侯赛因阵营，并且刚掳获一支由七十只骆驼组成的车队，夺下由乌拉运往沃季的土耳其军队补给品，大快人心。当我刚要前往海夫侯赛因再度催费萨尔执行沃季计划时，消息传来，土耳其在哈沙尼井吃了败仗。他们一支由骑兵与骆驼部队组成的侦察队因为太深入山区，遭阿拉伯部队围困，被打得抱头鼠窜。局势似乎渐入佳境了。

第十八章　苦涩的重逢

因此我开心地与我的资助人阿卜杜勒·克里姆·巴达维一起上路。他是朱罕纳族埃米尔穆罕默德同父异母的弟弟，但令我诧异的是，他拥有典型的埃塞俄比亚人的外貌。后来他们告诉我，他母亲曾是个女黑奴，老埃米尔在晚年娶了她。阿卜杜勒·克里姆身材中等，瘦骨嶙峋，黑得像煤炭，不过温文有礼，时年二十六岁——尽管他看起来年纪更小，下巴的胡子也稀稀疏疏。他精力充沛，动作敏捷，善于说黄色笑话。他痛恨土耳其人，因为他们鄙视黑人（阿拉伯人不会鄙视非洲人，他们厌恶的是印度人）。他与我相处极为融洽。和他同行的还有三四名随从，都骑着骆驼。我们走得很快，因为阿卜杜勒·克里姆以骑术精湛出名，他以能较常人快三倍的速度赶路而自豪。我骑的不是我的骆驼，而且当时气候凉爽多云，有点雨意，所以我不反对赶路。

我们一出发便马不停蹄地赶了三小时的路。那使我们饥肠辘辘，所以停下来吃面包、喝咖啡，直到日落。阿卜杜勒·克里姆还抽空与随从在他的毛毯上扭打比武，待筋疲力竭后，才坐下来说故事、开玩笑，等休息够了又起身跳舞。做什么都很随兴，很随和，毫无架子。

我们再度上路，在薄暮中疯狂奔驰了一个小时，到达帖哈马布满岩石与细沙的边缘。一个月前，我们由哈姆拉过来时，曾经过这座平原的南方，如今我们已横越这座平原的南部，前往狭长蜿蜒的沙质山谷间的阿吉达河谷。由于此地在几天前曾洪水泛滥，沙地吸水后较坚硬，适合骆驼行走，但上坡路段太陡，所以走得不快。这让我松了口气，但阿卜杜勒·克里姆却深觉气恼，故而在到达分水岭后（也不过花了一小时），他立刻快马加鞭地向前冲刺，在逐渐深浓的夜色中带着我们往下狂奔半小时（幸好路况不错，地面是细砂与小石），直到进入平地，到达奈赫勒穆巴拉克偏僻的农场，也就是朱罕纳族南部最大的椰枣园。

走近一看，棕榈树林间有火光和阵阵浓烟，接着还听到数千只骆驼的嘶鸣声、枪炮齐发声，以及人在黑暗中走失、吆喝着找朋友的声音。我们在延布时听说奈赫勒早已无人迹，这些喧嚣声显示情况有异，或许不怀好意。我们于是潜行过树林，沿着狭窄的街道，在比人高的土墙间前进，到达一排静悄悄的房子。阿卜杜勒·克里姆撞开我们左手边第一间房子庭院前的大门，将骆驼牵进庭院跪伏着，以免被发现。然后他在步枪内塞入一发子弹，蹑手蹑脚地沿街走向嘈杂的声源一探究竟。我们在原地等他，坐在凉飕飕的夜色中观望之际，奔驰时淌出的汗水已逐渐风干。

阿卜杜勒·克里姆在半小时后回来，说费萨尔与他的骆驼部队刚到达，我们要去与他会合。我们便将骆驼牵出来，跨上去，排成一列骑过另一条小巷子，右手边有一片低凹的棕榈树园。巷子尽头有一大群阿拉伯人和骆驼，乱成一团，吆喝声四起。我们费力地穿越人群，沿着一条坡道，一转眼进入延布河谷宽阔空旷的河床，多宽则只能由远方摇曳的火把来推测。河床的土地很湿，前两天洪水流下的烂泥巴仍覆在石头上。由于路面湿滑，我们的骆驼走得战战兢兢。

我们一时还无暇去管这些，只知道费萨尔的部队声势浩大，塞得满山满谷。用荆棘丛枝叶堆起的营火共有数百堆，阿拉伯士兵围着营火煮咖啡，或进餐，或裹着长袍在骆驼群的纷扰声中睡得像死尸般。这么多骆驼聚在一起，混乱的局面实在难以形容，有些跪伏着，有些被绑在营区内，新的不断进来，原来的则以没被绑住的三只脚站起来迎过去，又饿又激动地嘶鸣着。巡逻队已经出发，行李队尚未卸货，数十头埃及骡子在其中愤怒地四处跳跃。

我们吃力地穿过纷乱的人群，在山谷正中央的最安静处找到费萨尔。我们在他身旁将骆驼停下来。他坐在铺于石面的毛毯上，同座者尚有施食处与塔伊夫的共同族长谢拉夫、他的表弟，以及不屈不挠的美索不达米亚爱国斗士茂路德，如今是费萨尔的副官。费萨尔前面跪着一个秘书，替他记录他的指示；身后还有一个秘书，在奴隶捧着的银灯火光中朗读文件。当晚没风，空气浊重，未加遮掩的火焰笔直地往上冒。

费萨尔和平时一样沉默，在结束向秘书的口述后，他向我致意，然后为了接待不周而道歉，并挥手遣走奴隶，让我们得以私下交谈。他们与其他旁观者离去后，一头松绑的骆驼突然跳进我们前面的空地，左冲右撞，高声嘶鸣。茂路德一个箭步上前，想将它牵走，反倒被它拉着跑，它驮着的骆驼饲料也松绑了，一捆捆的干草不断散落在沉默寡言的谢拉夫、灯座，还有我面前。"感谢神，"费萨尔神色肃穆地说，"幸好不是奶油或黄金。"然后他告诉我前线这二十四小时以来的突发状况。

土耳其部队绕过阿拉伯部队布守在沙夫拉河谷的防线正面，由侧翼进入山区，并切断他们的退路。哈尔卜族人惊慌之下，纷纷作鸟兽散，想赶回受到威胁的家园。土耳其骑兵如入无人之境地拥入山谷，由狄夫兰山径直达赛义德井。当时扎伊德仍在当地的帐篷中酣睡，差点就被土耳其的指挥官加里布·贝伊掳获，所幸千钧一发之际及时获报。在哈里斯族老将阿卜杜拉·伊本·塔瓦布谢里夫的协助下，扎伊德竭力挡住土耳其的攻势，争取足够的时间将他的几座帐篷和行李打包后装上骆驼运走。然后他自己也设法脱困，但他的部队已成一盘散沙，在暗夜中没命地朝延布逃窜。

因此通往延布的道路已落入土耳其手中，费萨尔在我们到达前一小时，才带着五千人马赶来保护他的基地，设法安排防御事宜。他的情报系统已经失灵：哈尔卜族人在黑暗中阵脚大乱，关于土耳其的行动及意图的报告纷至沓来，相互矛盾，漫无头绪。他搞不清楚土耳其是想朝延布进兵，还是会安于现状，守住延布河谷通往沙夫拉河谷的山径，再率领主力部队沿海岸往拉比格和麦加推进。两种情况都很危急，最好的情况是，如果费萨尔在此出现可以牵制住他们，使他们在围剿他时多耗费几天时间，我们就可以借机加强防御延布。这时候，费萨尔正打起精神，竭尽所能地裁示部属呈上来的消息、请愿、抱怨、困难等，我就坐在一旁聆听。

谢拉夫坐在我身旁，忙着以牙签剔他那口黄牙，一个小时只说了一两句话，谴责那些太急迫的请愿者。茂路德不断将身体靠向我或费萨尔，迫不及待地将呈上来的消息中任何有利于立刻发动反攻的话，重述给我们听。

我们就这么持续到清晨四点。山谷中的湿气透过毛毯浸湿我们的衣服，使气温变得异常冷冽。营地逐渐寂静下来，疲惫的人马一个个进入梦乡。他们上头聚着一团淡淡的白雾，火焰也变成缓缓袅升的轻烟。我们身后是耸立在雾团之上的赖德瓦山脉，险峻更胜往常，在静谧的月色中，看起来近得像是笼罩在我们头顶。

费萨尔总算处理完那些刻不容缓的公务。我们吃了六颗椰枣，稍感安慰，然后蜷缩在潮湿的毛毯里。我躺着发抖时，看到毕亚夏族卫兵在确定费萨尔已睡着后，悄悄匍匐过来，将他们的长袍轻轻盖在他身上。

一小时后，我们在曙色若隐若现时全身僵硬地起床（太冷了，根本无法继续装睡或躺卧），奴隶以棕榈树枯叶点起火堆让我们取暖，谢拉夫和我则去找足够当前使用的食物与柴禾。四面八方来的信差仍不断带回土耳其即将展开攻击的恶毒谣言，营区内风声鹤唳。所以费萨尔决定转移阵地，一则如果再下场雨，我们必会被洪水冲走；再则让手下有事情忙，以免他们焦躁不安。

当他的鼓声擂起，行李已匆匆扛上骆驼。第二回擂鼓时，每个人都已跃上鞍座，左右排开，留下中间宽阔的走道，让费萨尔骑着马穿过，谢拉夫在他稍后方，然后是内志来的掌旗兵阿里，他外貌放荡不羁，黑浓的长发扎成辫子，由额际往下垂，框住鹰般的脸庞。阿里衣着光鲜亮丽，骑着一峰高大的骆驼。他身后是一群谢里夫、族长、奴隶——还有我，争先恐后乱成一团。那天早晨的侍卫多达八百人。

费萨尔骑着马四处找扎营地点，最后停在一座小山谷的另一侧，就在奈赫勒穆巴拉克村正北方，村里的房子全深藏在树林中，从外头几乎看不到。费萨尔在这座山谷南岸的岩丘下搭起他的两座帐篷。谢拉夫也有他自己的帐篷，有几个族长也过来住在我们旁边。侍卫搭起他们的小帐篷，埃及炮兵停在我们这一侧稍远处，将他们的二十座帐篷漂亮地一字排开，看来颇具军人气派。不久，我们的帐篷便已人满为患，凌乱不堪。

第十九章　费萨尔的一天

　　我在此地待了两天，正逢费萨尔的部属为了不断涌进的噩耗，及北方哈尔卜族的叛变而惊慌失措、士气低迷。我大部分时间都与费萨尔相处，所以对他的领导统御有了更深的体会。费萨尔以身作则，替身旁的每一个人打气，设法提振士气。每个在他帐篷外求见的人都可以见到他，而且，即使他们在我们身旁呼天抢地，他也绝不在属下请愿时中途打岔。他总是洗耳恭听，如果自己无法处理，便吩咐谢拉夫或秘书法伊兹·古赛因帮忙打点。这种耐心十足的领导风格，使我对阿拉伯领袖有了进一步的认识。

　　费萨尔的自制力也同样令人叹为观止。有一次负责接待宾客的米祖克·提凯米从扎伊德的阵营过来，向他述说他们溃不成军的始末，费萨尔只是笑着叫他在一旁稍候，然后继续接待那些其实该为此次惨败负责的哈尔卜族和亚格利族族长。他亲切地鼓励他们，聊聊他们做了些什么，以及伤亡有多惨重。等到送走这些族长后，他才将米祖克叫回来，并将帐篷帘子放下，表示有私事要办。我想着"费萨尔"这个名字的意义（往下猛砍的剑），深恐会目睹血腥的场面，可是他却叫米祖克坐在他的毛毯上，说道："来！告诉我们你的'天方夜谭'，以及你们的战况有多激烈，让我们乐一乐。"米祖克这个清秀伶俐的少年（五官轮廓太过分明），发现气氛轻松，便开始以他那亚提巴族的口音，向我们描述扎伊德落荒而逃的情景，以及大名鼎鼎的山贼塔瓦布如何吓得面如死灰，还有，最丢脸的是哈里斯族族长阿里的父亲侯赛因，竟然吓得连咖啡壶都掉了！

　　费萨尔说话时语调一向抑扬有致，感情十足，训示部属时也充分利用这项特长。他此刻用族里的方言与他们交谈，但说得吞吞吐吐，好像痛苦地在找最恰当的措辞。他的思绪似乎也不大灵光，因为最后挑出的字眼都是最简单的，但可以感受到他浓烈的感情与由衷的真诚。

　　在其他时刻，费萨尔总是诙谐风趣——这是阿拉伯人表达善意时不可或缺的要素。一天晚上，他要派遣里法族人去攻打法基尔井一带的平原，那是一片长满金合欢和柽柳丛的地区，位居连接布鲁卡和赛义德井的长洼地一条不易察觉的分水岭。他亲切地告诉他们，土耳其已经打过来了，他们有义务前去阻挡，并将他们胜利的荣耀归诸于神，然后补上一句，如果他们睡着，可无法打胜仗。于是那些老人开怀地聊了起来，在说完真主会让他打一两场胜仗后，他们祝福他百战百胜、万寿无疆——阿拉伯人一向敬老尊贤。在他的激励之下，当晚他们真的整夜未合眼。

我们在营中的日常生活很单纯。每天在天将亮时，军中的祭司会到山顶上大声祈祷。他的声音粗粝宏亮，山谷则像一面共鸣板般，使回音在山岭间回荡，传回来时有股像在对骂的趣味。我们都会被吵醒，不管是跟着他祈祷或咒骂。祈祷完后，费萨尔的祭司会到帐篷外轻声叫唤。费萨尔的五名仆人（都是自由人，但不愿离去，因为这也是个肥缺）之一，会立刻端着加糖的咖啡给谢拉夫和我。他们都认为在冷冽的清晨，第一杯咖啡应该加糖。

大约一小时后，费萨尔过夜用的帐篷帘幕会掀开，示意他的家属中想晋见他的人可以进入。通常会有四五个人。听完一大早的简报，早餐便端进来了。早餐的主菜是延布河谷产的椰枣；有时费萨尔的祖母会由麦加送来一盒她拿手的香辣糕饼给他；有时费萨尔的贴身侍从赫吉里斯会请我们吃他自己做的稀奇古怪的饼干与麦片粥。早餐后我们以轮流喝苦咖啡与甜茶为乐，这时费萨尔则向秘书口述信函。其中一个秘书是爱冒险的法伊兹·古赛因；另一个是祭司，他总是愁容满面，鞍座下绑着一把大伞，在行伍中极为醒目。这时段费萨尔偶尔会私下接见宾客，但不多见，因为他过夜用的帐篷别人不得擅入。这是一座常见的钟形帐篷，帐内摆满香烟，一张行军床，一条上等的库尔德地毯，一条较差的设拉子地毯，还有一条他祈祷时用的老旧俾路支地毯。

大约清晨八点，费萨尔会佩上礼刀，走到接待宾客用的帐篷内，坐在最里面的一端，面向帐门，我们则在他身旁围成半圆形，背对着帐壁而坐。奴隶在最下首靠门处，负责控制那些在帐外哀嚎、不断缠着想要进来的请愿者。如果顺利，在中午前便可将公务处理妥当，他也才得以起身。

我们与家属及宾客再次聚集于充当客厅的帐篷内，赫吉里斯与萨利姆会端午餐过来，菜色多寡视当时的情况而定。费萨尔烟抽得很凶，但饭吃得很少，通常会以手指或汤匙拿取大豆、扁豆、菠菜、米饭、饼干等，让人觉得他吃了不少，一旦评估我们大约吃饱了，他手一挥，那些餐盘立刻收拾得无影无踪，其他奴隶则走到帐门前，倒水让我们每个人洗手指头。像穆罕默德·伊本·谢费亚这种胖子遇上费萨尔这种速战速决的吃法，常会狼狈得窘态百出，也因此在他们离去时会另外打包些菜肴。午餐后我们闲话家常，喝两杯咖啡，品啜两杯糖浆似的绿茶。然后直到下午两点，客厅用的帐篷门帘会垂放下来，表示费萨尔要午休了，或是要阅读，或是要处理些私事。之后他会再到当会客室用的帐篷内，接见所有想见他的人。我不曾见过任何阿拉伯人忿忿不平地离开——说明他手段高明，而且记忆力过人。他似乎从来不会因忘了某件事而迟疑，或弄错亲属关系。

如果在接见完第二波的请愿者后还有时间，他会与朋友们散散步，聊聊马匹或植物，或去看看骆驼，或询问身旁的人周遭视线内地貌的地名。有时黄昏的祈祷是公开的，不过费萨尔表面上对宗教似乎不很虔诚。祈祷完后，他就在会客帐篷内逐一召见手下，计划当晚的侦察与巡逻——因为大部分的战事都是在入夜后才进行。在六点至七点间用晚餐，所有在总部的幕僚都由奴隶通知前来共餐。晚餐菜色与午餐类似，唯一的不同是在端上那道最令人垂涎的羊肉抓饭时，会将羊肉丁与米饭分开。我们在众人吃饱前都默不作声。

这顿饭结束了我们一天的活动，之后只有赤脚的奴隶偶尔会偷偷端一盘茶过来。费萨尔很晚睡，也不曾露出想催我们及早离去的神色。他在晚上尽可能松弛精神，尽量避免工作。他会召来一些当地族长，聊他们当地的故事以及族里的掌故与族谱。有时族中的诗人会唱战争叙事诗助兴，陈词滥调、滥情、老套的长篇传统诗，在一代代的传承下，有了新的生命。费萨尔热衷于阿拉伯诗，也常鼓励人吟诗，并挑出当晚最佳诗篇，赐予奖赏。他偶尔也会下棋，像个剑客般不假思索地出手，棋艺不差。有时候，或许是为了让我进入状况，他会谈起在叙利亚的见闻，以及土耳其不为人知的疮疤，或一些家务事。我由他口中得悉不少汉志地区的人及组织的内幕。

第二十章 固守延布

费萨尔忽然问我，在营区内是否愿意穿和他一样的阿拉伯服装。正合我意，因为要依阿拉伯的生活方式过日子，穿这种衣服最舒适不过了。更何况，那些族人也会因而对我一视同仁。因为在他们的经验中，穿卡其服的人只有土耳其军官，那会使他们本能地提高戒心。如果我穿戴麦加当地的衣饰，他们会将我视为领袖之一。而且我进出费萨尔阵营时也不会引人注目，他也不用老是得向陌生人解释。

于是我立刻欣然同意，因为穿军服骑骆驼或席地而坐时很不舒服，况且我在战前便已学会穿阿拉伯服装，也觉得这种服装在沙漠中更干净得体。赫吉里斯也觉得很欣慰，他替我挑选了一件纯白的丝质镶金边结婚礼服，那是费萨尔在麦加的姑婆最近送他的（莫非是一种暗示？）。我穿上这件宽松的新衣，在奈赫勒穆巴拉克与布鲁卡之间的棕榈树林漫步，以适应穿着它的感觉。

这些村落景色怡人，泥砖建的房子全都搭盖在棕榈园外的土堆上。奈赫勒穆巴拉克位于北方，布鲁卡则隔着一道荆棘山谷在南方与它遥望。这些房子都很小巧，里头涂着泥，凉爽、干净，铺着一两张草席，墙边摆着一只磨咖啡的研钵，以及盛食物的锅盘。街道中有一棵高得出奇的巨树。村子所在的土堆有时高达五十英尺，是用树林中挖来的土、家庭的垃圾，还有河谷中的石头刻意堆砌而成的。

土堆周围的土堤是用来防止农作物被洪水侵袭，若不如此，延布河谷的水会倒灌入林园中，因为此地的地势比山谷的河床低。这些林园都以棕榈树干或土墙隔开，周围环绕着水质甘美的小溪。每座林园的大门都在溪上，门前有利用三四根棕榈木搭成的便桥，可供骡子或骆驼通过。每座林园各有一道闸门，洪水来时可泄洪。林中的棕榈树通常种得很整齐，照顾得很好，是主要的作物；不过树林间也种了些大麦、小红萝卜、葫芦、胡瓜、烟草、指甲花等。地势比延布河谷还高的村落，气候则较为凉爽，还可以种葡萄。

费萨尔只能在奈赫勒穆巴拉克作短暂的停留，我也觉得自己最好回延布，研拟水陆并进防卫这港口的计划，海军已答应倾全力支援。我们商量后决议，我最好去扎伊德身旁协助他。费萨尔给了我一头外貌宏伟的赤褐色骆驼骑回延布。我们沿美沙里河谷越过阿吉达山脉，以免走另一条路被土耳其的巡逻队发现。贝德·伊本·谢费亚与我同行。我们花了六小时走完全程，在黎明前抵达延布。我连续三天没睡好，老是被警报声或惊嚷声吵醒，所以一到达便立刻前往加兰的空屋（他住在停泊港内的船上），躺在一张长椅上倒头就睡。不过后来又被吵醒，通知我扎伊德来了，于是我走到城墙边，想看看这支败军进城的景况。

他们共约八百人，默不作声，但并不因战败而羞愧。扎伊德看来若无其事。他进城后，转身朝身旁的阿卜杜勒·卡德尔高声叫道："天啊，你这座城真烂！我必须打电报给我父亲，派四十个泥匠来修补公共设施。"他真的这么做了。我稍早已打电报给博伊尔上尉，告诉他延布港情况危急，他立刻表示他的舰队会尽快赶来。他的支援真是值得欣慰的及时雨，隔天我们就听到了坏消息。土耳其从赛义德井派遣一支精锐部队直扑奈赫勒穆巴拉克，打得费萨尔的部队措手不及。费萨尔在交战不久后便败走，现正朝我们这里撤退。我拿起照相机，站在矮墙上拍了一张他们兄弟进城的精彩照片。费萨尔带着将近两千人，但其中没有任何一个朱罕纳族人，显然他们背叛了他。我们原本以为这种事不可能发生。

我立刻前往费萨尔下榻的房子，他这才告诉我原委。土耳其以三个营及若干骆驼部队的兵力偷袭他们，指挥官是带兵严格的加里布·贝伊。法赫里帕夏也私下参与这次征战，他的向导是朱罕纳族的执法者达希勒-阿拉·卡迪，他也是穆罕默德·阿里·巴达维的死对头，是族中排名第二大的长老。

他们首次偷袭便穿过延布河谷，推进到布鲁卡的林园，威胁到阿拉伯部队与延布间的交通。他们同时用七挺巨炮朝奈赫勒穆巴拉克胡乱轰击。费萨尔并不慌乱，他派遣朱罕纳族人防守左翼的山谷，中央部队及右翼则固守奈赫勒穆巴拉克，并派遣埃及炮兵在阿吉达山就受攻击位置，朝土耳其反击。然后他以自己的两尊十五磅炮朝布鲁卡开火。

原本在土耳其部队担任炮兵指挥官的叙利亚军官拉希姆负责操作这两尊

炮，他利用这两尊炮大显神威。这两尊炮是埃及送的礼物，但只是随便塞给野蛮的阿拉伯人的废物，和送给侯赛因的六万支老旧步枪一样，是加利波利战役留下的古董。所以拉希姆没有瞄准器、测距器、距离换算表或强力炸药。

大炮的最大射程大约有六千码，但导火线是布尔战争的老古董，长满青霉，好不容易点着了，有时飞速地一烧到底，有时却像老牛慢步般让人急得抓狂。然而，反正一旦战况吃紧，也无法将火药运走，因此拉希姆一发接一发地猛轰，并对自己这种打法狂笑不已。部落人看到指挥官这么开心，也沾染了喜气。"天啊，"有一个说，"这些是真的大炮，听它们的声音就知道有多厉害！"拉希姆坚称土耳其人必已死得满山满谷，阿拉伯人一听，奋不顾身地冲锋前进。

情况相当不错。费萨尔也觉得可以赢得漂亮的一仗，这时左翼突然吃紧。最后，左翼的部队抛下敌人，往营地撤退。费萨尔此时位于中央部队，他奔向拉希姆叫道，朱罕纳族窝里反了，要他抢救大炮。拉希姆于是集合部队，朝阿吉达河谷前进，谷中的埃及部队正吓得缩成一团。他身后跟着亚格利族与亚特班族的族人、贝德·伊本·谢费亚的人马、哈尔卜族人与毕亚夏人。费萨尔与他的家属在最后压阵，从容不迫地往延布转进，将朱罕纳族人与土耳其人留在战场上。

我听费萨尔说完原委，正与他同声咒骂那些叛徒时，门口传出一阵骚动，阿卜杜勒·克里姆挣开奴隶的阻拦，上前吻费萨尔的头巾致敬，然后坐在我们身旁。费萨尔讶异地望着他，说："怎么了？"阿卜杜勒·克里姆解释，他们因费萨尔突然撤走而惊慌失措，并说他与他兄弟和英勇的族人与土耳其人鏖战一整夜，孤军奋战，没有炮兵支援，直到那片棕榈树林也守不住了，才被迫往阿吉达河谷撤退。他弟弟带着半数的族人，正要进入城门。其他人回到延布河谷取水。

"你们在战斗期间为什么突然撤回我们身后的营地去？"费萨尔问。"只是去煮杯咖啡，"阿卜杜勒·克里姆说，"我们从天一亮便投入战场，打到那时已是黄昏了，我们又累又渴。"费萨尔和我笑成一团，然后研究要如何挽救延布。

第一步很简单。我们派遣所有朱罕纳族人回延布河谷，命令他们在海夫集合，并持续骚扰土耳其的交通。他们也要派狙击部队守住阿吉达山脉。这支部队必须牵制住土耳其的大军，使他们无法大举围攻占有地理优势的延布。延布位于一片平坦珊瑚礁岩的顶端，高于海平面大约二十英尺，两面环海，另两面则俯瞰着一望无垠、没有水井的沙漠。白天只要以大炮和机枪守卫，可谓是固若金汤。

大炮不断地运来。博伊尔言而有信，在不到二十四小时内，就已在港外集结了五艘战舰。他将"M31"号这艘浅水炮舰调到港区东南方的海湾里，若有土耳其部队胆敢擅越雷池，便以六英寸炮轰击。它吃水浅，很适合这份工作。舰长克罗克跃跃欲试，急着想使用这些蓄势待发的大炮。其他船舰则停泊在较远处，以远程炮火掩护延布，或轰击由港区北方来袭的敌军。"达弗林"号与"M31"号的探照灯在城外的平原上来回交错照射。

阿拉伯人受到港中多艘战舰的鼓舞，忙着为晚上的应敌做准备。他们的表现让我们深信不会再出现抱头鼠窜的窘况了，不过为了使他们更安心，必须有老式的堡垒让他们防御。挖战壕不是好主意，因为珊瑚礁岩的质地坚硬，更何况，他们没有壕沟战的经验，或许会弄巧成拙。于是我们利用已经被海盐侵蚀得破败不堪的城墙，在上面再涂一层硬土，使这座碉堡至少可以挡住步枪子弹，甚至可以挡住土耳其的大炮。我们还在城墙外的蓄水池旁架设铁蒺藜。我们在最好的角度架设机枪座，并由费萨尔的正规军枪手负责。无事一身轻的埃及人和其他分派到任务的人一样开心。加兰是总工程师和首席顾问。

入夜后，城内有股蠢蠢欲动的气氛。白天众人不断吆喝并开心地对空鸣枪，但当夜幕低垂后，他们都回去用餐，也沉寂了下来。当晚几乎每个人都彻夜未眠。十一点左右有一次警报。我们的哨兵在城外三英里处与敌军遭遇。加兰带着一个传令兵，跑遍城内的几条街道，叫卫戍部队集合。他们立刻冲出来，静悄悄地各就各位，没有胡乱放枪或高声叫嚷。站在高塔上的水手朝军舰发出警告信号，舰上的探照灯交错着缓缓照过平原，在来袭的部队必须穿越的旷野间画出一圈圈光轮。然而，没有任何动静，也没有让我们开火的理由。

战后，达希勒-阿拉告诉我，他在当晚率土耳其部队准备夜袭延布，打算将费萨尔的军队连根拔除，但他们却临阵退缩，眼看四周一片死寂，港外的军舰灯火摇曳，阴森森的探照灯照过他们必须穿越的那片空旷斜堤，终究还是打了退堂鼓。我相信，那天晚上，土耳其便已战败了。我个人当晚为了避免受到干扰，登上"苏瓦"号，香甜地睡了一大觉，所以我很庆幸达希勒-阿拉的谨慎带兵，即使我们没有因此赢得一场辉煌的胜仗，光是为了当晚那连续八小时的美梦，我就对他感激不尽了。

第二十一章　战局骤变

第二天危机解除，土耳其显然已经败走。朱罕纳族人由侧翼的延布河谷发动猛烈的攻势。加兰在城内筑的防御工事令人印象深刻。费萨尔要求阿奇博尔德·默里爵士在西奈展示军力，以避免撤走的土耳其人前去支援麦地那，默里爵士发回令人鼓舞的消息，让众人都松了口气。几天后博伊尔将舰队带开，并答应下次若有状况，必会再度火速集结。我借这机会到拉比格，与法国军事代表团指挥官布雷蒙上校会晤，他也是汉志地区唯一真正的军人。他仍在利用他派驻苏伊士运河的分遣舰队，迫使英国派一个旅的兵力进驻拉比格。他怀疑我与他不是同一阵线，所以打算设法让我改变心意。

在随后的辩论中，我提出立刻攻击麦地那的必要性。因为，我与其他英国人一样，深信攻下麦地那是阿拉伯起义运动进一步发展的必要前奏。布雷蒙严辞驳斥我，表示阿拉伯人攻占麦地那非明智之举。依他看来，阿拉伯起义运动只有在麦加起义，才能获得最大的效用；而与土耳其对抗的军事行动最好是交到英国与法国手中，阿拉伯人不要过问。他希望让协约国的联军在拉比格登陆，因为那会使部落民族怀疑侯赛因的动机，进而浇熄他们的参战热情。然后外国部队会成为侯赛因的主要防御力，他的安危就此完全操控在列强手中，等到战争结束、土耳其战败后，胜利的列强可与土耳其苏丹订条约要求割让麦地那，再将之赠予侯赛因谢里夫，让他拥有汉志的统治权，作为他效忠的奖赏。

我不像布雷蒙那么信心十足地认为我们强盛到可以随意驱遣弱小的盟邦。简明扼要地说，我不以为然。我将重点摆在立即攻占麦地那，也建议费萨尔占领沃季，以延长他对铁路的威胁。总而言之，我认为如果阿拉伯建国运动的热忱未能促使阿拉伯人进军大马士革，则将使起义名不正言不顺。

这种论调很不受布雷蒙欢迎，因为在一九一六年法国与英国签定的《赛克斯-皮科条约》中，赛克斯已提出这种可能性。为了充当报酬，条约中明订要在大马士革、阿勒颇、摩苏尔等地建立独立的阿拉伯国家，否则这些地区便要落入贪得无厌的法国人手中。赛克斯与皮科都不相信阿拉伯人能进军大马士革，但我认为有此可能，也相信可以借此防止我们或其他国家在西亚实行剥削的不当殖民阴谋。

布雷蒙借着他的专业来搪塞，以参谋官的身份向我保证，费萨尔想由延布进军沃季，是一种军事自杀行动。尽管他口若悬河，我却觉得他的论点站不住脚。我也据实将这种看法告诉他。这次会面很奇特，一个老军人与一个穿着怪异的年轻人会谈，我留下的印象很恶劣。布雷蒙上校和他的国人一样，在爱情与战争方面都是现实主义者。即使是写诗，法国人也是积习难改的散文作者，只依理性和理解的直射光看待事物，而不是像想象力丰富的英国人般，半眯起眼睛，依赖事物本质所散发的光辉，如雾中看花。所以两种民族合作来完成重大使命时，很难配合无间。然而，我极力自制，不将这次会谈内容告诉任何阿拉伯人，但送了一份完整的报告给威尔森上校，他不久就要来与费萨尔晤谈沃季计划的各方面细节。

在威尔森到达前，土耳其的重心突然转向。法赫里帕夏已意识到无力攻占延布，或是在海夫侯赛因追逐那些神出鬼没的朱罕纳族人。他在奈赫勒穆巴拉克也遭到两架英国水上飞机的轰炸，这些飞机不顾敌军榴弹炮的攻击，两度飞越沙漠，深入敌境。

结果法赫里匆匆决定撤回赛义德井，只留下一小股兵力防堵朱罕纳族人，然后率大军取道沙坦尼路移师拉比格。局势会如此演变，无疑地与阿里在拉比格的强势作为不无关联。阿里一听到扎伊德溃败，便立刻率部队和大炮驰援；在费萨尔也败走后，他决定率麾下所有兵力北上，攻击沙夫拉河谷的土耳其部队，逼其调回围攻延布的兵力。阿里旗下有将近七千人马，费萨尔认为如果他能与阿里两面夹攻，法赫里的部队或许会在山岭间被他们击溃。于是他拍电报作此建议，要求延后几天，让他有时间重整旗鼓。

阿里如箭在弦，不能再等。费萨尔因而催促扎伊德到延布河谷中的马沙哈里备战。安排妥当后，他派遣扎伊德去占领赛义德井，并成功达成任务。然后他命令朱罕纳族人前去支援。他们面露难色，因为他们的族长穆罕默德·阿里·巴达维对费萨尔在他族人中的势力逐渐强大而心怀猜忌，他想巩固自己的地位。费萨尔单枪匹马前往奈赫勒穆巴拉克，以一个晚上的时间使朱罕纳族接受他为他们的领袖。第二天早上，全族的人都已出发，费萨尔则继续前往塔夏山径，召集北哈尔卜族在沙夫拉河谷拦截撤退中的土耳其部队。他已集结将近六千人马，如果阿里由山谷南面攻过来，土耳其势将腹背受敌。

不幸，事情并非如此。费萨尔上路后才听说，阿里在兵不血刃的情况下收复哈沙尼井后，他的部属因误信谣言，以为沙布地区的阿拉伯族已叛变，因此纷纷作鸟兽散，逃回拉比格。

在这令人懊恼的节骨眼上，威尔森上校来到延布，试图说服我们即刻朝沃季用兵。经过修正后的计划是，由费萨尔率领朱罕纳族全部人马以及他的正规军，在海军的全力掩护下攻打沃季。这股兵力将足以奏功，但延布则会唱空城计，乏人防守。费萨尔一时不敢冒这种险。他指出，他周围的土耳其部队机动性仍很高，而且阿里的部队根本派不上用场，若遇上猛攻，连拉比格都守不住；而拉比格是麦加的堡垒，他必须奋不顾身地抛下延布前去支援，即使和他的部下全战死在拉比格的沙滩上，也不能眼睁睁看着它沦陷。他说得也在理。

威尔森为了让费萨尔安心，向他大事吹嘘拉比格的兵力。费萨尔则为了考验威尔森是否坦诚，要求他亲口保证，拉比格的部队能在英国海军的协助下熬过敌人的攻击，直到他们攻下沃季。威尔森环顾着"达弗林"号（我们正在舰上开会）甲板上面面相觑的众人，希望有人帮腔，后来还是堂皇地作出保证。这是一场明智的赌博，因为若不保证，费萨尔便不愿出兵。这支攻打沃季的部队，也就是阿拉伯阵营中唯一有攻击力的部队，也是他们攻占麦地那及防止土耳其攻占麦加的最后机会。几天后，威尔森请费萨尔的父亲侯赛因谢里夫出面，命令他带着全部人马，立刻朝沃季出兵。

这时拉比格的局势日趋恶劣。沙夫拉河谷和沙坦尼路的敌军总数约有五千人。北方的哈尔卜族苦苦哀求土耳其人放过他们的棕榈树园；南方的哈尔卜人，也就是侯赛因·马贝里格的族人，正伺机想在侯赛因谢里夫的部队后放冷枪。威尔森、布雷蒙、乔伊斯、罗斯等人及其他人员，于圣诞节前夕在拉比格开会，决定在舰艇的炮火掩护下，由埃及部队、"飞行部队"，以及"密涅瓦"号的一支海军登陆部队，在机场旁建立一座小阵地，以争取用来抢运或摧毁物资的几个小时。土耳其正步步进逼，当地情况不足以抵抗有野战炮兵支援的精锐部队。

奇怪的是，法赫里动作太慢了。他在一月的第一个星期将结束时才越过谢赫井，七天后仍未完成攻击胡雷巴的准备；阿里在当地有一个数百人马的前哨站。双方巡逻队曾短兵相接，每天都有可能受到攻击，但一直拖延。

事实上，土耳其部队正遭逢出其不意的困境。他们的总部面临士兵大量病故以及动物体弱多病之苦，两者都是过度操劳和营养不良的征兆。部落民族不断地在背后骚扰他们，使他们草木皆兵。虽然有些部落民族并不认同阿拉伯建国运动，但不会因此就转而对土耳其输诚，土耳其人不久后便发现他们置身于危机四伏的险恶环境中。部落民族在一月的前两个星期所发动的偷袭使土耳其平均每天损失四十只骆驼，还有大约二十个人伤亡，物资的损失更是惨重。

这种突袭在距麦地那沿海十英里起至往后七十英里的山路间，随时可能遇上。这凸显出土耳其部队以大量德国制的现代化装备，在无路可通的情况下，试图穿越崎岖且充满敌意的野地时，会面临何种障碍。日新月异的科技化战争装备妨碍了他们的机动性，使他们无法冲锋陷阵。越接近他们既不安全又不方便的基地麦地那，他们的指挥官面临的问题就越多，不是呈等差级数，而是呈几何级数地增加。

局势对土耳其极不乐观，阿卜杜拉与费萨尔在一九一六年最后几天的突然移师改变了汉志战争的战略观念，这或许使法赫里觉得很安心，也使土耳其的麦加远征军（在一九一七年一月十八日后）匆匆由沙坦尼路、法拉河谷、加哈路、沙夫拉河谷等地赶回去，集合在麦地那城外消极地防御。这支劲旅就此一直困守于战壕中，直到停战协议结束战争，也使圣城及这支孤立无援的守军黯然投降。

第二十二章　第一波攻击

费萨尔在同意一件事后，便会全力以赴。他已承诺要立刻朝沃季进军，所以他和我在新年当天一起坐下来，研究这个行动对我们及对土耳其的利弊得失。我们身旁沿着延布河谷上下数英里，在棕榈园周围、浓密树林下、各条支流旁，只要是能遮阳避雨之处或可供骆驼吃草之地，触目所及都是我们的部队。赤裸上半身徒步而行的山区部族已越来越少，目前的六千大军几乎都是有坐骑、有家产的人。他们的咖啡炉排在骆驼鞍座旁，绕着营火堆围成一个圆圈，充当士兵用餐后休息用的靠枕。阿拉伯人完美的体格使他们可以像蜥蜴般轻松地躺在遍布石头的地面，有如死尸般任自己融入凹凸不平的地形中。

他们沉默不语，但信心十足。有些人投效费萨尔已超过半年，早已失去当初在哈姆拉令我大开眼界的那股热忱，不过相对地也已成为身经百战的沙场老手。持久力对我们而言比刚投入的满腔热血还重要。他们的爱国心如今是理性而清醒的，随着离家乡越来越远，他们出勤的状况也越来越稳定。部落民族不听从命令的积习仍未改，但已较为习惯营区生活以及行军时的日常作息。在谢里夫莅临时，他们会排成歪七扭八的队伍，一起鞠躬并将手臂横向唇边，这是他们的敬礼法。他们不会替枪上油，他们说一上油，沙就会黏在枪管里。何况他们也没有油，用自己的皮肤擦反而可以使被风吹得皲裂的皮肤柔和些。不过那些枪都保养得不错，有些人也有百步穿杨的神技。

他们聚在一起时并不可怕，因为缺乏团队精神，也没有纪律和相互信赖之心。单位越小，表现越好。一千个人会成为乌合之众，无力对抗一连 [①] 训练有素的土耳其部队，不过三四个阿拉伯人在自己的山中，便足以遏阻一打土耳其人。拿破仑也曾对马穆鲁克 [②] 有过如此的评语。我们仍太匆忙，没时间将仓促的经验化为原则。我们的战术是由经验中学习，设法脱离困境。但我们和手下

---

① 一般军队编制中，一连的人数大约是八十至二百五十人。
② 中世纪服务于阿拉伯哈里发的奴隶兵。

一样仍在摸索。

自从奈赫勒穆巴拉克之役后，我们便放弃那一旅埃及部队与非正规部队。我们将埃及官兵全数遣送回国，将他们的全部装备移交给费萨尔的炮手拉希姆，以及机枪手阿卜杜拉·德列米。他们两人建立了一支阿拉伯连队，成员都是当地原住民，加上受过土耳其训练的叙利亚和美索不达米亚逃兵来壮大阵容。费萨尔骁勇善战的副官茂路德向我要了五十头骡子，他遴选五十名精锐的步兵，告诉他们，他们是骑兵。他带兵极严，也是个天生的骑兵指挥官，在他军纪森严的磨炼下，那些骑着骡子的步兵也被操练成杰出的骑兵，纪律严明，足以担任正式的攻击！他们称得上是阿拉伯部队的异数。我们立刻拍电报要求再送五十头骡子过来，将这支骑骡步兵的阵容扩大一倍，因为这么一支劲旅对侦察行动大有助益。

费萨尔建议由他率领几乎全部的朱罕纳族人去攻打沃季，再加上哈尔卜族人与比黎族人、亚提巴人与亚格利人，使这支大军带有多族联军的色彩。我们希望这次进军可以在广袤的西阿拉伯半岛蔚成风气，并借此一举结束北汉志的战争。这将是阿拉伯人记忆中最大的一场军事行动，使观望者亦能望风来归，让他们体会到，他们的世界真的变了。所以未来我们已无后顾之忧，再也不会有愚蠢的派系叛离或猜忌斗争，我们在奋斗时也不会再因家族纷争而掣肘难行。

我们并不预期会立刻遇上敌军。我们不辞辛劳地带这支杂牌军前往沃季，将效率与经验置之不顾，就是因为料准沿途不会有遭遇战。我们拥有无形的资产。首先，土耳其已将多余的兵力调去攻打拉比格，或者用来固守他们已占领的地区，以便全力攻击拉比格。他们若想将部队往北调动，需要一段时日。另外，土耳其人很愚昧，我们认为他们对我们的行动会置之不理，听了之后也不予置信，日后才会发现他们错失了何种良机。如果我们能在三个星期内到达，或许能出奇制胜地攻下沃季。最后，我们可以将哈尔卜族零星的偷袭发展成有计划的突击行动，如果可能就掠夺他们的物资，借此自给自足。不过主力将用于困住大批土耳其部队，逼使他们采取守势。扎伊德同意到拉比格，在土耳其部队背后筹组类似的突击部队。我给他一封信，请他转交给卫戍延布的"达弗林"号舰长，让他得以经由水路迅速抵达拉比格，因为所有了解沃季计划的人都急着想共襄盛举。

一九一七年一月二日，我为了训练自己参与突击行动的能力，带了一支以三十五个马哈米德族人组成的试验性队伍，由奈赫勒穆巴拉克前往我上回由拉比格到延布途中经过的古碉堡水井。入夜后我们下坐骑，留下十人看守骆驼，以防遇上土耳其巡逻队。其余的人攀爬上狄夫兰山，爬得苦不堪言，因为山壁布满锋刃般参差不齐的嶙峋怪石。崎岖不平的岩面很多，但都不牢靠，每一块石头都可能一抓就会滑落。

狄夫兰山的山头冷冽多雾，我们直到黎明才攀抵山顶。我们藏身在岩缝间，最后终于在山下右手边三百码处，看到钟形帐篷的尖顶在山脊之后隐隐浮现。我们无法窥见全貌，所以朝他们的篷顶开了几枪过过瘾。一群土耳其人冲出来，三步并作两步地跳入战壕内。他们是移动快速的活靶，不过可能没什么伤亡。随后他们也朝四面八方胡乱开枪还击，并扯开喉咙吆喝，好像是要呼唤哈姆拉的守军前来支援。由于目前敌军与我们的兵力已是十比一，要是再加上援军，我们将无路可退，所以我们悄悄爬下山，在进入第一座山谷时，遇上两个正在做早操、扣子还没扣的土耳其兵，把他们吓得魂不附体。他们衣衫不整，但也值得向人炫耀战果了，所以我们把他们拖回去，而他们提供的情报也极有助益。

费萨尔对于必须弃守延布仍忐忑不安，这是他到目前为止最不可或缺的基地，也是汉志地区的第二大港。我们正在绞尽脑汁设法找出牵制土耳其的妙计时，忽然想起驻守在汉纳奇亚的阿卜杜拉。他拥有五千名非正规部队、几挺大炮与机枪，而且他曾因成功地（虽然动作慢了些）攻占塔伊夫而闻名。将他闲置在荒山野地间实在是浪费人才。我的初步构想是他可以到海拜尔来，借此威胁麦地那北方的铁路。但费萨尔大幅调整我的计划，他想起艾斯河谷，这座河谷的流域由赖德瓦山后方往东，经由固若金汤的朱罕纳族占领的山岭间，流向靠近海狄亚的哈姆德。此地位于麦地那北方，距离不及一百英里，是法赫里与大马士革间的铁路交通要冲。阿卜杜拉可以在此地展开由东边封锁麦地那的计划，并可拦截由波斯湾运来的物资。另外，此地距离延布也很近，所以军火与粮秣的补给都可就近供应。

这提议可谓是妙计，我们立刻派拉贾·古鲁威去通知阿卜杜拉。我们深信他会采纳这条妙计，所以不等回音便敦请费萨尔立刻由延布河谷挥军北上，展开对沃季的第一波攻击。

第二十三章 起 兵

费萨尔同意了，于是我们沿上游宽阔的道路经过美沙里河谷，前往欧威斯，此地位于延布北方十五英里，遍地水井。此刻群山层峦，美不胜收。十二月的雨水丰沛，随后温暖的阳光使大地误以为春神已莅临。各洼地与平地都长出嫩草，叶片（单叶，笔直而细长）由石缝间冒出来。由鞍座间往下俯视，或许看不出地表已添新妆，然而以水平的角度往前眺望远方的山坡，便可以看出在泛着暗蓝灰色与红褐色的岩块表面，到处洋溢着一片翠绿。有些地方绿意盎然，草木扶疏，我们那些劳苦功高的骆驼也大快朵颐，咀嚼这些幼枝嫩草。

动员令已经发布，但只对我们和亚格利人下达。其他单位在我们出发的路上一字排开送行，每个士兵站在蹲伏着的骆驼旁，在费萨尔走过时，默默向他敬礼。他开心地叫着"祝大家平安"，每位族长也以同样的话祝福他。我们走过后，众人便骑上骆驼，跟在他们族长后，所以身后的部队不断延长。我们到达分水岭后回头放眼望去，只见到一条士兵骑着骆驼的迤逦长河。

我们默不作声地登上山顶，山谷在眼前摊开，成为一道软沙砾与细沙质的斜坡，费萨尔这才开口与盘据此山的亚格利族长伊本·达希勒打招呼，伊本·达希勒退开一两步，引导我们走入他们列队欢迎的阵容中，并开始擂鼓。全军扯开喉咙，高唱颂扬费萨尔和他家人的战歌。两年前，伊本·达希勒曾答应土耳其人要率领亚格利人协助他们，但在阿拉伯起义爆发后，就带着全部人马投效侯赛因谢里夫去了。

随后行军的阵容变得很壮观，也很野蛮。费萨尔身穿白袍在前面领军，谢拉夫在他右侧，戴着红头巾，身穿斗篷长袍，我在费萨尔左侧，穿着红白相间的衣服。我们身后是三面已褪色的深红色丝质旗帜，旗顶有金矛，掌旗手之后是三个擂鼓手，奏着进行曲，紧接着是一千两百名精壮狂野的骆驼卫队，摩肩接踵地挤靠在一起，人员的穿着光鲜亮丽，骆驼的坐具亦鲜明耀眼，我们这条耀眼的长河填满了整座山谷。

在美沙里河谷的出口，阿卜杜勒·卡德尔的一位信差由延布赶过来，交给费萨尔一批信。其中一封是三天前"达弗林"号舰长写给我的，表示在见到我并深入了解当地状况前，不会载送扎伊德。"达弗林"号如今正停泊在雪姆这座距延布港八英里的孤立港湾中，舰上军官可以在海滩上玩板球，不会被延布港中挥之不去的苍蝇群骚扰。当然，他们距离那么远，对外界的消息也就不得而知了。其间我们与"达弗林"号之间倾轧不已。那位亲切的舰长远不如激进的博伊尔那般高瞻远瞩，也缺乏"哈丁吉"号舰长林柏里的睿智——林柏里每到一座港口，便会不辞辛劳地深入了解当地的风土民情。

显然我最好赶去找"达弗林"号，使事情步上正轨。扎伊德人不错，但让他拥有这段平白冒出来的假期，必会玩得乐不思蜀。我们此刻无暇旁生枝节。费萨尔派遣几位亚格利人与我同行，我们兼程赶赴延布港。事实上，我只花三个小时就到了，那支令人心烦的护送队伍（他们说不想因为我那么迫不及待而累坏骆驼或磨破臀部）还在半路上。在山中时，太阳仍高悬于半空，这时已近黄昏，阳光斜射入眼睛，使我必须腾出一只手遮挡光线。费萨尔给了我一峰健步如飞的骆驼（内志的谢里夫送给他父亲的礼物），是我骑过最能吃苦耐劳的一峰。后来在前往阿卡巴的路上，它因过度劳累、疥癣及人为疏失而病故。

我到达延布后，发现事情并不是那么回事。扎伊德已经上船，"达弗林"号也已经在当天早晨前往拉比格。所以我开始思索，在前往沃季途中我们需要海军何种支援，以及运输的方式。费萨尔已答应在欧威斯等我的报告，待确定一切都已就绪才会上路。

第一道障碍是民间与军方势力的冲突。阿卜杜勒·卡德尔是个精力充沛但很情绪化的人，随着我们的基地逐渐扩大，他也被与日俱增的繁重任务搞得焦头烂额，于是费萨尔派遣一位来自霍姆斯的叙利亚军官特乌费克·贝伊协助他照料军需品。不幸的是，军需品如何定义难有定论。那天早上他们为了几口装武器的空箱子归谁管而起了摩擦。阿卜杜勒·卡德尔将仓库的门一锁，径自去吃午餐。特乌费克则率领四名手下到码头，还带着一把机枪和一支长柄大锤，硬将门撬开。阿卜杜勒·卡德尔见苗头不对，跳上一艘小船，划向英国的护航舰——相当袖珍的"艾斯皮格"号，告诉那位立场尴尬但相当热忱的舰长，他想在舰上待一阵子。他的仆人从岸上送食物给他，他当晚就睡在甲板的行军床上。

我决定快刀斩乱麻，于是叫阿卜杜勒·卡德尔写信给费萨尔，请他裁示，同时叫特乌费克将仓库先交由我管理。我们派了艘拖网船"阿瑞塞莎"号到护航舰旁边，让阿卜杜勒·卡德尔指挥，将那些引发争议的空箱子运上船，最后再带特乌费克到"艾斯皮格"号上，设法居间斡旋，解开这死结。这次调解行动因一段小插曲而轻易化解，因为，当特乌费克在舷道向仪仗队回礼时（这支仪仗队平常备而不用，此时只是策略上的运用），他眉开眼笑地说"这艘船在库尔纳俘虏过我"，并指向一块写着"马尔马里斯"号的战利品标示牌，"马尔马里斯"号是一艘土耳其炮艇，在底格里斯河与"艾斯皮格"号交火后被击沉。阿卜杜勒·卡德尔对这则轶事也听得津津有味，两人于是化干戈为玉帛。

谢拉夫第二天到延布来，代理费萨尔的职务。他位高权重，或许也是费萨尔阵营中最干练的大将，但缺乏积极进取的企图心，一切依命行事，而非自动自发。他家财万贯，曾担任费萨尔的法院首席法官多年。他比其他人都了解部落民族，也更善于排解他们的纷争，他们也很敬畏他，因为他铁面无私，而且面貌凶恶，左眉角往下垂（旧伤造成的），使他看起来冷峻不苟。"苏瓦"号的军医曾替他的眼部开刀，受伤部位大致上已治愈，但一副尊容仍像个铁面判官。我与他共事过后，觉得他其实很好相处，头脑很清醒，睿智而善解人意，笑容很亲切——他笑起来嘴角变得比较柔和，但眼睛仍是一副怒目金刚的骇人模样，做起事来一板一眼，总是一丝不苟。

我们都认为在朝沃季进军时，延布被攻占的风险极大，也认为将所有军需品先运走方为上策。博伊尔适时地向我表示，"达弗林"号或"哈丁吉"号都可以协助运送补给品。我回答，此行任务艰巨，我宁可选"哈丁吉"号！"哈丁吉"号截听到这则电文，舰长华伦上尉认为我太夸大其词了，不过这也使"哈丁吉"号在两天后心花怒放地驶来支援。这是一艘印度运兵舰，最底层的运兵甲板在水面的高度有宽敞的秘门。林柏里帮我们将这些秘门打开，我们便将八千支步枪、三百万发子弹、数千发炮弹、大量的米与面粉、无数的军服、两吨强力炸药，以及我们的整支巡逻队，七手八脚地全塞进这艘船。

博伊尔心急如焚地赶过来打听消息。他答应要让"哈丁吉"号一直充当我们的补给舰，随时提供食物与饮水，这也解决了主要难题。英国海军已经集结就绪，红海舰队的半数可投入战场。海军上将即将莅临，每艘船舰的登陆部队都在训练中，官兵个个摩拳擦掌，积极备战。

我默默祈盼，虽然有这支生力军支援，却希望不要发生战事。费萨尔已拥有近万名人马，足以填满整个比黎族地区，而且足以应付不太严重或棘手的状况。比黎族人对这一点也心里有数，因此对费萨尔言听计从，全心投入阿拉伯建国运动。

我们攻下沃季当可如探囊取物，令我忧心的是费萨尔的部众沿途会大量饿死或渴死。补给是我的职责，也是一项重责大任。不过，中途通往乌姆莱季的地域属于友好地区，只要能保持友好关系就不会发生悲剧。因此，我们向费萨尔禀报，一切已准备就绪，于是他在阿卜杜拉传来欢迎艾斯计划并答应立刻响应的回音后，当天便朝欧威斯出发。我也在当天收到一则令我心情笃定的消息：奉调前来汉志担任军事代表团指挥官的英国正规军上校纽科姆已到达埃及，他的两位参谋官考克斯与维克里正在前往红海的途中，也将加入我们的远征军行列。

博伊尔以"苏瓦"号送我到乌姆莱季后，我们上岸打听消息。当地族长告诉我们，费萨尔今天可以到达瓦黑地井，往内陆四英里处的水源地。我们于是派人送信给他，然后前往博伊尔在数月前由"福克斯"号开炮炸毁的碉堡探视。如今这些营房已成为荒凉的瓦砾堆，博伊尔看着这废墟说："我对自己居然把这么个小地方也夷成平地，觉得很羞愧。"他是个非常专业的军官，机警，实事求是，也很官僚，有时候无法容忍不拘小节的人与事。满头红发的人很少有耐性。他们称他为"红毛博伊尔"，听起来很亲切。

我们在凭吊废墟时，村中四名穿着灰衣的长者前来，要求借一步说话。他们说，几个月前，一艘有两支烟囱的船忽然过来，摧毁了他们的碉堡。他们被要求在原地重建一座营舍，供阿拉伯政府的警察使用。他们问我们这艘只有一支烟囱的船的好心船长，能否借他们一些木料，或其他建材，协助他们重建。博伊尔听他们叽里呱啦地说个不停，紧张地直问我："怎么了？他们想怎么样？"我说："没事，他们只是在描述'福克斯'号炮轰造成的惨状。"博伊尔转身环顾四周，然后苦笑着说："的确是惨不忍睹。"

第二天，维克里到达。他是个炮兵官，在苏丹服役十年期间已学会流利的阿拉伯语，能读能讲，不需要请翻译。于是我们和博伊尔到费萨尔的阵地，与他研议攻击的行程表。用过午餐后，英国人与阿拉伯人再度研商进军沃季的行程。

我们决定将整支部队打散成若干分队，并决定让这些分队自行前往位于哈姆德河谷的阿布杰雷贝特，这是我们的集结地点，此后到沃季沿路都没有水源。不过博伊尔同意让"哈丁吉"号在雪姆哈班停泊一个晚上——听说当地有个港口，并运送二十吨的水上岸。就这么拍板定案。

为了攻击沃季，我们提供博伊尔一支阿拉伯登陆部队，由数百名哈尔卜族与朱罕纳族的农民和自由人组成，指挥官是萨利赫·伊本·谢费亚，他是一个胆识过人、相当友善的黑人少年，对属下恩威并济，领导有方，对他们或我们伤了他的尊严也不以为意。博伊尔接纳了他们，并决定将他们安置在有多层甲板的"哈丁吉"号的其中一层。他们与海军将在沃季的北方登陆，再由此朝沃季进军。土耳其在当地未设哨站，无法防堵登陆部队。

博伊尔至少会调来六艘船舰，共有五十挺巨炮，足以轰得土耳其晕头转向，还有一艘载送水上飞机的船，用来指引巨炮的轰击方向。我们预定在当月二十日到达阿布杰雷贝特，二十二日在哈班等"哈丁吉"号提供的水，登陆部队则在二十三日拂晓抢滩，这时我们的骑兵也已封锁由城内往外逃窜的所有道路。

拉比格传来的情况不错，土耳其也没有因为延布唱空城计乘虚而入。这原本是我们的心头大患，博伊尔以无线电通知他们，让他们松了口气，我们也大获鼓舞。阿卜杜拉即将到达艾斯，而我们正在去沃季的半路上。阿拉伯部队已掌握主动权。我一时得意忘形，情不自禁地脱口说出，一年后我们将踏破大马士革的城门。这时帐篷内突然静默下来，一股寒意袭上心头，我的乐观也被浇了一头冷水。后来，我听说维克里去找博伊尔，严词抨击我夸大其词，爱做大梦。不过，虽然我一时失态，那却也不见得是个无法完成的大梦，因为五个月后我真的就置身于大马士革，再隔一年后我更成为这座城市有实无名的总督。

维克里让我很失望，我也令他很不满。他知道我并非军事专才，也认为我是政治智障。我知道他是阿拉伯独立运动亟需的专业军人，然而他对这场运动的内涵似乎浑然不知。欧洲顾问缺乏的这种认知差点使阿拉伯人因问道于盲而搞得建国运动胎死腹中。这些欧洲顾问不了解起义其实不是战争，事实上，在本质上更倾向于争取和平——或许可称为全国性的罢工。所有闪族人团结一致，拥护同一种理念、同一位有武装的先知，掌握无限的可能性。若能交由高人指点，它的战功将不只是收复大马士革，而是一九一八年所达成的攻占君士坦丁堡。

第二十四章　两百英里跋涉

　　第二天一早，我看到"哈丁吉"号已在顺利卸货，于是上岸找酋长优素福，发现他正协助比舍的警察、惊慌失措的村民以及一群茂路德的手下，在大街的尽头堆筑路障。他告诉我，五十头没有缰绳与鞍座的野骡当天早上由一艘船上放出来，逃窜入市集，目前已被围堵在该处，仍在横冲直撞，他们正在等货主茂路德前来替它们配鞍座，处理善后。这是骑骡步兵队的第二批骡，所幸我们在延布时已预备了些缰绳与马勒，随着"哈丁吉"号载运过来，足够供它们使用。到中午时，商家已再度开门营业，我们也赔偿了所造成的损失。

　　我前往费萨尔的营地，营中正忙得不可开交。有些部落领了一个月的薪饷；每个部落都可领取八天的粮食；帐篷与笨重的行李都已打包妥当，进军的最后准备已经完成。我坐着听那些干部的交谈：贝都因的谢里夫法伊兹·古赛因曾任土耳其官员，以及亚美尼亚大屠杀的文献记录员，如今担任费萨尔的秘书；大马士革的地主奈西布·贝克里曾是费萨尔在叙利亚时的东道主，如今被他的国家判死刑后驱逐出境；奈西布的弟弟沙米是法学院毕业生，如今担任费萨尔的助理军需官；助理秘书沙菲克·艾尔之前是记者，瘦小苍白，行动鬼鬼祟祟，老是在窃窃私语，精忠爱国，但在生活上脾气很别扭，所以是个很惹人厌的同事。

　　营中的军医哈桑·谢拉夫出钱出力响应阿拉伯起义，是个志洁高尚的君子。他刚才发现他的药瓶子撞碎了，散落的药丸在他的药箱底层乱成一团，令他气急败坏。沙菲克谴责他道："你以为起义是度假吗？"他们两个都脸色苍白，一个是平常就如此，另一个是急得脸色发白，我们看了不禁莞尔。在困境中，稀松平常的小趣味远胜于伶牙俐齿的机智。

　　傍晚时分，我们与费萨尔讨论即将展开的进军行动。去第一站塞姆纳的路程很短，当地有棕榈树林与水量充沛的水井。之后有多条路可以走，要等我们的侦察队回来报告何处蓄雨水的池塘数量较多再做决定。若走海岸线这条笔直的道路，到达下一座水井前要走上六十英里。我们步兵多，这路程太远。

瓦黑地井的大军多达五千一百名骆驼兵与五千三百名步兵，有四尊克虏伯炮及十挺机枪，另有三百八十只驮行李用的骆驼。每件事都已极力撙节，远低于土耳其的标准。我们预定的出发时刻是一月十八日中午过后，费萨尔在午餐前已准时地将一切准备就绪。我们是快乐的一群人：费萨尔本人该办的都已办妥，无事一身轻，阿卜杜勒·克里姆一向嬉皮笑脸，还有贾巴尔谢里夫、奈西布、沙米、沙菲克、哈桑·谢拉夫，以及我。午餐后，帐篷便拆掉了。我们走向骆驼，它们跪伏着围成一个半圆，佩妥鞍座并驮上日用品，每峰骆驼跪伏着的脚前各站着一个奴隶，正用力按压住它们。站在侍卫队长伊本·达希勒身旁等着的定音鼓手，将鼓敲了七八回，全场肃静。我们望着费萨尔。他正在向阿卜杜勒·克里姆作最后的叮嘱，这时他从地毯上起身，将缰绳接过来，膝盖靠在骆驼身侧，大声说道："愿真主与你们同在。"他的奴隶将骆驼放开，让它站起来，这时费萨尔也伸腿跨到它背上，将长袍与斗篷的裾摆塞在臀下，端坐于鞍座中。

费萨尔的骆驼出发后，我们也各自跃上骆驼，整群骆驼同时站起来，有些还嘶鸣不已，但大部分训练有素的母骆驼都默不作声。只有较年幼的骆驼，公的或没教养的，才会在路上撒野。自视甚高的贝都因人不愿骑这种骆驼，因为它发出的噪音在夜里或突袭时或许会暴露行踪。骆驼刚迈开步伐的几步都走得踉跄突然，骑士必须迅速用腿夹住鞍座前头的弓起部分，并挽住缰绳，以控制步伐。然后我们看看费萨尔目前的位置，再将骆驼的头掉转至那个方向，接着将脚贴在它们肩头，往前走到费萨尔身旁。伊本·达希勒跟上来，他望了望地形与行军方向一眼后，向亚格利人下达简洁的命令，要他们排成侧翼，分列于我们左右两侧两三百码处，骆驼则排成一列，以不互相碰撞为原则，一头紧跟着一头。移防行动干脆利落地完成。

这些亚格利人是散居在安内札、波雷达、拉斯等地的内志都市人，他们签约入伍，担任骆驼部队的正规军，役期数年。他们都很年轻，十六到二十五岁不等，人都不错，眼睛很大，相当开朗，受过一点教育，信奉天主教，领悟力强，是路上的好同伴。他们之中很少见到胖子。这些少年即使在休息时（大部分东方人的面孔在此时都毫无生机）仍满脸聪慧俊俏。他们说得一口优雅的阿拉伯语，彬彬有礼，生活习性较奢华。他们在都市中长大，乖顺明理，不需要别人再三叮咛便懂得照顾自己及服侍主人。他们的父亲是骆驼贩子，从小就接触这一行，结果也变得像贝都因人一样四处游牧。颓废柔弱的本性使他们很顺从，对东方人习惯用来维持纪律的体罚也很能忍受。基本上他们都谦卑恭敬，然而也有军人的天性，若指挥得宜，他们也一样智勇双全。

他们如今已不再是部落民族，因此没有世仇，可以在沙漠中畅行无阻，在内陆自由贸易经商。在沙漠中做生意利润微薄，但已足以吸引他们投入，因为他们家居的环境也不怎么舒适。极端分子在安逸而文明的卡锡姆市实行严格的戒律。在卡锡姆市内，很少用咖啡待客，经常祈祷与斋戒，不准抽烟，不得与女人打情骂俏，不准穿丝质衣服，不得系金银质的头巾或饰品。一切生活作息都极度虔诚，极度严谨。

此种苦行僧的信仰每隔一个多世纪便会在阿拉伯半岛中部周而复始地出现，已成为自然现象。这些信徒发现他们邻人的信仰中充斥着世俗的浮华，依他们的宣教者的标准来看太不虔诚。他们曾一次又一次审起，掌握那些部落民族的精神与躯体，然后在对抗都市中的闪族人、商人、好色的凡夫俗子时铩羽而归。这种新教派掌握大权，然后衰退消逝，像潮起潮落或季节的变换，每次运动都因矫枉过正而种下夭折的潜因。无疑地，他们必须如自然现象（太阳、月亮、风）般周而复始地出现，在广袤的旷野中逞威，将他们的教义灌输在无忧无虑的沙漠居民的脑中。

然而，这个下午亚格利人脑中想的不是真主，而是我们，在伊本·达希勒将他们分成左右两列时，他们急忙列队排好。鼓声咚咚响起，右列一位诗人高亢地吟出一首诗，对费萨尔歌功颂德。右列部队仔细聆听后，也附和着他，带着自豪、满足、炫耀的神情，连续吟唱了一次、两次、三次。然而，他们正要再唱第四次时，左列部队中的诗人也不甘示弱地即兴创作，以相同的音步，相对应的韵脚，同样地歌颂费萨尔。左列部队得意洋洋地欢声雷动，鼓声也再度咚咚响起，掌旗官挥舞着大旗，全体卫队，左列、右列及中列，意气风发地同声合唱：

我已失去英国，我已失去高卢，

我已失去罗马，还有，最惨的是

我已失去拉拉吉——

只不过他们失去的其实是内志，以及马阿布达的妇女，他们的未来就在由吉达通往苏伊士运河的路上。不过这是首好歌，骆驼也很喜欢它的节奏。它们将头压低，脖子往前伸，若有所思地在歌声中迤逦前行。

今天的路对骆驼而言很好走，因为是坚实的沙质坡，长而缓的波浪形沙丘，丘顶寸草不生，只在丘底凹处长了些灌木，低洼处有几株干枯的棕榈树。再往前是一片宽阔的平地，有两个人骑着马缓缓由左方前来迎接费萨尔。我认得第一个人，是朱罕纳族的埃米尔，卑鄙短视的老穆罕默德·阿里·巴达维；第二个人看起来很陌生。他靠近后，我看出他穿着卡其制服，外头披着斗篷，系着丝质头巾，头巾已歪曲变形。他将头抬起来，我才看出是脸部已晒得通红脱皮的纽科姆，他眯着眼，抿着嘴，带着一丝笑意。他今天早晨刚到达乌姆莱季，听说我们才刚出发，便跨上优素福最快的马，马不停蹄地追上来。

我将我的备用骆驼给纽科姆骑，并引见费萨尔，两人一见如故，不久便热烈地讨论起来。纽科姆很快就进入状况，加上天气爽朗，整个部队其乐融融，使得行军的士气高昂，也使我们对未来充满期盼。

我们通过哥瓦细亚——遍地杂乱无章的棕榈树园，然后轻松地穿越一片熔岩，它崎岖不平的表层已被细沙覆盖，沙层厚度刚好可使地面平坦，而又不会深得太软。熔岩的最高处露在沙层外。一小时后，我们不经意地到达一座山头，下坡路像是一道沙坡，极为陡峭，几乎可以称为沙崖，山下是一座广阔的壮丽山谷，遍地小圆石。这里是塞姆纳，我们经过种满棕榈树的梯田，走下这道陡坡。

我们一路迎风走来，所以到山谷风吹不到的地方便觉得暖和起来。这是我们的水源地，我们要在此歇息，直到侦察队来汇报前面何处有蓄雨池。这是首席向导阿卜杜勒·克里姆的建议。我们穿越四百码宽的山谷，往另一头的山坡前进，直到已达可以避开洪水的高度，费萨尔才轻轻拍着骆驼的颈部，让它跪坐在砂砾地上。赫吉里斯替我们铺上地毯，我们和其他谢里夫坐着闲聊，等着喝热咖啡。

我觉得费萨尔的排场远不如北美索不达米亚的库尔德领袖易卜拉欣帕夏。易卜拉欣行军时，族中的妇女在天亮前便得起身，蹑手蹑脚地爬上帐篷顶端，将帐篷布拆掉，男人则拆帐篷架并加以打包后驮在骆驼背上。他们先出发，所以易卜拉欣醒来时，是独自躺在露天的睡毯上，前一天晚上他躺的地方仍是他那宫廷式帐篷最豪华的寝宫。

易卜拉欣优哉地起床，在地毯上喝咖啡。随后马匹牵过来，他们再骑马到下一个扎营地。在路上如果口渴了，他会朝仆人弹一下手指头，负责侍候咖啡的仆人便立刻端着咖啡壶骑到他身旁，仆人的马鞍上还架着铜制的火炉以供加热，如此可以边喝咖啡边马不停蹄地赶路。到了日落时分，他们便可以找到已架好的帐篷，妇女们列队等着他，就跟前一天一模一样。

今天天色阴暗，与几天来的阳光普照相较显得有点奇特。纽科姆和我聊着我的希望及他的期盼，我们也不时俯身探视地面，想知道影子哪里去了。我们的愿望如出一辙，所以乐得轻松，有闲情逸致欣赏塞姆纳的乡林野趣，以及荆棘树丛间悉心照料过的棕榈树园。几座以芦苇和棕榈叶搭盖的小茅屋散布在谷中，供树园主人及其家人在施肥和收成期间歇息。水井就在地势最低洼的谷底河床中，据说此地的水质甘甜，沁人心扉，可惜水量太小，花了一个晚上才让所有骆驼都喝到水。

费萨尔由塞姆纳写信给比黎族、豪威塔特族、班尼阿提耶族的族长，表示他与他的部队即将进军沃季，并要他们待命。穆罕默德·阿里极为振奋，因为我们的士兵几乎都是他的族人，所以在编队及分派明天的路线时，他厥功甚伟。我们的水源侦察队已经回来，他们报告在滨海路线上有两处浅池塘。我们反复问了他们许久后，决定派四支分队走这条路，其他五支分队走山路，如此我们可望既快又安全地到达阿布杰雷贝特。

至于详细路线则很难决定，因为我们的向导——穆萨地区的朱罕纳族人缺乏时间概念，他们似乎没有比半天还短的时间单位，或是由一站到下一站的距离单位，而到下一站所花的时间由六小时到十六小时都有可能，视个人与骆驼的意志力而定。我们各单位之间的联络，屡屡因为没有人能读或写而窒碍难行。延误、混乱、饥饿、口渴，致使这次远征元气大伤。如果我们有充分的时间预先审视路线，这些都是可以避免的。牲畜曾有将近三天时间没东西吃的记录，人员也空着肚子，以半加仑水撑了五十英里路。不过，这并没有使他们士气消沉，进入沃季时，他们仍欢天喜地唱着歌，装出要冲锋的模样。但费萨尔说，如果再这么又热又渴地走上一天，他们将难以支撑下去。

待一切处理妥当，纽科姆与我睡在费萨尔专门借给我们的帐篷中。由于行李辎重很难运送，而且对部队而言极为重要，因此我们与其他官兵一样，非绝对必要的东西完全不带，对此我们也颇为自豪。我也从来不曾自己拥有过一座帐篷。我们将这座帐篷架在小丘上的断崖旁，断崖不比帐篷宽多少，所以将帐篷门帘一掀开，底下就是往下的山坡。年轻的巴达维族谢里夫阿卜杜勒·克里姆到帐篷来找我们，他用头巾和斗篷将全身裹得紧紧的，只让眼睛露出来，因为当天傍晚寒意袭人，有山雨欲来的迹象。他来向我要一头有鞍座与缰绳的骡子。茂路德那支穿马裤打绑腿的劲旅，以及乌姆莱季市集中的良种骡子使他也跃跃欲试。

我看阿卜杜勒·克里姆迫不及待的模样，故意逗他，暂时没答应，不过提出一个条件：如果我们顺利到达沃季，他可以再来找我要。他对这种安排也觉得很满意。我们急着想睡觉，最后他总算起身告辞，不过，他不经意地瞄了一眼山谷，看到散布谷中的营火随风摇曳。他叫我出去看，用手挥过营地，略带感伤地说："我们已经不再是阿拉伯人，而是一个民族。"

阿卜杜勒·克里姆语气中同时带着一丝自豪，因为进军沃季是他们最大的成就。这是他们有记忆以来，部落民族的男子汉首度带着枪械食物跋涉两百英里，离开自己的地盘进入别人的领土，不是为了掠劫财物，也不是为了报血海世仇。阿卜杜勒·克里姆很欣慰他的族人能展现这种牺牲奉献的精神，但也有点遗憾。因为对他而言，人生的乐趣在于一峰健步如飞的骆驼、精良的武器，以及神出鬼没地掠取邻人的牲口。随着费萨尔的企图心逐渐获得满足，克里姆也因身负重任而无福享受这些乐趣。

第二十五章 进军阿布杰雷贝特

早上雨势滂沱，我们很欣慰水源无虞了。也因为太过悠闲，在塞姆纳河谷的帐篷中直待到下午太阳再度露脸才拔营，而延误了出发时间。我们就在阳光下沿山谷往西而行。紧跟在身后的是亚格利人；之后是阿卜杜勒·克里姆与他的部属，其中约有七百人骑骆驼，另有七百多人徒步，他们穿着白袍，绑着红黑条纹相间的宽大棉质头巾，手中挥舞的是绿色的棕榈枝叶，而不是旗帜。

他们之后是穆罕默德·阿里·阿布·夏拉因谢里夫，他是个蓄着灰胡子的老族长，坐着自己的专用马车。他的三百名手下是朱罕纳族支系的阿什拉夫人，全是公认的谢里夫，但是只在群众中获得承认，在文献记载的族谱中没有列名。他们穿着以指甲花染色的红褐色上衣，外头披上黑色斗篷，佩着长剑。每个人都有一个奴隶蹲伏在他身后的鞍座上，在打仗时帮他拿步枪与匕首，在路上则帮他照料骆驼与张罗饭菜。这些奴隶因为主人本身很穷，所以衣不蔽体。他们结实的黑腿像虎头钳般，紧紧夹着骆驼毛茸茸的腹部，借此减少震动的幅度。塞姆纳的水质颇有"疗效"，那天我们的牲口排的粪便像绿色浓汤般，沿着它们的膝关节直往下流。

尾随阿什拉夫人的是举着红旗的最后一支分队，是欧狄·伊本·祖威德领军的里法族人。欧狄是个油嘴滑舌的老海盗，曾抢劫德国的施托青根军事代表团，并将他们的无线电和印度仆人丢进延布港的海中。鲨鱼或许不喜欢吃无线电，不过我们在港中打捞许久都一无所获。欧狄仍穿着一件德国军官的毛皮衬里豪华长外套，在这种天气穿有点不适合，不过，就如他所强调的，是气派的战利品。他拥有大约一千人马，其中四分之三徒步，他身后跟着的是炮兵指挥官拉希姆，以及他那四尊由骡子拉曳的老式克虏伯炮。

拉希姆是个唯恐天下不乱的大马士革人，每当遇上危机便会开怀大笑，在一切顺利时则绷着脸胡乱发脾气。这一天他嘀咕着抱怨个不停，因为与他并肩而行的是负责管理机枪的阿卜杜拉·德列米。德列米是个反应敏捷、肤浅但迷人的职业军官，他最大的乐趣就是惹拉希姆生气，直到闹得太过火了，每每惹得费萨尔或我出面制止。今天我帮拉希姆解围，笑着告诉他说，我们今天要将各部落分成若干小队，排成梯形队伍分批行进，每队间隔四分之一天出发。拉希姆望着刚被雨水冲刷过的树丛，阳光透过云层，射出红色光芒，照得叶面的雨珠涓洁莹净，然后他望向正在到处追赶路旁野鸟、野兔、大蜥蜴、跳鼠的贝都因步兵。他尖酸刻薄地赞同，说他希望自成一个小队，将自己与其他队伍距离四分之一天行程，远离苍蝇。

一开始队伍中有个人在鞍座上朝野兔开枪，由于胡乱开枪太危险，费萨尔禁止他们再开枪，后来那些跑到我们的骆驼脚边的野兔都被棍棒追赶。我们都因行军队伍中出现这种突如其来的骚动而开怀大笑：人群尖声高叫，骆驼横冲直撞，骑士跳下骆驼背，拿着棍子追杀野兔。费萨尔看到部队猎到这么多野味觉得很开心，但看到朱罕纳族连蜥蜴与跳鼠都吃得津津有味，不禁大感反胃。

我们穿越平坦沙地间的荆棘树林，此地树木浓密高大，穿过树林后便到达海滩，再往北经过一条宽广、久经践踏的路，也就是埃及人朝圣的道路。这条路离海岸线五十码，我们可以三十至四十人排成横队并肩而行。在内陆四五英里处有一片古老的熔岩由山岭间凸出来，形成一座海岬。这条路经过这座海岬，不过靠我们走的这一侧有几段平坦的泥地，地上有些浅水池，夕阳残红在池中的水面粼粼生辉。这是我们预定停留的第一站，费萨尔下令扎营。我们跨下骆驼舒展筋骨，坐下来休息，或在晚餐前走到海边，与几百个叫闹着打水战、像鱼一般赤裸着身体的土黄色官兵一起洗海水澡。

晚餐令人垂涎，因为朱罕纳族下午猎到一头瞪羚献给费萨尔。我们发现瞪羚肉比沙漠中其他动物的肉都可口，因为无论土地如何贫瘠，水源如何枯竭，这种动物似乎都长得圆圆润润的。

这一餐宾主尽欢。因为吃得太撑，我们很早就休息了。不过纽科姆和我刚回帐篷内躺下，立刻被营区内的骚动声吵醒：骆驼狂奔声、枪声、吆喝声。一个喘着气的奴隶将头探入门帘叫道："号外！号外！我们抓到贝伊谢里夫了！"我一跃而起，冲过一圈圈的人群，到达费萨尔的帐篷，里面早已挤满他的亲友与仆人。坐在费萨尔身旁的是负责送信到艾斯河谷给阿卜杜拉的拉贾，神情在喧闹声中显得异常肃穆。费萨尔神采飞扬，眉开眼笑，他跳起来朝我大叫："阿卜杜拉逮到艾什雷夫·贝伊了。"这下子我才知道这则捷报真是天大喜讯。

艾什雷夫是土耳其政界一个层次较低、恶名昭彰的投机分子，年轻时只是一个在他家乡士麦那附近打家劫舍的土匪，不过时来运转，摇身一变成为革命分子，后来他被逮捕，阿卜杜勒·哈米德将他放逐到麦地那整整五年。起初他在当地被严格看管，有一天他打破厕所窗户，越狱到阿瓦里郊外找那位嗜酒如命的埃米尔夏哈德。夏哈德一向与土耳其不睦，因此给他提供庇护。不过艾什雷夫觉得日子过得太沉闷，最后借了一匹骏马，骑到土耳其的军营中。将他逮捕入狱的死对头阿卜杜勒·哈米德的儿子是土耳其军官，那时正在营区广场上训练一连警官。艾什雷夫单枪匹马冲上去攫住他，将他甩到马鞍上，在那群警官仍愣在当场时已逃逸无踪。

艾什雷夫逃到杳无人烟的吾侯德山，将人质绑在面前，骂他是驴子，叫他驮他们过日子用的三十条面包与水袋。阿卜杜勒·哈米德为了赎回儿子，只得宣布艾什雷夫无罪开释，外加五百镑的赎金。艾什雷夫用这笔钱买了骆驼、帐篷和一个老婆，从此在部落间游荡，直到青年土耳其党人发动革命。这时他再度在君士坦丁堡出现，成为职业刺客，恩维尔的谋杀案就是他干的。他的贡献使他被任命为马其顿难民救济物资的督察，一年后他从这油水丰厚的肥缺退休时，已拥有大笔地产。

战争爆发时，艾什雷夫带着大笔资金到麦地那，另外还带着土耳其苏丹写给阿拉伯中立人士的信函。他奉命打通和也门的土耳其部队之联络管道，行程与正要前往艾斯河谷的阿卜杜拉在海拜尔附近正巧交会。阿卜杜拉的先遣部队被艾什雷夫的手下拦下来盘问。他们说自己是黑帖姆族人，并诳称阿卜杜拉的大军只是要到麦地那经商的商队。艾什雷夫放走其中一人，要他回去叫其他人前去接受盘查，这个人便回去告诉阿卜杜拉，山上有军队驻扎。

阿卜杜拉觉得疑惑，于是派手下骑马前去侦察。不久他便被机枪的扫射声吓一跳，他认定必是土耳其派一支机动部队来拦截他，因此下令要手下奋不顾身地冲锋前进。他们朝那挺机枪冲杀过去，只有几个人受伤，却已将土耳其部队杀得抱头逃窜。艾什雷夫徒步逃向山顶。阿卜杜拉提供一千镑赏金缉捕他。

到了薄暮时分，他形迹败露，与福赞·哈里斯谢里夫搏斗后挂彩被捕。

艾什雷夫的行李内有两万镑的硬币、代表尊贵地位的长袍、昂贵的礼物、若干令人玩味的文件，以及许多步枪与手枪。阿卜杜拉志得意满地写一封信给法赫里帕夏（告诉他艾什雷夫被掳了），并在隔天晚上长驱直入艾斯河谷的途中，将这封信钉在一根被连根拔起的电线杆上。他们当晚轻松而平静地在当地扎营，拉贾这才回来报喜讯。这则佳音对我们而言真的是喜上加喜。

神色肃穆的祭司进入手舞足蹈的人群间，举起手来。全场立刻寂然无声。"听我说——"他说着，开始吟诵一首颂歌，歌颂阿卜杜拉的功绩，并祝福费萨尔赢得最后胜利的荣耀。这首令人赞赏的诗吟了十六分钟，那位诗人也获得黄金当奖赏。然后费萨尔一眼瞄到拉贾腰间插着一把镶有炫丽钻石的匕首。拉贾支支吾吾地说那是艾什雷夫的。费萨尔把自己的匕首丢给他，将艾什雷夫那把抽掉，最后送给威尔森上校。他又问："我的哥哥跟艾什雷夫说了些什么？"拉贾回答："'这是你对我们的热忱的回报吗？'而艾什雷夫则像个尚未断奶的乳儿般回答：'我可以打仗，不管替哪一边打，我都可以效命！'"

"我们抢到了几百万？"贪婪的穆罕默德·阿里在听到阿卜杜拉把手伸到抢来的箱子内，抓出一把一把的金子抛给族人时，忍不住问。拉贾大受欢迎，也获得不少赏赐，这理当重赏，因为阿卜杜拉进军艾斯河谷而使麦地那的局势更为明朗了。阿奇博尔德·默里爵士兵临西奈，费萨尔也进逼沃季，阿卜杜拉又掌控了沃季与麦地那之间，在阿拉伯半岛的土耳其人至此只能困守。风水轮流转，我们的劣势已经转向了。我们开心地笑闹，直至天亮。

第二天我们步履轻快地上路。我们在一座由苏克赫延伸过来的贫瘠山谷中找到更多小水池，三座连在一起的山岭由地面隆起，像花岗岩气泡般。我们在此用早餐。这趟旅程相当心旷神怡，因为气候清凉舒爽。我们人很多。两个英国人拥有一座帐篷，可以图个清静。住在沙漠中最烦人的一点就是，饮食起居都是团体生活，每个人从早到晚都可以听到及看到其他人在做什么。然而渴望独处似乎是缘木求鱼，也会引来旁人的侧目。能拥有隐私，像纽科姆和我这样，比起住在大通铺中实在安静一万倍，不过如此将领导阶层与官兵区隔开来，会使工作窒碍难行。阿拉伯人彼此之间不分你我，除了名气较大的族长因为较有成就，所以权势较大。他们也教我，要当他们的领袖，必须和他们吃同样的食物，穿同样的衣服，与他们住大通铺，还要表现得有如鹤立鸡群。

我们在早上朝阿布杰雷贝特进军，万里无云，阳光普照，由沙粒或石块反射的刺眼光芒也再度出现。我们的路径在一座石灰岩山脊处略微隆起，山侧饱受风雨的侵蚀，我们俯瞰一道黑色碎石下坡路，这条路直通往海岸。海如今在我们西方八英里处，不过还看不见。

一停下来，便发觉前头有一大片洼地。不过直到下午两点，在我们通过一块露出地表的玄武岩后，才看到山岭间进出长达十五英里的山坳，那就是哈姆德河谷。一片三角洲在西北方延展开来，哈姆德河谷有二十个河口流入这三角洲。我们看到一条黑线，那是曾有洪水流过的干涸河床上的灌木丛，在我们底下的山脚蜿蜒迂回，一直延伸到左方二十英里外接近海岸处才不见踪迹。哈姆德河谷后方，由平原上矗立起一座双峰——拉艾尔山，山脊险峻拱起，但在中央有一道缺口将其一分为二。从这一端看这条比底格里斯河还长的枯河，对我们看惯微琐事物的眼睛而言，真是美丽的景观。它是全阿拉伯最伟大的山谷，最早由道蒂①窥其堂奥，但仍未被探勘。拉艾尔是一座雄伟的山，陡峭挺拔，为哈姆德河谷增添光彩。

我们充满期盼地走下这段碎石坡，沿路的草丛越来越密，三点我们进入哈姆德河谷。整个河床约一英里宽，树丛密布，环绕在这些树丛旁的是数英尺高的沙丘。这些沙质地并不纯，而是被一条条干而易碎的泥土黏合在一起，这是上次洪水高度的痕迹。这些条状泥土使沙丘分成好几层，与含盐的泥土一起腐朽，所以我们的骆驼一踩过去，表面的薄片立刻破碎，陷了进去，深及蹄部，吱咯吱咯的声音像在把饼干捏碎。尘土扬起，像一团浓云，在阳光的照射下看起来更浓，因为无风的洼地中空气是静止不动的。

沙丘间的距离越来越近，河床也分割成错综复杂的浅水道，这是年复一年局部地区的洪水造成的。后头的士兵无法看见他们要走向何处，因而举步维艰。在到达山谷中央前，已遍地长满树丛，由小丘往侧边发芽，各树枝交缠在

---

① 查尔斯·蒙塔古·道蒂（1843—1926），英国作家和旅行家，曾到阿拉伯西北部旅行，进行地理、地质和人类学观察，著有《古沙国游记》等书。

一起，盘根错节，与老骨头一样干燥、多尘、易碎。我们将鞍袋的系带塞妥，以免被树丛勾走，也将斗篷紧紧包在衣服外，低垂着头，以保护眼睛，然后像一阵暴风雨般横扫过芦苇丛。尘土飞扬，令人喘不过气来，树枝被折断的声音、骆驼的咕噜声、官兵的笑闹声，形成一次难得的奇遇。

第二十六章　与海军会合

　　快到达对岸时，地面忽然延展成广阔的泥土地，其中有一座褐色的深水池，八十码长，大约十五码宽。这是阿布杰雷贝特的洪水留下的，也是我们的目标。我们再往前走了几码，穿越最后一座灌木丛，到达宽阔的北岸，费萨尔下令在此扎营。这是一片广袤的沙石平原，直达拉艾尔山山脚，空间足可容纳全阿拉伯半岛的部队。所以我们让骆驼停下来，奴隶将它们驮载的辎重卸下来，再去搭帐篷。我们回头去探视那些骡子，它们走了一整天早已舌干口渴，此时跟着那些步兵冲进池塘中，开心地在水里踢得水花四溅。柴薪充裕也令人觉得欣慰，官兵各自呼朋引伴聚成一圈升起营火——营火很受欢迎，因为夜间潮湿的雾气会由地面浮升八英尺高，我们的羊毛斗篷上会因凝结银色水珠而变得又硬又冷。

　　那是个暗夜，没有月亮，不过透过雾气仍可看到皎洁的星光。我们聚集在帐篷附近的一座小丘上，看着丘下翻腾如云海的雾气。帐篷的尖顶自雾气中浮现，有如烟雾缭绕的尖塔，当营火的火舌像是被底下那支看不见的部队的鼓噪声拱扶而蹿高时，底层的雾气被映照得熠熠生辉。我将这种想法告诉身旁的奥达·伊本·祖威德，他严肃地纠正我说："那不是一支部队，而是一个正要前往沃季的民族。"他强调这一点我很欣慰，因为我们就是希望建立这种感觉，才会自讨苦吃地带着庞大的人群进行如此艰巨的行军。

　　那天晚上，比黎族人怯生生地加入我们的阵营，并矢志效忠，因为哈姆德河谷是他们的领土。哈米德·里法达率领一支大军前来向费萨尔致敬。他告诉我们，他的表兄苏莱曼帕夏，也就是他们的大族长，目前正在距我们北方十五英里的阿布阿贾，仍在犹豫不决。他活了这么大把年纪，向来唯利是图。接着，麦地那的纳西尔谢里夫出人意表地走进来。费萨尔匆忙起身与他拥抱，带他来见我们。

　　纳西尔让人印象深刻，名不虚传，与我们预期的一样。他是个开路先锋，费萨尔建国运动的开国元老，在麦地那开第一枪的人就是他，土耳其要求停战当天，在阿勒颇城外朝慕斯里米耶开出最后一枪的也是他，从头到尾他都是有功无过。

纳西尔是麦地那埃米尔夏哈德的弟弟。他们的家族是侯赛因的后裔，阿里的子女中的晚辈，他们也是侯赛因后裔中唯一被视为阿什拉夫支系，而不是沙阿达支系的。他们是什叶派，在汉志也广受景仰，地位仅次于麦加埃米尔。纳西尔是个骁勇善战的猛将，从孩提时代起他的命运就与战争结缘。他此时年约二十七岁，宽广的前额与敏锐的眼睛很般配，修剪整齐的黑胡中露出他虚弱而带着笑意的嘴以及瘦小的下巴。

纳西尔到此地已经两个月，一直在牵制沃季的敌军，他的最新情报是，在我们此行途中的土耳其骆驼部队前哨站已在早上撤哨，移师回他们的主要阵地。

第二天我们睡到很晚才起床，养精蓄锐以待随后的冗长会议。我们在讨论时大都由费萨尔主导，纳西尔以副指挥官的身份附和他，巴达维族的弟兄们也围坐着助阵。天色明亮温暖，稍后恐怕会相当酷热，纽科姆和我四处闲逛，看着牲口饮水，探视官兵及不断拥入的拥护者。日上三竿时，东方扬起一团尘土，显然有一大队人马接近，于是我们回到帐篷中，也看到獐头鼠目的米祖克·提凯米率队前来。他与他的朱罕纳族人骑着马小跑步经过费萨尔面前，炫耀军威。他们扬起的尘土令我们透不过气来，因为他手下十二个族长挥舞着一面大红旗和一面大白旗，拔出剑来绕着我们帐篷不断冲刺。我们既不欣赏他们的骑术，也不欣赏他们的马匹，或许是因为他们很令我们厌烦。

快到中午时，乌尔德穆罕默德地区的哈尔卜族及谢费亚的骑兵营也来了：由萨利赫谢里夫和穆罕默德·谢费亚领军，共三百名。谢费亚是个肥胖粗野的矮子，五十四岁，深谙人情世故，精力充沛。他在阿拉伯部队中很快就闯出名气，因为他什么苦差事都愿意做。他的手下都是延布河谷中无家可归的人，或延布城内的劳工，没什么尊严可言，他们是我们部队中除了亚格利人之外最温驯的队伍，而亚格利人太过秀气，不适合做粗重的工作。

我们已经落后与海军约好的会师日期两天了，纽科姆决定当晚先自行前往哈班。他打算与博伊尔会面，向他解释我们已经无法与“哈丁吉”号会师，不过如果这艘船能在二十四日傍晚再折返，解决我们的饮水问题，我们将乐于配合。他也想了解海军的攻击行动能否延后到二十五日再展开，使联合作战计划照样得以进行。

入夜后苏莱曼·里法达派人捎口信来，并送一头骆驼给费萨尔当礼物。如果费萨尔留下礼物便表示愿与他为友，若将礼物退回便反目相向。费萨尔深感苦恼，并表示对这种没头没脑的人实在不知如何应付。纳西尔说："噢，那是因为他吃鱼。鱼会使头脑混沌，行为也显得幼稚。"叙利亚人与美索不达米亚人，还有吉达与延布来的人闻言都窃笑不已，借此显示他们不认同这种山区人的看法，住山区的阿拉伯人认为吃三种食物是很没面子的事——鸡肉、蛋、鱼。费萨尔正色说道："你这么说就侮辱大家了，我们都喜欢吃鱼。"其他人抗议道："我们都已戒鱼了，而且已经得到神的谅解。"米祖克将话题引开，说："苏莱曼是个怪胎，既不是早产，也不是怀胎十月。"

第二天一早，我们便动身，沿哈姆德河谷走了三个小时。随后山谷弯向左方，通往一处低洼、荒芜、毫不起眼的区域。今天很冷：一道凛冽的北风沿着海岸直扑向我们。一路上我们听到由沃季的方向传来断断续续的枪炮声，也担心海军已耐不住久等，自行开战。然而，我们已延误好几天，想弥补也来不及了，所以只能兼程赶路走完这趟枯燥的行程，穿越资源丰富的哈姆德河谷。前方的平原被这些河谷分割成无数的带状地形，像树叶的叶脉般错综复杂。最后我们在库尔纳再度进入哈姆德河谷，虽然这里的泥质河床中只有烂泥巴，我们还是决定在此扎营。

正在扎营时，突然发生一阵骚动。有人发现在我们东面有一群骆驼在吃草，活力充沛的朱罕纳族立刻冲出去围捕。费萨尔大为震怒，高声叫他们住手，但他们太激动了，充耳不闻。费萨尔于是抓起步枪，朝距他最近的一个开枪，那个朱罕纳族吓得掉下鞍座，其他人见状才纷纷折返。费萨尔叫他们到他面前来，狠狠训了他们一顿，并将那些偷来的骆驼归还给它们的原主比黎族人。如果他不这么做，朱罕纳族很可能会因此与比黎族结怨，比黎族是我们期望拉拢的盟友，若萌生嫌隙，或许会使沃季计划功败垂成。我们的成功视能否化解这些芝麻琐事而定。

隔天早上我们朝海滩推进，在下午四点到达哈班。"哈丁吉"号准时出现，并运水上岸，让我们松了一口气。虽然这个海湾很浅，却浪涛汹涌，使船只作业险象环生。我们让骡子先喝水，接着是更劳累口渴的步兵。不过这个晚上很不好过，众多口渴难耐的弟兄挤在水槽旁，在探照灯下排成好长的队伍，期待那些船员能再冒险送水上岸，让他们再喝一口。

我上船去，听他们提起海军不顾陆军是否到达，已经发动攻击，因为博伊尔担心他再等下去，会让土耳其部队脱困。事实上，我们到达阿布杰雷贝特当天，土耳其的总督艾哈迈德·特乌费克·贝伊便已昭告当地守军，表示务必死守沃季。他自己则在夜幕低垂时骑上骆驼，带领几个有坐骑的手下往铁路方向溜之大吉。城中两百名步兵决定接手他所抛下的烫手山芋，对抗登陆部队。不过他们寡不敌众，兵力为三比一，而且海军炮火威猛，使他们无法善用阵地。据"哈丁吉"号上的人了解，目前战火仍未停歇，不过海军与萨利赫率领的阿拉伯部队已占领了沃季城。

第二十七章　攻占沃季

捷报频传，军心振奋，我们在午夜后不久便朝北推进。天亮时我们已在距沃季南方十二英里的米亚河谷集结大军，朝城内逼进，沿途只遇到几名土耳其残兵，遭遇短暂的抵抗。亚格利族人都跨下坐骑，脱下斗篷、头巾、上衣，打着赤膊准备奋战，他们说如果这样挨子弹，伤口会比较干净，而且宝贵的衣服也不会毁损。伊本·达希勒领导有方，军纪严明，他们采取轮流替换的队形前进，每队间隔四至五码，单数队负责掩护，隔一阵子单数队与双数队替换，充分利用沿途少得可怜的掩护体。

看着阳光下沙质山谷中这支矫健的队伍，河床中央天蓝色的咸水池，两名带头的掌旗兵高举深红色军旗出发，真是一幅美景。他们跑步前进，一小时推进将近六英里路，无声无息，没发一枪便登上山顶。我们得知沃季城内的攻坚任务已经结束，因此加快步伐，结果发现萨利赫·谢费亚的儿子已经占领了沃季。他告诉我们，他的伤亡名单上有二十名阵亡；后来我们听说一名英国空军中尉在空中侦察时受了重伤，另有一名英国海军脚部受伤。

负责指挥这场战役的维克里显得志得意满，但我不能苟同。对我而言，没有必要的军事行动，或开枪，或伤亡，不只是浪费，更是罪过。我无法认同职业军人的观点，认定所有成功的军事行动都是有收获的。我们的阿拉伯起义军并不是物质，也不像军人，而是我们的朋友，信任我们的领导。我们并不是来指挥这个国家，而是获邀前来。阿拉伯的部队都是志愿军、个人、当地人、亲朋好友，所以任何一人阵亡都会造成军中许多人的悲恸。即使纯粹由军事角度来看，这次攻击行动对我而言都是种失策。

困守沃季的两百名土耳其士兵既没有运输工具，也没有食物，只要围住他们几天，必会弃守，就算他们逃脱了，也不会影响到阿拉伯人的生命安全。我们打算将沃季当成打击铁路的基地，并借此延长我们的战线。这次进城烧杀掳掠实在太没道理。

整座城满目疮痍。费萨尔先前已向城内居民示警，表示将要攻城，并建议他们不妨自行揭竿起义，不然便先离城避风头。不过居民大都是科塞尔来的埃及人，立场较偏向土耳其，决定静观其变，所以谢费亚的手下与毕亚夏族人发现家家户户都是油水丰厚的肥羊，便大肆搜刮掳掠。他们打家劫舍，闯入民房搜查每个房间，翻箱倒柜，连床垫都撕成碎片，以防其间藏有金银财宝，而舰队的炮火也轰得各栋建筑物弹痕累累。

我们最大的困难在于将补给品运上岸。"福克斯"号已击沉了当地的驳船与小船，这座港也没有可供军舰停泊的码头。不过应变能力较强的"哈丁吉"号强行进港（港湾够宽，但是太短），并以它自己的小汽艇将我们的人员运送上岸。我们召集了谢费亚手下一批疲惫不堪的人马，在他们笨手笨脚或无精打采的协助下，将暂时可应急的食物搬进城内。离城避风头的居民回来后，看到家园被踩躏劫掠，不禁又饿又怒，也开始窃取我们没派人看管的物资，甚至将暂放在海滩上的米袋割破，用他们的长袍裾摆包米回去。费萨尔派冷血无情的茂路德当镇长，才遏阻了这股歪风。茂路德率领他那支骑骡步兵，在一天内大肆展开逮捕和严刑峻法，使居民不敢造次。此后沃季笼罩在恐怖的死寂中。

在我前往开罗之前几天，我们这次进军的效益便已不断涌现。阿拉伯起义运动如今正如燎原烈焰在西阿拉伯半岛蔓烧，也已经度过冰消瓦解的危险期。恼人的拉比格问题已消弭于无形，我们也学会了贝都因人战争的大原则。我们在频频奏捷时回头审视，那二十名横尸在沃季街上的枉死战士，似乎变得不那么严重了。或许，维克里的草率攻城已被冷血无情地视为明智之举。

卷三
铁路攻防

第二十八至第三十八章

　　我们占领沃季，对土耳其人造成预期的效果，他们放弃朝麦加进军的企图，转而退守麦地那及铁路。我们的专家于是开始研拟攻击他们的计划。

　　德国人看出有被围困之虞，因此说服恩维尔下令立刻由麦地那撤兵。阿奇博尔德·默里爵士要求我们继续攻击，粉碎败逃的敌军。

　　费萨尔不久便已准备就绪，我则前往阿卜杜拉的阵营，要他同时进兵。我在途中病倒，独自躺着无事可做，不由得思索这场战役。我深思后确定，我们最近的行动优于我们的理论。

　　故而我痊愈后，对铁路没采取什么行动，而是带着新构想回沃季。我打算要其他人认同我的想法，并将延长战线当成我们的主要原则，甚至要将宣传战摆在实战之上。其他人宁可选择麦地那这个有限而直接的目标。所以我决定独自潜往阿卡巴，以印证我自己的理论。

第二十八章　智斗布雷蒙

正在兴头上的开罗当局答应提供黄金、步枪、骡子，还有更多的机枪与大炮，不过枪炮我们当然一直没收到。枪炮问题一直是个挥之不去的苦恼。由于置身于无路可通的山区，野战炮对我们而言根本派不上用场。英国陆军也没有适合在山区使用的大炮，只有印度制的十磅炮，但只能用来与拿弓箭的敌人对抗。布雷蒙在苏伊士运河有精良的施奈德六十五磅炮，还配备有阿尔及利亚的炮手，不过他将这些充当迫使联军进入阿拉伯半岛的手段。在我们要求他无论有无炮手都将这些巨炮运给我们时，他不是回答阿拉伯人不懂得善待他的部属，便是说他们不懂得保养那些巨炮。他要求的回报是英国派一旅部队进驻拉比格。我们不愿这么做。

布雷蒙很担心阿拉伯部队会日益壮大——司马昭之心路人皆知，不过英国政府的动向则令人费解。英国既不是恶意，因为我们在其他方面的要求他们都能提供；也不是吝啬，因为它提供阿拉伯人物资与金钱的协助，总数逾千万镑。我相信那纯粹是出于愚蠢。不过在许多次行动中，我们因装备比不上敌军而多次挫败，实在令人恼火，因为我们无法压制土耳其炮兵的火力，他们的射程比我们远三四千码。最后，幸好布雷蒙在将他的巨炮闲置在苏伊士运河一年后，总算因为做得太过分而被撤换。继任的库斯少校下令将这些巨炮运给我们，我们也借着这些巨炮，顺利攻占大马士革。在这些巨炮闲置的那一年间，对每个进入苏伊士运河的阿拉伯军官而言，它们都是法国对阿拉伯建国运动怀有敌意的铁证。

土耳其陆军的一位巴格达军官贾法尔帕夏投诚，使我们增添一支生力军。贾法尔在德国和土耳其部队中都曾有杰出的表现，并获恩维尔指派筹组塞努西新兵。他搭潜水艇至该地，将一群野蛮人训练成一支劲旅，并在两次与英军交战时展现过人的用兵长才。后来他被俘，与其他战俘被暂时拘禁在开罗。一天晚上，他以毛毯扎成绳子，垂落下护城壕沟中，打算越狱，不过毛毯因承受不了重量而半途撕裂，他也摔伤足踝，无奈地再度回笼。他在医院时宣誓不再替土耳其效命，也赔偿了被他扯坏的毛毯，因而获得假释。有一天他在一份阿拉伯报纸上读到侯赛因谢里夫的起义运动，以及若干著名的阿拉伯国家主义者——他的朋友被土耳其处决的新闻，他体会到自己站错边了。

费萨尔当然听说过贾法尔的大名，也想要请他当正规军的总指挥官。提升这支部队的战斗力是我们的当务之急。我们知道贾法尔是少数几位有足够声望与才干，能将这支成效不彰的部队训练成劲旅的人。然而，侯赛因国王不能容忍此事。侯赛因年岁已高，气量又狭隘，也不喜欢美索不达米亚人和叙利亚人，所以一定要由麦加来解放大马士革。他拒绝贾法尔的效命。费萨尔想接纳他，后果须自行负责。

在开罗与我会面的有霍格思、劳埃德·乔治、斯托尔斯、迪兹，还有许多老朋友。除了他们之外，对阿拉伯人表示支持的人如今竟然也日益增加了。在军方，随着我们的战果逐渐丰硕，支援也源源不绝而来。林登·贝尔是大力支持我们的朋友，并信誓旦旦地表示阿拉伯人的战法虽然疯狂，却有他们自己的一套。阿奇博尔德·默里爵士忽然发觉，有越来越多的土耳其部队在与阿拉伯人交战，而不是与他交战，他这才开始想起来，原来他自己一向是很赞同阿拉伯起义的。威姆斯上将仍与当初我们在拉比格时一样，不遗余力地赞助我们。英国驻埃及最高行政长官温盖特爵士对他自己鼓吹多年的工作终获成果，颇觉欣慰。我对他的沾沾自喜颇为忿忿不平，因为当初冒险举事的是麦克马洪，但他却在即将有收获之前被调职了。然而，那也不能怪温盖特。

在我与这些老友叙旧之际，突然出现一个不速之客。布雷蒙上校前来致贺我们占领了沃季，表示那使他更加深信我有军事天分，并表示他期望我能襄助他乘胜追击。他打算以一支英法联军和海军的支援来占领阿卡巴。他指出阿卡巴的重要性，它是土耳其如今在红海硕果仅存的港口，也是距苏伊士运河和汉志铁路最近的港口，就在贝尔谢巴部队的左翼。他建议由一旅联军加以占领，这支部队随后可以溯伊腾河谷而上，一举攻占马安。他还开始对该地的重要性大加渲染。

我告诉布雷蒙，我在战前便已对阿卡巴有所认识，并表示他的计划就技术上而言是不可能的。我们可以占领那座海湾的滩头，不过抢滩部队会如在加利波利抢滩时一样，暴露在沿岸山区的监视与炮火之下。这些高达数千英尺的花岗岩山区，根本不能靠大军攻占，且贯穿其间的山径都是些令人却步的隘路，想攻击或占领，非得付出昂贵的代价不可。依我之见，阿卡巴的重要性远超过他所言，但最好是由阿拉伯的非正规部队由内陆奇袭，无需海军援助。

布雷蒙没告诉我（但我心里有数），他打算借着以一支英法联军抢在阿拉伯部队之前登陆阿卡巴（就如攻占拉比格），来遏阻阿拉伯建国运动，使他们局限于阿拉伯半岛，并迫使他们将军力耗费在攻打麦地那。基于日后将会被出卖的那些秘密协议，阿拉伯人对侯赛因谢里夫与我们结盟仍有疑惧，要是基督徒领军的部队占领阿卡巴，将使他们的疑惧获得证实，并瓦解他们并肩作战的意愿。就我而言，我没告诉布雷蒙（不过他也心里有数），我打算粉碎他的企图，并计划尽快率领阿拉伯人进军大马士革。我们两人对这种重要的目标竟然如此孩子气地勾心斗角，让我觉得很有意思，不过他在临走前撂下狠话，表示他无论如何都要将这个计划告诉此刻在沃季的费萨尔。

到此刻为止，我还不曾向费萨尔警告过，布雷蒙是个政客。纽科姆在沃季好意地想协助起义运动顺利进展。我们没讨论过阿卡巴的问题。费萨尔对该地的地形和部落完全没有认识。想建功的热忱及对该地的无知会使他听信布雷蒙的提议。看来我最好火速前往，亲自加以防范，因此我在当天下午前往苏伊士运河，当晚便搭船起程。两天后，我赶到沃季宣扬我的理念。所以十天后，布雷蒙到沃季向费萨尔推销他的计划时，费萨尔反倒要求他提供装备上的配合。

布雷蒙一开始表示愿意提供六挺霍奇基斯自动机枪，并派专人指导。这是颇令人心动的礼物，不过费萨尔借机要求他将部署在苏伊士运河的巨炮也一并附赠。费萨尔解释，他很遗憾自己必须离开延布地区来到沃季，因为沃季离他的目标麦地那太远了，他只有英军提供的步枪与旧炮，无力攻打土耳其部队（他们拥有法制重炮）。他的部属能力不足，无法以老旧的装备对抗精良的武器。他只能充分利用仅有的优势：人多且机动性强。除非装备能获得改善，否则很难说他会将战线延长到何处！

布雷蒙试图以重炮在汉志战役无用武之地（这一点倒是事实）为由，回绝费萨尔的要求。不过如果费萨尔能率领部队像山羊一样翻山越岭，并破坏铁路，必可立刻结束这场战争。费萨尔对布雷蒙将他们比喻为山羊（这在阿拉伯是大不敬）气得咬牙切齿，他横眉怒目瞪着昂然六英尺之躯的布雷蒙，问他是否试过学山羊爬山。布雷蒙避开这话题，继续讨论阿卡巴问题，提及仍留在阿卡巴后方的土耳其部队将是阿拉伯的隐忧。他坚称英国有能力派特遣队到该地，故而应该对英国施压，要他们出兵。费萨尔的回答则是将阿卡巴后方（我也注意到了）的地形做个描绘，并解释当地的部落和粮食问题——一切使它成为严峻障碍的原因。他最后说道，在历经与英国同时进军拉比格时多头马车的指挥体系，以及朝令夕改的命令与杂乱无章后，他真的没脸立刻再去找阿奇博尔德·默里爵士，要求再度出兵。

　　布雷蒙碰了一鼻子灰，只得悻悻然离去。他临走前还想摆我一道，要求费萨尔务必要求英国将驻防在苏伊士运河的装甲车调派到沃季来。不过他这一招也是白费唇舌，因为这支装甲部队早已上路！我则一直不屑地面带微笑，冷眼旁观他的灰头土脸。他离去后，我回到开罗待了一星期，向长官眉飞色舞地提供建言。默里先前下令塔利巴丁率领的一旅部队待命进军阿卡巴时，是在很不情愿的状况下做的决定，于是在我表示反对英军旁生枝节时，他大表赞同。然后我便前往沃季。

第二十九章　沃季扎营二三事

在沃季的日子很有意思。我们的营地已步上正轨。费萨尔将他的帐篷（相当壮观的一组：起居帐篷、会客帐篷、幕僚帐篷、宾客帐篷、仆役帐篷）搭在距海边约一英里处，位于珊瑚礁岩棚的边缘，岩棚由海滩缓缓隆升，尾端则朝东方和南方陡降，俯瞰往外辐射的星条状宽广山谷。士兵与部落族群的帐篷就在这些沙质山谷中，我们则住在冷冽的高处。入夜后一阵阵浪涛的呢喃随着海风拂过，微弱又遥远，像伦敦僻静的巷道中隐隐传来的车马声，令我们这些北方人备感亲切。

在我们正下方的是亚格利人，一群参差不齐的帐篷。在他们南边的是拉希姆的炮兵，与之并排的是阿卜杜拉的机枪手，帐篷井然有序，他们的牲口圈在以木桩围成的栅栏内，这是仿效职业军官的做法，在空间不够时也很方便。再往外设了一座简单的市集，总是有一大群人挤在那边交换货品。部落族群的帐篷散布在小峡谷中或无风处。在他们之外便是空旷的野地，骆驼队在凌乱散布四处的棕榈树间进出，前往附近稍微过咸的水井饮水。再往外的背景是像城堡废墟般群聚的丘陵、岩礁，由海岸线上巍峨耸立。

由于依照沃季的习俗，扎营得散开，而且要散得非常开，所以我的生活便是不断来回穿梭在费萨尔的帐篷、英军的帐篷、埃及部队的帐篷之间，到城内，到港口，或无线电收发站，整天穿着凉鞋或打赤脚在这些珊瑚质通道上进进出出，强化了我的脚力，渐渐地在尖锐或炙热的地面上行走亦如履平地，将我原已训练有素的身体锻炼得更能吃苦耐劳。

可怜的阿拉伯人搞不懂我为什么没马可骑，我也不愿谈想锻炼自己，或为了让牲畜多休息而宁可走路这类难以理解的话来困惑他们。然而这两点都是真的。看到他们那种较低层次的生活，对我的自尊是一种伤害，令我很不自在。他们的存在反映了我们人类的卑微，就如一个神祇在看我们的生活形态。然而利用他们，将他们原可避免的义务强加在他们身上，更令我觉得羞耻。正如看那些黑人，每天晚上在山边疯狂地击鼓为乐，他们的脸庞与我们有显著的不同，还可以忍受，不过他们身体的各部位竟然都与我们一样，这令人痛心。

在营中，费萨尔日以继夜地为政务忙得焦头烂额，我们也帮不上什么忙。在营外，群众以胜利游行、开枪庆贺等，吸引我们的注意。此外也常有意外发生。有一次，一群人在我们帐篷后方嬉戏，引爆了一枚飞机的炸弹，那是博伊尔轰炸该城时留下的未爆弹，他们被炸得血肉横飞，将帐篷染成鲜红色，后来又褪成暗褐色，然后变成淡白色。费萨尔立刻下令更换营地，并将未爆弹摧毁。那些节俭成性的奴隶还在清洗这些未爆弹。另一次是一座帐篷失火，差点将我们的三位客人烧成焦炭。那座帐篷外围着一群看热闹的群众，也不去救火，只是又吼又笑，我们直到火势熄灭后才愧疚万分地替三位客人裹伤。还有一次，一匹马被开枪庆贺的流弹所伤，有许多帐篷也被射穿了。

有天晚上，亚格利人叛变，攻击他们的指挥官伊本·达希勒，因为他对他们的管教太严苛。他们冲入他的帐篷，叫嚣着胡乱开枪，将他帐内的物品摔得支离破碎，并痛殴他的仆人。这仍未能浇熄怒火，他们开始想起延布的旧仇，因此打算前往该地屠杀亚提巴族人。费萨尔从我们的山头看到他们的火把，鞋也没穿便赤脚跑进他们的队伍内，以刀背朝他们猛挥，一夫当关。他的怒火吓退了他们，他的奴隶与马夫则边吆喝众人来帮忙，边挥舞着未出鞘的剑冲下山。其中一人牵了一匹马给费萨尔，他于是上马扑向带头的主谋者，我们则忙着瞄准那些叛变者的衣服开枪，将他驱散。只有两人死亡，有三十人受伤。伊本·达希勒第二天便挂冠求去。

默里提供我们两部劳斯莱斯装甲车，是由东非战场上调来的。两部车的指挥官是吉尔曼与韦德，他们的手下全是英国人，有的由陆军后勤部队调来担任驾驶，有的由机枪部队调来担任射击。他们调到沃季，使我们的心理压力大增，因为我们的食物与饮水通常很不卫生。不过有英国人作伴，心情好过了些，也算是种补偿，而且将那些汽车与机车推过沃季周围的沙坑是难得的体验。开车穿越野地的困难，使这些官兵练就开车过沙地的绝活，在遇到路况差强人意的地面时便可如履平地，在软质地面更能飞速疾驰。拉艾尔山脉前方二十英里的平原，正是属于软质地面。这些装甲车穿越这片平原，只要约半小时，在沙丘堆间跳上跳下，急速转弯，险象环生。阿拉伯人爱死了这新玩具。

他们称机车为魔马、汽车的孩子，而汽车又是火车的儿女，所以总共有祖孙三代在当我们的交通工具。

　　海军让我们在沃季的日子更加有趣。博伊尔派"艾斯皮格"号担任我们的补给舰，他所下达令人窝心的命令是"全力配合纽科姆上校所提的各项计划，并让他们清楚地看出本舰深感荣幸"。舰长菲茨莫里斯（这在土耳其是个好名字）热忱好客，对我们在岸上的工作也很有兴趣。他不遗余力协助我们，其中最重要的是发信号，因为他是无线电专家。有一天中午"北河"号进港，送给我们一套陆军用无线电，架在一辆小台车上，由于没有人解释要如何使用，我们都茫无头绪。菲茨莫里斯闻讯，立刻率领他的半数手下飞奔上岸，将那部台车推到适当的地点，熟练地架起天线塔，启动机器，效率惊人地完成连线作业，在日落之前他便与"北河"号联络上，使他们大吃一惊，并与他们聊了许久。这个发报站使沃季基地办事效率提升不少，也从早到晚忙个不停，以三种语言及二十种不同的陆军密码，不断向红海各地发送电报。

第三十章　各方臣服

法赫里帕夏仍只能听任我们摆布。他困守在麦地那外围的壕沟内，所在位置刚好使阿拉伯部队无法炮轰该城（我们不曾做过这种尝试，也没想过）。其余的土耳其部队都已派到麦地那与泰布克间的铁路沿线各供水站，以及分布各军营间的前哨站，以便每天巡逻守护铁路。简而言之，他已退至只能困守的窘况。加兰已由沃季往东南出发，纽科姆则往东北，打算将铁路炸出几个缺口来。他们要截断铁轨与桥梁，并安置自动引爆的地雷来炸毁行进中的火车。

阿拉伯人已由忧心忡忡变成信心满满，也竞相前来效命。费萨尔招募了大部分比黎族人与莫亚希布族人，使他成为阿拉伯半岛在铁路与沿海之间的霸主。然后他派朱罕纳族到艾斯河谷投效阿卜杜拉。

费萨尔此时可以好整以暇地应付汉志铁路了。不过我设法请他先在沃季多待一阵子，并派各部落族人先出发，如此我们的起义行动将来可以延长战线，而且对铁路的威胁也可由泰布克（我们当时所能影响的极限）往北延伸至马安。我当时对阿拉伯运动的方针，看法仍相当模糊。我并未看出宣传战可以致胜，而实战是一种错觉。在当时，我将两者系在一起，幸好费萨尔宁可改变人的心意也不想破坏铁路，所以以宣传起义理念为主的方针占了上风。

费萨尔早已开始对他的北方邻族，也就是沿岸的豪威塔特族，宣扬他的起义理念。而我们如今要前去游说的班尼阿提耶族是东北方较强悍的一族。在族长亚西·伊本·阿提耶前来誓死效忠后，我们获益匪浅。他的主要动机是因为嫉妒邻族，所以我们也不期望他真会积极协助。不过在供应他们面包与盐后，我们也获得穿越他地盘的自由当作回报。随后的地区有许多部落，都听命于鲁瓦拉的埃米尔努里·沙兰，在地位一夕数变的众多沙漠王子间，他的重要性仅次于候赛因、伊本·沙特和伊本·拉希德，排名第四。

垂垂老矣的努里统治他的安那兹族人已达三十年。他的家庭是鲁瓦拉地区的望族，不过他出生时并没有地位，也不受宠爱，他也不是勇敢的战士。他获得领导权，纯粹是基于他的性格。他为了争取权位，不惜残杀两个哥哥篡位。

后来他也收服了谢拉雷特族和其他族人，在他们的沙漠中，他的话就是绝对的法律。他没有一般族长那种外交辞令，他只要一句话，便可结束一场纷争，或结束对手的性命。所有人都畏惧他，顺从他。我们想经过他的地盘，必须看他的脸色才行。

幸好，这不难。费萨尔在几年前与努里已有交情，而且在麦地那和延布时都曾交换礼物巩固交谊。如今，法伊兹·古赛因奉命由沃季前去拜会他，在途中遇见鲁瓦拉族的首领之一杜格米带领数百头驮着可观礼物的骆驼队，前来拜会我们。当然，努里与土耳其人仍有交情。大马士革和巴格达都是他的市场，他们如果怀疑他的忠贞，可以在三个月内将他的部落饿个半死。不过我们知道，时机来临时，他会以武力支援我们，到时他自会与土耳其决裂。

努里的支持替我们打通了锡尔汉河谷，这是极为著名的通道，也是扎营区，有接二连三的水井。这条河谷是一系列洼地连接而成，由东南方努里的首都焦夫往北延伸至叙利亚境内靠近德鲁兹山脉的阿兹拉克。我们最渴切期盼的就是能自由进出锡尔汉河谷，与东豪威塔特族，也就是大名鼎鼎的阿布塔伊族接触，他们的族长奥达是阿拉伯半岛北方最伟大的虎将。只有靠奥达协助，才能使马安至阿卡巴的各部落转而协助我们，进而由土耳其手中占领阿卡巴及其邻近山岭；只有他大力支持，我们才能冒险由沃季长途跋涉往马安进军。我们在延布时，便一直久仰他的大名，并渴望能争取到他加入我们的阵营。

我们在沃季大有进展。奥达的表弟伊本·查阿尔也是阿布塔伊族的战将，他于二月十七日到达，那天真是我们的幸运日。天一亮，就有五位谢拉雷特族的族长由泰布克东方的沙漠，带着当地盛产的阿拉伯鸵鸟蛋当礼物前来。随后来的是阿布提尤尔族的扎伊夫－阿拉，他是马安高原中豪威塔特族权势最大的哈姆德·伊本·贾齐的表弟。这都是些人多势众的部落，族人也都是剽悍英勇的猛将。不过由于奥达与哈姆德早年曾发生冲突，因此这些部落与游牧的阿布塔伊族也都是世仇。我们对他们不远千里前来迎接，觉得很自豪，但并不满意，因为与阿布塔伊族相较之下，他们更不适合担任我们攻击阿卡巴的任务。

在他们之后前来的是努里·沙兰的长子纳瓦夫的表弟，他代表纳瓦夫致赠费萨尔一匹马。由于努里·沙兰与哈姆德·伊本·贾齐两方的人马一向不睦，为免他们仇人相见，我们将双方人马隔开于两处，并加搭一座贵宾帐篷。继鲁瓦拉族之后，来晋见费萨尔的是定居在沿岸的豪威塔特族阿布塔杰加支系的族长。他代表族人来向费萨尔致敬，并带来他们抢掠土耳其在红海最后两个据点德哈巴和莫威列的战利品。费萨尔在他的专用地毯上挪出位子请他就座，并为他族人的表现向他致谢，他们的效忠使我们得以接近阿卡巴的边界。当地的山径太崎岖，不适合用兵，但很适合宣扬起义运动，更适合搜集情报。

当天下午，伊本·查阿尔率领奥达的十个心腹到达。他先代表奥达亲吻费萨尔的手，接着代表自己再亲一次，然后入座，表明他是奉奥达之命前来致敬，以及请示命令。费萨尔设法抑制喜不自胜的雀跃，慎重地向伊本·查阿尔介绍他的世仇——豪威塔特族的贾齐支系人马。伊本·查阿尔淡漠地向他们致意。稍后，我们与他私下会谈，他离去前我们送他大批礼物，给他更多的承诺，并请他传达费萨尔的口信，表示若没亲自见到奥达在沃季现身，费萨尔无法安心。我们对奥达的大名早已如雷贯耳，但对他仍不了解，在阿卡巴这种重要的战役，我们无法承担任何失误。他必须前来让我们评估，当着他的面叙述我们的计划，并争取他的协助。

除此之外，一切都圆满顺利。这一天与费萨尔的每日作息并无两样。不断涌入的消息使我的日记写个没完。通往沃季的路上挤满前来宣誓效忠的特使、自愿军，以及各大部落的族长。这些川流不息的人潮，使原本仍在观望的比黎族人也有心归顺了。费萨尔捧着《古兰经》与新加入的效忠者宣誓，在他按兵不动时他们要蛰伏不动，在他冲锋陷阵时他们则要奋勇向前，绝不向土耳其人称臣，而且要善待每个说阿拉伯语的人（无论是巴格达人、阿勒颇人、叙利亚人还是纯种阿拉伯人），并将阿拉伯独立的目标置于个人生命、财富及家庭之上。

费萨尔也立刻要求各部落当着他的面与世仇尽弃前嫌旧恨。遇到各部落间因为利益摆不平而起冲突的情况，费萨尔就出面居间斡旋，而且经常是自己出钱来化解这些纷争，以求尽快息事宁人。在那两年间，费萨尔每天忙着在阿拉伯各部落间充当和事老，替他们排难解纷争，使他们团结一致抵御土耳其。在费萨尔经过的地区，血海深仇都暂告平息，他也是阿拉伯半岛西部至高无上、不容争议的最高法院。

费萨尔的表现也使他的成就实至名归。他不曾下达模棱两可的命令，也不曾做出会导致纷争的决定。没有一个阿拉伯人曾对他的判断提出异议，或质疑他排解部落问题的智慧与能力。他借着耐心论断是非，借着他的圆融手腕和过人的记忆力，赢得由麦地那至大马士革甚至更远处的各游牧民族的敬重。他的地位超越部落族长，甚至超越了血海深仇和各部落间的猜忌。阿拉伯建国运动变成举国一致的目标，因为在此目标下，所有阿拉伯人都是一家人，各人的私利都应摆一边。在解放大马士革后欢欣鼓舞的几个星期中，以及随后长达数月的理想幻灭期间，费萨尔凭借着勤奋与能力，赢得了这场运动的领导地位。

第三十一章　抱病出任务

在一片兴高采烈声中，克莱顿的紧急命令突然传来，要求我们在沃季多待两天，等候埃及巡逻艇"努尔河"带来最新消息。我身体不适，因此更乐于留下来等它。这艘巡逻艇准时到达，麦克鲁里下船来，递给我一份杰马勒帕夏拍发给在麦地那的法赫里帕夏的电报指示。这份长电文是恩维尔与在君士坦丁堡的德国参谋研拟出来的策略，命令法赫里立刻弃守麦地那，并将部队先撤往海狄亚，然后转进乌拉，接着取道泰布克，最后到达马安。他们将在当地建立一座新的铁路起站，以及深沟高垒的阵地。

此举对阿拉伯人而言是正中下怀。然而我们在埃及的部队则会因为这两万五千名安纳托利亚的兵力，以及比一般部队更多的巨炮即将转而投入贝尔谢巴前线，而阵脚大乱。克莱顿在信中告诉我千万不可等闲视之，并要尽一切力量占领麦地那，或在土耳其部队撤离时加以歼灭。纽科姆正在前线执行一系列的爆破任务，所以当时这重责大任就落在我肩上。我担心无法及时采取行动，因为这则消息已经是几天前的事了，土耳其的撤军行动恐怕已经展开。

我们将实情告诉费萨尔，并表示在此刻必须牺牲或至少暂缓阿拉伯的利益，以换取盟军的利益。他一如往昔，对这提议展现君子气度，并立刻答应全力配合。我们列出可调度的兵力，并安排他们移师前去攻击铁路。正直、沉默的马斯特谢里夫，还有拉希姆和他的族人、骑骡步兵，以及一尊巨炮，将由阿卜杜拉掌控的地区往北，直接进军艾斯河谷北方第一处水源地法格，在当地截断第一段铁路。

来自杰达的阿里·伊本·候赛因负责攻击马斯特谢里夫北方的第二段铁路。我们吩咐伊本·马汉纳逼近乌拉，并监视该地。我们命令纳西尔谢里夫率他的人马留在卡拉特慕阿达丹附近，待命攻击。我也致函要求纽科姆回营听取最新情报。老穆罕默德·阿里将由德哈巴移师至泰布克附近的一片绿洲，如此即使土耳其撤军真能走那么远，我们也已有所防备。我们将一百五十英里的铁路完全封锁，而费萨尔本人则留在沃季，视各部队需要随时提供援军。

我负责前往艾斯河谷找阿卜杜拉，以了解他为何两个月来毫无动静，并说服他，如果土耳其人出城来，要与他们正面交锋。我希望我们可以借着在铁路沿线采取无数次小规模突袭的策略，使他们无法通行，也无法在各主要休息站囤积粮秣。驻守麦地那的土耳其部队缺乏运输用牲口，能携带的辎重有限。恩维尔指示他们要将巨炮与补给品由火车托运，并要他们沿铁路而行，护卫火车。这是首次采用的移防方式，如果我们能有十天时间部署，而他们届时仍试图采取此不智之举，我们就会有机会将他们一举歼灭。

　　第二天我离开沃季，由于病痛缠身，不适合长途跋涉，费萨尔因另有事情要忙，匆匆替我挑了一支由各路人马拼凑而成的护卫队。这支队伍中有四名里法族人与一名朱宰纳族人担任侍卫，还有一位叙利亚仆人阿尔斯兰负责替我准备面包与米食，顺道充当阿拉伯人之间的和事老；四名亚格利人、一位摩尔人，还有一个亚特班人苏莱曼。那些骆驼在这片荒凉干枯的比黎族地区因没草可吃而变得又瘦又弱，势必会走得很慢。

　　我们出发的时刻一拖再拖，直到晚间九点不得已才上路，不过我已下定决心在清晨之前设法离开沃季地区。所以我们走了四小时才就寝。第二天，我们走了两站，每站各走五小时，然后在阿布杰雷贝特扎营，这是我们在冬天时留宿过的营地。营地中的大水池这两个月来并未变小，不过水质含盐量显著增高，再过几个星期这些水便不适合饮用了。据说附近有口浅水井的水还勉强可以饮用，我没去找这口井，因为背部的疔疮与发高烧，使我无法负荷骑骆驼的颠簸，而且我也累坏了。

　　我们在天亮前许久便已上路，通过哈姆德河谷后，在阿甘纳布满小丘陵的崎岖路面迷失了方向。天亮后我们才摸清方向，翻过了一座分水岭，陡直地往下进入古伯特。这是一片四面环山的平原，直通往苏克赫，我们上次由乌姆莱季前来时曾路过此地，这块山区有许多醒目的气泡状花岗岩，地面长满药西瓜，爬藤与果实在朝阳中显得生机盎然。朱宰纳族人说它的叶与藤都是很好的马饲料，而且食后几小时都不会口渴；亚格利人说用这种药西瓜的皮当杯子盛骆驼奶喝，是最好的缓泻药；亚提巴族人说只要把这种水果的汁抹在脚跟上就有助于排便了；那位摩尔人哈米德说，干枯的茎骨是很好的燃料。众说纷纭，不过有一点大家都同意，就是这种植物不适合当骆驼的饲料，甚至对它们有害。

我们边走边开心地聊了三英里路，穿越古伯特，并翻越一座小山岭进入另一处较小的区域。我们这时看见苏克赫山区东北方有两座并肩而立的灰色火山岩，带淡红色，阳光照射不到，风沙也吹不到。第三座巨岩位于稍远处，就是那座令我很好奇的气泡状圆石。走近后一瞧，它就像是一颗有一半埋在地面的大足球。它的颜色也是红褐色，南面与东面十分平滑完整，圆顶式的山头光泽亮眼，上头有若干细缝隙，像是用线缝合的。这是汉志这个遍布怪山的地区中最怪异的山。我们缓缓走向它，阳光中斜飘下一片美得出奇的雨丝。我们走的路是在沙克哈拉与苏克赫之间的峡谷，沙质的路面，山旁峭壁千仞。山头险隘，我们必须攀爬过一层层粗糙的岩面，以及山腰处两块倾斜的红色礁岩间的一道大断层。山径的最顶端有如刀刃，我们由此往下经过一条羊肠小径，有一颗巨大的落石几乎堵住整个路面，石面上被几个世纪来走过此地的人们凿刻下各部族的标志。随后便是草木丛生的空旷地，冬季的滂沱大雨会将土石由光滑的苏克赫山腰冲刷下来淤积于此。遍地都是裸露的花岗岩，脚下仍湿润的水道中有质地极细的银白沙粒。这条水道通往海兰。

接着我们进入一片杂乱的碎岩区，岩片胡乱堆积成小丘，我们在其间盲目摸索出可供裹足不前的骆驼行走的路。午后不久，碎岩区转而成为一片草木扶疏的宽阔山谷，我们沿山谷走了一个小时，再度遇上坎坷难行的路段。我们必须下来牵着牲口走过一条羊肠小径，路面的岩阶由于经年累月的踩踏已经极为光滑，在天雨湿滑时相当危险。这条路穿越一座大山肩，再往下进入较小的山丘和山谷，然后由另一条蜿蜒迂回的多岩小径进入一道激流的河床。不久这条河床便窄得连驮行李的骆驼也无法通行，于是我们取道山腰一条隘道，上头是绝壁，底下是断崖，险象环生。这么走了十五分钟后，我们总算到达一座山鞍，路旁一堆堆小石标，是许多路过其间的旅人为表达熬过这段坎坷路段的欣慰之情而堆成的。我的第一趟阿拉伯之旅，也就是由拉比格前去找费萨尔时，在迈斯图拉便曾见识过这种表达谢天谢地之忱的石堆。

我们也停下来堆了一座，然后沿着一片沙质山谷进入汉巴格河谷，那是哈姆德河谷的支流，占地宽广，草木茂盛。在刚才那片残破山区受困数小时之后，进入空旷的汉巴格河谷真是令人心旷神怡。它洁白的河床往北经由树林绕过红褐色的崇山峻岭，沿途的视野可广达一两英里。这条支流的沙坡上杂草丛生，我们在此歇脚半小时，让饿坏了的骆驼嚼食那些多汁而鲜嫩的青草。

骆驼自从瓦黑地井之后便不曾如此大饱口福，所以此刻狼吞虎咽，嚼都不嚼便吞下肚，留待稍后再好好反刍消化。然后我们穿过山谷，到达与我们的入口相对的大支流。这座基坦河谷景色也很迷人。它的地表质地是沙砾，没有松散的岩块，沿途树木苍翠荫郁。它的右侧是小丘陵，左侧则是巍峨壮观的层山群峦，名为吉德华，有无数陡峭峥嵘的花岗岩平行山麓，此时夕阳正要沉入蓄雨的浓密云层，染得山头一片通红。

最后我们扎营，将行李由骆驼背上卸下，让它们到草地上放牧后，我躺在岩壁下休息。我全身酸疼，头痛欲裂，高烧不退，这是赤痢突发的后遗症。我当天在攀爬过较险峻的地形时，耗费太多体力，两度短暂昏厥。阿拉伯沿海的这种赤痢发作时通常会像被铁锤重击，症状会滞留数小时，随后患者觉得异常疲倦，往后的几个星期经常会有突然神经崩溃的后遗症。

我的随从整天争执不休。我躺在岩边时，枪声响起。我毫不在意，因为山谷中有许多野兔野鸟。可是不久后苏莱曼叫醒我，要我跟他穿越山谷到另一侧的山坳，一个来自波雷达的亚格利人萨利姆横尸当场，一颗子弹贯穿他的太阳穴。这一定是近距离开枪，因为伤口周围的皮肤有灼伤痕迹。其余的亚格利人正在疯狂地到处乱跑，我向他们探询怎么回事时，他们的队长阿里说，是那个摩尔人哈米德干的。我怀疑凶手是苏莱曼，因为亚特班人与亚格利人在延布和沃季时就已屡生龃龉。不过阿里向我保证，枪声响起时，苏莱曼与他一起在三百码外捡拾树枝。于是我派众人出去找哈米德，自己有气无力地回到歇息处，心想怎么这么倒霉，偏在我最痛苦的时候遇上这种事。

我正躺着，突然听到一阵骚动，我缓缓睁开眼睛，只看到哈米德的背影，他俯身在他的鞍袋上。我先举起手枪对着他，然后开口叫他。他已将步枪放下，以便解开鞍座。我一直以枪对着他，直到其他人跑过来。我们立刻开庭。哈米德不久便承认，他和萨利姆起了口角，一时情绪失控，冷不防地将他射杀了。我们的侦讯结束。那些亚格利人都是死者的亲戚，他们要求血债血还，其他人也附和他们。我试图使待人和气的阿里改变心意，但徒劳无功。我的头因高烧而疼痛，无法思考。不过即使健康情况良好，而且口若悬河，我也无法替哈米德求情。因为萨利姆平日人缘不错，他突然惨死，哈米德罪无可逭。

这时我心中惶恐万分，深恐没有人能替我执行刽子手的工作。我身为文明人，此刻却一心想避法律如避瘟疫。我们部队中还有其他的摩尔人，如果任由他们的族人被世仇亚格利人杀了，必会引发冤冤相报，危及全队的团结。一定要就地正法，执行正式的处决。最后，我无计可施，只好告诉哈米德，他必须为杀人而偿命，并由我亲自扛起行刑的重担。或许他们会认为我没资格当他们的世仇，至少不会对我的后辈采取报复行动，因为我是个陌生人，而且没有子嗣。

我押他到山脊内的峡谷间一处湿冷阴暗、树林阴郁的地点。地面的沙质河床被新近下的雨水沿崖壁流下后滴成坑坑洞洞。这道峡谷在尽头处缩至数英寸宽，山壁几乎呈垂直矗立状。我站在入口处，让他滞留片刻，他趴在地上哭。然后我要他站起来，一枪打入他胸膛。他瘫倒在杂草堆间高声呻吟，鲜血迸出，染红他的衣服，他不断地翻滚，直到靠近我脚边。我再补上一枪，不过因为全身颤抖失了准头，只打中他的手腕。他仍不断地叫嚷，声音微弱了些，这时背部贴地躺着，脚朝向我，我倾身向前，瞄准他颚下与脖子间胡子的最浓密处，再朝他补上最后一枪。他的身体抽搐了一下，然后我召唤那些亚格利人。他们将他埋在他陈尸的峡谷中。随后我整夜辗转反侧，无法合眼，直到天亮，我叫大家起床上路，急着想远离基坦河谷。他们必须将我抱上鞍座。

第三十二章　会见阿卜杜拉

天亮时我们穿越一条短而陡的山径走出基坦河谷，进入这层峦群山间的主要河道。我们转向旁边的一条支流雷米河谷取水。此地没有像样的水井，只有在山谷的石质河床中一个会渗出水来的小坑洞。我们几乎是靠嗅觉找到这个水坑的，虽然水喝起来也有恶臭，却和闻起来的臭味不大一样。我们再将水袋汲满水。阿尔斯兰烘焙面包，我们休息了两小时，然后继续上路，穿越阿姆克河谷，这座翠绿的山谷地势平坦，骆驼走起来轻松愉快。

当阿姆克河谷弯向西时，我们已走出河谷，沿着灰色花岗岩（像冷太妃糖）翻山越岭，这种地形在汉志地区触目皆是。这条隘道的尽头是一座有台阶的陡坡最底层，路面残缺不全，骆驼寸步难行，所幸只有一小段路。随后我们进入一座空旷的山谷走了一小时，右侧是丘陵，左侧是高山。峭壁间有水池，较平坦的岩面有树林，树下有梅拉温族人的帐篷。这些斜坡上物产丰饶，一群群的绵羊与山羊在上头吃草。我们向那些阿拉伯人要了些羊奶。这是我手下的亚格利人经历两年干旱后，首度尝到羊奶的滋味。

通往山谷外的小径，最顶端的路况真是举步维艰，越过这山头进入马拉克河谷的路段，更是惊险万状。不过山冈上的景致足以令人忘掉一切烦忧。马拉克河谷是一条宽广宁静的林荫道，位于两座拔地而起的峭壁间，往前四英里后到达一处圆形开阔地，四面八方的山谷似乎都在这里交会。未经凿切的原石由人工堆筑在入口处。我们走进去后，看到两岸灰色的山壁以半圆形的弧度往后缩。在我们面前的南方，这往后缩的弧度被一片直立的蓝黑色熔岩挡住。我们穿越熔岩下的荆棘树丛，在稀疏的树荫下躺着，溽暑中有这么一片差强人意的遮阴处，也觉得庆幸了。

此时日正当中，酷热难耐。我越来越虚弱，连头都抬不起来。热风迎面吹来，像灼热的手甩过我们的脸庞，刺痛眼睛。疼痛使我以口喘气，热风使我的嘴唇干裂，喉咙焦烫，口干舌燥说不出话来，连喝水都引发喉咙阵阵刺痛。然而我还是必须不断地喝水，因为我渴得躺不安稳。苍蝇真是令人不堪其扰。

这座山谷的地质是细石英沙砾和白沙。由地面反射的阳光使我们睁不开眼来，随着热风来回拂过草叶尖梢，地面也像在热气中上下舞动。骆驼喜爱这种草，一丛一丛的，大约有十六英寸高，灰绿色的茎柄。它们大口大口地吞食下肚，直到我的随从将它们牵回来蹲伏在我身旁。我这时恨透了这些牲畜，因为它们吃得太多，吐出的气有一股恶臭。而且它们每嚼完一口，便不断从胃中再反刍出一口，绿色的唾液由宽大的双唇间淌出，沿着松垂的下巴滴落。

我窝了一肚子火躺着，捡了块石头丢向距我最近的一峰骆驼，它蹒跚地站起来，跌跌撞撞走到我后头，最后总算站稳后脚，狠狠地撒了一大泡乌漆抹黑的尿，热气与病痛缠身的我只能无助地躺着大喊救命。我的随从都去生火烤一只他们刚猎得的瞪羚了。我知道再过一天，就可以舒服地躺着休息了，因为前面的山势峥嵘，颜色鲜明。山麓有久经日晒的暖灰色，山头则是细长的花岗岩，通常会并排出现，像是废弃的观光铁路生锈的铁轨。阿尔斯兰说那些山峰像鸡冠，真是观察入微。

众人饱餐一顿后，我们再度上路，轻易地登上第一座熔岩峰。第二座山峰路程也很短，峰顶有冲积沙质及碎石质的宽阔台地。此处的熔岩是铁红色火山渣岩，表层洁净，上头散布些石块。第三座山峰及其他山峰往南逦迤而去，越来越高。不过我们往东行，走向加拉河谷。

加拉河谷以前或许是一座花岗岩质山谷，熔岩曾流经其间，慢慢将河床填满，使中央部分隆起。我们看到两岸在熔岩与山腰间都有深沟。这条河谷经常雨水泛滥，山岭间则经常受暴风侵袭。流经河床的火山熔浆凝固后，纠结成像绳子般，龟裂残缺，走向迂回曲折。地表松散，支离破碎，世世代代的骆驼队在此走出了一条崎岖难行的路。

我们在此挣扎了好几个小时，速度奇慢，骆驼走得畏首畏尾，深恐尖锐的地面刺痛它们柔嫩的脚掌。这条小径只能靠沿途的骆驼粪和稍蓝的石块表层来认路。阿拉伯人说这条路入夜后无法通行，这话相当可信，因为每当我们不耐烦地想催牲口走快点时，都会使它们扭得一跛一跛的。不过，在傍晚五点后不久，路面平坦多了。我们似乎已接近山谷源头，河谷渐渐狭窄。右前方有一座锥形火山口，由喷火口到山脚有一道道整齐的凹沟，是岩浆流下的残迹。黑色灰烬的质地，干净得像是特意筛滤出来的，较坚硬的土壤和火山渣则遍布四处。火山口之后是另一处熔岩区，或许年代比山谷还久远，因为上面的石块都很光滑，石块间则是平坦的河谷，杂草蔓生。在这些空旷地表间有许多贝都因人的帐篷，这些人看到我们之后，纷纷跑过来，热络地拉住我们的缰绳，牵我们到他们的营地。

他们是法赫德·汉夏谢里夫和他的族人，法赫德是个老迈聒噪的战士，他们曾跟着我们进军到沃季，加兰首度以自动引爆的炸药在陶韦拉车站附近炸毁一部运兵火车时，他们也曾与他同行。法赫德不肯让我静静地躺在他的帐篷外，以沙漠居民平起平坐的习性，硬将我推进他的帐篷，与帐内无数的虱蚤为伍。然后他殷勤地劝我喝了一碗又一碗利尿的骆驼奶，并如连珠炮般问我关于欧洲、我家乡的"族人"、英国的骆驼牧场、汉志和其他地区的战争、埃及与大马士革、费萨尔的近况、我们为何要去找阿卜杜拉等问题，以及为什么他们都已敞开心胸与双手等着迎接我皈依真神安拉，我为何还是那么固执地信奉基督教。

就这么耗了许久，直到晚上十点，这时迎宾用的绵羊大餐也已上桌，被肢解的绵羊呈大字形趴在一堆涂了奶油的米饭上。我礼貌性地跟着他们进食，然后将自己裹在长袍内呼呼大睡。我整天在险恶的地形赶路，早已困顿得快睁不开眼，所以虽然被虱子跳蚤咬得体无完肤，仍然一觉到天亮。然而，我的病刺激了平时迟钝的想象力，当晚梦境不断涌现，我梦见自己一丝不挂地步入无边的黑暗，走过绵延不绝的熔岩（像炒蛋变蓝了，错得离谱），脚下尖锐得像蚊虫在咬啮；也有噩梦，或许是个摩尔人的鬼魂，阴魂不散地纠缠着我们。

第二天早上醒来，我感觉神清气爽，衣服上仍沾满菜渣。在法赫德热情的召唤下，我们盛情难却地再喝了一碗骆驼奶。我已经可以不用人搀扶自行跨上骆驼。我们走过加拉河谷的最后一段路，由一座火山口往南，穿过许多圆锥形火山渣堆后，直达山顶。随后我们转入一座支脉的山谷，牵着骆驼爬上陡峭多岩的火山口。

越过山头后，进入慕米亚河谷的下山路走起来轻松愉快，这座河床中央覆满白铁皮似的熔岩，两旁则是平滑的沙质河床，很好走。过一阵子，我们到达一处断层，看起来像是通往对岸的通道。我们就由此过岸，发现对岸的熔岩间土质显然极为肥沃，因为树林枝密叶茂，绿草如茵，繁花似锦，是我们沿路最好的牧场，在遍地蓝黑色的碎岩衬托下，显得更是绿意盎然。此地的熔岩质地已改变。这里没有其他地方那种松散的石堆，以头颅或拳头大小的石块聚成一堆，而是一摞摞结晶叶状体的金属质岩质，打赤脚绝对无法通行。

另一座分水岭通往一片空地，朱罕纳族在浓密的灌木丛下犁出八亩的耕地。据说附近还有其他类似的耕地，阿拉伯人的吃苦耐劳由此可见一斑。此地称为切夫河谷，之后又是一条熔岩的崎岖河床，也是到目前为止路况最差的一段。有一条锯齿状很难辨识的小径贯穿其间。我们损失了一峰骆驼，它的前脚因为踩入坑洞而扭断。从沿路的骆驼尸骨看来，我们不是唯一折损牲口的队伍。然而，依照向导的说法，熔岩路段也到此为止，接下来都是较平坦的谷地。最后有一道缓升坡，我们在薄暮时分攻上山顶。这段路走起来轻松愉快，加上天气凉爽，使我元气大振，直到夜幕低垂我们都没有像平常那样停下来歇息，而是继续赶路，穿越慕米亚河谷，进入艾斯河谷的盆地。我们在特雷河畔空旷的野地上最后一次扎营。

我很欣慰即将到达，因为高烧仍然未退。我担心自己真会病倒，若我带着这病痛之躯落入那些热情的部落民族手中，后果实在不敢想象。他们治疗各种病症的方式，都是在患者身上与患处对应的若干部位烧个洞。对这种疗法有信心的人觉得可以忍受，没有信心的人却觉得是种折磨。心不甘情不愿地接受这种治疗当然太傻了，可是想躲也躲不掉。因为阿拉伯人的一番好意和他们的好客一样，自以为是，绝不会搭理患者的抗议。

第二天早上走得很轻松，路过空旷的谷地进入艾斯河谷。我们到达最近的水源地阿布马克哈时，阿卜杜拉也刚到该地不久，他正在指示要将帐篷搭在水井后方相思林旁的空地间。他将旧帐篷留在山谷下方的阿姆里井，就如他之前也曾在慕拉巴留下一座旧帐篷，因为他那些粗枝大叶的众多手下和牲口将帐篷地面弄脏了。我将费萨尔交待的文件转交给他，并解释麦地那的局势，以及我们必须火速封锁铁路。我觉得他反应很冷漠。不过我也没与他争辩，只说我一路走来已经累坏了，如果他许可的话，我想躺下来小睡片刻。他在他的大帐幕旁替我搭了一座帐篷，我总算得以进去休息了。我一整天都在马鞍上和昏厥交战，生怕因此无法完成任务，如今信息已传达，紧绷的心情为之一松。倘若再撑上一个小时，我可能就会崩溃。

第三十三章　梳理起义原则

我在那座帐篷内躺了将近十天，苦于病体虚弱，我的兽性自我也因而悄悄溜走，藏匿到羞耻消失才现身。和往常一样，我置身这种情况时神志很清醒，感触特别敏锐，我终于开始反复思索阿拉伯起义的问题，好像这是用来对抗疼痛的一种习惯性特效药。这种事早就该反省的，然而我首度到达汉志时，当务之急是采取军事行动，我们也依本能决定如何处置最适切，不深究理由，也无法明确陈述真正想达到的目标。没有过往的体验和反省做基础，本能被如此滥用后便成为直觉，变得女性化。此刻我的信心开始动摇。所以，在缠绵病榻、动弹不得时，我试图在从书本所学来的知识及我们的行动中寻找平衡点；在辗转反侧、梦境不断的睡眠间，理清我们当时纷乱纠结的头绪。

就如前面所提，我不幸被赶鸭子上架，成为战场指挥官，而且毫无战争素养。战争理论我是略有涉猎。我在牛津时基于兴趣浏览过拿破仑、克劳塞维茨、克默雷尔、毛奇[①]，以及近代法国军事家的兵法，他们谈的似乎都只是片面的。在读过约米尼与维利森的论述后，我发觉萨克斯[②]、吉贝尔，以及十八世纪的兵法较为广博。然而，克劳塞维茨的才智远超过庸碌诸子，他的书条理分明，引人入胜，我不知不觉便接受了他的论调，直到将库恩与福煦相较后，我才对穷兵黩武深感厌恶，对他们的见解也持批判态度。反正，我的兴趣一直是抽象的，只关心战争的理论与哲学，尤其是形而上的层面。

如今，在战场上，一切都是具体的，尤其像麦地那这种烦人的问题。为了让自己抛开这个问题，我开始想找些适切的金玉良言运用在现代化、科学化的

---

① 赫尔穆特·冯·毛奇（1800—1891），德国陆军元帅、普鲁士和德国军事家、总参谋长，组建新型总参谋部，确立新的参谋体系，击败丹麦、奥地利和法国，因其战功而被封为伯爵。

② 赫尔曼·莫里斯·萨克斯（1696—1750），法国元帅、军事理论家，曾参加奥地利王位继承战争，统率法军获丰特努瓦战役大捷，后又入侵荷兰，击败联军。

战争上。不过都不适用，这使我忧心。至目前为止，麦地那一直萦绕我们的心头。但我此时已病倒，它的形象不大清晰，不知是因为我们距它太近了（人很少喜欢唾手可得之物），还是因为我的眼睛因经常打靶而变模糊了。一天下午，我在睡梦中热醒，全身冒汗，被苍蝇搞得心烦，不禁想道，麦地那对我们到底有什么好处？当我们在延布，而麦地那城中的土耳其部队企图进军麦加时，它才会对我们造成威胁。不过我们进军沃季，已扭转了这一切。如今我们已将铁路封锁，他们只能采取守势。麦地那的兵力已裁缩至无攻击能力的格局，只能困守在壕沟中，宰杀已无力饲养的运输用牲口充饥，而这一点使他们更无法动弹。我们已剥夺了他们伤害我们的能力，又要将他们的城夺下。这座城不像沃季般适合当我们的基地，也不像艾斯河谷般会构成威胁。我们到底要它干什么？

午休后，营地里再度生机勃勃，外面的喧闹声开始透过黄色的帐篷布进入我耳中，帐篷的每个破洞都有一束强光射进来。我听到站在树荫下的马匹以跺脚和喷鼻息驱赶苍蝇的声音、骆驼的咕噜声、研磨咖啡的响声、远方的枪声。我开始在这些烦人的噪声中反复思索战争的目标。书本说得很明白——经由一道程序摧毁敌人的部队战斗。只有靠血战才能获取胜利。这对我们而言真是一句冷酷的金玉良言。正如阿拉伯人没有正规部队，当年福煦在土耳其打仗时也没有目标。阿拉伯人无法忍受伤亡。我们的克劳塞维茨又是凭什么赢得胜利的？戈尔茨 [①] 似乎谈得更为深入，他说重要的不是歼灭敌人，而是使其丧胆。只不过我们的表现难以指望会让任何人丧胆。

然而，戈尔茨只是个欺世盗名之徒，那些智者也不过是纸上谈兵，因为我们确实即将赢得我们的战争。我斟酌再三后，顿时醒悟我们其实早已赢得汉志战争。汉志地区每一千平方英里的土地上，有九百九十九平方英里如今已获自由。我故意想激怒维克里而提的玩笑话，说起义不像战争而更像和平，虽是信口胡扯，或许也有几分真理？在战争中，采取彻底歼灭的战术或许确实能掌握优势，不过在和平时期，能掌握大多数则更有利。如果我们能控制麦地那以外

---

① 科尔马·冯·德·戈尔茨（1843—1916），德国陆军元帅，曾任德国驻土耳其军事使团团长，在第一次世界大战中任土耳其集团军司令，指挥土耳其军抗击英印联军，著有军事著作《全民皆兵》等。

的其他所有地区，则很欢迎让土耳其占领麦地那的寸土之地，直到和平到来或世界末日来临，让他们认识到紧贴在我们的窗玻璃上是多么徒劳无益。

我沉住气，将脸上的苍蝇再度挥走，满意地了解到汉志的战争早已获胜而且结束。我们占领沃季那天便已获胜，只不过我们无先见之明，未能体会到这一点。这时我打断思绪，再度聆听。远方的枪声渐渐炽烈，成为密集的连发乱响。枪声停了。我竖耳倾听，知道接下来会有其他的声响。果然在一片寂静中，传来一阵瑟瑟声，像是长袍的裙摆拂过地面的声音，透过薄薄的帐篷布传入耳中。暂停片刻，骆驼骑士排好队伍，然后以藤鞭轻拍骆驼的颈背，使它们跪下。

它们毫无声息地跪下。我依记忆估算时间，首先那些骆驼踌躇着俯瞰地面，以一只脚试探较松软的土地；然后前腿跪下时突然进出鼻息，闷哼一声，因为这支队伍历经长途跋涉，已经相当疲惫；而后在后腿弓缩起时发出沙瑟声，接着会左右摆动着身躯，将膝盖往外伸，使腹部埋在炙热的石块下较冰凉的地面。这时骑士打着赤脚，像小鸟走过地面般啪嗒啪嗒地快步疾走，不是到咖啡炉边，便是到阿卜杜拉的帐篷，依各人的职权而定。骆驼会就地休息，不自在地在沙砾地上甩动尾巴，直到主人有空可以安顿它们。

我的理论已经有很好的开始，不过还得为战争的结束和方法找个替代方案。我们的战争与福煦所宣扬的那一套似乎不尽相同。我回想起他，看出他和我们之间的差异。在他的现代战争中——他称之为"绝对战争"，两个国家声称因彼此意识形态不同而必须借武力解决。冷静想想，这是奇蠢无比的行径，因为意见可以加以辩证，信念却需要借枪炮来治疗。这种争斗只有在一方的支持者已无法对抗另一方的支持者时才会结束。这听来像是老调重弹的二十世纪宗教战争，它的必然结局是一种信念的彻底瓦解，它的领导者则相信神的审判终将胜过一切。这种想法或许可以套用在法国和德国身上，却无法代表英国的态度。我们的部队并不是在佛兰德①或苏伊士运河捍卫一种哲学观念。费尽心机想使我们的官兵痛恨敌人，通常只会使他们痛恨战斗。事实上，福煦自相矛盾地说这种战争依赖大量征兵，而且职业军人派不上用场。然而旧式的部队仍

---

① 佛兰德，欧洲西部一地区，滨北海，包括比利时的东、西佛兰德省，以及法国北部和荷兰西南部的部分地区。

是英国的理想，它的招募方式仍会激起我们官兵的壮志。对我而言，福煦式的战争是赶尽杀绝，并不比其他战争更"绝对"，不妨称之为"杀戮战争"。克劳塞维茨曾列举各种战争……个人战争……为了争夺王位的联合代理决斗……发生在政治党派间排除异己的战争……为了贸易目标的商业战争……似乎没有两场战争是相似的。敌对双方经常都不知道自己的目标，在错误中盲目摸索，直到局势获得控制。胜利通常靠向眼光敏锐的一方，虽然幸运与聪明才智可以将大自然的"铁则"搞得一团混乱。

我搞不懂为什么费萨尔要对抗土耳其人，为什么阿拉伯人又愿意响应他，然后明白了他们的目标是地理上的，要将土耳其人逐出亚洲所有说阿拉伯语的土地。他们对自由的和平理想也仅止于此。为了追求这个理想，我们可以杀土耳其人，因为我们很不喜欢他们。可是杀戮纯粹是一种非必要的奢侈。如果他们愿意自行离去，这场战争便可结束。不然，我们便催他们离去，或设法赶走他们。到逼不得已时，我们便得采取最后的手段，以血腥的"杀戮战争"来解决，但我们付出的代价也巨大，因为阿拉伯人是为了争取自由而战，然而自由的喜悦是只有活人才能享受的。不管一个人多么喜爱他自己或别人的子女，为子孙打拼终究是件很难让人全力投入的事。

这时一个奴隶拍我的帐篷门帘，问我是否方便与阿卜杜拉晤谈。于是我挣扎着起身着装，蹒跚前往他的大帐篷，与他深入晤谈起义动机。那是个很惬意的地方，摆设豪华，铺有厚绒地毯，是在拉比格时由侯赛因·马贝里格家中劫掠来的。阿卜杜拉大部分时间都待在这座帐篷内，与朋友谈笑，与他的宫廷小丑穆罕默德·哈桑嬉闹。我与他及沙基尔畅谈，在座的还有来访的谢里夫，包括莫特洛格满腔热血的儿子费尔汗·艾达。我设法让在座者畅所欲言，也收获良多，因为阿卜杜拉的话非常明确。他将来访者目前独立自主的情况与他们以往对土耳其效忠时的情况作比对，并信口聊些土耳其的异端，或是"Yeni-Turan"这种不道德的教条，或质疑土耳其苏丹的身份。这是阿拉伯的土地，土耳其人置身其间。这个议题最富争议。我把我的论点大吹大擂了一番。

第二天出现长疗的严重并发症，使我无暇顾及已较缓和的高烧，整天趴在臭气熏天的帐篷里动弹不得。在天气热得连打盹都困难时，我再度审视那纠结的问题，试图理清它，由结构性的观点来考虑战争的大局，也就是战略层面，以及战局的部署层面，也就是战术，以及老百姓的感受，也就是心理层面。因为我的职责是领导统御，而指挥官就像建筑师一样，要负全责。

第一个造成纷乱的是，各种战略、战争目的之论调全然壁垒分明，也都只粗略地以偏概全，还有战术这种达到战略目的之手段，也是循序渐进的战略中特别的步骤。它们似乎只是用来思考战争中各种元素的观点，包括事物的代数元素、生命的生物元素，以及观念的心理元素。

代数元素对我而言是一种纯粹的科学，依数学的规则行事，无人性。它处理已知的变数、既定的条件、空间、时间等，像山脉、气候、铁路等无生命的事物，人类则是一种类型，因数量太多而无法当个别变数。另外，新机器的发展也使我们的能力大为增强。这些在本质上是可以套公式的。

这么谈太过学术化了。我不想太过抽象，因此以阿拉伯半岛来做实际例证。若套用在阿拉伯半岛，代数元素首先要将我们希望解放的地区列入估算，我漫不经心地开始计算有多少平方英里：六万？八万？十万？或许十四万平方英里。土耳其要如何防御这么大的面积？如果我们像一支军队般摇旗呐喊而来，无疑地他们是借着深沟高垒防御。不过要是我们是（我们也可以是）一种影响力、一种观念、一种无形的物体，刀枪不入，没有前线后方，像气体般无影无踪呢？军队可以像植物，固定不动，就地生根，借着长茎供应养分到顶端。我们也可以是一种气体，来去自如。我们的王国在每个人心中，我们既然无需借任何物质维生，也就没有什么物质可供人掠夺。一般的军人如果没有目标或许会茫然无措，变成只拥有他站立的寸土之地，只能征服他奉命举枪瞄准之物。

然后，我估算土耳其要拥有这些土地必须动用多少人马，才能击退我们的深入攻击，并避免他们未占领的十多万平方英里到处发生动乱。我对土耳其军队了解得很透彻，甚至考虑过他们最近经由飞机巨炮与装甲车（这些使地球这个战场越来越小）而扩大的能力，然而看来他们每四平方英里就需要一座坚固的堡垒，而且每座堡垒的守军不能少于二十人。如此一来，他们将需要六十万大军才能抵御阿拉伯人的虎视眈眈，以及少数极端分子的强烈敌意。

我们能有多少极端分子？目前我们大约拥有五万人，暂时足够了。看来在这种战争要素上我们是占了优势。如果能充分利用我们所能拥有的物资，则气候、铁路、沙漠、精密武器等，也会变得对我们有利。土耳其人很愚蠢，在他们背后支援的德国人则做事一板一眼。他们会认定起义和战争一样是绝对的，并以类似对付战争的方式来对付起义。反正，将人类的行为分类是一种和稀泥。以战争来对付起义，既劳师动众又事倍而功半，像拿刀子喝汤。

具体方面谈这些已经够了，所以我转而审视指挥的生物要素之本质。它的关键似乎就是最极限的生与死，或较低层次的消耗与折损。战争哲学家将之当成一种艺术，并将"洒热血"提升到不可或缺的层次，使其在战役中人性化，使我们肉体的每个部位都可能为战争而洒热血。一条变异线。人类经由这种洒热血的激励而得以坚持下去，使流血变成随时可出现。它的构成要素敏感而不合逻辑，将军借着预备部队——他们的战争艺术的重要媒介来自我防卫。戈尔茨曾说，如果你知道敌方的兵力，而且他们已充分部署，你就可以不需要后备部队了。不过这绝对不会发生。一个将军的心中总是会挂念着意外的可能性，物资的瑕疵，后备部队这时便不知不觉地派上用场了。

部队的"感觉"要素无法以数字表达，必须以相当于柏拉图的真假观念来揣测，最伟大的指挥官是直觉几乎都会成真的人。十分之九的战术确实都可以在学校中传授，然而那不合常情的十分之一则像水鸟点水而过，将军的优劣之判别也全在于此。它只能靠本能反应（经由不断的实战来强化），直到面临危机时成为自然反应，一种反射性动作。有些人的直觉几乎达到完美的境界，所以他们能借此笃定地达到具体成果。希腊人如果曾花时间去分析起义，或许会将这种指挥天才称为智者。

我的思绪游移回来，将这套用在我们身上，立刻知道那不只可用于人类，也可套用在物质上。土耳其部队物资缺乏而珍贵，人的价值比不上装备。我们的秘诀就在于摧毁，不是摧毁土耳其军队，而是其物资。土耳其的桥梁或铁轨被破坏，机器或巨炮或火药损毁，对我们而言都比土耳其人阵亡还有利。在阿拉伯军中，我们目前对人员和物资一样珍惜。政府看人只视为一个大团体，但我们的官兵，身为非正规部队，并不是一个团队，而是个人。一个个人的死亡，像一颗鹅卵石掉入水口，只会溅开小小的水洞，然而哀伤的涟漪却会随之扩散。我们禁不起伤亡。

物资更容易汰旧换新。我们的政策显然是要设法在某一方面占有优势：巨炮或机枪，或任何可获得决定性胜果的物资。正统的学说有可套用于人员的金玉良言，教导我们在关键时刻及攻击时刻如何取得优势。我们可以在占上风的时刻在装备方面取得优势；为了轻易获得胜利，我们或许可以将这句金玉良言加以扭曲，使物资与人员除了在某个特定点之外都比敌人弱。什么是关键永远由我们来决定。大部分的战争是"遭遇战"，敌对双方正面交锋，避免战术突袭。我们的战争应该是"隔离战"。我们要以广袤不可知的沙漠之潜在威胁将敌方困住，在开始攻击前不暴露位置。我们发动的攻击可能只是有名无实，不是针对人员，而是物资，如此就不需要寻找敌方最强或最弱的部位，只需挑出可破坏的物资。在破坏铁路方面，这通常是一段空旷的铁轨，越空旷，战术上的成效就越大。我们或许可以将这套战法变成一种规则（不是一种法律，因为战争是反法律的），并培养出不与敌军正面交锋的习惯。这和绝对不要成为敌人的目标是一体的两面。许多战场上的土耳其人都没有机会对我们开枪，我们除了偶尔因意外或出差错外，也绝对不会采取守势。

这么推论出来的结果想必是极为"睿智"，所以我们可以笃定地计划。研拟计划主要是靠将军的才智，他的领悟力必须毫无瑕疵，不会碰运气。士气如果建筑在知识上，会因为无知而瓦解。我们对敌方了如指掌时，便可高枕无忧。我们必须花更多的心血搜集情报，不只是招兵买马。

我已快想透彻了。代数要素已被套用在阿拉伯半岛，而且极为贴切，势必可获取胜利。生物要素让我们发展出一条最适合我们族人天分的战术防线，就剩心理要素有待建立适当的形貌。我转而套用（不妨说是盗用）古希腊名将色诺芬 ① 的名言："完全武断"，那是居鲁士 ② 在发动攻击前的诀窍。

---

① 色诺芬（前430—约前354），古希腊将领、历史学家，苏格拉底的学生，率一万希腊佣军参加波斯王子小居鲁士反对其兄阿塔塞克西斯的战争，远征到达黑海。著有《远征记》《希腊史》《回忆苏格拉底》等书。
② 居鲁士（前599—前530），指居鲁士大帝，波斯阿契美尼德王朝开国君主。据《圣经》记载，曾释放巴比伦犹太人俘虏，并能向被征服者学习。在与游牧民族马萨格泰人作战中被杀。

关于这一点，我们的"宣传"是卑鄙下流的产物。那是战争中的道德层面。有些与群众有关，将其精神调整到在战斗时有益，并预言这精神的改变会导致某种特定的结果。有些与个人有关，如此一来，它又成为一种人类慈悲心的罕见艺术，借着别有用心的情绪，超越心灵的渐进逻辑顺序。那比战术更巧妙，也更值得一做，因为它处理难以控制的、无法直接命令的议题。它考虑到我们官兵的情绪能力、复杂性与灵活度，以及他们的教养中有哪些对我们的意图是有利的。我们必须像其他军官调度他们的身体般，小心谨慎又正式地让他们的心灵准备就绪。而且不只是我们自己官兵的心灵——当然他们是优先，我们也要设法掌握敌军的心灵，然后是在后方支持我们的其他国家的心灵，因为一半以上的战役在后方进行，接着则是在等待结果的敌国，还有那些旁观的中立者，一圈又一圈。

　　有很多令人羞愧的物质限制，但在道德上没有什么是不可能的，所以完全武断的行为之范围是无边无际的。我们应依赖它来获取阿拉伯前线的胜利，而它的独创性则是我们的优势。报章媒体，以及各种新发展出来的传播方式，偏爱智性高于身体，文明总是由身体的资金来支付心灵。我们这些幼稚的士兵在二十世纪的气氛中展开战争的艺术，毫无成见地接受我们的武器。对正规军的军官而言，身后有四十代的传统兵学渊源，古老的武器是最光荣的。我们很少关心官兵在做什么，只在乎他们在想什么，完全武断对我们而言几乎像命令。在欧洲，它较受忽视，交由不属于参谋总部的人员负责。在亚洲，正规部队如此薄弱，以至于非正规部队无法让形而上的武器闲置着生锈。

　　阿拉伯半岛上的战斗是个错误，因为我们只借着敌方发射的弹药获利。拿破仑曾说，很难找到愿意战斗的将军。然而这场战争的诅咒是很少人愿意做别的事。萨克斯曾告诉我们，非理性的战争是愚人的避难所，我反倒认为它加诸于自认为较弱的一方，因缺乏土地或需要捍卫比士兵的生命更珍贵的物资，而使风险无法避免。我们没什么物资可以损失，所以最好的战线就是什么都不要捍卫，也不要对任何人事物开枪。我们的王牌是速度与时间，不是火力。罐头牛肉的发明比火药的发明对我们更有助益，但提供我们的是战略上而不是战术上的力量，因为在阿拉伯半岛，范围比武力更重要，空间比兵力更重要。

我躺在这远方的帐篷内已经八天了，广泛地思考^①，直到我的头脑已厌烦于漫无头绪的思维，必须借着意志力将它拉回来，而意志力一松弛下来，便会开始打盹。高烧已退，我的赤痢已消失，体能一恢复，眼前这一刻再度活生生浮现在我面前。明确而贴切的事实闯入我的幻想中，我杂乱无章的思绪也被搁置一边。所以我将模糊的原则匆匆写成白纸黑字，以免事过境迁无法回想。

我们的起义已有扎实的基础，这一点我觉得已获得证实，不只禁得起攻击，也不担心遭到攻击。它有一个世故的外国敌人，部署成一支军队，占领一个比堡垒所能有效控制的更宽广的土地。它有一个友善的人民，其中百分之二很积极，其他人则默默支持，不会违背大多数人的活动。积极的起义者有守密与自制的美德，并有敏捷、耐力、自给自足的特质，还有足以让敌方交通瘫痪的技术装备。在我们教导一个省的人民为我们的自由理想而牺牲后，便可解放那个省。敌人的存在是次要的。如果战争持续得够久，让我们想出解决之道，最后的胜利似乎已成囊中物。

---

① 在此或许没那么成功。我主要从汉志的观点来思考问题，以我所认识的官兵及地理环境当实例。这些如果写下来就太冗长了。而且论点已压缩成一个抽象的形式，感觉上像闭门造车而不是基于实战经验。更不幸的是，所有的军事作品都是如此。——原注

第三十四章　破坏汉志铁路

我显然已痊愈，也想起自己来艾斯河谷的目的。土耳其打算撤离麦地那，阿奇博尔德·默里爵士则希望我们围剿他们。他远在埃及却想遥控我们作战，要求我们配合，这实在令人心烦。然而英国还是较为强盛，阿拉伯人只能在他们的阴影下生活。我们与阿奇博尔德·默里爵士唇齿相依，必须与他并肩作战，如果双方的利益不一致，我们甚至必须为他的利益而牺牲我们较不重要的利益。偏偏双方步调又难以相同：费萨尔来去如风，而阿奇博尔德·默里爵士的部队或许是全世界最笨拙的一支，只能缓缓蜗行牛步。若是认为他那支部队有办法跟上像阿拉伯建国运动这么日新月异的观念，实在太荒谬——能否理解都有问题。然而，我们或许可以借着妨碍铁路交通，达到吓阻土耳其人撤离麦地那的目的，也让他们有理由困守城内。这种结局对阿拉伯与英国都很有利，虽然双方都还无法看出其中奥妙。

因此，我信步走到阿卜杜拉的帐篷，表明我已康复，以及想破坏汉志铁路的企图心。此地有人马、巨炮、机枪、火药与自动引爆弹，足以大展身手。不过阿卜杜拉对此无动于衷，他只想和我聊聊欧洲的王室家族，或法国的索姆河之役。他自己的这场战争陷入胶着，令他心烦。然而，他的表弟——副指挥官沙基尔谢里夫——却跃跃欲试，并允许我们放手去做。沙基尔喜欢亚提巴族，并声称他们是全世界最优秀的部落，我们因此决定以亚提巴人为主力。然后我们想到或许可以再带一尊由埃及陆军调来的老旧克虏伯炮，那是费萨尔从沃季运来送给阿卜杜拉的礼物。

沙基尔答应替我们招兵买马，我们也同意我应该亲自披挂上阵（循序渐进，以适应我的病体），前往寻找目标。离我们最近也最大的目标是阿布纳姆车站。服役于法国陆军的阿尔及利亚军官拉霍与我同行，他是布雷蒙的军事代表团成员之一，勤奋踏实。我们的向导是穆罕默德·卡迪，他父亲达希勒-阿拉是朱罕纳族世袭的执法者，去年十二月曾将土耳其人诱引至延布。穆罕默德十八岁，身体结实，沉默寡言。护送我们的是福赞·哈里斯谢里夫，他是大名鼎鼎的战士，曾在占比拉掳获艾什雷夫，随行的尚有二十名亚提巴族人与五六个朱罕纳族战士。

我们在三月二十六日起程，阿奇博尔德·默里爵士此时正在进攻加沙。我们沿艾斯河谷前进，但三小时后我已无法承受酷热的煎熬，于是我们在一棵大椰枣树（不过没什么果实）旁停下，在树下午休。椰枣树的树荫浓密，阵阵凉爽的东风吹拂，还有几只苍蝇。艾斯河谷长满荆棘树与青草，白蝴蝶在空中飞舞，空气中飘着野花的香馥。所以我们在午后流连许久才再度上路，走一小段路后，经过谷中一处梯丘与水池，右转走出艾斯河谷。以前此处有村落，地下水可供他们灌溉，不过如今已荒芜。

隔天一早，我们沿着瑟得山脉的山脊走了两小时险隘的山路，进入在历史上享有大名的图拉河谷，此地与延布河谷有一条小径相通。这天中午我们在一棵树下歇息，距几座朱罕纳族的帐篷很近，我们午睡时，穆罕默德就到这几户朱罕纳族家中做客。然后我们继续上路，左弯右拐地走了两小时，在天黑后扎营。我运气欠佳，在睡梦中被一只冬眠乍醒的蝎子严重蜇伤左手，伤处肿胀，我的手臂也变得僵硬酸痛。

第二天清晨五点，经过漫长的夜晚后，我们再度出发，穿越最后的几道山岭，进入哲夫，这是一处起伏不平的空地，往南延伸至分叉如城堡状火山口的安塔山，形成一处地标。我们转向右方四十五度进入这片平原，在平原与哈姆德河谷间的丘陵寻找掩蔽，铁路就在哈姆德河谷的河床间。我们绕过这些山岭往南，直到面对阿布纳姆。我们在此地扎营，与敌人近在咫尺，但相当安全。在山顶可以一览地形全貌，我们在日落前上山首次眺望车站。

那座山大约有六百英尺高，十分陡峭，我沿路歇息了好几次，不过峰顶的视野极佳。铁路约在三英里外。车站有两间玄武岩搭盖的双层仓库、一座圆形水塔及其他建筑，几座钟形帐篷、小屋，还有战壕，不过没看见机枪大炮。我们总共可以看到大约三百名敌军。

我们听说土耳其人夜间在邻近地区巡视得很勤快。这是个坏习惯，所以我们派遣两个人潜伏在两间仓库旁，入夜后还开了几枪。土耳其人认为这是攻击的前奏，因此彻夜未眠守在战壕内，我们则安然入睡。不过一道由哲夫横扫而过的冷风一早便在营地旁的树梢间狂啸，将我们冻醒。我们爬上瞭望点时，朝阳破云而出，一小时后已是热气逼人。

我们像蜥蜴般趴在山顶最前端的石标旁草丛间，看到敌军正在阅兵。共有三百九十九名步兵，像小玩具人，号角响起时纷纷跑出来，在黑色建筑物下集合排成整齐的队伍，然后号角再度响起，队伍随之解散，几分钟后炊烟袅袅上升。一个衣衫褴褛的小男孩赶着一群绵羊与山羊朝我们走过来。他快走到山脚时，山谷北方传来尖锐的鸣笛声，一列小得像幅图画的火车穿过桥梁，缓缓映入我们眼帘，驶入车站，喷出大股大股的白烟。

小牧童稳步往前走，高声驱赶他的羊群爬上我们这座山来吃西麓的嫩草。我们派了两名朱罕纳族人下山，沿着敌人看不到的山脊，两边包抄抓住小牧童。他是被放逐的黑帖姆族子弟，是沙漠中的贱民。该族可怜的年少子弟通常都被邻近的部落雇为牧羊人。小牧童看到他的羊群因无人看管而在山间乱窜，于是高声叫嚷，挣扎着想脱身。两个朱罕纳族人最后终于失去耐心，将他五花大绑，他这时又因担心被宰而尖叫出声。福赞费了好大的劲才使他安静下来，然后向他询问他的土耳其主人。不过他一心想着自己的羊群，双眼可怜兮兮地望着它们，眼泪夺眶而出，沿着脏兮兮的眼角滑落。

牧羊人是另一种阶级。对一般的阿拉伯人而言，火炉就是一所大学，他们在火炉旁生活，与族人闲聊，听他们部落的新鲜事、诗歌、历史、爱情故事、争讼、交易。他们从小在火炉旁闲聊，使他们长大后勇于表达意见，辩才无碍，可以在各种聚会中侃侃而谈。牧羊人则无缘享受这种训练。他们从小就得认命，无论春夏秋冬、寒暑晴雨、白天黑夜，都要孤独地守在深山野地间。他们在自然界长大，对人类与世间事毫无所知，简单的交谈也语无伦次，但对植物、野生动物，以及他们的羊群很有一套。他们的主食也就是羊奶。他们长大后个性孤僻，有些变得极为凶残危险，不像人而像动物，猎食羊群，并用羊来满足他们的欲望，甚至排除正常的男欢女爱。

在控制住小牧童后几小时，我们视线中会移动的只有太阳。日渐高升，我们跟着不断更换长袍位置来遮阳，浑身热烘烘的。宁静的山顶使我重拾生病期间无心追求的情趣。我再度留意到典型的山景、坚硬的石质山峰、寸草不生的石壁，以及山坡间的碎石堆，到达山脚时，一层干硬的薄土将碎石凝成一片。这些石头都闪闪发光，久经日晒而带黄色。荆棘丛从每处较软的地面冒出，常见的青草也不少，一团根通常长出十多株嫩芽，高可及膝，淡黄色，草梢在两枝像箭般的银白色冠毛之间有空穗。这些草，还有高仅及足踝的珍珠色短草，使山腰间变成白茫茫一片。每当微风拂过，这些草便缓缓向我们俯首致意。

这种草虽然称不上绿油油，却很适合当牧草。山谷间有更大丛的草地，质地较粗糙，高可及腰，新鲜时呈亮绿色，但不久便枯萎成焦黄色。它们遍布在所有的沙质和石砾河床上，长在零星出现的荆棘树丛间。有些树高可达四十英尺，果实甜美的枣树很罕见，不过一丛丛褐色柽柳树、高大的金雀花、各式各样的粗草、若干花卉，以及众多有刺灌木，都在我们营地旁蔓生，使此地成为汉志地区的高原植物展示区。只有一种有肥厚心形叶的植物对我们有用，它酸中带甘的汁液可供我们解渴。

我们在薄暮时分再度带着掳获的牧童下山，至于他的羊群则是能抓几只就带几只。我们今晚要全员出动，所以福赞与我摸黑到平原中搜索，后来找到一处可架设巨炮的山脊，距离车站不到两千码。我们回营地时已疲惫不堪，树林中升起了营火。沙基尔刚到，他的人马与我们的人马正心满意足地饱餐一顿羊肉美食。牧童被绑在我的寝处后方，当他看到他的牲口被屠宰时又开始抓狂。他不肯吃晚餐。我们威胁说若他不愿接受我们的一番好意，就要施以严惩，他这才勉强吃了些面包与米饭。他们试图让他明白，我们隔天占领车站及杀死他的主人都是理所当然的，不过他不为所动，后来，唯恐他逃脱，只得再将他捆绑在树干上。

晚餐后沙基尔告诉我，他只带了三百人，而不是原本说好的八百至九百人。然而，这是他的战争，因此也只好依他，所以我们匆匆变更计划：不占领车站，只靠前方的巨炮吓唬他们，并趁机在南北两面的铁轨各埋一份炸药，希望能困住那部停在车站中的火车。于是我们挑选一批加兰训练出来的爆破兵，打算由他们在黎明时炸毁桥梁北面的铁轨，堵住路的这一头。我则带着强力炸药、机枪、机枪手，到车站南面埋设炸药。土耳其部队在面临危机时，很可能由这个方向寻求协助或派援兵过来。

穆罕默德·卡迪在午夜前带我们到一处偏僻的轨道。我跨下坐骑，参战以来首次以手指抚摸冷冰冰的铁轨。然后，忙了一个小时，我们将炸药埋妥，一旦火车头的重量压过引爆器，二十磅的火药便会自动爆炸。接着我们将机枪安置在有树丛遮蔽的水道旁，距铁轨四百码，可以全盘控制火车被炸出轨后的位置。然后，安排机枪手藏身该处，我们则继续上路，切断电报线，借此逼他们将火车开出阿布纳姆车站求援。这是我们的主要攻击计划。

我们又骑了半小时路程，然后转向铁轨，幸运地找到一处无人看守的地方下手。只可惜我留在身边的四名朱罕纳族人试了几次都没法顺利爬上电线杆，我只好亲自出马。我病体初愈，能做的大概也只有这种事。在切断第三条电报线后，脆弱的电线杆摇晃不已，我一失手由十六英尺高的杆上滑了下来，压在穆罕默德结实的肩膀上，他原是想冲上前来抢救我，结果自己差点被压伤。我们喘息了几分钟，总算可以再跨上骆驼。待我们终于回到营地时，其他人也正好跨上坐骑准备出发。

埋设炸药花费的时间比预期多出四小时，使我们陷入两难，不知是该放弃休息继续赶路，还是让主力部队自行出发，而我们留下来。最后沙基尔决定让他们先行出发，我们则在树下小睡一个小时。若没这么补个眠，我恐怕会彻底崩溃。这时曙光乍现，四周树木与动物开始骚动，人也睡不安稳。穆罕默德想目睹这场战斗，醒了过来。他过来在我耳畔高声念晨祷文，那刺耳的声音在我睡梦中听起来像战斗、屠戮及横死沙场。我坐起身，拂掉红肿刺痛的眼睛上的沙粒。我们为了要起床晨祷还是要睡觉而争辩得面红耳赤。他说不是每天都会有战斗，说着还展示前一天晚上为了协助我而造成的满身伤痕与瘀青。我自己也青一块紫一块，对他的伤势感同身受，于是我们将那位仍然闷闷不乐的牧童松绑，建议他待在原地等我们回来，然后出发追赶主力部队。

我们循着沙路上乱七八糟的足迹跟过去，刚好在巨炮开炮时赶到。炮兵表现杰出，将一栋建筑物的屋顶炸得四分五裂，第二栋也严重受损，炸毁了交谊厅，并将水槽炸了个大洞。有一颗炮弹幸运地命中停在一旁的火车第一节车厢，引发冲天烈焰。土耳其人赶忙将火车头与车厢的链接解开，往南逃逸。我们焦急地望着火车头驶近埋设炸药处，在它驶过炸药时，顿时掀起一阵尘土并传来爆炸声，但火车头还好端端地站着。受创部位在前头，因为当时火车头是倒着走的，而且我们的火药太慢引爆。在司机下车检修前轮时，我们枯等了许久都没听到机枪开火，后来才知道，那些机枪手由于担心孤立无援，在我们开始炮轰车站时便已悄悄溜走，正赶来与我们会合中。半小时后，修理好的火车头已往安塔山的方向驶去，速度缓慢，而且嘎吱作响，不过还是上路了。

阿拉伯部队在炮火的掩护下朝车站挺进，我们则对那些机枪手咬牙切齿。起火的车厢挡住阿拉伯部队的攻势，目前的战果是炸毁一个敌军据点，并占领另一个哨站。土耳其兵弃守小据点，撤回主阵地，在战壕内严阵以待，他们士气低迷，我们也提不起劲。要是我们能拥有费萨尔的若干人马可以冲锋陷阵，加上此次占了地利之便，如天赐良机，原可占领此地的。

这时车站内的木材、帐篷、车厢都已起火，烟雾弥漫，能见度不佳，无法射击，所以我们决定鸣金收兵。我们掳获了三十名战俘、一匹马、两峰骆驼，以及几只绵羊。土耳其守军的伤亡人数为七十人，我方只有一人轻伤。交通受阻三天才修复。这样看来，我们并不算完全失败。

第三十五章　二度埋雷

　　我们在四月一日前往阿卜杜拉的营地，只留下两支队伍于第二天和第三天在附近破坏铁路。沙基尔习惯摆排场，所以在队伍进营时举行了一场壮观的阅兵，并发射数千发子弹以庆贺他的局部胜利。原本就日夜笙歌的营地此时更是狂欢作乐。

　　到晚上，我在帐篷后的荆棘丛漫步，透过浓密的枝丫看到火光，随着火光与烟雾而来的是鼓乐节奏声，伴随着拍手声以及部落民族低沉的合唱声。我悄悄靠近，看到一个大火堆，数百名亚提巴族人并肩环绕着席地而坐，专注地注视着沙基尔，他独自站在场地中央，随着他们的歌声起舞。他已脱下斗篷，仅穿着白色头巾与长袍，熊熊烈火映照在他的白袍及苍白、饱经风霜的脸上。他边唱边将头往后仰，在每个音节结束时都会抬起手，让宽大的水袖滑到肩头，裸露着双臂狂挥乱舞。身旁的族人用手打节拍，或随着他的舞动吼出合音。在这火堆的外围与我站立的树丛间，早已挤满其他部落的族人，交头接耳地看着这个亚特班族人的表演。

　　隔天早上我们决定再度攻击铁路，以进一步试验在阿布纳姆车站之役功败垂成的自动引爆地雷。老达希勒-阿拉说他要亲自陪我走这一趟，掠夺火车的计划使他跃跃欲试。与我们同行的有大约四十名朱罕纳族人，我觉得他们比出身高贵的亚提巴族人更强悍。然而，一位经常和阿卜杜拉与沙基尔一起吃喝玩乐的亚提巴族族长沙尔坦·阿布德拒绝做壁上观。这位脾气温和但卤莽急躁的仁兄是一个贫穷地区的族长，他的马匹在战场上阵亡的数目远比其他亚提巴族战士多。他时年二十六，骑术精湛，妙语连珠，喜爱恶作剧，非常聒噪；身材高大强壮，头大脸四方，额头满是皱纹，眼眸亮而深。一把大胡子遮住他冷峻的下巴及宽阔的嘴巴，白森森的利齿有如野狼。

　　我们带着一部机枪和十三名机枪手同行，以便在困住火车时加以扫射。沙基尔在阿卜杜拉处做客，他要我们先出发，半小时后他会追上来。这次我们沿着艾斯河谷与哈姆德河谷交界处前进，发现绿草如茵，牧草遍野，因为这个冬天此地已经历两次洪汛。最后我们右转越过一道沟壑进入一处平地，当晚在沙地中过夜，半夜时一场骤雨淋得满身是水，极为扫兴。不过第二天一早又是阳光普照，热得人头晕目眩。我们进入图布贾、艾斯、吉济尔三河流经的平原，三大河谷与哈姆德河谷在此合而为一。主流的河道正如阿布杰雷贝特附近一般长满树木，河床上像长瘤般隆起一丘丘的沙堆，但是灌木林只有两百码宽，林外的平原上则有错综复杂的浅激流绵延数英里长。中午时我们在一处像野花园般的地方歇息，多汁的花草及腰高，骆驼乐得大快朵颐，饱餐一个小时后才坐下休息。

白天似乎越来越热，太阳越来越近，烤得我们透不过气来。洁净的沙质地面烫得我无法赤脚走过，必须穿凉鞋，这让朱罕纳族看笑话了，他们的厚脚底甚至连小火烧都不怕。午后阳光稍有收敛，但热气仍不断上升，闷热得令我大感意外。我不断回头看是否身后聚集了一堆人，才会使空气吹不进来。

整天山头都有雷声隆隆作响，瑟得与贾西姆两座山峰笼罩在深蓝色与黄色的氤氲中，岚雾文风不动，凝结了似的。最后我看到瑟得山头有若干黄色云雾缓缓随风飘向我们这边，山脚也扬起一片风沙。

云层几乎与山峰同高。在云层接近时，有两道像对称的坚固烟囱般的龙卷风朝我们逼近，一道在云层左侧，一道在右。达希勒-阿拉尽职地四处找地方掩蔽，但一无所获。他警告我，暴风即将来袭。

在风沙接近时，原本快将我们的脸烤焦的热风，转瞬间变成又湿又冷的阴风扑打我们背部。风力也急剧增强，太阳被我们头顶的黄色云层遮住，失去踪影。周遭笼罩在一股骇人的赭色光影里。由山间飘来的褐色云块已经非常接近，嘎嘎作响地朝我们扑来。三分钟后龙卷风将我们卷入一团尘土与让人刺痛的沙粒中，不断打转，同时仍急速往东前进。

我们原本让骆驼的尾部朝向龙卷风，走在它前头，不过这时斗篷已被狂风吹得支离破碎，风灌入我们眼中，将骆驼吹得左旋右转，使我们搞不清方向。有时它们被吹得在原地打转。这期间有道旋风直扑而来，令我们束手无策，只看到矮树丛、灌木，甚至一些树被连根拔起，朝我们冲撞过来，或以惊人的劲道飞过头顶。我们的视线不曾被遮蔽，一直都可以看见两旁七八英尺的景物，但探视周遭太过危险，因为除了风沙之外，也不知道是否会有树木、鹅卵石或长着草的土块迎面飞来。

这场暴风持续了十八分钟，来也匆匆，去也匆匆。我们的队伍被吹散，分布达一平方英里，或许还更远，我们身上的衣服及骆驼身上都裹满尘土，从头到脚覆盖了一层厚厚的土黄色。正要重新集合时却下起滂沱大雨，淋得一身泥泞。山谷中开始有水流的激溅声，达希勒-阿拉催我们快点离开。这时狂风再度来袭，这次是往北吹，风助雨势，放眼望去但见雨暴风狂。雨水不久便浸透斗篷，使我们的衣服与皮肤都黏在一起，也使我们冰寒透骨。

我们在下午三点左右到达山麓，但发现山中不但无处遮风避雨，而且更冷。我们往上骑了三四英里后停下来，登上一座危崖，眺望位于另一头的铁路。山上的风强劲得令我们攀不住滑溜的岩石，斗篷与衬衫也被风刮得直拍打我们的身体。我脱下斗篷与衬衫，打着赤膊爬完剩下的路程，如此一来反倒走得更轻松，而且也不会比刚才冷。不过依然白忙一场，雾气太浓，能见度不佳。所以我再爬下山与其他人会合，此时早已遍体鳞伤。我全身冻僵地着装。在我们折返途中，闹出了这趟行程唯一的人命：沙尔坦坚持要与我们同行，他的亚提巴族仆从因不善于走山路，不慎坠落四十英尺的断崖，头先着地撞上石块。

我先行回到营地时，手脚几乎已无完肤，躺着浑身打颤近一个小时，其他人则留在山谷掩埋死者。他们回来时，在路上遇见一个不知名的骆驼骑士朝他们开枪，于是他们开枪还击，双方在雨中展开枪战，然后他消失在暗夜中。这令我们忐忑不安，因为我们原本是打算出奇制胜，不希望有人警告土耳其这个地区有游击队出没。

在驮着炸药的骆驼也跟上来后，我们再度上路，往铁路逼近。不过才刚出发，仍山雨凄蒙的谷中便传来土耳其部队开饭的号角声。达希勒-阿拉竖起耳朵朝声源方向倾听，发现号角声来自穆代赖季，也就是我们打算突袭的小车站。所以我们朝那可恨的声音前进，可恨是因为那代表晚餐与帐篷，而我们如今无处栖身，在这种风雨交加的夜晚，也无从举炊做饭，只能落得饥寒交迫。

我们在晚上十点后才到达铁路，能见度极差，因此无从选择机枪的摆设位置。我随意挑中距离大马士革一千一百二十一公里处埋设地雷。那是个很复杂的炸弹，有一个中央引爆器，可以同时引爆三十英尺外的数颗地雷。我们希望借此可以将往南或往北的火车都炸出轨。雨水使地面泥泞不堪，埋设地雷因而耗费了四个小时。我们在地面及河岸都留下了明显的足迹，有如一群大象在此地起舞。想消除这些足迹是不可能的，只好采用障眼法，又胡乱踩了几百码，甚至牵骆驼来帮忙践踏，使足迹看起来像有千军万马奔腾过山谷，埋地雷的地方也因而看不出异状。然后我们回到安全距离外，藏身于几座泥泞的土丘后，静待天亮。寒意袭人。我们的牙齿打着寒颤，全身发抖，不自主地嘘着气，手指则往内弓缩，有如动物的爪子。

天亮时云层已消散，火红的太阳可望马上由铁轨外的山头浮现。这时由我们的向导与夜袭的领队老达希勒-阿拉全权负责，他将我们一人或两人一组分派到各藏身处。他自己爬上前方的山脊，以望远镜观察铁路动静。我暗自祈祷，希望在旭日高升、使我全身暖和前不要有状况，因为我仍全身颤抖个不停。不过，太阳不久就浮出山头，情况也有了改善。我的衣服快晒干了。到中午时，已和往常一样热，我们气喘吁吁地找阴凉处，并披上更多衣物来遮阳。

首先，在清晨六点，达希勒-阿拉高叫有一部台车由南边接近，我们望着那部车安然度过——正合我们意，因为我们费尽苦心埋设的地雷，可不是只想对付那部车上的四名小兵和一个班长。然后有六十个人由穆代赖季出发。这时我们一阵慌乱，后来才发现他们只是要去修理被飓风吹倒的五根电线杆。七点半时有一支十一人的巡逻队沿铁轨而来，两边各有两人仔细检查铁轨，三人在河岸边搜寻，另一个显然是带队官，威风凛凛地沿铁轨而行，没什么事做。

不过，今天他们有事做了，他们在一千一百二十一公里处发现我们的足迹。他们专注地研究那些践踏过的地面，来来回回好几趟，拨弄铁轨路基的碎石，详加检视。他们的搜查行动使我们如坐针毡。还好地雷埋设得宜，所以最后他们总算满意地再往南行，与另一支由海狄亚车站过来的巡逻队会合，两队人马坐在拱桥的阴凉处休息。这时一部火车，很笨重的火车，由南方驶过来。车上的九节车厢中满载麦地那来的妇孺，他们都是被驱逐到叙利亚的难民，带着全部家当逃难。火车驶过埋设地雷处，没有引爆。身为埋设人员，我对此大为光火；身为指挥官，我又对此暗自庆幸，因为妇孺不应成为牺牲品。

朱罕纳族人听到火车驶近时，赶忙冲上我和达希勒-阿拉藏身的山头，想看火车炸个粉碎。我们藏身的石块只能遮住两个人，所以山头一下子人满为患，极为醒目，与那些巡逻队遥遥相对。土耳其的巡逻队大惊失色，立刻拔腿狂奔逃回穆代赖季车站，然后在大约五千码外，朝我们噼里叭啦地开了几枪。他们一定也通知海狄亚车站了，这个车站内不久也传来骚动，不过因为距此最近的哨站也在六英里外，所以守军并没有开枪，只是整天吹着号角。双方在号角声中遥遥相对，有一种庄严之美。

穆代赖季车站虽然朝我们开枪，但并不会造成伤害。然而我们曝光的后果相当严重。穆代赖季车站有两百名守军，海狄亚车站则有一千一百名，我们要撤退时必须经过海狄亚车站所在的哈姆德河谷。他们的骑兵或许会倾巢而出，截断我们的退路。朱罕纳族人有健步如飞的骆驼，所以安全无虞。不过机枪是由德军处掳来的马克辛机枪，骡子驮起来极为吃力。机枪手全是徒步或骑骡子，时速最高也不过六英里，再加上他们只有一部机枪，战斗力也不高。待我们紧急协商后，决定带他们绕过山区，再派十五名朱罕纳族人送他们前往艾斯河谷。

如此一来我们的机动性就高了，达希勒-阿拉、沙尔坦、穆罕默德，还有我，伙同其他队员再到铁轨旁探视。此时火伞高张，热风不断由南方朝我们扑来。我们在几棵大树下遮阴，并烘焙面包吃午餐，可以监视铁轨动静，也可以避开炎阳。随着树枝在风中摇曳，树叶间筛下来的光圈也在我们身边的碎石上来回舞动着，像是灰色的小虫子。我们在树下野餐，令土耳其守军极为光火，他们不断地朝我们开枪或吹号角直到入夜，我们则轮班睡觉。

到傍晚五点他们静了下来，于是我们跨上骆驼穿越空旷的山谷朝铁轨出发。穆代赖季那边再度枪声大作，海狄亚那端也号角喧天。满地凌乱足迹的障眼法，这时使我们自己也找不出埋设地雷的地点了。所以我们到达铁轨旁后，让骆驼跪下，由达希勒-阿拉充当祭司，在铁轨间举行晚祷。那或许是朱罕纳族人几年来首次祈祷，我则是破天荒第一遭，不过由远处看来还算是有模有样，所以土耳其人也不再对我们胡乱放枪。这是我在阿拉伯第一次也是最后一次以穆斯林的身份祈祷。

晚祷后，天色仍太明亮，无法掩饰我们的行动，所以我们围坐在堤防边抽烟，直到夜幕低垂，然后我打算独自去将地雷挖出来，了解一下为何没引爆，以供下次参考。然而，朱罕纳族人和我一样满心好奇，他们簇拥而来，跟着我一起沿铁轨搜寻。他们的围观令我心惊肉跳，因为我花了一小时才找出埋设位置。要将加兰设计的地雷安置好已够令人提心吊胆了，如今居然还得在一片漆黑的夜色中，沿铁轨来回摸索上百码，将埋在路基碎石下的引爆器找出来，简直是在玩命。与引爆器连接的两个地雷足以将我们炸飞到七十码外，我每一刻都想象着地雷突然引爆，不止我一人，整支队伍都因此血肉横飞。土耳其人如果知道我们敢这么玩命，必定大惊失色！

最后我总算找到了，以手触碰后发现，引爆器往下陷了十六分之一英寸，或许是我安置不当，也可能是雨后地面松软造成的。我将引爆器调整好再埋回原位。然后，为了使敌军误判我们此行的目的，我们开始在埋地雷处的北边执行爆破工作。我们发现一座小拱桥，并将它炸得支离破碎。然后回到铁轨，截断约两百码的轨道。当队员在安置炸药时，我叫穆罕默德爬上一根摇摇欲坠的电线杆。我要他切断电报线，然后紧拉着电报线，将电线杆也扯倒。我们动作很快，因为担心土耳其人会追过来。待爆破工作完成后，我们像野兔般矫捷地跑回骆驼处，飞身跨上鞍座，头也不回地沿着风声飒飒的山谷疾驰，再度回到哈姆德河谷的平原中。

我们已脱离险境，老达希勒-阿拉对我们的爆破乐不可支，无法平静下来。我们到达平坦的沙地时，他鞭策他的骆驼撒腿狂奔，我们也跟着他在朦胧的月色下疯狂地奔驰。一路畅行无阻，我们连赶三小时的路都没勒过缰绳，直到赶上机枪队，他们正在路旁扎营过夜。那些队员听到我们在暗夜中传来的吆喝声，以为是敌军来袭，于是架起那挺马克辛重机枪朝我们扫射，不过在打完一排子弹后卡弹。他们也只是麦加征募来的裁缝师，无法排除故障。所以没有人受伤，我们也装模作样地笑闹着将他们俘虏。

第二天早上，我们赖床睡了个饱觉，然后在艾斯河谷的第一处水井鲁比安吃早餐。随后我们抽烟聊天，正准备去牵骆驼时，突然听到远方铁轨处传来强烈的爆炸声。我们猜不透是地雷被发现而引爆，还是如我们所愿炸毁了火车。我们派两名斥候前去侦察，然后慢慢上路：一来是等两名斥候，二来因为两天前的豪雨已使艾斯河谷泛滥成灾，河床上到处都是浅水池，满地烂泥。阳光的热度使泥地变成强力胶一般，我们的骆驼举步维艰，走得跌跌撞撞，极为狼狈，模样令人发噱。这种外貌庄严的动物很少有如此走样的表现。我们不断地开怀畅笑，使它们似乎更为懊恼了。

雨过天晴，也不用赶路，再加上期待着斥候的汇报，使我们心情开朗，大伙儿其乐融融，闲话家常。不过我们经过一晚的劳累，全身僵硬，再加上食物充裕，所以决定提前打尖，在阿布马克哈过夜。日渐西沉时，我们在谷中选了一处地势高而干燥的位置扎营。我先骑上去，当回头看着身后的其他队员时，笼罩在落日余晖中的他们像极了一尊尊骑在骆驼上的铜像，他们的体内宛如燃烧着熊熊烈焰。

在面包烘好前，斥候便已回来，他们说在黎明时土耳其忙着处理我们先前爆破的善后，稍后一列火车由海狄亚驶过来，前后车轮都被我们埋设的地雷炸毁了。我们总算如愿以偿，于是在春光明媚的隔天清晨，全队高歌着赶回阿卜杜拉营地。我们已证实埋设妥当的地雷可以自动引爆，也证明埋设妥当的地雷会使埋设的人也找不到。这些都是重点，因为纽科姆、加兰、霍恩比等人如今都在沿着铁路大肆破坏，而地雷是截至目前使土耳其的火车损失惨重、寸步难行的最佳利器。

第三十六章　阿卜杜拉

　　虽然阿卜杜拉亲切又迷人，但我实在不喜欢他或他的营地：或许因为我比较孤僻，偏偏这些人又毫无个人独处的观念；或许因为他们亲切随和，使我了解自己忙着找事做似乎徒劳无益，为我自己好，也为别人好，最好别再自讨苦吃。反观费萨尔的营地中却充满使命感与责任感，每件事都有一定的贡献，绝对不会白忙。阿卜杜拉在他那座只有亲友可进入的凉爽大帐篷内，天天自得其乐，限制请愿者、新归附者、提诉讼者只能在下午进帐参见。其他时间他读报纸，尝美食，睡大觉。他尤其喜欢玩游戏，不是和幕僚下棋就是和穆罕默德·哈桑胡闹。穆罕默德，虽然和伊斯兰教先知同名，其实却是个宫廷傻瓜。我觉得他是个令人厌烦的老傻瓜。我在生病之后，更没有心情嬉笑怒骂。

　　阿卜杜拉与他的友人沙基尔、福赞，还有哈姆扎的两个儿子，诸多谢里夫，以及亚提巴来的沙尔坦·阿布德、何珊，再加上负责接待宾客的米斯费尔，他们总是整天待在阿卜杜拉的帐篷中，以折磨穆罕默德·哈桑为乐。他们以荆棘的针刺他，以石头丢他，将被太阳晒得滚烫的石头塞入他背后，拿火烧他。有时候他们会设计他，先在地毯上铺一道火药，然后引诱穆罕默德·哈桑坐到上头。有一次，阿卜杜拉站在二十码外，三度举枪将摆在他头上的咖啡壶射下来，然后给他三个月的薪水当奖赏。

　　阿卜杜拉有时会去骑马或射击片刻，然后满身疲惫地回来接受按摩，随后召见诗歌朗诵员，吟诗以消除他的头痛。他很喜欢阿拉伯诗歌，也颇有造诣，当地的诗人都乐于向他吟诗求赏。他对历史和文学也很有兴趣，有时会在帐内举行文法修辞辩论会，并提供奖金给赢家。

　　阿卜杜拉对汉志的情势漠不关心，认为阿拉伯各民族的独立自治是英国与他父亲之间的约定，他也因此有恃无恐。我一直想告诉他，他那个已经老糊涂的父亲并没有获得英国任何具体承诺，他们也会因他的昏庸而亡国。但这么一来，我就出卖了自己的祖国，我内心也为了该坦诚相告还是该忠于祖国而天人交战不已，在举棋不定许久后，终于决定权宜之计是暂时维持现状。

阿卜杜拉对欧洲的战争表现出高度的兴趣，也仔细研读报上的相关报道。他对西方的政治也略有所窥，并将欧洲各宫廷与部会首长的名字都默背下来，甚至连瑞士主席的名字也背得出来。我再度发觉，我们仍有一个大名鼎鼎的英国国王，使我们在中东地区可以生活得很自在。因为像他们这种以谢里夫及封建族长为主的旧式社会，认为我们国家的最高领导人不是靠战功或个人野心赢得王位，与我们相处时就会颇觉安心。

随着时间流逝，我对阿卜杜拉良好的第一印象也逐渐消失。他身体虚弱，我一度对此寄予同情，后来却觉得他是自食恶果，因为他的体弱多病肇于怠惰与沉迷酒色，而且他也常托病而投闲置散。他偶尔会出现的果断，也由原来的令人赞赏变成变相的独裁专制；他的友善变成喜怒无常，他的笑口常开变成耽于逸乐。他全身上下举手投足都是言行不一。连他的简朴在深入了解后也变成虚伪做作。他乐于让传统的宗教偏见左右他的思想，因为他觉得这总比漫无头绪好。他的头脑常会不自觉地流露出茫然无措的思维模式，同时有几种思绪错综复杂地交缠在一起，所以他的怠惰也使他无法有组织地思考。他脑中剪不断理还乱的思绪，常因他漠不关心地任其维持原貌而无从解决。然而，这些思绪从来不曾成为完整的意念。他总是若无其事地问我们一些问题，和蔼可亲地望着我们回答，由我们的犹豫、迟疑或坦诚犯错来揣测其微妙的含意。

有一天我进入他的帐篷，发现阿卜杜拉瞪大眼睛、面红耳赤地端坐着。他的老家庭教师普罗斯特刚由布雷蒙上校阵营带来一封信，指出英国正由四面八方包围阿拉伯——在亚丁、加沙、巴格达，并希望阿卜杜拉了解自己的处境。阿卜杜拉怒不可遏地问我作何感想。我略施小计，化解他的质疑，答道如果我们英国也和法国一样以密函在背后诋毁盟国的话，则我很希望他会怀疑我们的诚信。我措辞华丽的阿拉伯语使他听得很开心，并表示他知道我们很有诚意，否则便不会派威尔森上校协防吉达了。他在此时流露出他只知其一不知其二的神色，不明白诚信其实是心怀不轨者的最佳工具，而威尔森其实对他自己的上司是否真有诚信也存有疑虑。

威尔森本人不曾说过半句谎言。如果要他委婉地通知侯赛因国王，本月份的经济支援无法再追加，他会打电话到麦加，直截了当地说："大王，大王，没有钱了。"至于撒谎，他不仅不会，还很清楚面对一生在尔虞我诈的环境中打滚、身旁尽是眼光敏锐的老手，说谎是不智之举。阿拉伯的领袖展现过人的本能，全靠直觉判断，精确得使我们瞠目结舌。他们像女人一样，可以立刻作出判断，不用费心思考，不用理性分析。看来似乎因为东方女性被排除在政治圈外，使她们第六感超强的天分也转移到男性身上。我们有时能出奇制胜，或许要归因于这种罕见的天分，阿拉伯建国运动从头到尾没有任何女性参加，母骆驼除外。

阿卜杜拉阵营中的大将是沙基尔谢里夫，现年二十九，与侯赛因的四个儿子从小一起长大。他的母亲和他祖母都是切尔克斯人。他由她们身上继承了金发白皮肤的外貌，不过脸上因长满天花而破了相。他满脸坑洞的白脸上长着两颗骨碌转个不停的眼睛，又大又亮；他的睫毛与眉毛颜色很淡，看人时眼光显得更犀利。他的身材高大修长，由于经常运动，仍像男孩般结实。他的声音尖锐、坚决，但很悦耳，如果高声叫嚷则会岔音。他的态度虽然坦率可爱，但也很粗鲁，事实上应该说是很蛮横。他的脾气和他的笑声一样有点神经质。

沙基尔谢里夫直言不讳，似乎除了会对侯赛因国王毕恭毕敬之外，对其他人一概目中无人。侯赛因国王要求别人敬畏他，阿卜杜拉则总是与身边的人嬉笑玩闹。沙基尔也很热衷于嬉闹，不过若别人对他失礼，他也会适度地加以惩戒。他衣着简朴，但相当洁净，他也和阿卜杜拉一样，常在公共场所拿着牙签猛剔牙。他对书本没兴趣，也从来不沉思，不过他很聪明，也很健谈。他是虔诚的穆斯林，可是痛恨麦加，在阿卜杜拉读《古兰经》时，他自顾自地玩棋。不过他偶尔也会诚心祷告许久。

沙基尔一上战场就成了个战将，他的彪炳战功赢得各族人的敬爱。他有时说自己是巴达维人，有时是亚提巴人，并模仿他们的言行。他将长发绑成辫子垂在两侧，还涂上奶油使其更有光泽，并经常用骆驼尿洗头发，以强化发质。他赞扬愚蠢，也将"蓬头乱发者度量必然狭小"这句贝都因谚语奉为圭臬。他也束腹，那是一种细皮制的腰带，缠在腰部三四圈，以支撑腹部。他拥有品种优良的骏马与骆驼，是公认的全阿拉伯最佳骑士，随时可以与人较量。

沙基尔给我的感觉是，他偏爱全力一搏，不喜欢打持久战。不过，在神经质的脾气背后也有他冷静及精明的一面。战前侯赛因谢里夫任命他为驻开罗大使，负责处理侯赛因谢里夫与埃及总督的私人事宜。一个出身贝都因游牧民族的人置身于堂皇的宫殿，看来想必是极为突兀。阿卜杜拉对沙基尔一向佩服得五体投地，也常透过他这种放浪不羁游戏人间的眼光来看世界。他们使我到艾斯河谷的任务变得很棘手。

第三十七章　重返北部

　　阿卜杜拉对战争局势不闻不问，只推说那是费萨尔的事。他到艾斯河谷单纯是为了让费萨尔这个弟弟高兴一下，他也想继续留在这里。他自己不想带兵打战，也不鼓励别人出征。我看得出来他嫉妒费萨尔，想刻意装作不将打仗当成一回事，借此避免被费萨尔的丰功伟绩比下去。要不是沙基尔助一臂之力，我去炸火车这趟任务或许要大费周章才能成行，虽然到最后阿卜杜拉还是会批准，只要不用他自己亲自赴汤蹈火。然而，目前有两组人马在铁路附近，有足够人手可以轮班每天炸毁一段铁轨，想让火车动弹不得已绰绰有余，也足以让戍守麦地那的土耳其部队坐困愁城，既无用武之地，也无法撤离，这对英国和阿拉伯都是一大利多。所以我评估自己在艾斯河谷的任务算是完成了，而且做得不错。

　　我渴望再回到北部，远离这个闲散的营地。我想做什么，阿卜杜拉都愿意让我做，但他自己就是什么也不肯做，然而我觉得起义最珍贵的是由阿拉伯人自动自发，无需我们的支援。费萨尔满腔热血要亲手使他历史悠久的民族重获自由与尊严。他的副官纳西尔，或谢拉夫，或阿里·伊本·侯赛因，也都全心全力地拥护他的计划，所以我在他身旁的任务只是统合众人之力。我将他们灵光乍现的松散念头聚集成扎实的火把，将他们一连串互不相关的事件转化成有计划的系列行动。

　　我们在四月十日与阿卜杜拉亲切告别后出发。我的三名亚格利随从仍跟着我；还有长得像《喷趣》杂志中的漫画人物阿尔斯兰，他是个身材瘦小的叙利亚人，对阿拉伯服装和所有贝都因人乡巴佬式的言行举止完全看不顺眼。他骑骆驼的姿势不大优雅，对自己的骆驼步履踉跄也只能认命地接受。不过他自我安慰，指出在大马士革有身份的人都不骑骆驼，他也幽默地说，只有像他这种大马士革来的人，骑起骆驼来才会这么荒腔走板。我们的向导是穆罕默德·卡迪与六名朱罕纳族人。

　　我们循着来时的路，沿特雷河谷而行，不过这次往右改走支流，避开熔岩区。我们没带食物，所以到当地居民的帐篷中接受米饭与鲜奶的招待。这春暖花开的时刻，正是阿拉伯人丰收的季节，帐篷内摆满绵羊奶、山羊奶、骆驼奶，人人丰衣足食、容光焕发。饭后我们继续上路，此时的气温已如同英国的夏季，我们连续骑五小时，经过奥斯曼河谷，这是一处被洪水冲刷过的狭窄山谷，河道左弯右拐，路面平坦，相当好走。我们最后一段路是摸黑前进的，待停下来时才发现阿尔斯兰不见了。我们开枪打信号，并升起火把，希望他能循声或望着火把跟过来。不过直到天亮都没有他的踪影，朱罕纳族人纳闷地找了许久，后来发现他只落后一英里路，在一棵树下呼呼大睡。

不到一小时后，我们在达希勒-阿拉众妻妾之一的帐篷内叨扰了一顿，穆罕默德洗了个澡，将他的满头乌发扎成辫子，并换上干净的衣服。这一顿饭准备了好久，到快中午时总算上桌了：一大碗番红花炒饭，上头还洒上碎羊肉。穆罕默德觉得有义务为我效劳，于是上前接过这道主餐，以铜碗替我和他自己各盛了一碗，然后招呼其他队员共享大餐。穆罕默德的母亲知道她老得可以让我敬老尊贤了，于是不避讳地问了我一些基督教妇女及其生活方式的问题，对我的白皮肤啧啧称奇，并说我可怕的蓝眼眸看起来像是透过一具骷髅的眼窟看见的蓝天。

往下的奥斯曼河谷的河道不再那般错综复杂，河面也越走越宽阔。两个半小时后，河道突然右转，穿过一道隘口，随即进入哈姆德河谷，到达一处两侧尽是悬崖绝壁的狭谷。与其他地方一样，河床边缘的沙都浮出河面，中间长了一些如刚毛般的树丛。我们前面有洪水过后留下的一池池甘美的水，最大的一池宽达三百英尺，而且水很深。狭窄的河床被水池群切割成一区区的黏土堆。穆罕默德说这些水到年底都还在，可是不久后水质就会变咸，无法饮用。

我们饮过水后在水池中洗澡，发现池中有许多像沙丁鱼的银白色小鱼，全都饿坏了。我们洗过澡后四处闲晃，恣意享受这份悠闲。入夜后，我们再度上路，骑了六英里路，在困顿不堪时才转向地势较高处扎营过夜。哈姆德河谷与汉志的其他山谷不同，空气中有刺骨的寒意，入夜后格外明显。当薄雾升起，山谷会弥漫着一层带咸味的水汽，这股雾气会浮升至约六英尺高，静止在半空中不动。不过，即使烈日当空，哈姆德河谷仍是一片潮湿阴寒，感觉很不自然。

隔天清晨我们一早就上路，经过谷中许多大水池。不过只有几座可供饮用，其余水池的水已变绿而且有咸味，池中也有那种小白鱼，但都已死亡，浮在水面。然后我们穿越河床，往北经过佑吉拉平原，我们由沃季调来的空军指挥官罗斯最近才在此地搭建了一座机场。阿拉伯的卫兵坐在飞机用的汽油桶旁，他们拿了一些早餐给我们享用，然后我们沿着梅飒河谷走到一棵多荫的树下，睡了四个小时。

午后每个人神清气爽，朱罕纳族人开始骑着骆驼赛跑。一开始是两个两个比，后来其他人也加入，成为六个一起跑。路面甚差，后来有一个少年骑的骆驼撞上一座石堆，骆驼滑了一跤，他也因而摔下来，跌断一只手臂，真是不幸。不过穆罕默德若无其事地以破布和骆驼的缰绳替他包扎，让他在树下休息一阵子，然后骑回佑吉拉过夜。阿拉伯人对骨折不以为意。我在艾斯河谷时，曾在一座帐篷内看见一个年轻人发现自己的手臂已扭曲变形，便取出匕首将手臂划破直到见骨，将骨骼扶正，然后逆来顺受地躺着，任苍蝇在身旁飞舞，手臂敷着厚厚的膏药，等它痊愈。

第二天清晨，我们再往前推进至卡坞序拉，此地有一口水井，我们让骆驼喝水。这里水质不净，骆驼喝了后猛拉肚子。我们在入夜后又走了八英里路，打算鼓起余勇，一口气推进到沃季。所以我们在半夜后便再度上路，在天亮前已由拉艾尔山的斜坡往下走入平原，此地一直延伸到哈姆德河谷的出海口。地面布满机动车轮的轮痕，于是朱罕纳族兴奋地加快速度，想赶快回到费萨尔营地，看看这些新运来的机器。有了这股冲劲，我们马不停蹄地走了八小时，对这些汉志的贝都因人而言，一口气走那么久实在难得一见。

我们这时已相当疲惫，人和骆驼都累坏了，因为在前一天早餐之后便没再进食。所以当穆罕默德提议赛跑时，有点像是发神经了。他跳下骆驼，脱掉衣服，向我们挑战，谁先跑上前方遍布荆棘的斜坡，便可赢得一镑。每个人都跃跃欲试，骆驼也因而四处乱窜。这段路程大约四分之三英里，是上坡路，而且路面都是粗沙，显然比穆罕默德预期的还难跑，不过他展现过人的精力，虽然只以些微差距领先，还是赢得了比赛。然后他瘫倒在地，嘴巴和鼻子都淌着血。我们有些骆驼则健步如飞，它们在面临竞争时，会遇强则强。

这时的空气对山区部落的人而言太过闷热，我担心穆罕默德劳累过度会有后遗症，不过我们休息了一个小时，让他喝了一杯咖啡后，他再度起身，又生龙活虎地骑了六小时到达沃季。他沿路还一直和队友开玩笑，使我们由阿布马克哈往沃季这最后一程走得十分开心。他跟着前头的骆驼默默前进时，有时会突然拿起一根棍棒戳向前面那峰骆驼的臀部，然后发出骆驼尖尖的嘎叫声，让那峰雌骆驼误以为是发情的雄骆驼想对它性骚扰，于是拔腿狂奔，骑士就会手忙脚乱一番。他的另一种恶作剧方式是骑着一头奔驰中的骆驼撞向另一头骆驼，将它挤向附近的树干。结果不是树被撞倒（汉志山谷中的土质松软，树都很容易倾倒），就是骑士被撞得鼻青眼肿。最好的情况是他被摔出鞍座，如果不是重重跌在地面，就是掉入荆棘丛，被刺得满身是包。他们认为这只是无伤大雅的捉弄，除了当事人外，大家都乐不可支。

贝都因人是很奇特的民族。对一个英国人而言，想和他们相处，必须有如大海般的耐心才行。他们做事极为随性，不好思考，嗜喝咖啡、羊奶或水，见到炖肉就狼吞虎咽，向人讨烟抽毫不觉得羞耻。他们在偶尔从事性行为的前后几个星期，都会满脑子想入非非，不时以淫秽的故事刺激自己和听者的情欲。如果环境许可，他们会整天耽于酒色之欲。地理因素使他们无从受诱惑：阿拉伯半岛的贫瘠使他们生活简朴，随遇而安，刻苦耐劳。如果他们投入文明世界，很可能会像任何野蛮民族一般，沾染一身恶习。他们也会像野蛮人一样，因为没有心理准备而更是深蒙其害。

如果怀疑我们想驱遣他们，贝都因人的反应不是倔强地不屈从，就是兀自掉头离开。如果我们了解他们，愿意花时间与心力让他们接受诱惑，他们反而会不辞劳苦地争取，让我们皆大欢喜。无论获得的结果是否值得——有关这一点没有人说得上来。英国人习惯于接受更大的回报，不愿意——事实上也不会每天花时间与心力和这些人相处，却只获得微不足道的回报。阿拉伯人做事有条不紊，阿拉伯人的思维与我们一样合逻辑，没有任何难以理解或不同之处，只需要一个前提：除了懒惰与无知，没有借口或理由足以让我们在他们身上冠上"不可思议"或"东方神秘色彩"，或听任他们受到误解。

他们会跟从我们，如果我们能忍受他们，依他们的游戏规则行事。可怜的是，我们经常一开始是如此，然后愤而将他们甩开，为自己的错误而责怪他们。这种责难，就像一个将军抱怨自己的部队太差劲，事实上是承认我们自己缺乏远见，或是经常借由假谦虚，诳称我们虽然犯错，至少有智慧知道自己的错。

第三十八章　实践新计划

　　我为了整洁，在沃季城外稍事停留，换掉一身脏臭的衣服。我到达后，费萨尔带我到较隐蔽的帐篷谈话。情况似乎一切顺利。由埃及运来更多车辆，延布的驻军物资都已搬运一空。谢拉夫自己也过来了，还带了一支奇兵：一连的机枪手，成军的过程则颇耐人寻味。我们在离开延布时，城内有三十名生病或受伤的人员，还有堆积如山的报废武器，只有两名英国军械士负责维修。两名军械师为了打发时间，便将已修理妥的机枪与痊愈的人员结合，成立一支机枪队，经过一番纸上谈兵的训练后，已经成为一支劲旅。

　　拉比格已完全弃守了。原本驻防该地的军机已全部飞到沃季，建立新基地。他们的埃及部队随后也搭船过来，同行的有乔伊斯和高斯列特，还有原本在拉比格的幕僚团，他们如今在沃季负责一切事宜。纽科姆与霍恩比整天在外面炸铁路，由于人手不足，几乎事必躬亲；在各部落间的宣传也继续进行。万事如意，我正打算休个假时，负责接待宾客的苏莱曼突然跑进来，在费萨尔耳畔低语，费萨尔闻讯转向我，眼露异彩，力求镇定地说："奥达来了。"我叫道："奥达·阿布·塔伊！"这时帐篷的门帘掀起，然后传来颂赞真主的低沉声音。接着一个高大、强壮的身影走进来，满脸的桀骜不驯，感情强烈，表情悲壮。这就是奥达，跟在身后的是他儿子穆罕默德，看来还只是个孩子，实际年龄才十一岁。

　　费萨尔一跃而起。奥达握住他的手亲吻，然后两人后退一两步，彼此端详——截然不同的典型，也是阿拉伯最杰出的两种极端，先知费萨尔与战士奥达，两人在各自的领域都是人中之龙，如今一见如故，惺惺相惜。他们坐了下来。费萨尔一个个替我们介绍，奥达慎重地复诵，似乎在将每个人名深印脑海。

　　我们久仰奥达的大名，也冀望他能鼎力相助，打通阿卡巴的门户。过了一阵子，我判断以他的气魄与血性男儿的个性，我们可望如愿以偿。他像是中古的游侠，下山来找我们，要替天行道，对我们在沃季停滞不前急得直跳脚，恨不得立刻亲自替阿拉伯争取自由。只要他的表现能有这股冲劲的一半，我们便可高枕无忧、所向披靡了。大家都卸下心头重担，前去吃晚餐。

在座者莫不欢天喜地：纳西卜、法伊兹、奥达的表弟穆罕默德·戴兰和侄儿查阿尔，还有在沃季暂留几天的纳西尔。我告诉费萨尔在阿卜杜拉营区内的一些奇闻轶事，以及炸毁铁路时的兴高采烈。这时奥达忽然站起来，大声说道："真主不容！"然后旋风似的离开帐篷。我们面面相觑，这时外面传来一阵撞击声。我跟出去察看怎么回事，发现奥达趴在一个岩石上，将他的假牙取下来以一颗石块敲得粉碎。"我忘了，"他说，"这是杰马勒帕夏给我的，我竟然用土耳其的假牙吃真主的面包！"不幸，他自己的牙齿所剩无几，想吃他爱吃的肉不但困难，而且还会痛，所以此后他一直营养不良，直到我们占领阿卡巴，温盖特爵士才特别由埃及招来一位牙医，替他打造一组"协约国"的假牙。

奥达衣着简朴，穿戴着北方式样的白色棉袍与红色摩苏尔头巾。他或许已逾五十岁，尽管黑发中夹杂若干银丝，不过依旧高大英挺、精壮结实，活力不亚于小伙子。他的脸相庄严，棱角分明。由他的脸上也看出，他最偏爱的儿子安那德的阵亡是如何使他痛不欲生，使他想让子孙传承家族荣光的梦想幻灭。他的眼睛大而灵活，像黑色的天鹅绒；他的前额低而饱满，鹰钩鼻又高又挺；他的嘴宽阔而表情丰富；他的胡子修剪得很整齐，典型的豪威塔特族风格，下巴刮得很干净。

几个世纪前豪威塔特族由汉志前来，他们成为游牧民族的子孙，以身为正统贝都因人为荣。奥达则是该族之光。他非常爽朗好客，而乐善好施也使他虽曾由几百次掠劫中获利，却仍一贫如洗。他结过二十八次婚，曾在战场上负伤十三次，他所发动的战斗也使他的族人和家人死伤无数。至今已有七十五名阿拉伯人成为他刀下的亡魂，都是他在战场上亲手杀的：除非上战场，否则他绝不开杀戒。至于被杀的土耳其人，奥达数都懒得数。在他的领导之下，陶韦拉地区的战士已成为沙漠中最剽悍的战士，胆识过人，只要一息尚存，而且有仗可打，他们便自觉高人一等。不过也因穷兵黩武，他们的人口在三十年间由一千两百人降至不到五百人。

奥达一有机会就打家劫舍，而且走到哪里抢到哪里。他曾远征阿勒颇、巴士拉、沃季、达瓦西尔河谷。他刻意与沙漠中几乎所有部落维持不睦关系，如此才有借口劫掠。这种强梁作风使他的个性既固执又性急，在战斗时极没耐心，对别人的建议、批评都一笑置之。他一旦发怒，马上变脸，而且立刻激动难抑，只有在大打一场后才会平息。他在这种情况下会变成一头野兽，这时众人对他敬而远之。就算天塌下来他也不会改变心意，或接受命令，或执行他不同意的计划。他一旦变脸，便毫不在乎别人的感受。

奥达将人生视为一则英雄传记。人生的一切事件都意义深远，他周遭所有的人都是英勇雄壮的。他脑中有无数的古代掠劫故事和战斗史诗，他也常向身旁的人转述这些故事。如果身旁没有人可以聆听，他就以低沉雄浑的嗓音，大声唱给自己听。他经常口不择言，因而常使自己陷于不利，也不断地伤害朋友。他谈自己时都用第三人称，而且对自己的英名深具信心，所以喜欢畅谈一些让自己难堪的故事。有时他似乎被喜欢恶作剧的恶魔附身，在公开聚会时编扯些他的主人或客人骇人听闻的私生活故事。尽管如此，他谦虚质朴，不失赤子之心，坦率、真诚、亲切，连常被他消遣的朋友也热爱他。

乔伊斯住在海滩附近，在埃及部队以大小帐篷排列而成的防线旁，我与他聊起已办妥及待办事项。所有目标还是全指向铁路，纽科姆与加兰都在慕阿达罕，与谢拉夫和茂路德并肩作战。他们手下有许多比黎族人，还有骑骡步兵和许多巨炮与机枪，他们希望能占领当地的碉堡与火车站。纽科姆打算将费萨尔的兵马全部移师至玛甸沙勒，然后占领一段铁路，封锁麦地那，迫使城内守军提早投降。威尔森也将前来协助这一役，达文波则尽他所能地运送埃及陆军来支援阿拉伯的攻势。

我在我们占领沃季时，认为这一套计划对阿拉伯起义的往后发展是必要的。其中有部分计划还是我亲自研拟的。可是如今，由于在阿卜杜拉营区的高烧与赤痢，我有闲暇省思非正规战争的战略与战术，使这套计划如今看来不只在细节方面，连本质上都是错的。因此我有必要将修正过的观点向众人解释，并设法说服我的上司采纳我的新理论。

于是我以三项论点展开游说。第一，非正规部队不愿攻击特定地点，所以一直无法做出最后决定。第二，他们既无法攻击一个阵线，也无法防守。第三，他们的价值在深度不在表面。

阿拉伯战争是地理上的，土耳其部队是个意外。我们的目标是找出敌方补给线中最脆弱的一环，对此进行重点攻击，假以时日便可以使整条补给线瘫痪。我们最庞大的资源是贝都因人，这场战争也必须仰赖他们，他们不习惯正规作战，但是有机动性高、强悍、自信、熟悉地形、有胆识等优点。将他们分散开来便是强大的兵力。所以我们必须将战线扩展到最极限，使土耳其防不胜防，因为那是最能使他们消耗国本的战争模式。

我们的职责是将人员伤亡减到最低来获取战果，因为对我们而言，生命比财物或时间都珍贵。只要我们有耐心及高超的技术，便可以遵循萨克斯的理论，借着我们在数目上和心理上的优点，不战而屈人之兵。幸好我们在物质上的弱点不会影响这套策略。我们在运输、机枪、车轮、炸药等方面比土耳其还充裕。我们可以培养出一支人数最少，但机动性高、装备精良的精兵，在土耳其铁路沿线各处从事破坏，使他们不得不加派人手戍守各据点。这是成功的捷径。

我们绝对不能占领麦地那。土耳其留在该地无妨。要是将该地守军俘虏后运往埃及，我们还得耗费粮食和防守人手。我们要他们留在麦地那及其他各个偏远地区，人数越多越好。我们的理想是使他们的铁路勉强可以运作，但也只是勉强，却要让他们损失惨重，而且随时提心吊胆。他们为了粮食势必留在铁路沿线，不过很欢迎他们在战争期间前往汉志铁路、横越约旦的铁路，还有巴勒斯坦和叙利亚的铁路，只要他们将阿拉伯世界的其他百万分之九十九的土地留给我们。如果他们打算及早撤离，以便将重兵集结于一地做最有效的运用，我们便应该暂时收敛攻势，让他们恢复信心。他们的愚昧将是我们最大的助力，因为他们会想尽可能地固守——或自认为固守他们原有的地盘。这种对他们帝国遗产的自豪会使他们留在目前的尴尬处境——全是侧翼，没有前线。

我详细地抨击目前正在实行的计划。要占领铁路中央的据点，必须耗费高昂的代价，因为戍守这个据点的部队会受到来自四面八方的威胁。将埃及部队与阿拉伯原住民混杂成军会犯了忌讳。如果有职业军人在场，贝都因人便会袖手旁观，乐于退居第二线。结果将是效率不彰，加上彼此猜忌。再者，比黎族地区极为干旱，要在当地的铁路旁维持一支庞大的部队有技术上的困难。

然而，我的理性分析与坚决反对都是人微言轻。计划已经制定，筹备工作也已经紧锣密鼓地展开。每个人都忙于做自己份内的工作，无暇授权让我进行我的构想。我顶多只能争取到他们听我表达的机会，以及认同我这套逆袭计划或许是个有效的牵制。我正计划与奥达·阿布·塔伊一起前往豪威塔特族在叙利亚沙漠中的春季牧场。我们或许可以在此招募一支机动骆驼部队，由东进军阿卡巴，无需巨炮或机枪。

　　东边是不设防地带，是最没有阻力的战线，也是我们最容易得手之处。我们由此进军将是转进的极端范例，因为我们要在无枪炮或船舰支援的情况下，穿越六百英里沙漠去攻占一座战壕。不过已别无选择。由于这是我在缠绵病榻时深思冥想出来的，所以也算是因祸得福，极有助益。奥达认为只要有金钱与炸药，这套计划相当可行，他还认为阿卡巴的那些小部落会投效我们。费萨尔已经与这些小部落取得联系，他也相信只要我们在马安取得初步胜利，然后朝港口推进，这些部落便会望风归顺。我们正在筹划时，英国海军已在马安展开突袭，他们掳获的土耳其战俘所招出的口供，令我迫不及待地想立刻出发。

　　前往阿卡巴的沙漠之旅既漫长又难行，因此我们既不携重炮，也不带机枪，连物资与正规军都不带。所以我从原来那套旧计划中抽调出来的，只有我本人。这对当时的情况无足轻重，我已极力反对那套计划，即使必须配合，也只会敷衍了事。此刻，我决定自作主张，不管有没有命令。我写了封信向克莱顿道歉，告诉他我是为了大局着想，然后便出发了。

卷四
远征阿卡巴

第三十九至五十四章

阿卡巴港扼有天险，唯有内陆奇袭才能拿下。而奥达适时归顺使我们想要在东部沙漠募集足够部落族人，得以俯攻海峡。

纳西尔、奥达，还有我，一起踏上这趟远征之旅。这时费萨尔已成为公认的领袖，不过他仍留在沃季，使得北伐的重责大任落到我肩上。我扛了下来，也认定唯有借此欺敌才能奏功。我们骗过了土耳其人，幸运地直捣阿卡巴。

第三十九章　踏上征途

五月九日，一切就绪，我们在午后的炎阳下离开费萨尔的帐篷，离去时，他的祝福声仍由山头传来。纳西尔谢里夫领军，他德高望重，一呼百诺，担任这趟艰巨任务的领袖非他莫属（也是我们的福气）。我们向他表明希望他领军时，他轻声叹了口气，因为几个月来他四处征战，身体已疲惫不堪，随着年岁增长，心理也有倦怠感。岁月使他心智成熟、技巧炉火纯青，但他也担心会年迈力衰，而且丧失如诗般的少年情怀。他的身体还很年轻，但善变的心老得比他的身体快——心会先死，和我们大多数人一样。

我们的第一站路程很近，位于沃季内陆的塞贝尔的一处碉堡，以前埃及的朝圣团都在此汲水。我们在砖砌的大水槽旁扎营，借着碉堡的墙壁或棕榈树荫遮阳。奥达和他的亲戚与我们同行，另外还有大马士革来的政治家奈西布·贝克里，他将代表费萨尔会见叙利亚的村民。奈西布英明睿智，位高权重，也有成功横越沙漠的经历。他热爱冒险，这在叙利亚人中十分罕见，再加上政治智慧、才干、雄辩长才及爱国情操，使他顺理成章地成为我们的成员。奈西布挑选一名叙利亚军官扎基当他的随从。我们的护卫队是三十五名亚格利人，队长是伊本·德加塞尔，他性情孤僻，冷漠疏离，孤芳自赏。费萨尔提供两万镑金币——他最多只能出这么多，也已远超过我们的要求，用来当招募新兵的军饷，这可促使豪威塔特族更勇于投入。

这么笨重的金币，我们分由几个人运送，借以分摊沿途出意外的风险。酋长优素福这时再度负责补给工作，他分给我们每人半袋面粉，这四十五磅的面粉要充当一个人六个星期的粮食。面粉由每人各自绑在鞍座上，纳西尔另外在驮载用的骆驼的背上带了备用面粉，待我们走了两个星期后，面粉袋有了足够的空间，每个人则再发十四磅。

我们目前尚有备用的弹药与步枪，另有六峰骆驼驮着到北方炸铁轨或火车、桥梁用的火药。纳西尔地位特殊，因此自备一座精美的帐篷，用来接待宾客，另有一峰骆驼驮负招待客人用的米。不过这些米后来都被我们用来打牙祭，因为日复一日地吃配给面粉和水，早就腻了。由于我们是首次以这种方式远征，不知道面粉这种最轻便的粮食其实最适合远行。六个月后，纳西尔与我都已不再带米这种奢侈品上路了。

我的亚格利族随从穆海迈尔、梅简、阿里是由穆罕默德提供的，他们都是衣衫褴褛、相当乖巧的乡下孩子，来自豪兰的村落。还有一个来自马安的卡西姆，他是个脸色苍黄、长着虎牙的逃犯，在与一个土耳其官员因为牛只的课税起冲突时，他举刀杀了对方，之后只好逃到豪威塔特族的沙漠中。我们对因为对抗收税官而触法的人都特别同情，卡西姆也因而以讹传讹地被说成个性温顺，其实名不符实。

我们看来像是小兵想立大功，别人显然也这么想。队伍那么小，要占领的面积却那么大。我们上路没多久，代表布雷蒙在费萨尔身旁当参谋的拉莫特赶上来，替我们拍了一帧照片留念。稍后优素福也带了个医生赶过来，还有沙菲克和奈西布的兄弟们，都来祝我们一路顺风。我们一起吃了一顿丰盛的晚餐，这一餐是优素福带来的。他或许有先见之明，担心自己要吃面包当晚餐；或者他是一番好意，想在我们消失在蛮荒野地之前，让我们痛快地吃一餐？

他们离去后，我们打包妥当，于午夜前朝第二站库尔绿洲出发。我们的领队纳西尔对这地区了若指掌。

我们在星月争辉的夜色中赶路，纳西尔不由得思念起他的故乡。他告诉我，他那石头砌成的老家有着圆拱状屋顶以驱暑气，还种了各类果树的果园，他们可在浓荫中散步，不用担心烈日。他说他家里有一口大水井，上面有一副转轴，可让牛将皮制水桶拉上来，然后将水拖到路旁的贮水池中。他还提起庭院里游泳池旁的一座人工喷泉，周围砌上光滑的水泥，还种着爬藤植物，他和兄弟们小时候常在烈日下跃入水中嬉戏。

纳西尔平时虽然笑容可掬，却也只是强颜欢笑，他今晚就在纳闷，自己身为麦地那埃米尔的家人，有钱有势，坐拥花园宫殿，何苦一头栽进来，当起什么沙漠冒险队的玩命队长。他两年来一直到处流浪，跟着费萨尔东征西讨，越危险的地方他越要去，也是每次进军时的急先锋。而这期间土耳其则占据了他的家园，损毁了他的果树与棕榈树。他说，连那口大水井，以及吱嘎声已经响了六百多年的井上轮轴，如今也归于沉寂；至于庭园，早在烈日曝晒下变成一片荒芜，宛如我们如今经过的荒山野地。

我们走了四小时后，睡了两小时，然后在天亮时起身。驮行李的骆驼因为在沃季感染了癣，走得很慢，整天遇到青草就吃个不停。我们原本可以轻易地超越这些驮辎重的队伍，但负责掌控行程的奥达要我们稍安勿躁，因为前头路况更险恶，我们的骆驼必须保留体力才能应付。所以我们在火伞下一步一踱地走了六小时。沃季后方这片沙漠的烈日，可以晒得人两眼昏花，两旁的岩石散发出的热气使我们头痛欲裂，汗如雨下。所以，到了中午十一点奥达还想继续推进时，我们纷纷抗议。于是大伙在路旁的树下休憩至下午两点半，每个人都利用两层毛毯张挂在枝头上，替自己搭了个克难遮阴处。

午休后再度上路，我们在平坦的路面轻松地走了三小时，到达一座大山谷的山壁，再往前不远处就是草木扶疏的库尔绿洲。棕榈树林间有许多白色的帐篷。我们跨下坐骑后，拉希姆、阿卜杜拉、军医马哈茂德，连老骑兵茂路德都前来迎接我们。他们告诉我们，我们想在下一站阿布拉加会见的谢拉夫已离去，要几天后才会回来。这表示我们不用赶路，所以索性在库尔休假两天。

那使我松了一口气。因为在艾斯河谷使我病倒的疔和高烧复发，而且病情更为严重，一上路就苦不堪言，休息时才能松口气——以免跟不上队伍。所以我静静地躺着，感受那份宁静，以及使沙漠中得以绿意盎然的潺潺流水，觉得此地似曾相识。或者只是因为距离上回目睹春天的嫩草已经好一段时间？

库尔的居民扎伊夫-阿拉是贝路威族中，唯一不以游牧为生的，他和他几个女儿日以继夜地在祖先留下来的这块土地上耕作。他们的梯田耕地位于山谷南端，外围有防洪用的大石墙。田中有一口水质清凉的井，井上架着悬梁和绳索。扎伊夫-阿拉每天在清晨和傍晚阳光较温和时，由井中汲水，倒入园中的水道灌溉作物。他种棕榈树，利用这些树的阔叶替他的作物遮阴，否则所有作物都会被烈日晒焦。他也种烟草（这是他获利最丰的作物），另有几块小菜圃视季节栽种豆类与瓜类、茄子等。

年迈的扎伊夫-阿拉与妻子住在水井旁的茅屋中，他对我们的政治诉求嗤之以鼻，还质问我们：这么流血流汗地牺牲卖命，又能多吃些什么、多喝些什么？我们随口与他聊些自由的理念，谈起阿拉伯人建立自己的国家，享有自由。"扎伊夫-阿拉，这片农园，不是应该归你所有吗？"然而，他无法理解，只站起来自豪地拍着胸脯大叫道："我——我是库尔人。"

扎伊夫-阿拉说他很自由，也不想向别人要求什么，只想拥有这座农园。他觉得要是别人和他一样克勤克俭，自然也能致富。他自夸他那顶已被汗渍染成铅灰色的无边毛帽是祖父留给他的，一个世纪前买的，当时易卜拉欣帕夏还在沃季。他的其他必要衣物是一件衬衫，他每年在烟草收成后都会替自己买一件新衬衫过新年，女儿们各一件，老婆一件。

不过我们还是很感激他，因为他除了让我们的奴隶了解知足常乐的人生观外，还卖了些蔬菜给我们。我们就靠这些蔬菜，以及拉希姆、阿卜杜拉、马哈茂德等人赞助的食品打牙祭。每天晚上他们在营火旁唱歌助兴，不像部落民族那样扯开喉咙单调地嘶喊，也不像亚格利人那样激动地合音，而是叙利亚都会区流行的四部合唱。茂路德的部队里有乐师，不少腼腆的士兵也被拉上场弹吉他，吟唱大马士革餐馆中的流行歌或自己家乡的情歌。我暂住在阿卜杜拉稍远的帐篷中，水声潺潺，叶声瑟瑟，使歌声听来更是悦耳怡人。

奈西布·贝克里也常常拿出他的歌谱，那是激进的革命分子萨利姆·杰扎伊里利用战争闲暇编写的，歌词是用通俗词句描述他们族人即将获得的自由。奈西布和他的朋友摇晃着身体打节拍，合唱这些歌，将满腔热忱与期望寄托在旋律中，他们苍白的大马士革脸庞在火光中像月亮一般大，满头大汗。营地一片肃静，直到他们唱完，而就在最后一个音符结束时，每个人都同声发出了感叹、向往的合音。只有老扎伊夫-阿拉仍继续洒水灌溉。当然，在我们做完傻事后，还是会有人需要而且想购买他的蔬菜。

第四十章　扎营吉济尔河谷

对都市人而言，这座农园是我们尚未疯狂投入战争、将自己逼入沙漠之前的生活回忆。对奥达而言，靠种菜致富太丢脸了，而且他渴望能有一望无际的景观，所以我们第二天晚上在度假乐园的行程提早结束，于凌晨两点沿山谷出发。当时一片漆黑，微弱的星光也无法照亮我们的路途。今晚由奥达带队，为了让我们能跟住他，他扯开喉咙，以没完没了的"呵、呵、呵"哼着豪威塔特族的山歌。那是以三个低音不断反复组成的史诗，歌声嘹亮，却听不清歌词。过了一阵子，我们不由得感谢他的歌声，因为路忽然转向左方，我们绵长的队伍也只有倾听他的歌声在山壁间的回音，才得以循声前行。

在这趟漫长的路程中，纳西尔与奥达那位老是满脸苦笑的表弟穆罕默德·戴兰不辞辛劳地教我阿拉伯语，两人轮流教我正统的麦地那口音及生动的沙漠口语。一开始我学的阿拉伯语是幼发拉底河中部的部落方言，不过，如今我的口音已混杂了汉志俚语和北方部落的诗歌与日常用语，还有内志地区的语汇，以及叙利亚的书面用语，说得很流利却毫无文法可言，使得听我说话的人总是头痛不已。纽科姆曾消遣我说我一定是某个文盲地区来的原住民，满口拼拼凑凑的阿拉伯话。

然而，我还是听不懂奥达那三个音是什么意思，半个小时后他的歌声也令我心烦了，这时月亮缓缓东升，浮出山头，洒下朦胧的微光，使山谷中勉强可以辨识出路来。我们一直走到天亮，整夜赶路，苦不堪言。

早餐是吃各自的面粉，在几天来接受招待后，这样至少可以让骆驼减轻些负担。谢拉夫尚未回阿布拉加，我们除了要找水源的时候，不再急着赶路。在用过餐后，便再度挂起我们的毛毯当遮阴棚，直睡到下午，并懊恼地随着日影的移动不断变换位置，满身大汗，苍蝇赶也赶不走。

最后纳西尔下令拔营，我们沿两旁都是巍峨山岭的隘道走了四个小时，然后众人同意在山谷的河床再度扎营。谷中有充裕的树枝可当柴薪；右方峭壁上的岩石间有座水池，水质清澈，让我们饱饮了一顿。纳西尔很开心，下令以米饭当晚餐，并叫来朋友们和我们一起享用。

我们行军的规矩奇特而复杂。纳西尔、奥达、奈西布三人各自为政，纳西尔之所以被视为最高指挥官，只是因为我借住在他的帐篷内，而且我对他的尊敬使他们也认同他。可是我们何时出发，在何处及何时歇息等细节，必须这三个人都点头同意才能定夺。对奥达而言这是不可避免的，他从可以自己骑骆驼的孩提时代起便南征北讨，从来不知主人为何物；对奈西布而言，这倒是合理的，他是个猜忌心重的叙利亚人，善妒，对位高权重者怀有敌意。

这样的人民需要由外来的战争和旗帜来团结，需要一个陌生人来领导，其权威建立在一个抽象的观念上：不合逻辑、不可抗拒、不能平等，直觉可以接受而理性却找不到赞成或反对的基础。而令这支部队自负的是费萨尔这位麦加的埃米尔、先知的后代。他是个超凡入圣的贵人，亚当的子孙向他致敬可以不用觉得羞愧。这是阿拉伯建国运动应该遵守的假设。正因为如此，才使这场运动能有效地，也可能是愚蠢地一呼百应。

隔天清晨，我们五点出发。山谷已无路可通，所以我们绕过一座陡峭的山脊往上爬。山径变成崎岖不平的羊肠小道，左弯右拐地绕上一座绝壁，除非手脚并用，否则难以攀爬。我们跨下骆驼，牵着它们的缰绳前进。不久我们得互相支援，一个人在骆驼前面拉，另一个在后头推，或是卸下若干行李使它们轻松些，设法穿越最艰辛的路段。

有若干路段危机重重，岩石由山壁间突起，使路面更狭窄，骆驼背上的行李也摩擦着岩壁，它们就沿着悬崖边缘前进，险象环生。我们必须将粮食与火药的包裹重新调整才得以穿越，而且虽然已小心谨慎，仍然损失了两峰虚弱的骆驼。豪威塔特族人在它们扭断脚的地方杀死它们：头往后拉，让脖子绷紧，再以匕首刺入喉咙靠近胸腔处。它们马上被肢解并成了食物。

我们走到山径尽头，欣然发现前面不是山脉，而是一片广阔的台地，由我们面前缓缓往东下降。开始一小段路布满石块，也长满像石南花的荆棘丛，不过随后便进入一座白色沙砾山谷。河床上有个贝都因妇人拿着铜杯，从一个约一英尺宽的小洞舀乳白色的水到水袋内。这里就是水质纯净甘美的阿布萨阿德，由于已久仰此地大名，也因为鞍座上挂着刚宰杀的骆驼肉，所以我们决定在此扎营一宿。谢拉夫前往破坏铁路尚未回来，我们可以好整以暇地打发时间。

因此我们往前走四英里，挑了一片树林扎营，这片灌木林枝叶浓密，在树下有如置身棚架下。白天时这些枝叶可让我们挂毛毯遮阳光，晚上则是夜宿时的凉亭。我们已习惯露天而睡，头顶上除了月亮与星辰外空无一物，两旁也没有任何足以遮风或隔离杂音之物。相较之下，在这片有如墙壁与屋顶的树林间过夜，真是别有一番滋味。虽然这些墙壁与屋顶只是纠杂的树枝，仍可阻隔满天繁星。

至于我，又病倒了，再度发高烧，长疗与不断在汗湿的鞍座摩擦，使我全身酸痛。当纳西尔决定在此地扎营时，我不禁由衷地向他道谢，令他满头雾水。我们这时位于雪法山的峰顶石灰岩上，面前有一大片深色熔岩区，此外还有一片红黑相间的沙岩峭壁，壁顶呈圆锥形。台地上的空气不会那么温热了，早晨与傍晚还会有习习凉风吹来，在久经无风的山谷后，感觉更是舒畅。

第二天早晨，我们以骆驼肉当早餐，满面春风地由一道缓降坡走入一座红色沙岩质的台地。然后我们到达第一个隘口，直通往灌木杂生的沙质山谷，两侧则是沙岩质的悬崖绝壁，越往下走就越高耸，映照着晴天显得格外醒目。山脚下没有日照，空气中有股潮湿腐败的味道，好像是树汁都蒸发出来了似的。身旁的绝壁边缘形状奇特，有如被修剪成围墙一般。我们继续盘旋而下，大约半小时后，绕过一个大弯进入吉济尔河谷，也就是这些沙岩地区的主要河道，我们在海狄亚附近曾见过它的尽头。

吉济尔是一座深峡谷，宽约两百码，沙质河床上与二十英尺高的软质河岸上，都长满柽柳树的幼苗，这种河岸是洪水或强风将较重的尘土聚在山壁侧面下方形成的。两侧山壁都是常见的条状沙岩，有各种层次的红色条纹。深色山壁、粉红色河床、淡绿色灌木，几个月来看腻了阳光与黑影之后，这种景致称得上是赏心悦目。夜幕低垂，夕阳余晖将山谷的一侧染得通红，另一侧则呈暗紫色。

我们的营地在山谷转弯处隆起的沙丘上，此地的隘口极为狭窄，使水回流，将河床冲成一片洼地，上个冬季洪水留下的咸水就留在这些洼地中。我们派了一个人沿山谷到一座夹竹桃树林中打听消息，刚才在路上时我们看到该处有多座白顶帐篷，正代表谢拉夫的部队。他们说他明天会回来，所以我们在这处颜色瑰丽、有回音的山谷待了两夜。带咸味的那洼水池骆驼还喝得惯，我们中午时就在水池内洗澡，然后大吃大睡，在附近山谷漫步，欣赏山壁上的粉红色、褐色、乳白色、红色水平条纹，对质朴的岩石上竟有色泽深浅不一的彩色细纹颇觉惊艳。其中一天下午，我在一座以沙岩堆成的羊栏后方享受暖洋洋的空气与阳光，偶有微风拂过我头顶粗糙的山壁。山谷中一片静谧，风声萧瑟，仿佛在考验山谷的耐心。

我闭上眼，任心思翱翔，这时一个年轻的亚格利人焦急地唤醒我，是很面生的达乌德，他蹲在我身旁，要我可怜可怜他。他的朋友法拉吉在嬉闹时将他们的帐篷烧毁了，谢拉夫的亚格利队长萨阿德要鞭打他以示惩戒。如果我出面求情，他就可以免于一顿毒打了。这时萨阿德正好来找我，于是我向他说项，达乌德则在一旁看着我们，他的嘴巴焦急地微微张开，大而黑的眼睛上眉头深锁。达乌德的瞳孔在眼球中央处略往内凹，使他看起来机灵敏锐。

萨阿德不肯卖这个面子。这对难兄难弟老是惹麻烦，最近闹得更过火了，谢拉夫要求严办以杀鸡儆猴。他说他看我的面子所能做的，也只是让原本要鞭打法拉吉的鞭数让达乌德分摊。达乌德一听，立刻一跃而起，亲吻我和萨阿德的手，然后往山谷跑开。这时萨阿德才笑着告诉我这一对活宝的故事。他们两个是东方男同性恋的范例，女性进不了他们的生活圈。这种情谊常会发展成既深刻又强烈的男性情爱，超脱我们耽于肉体的情欲。他们在纯情之爱的时期会打得火热，而且毫不引以为耻。如果发生性行为，他们的关系便成为给与取，不再只是精神层面，也变得情同夫妻。

第二天谢拉夫仍未现身。我们早上以听奥达谈论往前推进的事宜打发时间，这期间纳西尔一直以拇指和食指将点燃的火柴朝我们弹过来。就这么笑闹着时，两个弯着腰的身影跟跄着前来向我们敬礼，他们的眼神充满痛苦，嘴角带着苦笑。他们就是冒冒失失的达乌德和他的爱人同志法拉吉。法拉吉有一张漂亮、秀气、女性化、纯真而光滑的脸蛋，还有一双水汪汪的眼睛。他们说要替我效劳。我用不上他们，于是我抗议说，他们被这么一打，就无法骑骆驼了。他们回答，他们如今已可不用鞍座骑骆驼。我说我生活单纯，不喜欢仆人在一旁侍候。达乌德又怒又恼地转身离去。不过法拉吉苦苦哀求，说我们一定很缺人手，而他们出于感恩愿意陪伴我。脾气较硬的达乌德已掉头而去，法拉吉则又去跪在纳西尔面前求情，他苦苦哀求时，女性特质溢于言表。最后，在纳西尔的建议下，我接纳了两人，主要是因为他们看起来这么年轻又干净。

第四十一章　火山迷宫

谢拉夫直到第三天早上才回来，不过一回来就惊天动地，因为他的阿拉伯游击队对空鸣了几枪，枪声在山谷中盘桓许久，连群山也加入鸣礼炮的行列似的。我们穿上最干净的衣服去会见他。奥达穿着他在沃季买的华丽新装：灰色的高级呢绒外套，天鹅绒的衣领，黄色马靴，两旁有松紧带。他头上是热得冒气的头发，脸上是像悲剧演员的苦瓜脸，身上竟穿着这些衣物！谢拉夫亲切地接待我们，他此行掳获若干战俘，并炸毁铁轨与埋电报线的涵洞。他提供的一则消息是，我们即将经过的笛拉河谷有雨水贮成的水池，刚下不久，水质甘美。这可使我们在前往菲哲的路上减少五十英里没水的路程，也免于干渴之虞。这是一大利多，因为我们的携水量最多只有约二十加仑，要供五十人饮用，太过冒险了。

第二天我们在下午三点左右离开阿布拉加，并不觉得遗憾，因为这片美景对我们的健康不利，我们在这不通风的河床待了三天，许多人都发高烧了。奥达带我们沿一条支流走了不久，旋即进入雪格平原，这是一片平坦的沙地，散布着一堆堆红色沙岩柱，看起来像冰柱，底部已被风化，摇摇欲坠，随时会塌下来堵住路面。道路就在这些岩柱间左弯右拐，穿过窄得像无法穿越的隘口，不过总是柳暗花明，再转入另一座山谷中。奥达骑着骆驼缓缓前行，双肘往外张，双手晃来荡去，不慌不忙地带我们穿越这座迷宫。

地面没有任何足迹，因为强风像把大刷子划过沙面，拭去所有足迹，使沙面还原成无数微小的浪形。只有干掉的骆驼粪，因为比沙还轻，又像胡桃圆滚滚的，得以浮出沙面。

这些粪粒四处滚动，被强风刮到转角处聚成一堆。奥达或许就是借着这些粪堆，也可能是借着他独到的方向感，才认得路。至于我们，沿路的岩石外形令我们目不暇给，它们粗糙的表面及被风化的刻痕使阳光看起来不那么刺眼，让热得冒气的眼睛舒服了些。

我们在途中发现有五六个骑士由铁路的方向前来。我与奥达上前，心中怀着在沙漠中遇到陌生人时紧张刺激的"是敌抑友"的狐疑，也如临大敌地以有利的角度接近他们，空出抽枪的手，以便随时开枪。不过待他们接近时，我们发现他们是由阿拉伯部队来的。前面那个精神涣散地骑着一峰笨重的骆驼，坐的是英国骆驼部队的曼彻斯特木制庞大鞍座，一头金发，满脸胡碴子，制服破旧不堪，是个英国人。我们猜这个人一定是霍恩比，纽科姆的徒弟，他爆破铁路的能力与纽科姆难分轩轾。我们是初次碰面，在相互寒暄后，他告诉我，纽科姆刚前往沃季，与费萨尔讨论他面临的困难，并设法解决这些难题。

纽科姆由于过度热忱，总是会遇上困难，他的工作量是一般英国人的四倍，是阿拉伯人认为有必要或明智的十倍。霍恩比不太会说阿拉伯语，纽科姆也说得不太灵光，下命令倒还可以，不过在内陆命令派不上用场。他们两个老顽固会待在铁路旁数星期，几乎都没有帮手，经常断粮，直到炸药用光或骆驼被他们累坏了，才会回营地。荒凉的山区使他们亟需骆驼代步，他们也一再将费萨尔最好的骆驼累垮。就这一点而言，纽科姆的恶行比较重大，因为他总是来去如风，再加上他身为勘察人员，忍不住会想登上沿路的各座高山，使他的护卫气得直跳脚，不知该让他自己走（抛下同伴是很难抹灭的耻辱），还是该快马加鞭赶上他，而使他们珍贵又无从替换的骆驼累垮。"纽科姆像一把火，"他们老是这么抱怨，"他会把朋友和敌人都烧掉。"他们敬佩他过人的精力，但也敬而远之，以免成为他下一个受害的朋友。

阿拉伯人告诉我，纽科姆除非头靠在铁轨上，否则不肯睡觉，而霍恩比则是在炸药失灵时，会用他的牙齿咬断铁轨。这些描述是太夸张了，不过那也证明他们想联手摧毁铁路，直至没铁路可摧毁的傻劲。他们使土耳其的四个工兵营忙得焦头烂额，补涵管，铺枕木，焊铁轨。数以吨计的火药源源不断地运到沃季，以满足他们贪得无厌的需求。他们表现杰出，但抢眼得使我们较弱的队伍自惭形秽。所以纽科姆与霍恩比一直单打独斗，缺乏志同道合的后起之辈效尤。

我们在日落时到达沙岩区的北面尽头，骑上另一处高地，比原来高了六十英尺，蓝黑色，有火山口，遍地是人的手掌般大的玄武岩块，整齐地铺在地面，像是细密而坚硬的黑色火山渣地面上铺着一层鹅卵石。这些多石的地面似乎是经年累月的雨造成的，雨水将较轻的尘土冲走，直到石头排列得像地毯般平整，盖满整座平原，使底下的熔岩裂隙间的含盐泥土免于风雨的侵蚀。路越来越好走，奥达在入夜后还借着北极星引路，冒险往前走了一段路。

天色漆黑，是个典型的暗夜，连星光也被地面的黑石吞噬了，直到我们终于停下来时，全队只剩四个人跟上来。我们到达一处平缓的山谷，沙质地面极湿软，长满荆棘丛，可惜不适合供骆驼食用。我们将这种有苦味的树丛连根拔起，堆在一起，奥达将这堆柴点燃。火升起后，一条黑色的长蛇缓缓爬入队伍中，我们一定是在不知不觉中，把它连同那些树丛一起带回来的。火光照亮黑暗的平原，对落后的队伍是个指标，脱队最久的在两小时后才到达，他们高声唱着歌，一则是因为与骆驼走过这阴森森的平原，唱歌可以壮胆，再则也让我们知道他们是朋友。我们希望他们脱队更久一些，因为这堆火实在太温暖了。

深夜有几峰骆驼走失了，我们的队员外出找了许久，所以等烘好面包用过早餐再度上路时，已经快八点了。路上有更多的熔岩区，不过我们早上体力较好，感觉石头似乎少了些，沙层平滑地覆盖在石头上，使这段路走起来像走在网球场上。我们奔驰了六七英里，然后向西转到一座低火山口，穿越将吉济尔与铁路经过的盆地分隔开的分水岭，这是一段平坦、阴暗、多石的路段。此处的水道是浅沙质河床，形成横越蓝黑色平原的黄线。由我们的高度看来，这片平原的地势绵延数英里，各主要地形的颜色层次分明，有如地图一般。

我们不疾不徐地走到中午，然后在不毛的空地上坐到三点。这次午休是因为担心那些无精打采的骆驼原已习惯沿岸平原的沙路，如今踩在被太阳烤得炙热的石头路面会烫伤脚蹄以致跛脚。再度上路时，越来越难行，我们必须不断地避开大片的玄武岩堆，或流过地壳的黄色深水道。过一阵子，红色沙岩柱再度拔地而起，像奇形怪状的烟囱，较坚硬的岩层如刀刃般突出形成岩棚，矗立在碎石堆外。最后放眼望去全是这种已风化的沙岩柱，看起来与昨天差不多，同样堆聚成柱，花纹也类似。对奥达带我们走过这迷宫般石路的功夫，我们又一次叹为观止。

走过这段路，我们再度进入火山地带。到处都是火山口，通常是两三个聚在一起，隆起的玄武岩碎片就由这些火山口往外延伸，像断断续续的石堤，通往不毛的山脊。不过这些火山口看起来年代久远，不像艾斯河谷附近的加拉角般棱角分明又外貌完整，而是已残缺风化，有时几乎腐蚀到接近地面，只有中央部分有个凹口。由火山口往外延伸的玄武岩是一种粗糙的圆形石头，像叙利亚的火成岩。风沙将岩面磨得像柳橙一样光滑，阳光也将它原本的蓝色晒成一片灰。

玄武岩遍布在火山口间，棱角都已磨圆，一颗颗紧密地排在一起，像是镶在粉红带黄的泥床上一般。不断被骆驼踩过的路面，留有明显的足迹，因为骆驼经过处的石头都被推挤到两侧，中央空出来的路面因雨而形成一层薄薄的泥面。较少人经过的路段有数百码，看起来像狭窄的石梯，因为脚一踩下去，会踏入黄土面，没踩到的部分则石头仍留在原处。这段石路之后是一片漆黑的玄武岩火山渣，被阳光烤得坚硬无比，随后到达一座有黑色软沙床的山谷，谷中有更多耸立的沙岩柱从黑色沙床上冒出来，这些沙岩柱经风蚀后，柱底下堆积许多掉落的红色和黄色沙粒。

一路上没有什么是正常或令人放心的。我们觉得自己走在一处险恶的凶地，没有任何生物，对路过的生物也怀有敌意，只偶尔出现几处硕果仅存的稀疏草木。我们被迫排成一列纵队前进，骆驼累坏了，踩在这些大圆石上，每一步都踌躇再三才敢踏出去，如此走了许久，最后奥达指向一座五十英尺高的山脊，由奇形怪状的巨石块堆成，彼此交叠着，好像是缩在一起取暖。熔岩区到此结束。他和我一起往前勘察，看到我们前方有一大片平原——艾什河谷，河床布满金黄色的细沙，到处是绿油油的树丛。谷内的坑洞中水很少，三星期前下的雨所贮积成的水已有人先舀光了。我们在谷中扎营，卸下骆驼的行李，让它们去吃草直到日落，这是它们在阿布拉加之后首度大嚼青草。

骆驼正四处吃草时，东方地平线上有人骑着骆驼出现，朝水池处前来。他们的速度很快，来者不善，而且朝我们照顾骆驼的队员开枪，不过我们其他人已各自跳上石块或土堆，开枪还击，并高声叫嚷。他们一听到我们人多势众，赶忙掉头落荒而逃。在暮色中我们由山脊上遥望，他们有十来个，朝铁路的方向逃窜。我们很高兴他们知难而退。奥达认为他们是舍迈尔来的巡逻队。

天亮时我们朝路途不远的笛拉出发，谢拉夫说此处有水池。一开始的几英里路经过艾什河谷平缓的河床与树丛，接着穿越一片单纯的熔岩平地，然后到达一座浅谷，谷中的沙岩柱比昨天看到的还多。这是个疯狂的地带，像保龄球般的沙岩柱高度由十至六十英尺不等。沙岩柱之间的沙路宽度只容得了一人经过，我们的队伍便排成一列纵队左弯右拐地穿越其间，很少能一次看到十二个人。这片曲折的石林宽约三分之一英里，有如一座红色的树丛般在我们左右延伸。

走过这段路，经过一段黑色岩棚上的坡道，我们到达一座铺满绿黑色玄武岩碎片的台地。不久我们就进入笛拉河谷，沿河床走了一个多小时，有时地面是松散的灰石，有时是岩岸间的沙路。一处废弃的营地中有沙丁鱼罐头，显然纽科姆与霍恩比曾来过此地。再往前走便看到一座座清可见底的水池，我们在此休息到下午。我们已经相当接近铁路了，必须饱饮一顿，并将水袋装满水，准备长途赶路前往菲哲。

午休期间，奥达过来探视，看到法拉吉与达乌德正以奶油抹我的骆驼，使它脸上因长癣而破皮的地方不会太痒。比黎族地区的干草地及沃季流行的癣使我们的牲口深受其害。费萨尔提供的那些坐骑如今没有一峰是健康的，这一趟走来，每峰骆驼都一天比一天虚弱。纳西尔很担心这么赶路，会有许多骆驼不支倒地，使它们的主人在沙漠中一筹莫展。

我们没有药可以治癣，况且自顾不暇，也帮不上忙。然而，涂上奶油后，确实使我的骆驼好过一些，于是只要法拉吉与达乌德能找到奶油，就不断替它涂抹。这两个少年让我很满意，他们勇敢开朗，不像一般的阿拉伯仆人。他们挨打的疼痛已消退，再度活跃起来。他们骑术精湛，干活勤快。我喜欢他们和我在一起时无拘无束的模样，也很欣赏他们不顾外界眼光，彼此心有灵犀，默契十足。

第四十二章　炸了就跑

我们在三点四十五分上路，沿笛拉河谷走上陡峭的山脊，路面是会滑动的沙，偶尔有红色岩石突出沙面。走了一段路后，我们这几个走在队伍前面的人，手脚并用地攀上沙丘顶，窥视铁路。没有风，我们也正需要这么运动一下。不过我们立刻有了收获，因为铁路位于一片绿油油的平原上，平静无人迹，平原的入口正是我们刚才走的这座深谷，队里其他人员正荷枪实弹步步为营地前进。

我们叫山下的队员暂勿前进，然后仔细观察铁路。看起来很平静，空荡荡的，我们与铁路之间长满青草，连废弃的碉堡都已杂草丛生。我们跑到岩棚边缘，跃进细沙堆，沿着一道斜坡滚下山。之后跨上骆驼，快速骑入平原的绿草地，让骆驼留在此地吃草，再跑向铁轨，吆喝其他人也跟上来。

能这么畅行无阻真是万幸，因为谢拉夫曾严重警告我们，要提防敌人的骑骡步兵与骆驼部队的巡逻队，另外还有架在台车上的机枪支援。我们将骑乘用的骆驼赶入草原中吃草，驮辎重的骆驼则继续穿越山谷、铁轨，到铁轨另一侧的平原入口处，在那边找地方掩蔽。其间亚格利人忙着在铁轨上安置炸药，大伙相当开心，之后我们将正在吃草的骆驼也拉到铁轨另一侧的安全地点，开始点燃引信，使整座山谷充满轰隆作响的回声。

奥达以前没见识过炸药，像小孩玩新玩具般欣喜若狂，并有感而发地吟诗歌诵它的强大威力。我们切断三条电报线，并将断落的电报线分别绑在六峰豪威塔特族骆驼的鞍座上。几峰骆驼惊慌地往东方山谷逃窜，电报线被绷得老紧，然后电线杆被扯断，由骆驼拖着跑。最后它们被卡住跑不动了，我们才笑着将它们身上的电报线切断。

我们在渐浓的暮色中走了五英里路，穿越前面看起来像指关节的丘陵。最后这些起伏不断的丘陵已太过陡峭，我们虚弱的骆驼在黑暗中无法前进，只好停下来歇息。驮行李的骆驼及其他大部分队员在炸铁路时先出发，目前仍在我们前面。我们在暗夜中找不到他们，而土耳其部队正在后方的车站胡乱放枪，并大吼大叫。所以我们认为最好是不要出声，也不要点火把或发出任何信号，以免引起注意。

不过，率领其他队员先出发的伊本·德加塞尔留下一小队接应，我们正要就寝时，有两名队员找到我们，并汇报其他人已在前头不远的沙堤后方隐蔽处安全扎营。于是我们再度将鞍座甩上骆驼背，跟着他们在一片漆黑中（今晚已近月底，高挂天空的应是最后一道下弦月）到达他们的营地，没多费唇舌便在他们旁边就寝。

隔天清晨四点，奥达就将我们叫醒，一路上山，直到登上一道丘陵，翻过山头后沿沙质斜坡下山。我们的骆驼一踏步，脚就陷入沙中及膝高，费力地撑直身体才能将脚抽出，勉强前进。到山下，我们发现已进入一座山谷，它的走向正通往铁路。我们又走了半小时，到达山谷的源头，然后爬上一座台地，这里是汉志与锡尔汉河谷的分水岭。再往前十码，便越过阿拉伯半岛的红海斜坡，投入其中央排水区的神秘中。

它看起来像平原，一望无际地往东延伸，远处的色泽是较柔和的蓝色，也更多雾。旭日照得这座平原灿烂耀眼，丘陵长长的阴影投射在平原上，随着朝阳高升，阴影也不断移动，直到最后消失在河岸间。日上三竿了，有如长河般的阳光照在脸上，也洒在我们必须经过的沙漠里的每颗石头上。

奥达往东北走，朝一处山坳前进，该地连接乌古拉的丘陵与另一座分水岭高耸的山岳，在我们左方或北方约三英里处。我们走了四英里路穿过这处山坳，发现山脚下有小河道。奥达指着这些河道，说它们流向锡尔汉河谷的那布克，沿着这逐渐变宽的河床往北或往东，可以到达豪威塔特族夏季的营地。

不久我们便行经一座丘陵，其间银白色沙岩宛如石板，有的很小，有的则是高与宽各达十英尺的石碑，或许还厚达四英寸。奥达骑到我身旁，以马鞭指着各个地点，并要我在地图上标记它们的地名。我们左边的山谷是塞雅阿布阿拉德，在塞尔胡伯隆起，由这座分水岭的各个支流注入后，再往北沿着泰布克延伸至鲁菲雅山。我们右边的山谷是席犹勒喀布，发源地是乌古拉、阿吉达杰梅连、黎布达，以及像弓弦般环绕我们身旁或东或东北走向的其他丘陵。这两大水道在我们前方五十英里的菲哲合而为一，菲哲是个族名，也是井名、谷名。我向奥达求饶，要他别再讲一大串地名了，我说我既不是未开垦地带的记录员，也不是地理勘察员。奥达很开心，开始谈我们部队中及前头沿路各族长的个人事迹。听他谈话，帮我消磨掉这经过蛮荒野地的漫长路段。

我们经过的这片平原是菲哲境内贝都因人的地盘，他们称此地为豪尔，意思是荒凉孤立之地。我们路过时也没见到任何生物：没有瞪羚，没有蜥蜴，没有老鼠洞，连鸟也没有。我们置身其间，觉得自己很渺小。我们在这广袤大地费劲地赶路，但感觉好像还在原地没动，唯一能听到的声音是空洞的回音，以及西向的热风吹过时，沙面传来细微但刺耳的瑟瑟声。

那是令人喘不过气来的风，有点像埃及的干热南风，令人如置身于火炉中。随着太阳逐渐高升，热风也更强，夹带着更多内夫得沙漠的沙，我们就在这座阿拉伯半岛北部的大沙漠旁，但在风沙中又无法看见。到中午风势已接近强风，干燥得令我们皱巴巴的嘴唇无法合拢，脸部皮肤也已皲裂，我们已沾满沙粒的眼睑似往后瑟缩，盖不住眼睛。阿拉伯人将他们的头巾紧紧裹住鼻子，并将遮眉折充当帽舌，只留下个小细缝看路。

他们就这么设法使皮肉不致破裂，因为他们担心沙粒的扑打会使皲裂处恶化成严重的伤口。但对我而言，我一向喜欢狂风沙，因为这种飞沙走石的热风像是大自然刻意恶毒地打击人类，勇敢地挺身面对它、挑战它、征服它也是快事一桩。任凭汗珠沿额前发梢淌下，在颊间像冰水般流过，也是赏心乐事。起初，我以让汗水滴入口中为戏，但随着深入沙漠地带，风势越来越强，扬起的沙尘也渐厚，更为酷热难熬。我的骆驼顶着狂风与热浪，举步维艰。这种热浪使我喉咙干裂，随后三天我痛得连吃面包都只能浅尝即止。待夜幕终于降临，发烫的脸颊总算还能感受到夜风的徐徐吹拂，令我心满意足。

我们这一整天全在赶路（就算没有受到热风阻拦，顶多也只能用毛毯遮阴，到达菲哲必已累得不成人形），压根懒得睁开眼睛或想任何事，就这样到了下午三点。这时我们翻过两座沙丘，到达一座总算隆起成山岳的丘陵。奥达又叽里呱啦地告诉我一堆地名。

翻过这座山后，山另一侧的长斜坡往西延伸。奥达与我不耐烦于大队人马的蜗行牛步，两人结伴先走。落日余晖照在山的这一面，使我们往北走的路上像隔着一道光墙。不久塞雅阿布阿拉德山谷的走势转向东，在我们面前的河床迤逦达一英里宽。河床遍布如枯木般的灌木丛，我们将这些枯枝拔起，打算聚成一堆起火，告诉其他队员我们在何处歇息。我们费了一番工夫聚了好大一堆，准备升火，这时才发现两人都没带火柴。

大队人马在一小时后才到，这时热风已消散，夜幕低垂，繁星点点。奥达整夜都派人站岗，因为此地是掠劫队的出没地，在夜色中的阿拉伯半岛是六亲不认的。我们今天已经走了将近五十英里，完全没休息，已达每个人的体力的极限，不过，也已符合我们的计划。所以我们整夜尽情休息，一则是因为骆驼都又弱又病，很需要吃草，另则是因为豪威塔特族对这地区不熟，如果在视线不佳时勉强上路，可能会迷路。

第四十三章　行行复行行

第二天黎明前，我们再度上路，沿塞雅阿布阿拉德的河床直走到太阳由济布利雅特山头升起。我们休息半小时，等大队人马到达。然后奥达、纳西尔，还有我，再也忍受不了顶头烈日，加速疾驰。隔着平原上翻腾的热气，我们几乎立刻就看不到其他队员了。不过，沿着菲哲河谷长满灌木丛的河床而行，路很明显。

我们在日正当中时到达预期中的水井。这口井大约有三十英尺深，有石头砌成的护栏，似已年代久远。水量充沛，有点咸味，不过生饮还不难喝——虽然一装入皮水袋就会产生恶臭。这座山谷去年曾豪雨成灾，所以有不少牧草，我们将骆驼松绑后放任它们吃草。其他人陆续跟上来了，他们也汲水饮用并烤面包吃。我们让骆驼吃个痛快，直到入夜，然后让它再喝一次水，再拴在离水井半英里处的河岸下过夜。如此，要是有劫掠队在夜间想使用水井，也不用与我们起冲突。不过，我们的卫兵没听到任何动静。

虽然已经不用赶路，我们照常在天未亮时便起程，不过，沙漠中的烈日令人难熬，所以我们计划在中午找地方遮阴。走了两英里路，山谷豁然开朗，稍后我们到达一座位于东岸的残破绝壁，与协尔劳加的出口遥遥相对。这里绿意盎然，我们要求奥达打些猎物。他派查阿尔往一条路走，自己往西走，穿越一望无际的平原，我们则转入绝壁间，发现岩棚下有很多阴凉的洞穴，足以避开炎阳，让眼睛休息一下。

两位猎人还不到中午就回来了，各猎得一只瞪羚。我们在菲哲带了些水，现在可以放心用光，因为卡布阿贾的水源很近，所以我们就在石洞内大啖面包与羚羊肉。在长途跋涉后，这么惬意的享受对我们这些城市人而言真是天大的福气：对我，还有扎基，以及奈西布的叙利亚仆人，奈西布自己多少也觉得欣慰。纳西尔身为领导人，一直彬彬有礼，一路上也对我们相当照顾。在他的耐心教导下，我后来总算学会如何与阿拉伯部落民族结伴而行，又不会影响他们的行程与速度。

我们休息到下午两点又动身启程，穿过一座平淡无奇的平原，由菲哲河谷往东延伸数英里路，在夕阳即将西下前到达下一站卡布阿贾。这里的水池是今年的雨水，已有点混浊，也有咸味，不过可以供骆驼饮用，人也勉强可以饮用。此地位于菲哲河谷的洼地中，菲哲河谷的洪水涌进来，形成一座两英尺深、两百码宽的水池。它的北端是一座沙岩丘。我们原本希望在此地找到豪威塔特族人，不过这里的牧草已被啮光，水质也已遭牲口污染，他们已搬离了。奥达找寻他们的足迹，但一无所获，狂风沙已将沙面还原成新的细浪纹。然而，既然他们已由图拜克移居此地，接下来必定是迁往锡尔汉河谷。所以，我们只要往北走，便可以找到他们。

第二天，虽然感觉已经过了好久，却只是我们离开沃季的第十四天，上路时依旧是火伞高张。我们在下午终于走出菲哲河谷，转入锡尔汉河谷中北方偏东的阿尔费杰。接着我们向右走过一片平坦的石灰石与沙地，望见大内夫得沙漠遥远的一角，闻名的沙丘带切断了叙利亚沙漠延伸过来的舍迈尔山脉。帕尔格雷夫、布伦特、格特鲁德·贝尔等人都曾到此一游。我要求奥达稍微改变行程，让我们全体前去探访。只见他横眉怒目地说，人只在有必要时才会去内夫得，去抢劫，而他父亲的儿子不会抢劫步伐蹒跚又长癣的骆驼。我们的任务是活着抵达阿尔费杰。

所以我们识趣地继续上路，穿越一成不变、刺眼的沙漠，也穿越若干被称为"吉恩"的更难行的路段——路面为光滑的泥地，几乎像条纹纸般洁白平滑，而且通常宽达数英里。这种路面像玻璃一样，会将阳光反射到我们脸上，所以头顶有如箭般的光束射下，脚底又有反光射入眼睑。那可不是一成不变的，而是起伏不定的痛苦，有时我们痛苦得几欲昏厥。然后热气消失变凉了，一片乌云掠过，像一片黑网扫过视网膜，这使我们暂时得以喘口气，储备继续苟活残喘的精力，就像溺水的人挣扎着浮出水面。

我们变得懒得搭腔。不过在快六点时总算松了口气，我们停下来用餐，自行烘焙面包。我把口粮分给我的骆驼，因为那可怜的动物一路走来又累又饿。它是血统纯正的优良品种，是内志的伊本·沙特送给侯赛因国王，再由侯赛因转送给费萨尔的，相当优秀的牲口，吃苦耐劳，走山路的步履稳健，也很勇敢。阿拉伯的富人只骑雌骆驼，因为它们比雄骆驼光滑，而且更温驯，也比较不吵人。此外，它们耐性十足，即使已累坏了也能持续走上好长一段路，真的是走到累死而后已。雄骆驼则会变得脾气暴躁，累了就猛然躺下来，而且会就这么躺在那里毫无必要地活活气死。

入夜后我们缓缓前行三小时，到达一座沙丘的顶端。经过一天热风和狂风沙的折磨，我们的脸被吹得生疼，不时刮起的暴风使人看不到眼前的路，连骆驼都会被吹得上下跳动，此时总算可以安心睡个觉了。不过奥达仍在为明天操心，因为再来一场热风，就会使我们在沙漠中的行程延误至三天之久，而且我们已断水了。所以他在半夜又把我们叫醒，再度上路，在天亮前进入毕协塔沙漠（取这个名字有嘲讽意味，因为它既宽阔又平坦）。它细致的表层——红褐色的打火石在日出后幸好不会反光，不过对骆驼而言热得如踩在火堆上，有几只已经因脚痛而一跛一跛的了。

阿拉伯沿岸沙质平原出身的骆驼，脚底都有软肉趾，如果忽然进入内陆，在打火石或其他热烘烘的地面长途跋涉，它们的脚底会烫伤，至少会起水泡，在肉趾中央会皮开肉绽，宽达两英寸，甚至更宽。它们在这种情况下还能在沙面走路，不过如果忽然踩到小圆石，便会绊倒，或走得畏首畏尾，像踩到火一般。若是长途跋涉，除非是特别勇敢的骆驼，否则很可能就此裹足不前。所以我们骑得小心翼翼，刻意挑最柔软的地面，奥达与我走在最前面。

我们正在行进间，地面忽然扬起一道尘土，如一阵风般窜走。奥达说是鸵鸟跑过。有个队员找到两枚象牙色的巨蛋，抱过来交给我们。我们决定用这毕协塔的名产当早餐，于是四处找柴薪，不过找了二十分钟才收集到一小束干草。我们被寸草不生的沙漠打败了。驮行李的队伍走过我们面前，我的眼光落在火药包上。我们抽出了一包，小心翼翼地将火药铺在地面，周围铺上石块，再将鸵鸟蛋架在石块上，点起火烘烤，直到烤熟为止。纳西尔与奈西布也看得兴起，跨下骆驼来取笑我们。奥达抽出他的银柄匕首，削掉第一个蛋的顶部。一股恶臭像瘟疫般传出来，我们纷纷走避。第二个蛋还很烫，我们轻踢着将它滚到一个干净的地点。这个蛋还很新鲜，硬得像石头。我们用匕首将蛋白蛋黄全挖到充当我们餐盘的岩片上，吃着碎屑，连纳西尔这种大人物也放下身段与我们共享鸟蛋大餐。众人的评价是：又韧又硬，不过在毕协塔算是美食了。

查阿尔看到一只剑羚，于是徒步接近，杀了它。我们将精肉绑在驮行李的骆驼背上，留待下一站再享用，然后继续上路。后来贪婪的豪威塔特族人看到远方还有剑羚群，追了过去，它们傻傻地跑了一阵子，然后停下来望着他们接近，接着想再跑开，但已太迟了。雪白的肚子暴露了它们的行踪，因为，海市蜃楼的放大作用使我们在老远就看到它们闪闪发光的肚皮了。

第四十四章　抵达锡尔汉

我太累了，也不大想狩猎，没有跟过去追那些罕见的野兽，所以我往前追赶行李队，我的骆驼步伐大，一下子就赶上了。队伍最后面的是我的手下，正徒步而行。他们担心如果热风再强些，有些骆驼在今晚之前就会累死，所以下来牵着走，减轻它们的负担。穆罕默德这个强壮、笨手笨脚的农夫，与柔弱得像世家子弟般优雅的亚格利人，两者鲜明的对比令我大开眼界。法拉吉和达乌德在他们之间打着赤脚蹦蹦跳跳。唯有卡西姆不见了，他们以为他和豪威塔特族人在一起，因为他脾气阴沉，与这群爱嬉闹的士兵格格不入，所以经常与性情较接近的贝都因人为伍。

后面已经没有人了，所以我往前骑过去，想看看他的骆驼情况如何。最后找到了，没有人骑，由一个豪威塔特族人牵着。鞍座还系在骆驼背上，步枪与食物也都在，唯独他不知去向。后来我们终于意识到，这个老是愁眉苦脸的人失踪了。这下子情况严重，因为有热气与海市蜃楼阻隔，在两英里外无法看见我们的队伍，而且在硬石地面上也不会留下任何足迹，他徒步休想追上我们。

每个人还是继续前行，都认为他只是脱队了。就这么过了许久，这时已经接近中午，他势必落后在好几英里外了。骆驼背上的行李都还在，可以证明他在前一晚我们休息时仍未脱队。亚格利人猜他可能是在鞍座上打瞌睡，跌下骆驼，不省人事或摔死了，或者是与队上什么人结怨被害了。反正他们不知道发生了什么事。他是个脾气乖戾的陌生人，与他们一向很生疏，他们也不大在乎他。

那是没错。不过穆罕默德是他的族人及乡亲，也算是他在路上的同伴，但碍于对沙漠一无所知，而且骆驼也跛了，无法折回去找他，这一点也是事实。

如果我派他回去，简直是要害死他。这又使重担落到我肩上。豪威塔特族人会乐于帮忙，可是目前在海市蜃楼外打猎及侦察，不见踪影。伊本·德加塞尔率领的亚格利人种族观念很强烈，除非是为了自己的族人，否则不会蹚这浑水的。何况卡西姆是我的手下，我必须对他负责。

我虚弱地望着那些疲惫的同伴，迟疑一下，不知能否和人换骆驼，派别人骑我的骆驼去救他。我若想逃避这责任，可以获得他们的谅解，因为我只是个外国人，但也正因如此，我不敢启齿，我还要协助他们的起义。毕竟，一个外国人很难影响其他民族的建国运动，对一个信基督教的文弱书生而言，要影响信伊斯兰教的游牧民族，更是难上加难。如果我要求逃避责任以享受外国基督徒的权利，又要求他们不将我当外国人看，就不可能协助他们起义了。

所以，我一言不发，掉转那峰不大甘心的骆驼，它还在鸣叫着想回去与它的骆驼朋友为伍，我催促它上路，然后穿越绵长的人员队伍与行李队，投入身后的一片空无中。我一点也不觉得自己侠骨豪情，因为我一肚子火，我的其他仆从没看好他，又不主动去找他，我自己又想扮演游牧民族。但最令我生气的还是卡西姆，这个爱发牢骚的家伙，沿路一直怨天尤人，脾气急躁，猜忌心重，粗暴，我很遗憾队上有这号人物，也早已下决心一到达目的地就摆脱他。我为了这么一个不足取的人，拿自己在阿拉伯起义运动的重要性冒风险，似乎很荒谬。

我的骆驼咕噜个不停，看来似乎它也有同感，不过骆驼被虐待都会咕噜个不停的。它们从小就习惯群居，有些会依赖性强到无法独自上路，每一峰在离开相处惯了的同伴时都会百般不愿地哀鸣，我骑的这峰就是如此。它扭转长脖子，朝同伴鸣叫，走得很慢，焦躁不安，这时就需要谨慎的引导才能使它乖乖上路，于是我每走一步就拿藤棍轻拍它一下，使它继续前行。不过，走了一两英里后，它心情好了些，走起来不再那么勉强，可是还是很慢。我这一阵子来一直拿着指南针留意方向，这时也希望借着指南针的帮助，能回到十七英里外刚才出发的地点。

不到二十分钟，我们的队伍已杳无踪影，我这才深切体会到毕协塔到底有多荒凉。大漠中唯一的地形就是晒野生植物"萨姆赫"用的沙坑，我尽可能走过这些沙坑，因为我的骆驼可以在坑中留下足迹，当作回来的标记。这种植物是谢拉雷特族人的野生面粉，他们没什么家产，只有骆驼，自诩沙漠可以满足他们各种需求。这种植物与椰枣混合再以奶油调味后是不错的食物。

这些沙坑充当小小的晒谷场，是将打火石堆成一个十英尺宽的圆圈做成的。打火石叠在坑的外围，使坑达数英寸深，妇女就将红色的小种子收集在这些坑中捣碎。不断吹过的风刮不走这些打火石（下了几千场冬季的雨才有可能），只会使淡色的沙粒堆积在石头上，所以这些坑看起来像是黑色石面上的灰眼睛。

我骑了一个半小时，相当轻松，因为由后方吹来的微风使我得以拭去发红的眼睛上的沙垢，望向前方时几乎不会疼痛。我看到前头有个影像，或许是大树丛，至少是个黑影。千变万化的海市蜃楼会使高度或距离失真，不过这东西似乎在移动，在我们的路上稍微偏东处。我将骆驼的头扯向那个方向碰碰运气，走了几分钟后竟发现那是卡西姆。我朝他呼唤时，他茫茫然地站着。我骑上前去，看到他几乎已经瞎了，也神志不清，站在那边朝我张开双臂，一张黑嘴张得老大。亚格利人将我们仅剩的水装在我水袋里，他疯狂地将这些水泼在脸上和胸口，仰头狂饮。他喝够了后，开始哀嚎。我扶他坐在鞍座后的驼峰上，然后自己也坐上鞍座。

我们再往回走时，骆驼似乎松了口气，不用我驱策。我以指南针标下精确的地标，精确到几乎完全循着来时的路。骆驼虽然驮着我们两人，却健步如飞，有时候它甚至会将头压低，像最出色的年轻骆驼在骑术精湛的骑师驱策下，快意奔驰一段路。它仍有足够的精力，这令我喜不自胜，也很欣慰没花太多时间就找到了卡西姆。

卡西姆一路上不停地呻吟着抱怨他差点渴死的痛苦与恐怖，我叫他闭嘴，但他仍哀嚎个没完，而且坐得软趴趴的。到后来骆驼每跨一步，他就上下颠簸，朝它的驼峰重压一次，使它跑得更快。这样很危险，很可能会害它扭伤。我再度叫他闭嘴，他却叫得更大声，我于是揍了他一拳，并警告说再叫一声就把他丢下去。这么粗声厉气的威胁总算见效了。此后他绷着脸紧抓着我，不再出声。

走不到四英里，我又看到一个黑影，在前方的海市蜃楼外晃动。然后黑影变成三个，越来越大。我暗忖着会不会是敌人。一分钟后，幻象突如其来地消失，是奥达以及纳西尔的两个手下来找我。我故意消遣他们竟然将一个同伴弃置在沙漠内。奥达扯了扯胡子，咕哝着说如果当时他在场，一定不会让我走这一趟的。卡西姆被臭骂了一顿，再让他与另一个骑术较佳的骑士共骑，然后我们一起前行。

奥达指着狼狈不堪的卡西姆怪罪我："那东西不比骆驼值钱……"我打断他说道："不值几毛钱，奥达。"他听了很开心，骑到卡西姆身旁狠狠揍了他一拳，要卡西姆像鹦鹉一样复诵他说的价钱。卡西姆愤怒地咧开嘴，露出参差不齐的牙齿，然后一直生着闷气。又骑了一个小时，我们已赶上行李队，我们经过时他们纷纷打听情况，奥达则每有人问起就将我的玩笑话再说一次，或许共说了四十次，直到我彻底了解自己这个玩笑实在不怎么高明。

卡西姆解释说他是下骆驼解手，事后在黑暗中找不到我们的队伍。不过，他显然是在漫长又酷热的旅途的疲惫下，在下骆驼处睡着了。我们赶上最前面的纳西尔与奈西布。奈西布对我如此卤莽行事，危及奥达和我自己的性命而大感不满。他很清楚，我一定看准他们必会回来找我。纳西尔对奈西布说话如此刻薄极感讶异，奥达则开心地一再述说部落人与城市人的差别：沙漠中的人是休戚相关的生命共同体，城市人则各自孤立又互相竞争。

我们这么聊着，也过了几小时，一天剩下的时间似乎也不多了。热气渐升，狂风沙直扑我们脸上，吹过骆驼时有如一道烟般呼啸而过，令人乍觉原来风也是可用眼亲睹的。地面一片平坦，直到五点钟才看到前方有小丘，稍后我们发现自己已置身于沙丘间，周围有细长的柽柳树环绕，一片静谧。这里是锡尔汉河谷的卡塞姆。树丛与沙丘挡住了风，日正西沉，夕阳残红抹在我们身上。所以我在日记上写道：锡尔汉美极了。

对在西奈住了四十年的人而言，巴勒斯坦是个鲜乳与蜂蜜的乐园；对必须跋涉数星期穿越这片北方沙漠才能进城的部落民族而言，大马士革这个名字就等于人间天堂；对我们这些在风沙滚滚的豪尔地区熬了五天的人而言，当晚夜宿的卡塞姆与阿尔费杰真像是世外桃源。它们只比毕协塔沙漠高出数英尺，山谷群由它们往东延伸进入一片大洼地，我们梦寐以求的水井就在此地。不过如今我们已经穿越沙漠，安全抵达锡尔汉，已无口渴之虞，疲惫才是我们最大的隐忧。所以我们决定就地扎营，并升起火堆当指标，让努里·沙兰的奴隶循着火光回来，他当天也像卡西姆一样走失了。

我们并不太担心他。他对这个地区很熟，而且还骑着骆驼。他很可能是故意抄捷径直接走到努里·沙兰管辖的首都焦夫，借此赚取通风报信的奖赏。无论出了什么状况，反正他当晚没有现身，第二天仍不见人影。几个月后，我向努里打听他的下落，努里说不久前找到他的干尸，就躺在他的骆驼旁边，陈尸于荒漠之中。他一定是在狂风沙中迷了路，在滚滚黄沙中摸索，直至骆驼累垮，然后干渴至死。没有拖很久——就算是最强壮的人，这种夏季再一天就够了，不过死得很痛苦，因为干渴是一种躁急症，满脑子恐惧与惊慌，最勇敢的人在一两个小时内也会变成喋喋不休的疯子。最后太阳杀了他。

第四十五章　行军任务完成

连一口水都没得喝，当然什么也没吃：今晚禁食。然而，一想到明天可以畅饮甘泉，就足以让我们安心地大睡——腹部朝下趴着睡，以免因空腹造成胀气。阿拉伯人的习惯是在到达每一口井时一定喝到快吐出来为止，然后再一路干渴直到下一口水井，或者在第一次休息时就将随身带的水大肆挥霍，用来狂饮或做面包。我一直希望避免因自己与众不同而惹来闲言闲语，所以依样画葫芦，也自信他们的体格没有我好，这么做应该不会对我造成严重伤害。事实上，我只有一次因口渴而生病。

第二天早上我们沿坡道前进，翻过第一座丘陵，然后第二座，接着第三座，各间隔三英里路。八点我们到达阿尔费杰的水井，这个地名意指香气四溢的树丛，我们身边的树丛也果然名不虚传。我们发现锡尔汉不是一座山谷，而是一条长断层，将两侧地区的水排出，河床各低洼地区则蓄积成水池。这里的地面有些是打火石砾，有些是软沙。

散布在河床的水井挖了约十八英尺深，水质柔滑，有股异香，略带咸味。我们觉得很可口，由于青草遍野，可供骆驼进食，所以决定白天在此逗留，并派人到锡尔汉最南的水井麦圭找寻豪威塔特族的下落。我们可以借此确定他们是否在我们后方，如果不是，往北走就一定找得到他们。

不过，奉派寻访的人员才刚出发，队中一个豪威塔特族人便发现我们北方有骑骆驼的人躲在树丛间。

他们立刻取枪备战。穆罕默德·戴兰首先跃身上骆驼，与其他陶韦拉人朝假想敌的方向冲过去；纳西尔与我则集合亚格利人（他们如果与贝都因人采取贝都因模式并肩作战，将无法发挥战力），将他们部署在各沙丘间守护行李。然而，敌人逃走了。半小时后穆罕默德回来了，他说因为疼惜骆驼的体能，没有穷追猛赶。他只看到三个人，想必是附近舍迈尔地区抢匪的斥候，阿尔费杰经常有此等强梁出没。

奥达的侄子查阿尔是豪威塔特族中眼力最锐利的，奥达派他去找出敌人的数目与意图。查阿尔身手矫捷，外貌强悍，嘴唇冷峻，不苟言笑，全身散发着游牧的豪威塔特族的狠劲。他出去搜查，发现我们四周的树丛间足迹凌乱。由于柽柳树阻隔使沙面吹不到风，所以很难辨识哪些足迹是今天留下来的。

下午平安无事，我们也安心了点，不过仍派卫兵在水池后的大沙丘上警戒。日落时我到那会让人产生些微刺痛感的咸水中洗澡，回来后就待在亚格利人的营地中与他们共享咖啡，听他们说着内志口音的阿拉伯语。他们开始向我述说莎士比亚上尉的种种事迹，伊本·沙特曾在利雅得接待他，将他视为密友，他后来由波斯湾横越阿拉伯半岛到埃及，最后在舍迈尔战败阵亡，内志地区的战士在这次挫败中损失惨重。

伊本·德加塞尔率领的这些亚格利人，有许多人曾充当莎士比亚的护卫或侍从，他们诉说着他轰轰烈烈的英雄事迹，以及他无论白天夜晚都离群索居的怪异行径。阿拉伯人通常是群居，如果有人太过注重隐私，会使他们认为必有隐情。与他们相处时对此必须谨记在心，并断然放弃想静一下的自私念头，这是参与沙漠战争最令人困扰的一点，也令人觉得很屈辱，因为对英国人而言，独处是个人尊严的一部分，我们可以闭起门自夸自豪，也没有人与我们竞争。

我们在聊天时，研钵中丢入了三粒咖啡豆，接着阿卜杜拉用内志村民的研棒，吱嘎吱嘎地研磨成粉。穆罕默德·戴兰听到了，默默地走过沙地，边像骆驼般鸣叫着，边缓缓坐在我身旁。穆罕默德是个很好相处的同伴，一个强壮、有思想的人，善于讽刺调侃人，诡计多端，常展现出爱捉弄人的个性。他的身材异常高大魁梧，至少六英尺高，年约三十八，果决而精力充沛，有张线条粗犷的红脸，以及一双令人难以捉摸的眼睛。

穆罕默德·戴兰是阿布塔伊族的第二号人物，比奥达还富有，拥有更多随从，对美食也更讲究。他在马安有栋小屋，在塔菲拉有土地，据说还有牛群。在他的影响下，阿布塔伊族的战士出征时也都很讲究，随身携带着遮阳棚，鞍座内还有瓶装矿泉水，以供旅途提神之用。他是该族议会的智囊，主持该族的政务。我很欣赏他那尖酸刻薄的习性，也常向他请益，而且每在要提出新构想时，设法先拉拢他与我站在同一阵线。

这趟长途远征使我们结为至交。我们心中无论日夜都萦绕着这个危险目标，也有意无意地自我磨炼，一心一意只想完成任务，经常入夜后围绕在营火旁热烈地讨论。咖啡煮好了，煮咖啡的人用棕榈叶的纤维滤掉残渣（杯中有渣很失礼），这时我们东边的阴暗沙丘枪声大作，一个亚格利人高叫着冲入营火圈内。

穆罕默德立刻抬脚踢起一阵沙尘，将火弄熄，我们在伸手不见五指的黑暗中摸索着回到岸边取枪，卫兵也已开枪还击，朝出现火花处射击。我们的弹药多得是，也不会吝惜。

敌人的枪声渐渐稀疏，或许被我们的迅速应战吓跑了。最后敌方枪声平息，我们也按兵不动，聆听着是否会有下一波攻势。我们等了半小时，鸦雀无声，只有刚开始枪声大作时中弹者的呻吟声，最后成为垂死的挣扎声。我们不想再等下去，查阿尔出去探查敌方动静。半小时后，他回来说已不见敌人踪影。他们已撤走了，依他的经验判断，他们大约有二十人。

虽然查阿尔说得很笃定，不过我们整夜还是提心吊胆，到隔天清晨，我们将队上首位阵亡者阿萨夫埋葬，接着往北推进，一直沿洼地走，沙丘在我们左侧。我们骑了五小时，然后在由西南方流入锡尔汉河谷的激流南岸用早餐。奥达告诉我，这是菲哲山谷的出口，这山谷的源头我们在塞尔胡伯见过，也曾沿着它的河床穿越豪尔。

这里的牧草比阿尔费杰还青翠，我们让骆驼在中午时分饱餐了四个小时——吃得不怎么痛快，因为它们不大喜欢在炎阳下吃草，而我们倒是在毛毯遮成的阴影下，开心地将昨晚没睡足的眠补个够。在这空旷地形中，不可能有人偷偷接近，我们不会受到干扰，我们展现的兵力与自信也会吓退潜伏的劫匪。我们的目标是打土耳其人，这种阿拉伯人之间的掠劫缠斗全然是浪费。到下午我们又骑十二英里路抵达一群醒目的沙丘，环绕其间的空地足供我们扎营，也可以掌握四周的动静。我们在此打尖，并做好入夜再度遭袭的准备。

第二天早晨我们兼程赶了五小时（骆驼经过昨天的养精蓄锐，已精力充沛），到达一处长着矮棕榈树林的绿洲洼地，怪柳树凌乱地左一丛右一簇，水源充裕，约在地下七英尺，水质比阿尔费杰还甘美。不过喝过后发现这也是所谓的"锡尔汉之水"，刚喝时还不错，但用肥皂洗无法起泡沫，而且装在密闭容器中两天便会发出恶臭，无论煮咖啡、茶还是做面包都会有异味。

我们真的已经厌烦这片锡尔汉河谷了，虽然奈西布与扎基仍打算在阿拉伯人建立自己的国家后，在这里开辟农园。这种好高骛远是典型的叙利亚人心态，他们很容易怀抱着各种梦想，同时又将目前的责任推到别人身上。有一次我说："扎基，你的骆驼长癣了。"他懊恼地回答："唉，真是的，等一下入夜后，我们会替它抹膏药的。"

隔天我又提起癣的事。"哈，"扎基说，"那使我有了一个完整的构想。我打算在收复大马士革后，替叙利亚建立一个国家兽医部。我们要招募一批医术精良的兽医，开一家医学院，建一家中央医院，甚至有数家医院，专门医治骆驼和马匹，还有驴子及牛，甚至连绵羊与山羊（有何不可）也可以去看病。这个部门要拥有专门研究动物疾病与病菌的科学化机构。再开设一间外文书的图书馆如何？……还有各地区医院与中央医院配合，还有巡回检验员……"在奈西布热烈的附和下，他口沫横飞地将叙利亚规划成四大检验区，以及许多的地方性检验区。

又隔一天，我再度提起癣的事。他们只顾睡觉，根本没想到要替骆驼抹膏药，于是又搬出那套计划来。"然而，亲爱的朋友，这样还不完美。我们的民族性是无法容忍不完美的。我们很遗憾看到你这样就感到满足了。那是英国人的缺陷。"我也忍不住想与他们抬杠了。"噢，奈西布，噢，扎基，如果一切完美，这个世界岂不是达到登峰造极的境界了吗？我们已经发展到这么成熟的阶段了吗？我生气时，会祈祷上苍将我们的地球甩向火红的太阳，以免尚未出世的孩子降临人间受苦；不过在心满意足时，我想躺在阴凉的地方，直到自己也可以为别人遮阴。"他们尴尬地转移话题谈养马场，到第六天，那峰可怜的骆驼死了。扎基竟然指责我："都是因为你没有医治它。"奥达、纳西尔，还有其他人，都借着细心照料让我们的牲口得以持续上路。我们或许可以让那些癣饿扁，直到我们到达生活条件较佳的部落，取得医药，再来全心医治。

有个人骑着骆驼朝我们的方向前来。气氛一时紧张起来，不过随后豪威塔特族人便与他打招呼。这人是他们族里的牧人，他们悠闲地彼此寒暄。

他告诉我们，豪威塔特族人在前面扎营，营地由伊沙威亚直延伸到那布克，他们也在焦急地等着我们的消息。他们的帐篷一切完好。奥达的焦虑消除了，但他也更心急了。我们疾驰一小时到达伊沙威亚，进入奥达属下一个族长阿里·阿布·费特纳的帐篷。老阿里眼角有眼屎，蓬头垢面，长鼻子悬垂在满脸的大胡子上，他热忱地上前邀我们到他的帐篷内做客。我们以人数太多婉谢他的好意，转而在附近的树丛下扎营。他与其他族人则估算着我们的人数，替我们筹备晚上的大餐，让各个帐篷负责招待若干访客。等了几个小时菜才上桌，入夜后许久他们才招呼我们进餐。我被叫醒，步履蹒跚地去用餐，然后再回去睡觉。

我们的行军已顺利完成。我们已经找到豪威塔特族人。我们的人员体能状况极佳，我们的黄金与火药仍完好无损。隔天清晨，我们召开了一场严肃的作战会议。我们同意先付六千镑给努里·沙兰，当作请他允许我们经过锡尔汉河谷的买路钱。我们要求他让我们自由地留在此地招兵买马，也要求他在我们离去时照顾这些投效我们的族人的家属、帐篷及牲口。

这些事关重大。我们决定由奥达亲自去与努里会谈，因为他们是朋友。努里与奥达的部落距离太近，势力也太大，所以奥达虽然好战成性，却不曾和努里发生冲突。因此，两人基于个人利益而结盟，彼此容忍，相安无事。奥达将代表我们去向努里解释我们要求他怎么配合，以及费萨尔期望他公开表态支持土耳其。唯有如此他才能掩护我们，同时仍能让土耳其满意。

第四十六章　豪威塔特族飨宴

这期间我们与阿里·阿布·费特纳同行，缓缓往北推进，前往那布克。奥达先通知所有的阿布塔伊人在当地集合，他会在他们集合完毕前由努里处回来。这是我们的方案，我们在奥达的鞍座袋内摆了六袋金币，于是他启程。随后费特纳的族人接待我们，说在同行期间，他们很荣幸一天请我们两餐，中午前与日落时。他们也真的说到做到。豪威塔特族的好客是无止境的——依他们游牧民族的沙漠法则，不是只持续三天的小气鬼，而且是再三邀约，想推都推不掉。

每天早晨八点至十点间，他们会派一小群系着各种奇形怪状的马鞍的马到我们营中来，纳西尔、奈西布、扎基和我便上马，带着十来个徒步的部属浩浩荡荡地由树丛间的沙路穿越山谷。我们的马由仆人牵着，因为骑得太快会被认为失礼。我们就这么前往宴会场，每户人家都争相邀请我们，如果负责决定由谁作东的查阿尔未按排名顺序挑选，他们还会大表不满。

我们到达时，狗会扑上来，然后旁观者会将它们赶走——被选上作东的帐篷旁总聚了一群人围观。我们进入由绳子圈起的宽敞的来宾席，向阳面还挂着布帘当墙，为我们遮阳。羞怯的主人低声寒暄几句便不见人影。他们的毯子是贝鲁特的艳红地毯，沿着当作墙与隔间的黑毯而铺，所以我们就坐在三面没隔间的空地上。我们总共约有五十人。

然后宴会主人会再度出现，站在杆子旁。陪我们做客的当地人，戴兰、查阿尔，还有其他族长，勉为其难地被安排在我们中间的毯子上，我们背后有铺着厚毯的鞍座让我们靠着。帐篷前面清理干净了，狗群也被那些激动的儿童赶走，较大的儿童拉着更小的孩子在空地中四处跑。年纪越小，穿的衣服就越少，圆滚滚的肚子则越大。最小的幼儿则会瞪着黑亮的大眼睛望着众人，张开双腿小心翼翼地维持平衡，一丝不挂，吸吮着拇指，挺着个大肚子面向我们。

这时会有一段尴尬的空当，我们的友人会试着使气氛热络，向我们展示他们养的猎鹰（在雏鸟时由红海沿岸设法捕来的），或报晓的公鸡，或灰色猎犬。

有一次有人牵了一头温驯的高地山羊进场接受我们的赞赏，还有一次是一只剑羚。等这些招式都用完，他们便找些话题闲聊，以免我们太注意周围的嘈杂声，以及隔间帘幕另一侧的做菜声与阵阵油脂香。

过一阵子，主人或他的助手会上前来低声问道："黑的还是白的？"让我们选择喝咖啡或茶。纳西尔总是回答"黑的"，仆人便会一手提着咖啡壶，另一手端着三四只叮当作响的杯子上前。他会先倒一杯给纳西尔，接着倒第二杯给我，第三杯给奈西布，然后他们便在一旁侍立，等着我们在手中转动杯子，仔细轻啜，品尝它的美味。

我们一喝完，他便将这些杯子收起，再分发给下一组宾客使用，依序轮流，直到每个人都已喝过，再回到纳西尔。这第二杯会比第一杯更香浓，一则因为接着倒出来的更接近壶底，再则也因为这么多人喝过后，杯子里留着一层残渍。如果上菜时间拖得太久，还会上第三杯与第四杯，那就更香馥扑鼻了。

终于，总算有两个人扛着一个宽达五英尺，像烤肉炉般的巨大铜盆，里面盛着米饭与肉，由激动的群众间挤过来。他们族中这么大的餐具只此一个，盘子边缘还以龙飞凤舞的阿拉伯文雕刻着："向真主的荣耀致敬，恳求在末日时施恩，此盘为他可怜的子民奥达·阿布·塔伊的财产。"这是作东的主人向奥达借来招待我们的。我心念一转，想到这个餐盘必是由远方抢回来的战利品。

这时盘内已盛满白饭，还高出盘缘形成一个一英尺宽、六英寸深的小丘，上面摆满羊腿与羊排，直到摆不下而滑落。要堆出这么一座肉造的金字塔，至少需要三只牺牲品。摆在盘子最中央的是连着颈部的羊头，脸朝天，所以像枯叶的棕色耳朵紧贴在米饭的表层上。下巴被扳开朝上，露出嘴巴内的喉咙与舌头，仍呈粉红色，黏在下排牙齿上。最上面是白苍苍的前齿，突出在由鼻孔露出来的鼻毛，以及张开像在冷笑的黑色嘴唇之上。

这道主餐摆在我们之间的空地上，仍冒着热气，这时一排帮厨又端出几小锅刚煮好的料理。他们用已凹凸不平的铁碗，从锅内舀出羊的内脏与各部分的肉，有切成小段的黄色肠子，尾部的白色脂肪球，棕色的肉与带着毛的皮，全都泡在滚烫的奶油与油汤中。旁观者垂涎三尺地望着，每当有一块肥滋滋的肉捞出来时，他们便暗自赞叹不已。

油很烫。每隔一阵子，总会有人高叫一声甩掉碗，然后将烫伤的手指头塞入口中冷却，也趁机吮舔一番。不过他们还是会忍着痛，直到舀得锅底嘎嘎响；之后则摆出胜利的手势，再将完好无缺的一副肝捞出来，铺在像在打呵欠的羊嘴上。

接着由两个人抬起锅子，将汤汁淋在肉上，直到已满到盘缘，一些散落的饭粒在汤中浮动。不过他们仍继续倒，直到溢出来，我们惊叫出声才停止，有些肉汁已溅落地面。那是这幕精彩画面的最后一笔，这时主人会招呼我们前来大打牙祭。

我们装作没听见，这是必要的礼仪。最后我们总算听到了，而且讶异地面面相觑，互相催促要别人先上前，直到纳西尔不胜害羞地站起身，我们才跟着他上前，围着那个餐盘单膝下跪，又塞又挤地总共围了二十二个，再也挤不下了。我们将右手的袖子卷到肘上，在纳西尔的带领下低声说着"感谢真主的恩赐与慈爱"，然后一起用手抓来吃。

这第一抓，至少对我而言，总是小心翼翼的，因为油还很烫，手指头会受不了，所以我总是先将一块已暴露在外的肉翻翻弄弄加以冷却，然后再取食别人翻开的饭粒。我们用手指头（不沾到掌心）将米饭及油和肉、内脏全揉成一个饭团，再利用杠杆原理，以拇指由弯曲的食指间将饭团弹入嘴中。若抓到窍门，便可让小饭团完整地离开手指头。不过如果油太多或没捏紧，便会黏在手指头上，那就只好小心舔掉，使下次能弹得更顺手。

铺在上层的肉吃完时（没有人真的想吃米饭，肉是奢侈品），当陪客的一位豪威塔特族的族长会抽出他的银柄匕首——上面镶饰绿宝石，是由焦夫的穆罕默德·伊本·扎里打造的精品[①]，在较大的带肉排骨上将肉块交叉切成菱形，供我们取用。这些肉骨都已煮得稀烂，因为进餐时只用右手才算合礼仪。

我们的主人站在圆圈旁，热心劝我们多吃。我们埋头猛吃，一语不发，因

---

① 在我的时代最著名的铸剑家是伊本·班尼，他是伊本·拉希德王朝时来自哈伊勒的名匠。有一次他与舍迈尔人一起去掠劫鲁瓦拉族，结果被俘。努里认出他来，并将他与努里自己的铸剑师伊本·扎里关在一起，宣称除非他们铸出来的剑能难分轩轾，否则别想获释。伊本·班尼因此在铸剑技术上突飞猛进，在设计上则仍技高一筹。——原注

为聊天会影响用餐的品质，不过若有熟人特意替你挑了一份菜肴，或穆罕默德·戴兰递来一块无骨精肉并向你祝福时，带笑道谢是得体的。遇到这种情况，我就礼尚往来地挑些大得吓人的内脏回报，这种轻率的举止会让豪威塔特族很开心，但优雅高贵的纳西尔则不以为然地猛蹙眉头。

最后我们当中有人差不多吃饱了，开始剔牙，望着身旁的人，直到其他人的速度也慢下来，最后不再吃了，手肘靠在膝上，手腕在餐盘上悬空，让手上的油汁滴下，此时脂肪、奶油、米粒等都已冷却，凝结成一层白色油膜，将手指头黏在一起。待众人都用毕后，纳西尔刻意清清喉咙，我们同时匆匆起身，高声颂赞："愿真主报答你，噢，东道主。"然后到圈起的绳索外集合，这时第二批的另外二十个宾客再上前进食。

我们这些已大饱口福的人会走到最后头，这里挂着一片帐篷顶的布帘，充当宴会场的终点帘幕，我们拿这帘幕当手帕（这片粗糙的羊毛料因经常使用而泛着光泽）将油腻腻的手擦干净。然后我们走回座位，赞叹不已地坐下来。这时那些奴隶会放下留给他们享用的羊头，用木碗端着水，并用一个咖啡杯当勺子，舀水淋我们的手指头，我们则用部落民族的肥皂块搓洗双手。

这时吃第二轮与第三轮的人也陆续在餐盘边进食。我们可以再喝一杯咖啡，或喝像糖浆般的茶。最后仆人会再将那些马牵来，我们走上前跨上马，在经过作东的主人时，轻声祝福他们。我们一离去，那些儿童便冲向那盘已狼藉不堪的菜肴，争夺我们吃过的骨头残渣，再带着战利品躲到树丛后大快朵颐。营地中所有的看门犬都会围着他们猗吠，帐篷的主人则会拿精挑细选的内脏喂他的灰色猎犬。

第四十七章　各方投效

在伊沙威亚，我们第一天吃了一顿，第二天吃两顿，第三天又吃两顿。然后，在五月十三日，我们轻松地骑了三小时，越过一片覆着沙的熔岩区，到达一座山谷，谷中到处可见那种带咸味的七英尺深的水井。阿布塔伊人与我们一起拔营，并和我们同行，在我们旁边扎营，所以今天我首度成为置身于一个阿拉伯部落的观察者，观察他们拔营的程序。

那一幕迥异于平常所见一成不变的沙漠景象。徒步者、骑马者、骑骆驼者；驮着羊毛帐篷布的骆驼；左摇右摆如蝴蝶飞舞般驮着轿座供妇女乘坐的骆驼；驮着白杨木制银白帐篷柱的骆驼，柱子往前后凸出，像长着牙的巨象，也像长着尾巴的小鸟。随着这支队伍的移动，浩瀚的灰绿色石面与树丛整天都像海市蜃楼般晃动不已。行进间没有命令、管制或程序，只有最前方那些自给自足的队伍，几乎同时出发，历经几个世纪来的磨炼，已成为本能。这一幕的差别在于，平时罕见人烟的沙漠，今天拥入这么多人，忽然生气蓬勃起来。

行进的速度很悠缓。我们几个星期来一路提心吊胆，如今发现有那么多人随行，安全无虞，紧绷的心头终于松弛下来。连最严肃的队员也略微放松了心情，至于原本就活蹦乱跳的，如今更是放浪不羁，其中尤以我的两个小淘气法拉吉与达乌德为最，他们一路胡闹，不曾歇息。队伍中总是会以他们所在的位置为核心，不断出现两个骚动或意外的漩涡，原因总不外乎是他们找到新的恶作剧花招。

我不耐烦地要他们收敛些，因为在进入锡尔汉河谷后便一直跟着我们的蛇患到今天达到最高峰，造成恐慌。阿拉伯人说，平时这里的蛇不会比沙漠中水源边的蛇恐怖，不过今年山谷中似乎爬满了长角的毒蛇与鼓腹巨蝰，以及眼镜蛇与黑蛇，入夜后活动很危险。后来我们发现必须随身携带棍子，先挥打两侧的草丛，再小心翼翼地走过。

我们在入夜后不随意舀水，因为蛇会在池中游泳，或盘绕在池边。曾有两条鼓腹巨蝰在我们讨论时溜入我们圈内。有三名队员死于蛇吻，有四名历经惊骇与痛苦后康复，但被蛇毒所伤的肢体仍未消肿。豪威塔特族人的治疗方式是用蛇皮包扎伤口，然后对着伤者读一章《古兰经》，直到他死亡。他们在夜晚外出时，也会在粗硬的脚上穿上大马士革制的厚马靴，大红色，还系着蓝色流苏，有马蹄形鞋跟。

蛇有个怪癖，入夜后喜欢躺在我们身旁，钻入毛毯内或睡在毯子上，或许是为了取暖。我们一发现，起身时便如临大敌，第一个起身的会拿根棍子查看他的同伴，以确定他们没受到蛇的骚扰。我们队上成员五十人，一天或许要杀死二十条蛇。到后来它们让我们神经分分的，连最勇敢的人都不敢踩在地上。至于像我这种遇上所有爬虫类都会毛骨悚然的人，只能眼巴巴地期盼能早日脱离锡尔汉河谷。

法拉吉与达乌德就不然了。对他们而言，这是个新鲜而且精彩的游戏。他们不断以假警报吓我们，朝像蛇的枝头挥打，搞得我们草木皆兵。我在午休时声色俱厉地要他们不准再大叫有蛇。之后我们坐在沙地上的行李边，总算得到片刻安宁。我坐定后便懒散得不想起身活动，而且有太多事要思考，所以过了大约一个小时，我才留意到那两个挨骂的小鬼笑着彼此挤眉弄眼。我的眼光循着他们的视线望过去，才发现附近草丛内有一条棕色的蛇盘成一团，正朝我吐舌信。

我拔腿就跑，并朝阿里高声大叫，他拿着藤棍一跃而上，两三下就把它解决了。我要他打那两个小鬼每人六鞭，叫他们不许再拿我开玩笑。纳西尔原本在我身后打盹，被这场骚动吵醒，笑着说他也要再加六鞭。奈西布也跟进，然后扎基，接着是伊本·德加塞尔，全队有半数人叫嚣着要教训他们报仇。两个小鬼被吓得手足无措，眼看全队的藤鞭木棍都打烂了也打不完，于是，我免了他们的皮肉之痛，改为采用道德惩罚，派他们做妇女做的事：收集柴薪及打水。

我们在阿布塔菲雅特休息期间，他们就这么无地自容地干了两天活。我们在此的第一天享受了两顿飨宴，第二天又是两顿。奈西布终于消受不了，装病躲入纳西尔的帐篷内避难，谢天谢地地啃干面包。扎基一路上原本已有微恙，他首度在豪威塔特族吃泡油大肉与卤油饭后病倒了，此时也躺在帐篷内，诉说他的厌恶及痢疾缠身之苦。纳西尔的肠胃已久经部落生活的磨炼，所以安之若素。他身为领队，为了向主人示敬，有义务有请必到，而他为了表示隆重，总是拉我一起共襄盛举。所以我们两个领导人每天代表全营，另外再轮番带些饥饿的亚格利人，前去赴宴。

过程当然是千篇一律的。不过主人欢天喜地的模样，看在我们眼里也觉得很欣慰，深觉若忤逆他们的好意，将问心有愧。牛津或麦地那曾试着使纳西尔与我免于迷信的偏见，方式却难解得令我们决定返璞归真。这些人经由我们的配合，已满足了游牧民族最大的企图心：羊肉炉流水席。我的天堂或许是一张遗世而独立的软皮安乐椅、一个阅书架，以及一本诗选全集，以卡斯隆字体排版，以最坚韧的纸张印刷。但二十八年来我都是营养充足，如果阿拉伯人的想象力要靠杯盘狼藉来达成，那他们要获得满足容易多了。他们为了我们，已筹备许久。我们到达前几天，有个羊贩曾去拜访他们。在奥达的示意下，他们向他买了五十头羊，要用来好好招待我们。我们在十五餐（一星期）内将它们吃光，宾主尽欢。

肉足饭饱了，我们起义的力量也随之加强。我们对锡尔汉河谷已生腻。它的地貌看起来比我们所经过的任何广阔沙漠都要绝望悲凉。沙，或打火石，或一整片大漠的岩石，有时也让人兴奋，在特殊光线下看来有股诡异的苍凉美感。但在这座蛇群盘踞的锡尔汉河谷，却有股凶煞之气，谷中全是盐水、光秃秃的棕榈树，以及既不适合放牧也不适合当柴烧的草丛。

我们就这么走了一天。第二天，路过古提，此地水量稀微，但水质甜美。当我们靠近阿杰拉时，看到其间有许多帐篷，不久有一支部队迎上前来。那是奥达，他安然地从努里·沙兰的部落回来了，与奥达同行的还有独眼的杜济·伊本·杜格米，他是我们在沃季的老客人。他的出现与他们身旁骑着鲁瓦拉马的卫队，皆证明了努里已决定投效我们。这些骑兵没扎头巾，在滚滚黄沙中全速奔驰，举矛高声呐喊着，并对空胡乱鸣枪，隆重地迎接我们进入努里的住处。

这座简朴的庄园有若干果实累累的棕榈树，围在果园内，他们在果园外搭了一座白色棚布的美索不达米亚帐篷。奥达的帐篷也搭在这里，大厅达七根柱子长、三根柱子宽，查阿尔与其他人的帐篷也在附近。我们整个下午接待川流不息的访客，他们向我们致敬，送我们鸵鸟蛋、大马士革珍馐、骆驼或羸马当礼物，四周喧嚷不止。奥达的自愿军争先恐后地要入伍，立刻从戎对抗土耳其。

看来一切顺利，我们派三个人去煮咖啡请访客喝，他们一个接一个，或一群接一群地前来拜会纳西尔，依沃季的模式宣誓效忠费萨尔及阿拉伯起义。他们也愿意服从纳西尔的指挥，并率领他们的部属接受他的领导。除了他们正式的礼物外，每个新来的队伍都会在我们的地毯上暗自献上他们私藏的虱子，所以还没到日落，纳西尔和我已经被咬得奇痒难耐了。奥达有只手臂僵硬，是肘关节的旧伤后遗症，所以无法自己搔痒。不过他也是久经历练的老江湖，早有防备，他从左手袖子口插入一支十字头马棍，然后朝胸肋处左撩右拨，看来比我们徒手搔得还过瘾。

第四十八章　蓄势待发

下一站是那布克，水源充裕，也有些牧草。奥达指定此地为我们的集合地点，因为距离布莱达特或所谓的"盐村"很近。他与纳西尔谢里夫在此地待了两天，考虑该录用哪些人，并为我们的前进路线做准备，先与住在沿线附近的部落和族长搭上线。奈西布、扎基和我都闲来无事，于是他们那种叙利亚人反复无常的个性又出现了。他们被众人的热忱冲昏了头，将阿卡巴置之度外，也将我们此行明确的目的弃若敝屣。奈西布认得沙兰族人与德鲁兹族人，他打算邀请他们加入，而不是邀豪威塔特族人；他想攻击德拉，而不是马安；想占领大马士革，而不是阿卡巴。他指出，土耳其人毫无防备，我们必可出其不意地达成第一个目标，所以我们的第一个目标应该就是最高的目标。大马士革因此无可避免地被指定为目标。

我向奈西布说明，费萨尔仍在沃季，也向他表示英军仍在加沙的另一侧，还指出土耳其有一支生力军在阿勒颇集结，打算收复美索不达米亚，但他丝毫不为所动。我告诉他，我们在大马士革会如何孤立无援：没有物资或组织，没有基地，甚至没有补给线。但是奈西布对各种地理因素和战术皆不屑一顾，唯有采取铁腕手段才能遏制他的气焰。所以我去找奥达，表示如果采用奈西布的新目标，军饷将交给努里·沙兰，而不是给他；我再去找纳西尔，动用影响力与我们的交情，使他与我站在同一阵线。我轻易地在一个谢里夫与一个大马士革人之间点起妒火，使阿里和壮烈成仁的侯赛因嫡传子孙，与"继任者"阿布·贝克尔①的一个仍大有疑问的后代互生嫌隙。

这一刻对我们的起义运动而言是生死关头。如果我们占领了大马士革，肯定守不住六个星期，因为默里无法立刻攻击土耳其人，海军一时也来不及运送英国部队到贝鲁特。大马士革一旦失守，我们的支持者将打退堂鼓（只有让他

---

① 阿布·贝克尔（573—634），穆罕默德的挚友和岳父，创立伊斯兰教的主要支持者。穆罕默德死后，被推选为第一任哈里发。

们初尝胜利的滋味，才能使他们继续支持这场起义，停滞不前或不进反退的起义将无法成事），以致无法占领阿卡巴这个拥有安全水源的最后基地。依我之见，阿卡巴也是除了经由幼发拉底中部之外，我们得以安然进入叙利亚的唯一门户。

阿卡巴对土耳其的特殊价值在于，他们可随时对英军右翼造成威胁。在一九一四年底，土耳其的高级将领曾打算将此地当成通往运河的主要途径，后因发觉食物与饮水的补给困难而改走贝尔谢巴。然而，如今英军已撤离运河阵地，朝加沙与贝尔谢巴推进，这使土耳其部队可借由缩短战线来减轻补给的负担。结果，土耳其的运输将绰绰有余。阿卡巴如今的地理价值亦非昔日可比，因为如今它位于英军右后方，若由此出动一支精兵，当可有效地威胁阿里什或苏伊士运河。

阿拉伯人需要阿卡巴：第一，要延长战线，这是他们的战术方针；第二，与英国部队合而为一。占领阿卡巴将使他们得以掌握西奈，并与阿奇博尔德·默里爵士完成连线。这将如虎添翼，他们可以获得物资的支援。唯有我们成功的实战经验，才能克服默里的幕僚人员的人性弱点，让他们认识到我们的重要性。默里为人友善，如果我们成为他的右翼，他便会主动提供我们必要的装备，无需费唇舌。所以，对阿拉伯而言，阿卡巴代表不虞匮乏的粮食、金钱、枪炮、顾问。我要与英国保持接触，要在征服巴勒斯坦和叙利亚时担任盟军的右翼，并极力维护阿拉伯民族所期望或应享有的自由与自治。依我之见，如果起义未能到达与土耳其短兵相接的主战场，便得宣告失败，成为微不足道的枝节中的枝节。我打从与费萨尔初次会面以来，就一再向他谆谆告诫，自由是争取来的，不是靠人施舍的。

所幸纳西尔与奥达都附和我的意见。在一番舌枪唇剑后，奈西布拂袖而去，与扎基前往德鲁兹山，为他伟大的进军大马士革计划进行必要的筹备工作。我知道他搞不出什么名堂，可是也不能坐视他到那边去煽风点火，破坏我们日后的大事，所以我采取釜底抽薪之计，在他未出发前便将费萨尔拨给他的经费扣押下来。那笨蛋没让我大费周章，因为他也知道以后还有油水可捞，他以自己的小人之心度英国人的君子之腹，来找我谈条件，要求如果他能发动独立于费萨尔的行动之外的叙利亚起义，由他亲自领军，我就要答应给他更多的经费。我看得出这只是异想天开，所以，没骂他是鼠辈，反倒一口答应，并表示如果他目前若能先协助我们占领阿卡巴，我可以在阿卡巴筹募所需经费。他极不情愿地答应我提的条件，纳西尔则开心地多领到两袋意外之财。

然而奈西布的乐观也对我造成影响，我仍认为叙利亚的解放是一步步循序渐进的，阿卡巴则是必要的第一步。不过此时我发现这些步骤可以紧密连结，一旦奈西布不横加阻拦，我们打算采取相当类似他的模式，亲自到北方游说各部落。我觉得，只要再看叙利亚一眼，便可以导正我受十字军东征与阿拉伯首度被征服而持有的战略思想，并依两个新因素调整战略：铁路，以及在西奈的默里。

此外，不顾一切地冒个险也很适合我此时自暴自弃的心境。与人同心协力争取自由，这原本应该是件快意事，但是我知道其后暗藏玄机，因而心乱如麻。

阿拉伯起义是在别有所图的情况下展开的。英国内阁为了争取侯赛因的协助，决定由亨利·麦克马洪爵士出面，赞助叙利亚与美索不达米亚若干地区独立建国，"以维护我们盟邦法国的利益"。最后这一句暗指一份条约（麦克马洪一直被蒙在鼓里，待他得悉为时已晚，所以侯赛因也毫无所悉），依此密约，法国、英国、俄国同意瓜分上述这些地区，并在其余的全部地区各自建立自己的势力范围。

这种两手策略的谣言在土耳其的宣传下传入阿拉伯人耳中。在东方，人们信任的是人，而不是机构。所以，阿拉伯人已在营火旁体验我的友善与真诚，要求我以独立代表人的身份为英国政府的承诺背书。麦克马洪曾对他们做过什么承诺，以及《赛克斯-皮科条约》的拟定过程与内情，都是由外交部在战时的一个分支机构负责，我皆不得而知。但我也不是白痴，我看得出来如果我们赢了战争，对阿拉伯人的那些承诺将沦为废纸一张。假如我是阿拉伯人诚实的顾问，就应该奉劝他们收拾回家，别为这种空话出生入死。然而阿拉伯人的参与是我们赢得东线战争的主要利器，所以我向他们保证，英国会信守书面与口头的承诺。于是他们安心地力求表现。可是，可想而知，我不但无法为与他们共同达成的成果自豪，反倒一直觉得无地自容。

一天晚上，我对自己的立场有了明确的认识，当时努里·沙兰在他的帐篷中，拿出一叠文件问我应该相信哪一份英国盟约。费萨尔的成败全视我的回答与努里的意向。经过一番天人交战，我建议他如果有前后矛盾者，就应该相信日期最近的那一份。这种老奸巨猾的回答使我在六个月内跃升为诈欺集团的头目。在汉志地区，那些谢里夫一言九鼎，我为了消弭良心的不安，也曾告诉费萨尔，他的基础是如何空洞不实。然而在叙利亚，费萨尔的声名不扬，而英国则威名远播，所以我成为主谋。

　　我为了报复，誓愿要使阿拉伯起义运动不但成为他们成功建国的原动力，也要成为我们埃及战役的重要助力。我还矢志要奋不顾身率领他们赢得最后胜利，使列强不得不重视阿拉伯人的道德诉求，并协商出一套公平合理的解决之道。这必须先假设我能苟活到战后，以求在谈判桌上赢得另一场战役——极自负的假设，但在履行后得到弥补 ①。然而此等瞒骗的行径不是我要谈的重点。

　　显然我将不知情的阿拉伯人卷入一场生与死的豪赌，又无法庇护他们。无可避免地，也罪有应得地，我们将自食苦果。所以我基于对自己虚伪立场的憎恶（可有任何少尉曾替他的长官在国外撒过如此漫天大谎？），决定投入这趟漫长的危险之旅，借机与费萨尔更有分量的秘密友人会面，并研究我们未来战役的兵家必争之地。但所获得的结果与所冒的风险却不成比例，行为与动机也都无法自圆其说。我曾暗忖"让我冒个险，趁现在，我们开始之前"，我看得很清楚，这是最后的机会，而且在顺利占领阿卡巴后，我将再也无法自由自在地拥有自己，毫无瓜葛，安全地藏身于他们庇护的模糊阴影下。

　　摆在我面前的是责任与领导，那使我偏爱思考的本性深觉嫌恶。我为了自己必须去担任一个行动者而深觉自己卑鄙。因为我的价值标准与他们相较，是一种率性而行的反应，我也鄙视他们的幸福。我的心灵总是渴望得少而实际拥有得多，因为我的感官比别人迟钝，需要直接的接触才能获得知觉，它们只能

---

① 不过两年后，温斯顿·丘吉尔先生受我们忧心忡忡的内阁之托，出面排解中东问题。在几星期内，他在开罗会议时便已化解所有纷争，找出（我认为）可以履行我们书面与口头承诺（很有可能）的解决之道，而且又不会牺牲大英帝国或任何相关民族的利益。所以我们总算摆脱战时与中东的纠葛，不过已迟了三年，无法赢得各民族和国家的感激。——原注（1919）

辨别种类，无法区分程度。

我六月十六日回去，纳西尔仍在他的帐篷里忙。他和奥达见面次数太过频繁，最近起了摩擦，不过情况不严重，很轻易就化解了。一天后，老奥达再度与我们往来频仍，也与往常一样亲切又难侍候。我们在他进来时总会全体起立致意，不是因为他贵为族长，我们经常坐着迎接资历更深的族长，而是因为他是奥达——身为奥达可不能等闲视之。这老先生很喜欢摆这一套排场，而且无论我们怎么和他争吵，大家都知道其实我们都是他的朋友。

我们离开沃季已经五个星期，已花光所带来的钱，吃光豪威塔特族的羊，骆驼也已休养够或汰换成新的了——没有什么可以妨碍我们出发。即将展开的行动的新鲜感使我们对一切都安之若素。奥达又买进更多的羊肉，我们出发前夕在他的大帐篷举行了一场钱别宴，是规模最盛大的一餐。宾客多达数百人，五大盘的大餐轮番扛出来，也立刻被一扫而光。

夕阳西沉，霞光漫天，众人在饱餐后环绕在咖啡炉旁，躺在星空下流连不去，奥达与其他人则轮流说着故事。在一个空当，我不经意地提起当天下午曾到穆罕默德·戴兰的帐篷找他，就他送我一只骆驼的事向他道谢，但找不到他。奥达开心地大叫出声，大家都望着他，全场一片肃静，料想着他应该会说个笑话，他这才指着愁眉苦脸坐在咖啡炉旁的穆罕默德，扯开喉咙说："哈！我是不是该告诉大家，穆罕默德这十五天来为什么没睡在他自己的帐篷内？"众人都开心地笑着，也都不再与邻座交谈，人人手托着下巴，准备听他们或许早已听过不下二十次的故事。妇女们——奥达的三个妻子、查阿尔的妻子及穆罕默德的几个妻妾原本在厨房里帮忙，这时也挺着圆胖的身躯匆匆跑过来，站在隔间用的帘子旁边聆听。奥达这才说，穆罕默德在沃季的商店中买了一条昂贵的珍珠项链，却没有给他任何一个老婆，所以她们彼此吵得天翻地覆，唯一的共识是不让他进帐篷。

当然，这个故事是瞎掰的——奥达插科打诨的本事被起义给激发了。倒霉的穆罕默德在沃季的十四天内一直都与其他族人在一起，他向上天祈祷求救，并要求我证明奥达说谎。我面色凝重地清了清喉咙。奥达要大家肃静，并要求我证明他说的是真的。

于是我依他们说故事的习惯开场："奉慈爱的神的名义。我们在沃季时共有六个人，包括奥达、穆罕默德、查阿尔、卡西姆、穆法迪，还有那个可怜虫（我自己）。有天晚上，在天将亮前，奥达说：'我们来抢劫市场。'我们就说：'奉真主的名义。'然后我们便上路了。奥达穿着白色长袍，绑着红头巾；卡锡姆穿皮制凉鞋；穆罕默德穿豪华的丝质上衣，打赤脚；查阿尔……我忘了查阿尔穿什么；卡西姆穿棉袍；穆法迪穿着蓝色条纹的丝袍，绑着有花边的头巾。当仆人的就改不了这种习性。"

我说到此暂时打住，众人目瞪口呆。这是模仿奥达说故事的风格瞎掰出来的。我也模仿他说故事时挥手的习惯动作，他的浑厚声音，以及他要强调那没有重点的故事的重点时音调的抑扬顿挫。豪威塔特族人呆若木鸡地坐着，然后醒悟过来，开始捧腹大笑，并看好戏似地望向奥达，因为他们都知道我在模仿谁，而模仿秀对他们及他而言都是前所未见的。负责煮咖啡的穆法迪是舍迈尔族的难民，他也被我掰入故事里，听得入神，忘了在火堆中添柴薪。

我接着描述我们如何离开帐篷，并列举了是谁的帐篷，以及我们如何朝村落走去。我还将沿途所见到的骆驼与马匹、路人都描绘得活灵活现，还说山岭："光秃秃的，寸草不生，因为那里根本就是个荒地。我们就这么上路，走了约一支烟的路程后听到声响，奥达停下来说：'孩子们，我听到声音了。'查阿尔说：'老天，你说得没错。'于是我们都停下来倾听，但没听到什么，因此我这个可怜虫说：'老天，我什么都没听到。'查阿尔说：'老天，我什么都没听到。'穆罕默德说：'老天，我什么都没听到。'奥达说：'老天，你们说对了。'

"于是我们继续走，眼前一片荒凉，我们什么都没听到。这时有人从我们右边出现，是个黑人，骑着驴子。那驴子是灰色的，长着黑耳朵、黑蹄，它肩上有个像这样的烙印（我在空中胡乱比划了一番），它的尾巴甩动着，脚也开始移动。奥达看到了，说道：'天啊，一头驴子。'穆罕默德说：'我的天啊，一头驴子和一个奴隶。'于是我们继续上路。那边有一座丘陵，不是很高的丘陵，它的高度和由这里看过去远方那座'你们叫什么来着'的丘陵差不多。我们往那座丘陵前进，那是一座荒山。那个地方一片荒凉，荒凉，荒凉。

"我们一直前进，在越过那座'你们叫什么来着'的丘陵后，又出现另一座丘陵。于是我们再走向那座丘陵，并登上丘陵。那是一座荒山，整个地区一片荒凉。我们登上丘陵，到达山顶，登上最顶端，天啊，我的天啊，我的老天啊，太阳升起来了。"

第一回合到此结束。以太阳升起来暂时打住，每个人都听过不下二十次，已是陈腔滥调。奥达习惯以这种一再重复的词句，激动地堆砌出长达数小时的掠劫事迹，其实是什么也没说。我模仿他这种风格，其余的细节则添油加醋地夸张渲染一番，使得听起来像是奥达说的故事。另外，我们当中有很多人确实到过沃季的市场。那些部落人都笑翻了，在地上打滚。

奥达笑声最响亮，也笑得最久，因为他喜欢开自己的玩笑。我模仿他而编出来的这部史诗，也让他如照镜子般了解自己的叙述手法。他拥抱穆罕默德，并承认买项链的事是瞎掰的。穆罕默德感激之余，邀请众人在第二天我们出发前的一个小时，到他的帐篷吃早餐。我们到时可以吃到他妻妾亲手料理的酸乳炖未断奶的小骆驼。她们手艺出色，而且这道菜名闻遐迩。

随后我们坐在努里庭院内的水井旁，看到妇女在拆那座大帐篷，比奥达的还大，共用二十四根柱子隔成八间，长、宽、高都远超过族内各座帐篷，而且和穆罕默德的其他东西一样，是崭新的。阿布塔伊族为了确保他们的战士出征时族人的安全，正在重新调整营地，整个下午都有帐篷抬进来，搭在我们旁边。搭帐篷时长方形的帐幕先平铺在地面，绳索摆在最末端及四周的柱套旁，拉紧后绑在桩上。然后妇人会将柱子一根根插入柱套内，将柱子撑起来直到一切就位。无论风多大，一个柔弱的妇人也可以独自搭起一座帐篷。

如果下雨，会在帐底多竖一排柱子，将帐顶撑成斜面，借此防止雨水渗入。夏季时，阿拉伯人的帐篷不像我们的帆布帐篷那么闷热，因为这种宽松的毛织品有足够的空隙可以透气，不会吸收阳光的热气。

第四十九章　进军阿卡巴

我们在中午前一小时出发。纳西尔领军骑着他的加扎拉——一峰块头大得像艘古船舰的骆驼，比其他骆驼高出一英尺有余，身材匀称，但步伐像鸵鸟，豪威塔特族的骆驼中最高贵优雅的一峰，是九峰小骆驼的母亲。奥达与他并肩而行，我骑着健如步飞的纳玛——我刚买的骆驼，人称"母鸵鸟"，在他们身旁。在我身后的是我的亚格利随从，还有笨手笨脚的穆罕默德。与穆罕默德同行的是另一个农人艾哈迈德，他靠着体力与机智，在豪威塔特族待了六年——一个颇懂钻营的无赖。

爬上六十英尺高的丘陵后，我们便走出锡尔汉河谷，进入阿尔德苏万的第一座台地——一处石灰石上覆着黑色打火石的地区。地面不算结实，但经过几个世纪来骆驼的踩踏，路面已陷入两英寸，已相当坚硬。我们的目标是拜尔，位于汉志铁路东方三四十英里的沙漠中，有一群历史悠久的加桑族水井与废墟。此地距我们前方约六十英里，我们要在此扎营数日，侦察队则会到红海上方的村落中替我们带面粉回来。我们由沃季带来的粮食已快用罄（只剩纳西尔用来招待贵宾用的米），而且无法预估到达阿卡巴的日期。

我们目前的队伍总共超过五百人。看着这么一支强悍的北方民族在大漠中疯狂地追捕瞪羚，会使我们暂时将起义的所有辛酸都抛诸脑后。我们觉得当晚应当吃米饭庆贺，阿布塔伊族的各长老也来与我们共享。饭后，我们围着煮咖啡的炉火，在这座凉爽的北方高原上天南地北地闲聊。

纳西尔拿着我的望远镜躺下来，观赏着星空，大声叫着看到一群星，接着又是一群，惊讶地说这些星座以肉眼都看不见。奥达要我们聊聊那种大型的望远镜，关于人们如何经过三百年的发展，至今日已可做出比帐篷还长的望远镜。"那些星星——它们是什么星？"我们开始聊起各个恒星，大小与距离等。"这种关于星星的知识如今会发展成什么样子？"穆罕默德问。"我们的望远镜比伽利略的还要好，有许多学识渊博及一些聪明绝顶的人也都在研究，以后会做出比我们这一副更好的望远镜。而且有更多的天文学家会辨识出数以千计的新星，将它们标上方位，替每一颗星取名字。一旦我们看过所有的星星，天上也就没有夜晚了。"

"为什么西方人老是什么都要？"奥达突然挑衅地冒出这么一句，"我们能看到的星星虽然少，却可以看到星星后面的神，他不在你们看的那几百万颗星后面。""我们想穷究天地的尽头，奥达。""可是，那就是神了。"查阿尔有点不悦地抱怨。穆罕默德仍想追根究底。"这些星星上可有人？"他问。"天知道。""每颗星都有先知、天堂与地狱？"奥达打断他的问话。"孩子，我们知道我们的住处，我们的骆驼，我们的女人。其他的荣耀都归神。如果智慧的最终目标是不断找出新星，那也未免傻得太可笑了。"然后他转口谈钱，转移众人的注意力，大家也开始聊起这话题。后来他低声跟我说，等他夺下阿卡巴，我一定要替他向费萨尔争取一份贵重的礼物。

我们在黎明启程，一小时后登上威格夫这座分水岭的顶端，然后由另一侧下山。这座山丘只有一两百英尺高，质地是白垩，表层是打火石。我们这时在一座洼地中，南方是史奈尼拉特，北方是施来苏克瓦特山脉的一座白色圆锥形山头，在阳光的照射下像皑皑白雪。不久我们便进入拜尔河谷，沿河床走了四小时。春季时此地曾有洪水，使灌木丛间长满青草，看起来青葱翠绿，更适合骆驼在吃腻了锡尔汉河谷的干草后，在此饱餐一顿。

不久奥达告诉我，他要先到拜尔去，问我可想同行。我们速度很快，居然在两小时后便到达该地。奥达急着赶路，要去探视他儿子安那德的墓。安那德曾在一次搏斗中杀死了莫塔加族的斗士阿布坦，后来阿布坦的五个表兄弟替他报仇，杀死了安那德。奥达告诉我，安那德毫无惧色，以一敌五，虽死犹荣。不过他也因而只剩下小儿子穆罕默德。他带我来此，听他哀悼安那德的早逝。

当我们往墓地前进时，赫然发现水井旁的地面冒着烟。我们立刻掉转方向，小心翼翼地接近这些废墟。似乎没有人，不过水井边缘一片焦黑，井口也已残破。地表看起来像被炸得黑泥四溅。我们到井口往下探，只见汲水用的转轴已粉碎，许多石块被丢入井中，堵住井底。我嗅出空气中有火药味。

奥达跑到位于墓地下方山谷的另一口井，结果也一样，井口被炸碎，井底被石块堵塞。"这是贾齐族干的。"他说。我们穿过山谷到达第三口井——班尼沙赫族的井。井底也塞满白垩石。查阿尔来了，看到这幅惨状不禁蹙眉。我们巡视这片满目疮痍的营地，发现有大约一百匹马在此夜宿的足迹。在这片废墟北边的空地上还有一口井，我们不抱希望地上前探视，心想着如果拜尔的水井全被毁了，我们该如何是好。所幸这口井安然无恙。

这是贾齐族的井，它的完好无损也使奥达的揣测极为可信。我们发现土耳其已经有所防备，不禁忐忑不安，开始担心他们也已经去破坏马安东方的杰佛了，那是我们打算在攻击阿卡巴前集结的地点，要是当地的水井也被塞住，我们就真的傻眼了。这时，所幸还有第四口井，我们的情况虽然棘手，倒还不至于有危险。可是它的水量不丰，不足以供五百峰骆驼饮用，所以我们只好从那些井口还在冒烟、已成废墟的井中，挑出受创较轻的挖凿开来。奥达和我与纳西尔一起前往探查。

一个亚格利人拿了个硝化甘油的空箱子过来给我们，显然是土耳其人用的炸药。我们由地面炸出的痕迹判断，必是在井口一次引爆好几箱的炸药。我们往下探视，在眼睛能适应黑暗后，忽然看到在不到二十英尺深的井壁间，凿了好几个凹洞，有些仍塞着火药，引线往下垂着。

显然原本还要再炸一次，结果因引线不够而作罢。我们急忙拿出自己携来的绳索，全部绑在一起，系在一根结实的棍子上，悬垂至井中，下去探视。井壁已松动不稳，稍一触碰便有石块滑落。我发现那些炸药包很小，每包不超过三磅，用电话线绑在一起。不过似乎出了状况。土耳其人若不是在安装时出了差错，便是他们在安装妥当前侦察队已经发现我们的行踪。

所以我们不久便有了两座可供使用的水井，外加三十磅敌人留下的硝化甘油。我们决定在拜尔这处幸运的地点逗留一个星期。在原本需要粮食及打听马安与阿卡巴间虚实的目标外，我们加上第三个目标——查出杰佛的水井状况。我们派一个人去杰佛，另外挑了三四个不起眼的族人，没有人会将他们和我们联想在一起，由他们组成一支小商队，骑着有豪威塔特族烙印的骆驼，到铁路另一边的塔菲拉，待上五六天，尽可能地替我们买面粉。

至于往阿卡巴沿路的各部落，我们要他们积极协助我们在沃季拟定的攻击土耳其的计划。我们的构想是突袭杰佛，横越铁路再循那格布席塔这条著名的山径往下，由马安高原直达红色的圭威拉平原。要守住这条山径，我们必须先占领源头的大泉井——距马安十六英里的阿巴里森。此地守军人少势孤，我们可望一举攻下。然后我们将沿路挺进，一个星期后他们各哨站就会因缺水断粮而弃守，不过很可能在他们弃守前，各山地部落在耳闻我们的捷报后，会抢先将他们击溃。

我们的计划关键在于阿巴里森之役，若此役无法速战速决，戍守马安的部队将会前去支援，将我们逐出席塔山。要是他们维持如目前般只有一营的兵力，他们将不敢轻举妄动；要是他们坐视阿巴里森沦陷，静待援军的到来，阿卡巴便会落入我们手中，我们将可掌握海路，并借伊腾峡谷这座天然屏障而占有地利。所以我们若想奏功，就必须使马安在我们攻击阿巴里森时袖手旁观，并且不会因为怀疑我们在附近集结大兵而增调援军。

我们很难使自己的行动不被察觉，因为我们沿路都在大力鼓吹当地民众起义，其中不想投效者必会向土耳其人告密。敌军已经知道我们远征至锡尔汉河谷之事，再愚蠢的人也看得出来，我们的目标是阿卡巴。拜尔的水井遭破坏（后来我们证实杰佛的七口水井也皆被摧毁），显示土耳其已早有戒备。

不过土耳其军队愚蠢之至，这一点经常帮我们大忙，也常会危害到我们，因为我们忍不住会因此而鄙视他们（阿拉伯人天生反应敏捷，也因而过分自我膨胀）。轻敌的军队难免会尝到苦果。不过此时我们可以充分利用他们的愚蠢。所以我们决定采取欺敌战术，让他们误以为我们的目标在大马士革附近。

土耳其人很可能会在该地区严加防范，因为大马士革的铁路往北开往德拉，往南开往安曼，不只是汉志的铁路干线，也是巴勒斯坦的交通枢纽。如果我们攻击此地，可收事半功倍之效。所以，我在北征途中，散布我们将前往德鲁兹山脉的风声。我也刻意让奈西布大张旗鼓地前往该地，但其实只带了些许兵马及物资。努里·沙兰也配合我们的要求，向土耳其提供这则假情报。纽科姆则故意遗失一份官方文件（早就知会过我们），内容包括我们将由沃季取道杰佛与锡尔汉河谷，到达塔德穆尔，准备以此为据点攻击大马士革与阿勒颇的计划。土耳其人信以为真，于是派重兵防守塔德穆尔，这支劲旅到战争结束都困在当地动弹不得，使我们占尽先机。

第五十章　骗敌突击队

为了误导敌人，我们应该在逗留于拜尔的那个星期采取相关的具体行动，于是奥达决定由查阿尔与我率领一支突击队，前去攻击德拉附近的铁路。查阿尔精挑细选了一百一十人，我们快马加鞭，每跑六小时休息一两个小时，日夜兼程赶路。对我而言，这一趟事关重大，但对阿拉伯人而言则是稀松平常。他们认为我们只是很平常的突击队，要去攻击很平常的铁路，而且攻击模式与他们几个世纪来所采用的劫掠没什么两样。

我们在第二天下午到达杰尔加上方的铁路，此地是位于安曼北方的切尔克斯族村落。在烈日下奔驰累坏了我们的骆驼，查阿尔决定让它们在一处罗马人留下的废墟中饮水，前一阵子的豪雨已在地面积成许多水池。此地距离铁路不到一英里，我们必须格外留神，因为切尔克斯人痛恨阿拉伯人，见到我们一定会满怀敌意。此外在铁路沿线的一座高桥上也有两座哨站。土耳其人似乎在忙进忙出。后来我们才听说有一个将军可能要前来视察。

喝过水后我们又骑了六英里路，在薄暮时分转向杜列尔桥，查阿尔说这座桥很大，适合破坏。查阿尔和我前去探视桥梁，其余人员与骆驼则留在铁路东方的高地上，若出了状况可以掩护我们撤退。在桥外两百码处有土耳其部队，帐篷与火堆相当多。我们对他们在此聚集这么多兵力觉得很困惑，待到达桥梁后才发现此桥正在重建中。春雨泛滥，冲毁四座桥墩，铁路因而暂时中断。其中一座桥墩已完成，另一座正在搭建中，第三座桥墩的支柱也已架起。

炸毁这么一座已支离破碎的桥当然是多余的，所以我们立刻撤离（未惊动那些工人），打着赤脚走过一片松滑的石地，担心会扭伤脚踝。有一次我不知踩到什么东西，会移动，软绵绵，冰冰的，我使劲踩下去，以防脚下是条蛇，不过只是虚惊一场。明亮的繁星在我们身旁撒下微光，但不足以照亮路面，只在石头上留下长长的微影，地面一片灰蒙。

我们决定再往北推进，前往密尼菲尔，查阿尔认为此地很适合埋设地雷炸火车。炸火车比炸桥梁好多了，因为我们的目的是欺骗敌人，让土耳其人认为我们的主力部队在锡尔汉河谷内的阿兹拉克绿洲，位于我们真正的位置东方五十英里处。我们进入一片平原，走过一道细沙砾的浅河床。我们轻松地穿越此地时，突然听到隆隆声响。我们竖耳倾听，猜不透是怎么回事，然后北方出现一缕浓烟，随着逐渐前行而被风往后吹低飞舞。这缕由我们头顶飘过的浓烟，似乎是想让我们知道距离铁路有多近。接着火车呼啸而过，我们赶忙找地方掩蔽。要是能提早两分钟知道，我就可以将火车头炸成碎片。

此后我们默默地走到天亮，这时发现我们正走入一座峡谷。它的源头处有道急转弯往左延伸，四周的岩石如阶梯般上升，使整座山谷像是一座古罗马的圆形竞技场，山顶有一座由石头堆成的巨大路标。查阿尔说从山上可以眺望铁路，果真如此，此地便是伏击的绝佳地点，因为骆驼可以不用人看管，任它们在山谷中的青翠草地上放牧。

我立刻爬上山顶，这是阿拉伯人在十字军入侵期间的瞭望塔，视野辽阔，可远眺山坡下五英里外的铁路。我们左下方有些四方形的"咖啡屋"，那是铁路休息站，有几个小小的士兵身影正在周围悠闲地走动。我们轮流守望与睡觉，持续了数小时，其间有一部火车驶入车站内。我们决定当晚下山到铁轨处找适宜地点埋地雷。

到了半夜，突然有一团黑压压的巨影由北方逼近。我们后来才辨识出那是约一百五十名骑兵，正朝我们这座山扬长而来。看来我们已暴露行迹。这很有可能，因为这地区都是贝尔加族放牧的地盘，他们的牧羊人如果看到我们偷偷摸摸地爬上山头，必会将我们当成抢地盘的敌人，向上呈报示警。

我们所处的位置正好面对铁路，若有机动部队包抄过来将如瓮中鳖，所以我们立刻发出警报，匆匆跨上骆驼穿越刚才的山谷，越过东边的丘陵进入一座小平原，在此骆驼可以加快脚步奔驰。我们火速骑到另一侧的小丘，在敌军能看见我们之前躲入小丘后。

这里的地形对我们有利，于是我们静待他们前来。不过他们接到的密报或许搞错了地点，因为他们迅速经过我们刚才的藏身处，继续往南前进，令我们摸不着头绪。他们队上没有阿拉伯人，全是土耳其正规军，所以我们不用担心会被寻足迹追过来，不过看来土耳其还是已经有所防范。这对我而言是正中下怀，所以觉得欣慰，但查阿尔身为带队官，难免提心吊胆。他与其他熟悉此地的族人开了一次会议，最后决定再度上路，前往另一座山，在我们原来的位置更北方，不过也是个差强人意的地方，因为该地没有部落间争地盘的复杂因素。

这地点就是密尼菲尔，一座有圆形山顶、两座山肩、长满青草的高山。东面的山颈相当宽阔，可让我们同时掩护北面、南面与西面，借以安然撤回沙漠中。山颈的顶端略凹成杯状，所以聚积了充裕的雨水，使土壤肥沃、牧草鲜美。不过骆驼在此放牧必须有人一直看守着，因为如果它们往前走上两百步，便会暴露行迹，再往前四百步，便已走入西面的山下。

两侧的山肩都有支脉往前凸出，形成参差不齐的棱线。路面的中央凹陷，两旁成堤状，最中央有一道排水沟，供蓄积的雨水由山颈往下流至山谷外的河床。

往北的棱线极为高耸，与南边的豪兰山同高，绵延开来像一片灰色的天空，其间布满乌云般的黑团，那是叙利亚的拜占庭式玄武岩质城市废墟。往南的山顶是一座石标，我们可以由此俯瞰六英里外的铁路。

面对我们的西方高地是贝尔加，由星罗棋布的黑色帐篷围成的村落，农夫夏耕期间在此居住。我们位于这杯状地带，他们看得到，所以我们派人传话，让他们知道我们是谁。此后他们便守口如瓶，直到我们离去，他们才煞有介事地向土耳其谎报我们是往东逃走，进入阿兹拉克绿洲。信差回来时，我们有面包可吃了——相当充裕。我们从拜尔就开始缺粮，之后众人都只能吃干豆，而且因为没机会开伙，只能生嚼。我的牙齿无法承受这种折磨，所以一路上都未进食。

查阿尔与我当晚在涵洞内埋设加兰设计的强力地雷，可由一条引线自动连续引爆三包炸药。然后我们安然入睡，深信火车经过引爆炸药后，必会将我们吵醒。然而，一夜无事，我在天亮后将雷管拆掉。之后我们一整天都在守候，吃得饱，睡得好，山风迎面吹来，感觉一阵清爽。

持续几小时丝毫无动静，最后从阿拉伯人堆里传来一阵骚动，查阿尔与哈布希族人，以及几个反应较敏捷的族人，已朝铁路的方向冲过去。我们听到山下传来两声枪响，半小时后他们带着两名衣衫褴褛的土耳其逃兵回来，这两名逃兵来自昨天遇见的那支骑兵。其中一人在逃往铁路时挨枪，伤势严重。他到下午终于断气，临死前仍在怨叹自己的命运多舛。这倒很不寻常，大部分人临死时都很平静，毫无怨言地认命辞世。另一个人也受伤了，一枪打穿脚。他很虚弱，因天冷使疼痛转剧而呼天抢地。他羸弱的身躯全是瘀青，显然是因多次逃兵而被打成这样的，他痛得只能面朝下趴着。我们拿所剩的最后一点面包与饮水给他吃，设法帮他，却也帮不上什么忙。

下午稍后，那支骑骡步兵再度出现，直朝我们的方向而来，又引起一阵骚动。他们会经过我们埋伏的山下，查阿尔与他的族人摩拳擦掌，打算展开突袭。我们约有一百人，他们有两百余人。我们占有居高点的优势，可望在第一波攻击时便打下一批人来，然后再骑骆驼掩杀过去。骆驼，尤其是在缓降坡，可以轻易追上骡子，而且它们庞大的身影会使骡子看了脚软，未战先乱。查阿尔信誓旦旦地向我保证，在冲锋陷阵时，没有任何正规军的骑兵能比得上骑骆驼的部落民族，更何况这只是支骑骡子的步兵。我们不仅能掳获敌军，还可将珍贵的牲口一网打尽。

我问他，我们可能会有多少伤亡。他猜五六个，于是我决定按兵不动，放他们一马。我们只有一个目标：占领阿卡巴。到此地来纯粹是要误导土耳其人认为我们在阿兹拉克绿洲。为了欺骗敌人而损失五六人，无论成果多大都华而不实，因为我们要省下任何一兵一卒来占领阿卡巴，那才是我们的必争之地。如果我们真的对伤亡无动于衷，待占领阿卡巴后大可开始损兵折将，至于之前则大不可行。

我这么告诉查阿尔，他很不满，愤怒的豪威塔特族人则威胁无论如何都要冲下山去，他们要抢骡子当战利品。我则无法苟同，因为那会使我们分心。一般而言，部落民族打仗是为了争取荣耀或财富。最尊贵的三种战利品分别为武器、坐骑、衣着。如果我们能抢到这两百匹骡子，这些自豪的族人必会置阿卡巴于不顾，经由阿兹拉克绿洲赶回家，向妻小炫耀一番。至于战俘，纳西尔不会浪费粮食喂养两百张毫无益处的嘴巴，所以我们要不杀了他们，就得放他们回去，可也因而暴露我们的行踪。

我们望着他们，咬牙切齿地眼睁睁看着他们离去。这是一次严酷的考验，我们总算光荣地通过试炼。查阿尔通过考验了，他已力求表现，也期待日后我会有实质的回报。同时，他也很得意地向我展现他在贝都因人面前的权威。他们尊重他是因为他代表奥达，也因为他是著名的战士，他曾在面临小规模的叛变时，表现出指挥若定的大将之风。

如今他面临的是最大的考验。其中一个哈布希族人是奥达的表亲，年轻而充满活力，土耳其人浑然无知地经过我们山脚不到三百码的隘路，在我们的枪火射程内，这个小伙子按捺不住地冲下山，打算厮杀一场，但他跑了不到十步便被查阿尔拦下来，将他摔倒在地并痛殴一顿，直到我们担心这小伙子会哭出来而惊动土耳其人。

眼睁睁看着唾手可得的胜利由眼前溜走，滋味实在不好受，我们到晚上都仍闷闷不乐，也体会到不会有火车经过了。这已是最后时刻了，因为我们已笼罩着缺水的阴影，明天骆驼一定得喝水。所以我们在入夜后便回到铁路旁，在弯度最大的铁轨处安置三十包炸药，随意将它们引爆。选择有弯度的铁轨，是因为土耳其人必须到大马士革才能调到这种材料。事实上，他们花了三天才调来新铁轨。然后抢修用的火车压过我们的地雷（被破坏的铁轨是我们的诱饵，我们将钓钩埋在后面），炸毁了火车头。铁路因此中断三天，各路线全面检查，以防还有陷阱。

当然，我们当时未能预见这些好事。完成破坏后，我们懊恼万分地回到骆驼边，在午夜不久后启程。那个战俘被独自留在山头，因为他既不能走路，也不能骑骆驼，我们也没担架可以抬。我们担心他会饿死在原地，事实上，他已奄奄一息了，所以，我们在一根炸断后横躺在铁轨上的电话线杆上，以法文和德文留了张字条，指明他所在的位置，并表示他是在和我们激战后遭俘虏。

我们希望这么说可以使他免于因当逃兵而受严惩，也免得土耳其军方认为他和我们勾结而枪毙他。不过我们六个月后回到密尼菲尔时，发现两名逃兵的枯骨已散落在当初的扎营处。我们对土耳其的士兵总觉得很惋惜。土耳其的志愿役职业军官是基于个人野心而挑起战端的——几乎是因为他们才会有这场战争。我们不只希望他们能接受应得的报应，更希望连那些被招募入伍的小兵因他们的错误而蒙受的苦楚也能由他们承担。

第五十一章　满载而归

我们在夜色中迷失于杜列尔多石的丘陵与山谷间，但仍继续前行直到破晓，所以在天亮后半小时，阳光的阴影已在山谷中拉得老长，这时我们到达以前用过的水源地卡坞，它的废墟由杰尔加延伸下来，使这座山看起来像长了痂疤。我们让骆驼在两座水池中饮水，然后准备回拜尔，这时一个切尔克斯少年出现，他赶了三头牛朝废墟的青草地前进。

这可不行，所以查阿尔派前一天急着下山厮杀的那些族人去抓那少年。少年被他们抓回来，毫发无伤，但吓得半死。切尔克斯人平时相当嚣张跋扈，不过一遇到劲敌就成为缩头乌龟，所以见到这个少年吓得屁滚尿流，让我们极为不齿。我们取水冲他，直到他恢复神志，然后安排他与一个年轻的谢拉雷特族人拿匕首格斗，这个年轻人在我们行军期间曾因偷窃被逮。我们借此惩罚他。那个切尔克斯少年被划伤后，便趴在地上哭泣。

这下子他可成为我们的烫手山芋了。如果放他走，他必会向族人示警，使他的族人跟过来追杀我们；如果将他绑在这种荒郊野外，他必会饥渴而死，更何况，我们也没多余的绳子。杀死他又似乎太没想象力了，不值得劳动一百多人杀这么一个缩头乌龟。最后，那个因偷窃被逮的谢拉雷特族小伙子说，如果我们愿给他改过自新的机会，他愿意处理这件事，并且放那少年一条生路。

他将少年的手腕绑在他的鞍座上，让他徒步跟着我们跑了一个小时，直到他喘不过气来。我们仍在铁路附近，不过已经离开杰尔加四五英里远。然后那个谢拉雷特族小伙子将他的衣服剥光，让他趴在地上，再抓住他的脚，抽出匕首，在他的脚跟狠狠地刺了一刀。那个切尔克斯少年又痛又怕，哭得死去活来，大概以为自己小命不保了。

虽然这一幕看起来很诡异，却很有效，也比将他杀了人道些。这伤口将使他只能靠手与膝盖爬行前往铁轨处，那要花上一个小时。而且他一丝不挂，使得他必须躲在岩缝的阴影下，直到阳光不这么炙热。他对此倒并不领情，不过我们还是抛下他，穿越绵延起伏的青草原。那些骆驼低头吃草，显得有点不大自在，因为我们仍坐在它们的颈背上，但我们得把握时间让它们吃草，未来将要一天赶八十英里路，只能在日出与日落时短暂地略事休息。

天亮后我们便往西走，然后在还未到达铁路前的残破的石灰石岩棚处下骆驼，悄悄潜行，直到阿特威火车站出现在我们底下。车站的两间房子（第一间只在一百码外）并排，一间挡住了另一间。屋内的人正在放声高歌，毫无异状。他们刚开始一天的作息，蓝色轻烟由守卫室袅袅升空，一个士兵赶出一群小羊，在车站与山谷间肥美的草地上放牧。

这群羊使我们决定铤而走险，因为在像马一般嚼了许久干豆后，我们渴望吃肉。那些阿拉伯人在数着十只、十五只、二十五只、二十七只时，口水也在嘴中打转。查阿尔下山进入谷中河床，铁路在此经过一座桥，他率领身后一列人马潜行，直到隔着草地与车站相对。

我们在丘陵上监视车站的调度场，看到查阿尔将步枪靠在河岸边，将头藏在草堆里。他举枪指向售票亭外那些正在喝咖啡的军官与坐在凉椅上的官员。他扣下扳机，一个最肥胖的人在满脸骇异的同伴的注视下，缓缓颓倒在椅子上，再跌落地面。

这时查阿尔的手下枪声大作，由谷中冲杀出去。不过靠北面的那栋房子的门砰一声关起来，钢制的窗板后也传出还击的枪火。我们也还击，但不久发现无济于事，故而不再开枪，敌人也停火。谢拉雷特族人将那些害人不浅的羊群往东赶入山中，与骆驼会合。其他人则都跑到查阿尔身旁，他正急着要进入距我们较近、没人防守的那栋建筑物。

就在这待命冲锋的千钧一发之际，众人突然停下脚步，接着是一阵惊慌。阿拉伯人天生警觉性高，在危险出现之前便能事先察觉，脑子还没转过来，本能已先做好防备。有一辆台车由南方载着四个人前来，车轮的吱嘎声盖过刚才的枪声。鲁瓦拉族人藏在三百码外的涵洞内，我们则屏气凝神守候在桥边。

那辆台车毫无警觉地经过我们埋伏的地点，埋伏人员冲出堤岸，我们则横挡在前面。那些土耳其人吓得赶忙刹车，弃车逃跑，躲入杂草丛生的山中。我们再度枪声大起，他们应声倒地。这辆台车上载着铜线与电信工具，这是我们在架设长途管线时，埋在地下的"地线"。查阿尔放火烧毁我们占领的这半边车站，木制房屋一下子便燃起熊熊烈焰。木板与窗帘布在被火舌吞噬时，急剧地扭曲变形。这时亚格利人忙着调制炸药，不久我们便引爆这些炸药，炸毁一处涵管、许多铁轨以及极长的电报线。我们原本跪坐着的那一百峰骆驼在听到第一声爆炸后，便警觉地站起来，随后每出现一声爆响，它们就疯狂地以未绑着的三只脚上下跳跃，直到将绑在第四只脚上的绳子挣脱，四处乱窜，跑得无影无踪。我们花了三小时追赶它们和那些羊群，所幸这期间土耳其人没追过来，否则我们当中有人势必得走路回家。

我们直到离开铁路数英里后，才坐下来大啖羊肉。我们没有刀子可用，在杀了羊之后，只得借助打火石碎片来切割羊肉。由于我们不习惯这种克难工具，使用这些石器的动作宛如原始人。我心念一转，不禁想道：如果铁一直稀罕珍贵，我们应该会像旧石器时代的人类一样，精巧地用石头打造日常工具；如果根本连一点铁也没有，如今我们制造精美石器的技术必已达炉火纯青之境。我们一百一十人一口气吃完二十四只羊，骆驼则在四周吃草，或吃我们吃剩的肉屑——最出色的骑乘用骆驼都已学会吃烹煮过的肉。我们吃完后再度上路，在夜色中朝拜尔前进。在拂晓时我们无任何伤亡地打道回府，任务成功，吃得撑肠拄腹，而且满载而归。

第五十二章　富维拉得而复失

　　纳西尔的表现可圈可点。他由塔菲拉运来可以维持一星期的面粉，暂解燃眉之急。我们在攻占阿卡巴之前，已无挨饿之虞。他已经与杜曼尼叶族、达劳夏族、狄雅贝族这三个豪威塔特族支派取得联络，他们都位于马安与阿卡巴间第一道要冲那格布席塔山径上。他们很乐意助我们一臂之力，要是他们能立刻朝阿巴里森挥军，或许可以出奇制胜。

　　我充满期盼，也因而再度率军展开疯狂征途，但没什么斩获。不过土耳其人并未心生警觉。我带队出征时，遇到努里·沙兰十万火急派来的一个信差，在寒暄过后，他便转达努里·沙兰的口信，表示土耳其已要求努里·沙兰的儿子纳瓦夫率领四百名骑兵，由德拉前往锡尔汉河谷追赶我们，用意是将努里·沙兰的儿子当人质。努里·沙兰另派了一位远房侄子特拉德去领军，他故意带着这支骑兵胡转乱弯，使人马皆因干渴而饱受煎熬。他们目前位于我们前一阵子扎营的那布克。土耳其政府在这支骑兵回去复命前，会认为我们仍在锡尔汉河谷中。他们尤其不会担心马安的安危，因为他们那批炸毁拜尔水井的工兵汇报，所有的水源都已摧毁，杰佛的水井也已经在前几天悉数破坏。

　　看来杰佛是去不得了。不过我们仍抱着一线生机，希望在该地也能找到那些爆破技巧拙劣的土耳其兵未能完全破坏的水井。曾在沃季矢志效忠费萨尔的扎伊夫-阿拉是贾齐地区的豪威塔特族族长，杰佛的王者之井被炸毁时曾在场，他由马安捎来密函表示，他听到水井上端的石块碎裂声，堵住了井口。他认为汲水的轮轴仍完好无损，只要几个小时便可将落石清除。我们也期望如此，于是全营在六月二十八日由拜尔开拔，前往杰佛一探究竟。

　　我们快速穿越杰佛险诡的平原。到第二天中午，我们已在水井边。水井看起来似乎已被炸得粉碎，我们也生恐计划会因而受挫，由于这次计划极为周密，任何环节出错都会牵一发而动全身。

　　然而，我们还是去查探扎伊夫-阿拉所提的那口井——奥达的财产，并开始在井边测量。我们以木槌敲击地面，地底传出空洞的声响，所以我们征求会掘井的自愿者。有几个亚格利人挺身而出，领头的是替纳西尔照顾骆驼的莫祖吉，一位能干的小伙子。他们利用我们仅有的一些工具开始挖掘，其他人在他们身旁绕成一圈围观，并唱歌替他们打气，我们承诺在挖出水后会赏他们金币。

在夏季的骄阳下挥汗掘井极为吃力，因为杰佛平原的土质都很坚硬，像手掌般平坦，上面覆着一层亮得刺眼的盐，绵延达二十英里。可是时间急迫，如果我们没能挖出水来，或许必须连夜赶五十英里路前往下一口井，所以我们在日正当中时仍轮流挖掘以抢时间，使能找到的人手悉数派上用场。由于爆炸时已将石块炸开，地基也被炸松，所以挖起来还算顺手。

他们将土石往外挖开，井中央的四周土石堆积如同高塔。我们小心翼翼地将最顶端的土石拨开，这项工作很艰巨，因为翻动任何石块都会连带使周边的土石滑落。不过那表示我们的进度很快，因此大伙的士气高昂。在日落前，挖掘人员大叫井内的积土与落石已经挖空，他们可以听到几英尺下的泥浆有溅水声。

半小时后，井口忽然传来一阵石头撞击声，然后是水花激溅声与人的喊叫声。我们匆匆往下探视，在莫祖吉的火把的照映下看到井壁已经挖开，不再只是一条细窄的通道，而是像颈细底宽的瓶子一般，井底宽达二十英尺，黑漆漆的水中，只见一个亚格利族挖掘人员拼命划水以免淹死，使得白色水花四溅。大家都俯在井口笑他的狼狈样，最后阿卜杜拉才抛了条绳子给他，将他拉上来，他全身像落汤鸡，被嘲弄得一肚子火，不过毫发无伤。

我们重赏挖掘人员，并宰杀一峰今天行进间累倒的病弱骆驼慰劳他们。我们整晚饮水，这期间则由一队亚格利人边唱歌边以烂泥与石块砌出井壁。到天亮时，井壁已砌成，整座水井完好如初。不过水量不是很多。我们夜以继日地汲水，还是有些骆驼没喝饱。

我们开始在杰佛采取行动。一批人员前往杜曼尼叶族人的营地，率领他们从事早已约妥的攻击富维拉行动，这里的碉堡可监视阿巴里森山径的源头。我们计划在马安每星期运来补给品的前两天展开行动。若使这些偏远哨站断粮，并让他们孤立无援，便可如探囊取物般将他们一举击溃。

这期间我们在杰佛等候，静待这一波攻势的成果——它的成败将决定我们下一步的方向。这段滞留的日子还算好过，因为我们的处境有其可笑的一面。

在视线良好的日子里，我们的位置就在马安的能见度范围内。然而我们却悠哉地在水井营地旁闲晃，完全不用担心暴露行迹，因为土耳其守军认为拜尔或此地的水井都已无法使用，并沾沾自喜地认为我们这时正在锡尔汉河谷中与他们的骑兵缠斗。

我藏在水井旁的草丛中，躺上数小时以避暑，非常慵懒，装作已经睡着了，宽大的丝质水袖覆在脸上当面纱遮苍蝇。奥达坐在一旁，滔滔不绝地讲述着他那气势雄浑的史诗故事。最后我忍不住谴责他光说不练。他想到即将展开的攻击行动，开心地抿抿嘴。

第二天拂晓时分，一个疲惫不堪的骑马人员进入我们营地，他说我们的人前一天下午一到达杜曼尼叶族人的营地，就立刻朝富维拉的哨站开火。不过奇袭并未奏功，土耳其人躲入防御工事内将他们击退。阿拉伯人沮丧地撤退回掩蔽处，敌军相信这只是寻常的部落纷争，因此派了一队骑兵到距离他们最近的一处营地还击。

那座营地中只有一个老妇人、六个妇女与七个孩童。这支部队由于找不到年轻力壮的男人，怒而将整个营地破坏殆尽，并将那些老弱妇孺全部割颈泄恨。杜曼尼叶族人在山上，未能及时得悉，待知道时已措手不及。不过他们在义愤填膺之下，堵住那群刽子手的回路，将他们杀了个片甲不留。然后他们一鼓作气，一举攻陷那座兵力已经薄弱的哨站，不留任何活口。

我们早已备妥鞍座，因此十分钟内便已出发，前往贾迪哈吉，这是我们前往阿巴里森的路上位于马安南方的第一座火车站。同时我们派遣一支小突击队在马安上方横越铁路，在另一侧声东击西。他们要针对由巴勒斯坦前线往后方运送的病弱骆驼群展开骚扰，土耳其人让它们在修北克平原休养生息，待恢复元气后再送上前线。

我们估计土耳其人在富维拉惨败的消息要到早上才会传到马安，而且他们在入夜前也无法骑这些骆驼（如果我们派到北边的突击队未能威胁到它们）赶到富维拉支援。要是我们趁此时机攻击贾迪哈吉的铁路，他们或许会在得悉消息后又将这支增援部队改调去协防贾迪哈吉，如此我们当可畅行无阻地进军阿卡巴。

我们打着这个如意算盘，整个下午稳健地在热气中赶路，到达铁路。我们将沿途的哨兵与巡逻队一一击溃，再开始炸火车站边的桥梁。贾迪哈吉车站内的守军兵力单薄，但仍不自量力地冲出来与我们厮杀，被我们打得落荒而逃。

　　他们当时正在打电报，想必已通知马安，更何况，由马安也可以听到我们一连串爆破所造成的巨响。我们的目标是引诱敌人入夜后来找我们，或前来此地，然后他们会发现此地已杳无人迹，只剩许多碎成赍粉的桥梁，因为我们动作快速，破坏力极强。每座涵洞都安置了三到五磅的炸药。我们在不到六分钟内，以短信管引爆，炸毁了桥拱、桥墩，就连桥壁也成断坦。我们就这么摧毁了十座桥梁及许多铁轨，完成爆破任务。

　　我们等到入夜后不会暴露行踪时，开始往铁路西方走五英里，寻找掩蔽处，之后生火烘焙面包。然而，我们还来不及用餐，已有三个骑马的侦察兵汇报，有一大队援军——携带巨炮的步兵刚由马安调往阿巴里森。杜曼尼叶族人被胜利冲昏了头，像一盘散沙，毫无抵抗便撤守。他们在巴特拉等着与我们会合。阿巴里森已经失守，那座碉堡、山径、对阿卡巴的掌控，皆未发一枪便落入敌人手中。

　　我们后来才得悉，土耳其这队不速之客会在此出现纯属意外。当天有一旅援军刚到达马安。这时阿拉伯人痛袭富维拉的消息也正好传来。这支劲旅的行李锱重都还在车站内，因此原班人马再加上一队炮兵与几位骑兵，浩浩荡荡地移师至被占领的哨站还击。

　　他们在上午离开马安，沿着汽车走的路前进，这些人员都是由白雪皑皑的高加索地区调来的，在南方的烈日下汗流浃背，每到一口水井处便口干舌燥得猛灌水。他们由阿巴里森爬上山，到达那座旧碉堡，那边已经没有人烟，只有秃鹰在天空盘旋。这旅部队的旅长担心碉堡内的惨状会影响士气，所以将他们带回阿巴里森路边的泉水旁，他们便在蜿蜒曲折的峡谷内的水边安稳地过了一整夜。

第五十三章　马安守军吓破胆

这个消息让我们一扫慵懒之气。我们立刻将行李丢上骆驼背，沿着这片叙利亚高原地带往下走。刚烘好的面包还热乎乎的，我们边走边吃，大队人马穿越谷底所扬起的滚滚黄沙以及路旁苦艾草的呛鼻味，也随着面包吞下肚。经过漫漫夏日，入夜后进入这种无风的山区，感官会格外敏锐。像我们这般千军万马地行军，带头的骆驼群会踢动树丛间芳香的枝丫，使香气飘入空中，久久不散，后面走过来的人便觉得沿路飘香。

这段坡路沿途长满刺鼻的苦艾草，洼地中的繁花茂草更是浓密。我们的夜行军有如经过一座花园，两旁都是无法辨识的锦簇花团。噪音也很明晰。奥达在前面开始引吭高歌，其他人也怀着赴战场的豪情壮志不断地应和。

我们整夜赶路，于破晓时在巴特拉与阿巴里森间的山头休息，此地景致怡人，往西可远眺翠绿与金黄相间的圭威拉平原，再往后是层山群峦，山外则是阿卡巴与大海。杜曼尼叶族的族长卡西姆·阿布·杜梅克正领着刚败逃的族人，焦急地等着我们，灰污的脸上仍留有昨天鏖战留下的血迹。他们向奥达与纳西尔深深致意。我们知道有土耳其生力军戍守，无法通过山径，因此匆匆研拟计划，并分头进行。除非我们能将这支劲旅击溃，否则两个月来的辛苦与危难都将功败垂成。

幸好敌人用兵不当，让我们有可乘之机。他们睡在山谷中，我们已包围四周的山头，他们却浑然不察。我们开始朝他们在斜坡下及水边石面上的据点频频放冷枪，试图激得他们冲上山来厮杀。同时，查阿尔带队到平原外将通往马安的电报与电话线剪断。

如此持续了一整天。暑气炙热——比我之前在阿拉伯半岛所待的任何一天都热，焦虑与必须不断移动位置使我们更是难熬。甚至有些强悍的部落人都被烤得中暑，爬着或被抬到岩隙的阴影中歇息。我们借着神出鬼没地跑上跑下来壮大声势，甚至远达对面山头找新据点，使敌人摸不清我们的人数。山坡陡峭，我们累得气喘如牛，蔓生的杂草像手一般缠住脚踝，跑起来格外吃力。山头突出的石灰岩棚划伤我们的脚，还没入夜，精力最充沛的人也已经累得步履沉重了。

步枪因受烈日曝晒与不断射击而热得烫手，而且我们不敢浪费子弹，每次都要很有把握才扣扳机。我们也因趴在石面上瞄准敌人而烫伤了胸膛与手臂，后来这些部位都逐渐脱皮。疼痛加深干渴，可是我们的饮水早已匮乏，也无法调拨人手到巴特拉取水。如果水不够大家喝，最好就是每个人都不要喝。

令人略感安慰的是敌人在密闭的山谷中，远比我们在空旷的山上要闷热。而且他们是土耳其人，细皮嫩肉，难以适应这种三伏天。所以我们跟他们耗下去，也不让他们轻易撤走或还击。他们一筹莫展，根本无法朝我们开枪，因为我们不断更换位置，神出鬼没。他们的重炮也不值一提，每发炮弹都飞越过我们头顶，在身后的高空中爆炸。当然，他们从低处有时也能看到我们，朝山头猛开炮。

到下午我中暑了，或是说装病，因为我已累得半死，顾不了那么多了。我爬进一处有泥浆的洼地，借着丝袖当滤网，从烂泥中吸些微薄的水分。纳西尔也来了，像头野兽般喘着大气，干裂的嘴唇淌着血丝痛苦地大张着。老奥达也来了，勇猛地昂首阔步，目如铜铃，眼中布满血丝，饱经风霜的脸庞因激动而益发棱角分明。

奥达看到我们趴在阴影下纳凉，狞笑着粗声问我："好啊，你现在认为豪威塔特族人怎么样了？光说不练吗？"我这时正在与所有人及自己生闷气，不由得反唇相讥："老天有眼，一点也没错，他们子弹打得很多，打中敌人的很少。"奥达顿时气得脸色发白，浑身发抖，将头巾一把扯下，甩在我身旁的地上，然后抓狂般冲上山头，以他粗厉的声音召唤人员集合。

他们聚集在奥达面前，不久便散开往山下冲。我担心要出状况了，因此挣扎着前去探查。他独自挺立在山冈上，虎视着敌人，只对我说了一句："如果你想看老将展神威，快去骑骆驼。"纳西尔也招来他的骆驼，我们骑着跟过去。

那些阿拉伯人冲入一座小山冈的山坳处，我们知道这座山冈外便是阿巴里森山谷，在泉水下方不远处。我们的四百名骑骆驼的人员全已到齐，这个地点敌人刚好无法看见。我们骑到他们前头，问希姆特怎么回事，还有骑马的人员都到哪里去了。

他指着上方山冈外的另一座山谷说："和奥达在那边。"他正说着，山头忽然吼声与枪声齐鸣。我们赶忙鞭策骆驼骑到崖边查探究竟，只见五十名骑马人员像脱缰野马般由最后一段坡路冲入山谷，沿路频频放枪。我们看到两三个队员从马上摔落，其他人则高速冲锋，吼声震天，土耳其步兵聚在崖下，打算背水一战，打出一条生路。到薄暮时分他们的队伍开始漏洞百出，最后在奥达的左冲右突下，终于溃不成军。

纳西尔张开鲜血淋淋的嘴，高声叫道："上！"于是我们也骑骆驼疯狂地冲下山，朝四处逃窜的敌人扑杀过去。这道坡路对骆驼而言并不太陡，但已足以让它们跑得收不住脚，然而阿拉伯人仍能左右摇摆身体，并朝土耳其人开枪。土耳其人只专注地应付奥达的冲锋，没料到我们会由东面斜坡夹击。我们突然由侧翼冲出，庞大的骆驼以三十英里时速往下冲刺，有如天降神兵，吓得土耳其兵魂不附体。

我骑的那峰谢拉雷特种骆驼纳玛也奋不顾身地扬蹄狂奔，一下子就将别人

抛得老远。土耳其人朝我们开了几枪，但大部分人都已吓得魂飞魄散，拔腿就跑。他们朝我们开的几枪也没造成什么伤害，因为要将高速冲刺的骆驼摆平，区区几枪远不济事。

我已冲到最前头，并开始射击，当然是用手枪，只有枪技出神入化的人才能在骑着骆驼冲刺的时候还能使用步枪。这时我的骆驼突然腿一软，像被宰了般趴倒在地。我整个人被摔出鞍座外，在半空中飞了老远，然后重重落地，全身乏力，感觉麻木。我躺在原地，静静等着土耳其人来杀我，口中还不断哼着一首已几乎遗忘的诗歌。刚才在冲下山时，骆驼飞快的步伐让我蓦然想起这首诗的韵律：

> 因为主啊，我可自由享用您所有的奇花异草，但我选择尘世的悲伤玫瑰，所以我的双腿断裂，我的双眼因流汗而失明。

这时我脑子的另一部分则在想着，一旦大队人马从身上践踏过去，我将会变成何种德性。

过了许久，我不再哼诗歌，没有土耳其人过来，也没有骆驼踩过身上，耳朵忽然恢复知觉。前方传来一阵喧嚣。我坐起身，看见战事已结束，我们的人

员全聚拢在一起，将敌军的残兵余将赶尽杀绝。我的骆驼像块石头般躺在我身后，冲刺的队伍在此分成两道，它的后脑壳内还留着我开的第五枪不慎打中的厚重子弹。

穆罕默德将我的备用骆驼欧贝德牵了过来，纳西尔带着他从穆罕默德·戴兰手中抢救下来的土耳其指挥官回来了。这个笨蛋已经受伤，却仍不愿投降，还想掏出手枪顽抗。豪威塔特族人下手时极为狠毒，因为前一天残害妇孺的恶行是他们前所未见的战法。所以他们只留下一百六十个战俘，大都已受伤；三百名阵亡者或奄奄一息者满山遍野。

有几个敌人逃走了，是他们队中的炮兵，以及若干有坐骑者与军官，还有他们的贾齐族向导。穆罕默德·戴兰直追到三英里路外的姆雷加，边骑边骂，要他们牢牢记得他，千万别再让他碰上。穆罕默德很有政治头脑，奥达及他表亲们的世仇都与他无任何瓜葛，对所有族人也都很友善。在侥幸逃脱的人中，有一个是扎伊夫-阿拉，也就是向我们通报杰佛的大井而帮了大忙的贵人。

奥达昂首阔步地走进来，喜不自胜地扫视战场，如连珠炮似的说着："谁说我光说不练，我就练给你看，子弹，阿布塔伊族……"他举起破碎的野战望远镜、他那副戳得千疮百孔的枪套，还有割得像碎布的皮制刀鞘。他曾遭一排子弹扫射，战马也因而阵亡，尽管衣服被打了六个洞，却毫发无伤。

奥达后来告诉我，十三年前他花一百二十镑买了一本有驱邪神力的《古兰经》，此后便不曾受过伤。事实上，死神看到他的脸也要退避三舍，转而去向他的兄弟、儿子及手下索命。那本《古兰经》是在英国苏格兰格拉斯哥印行的版本，定价才十八便士。不过面对奥达这个凶神恶煞，没有人敢笑他迷信。

奥达对这一仗相当满意，主要是因为他使我哑口无言，出了一口闷气，并展现他族人的能耐。穆罕默德被我们这一对笨蛋搞得极为火大，骂我比奥达还笨，因为我出言不逊激怒了他，差点害大家送命——虽然队上只有两人阵亡：一个鲁瓦拉族人与一个谢拉雷特族人。

当然，队上有任何人丧命都是一件憾事，不过此刻已迫在眉睫，必须立刻占领马安，使位居我们与海岸之间的土耳其部队闻风丧胆、弃械投降，如此就算折损不止两人也心甘情愿。面临这种情况，死神索命是理直气壮而且不费吹灰之力的。

我前去侦讯战俘，问他们的部队以及马安的部队的情况。他们都吓坏了，有些张口结舌，说不出话来，有些则喋喋不休，语无伦次，另有些则无助地饮泣，抱着我的膝盖，抗议说他们也是穆斯林同胞，大家都是兄弟。

我后来实在气不过了，将其中一个拉到一旁对他动粗，旧伤加新痛使他恢复神志，回答得比较有条理。答案令人安心，他们那一营是唯一的援军，而且只是后备营，戍守马安的两个连无力防护整个营区。

这意指我们可以长驱直入，垂涎城中可观的金银财宝的豪威塔特族更是跃跃欲试——尽管我们在此已取得丰硕的战果。纳西尔，后来奥达也加入，协助我让他们稍安勿躁。我们孤立无援，没有正规军，没有巨炮，没有比沃季还近的基地，没有补给线，连钱都没有，因为金币已花光了，我们还自己发行钱票付薪饷，承诺在"占领阿卡巴后"再兑现。此外，也不能因为战术的成功而改变战略。我们必须朝沿岸推进，重新与苏伊士展开陆海联系。

然而能让马安守军更胆战心惊也不错，所以我们派骑兵去占领姆雷加以及瓦黑达。我们大军压境、修北克路上的骆驼遭抢、哈吉的爆破，再加上援兵也被打得溃不成军，这些消息一下子全涌入马安，一时城内风声鹤唳，人心惶惶。土耳其的军事总部急电求援，文官则将所有文件打包后装上卡车，火速逃往大马士革。

第五十四章　直抵阿卡巴

　　阿拉伯人开始四处抢劫土耳其人的载货火车和营地。在皓月升空后不久，奥达来找我们，说必须出发了。纳西尔和我都极为不满。今晚有西风吹拂，历经一天的酷热与激战，待在海拔四千英尺的阿巴里森，我们的伤口因湿气而更为疼痛。这道泉水是一缕银丝，潺潺流经鹅卵石河床与青翠的草丛，我们就裹着斗篷躺在草地上，一心想着不知有什么好吃的，因为我们在这一刻对成功有股羞耻感，那是胜利后的反应，发现没什么是值得一做的，也没做出什么值得做的。

　　奥达坚持要出发。部分原因是迷信——他担心刚阵亡者的冤魂会来纠缠我们，部分原因是担心土耳其会派大军回来报复，还有部分原因是提防其他部落的人趁我们毫无防备时偷袭，其中有的是他的世仇，其他人则可能表示要来助战，但在黑暗中误以为我们是土耳其部队，所以盲目开枪。我们只好起身，将那些垂头丧气的战俘排成一队。

　　他们大都必须徒步。大约有二十峰骆驼在冲锋时阵亡或已经奄奄一息，有些则太过虚弱，无法两人共乘。其余的骆驼则都驮着一个阿拉伯人和一个土耳其人，不过有些土耳其人伤势太过严重，无法稳坐在鞍座上。最后我们只好将大约二十人留在小溪旁的草地，至少他们在这里不会渴死，虽然苟活或获救的机会也很渺茫。

　　纳西尔亲自去帮这些被留下来的人乞讨毛毯，他们全都衣不蔽体。阿拉伯人正在打包时，我到刚才激战过的山谷中，看看死者身上有无可利用的衣服。不过贝都因人早在之前就将他们剥得精光了，那就是他们光荣的战利品。

　　对阿拉伯人而言，胜利的重要成就之一就是穿着敌人的衣服。第二天，我们的部队摇身一变（上半身）成为土耳其部队，每个人都穿着军服，因为我们击溃的是刚调来的正规部队，配件与制服都是全新的。

　　阵亡者看起来美得出奇。月光柔和地普照大地，为他们抹上一层象牙色的银辉。土耳其人的皮肤白皙，比阿拉伯人白多了。这些士兵还很年轻，身旁遍布着漆黑的苦艾草，这时露水凝重，枝梢的露珠在月光照耀下熠熠生辉。尸体大都随便抛掷在地上，蜷缩成一团。如果能躺平，他们至少应该会舒服些。所以我将他们排好，一个接一个。我已疲惫不堪，很希望自己像他们一样静静地躺着，不要像山谷中那群喧嚣杂乱的乌合之众，为了争战利品而互相叫嚣，或是夸耀自己的速度与体力能再熬过几次类似的痛苦。死后，无论我们是赢是输，都只能等待他人的盖棺论定。

部队准备就绪后，缓缓往山坡移动，再翻过山头，进入一座无风的洼地。在此地，那些疲惫的手下纷纷就寝，我们则忙着口述给沿岸豪威塔特族各族长的信函，告诉他们这场胜利，要他们去攻打并占领最接近的土耳其营地，等待我们到达。我们对一个被俘的军官很友善，他是个警官，正规军官瞧不起他，我们说服他当我们的土耳其书记，替我们草拟致圭威拉、凯瑟拉、哈德拉三处哨站指挥官的信函，告诉他们，如果我们心情好，就会留下活口，而且只要他们立刻投降，我们保证他们受到良好待遇，并被安全遣送到埃及。

我们就这么写到天亮，然后奥达带队出发，沿着长满石南的山谷前进，走完最后一英里群山环绕的谷地。那种感觉很温馨，有家的感觉。当走到最后一道青草河岸，我们猛地发现，这是最后一段路了，再往前除了空气，一望无际。这种变化令我叹为观止。后来，我们每次再来此地，我心中总会有一股渴念，忍不住想驱策骆驼登上山头，由山冈上眺望旷野。

席塔山的山腰在我们下方迤逦数百英尺，像一座堡垒，夏日清晨的云层笼罩在山头，山脚下展开圭威拉平原的新生地。阿巴里森的圆形石灰石山腹上覆满泥土与石南，一片苍翠，水源丰沛。圭威拉是一片粉红色沙质平原，许多水道流经其间，灌木丛生。环绕这平原的，是饱经风雨侵蚀而斑驳的高耸的砂岩壁，在朝阳的照射下散放出缤纷的色彩。

在有如牢狱的山谷中待上数天后，见到这种视野辽阔的景致真是心旷神怡，就像人生的壁上开了一扇窗。我们徒步走下蜿蜒曲折的席塔山径来感受这片美景，因为我们一路骑在骆驼上被摇晃得昏昏欲睡，无暇观赏沿路的景致。一到山脚，牲口发现路旁有草丛，便开心地嚼食一顿。于是在前头带队的我们下令休息，在柔软如沙发的沙地上翻滚，随后不知不觉地呼呼大睡。

奥达来了。我们辩称是为了那些伤残战俘着想才休息的。他回答，如果我们上路，他们可能会累死，但是再这么蹉跎时间，我们和他们都会没命，因为饮水确实只剩少许，粮食则已用罄。然而，我们实在走不动了，所以当晚才走了十五英里，还未到达圭威拉便停下来扎营。伊本·杰德谢里夫在圭威拉等我们，他自知势单力薄，所以主动前来晋见。如今我们人多势众，这只老狐狸无异于成了我们的笼中物。他一见面便极尽巴结之能事。土耳其战俘中有一百二十名交给他看管，我们同意让他慢慢地押解他们到阿卡巴，如此那些战俘也轻松些。

这一天是七月四日。时间急迫，我们肚子又饿，阿卡巴仍隔着两道防线。距我们最近的一个哨站是凯瑟拉，我们摇旗示意要谈判，对方断然拒绝。他们的断崖可以监控整座山谷——占尽地利，恐怕要付出惨痛代价才能攻得下。我们很讽刺地派伊本·杰德和他精力充沛的手下执行这项任务，建议他入夜后行动。他畏缩不前，找出各种理由推托，表示时值月圆，光线太亮。但我们不为所动，并向他保证今晚稍后月亮会消失一阵子。依照我的日志记载，当晚会出现月蚀。结果月蚀准时出现，阿拉伯人也强力攻下那座哨站，毫无伤亡，那些迷信的士兵则胡乱对空鸣枪并敲打铜锅，想抢救安全受到威胁的月球。

待月亮再度出现后，我们上路越过浅滩似的平原。被俘的那支土耳其部队的指挥官尼亚兹·贝伊成为纳西尔的座上客，避免他被贝都因人羞辱。他这时悄悄骑到我身旁，双眼浮肿，绷着张臭脸向我抱怨，有个阿拉伯人刚用土耳其的脏话辱骂他。我向他道歉，并指出那一定是由他的土耳其同僚口中学来的。阿拉伯人只是对土耳其暴君以牙还牙。

这位暴君仍不甘心，从口袋内掏出一团干扁的面包，问我应不应该让土耳其军官吃这样的早餐。那是我手下那一对活宝在圭威拉时从一个土耳其士兵身上找到，或者说是偷到的口粮，我们将它分成了四份。我说那不只是早餐，也是午餐和晚餐，或许还得设法吃到隔天。我这位英军参谋官（我们的日常食物可不比土耳其人差）带着胜利的喜悦吃下了我的那一份。让他食不下咽的不是面包，而是战败，于是我要求他不要将双方为争取荣耀而引起的战役怪罪在我头上。

越进入伊腾河谷内部，隘道就越崎岖难行。我们在凯瑟拉下方发现一座座空无一人的土耳其哨站。守军已被调至卡德拉，这座阵地深沟高垒，防守严密（位于伊腾河谷的出口），可以监控阿卡巴，防止我们由海路登陆。只可惜，他们从来没料想到我们会由内陆奇袭。他们的防御工事虽然固若金汤，却没有一座朝向内陆。我们由这么一个出其不意的方向扑来，令他们惊慌失措。

　　我们到下午时已接近这座阵地，并从当地阿拉伯人口中获悉，阿卡巴周围的各哨站都已撤哨或精简人员，所以挡在我们和海岸间的敌军总共只有三百人。另外也听说敌军负隅顽抗，防御工事可防炮击，而且有一口新掘的水井。不过据说他们的粮食也有短缺之虞。

　　我们也快断粮了。如此一来只会僵持不下。我们开会研议许久，众说纷纭，有人主张放手一搏，有人主张按兵不动。大家火气都很大。阳光由峡谷上方的花岗石山顶放射出来，形成万道霞光，也照得密不通风的曲折河床一片闷热。

　　我们的兵力已比原来增加一倍。众多人马挤在狭窄的峡谷中，簇拥在我们四周，使会议被迫两三度中断，一则是因为不宜让那么多人听到我们在争论不休，再则是因为许久没洗澡的汗臭味全挤在一处令人无法忍受。我们额头沉重的脉搏像时钟般悸动。

　　我们向土耳其发出谈判信号，一开始是挥舞白旗，接着推出土耳其战俘，但他们一概以开枪回应。队上的贝都因人火大了，我们仍在商议对策时，他们突然冲到岩石上，朝敌人劈里啪啦就是一阵扫射。纳西尔打着赤脚想冲出去阻止他们，才跑了十步，便因地面太烫而缩回来找凉鞋。这时我仍蹲在阴影中，懒得去管他们，也不在乎谁要出面平息这股冲动。

　　然而，纳西尔轻易地平息了这场骚动。法拉吉与达乌德是带头开枪的主谋，为了惩罚他们，纳西尔命人将他们按坐在炙热的石块上直到他们求饶为止。达乌德立刻求饶，外表柔弱的法拉吉却较为坚强，坐第一块石头时还哈哈大笑，坐第二块时脸绷了起来，在要坐到第三块时才极不甘心地求饶。

　　法拉吉这么冥顽不灵，本该严惩，然而我们居无定所，能够采取的惩罚方式也只有体罚，偏偏这一对活宝早已被罚得麻木，我也罚腻了。如果只能这么体罚，似乎只会激得他们从事更疯狂的举动。他们错在太贪玩，爱胡闹，年少无知，不知忧愁，而我们则不然。为了这种年少轻狂而将他们当成罪犯般处罚到体能无法负荷，我觉得太过分了，几乎可称为对两个同样受阳光照射的生物的亵渎，世界的阴影仍未笼罩在他们身上——那是我所知道最勇敢，也最令人羡慕的。

我们第三次试着与土耳其守军谈判，由一位小兵出面，他说他知道该怎么做。他脱下外袍，几乎衣不蔽体，穿着长靴跑下山去。一小时后他自豪地捎了口信回来，土耳其人回答得很有礼貌，说如果两天内马安没派援军过来，他们才肯投降。

土耳其人这么冥顽不灵（因为我们无法一再对手下浇冷水），或许会被杀得片甲不存。我对他们的死不会太难过，但最好还是别杀了他们，免得看到那血淋淋的一幕太过痛苦，更何况我们也会有伤亡。当晚皎洁的夜色将大地照得如同白昼，无法夜袭。这一役也不像阿巴里森那么急迫。

我们赏给那小兵一枚金币，与他一起走近土耳其的战壕，要他去找一个军官与我们交涉。敌人踌躇许久后，终于派人出来，于是我们说明身后的情势，我们越来越多的援军，以及我们无法控制手下的火爆脾气。最后的结论是他们明天一早投降。所以我们又睡了一觉（这种事很少人会在历史上记载），虽然口渴难耐。

第二天破晓，从四面八方传来枪战声，因为有数百个山区部落民族在半夜到达，使我们兵力再度倍增。他们不知道谈判的结果，因此开始攻打土耳其守军。土耳其也开枪还击。于是纳西尔带着伊本·德加塞尔和他的亚格利人到山谷内的空旷河床中制止他们。我们的人员停火了。土耳其人也不再开枪，因为他们的小兵已毫无斗志，城中也已断粮，他们认为我们的补给较为充裕，所以最后乖乖投降了。

那些阿拉伯人冲进去搜刮掳掠时，我注意到有个穿灰色制服的工程师，他蓄着红胡子，蓝眼眸中充满困惑。我用德语与他交谈。他是个凿井人员，也不会说土耳其语，最近的情况使他满头雾水，他请求我解释来意。我告诉他，我们是阿拉伯对抗土耳其人的起义军，他花了许久才搞懂这一点。他向我打听我们的领导人，我说是麦加的谢里夫。他以为自己将会因此被送到麦加，我说不然，是送到埃及。他还向我打听当地糖的价格，我回答："又多又便宜。"他听了很高兴。

他对自己的财物损失倒处之泰然，不过很舍不得那口即将完工的水井，只要再过一阵子他便可以完成，充当纪念。他带我去看那口井，抽水的水泵只盖到一半。我们用沾满泥浆的水桶，汲出甘美的井水，解除连日的干渴。井中的水源源不断，足敷众人使用。随后我们冒着狂风沙赶路，直抵四英里外的阿卡巴，在七月六日跃入海中戏水，距离由沃季出发刚好两个月。

卷五
转捩点

第五十五至六十八章

我们占领阿卡巴，结束了汉志战争，也担负起协助英国进军叙利亚的重责大任。在阿卡巴的阿拉伯部队已成为西奈的艾伦比将军实质上的右翼。

为了标志这种关系的改变，费萨尔与他的部队都转归艾伦比管辖。艾伦比如今必须负责他的战事与补给。这期间我们已将阿卡巴地区筑成一处固若金汤的基地，由此围堵汉志铁路。

第五十五章　求援奔波苦

我们由飞扬的尘土中看过去，只见阿卡巴已成一片废墟。法国与英国战舰的不断炮击已使此地满目疮痍。往昔的尊荣荡然无存，仅剩断垣残壁。

我们漫步到棕榈树的林荫下，坐在浪花飞溅的海边，望着手下鱼贯由身旁走过，像是一排排面无表情的行尸走肉。几个月来阿卡巴是我们萦绕脑际的目标，我们没有其他意念，也拒绝其他意念。如今目标达成，我们有点鄙视这小城，费尽千辛万苦在这么个目标上，达成目标后对心灵或身体都没有产生什么重大的改变。

在这虚无的胜利中，几乎无法辨识自己。我们没头没脑地聊天，茫茫然地呆坐，揉搓着白色长袍，怀疑能否了解或得悉自己是什么人。其他人的喧闹声像一场梦境，像深海里的歌声传入耳中。我们不知道该如何利用自己的天分来应付这种不受欢迎、一成不变的生活冲击。对我尤其困难，因为我虽然眼力敏锐，却不曾留意人的五官。我总是看透外表，自我想象他的精神应该是如何。今天每个人都已彻底达到自己渴盼的目标，也因而变得了无意义。

饥饿使我们回到现实。如今除了原来的五百名将士，以及两千名尚在观望的伙伴外，还有七百名战俘。我们已身无分文（事实上，也没有市集让我们购物），上次用餐已是两天前的事。如果宰杀骑乘用的骆驼，足够我们吃六个月，但这种肉很难消化，而且太珍贵，会使我们日后寸步难行。

头顶上的椰枣树果实累累。椰枣生吃时，那令人作呕的味道比不吃还难受，煮熟后仍令人不敢领教，所以我们与战俘都遗憾地面临两难：到底要继续挨饿，还是要因嘴馋而使内脏饱受折磨。一辈子习惯饥餐渴饮、三餐定时的英国人，用餐时间一到便开始饥肠辘辘，我们有时还将这种征兆美其名为饥饿，借此在肠胃中多塞些食物。阿拉伯人所谓的饥饿，指的是身体在长期劳累后因虚弱而即将昏厥所发出的呐喊。只要我们大餐的一小部分便足以供他们裹腹，他们的消化系统会充分利用这些养分。游牧民族排泄物不多，替大地施肥的贡献很有限。

我们押送的四十二名军官战俘颇令人不堪其扰。他们在知道我们也吃同样的食物时仍不屑去吃，事实上他们认为这是刻意的折磨，并要求吃些美味的食品，好像开罗就在我们的鞍袋中似的。纳西尔和我干脆蒙头大睡，图个耳根清净。我们每到达一站，总会借此静一静，因为在沙漠中，只要一躺下来，用斗篷将脸裹住，就只剩下你和苍蝇，真睡着或装睡都无妨。

入夜后，胜利后的初期反应已消退，我们开始思索既然攻下阿卡巴，要如何守住它。我们决定让奥达回圭威拉。他可以借着席塔山的陡坡和圭威拉沙漠的掩护，安然到达。事实上，这段路很安全。不过以防万一，还替他安排了额外的安全措施：我们要在他北边二十英里处的纳巴泰派卓拉岩堆间安插一座前哨站，并在达拉哈设置一座岗哨与他联系。奥达也要派人到巴特拉设哨站，如此一来，他的豪威塔特族就能以这四个据点围成一个半圆，环绕马安高原，监控通往阿卡巴的每条道路。

这四个据点都可以独立运作。敌人深信戈尔茨那套谬论，认为坚强的哨站彼此间必须唇齿相依。我们希望敌人若攻下我们一个哨站，只能坐立不安地在那座哨站内困守一个月，搞不懂其他三个哨站为何没闻风弃守。

我们三餐不继，因此必须立刻派人横越一百五十英里路，捎口信给戍守苏伊士运河的英军，请他们派补给舰过来。我决定亲自出马，率领八个人，全部是豪威塔特族人，骑着最强健的骆驼——其中一峰便是大名鼎鼎的吉达，诺瓦瑟拉族与班尼沙赫族曾为了这峰七岁大的名种而大打出手。我们边沿着海湾前进，边讨论这趟路该怎么走。如果步伐放慢，让骆驼轻松些，它们反倒可能饿死；如果骑得太快，又可能在沙漠中累垮或扭伤脚。

最后我们决定无论路面好坏，都要不疾不徐地走，每天二十四小时能走多久就走多久。在这种不眠不休的考验中，人类（尤其是外国人）通常会比骆驼先累倒，特别是我，这个月来几乎每天都要骑上五十英里路，体力早已在透支的边缘。要是我挺得住，我们就可以在五十小时内赶到苏伊士运河。为了省下中途举炊的时间，我们在鞍座中带着煮熟的骆驼肉及烤过的椰枣。

我们沿着朝圣团的花岗岩道路走上西奈陡坡。因为急着赶路，这段路走得很艰辛，在日落前登上山顶时，人与骆驼都已疲惫得浑身发抖。于是我们将其中一峰不适合此行的骆驼送回去，再骑着其他骆驼下山到平原中的草地，让它们花一小时时间吃草。

我们在近午夜时到达瑟梅德，这是一路上唯一的水井，位于西奈警察局已经弃置的一座岗亭下方清幽的山谷中。我们让骆驼喘口气，喝些水，自己也饱饮一顿。然后再度上路，穿过万籁俱寂的暗夜，四周静谧得令我们不断转头观望，怀疑听到声响——其实是自己走过草丛时发出的瑟瑟声。

走了许久总算曙光乍现。太阳升起时，我们已经深入平原中，有无数水道流经平原汇聚在阿里什。我们小憩几分钟，让骆驼啃食路边的枯草，然后上骆驼直骑到中午，午后再继续赶路，直到内克尔孤零零的废墟浮现在海市蜃楼之后。我们往左走，废墟留在右手边。在日落时我们休息了一个小时。

骆驼腿软了，我们也筋疲力竭，不过吉达的主人——独眼的莫特洛格叫我们继续上路。我们再度跨上骆驼，踩着机械式的步伐攀上米特拉山脉。月已东升，将山头的石灰石照耀得像白雪般晶莹剔透。

破晓时经过一片瓜田，是一些勇于冒险的阿拉伯人偷偷在敌人的荒地中开垦出来的。分秒必争的行程又在此消磨掉一个小时。我们放骆驼到山谷中觅食，然后将那些尚未成熟的甜瓜敲开，吃多汁的果肉解渴。之后再度上路，温度越来越高，不过苏伊士运河的山谷中常有由苏伊士湾吹来的凉风，并不太闷热。

我们在波浪似的沙丘群间上上下下，到中午横越了沙丘群，进入一片平原。苏伊士运河的所在位置只能靠猜，因为远远的前方有一层浓浓的海市蜃楼。

我们到达一处战壕区，碉堡与铁丝网林立，伴着残败不堪的道路与铁路。我们秋毫无犯地经过此地。下午三点，我们终于到达目的地——位于苏伊士运河靠亚洲这一岸的驿站夏特，从阿卡巴出发至此总共花了四十九个小时。对一个部落民族的掠劫行动而言，这种行程算是差强人意，不过我们在出发前已疲惫万分。

夏特乱成一团，连个阻拦我们的卫兵也没有，此地两三天前发生瘟疫，所以原有的营地都已匆匆撤走，空无一人。部队另在干净的沙漠中扎营。当然，我们当时对此毫不知悉，只在各个空荡荡的办公室内瞎闯，直到看见一部电话。我打给苏伊士运河的总部，说我要过去。

他们说，很遗憾，那不关他们的事。苏伊士运河两岸的航渡事宜由内陆水运委员会负责安排，自有一套行事规矩。他们的口气中带着不屑，意指这些规矩与参谋总部不同。我并未就此罢休，因为我与这些名义上的同僚一向不曾志同道合过，我再打电话给水运委员会，向他们解释我刚由沙漠赶来夏特，有重要消息要向总部汇报。他们表示遗憾，因为那时没有空船可供调派，不过明儿一大早就会派一艘船送我到检疫部，然后挂断电话。

第五十六章　前往开罗

截至此时，我在阿拉伯半岛已经待了四个月。最近四个星期来，我骑骆驼走了一千四百英里，为推动这场起义战不遗余力。不过，我拒绝与在我身上安居许久的跳蚤再多相处一晚。我要洗个澡，喝点加冰块的饮料，换下脏乱不堪的衣服，吃些比绿椰枣和骆驼腱更可口的食物。我再打电话给内陆水运委员会，口气极为委婉，但没有效果，所以我开始光火了。然而他们还是拒绝我的要求。我火冒三丈，这时一个亲切的北方口音由军用电话线的一端传过来："这样很不好，先生，这样跟水运委员会的人说话。"

这句话倒是真的。于是那个口音很浓的接线员替我将电话转接到载运局。利特尔顿，全世界最忙碌的少校，在此除了原本繁忙的事务外，还要设法游说由红海进入苏伊士运河的每艘战舰，要求他们（有些乐此不疲呢！）挪出船舱来堆放运往沃季和延布港的补给品。他借着这种方式，已让我们数以千计的物资与人员免费地搭便船。他忙碌之余还要抽空与我们这些满心好奇的乘客微笑。

他不曾让我们失望。一听到我是谁，身在何处，以及我在内陆水运委员会碰的钉子后，一切问题皆迎刃而解。他的汽艇随时待命，半小时内可以开到夏特来。他要我直接到他的办公室，也没向我解释（或许直到战后）为什么一艘寻常的港务汽艇可以未经水运委员会允许，便进入神圣的苏伊士运河。一切完全如他的意思进行。我派手下与骆驼往北到库卜里，我则由苏伊士运河打电话到该地，替他们在靠亚洲这一岸的牲口营地安排食宿。当然，后来我也安排他们前往开罗，让他们大开眼界一番，以示慰劳。

利特尔顿看我劳累困顿，立刻让我到旅舍休息。许久前这种旅舍看起来还很简陋，如今却简直可以称为富丽堂皇。这家旅舍原本因我一身褴褛而不肯让我进去，后来才勉为其难地提供我梦寐以求的热水澡与冷饮（共六杯），还有晚餐与床铺。一位古道热肠的情报官在截获他们乔装藏身于西奈旅舍的情报员的密报后，立刻答应照顾我手下在库卜里期间的起居，并替我安排第二天前往开罗的车票与通行证。

苏伊士运河地区的官员尽忠职守的"监控"使这趟枯燥的旅程平添乐趣。一支由埃及人与英国人混合编成的宪兵来到火车旁，仔细地盘查往来乘客并检验通行证。得罪查验官并不碍事，所以当他们以阿拉伯语盘查我时，我以流利的英语回答："麦加谢里夫的——参谋。"他们大吃一惊。那位士官请我再说一遍，他没料到我会说英语。我告诉他，我穿的是麦加谢里夫所属参谋的专用制服。他们望着我光溜溜的脚丫子，以及身上的白色丝质长袍、金黄色头巾与匕首。不可能！"什么部队，先生？""麦加军。""从来没听过，没见过这种制服。""你能辨识蒙特尼格罗王国的龙骑兵团吗？"

这句话正中要害。任何一支协约国部队穿着军服都可以不用通行证畅行无阻。宪兵也没见过所有的制服。我的部队或许真的属于鲜为人知的军种。他们退回走道监视我，并打电话向上呈报。在即将到达伊斯梅利亚时，一个满头大汗的情报官穿着湿透的卡其服上车，查验我的供词。由于已经快到站，我这才将苏伊士运河那位设想周到的情报官替我准备的通行证拿出来，证实我所言不虚。他觉得很不爽。

前往开罗的旅客必须在伊斯梅利亚换车，转搭塞得港开来的快车。这时旁边停了一辆有一节车厢布置成华丽交谊厅的火车，威姆斯上将与伯梅斯特及内维尔陆续从这节车厢中走出来，同行的还有一个极高阶的将官。他们沿着月台来回踱步等车，边走边聊些军国大事，月台上气氛立刻紧张起来。军官们朝他们敬礼，一次，两次，他们仍来回走个不停。敬礼三次就令人受不了了。有些人退到围墙边，立正站好，这些是可怜虫；有些则躲得远远的，这些很卑鄙；有些则转身到书摊上专心地看着书背，这些很害羞。只有一个人厚着脸皮伫立原地不动。

伯梅斯特注意到我在凝视他们。他摸不清这是何方神圣，因为我被晒得满脸通红，而且因旅途劳顿而憔悴瘦削（后来我发现自己的体重只剩不到四十五公斤）。然而，他终究还是认出我来了。于是我向他说明尚未公诸于世的突袭阿卡巴之役的详细始末。这使他兴奋莫名。我要求威姆斯上将立刻派一艘补给舰过去。伯梅斯特说"达弗林"号那天刚进港，可以将苏伊士运河内所有的粮食全部装上船，立刻运往阿卡巴，并将战俘运回来（帅呆了）。他会亲自处理这件事，不用劳烦威姆斯上将与艾伦比。

"艾伦比！他在这里做什么？"我叫了出来。"噢，如今已由他全权指挥了。""默里呢？""回家了。"这可是天大的消息，对我尤其重要。我也开始猜想，艾伦比这个高头大马、满脸红光的人是否和一般的将军一样，又要耗费六个月时间让他进入状况。默里与贝林达刚到任时很令人厌烦，所以我们那阵子心头想的，不是如何打败敌人，而是如何使长官能让我们放手做事。我们花了好长一段时间并力求表现，才使阿奇博尔德·默里爵士及其参谋长回心转意，在他们任期的最后几个月，致函陆军部，推荐阿拉伯人，尤其是费萨尔的战功。这对他们而言算是宽大为怀，也是我们秘而不宣的成就。他们是两种极端的典型——默里只会异想天开与张牙舞爪，神经质，弹性大，善变；林登·贝尔则是坚持专业见解，不知变通。

到了开罗，我穿着凉鞋啪嗒啪嗒地走过宁静的萨伏伊长廊，去找克莱顿，他习惯省下午餐时间来处理繁忙的公务。我进门时他正伏案办公，他抬头瞄了我一眼，说声"Mush fadi"（意指"没空"），不过我一开口就使他惊喜相迎。我在前一晚留在苏伊士运河时，已写了一份简短的报告，所以只需洽谈该做些什么。不到一个小时，威姆斯上将来电表示"达弗林"号正在装载面粉准备应

急。

克莱顿领出一万六千镑金币，派人搭三点钟的火车护送到苏伊士运河，让焦急的纳西尔得以偿清债务。我们曾承诺，在拜尔、杰佛、圭威拉发行的钱票，在占领阿卡巴后都要兑现。这是一套很不错的制度，不过以前在阿拉伯从来没有人敢发行纸钞，因为贝都因人的衣服既没有口袋，帐篷内也没有坚固的房间，而纸钞又经不起埋藏。所以阿拉伯人一向对纸钞有成见，为了避免我们信誉扫地，有必要即早兑换成金币。

然后，我前往旅舍，想找些不会像这身阿拉伯装扮惹人注目的衣服。但原来的物品在几个月间都已蛀腐，所以三天后我才穿得像样一些。

这期间我听说艾伦比相当出色，也听说默里第二次攻击加沙时的惨败，伦敦方面原本以为加沙很脆弱或太精明，应该不会顽抗。我也听说我们如何参战，每个人，将军与参谋官，连小兵都认定我们会输；——

————伤亡人数达五千八百名。他们说艾伦比已调来生力军，并有数百尊巨炮，一切将会截然改观。

怪的是，在我尚未着装完毕前，总指挥官已派人通知要召见我。我在撰写报告时想着萨拉丁与阿布奥贝达，所以强调叙利亚东边的部落民族的战略重要性，善加利用即可充当对耶路撒冷交通的威胁。这与他的企图心不谋而合，所以他想找我去，以评估我的分量。

这次会面很滑稽，因为艾伦比高大魁梧，充满自信，而且因位高权重显得盛气凌人。他坐在椅子上望着我——不是直视，而是他习惯的斜视，满脸困惑。他刚由法国调来，在当地一直是个所向无敌的猛将。他满脑子火药与重炮这种西洋思想——这对我们这场战争而言是最要不得的，不过，他身为骑兵，已决心投身新的思潮，在亚洲这完全不同的国度，陪伴道内与切特伍德走过这段坎坷路。然而他没料到会遇到我这么个怪人——一个打着赤脚、身穿丝质长袍的小个子，宣称只要能获得物资与武器，以及用来说服并控制那些部落民族的二十万镑金币，就可以使敌人寸步难行。

艾伦比一时也无法分辨我是否真有此能耐，或只是夸大其词的骗子。他在脑中评估着，脸上则不动声色，我放任他自己思考。他没问太多问题，也没多谈，只观看着地图，听我述说东叙利亚及当地居民。最后他翘高下巴直截了当地说："好吧，我尽量帮忙。"就这么结束了谈话。我不确定我的话他听进去多少，不过逐渐发现他说到做到，也发现他能帮的忙，对最贪得无厌的区区在下而言已绰绰有余。

第五十七章　叛变疑云

我在克莱顿面前则直言无讳。阿卡巴是按照我的计划并在我的努力下占领而得的，由于我的才智与胆识才能奏功。我还有很多想做也能做的——如果他认为我已经替自己争取到可自行做主的权利。阿拉伯人说，每个人都相信他身上的虱子是瞪羚，我确实就有这种敝帚自珍的想法。

克莱顿同意我身上的虱子营养充足、健康活泼，但反对让一个低阶军官来指挥他的长官。他建议由乔伊斯当阿卡巴的指挥官，这正中我下怀。乔伊斯是个很能让人托付重责大任的人：平静、稳健、安详。他的心灵像一幅田园风景画，可以由四个角度加以观赏：关心、友善、专注、真情流露。

乔伊斯在拉比格和沃季都获得很高的评价，不辞劳苦地建立一支部队与一个基地，这些在阿卡巴都可派上用场。他和克莱顿一样，是很好的润滑剂，可以夹在相对立的关节间，不过这个高逾六英尺的爱尔兰大汉笑得比克莱顿多，且宽宏大量。他的个性是不假思索地投入距离他最近的工作。此外，他也比任何文献上记载过的大天使更有耐心，而且只有在我提出新构想，及对他正在酝酿的疯狂念头大加赞扬时，才会展露他那独特的笑靥。

其他的事就好办了。我们会找高斯列特当补给官，这个伦敦商人曾将原本一团混乱的沃季补给作业整顿得有条不紊。飞机还无法调派至该地，不过装甲车可以直接运过去，要是威姆斯上将慷慨的话，也希望能派艘战舰担任警戒。我们打电话给威姆斯上将，他很慷慨，他的旗舰"欧律阿罗斯"号会在刚开始的那几个星期坐镇当地警戒。

真是天才，因为在阿拉伯半岛，船舰的分量是依烟囱的数量而定，"欧律阿罗斯"号有四根，这很罕见。它的威名可让山区部落确信我们将是赢家。舰上庞大的水手群在埃弗拉德·费尔丁的督导下，出于玩票性质替我们搭建了一座绝佳的码头。

在阿拉伯方面，我要求放弃耗资庞大又难维持的沃季，费萨尔则带着全部兵马移师阿卡巴。对开罗而言，这似乎是极为突兀的要求。所以我进一步解释，延布与麦地那之间的地区已经不再是兵家必争之地，并建议将目前在阿里与阿卜杜拉营中的所有物资、金钱、军官悉数移转到阿卡巴。这一点被断然拒绝。不过关于沃季的要求则获得首肯，权充折衷之计。

然后我说明阿卡巴已经成为艾伦比的右翼，距离他的指挥中心只有一百英里，但距离麦加则有八百英里。随着阿拉伯人势力的日渐茁壮，他们的活动范围也会逐渐集中在巴勒斯坦地区。所以将费萨尔由侯赛因国王的辖区调任为协约国的埃及远征军指挥官，接受艾伦比的管辖，也是合情合理的。

这个构想有些困难。"费萨尔可愿接受？"几个月前我在沃季时已与他讨论过这个问题。"驻埃及最高行政长官的看法呢？"费萨尔的部队是汉志地区阵容最庞大、战功最彪炳的一支，日后也绝对不会只当陪衬。温盖特将军曾在阿拉伯建国运动最黑暗的时期不计个人毁誉，一肩扛起其成败的重责大任，如今胜利在望，我们如何能启齿要求他将他的前锋拱手让人？

克莱顿与温盖特熟识，因此不避讳地向温盖特传达这一信息。温盖特也立刻回答，如果艾伦比可以直接且充分地利用费萨尔，则将费萨尔拱手让出以求更好的表现，不只是他的职责，也是荣幸。

如此调兵遣将的第三个难题在于侯赛因国王。他个性顽固、心胸狭隘、猜忌心强，不大可能会愿意为了兵权的统一而牺牲个人虚荣。他若反对，整个计划将功亏一篑。我自告奋勇当说客，并在途中先行拜会费萨尔，请他致函侯赛因国王，向他大力推荐这种调度的好处，借此强化温盖特推荐函的说服力。这个建议也获得同意。于是"达弗林"号在回航阿卡巴后，特意送我到吉达履行这趟新使命。

它花了两天才抵达沃季。费萨尔、乔伊斯、纽科姆及所有人马，都在位于内陆一百英里的杰达。接替罗斯指挥阿拉伯空军的斯滕特以专机送我到该地，所以我们以六十英里的时速，轻松飞越那些骑骆驼时爬得苦不堪言的山脉。

费萨尔急着打听阿卡巴的细节，也嘲笑我们的打仗如儿戏。我们秉烛研拟后续计划。他写家书给父亲，并调度骆驼部队立刻前往阿卡巴。他也拟定了将贾法尔帕夏及其部队运送到早已苦候多时的"哈丁吉"号的初步计划。

他们在黎明时派飞机送我回沃季，一小时后，"达弗林"号已往吉达出发。

在当地有威尔森的鼎力相助，我办起事来轻松许多。为了援助阿卡巴这个我们最有潜力的战区，他运送了一整舰的补给品与弹药，并言明全部军官都供我们自由调遣。威尔森与温盖特是同一条心的。

侯赛因国王由麦加前来，与我们漫无边际地东拉西扯。威尔森是皇家试金石，可用来试炼有疑虑的航道。幸亏有他，将费萨尔调至艾伦比帐下的提议立刻获得首肯，侯赛因国王借机强调他和我们结盟的诚意。然后话锋一转，和往常一样无厘头，忽然表示他的宗教立场既不是激进的什叶派，也不是强烈的逊尼派，他一心想成为超派系，只单纯地对教义提出诠释。至于外国的政治问题，他的心胸狭隘也表露无遗，怀抱着那种以小人之心度君子之腹的破坏性倾向。我利用他的嫉妒心，使具有现代思潮的费萨尔惨遭他父亲的猜忌。我这才体会到，恶作剧者要使侯赛因国王信心动摇是何其容易。

在吉达玩得正开心时，埃及方面突然拍来两封急电，使我们忧心忡忡。第一封谈及豪威塔特族暗中勾结马安守军，第二封则是直指奥达为主谋。我们大感震惊。威尔森曾与奥达相处过，也认为他很有诚意。然而穆罕默德·戴兰则可能是两边讨好的墙头草，伊本·杰德与他的友人们动向也尚未明朗。我们决定立刻前往阿卡巴。纳西尔与我研拟阿卡巴的防卫计划时，并未将通敌叛变考虑在内。

所幸"哈丁吉"号就在港中等我们。第三天下午，我们已到达阿卡巴，这时纳西尔仍不知出了什么状况。我只告诉他我想向奥达致意，他借我一峰脚力强健的骆驼及一名向导。我们在黎明时找到奥达与穆罕默德及查阿尔，他们都在圭威拉的营地中，对我未预先告知便突然前来觉得很困惑，不过声称一切顺利。我们像朋友一样共餐。

其他豪威塔特族人也进帐篷来，大家讨论着这场战争，气氛融洽。我将侯赛因国王的礼物拿出来分送众人，并告诉他们，纳西尔已获准休假一个月，将前往麦加，这使他们哄堂大笑。侯赛因国王热衷于起义，也相信属下应该同样表现得像个男子汉，所以他不准手下回麦加，结果那些可怜的丈夫都因为长年的军旅生活，而与妻子天各一方。我们曾开玩笑不下一百次，说纳西尔如果占领阿卡巴，应该可以放假一天。不过他在我亲手奉上侯赛因国王的信函之前，一直不相信有这种好事。他为了答谢我，还将由豪威塔特族手中赢来的加扎拉卖给我。拥有这峰骆驼之后，我成为阿布塔伊族人感兴趣的焦点。

午饭后，我装作要午睡，遣散访客，然后要求奥达与穆罕默德陪我去看已成废墟的碉堡与贮水池。我看四下无人，便开口问及他们最近与土耳其人有信函往来之事。奥达畅然笑出声，穆罕默德则满脸懊恼。最后他们才透露，穆罕默德盗用奥达的印鉴写信给马安总督，表明愿意背叛侯赛因国王。土耳其高兴地回函，并答应要重赏，穆罕默德要求先付订金。奥达闻悉此事，于是在信差送礼物来的路上守候，逮住这名信差，将他抢得精光，而且不肯让穆罕默德分战利品。这算是场闹剧，我们全都开怀大笑。不过还有下文。

他们对没有巨炮和援军前来深觉不满，而且占领阿卡巴也没拿到奖赏。他们很想知道我是如何得悉他们与土耳其人暗中勾结之事，以及我知道了多少。这可是在斗智了。我想吓吓他们，于是装作若无其事地笑着从他们的往来信函中的文句引述了几句。这收到了预期的效果。

我还告诉他们，费萨尔的大军已全部出动，还有艾伦比如何运送步枪、巨炮、炸药、粮食及金钱到阿卡巴。最后我问，奥达目前花在宴客上的费用想必极为庞大，如果我先将费萨尔到达时会亲自送上的礼物的订金奉上，是否有帮助。奥达马上清楚地了解，这对他比较有利：他能从费萨尔身上捞的油水想必不少，而如果其他地方无利可图，土耳其人又随时在身边。所以他很开心地同意收下订金，用来让豪威塔特族人痛快地大饱口福。

这时已接近日落。查阿尔宰了一头羊，我们一起用餐，气氛极为融洽。饭后我再度骑上骆驼，同行的有穆法迪（去领奥达的津贴订金），还有穆罕默德的仆人阿卜杜勒·拉赫曼，他悄悄地告诉我，若想另外送什么小东西给穆罕默德，他都会乐于接受。我们彻夜赶路回到阿卡巴，我将纳西尔由睡梦中叫醒，告诉他刚才的协议。然后我用一艘被人遗弃的独木舟，在曙光初现时从"欧律阿罗斯"号码头划到"哈丁吉"号。

我进入甲板下，洗了个澡，睡到上午十点左右。走上甲板时，这艘船正乘风破浪穿越狭窄的海湾前往埃及。我的出现引起一阵骚动，因为他们没料到我能安然无恙地到达圭威拉，而且在六七天内便折返，赶搭稍后的一艘轮船。

我们打电话给开罗，宣布圭威拉的情势一片大好，也没有窝里反的事情。这当然与原先的情况背道而驰，不过既然埃及方面常睁着眼睛说瞎话，我们也总得多报喜少报忧，让他们对我们有信心，也让我们成为一则传奇。读者总想看英雄人物，不愿去体会老奥达人性的一面，他在历经腥风血雨的杀戮后，却与手下败将暗中勾结，而如今他们的生杀大权又操纵在他手中。事实从来不像书中所说的那般美好。

第五十八章　种族大杂烩

工作再度告一段落，我也再次陷入漫长的思考。在费萨尔与贾法尔帕夏、乔伊斯以及大军到达前，我们没什么事可做，只能思考。为了我们好，那也是必要的过程。截至目前，我们的战争只有一场作战行动是经过深思熟虑后才发动的——进军阿卡巴。身为领导人，如此草率地操控人马与作战行动，实在令我们汗颜。我暗自发誓，从此以后在展开行动前，一定要先知道我要去哪里，以及走哪条路。

占领沃季时，赢得了汉志战争；占领阿卡巴后，汉志战争便告结束。费萨尔的部队已经完成它在阿拉伯的任务，如今在总指挥官艾伦比将军的率领下，将扮演解放叙利亚的角色。

汉志与叙利亚的分野，也就是沙漠与农村的差别。我们面临的问题在于性质上的调适——要入境随俗。穆萨河谷村是我们前去招募新兵的第一个农村。除非我们也能成为农民，否则独立运动势必窒碍难行。

幸好阿拉伯起义运动在这么早的时期便面临这种转变。我们一直在荒地上开垦，徒劳无功。在一个笃信真主的地方灌输国家主义，这种盲信杜绝了所有的期望。我们的信念在部落民族间，有如沙漠中的青草——瞬间的美景有如春天之一瞥，经过一天的酷热后即告枯萎。目标与理念都必须经过转化，以具体的物质钱财来表达。沙漠居民太过与世隔绝，物质生活太穷困，因此难以认同目标与理念这种抽象概念。我们如果想延续生机，就必须打入已有的文明之地，进入有屋顶或田园的村落，然后像当初由艾斯河谷一般从头开始，研读地图，并分析叙利亚战场的特质。

我们的脚已踏入它的南部边境。东边是游牧民族的广袤沙漠，西边则受到地中海阻隔，由加沙到亚历山大勒塔，北界是土耳其人群居的安纳托利亚。在这个范围内，依天然地形而分割成几个部分。第一个也是最大的地形是由北到南、区隔沿岸与内陆的纵贯山脉。截然不同的气候形态，使它们有如两个国家，几乎像两个种族，居民也有极大的差异。沿岸的叙利亚人住的房子不同，食物与工作也不同，使用的阿拉伯语在用词与腔调上都与内陆人有差异。他们很避讳谈起内陆，将之视为充满血腥与恐怖的蛮荒之境。

河流又将内陆的平原分割成若干小区域，这些山谷是国内最稳定与繁荣的耕地，它们的居民也反映了这一点。相较之下，住在沙漠中边界地区的居民则不断迁移，随着季节东徙西迁，随时面临干旱与蝗害的威胁，也有被贝都因人掠劫的危险，即使能侥幸逃过这些天灾人祸，也可能被无法化解的世仇杀害。

大自然就这样将这个国家分割成几个区域。人类仿效大自然，使得这些区域更加复杂。每个区域内都有人工形成的小社区，各自为政，彼此不睦。我们必须使他们团结一致，共同对抗土耳其。费萨尔的机会与困难都在于叙利亚这种错综复杂的政治局势，我们在脑中已加以整理分类，有如一幅社会图。

在最北边，距我们最远处，沿着亚历山大勒塔到阿勒颇间的公路，直到与通往幼发拉底山谷的巴格达铁路交会，这条路线就是语言的分界线。不过在这条界线南方，位于安条克北边与南边的各个土库曼人村落中，也有说土耳其语的孤立小区域，夹杂在这些村落中的亚美尼亚人也说土耳其语。

此外，沿岸人口的主要成分是安萨里耶人的社区，他们是十足的异教徒，排外，不信任穆斯林，偶尔因受迫害而偏向基督徒。这个教派本身生命力强，在感情与政治上都强烈排外。一个诺沙里人绝对不会背叛他的同胞，却一定会背叛与他不同教派的人。他们的村落散布在各主要山脉的山脚与的黎波里峡谷间。他们说的是阿拉伯语，不过在叙利亚开始使用希腊语时便已在此定居。他们通常不会介入外界事务，也不过问土耳其政府的施政，只希望彼此相安无事。

与安萨里耶人混居的是叙利亚基督徒，奥龙特斯河的弯曲地段聚集着几群亚美尼亚人，对土耳其人怀有敌意。在内陆，靠近哈里姆地区住的是德鲁兹族人，一直都说阿拉伯语，也有许多来自高加索的切尔克斯人。他们无论面对何种外界势力都会对抗到底。他们之中位于东北部的是库尔德人，在此已定居几个世纪，与阿拉伯人通婚并承袭阿拉伯人的政治制度。他们最痛恨当地的基督徒，其次分别是土耳其人与欧洲人。

库尔德人后方住着少数耶西迪人，也说阿拉伯语，不过在思想上受到伊朗的二神论影响，倾向于同时侍奉鬼神。基督徒、穆斯林、犹太人，以及将信仰置于理性之上的民族，全都蔑视耶西迪人。再往内陆便是阿勒颇，人口二十万，是土耳其各种族与宗教的缩影。阿勒颇往东六十英里是定居的阿拉伯人，他们由于接近游牧民族与巴达维人的交界处，所以肤色与风俗都越来越像部落民族。

再往南由海岸往沙漠的区域，靠海岸的是切尔克斯穆斯林的殖民地。他们的新生代说阿拉伯语，头脑灵活但爱争吵，与阿拉伯邻邦形同水火。靠内陆的地区住的则是伊斯梅利亚人，这些波斯移民几个世纪来已经逐渐同化成阿拉伯人，不过他们只崇拜一位穆罕默德，他是血肉之躯，就是他们的可汗大人。他们相信他是一位勤政爱民的仁君，他对英国友善推崇。他们对穆斯林敬而远之，不过以正统教派的外表勉强掩饰他们的不齿。

在他们之后是奇特的村落：信基督教的阿拉伯部落民族，由族长领导。他们似乎都很虔诚，与山区那些假惺惺的教友不同。他们与住在四周的逊尼派有相同的生活习惯，穿同样的衣服，也和睦相处。在这些基督徒村落东边的是半农耕的穆斯林社区，耕地的最边缘是几座伊斯梅利亚贱民的村落，他们受到社会的排斥，只想平安度日。在他们之外便是贝都因人。

叙利亚的第三个区域，往南一些，位于的黎波里与贝鲁特之间。首先，靠近海岸处的是黎巴嫩的基督徒，大都是马龙教派或希腊正教派。这两个教派之间的政治嫌隙很难化解。表面上看来，一个应该是法国人，另一个是俄国人。不过他们其中有一半人口为了谋生，已经前往美国，并发展出一脉盎格鲁-撒克逊民族的后裔，而且不因漂洋渡海而失去生命力。希腊正教派自诩为老叙利亚人，是原住民，拥有强烈的地方色彩，使他们宁可接受土耳其管辖，也不愿接受罗马人统治。

两个教派唯一的共通点就是谩骂穆斯林。他们借这种言语上的嘲讽来抚慰自己天生弱势的自卑感。穆斯林家庭也杂居在他们之间，种族与习惯完全相同，但不会装腔作势，移民外国的人也较少。

在山区较高的坡地上散居着梅塔瓦拉人，他们是几个世纪前由波斯迁徙而来的什叶派穆斯林。他们很不卫生，无知，乖戾，宗教狂热，拒绝与异教徒共餐；认为逊尼派穆斯林与基督徒一样恶劣；只遵从自己的祭司与地方士绅。他们的特点就是个性强悍，这在聒噪的叙利亚很难得。越过山顶之后的村落住的是信仰基督教的自耕农，与信仰伊斯兰教的邻人相安无事，仿佛没听说过两派教徒在黎巴嫩发生过争斗。他们的东边住的是半游牧的阿拉伯农民，再过去便是广阔的沙漠。

第四个区域，再往南一些，便已接近阿科，此地的居民由沿岸起算，依序是逊尼派的阿拉伯人、德鲁兹族人和梅塔瓦拉人。在约旦山谷的沿岸是生性多疑的阿尔及利亚难民的殖民地，与犹太人的村落遥遥相对。犹太人分为许多种，有些固守传统的希伯来学者已发展出一套可适用于该地区的标准生活模式。至于稍后才迁居来此的人，其中有许多是受到德国授意搬来巴勒斯坦的，他们有奇特的风俗及农作物，住在欧式房子里（用慈善基金搭建的），他们搬到这种又穷又小的地方来奋斗似乎很不划算，不过大地可以容忍他们。加利利地区和邻近的犹地亚地区不同，不会对犹太殖民者存有根深蒂固的仇视。

在东边的平原（住满阿拉伯人）之外的黎加，是一片迷宫似的碎熔岩区，几个世纪来在此聚集了一些无特殊血统的叙利亚人。他们的后裔住在没有法纪的村落里，免于土耳其和贝都因人的骚扰，农闲时则村人互相斗殴。南边与西南边是土壤肥沃、占地宽广的豪兰，人口稠密，居民都是好勇斗狠、自给自足、生活富裕的阿拉伯农民。

再往东是德鲁兹族，非正统穆斯林，追随一个疯狂的已过世的埃及苏丹。他们痛恨马龙教派，两派经常在政府及大马士革极端分子的挑拨煽动下，发生大规模流血冲突事件。不过，阿拉伯的穆斯林并不喜欢这些德鲁兹族人，后者则以瞧不起阿拉伯人作为报复。他们与贝都因人是世仇，在山区仍保存着他们在自治时期仿效黎巴嫩的封建制度。

第五个区域是纬度与耶路撒冷相同的地区，一开始住的是德国人及德国的犹太人，说的是德语或德国意第绪语，比罗马时代的犹太人还倔强，无法忍受与不同种族的人相处，他们有些是农人，大部分则是商店老板，这种身份也是全叙利亚人口中最异类、最刻薄的阶级。住在他们周围的是虎视眈眈的敌人——不苟言笑的巴勒斯坦农民，比北叙利亚的自耕农还无知，与埃及人一样重视物质生活，穷得一文不名。

　　他们东边是约旦的内地，住的是黑奴。再往外住着一村又一村自尊自重的基督徒，他们与在奥龙特斯山谷务农的教友一样，是最勇于在这个国家宣扬基督教的典范。在各村之间与东边住着数以万计的半游牧阿拉伯人，笃信沙漠人的信仰，靠着基督徒邻居的施舍度日。在这片有待争议的地区之下，奥斯曼政府安顿了一群由俄国高加索地区移民来的切尔克斯人。他们借着刀剑与土耳其人的善意来捍卫土地，也基于需要而效忠于土耳其。

第五十九章　种族与宗教大拼盘

说完这些奇特的种族与宗教分布情形，叙利亚的故事仍未结束。除了乡村地区之外，耶路撒冷、贝鲁特、大马士革、霍姆斯、哈马、阿勒颇等六大城市都是独立自主的实体，各有各的特色、发展方向与主见。最南边的耶路撒冷是个既脏又乱的城市，也是每个闪族宗教的圣地。基督徒与穆斯林来此地历史悠久的圣殿朝圣，有些犹太人将此地当成他们种族政治前途的寄托。往日与未来的势力融而为一，使这座城市几乎没有现在。它的居民几乎没一个例外，都像旅馆的仆役般没有个性，依赖潮涌般的过往游客维生。对他们而言，阿拉伯建国理想既遥远又陌生，不过由于曾锥心刺骨地吃过基督徒的苦头，所以耶路撒冷各个阶层的居民都憎恶我们。

贝鲁特则是崭新的。要不是有一座希腊港和一所美国大学，它在感情上和语言上都像是法国的私生子。主导当地思潮的是基督教商人，全都是靠做贸易维生的胖子，贝鲁特本身并没有任何产品。当地的第二大势力是移居海外后归国的阶级，靠着投资致富的积蓄逍遥度日。贝鲁特是叙利亚的门户，已经过气的外国影响力都是由此进入叙利亚。它是典型的缩小版叙利亚，一如英国国内的苏豪区。

然而，由于地理位置、学校及与外国通商而形成的自由气氛，贝鲁特在战前便已拥有一群知识精英，他们的谈话、撰述、思想都和当年推动法国革命的理论家相仿。因为他们、它本身的财富，以及它的勇于表达意见，贝鲁特不容等闲视之。

大马士革、霍姆斯、哈马及阿勒颇是四座叙利亚人引以为豪的古城。它们沿着沙漠与山岭间的肥沃山谷，像一条链子般迤逦散布开来，因地势的关系都采用背海朝东的格局。它们都是典型的阿拉伯城市，也有此自知之明。大马士革是这几座城市和全叙利亚的龙头，它是政府所在地，也是宗教中心。城中的长老是意见领袖，所以它比其他地方更像圣地。当地居民个性傲慢刚烈，随时准备殴斗，言行举止和喜怒哀乐都极为强烈。大马士革自诩总是走在叙利亚其他地区之前。土耳其在此地设立军事总部，阿拉伯各反对派势力也不约而同地在此设立据点。大马士革如皎洁的明月，阿拉伯人望之如众星拱月。这座首都绝不会甘心臣服于外族的。

哈马与霍姆斯是两个互相嫌恶的双胞胎。两座城市的居民都从事制造业。霍姆斯通常是制造棉织品与毛织品，哈马则是出产丝绸锦缎。它们的工业发达而且日益兴隆，商人脑筋灵活，善于掌握新商机，迎合新口味，在北非、巴尔干地区、亚洲各小国、阿拉伯半岛、美索不达米亚等地都有市场。它们展露了叙利亚在不受外力引导下的生产力，贝鲁特则是在货品流通方面有独到之处。然而，贝鲁特的繁荣使其充满外国情趣，而哈马与霍姆斯的繁荣则强化了地方色彩，使它们更具有强烈的、令人羡慕的草根性。仿佛对工厂与电力越熟悉，当地人越认为他们祖先的风俗习惯才是最好的。

阿勒颇是叙利亚的一座大城，但既不属于叙利亚，抑不属于土耳其或美索不达米亚。奥斯曼帝国的所有种族、宗教、语言皆在此齐聚一堂，而且互相影响。各种特色汇集于一处，使街道有如万花筒。阿勒颇拥有邻近地区的所有文明，结果居民却缺乏宗教热忱。即使如此，他们还是比叙利亚其他地方的居民强。

阿勒颇最特别的是，虽然伊斯兰教仍是主流，但比起奥斯曼帝国其他各大城市，基督徒与穆斯林、亚美尼亚人、阿拉伯人、土耳其人、库尔德人、犹太人在此地更能和平共处，对欧洲人也比较友善。在政治方面，除了阿拉伯人群居的地区外，这座城市完全不参与政治。这些阿拉伯区像人口过剩的半游牧村落般散布各地，往东边和南边延伸。自发性的强烈爱国主义使住在他们外围的阿勒颇居民感染到一股地方自觉的色彩，不像大马士革由贝鲁特学来的那般千篇一律。

叙利亚的所有民族都可经由他们共通的阿拉伯语沟通。差异在于政治与宗教。在道德上他们的差别只在于沿岸人民稍微神经质，内陆人民则较为拘谨自制。他们反应都很灵敏；是真理的欣赏者，但不是追求者；自我满足；面对抽象意念不会（像埃及人）束手无策，但很不切实际；懒得动脑，所以通常很肤浅。他们的理想是轻松自在地管别人的闲事。

他们从小就不知法律为何物，顺从长辈只是因为怕体罚，长大后怕政府也是基于同样的理由。然而几乎没有任何种族会信守叙利亚高地的习惯法。他们都要一套新的制度，因为他们虽然肤浅又不懂法律，却是极端分子，叙利亚人可以轻易地对政治有一知半解的认识，却很难精通。无论拥有的是什么样的政府，他们都不满意，那是他们知识分子的自豪。可是他们很少有人会真心去思考一套可行的替代方案，若真想出来，更是没什么人会赞同。

叙利亚国内以定居为生活形态的地区，最大的本土政治实体就是村庄，在以族长为主的地区，最复杂的组织也只是派系，而且都是非正式的、自发性的，只是经由舆论逐渐默认而形成。所有比这更高的机构都是由土耳其传进来的官僚制度，实行起来不是差强人意，便是令人不敢领教，全视执行者（通常是宪警）的优劣而定。

他们的人民，即使是高级知识分子，对国家的积弱不振也视若无睹，他们对列强也有误解，认为西方各强国面对这些手无寸铁的种族，只会自私自利地考虑本身的权益。有些人要求建立一个阿拉伯王国——大多是穆斯林；天主教基督徒的反制之道，则是要求由欧洲托管，让列强只享权利不用尽义务。这两种提议当然都不能得到国家主义者的认同，国家主义者要求的是成立叙利亚自治区。他们了解什么叫自治区，却不了解什么叫叙利亚，因为在阿拉伯语中没有这个名称，也没有任何国家叫这个名称。叙利亚这个由罗马语衍生来的名称，意指政治上的一盘散沙。在土耳其人的刻意挑拨下，叙利亚的镇与镇、村与村、家庭与家庭、信仰与信仰间都彼此存有猜忌之心。

由历年的兴衰更迭看来，似乎这块土地不可能成立自治联邦。历史上，叙利亚是介于大海与沙漠间的一道狭长走廊，连结非洲与亚洲、阿拉伯半岛与欧洲。它一向是安纳托利亚、希腊、罗马、埃及、阿拉伯、波斯、美索不达米亚等的竞技场与附庸国。当它因为邻国的国势衰颓而获得短暂的独立时，便立刻四分五裂，瓦解成东、西、南、北无数个"王国"，最大的也不过如英国约克郡，最小的则只有拉特兰郡般大小。如果叙利亚在本质上是个附庸国，它同时也是一个习惯上不断有动乱与起义的国家。

打通舆论的万能钥匙在于共通的语言，那也是开启想象力的钥匙。穆斯林的母语是阿拉伯语，因此自认为是选民。他们的《古兰经》及文学经典的文化遗产使阿拉伯语系的各民族融为一体。爱国情操，通常是指爱土地或种族，对他们则成为对一种语言的忠诚。

另一个能让阿拉伯各民族结为一体的维系力量，是昔日哈里发的丰功伟业，即使经过土耳其几个世纪的统治，其子民仍缅怀不已。很意外地，这些传统比较类似《一千零一夜》，而不像纯粹的历史，也使阿拉伯小兵认为他们往日的光彩远比目前的奥斯曼土耳其更为绚烂。

然而我们知道，这些都只是梦想。叙利亚的阿拉伯政府虽然有阿拉伯的偏见加以维系，然而与土耳其政府或外国托管或历史上的哈里发一样，都是非自发性的。叙利亚仍是个有浓厚色彩的种族与宗教大拼盘。若尝试要将他们统一，只会沦为全是补丁、硬拼凑成的四不像，人民也不会领情，他们宁可回归狭隘的地区统治。

我们的因应之道是发动战争。叙利亚间歇性的地方暴动已相当成熟，如果一个新的因素——了解贝鲁特知识精英间向心力极强的国家主义，出面鼓动发生冲突的地区及阶级，或许可以推波助澜成全面性暴乱。这个要素一定要是以前不曾出面的，以避免引来猜忌；不能是外国的，因为自大的叙利亚不允许。

我们所能找到唯一符合这个条件的，是一个独立自主、拥有可接受的基础以及可战之士的逊尼派王子，一如费萨尔，他要假装打算恢复公元一世纪前倭马亚王朝或公元十二至十三世纪初阿尤布王朝的伟业。他或许可以暂时将内陆人民团结在一起，直到成功后，再视需要让他们各归其主。这时会出现反动，但是只有胜利后才会出现。而为了胜利，花费任何物质上及道德上的代价都不足惜。

另外是新暴动的技术及方向问题，不过它的方向就算盲人也看得出来。不论任何时代，叙利亚最关键的中心在于耶尔穆克山谷、豪兰，还有德拉。一旦豪兰也加入我们的起义行列，起义运动就可以圆满落幕。它的步骤应该是建立另一系列的部落民族环节，类似由沃季到阿卡巴。不过这次的各个环节是由豪威塔特族、班尼沙赫族、谢拉雷特族、鲁瓦拉族及塞拉因族所组成，让我们能连成三百英里的通道，直达距离豪兰与德鲁兹山最近的阿兹拉克绿洲。

在性质上，我们为最后一击发展的行动应该像海战，机动性高，无所不在，无需基地与补给，不在乎地形或战略地区，没有固定方向或固定地点。"能控制大海者可随心所欲，在战争时予取予求。"我们则能控制沙漠。骆驼突击队，像船一样自给自足，可以在敌人的耕地边界来去自如，随时可如入无人之境般撤退至土耳其无从勘察的广阔沙漠中。

经由实战经验，我们得知该去骚扰敌人的哪个地点。我们的战术必须是得手就跑，不是强力猛攻，而是点到为止。千万不能试图固守某个攻陷的据点，应以最少的兵力在最短的时间内到达最远的地方。

沙漠居民刻苦耐劳，善于驾御骆驼，拥有远征所需的速度与耐力。骆驼这种大自然创造的复杂又巨大的生物，若由善骑者驾御，更可如鱼得水，大展神威。只要每个人胯下的骆驼背上载着半袋面粉，每份四十五磅重，就可以六个星期无需补给。

至于饮水，每个人顶多只带一品脱。骆驼必须喝水，而我们若喝得比坐骑多，只会得不偿失。有些人在两口井之间从不喝水，不过这些是比较强健的，大部分人在水井处会畅饮到饱，再带一袋水待干渴时饮用。夏季时，骆驼可以在喝一次水后走上两百五十英里，健步如飞地连续跑上三天。一站五十英里轻松愉快，八十英里算不错的速度，情况危急时，我们可以在二十四小时内跑一百一十英里。最出色的骆驼加扎拉曾两度与我单独跑上一百四十三英里。水井间很少距离一百英里以上，所以带一品脱已绰绰有余。

我们带六星期吃的粮食已足以远征一千英里往返。骆驼的耐力使我们可以（对我这种初骑骆驼的菜鸟而言，说"痛苦地"或许更恰当）在三十天内骑一千五百英里，不用担心挨饿，因为，即使超过预定时间，每个人骑的都是两百磅的备用肉，在情况危急时，杀骆驼充饥的人可以与他人共骑。

突击队的装备应越简单越好，不过在重要装备上必须比土耳其部队精良。我向埃及要求数量庞大的轻机枪，霍奇基斯牌或路易斯牌，当作狙击手的利器。我们在进行机枪操作训练时，都要刻意让他们不懂机器，不要在修理上浪费行动的速度。我们的战争分秒必争，一小时推进十八英里。如果有一挺机枪卡弹，机枪手就必须抛下机枪，拿着步枪上战场。

另一个重要的武器是强力炸药。我们已研发出特殊的爆破秘诀，到了战争结束时，任何数量的轨道与桥梁都已经能被最经济、最安全的方式炸得支离破碎。艾伦比毫不吝惜地提供炸药。唯独巨炮我们到战争快结束前几个月才领到——真可惜！在机动作战时，一尊长射程巨炮远胜于九十九座短程炮。

突击队的编制则无法依循常规。我们不能将各部落混杂，因为他们互不信任，也不能调派一个部落到另一个部落的地盘上作战。为了弥补这种缺失，我们采用化整为零的部署法。我们还采取某一区部落在星期一作战，某一区在星期二，某一区在星期三这种方式，以使调度更为流畅快捷，机动性也随之提高。在招募新兵方面，我们每到一个新部落便招兵买马，使生力军源源不断地加入，随时保持机动平衡。

我们的突击队刻苦耐劳，可不按牌理出牌。情况每次都不一样，所以没有任何制度可适用两次，我们的变化莫测也使敌人的情报单位束手无策。我们可借着相同的营及师欺敌，直到三个连的兵力也会被误判为一个军团，甚至数个军团。我们的兵力就靠神出鬼没来壮大声势。

我们都为同一理想而战，没有部落间的纷争，但也不敢奢求有团队精神。一般的士兵都会被定出功过，不是有功获得酬劳、衣服、特权，便是因过受到羞辱。我们无法替每个人明定赏罚，因为部落民族都是志愿参战。很多部队是应召入伍，少有自愿服役的。任何一个阿拉伯士兵在信念动摇时，随时都可以回家，不会受惩罚。荣誉是唯一的契约。

所以我们也没有用以限制及压抑个性的所谓军纪。在承平时期，军纪意指追求绝对，而不是平均。要达到百分之百的标准，即使已达百分之九十九亦会被刷下来成为弱者。它的目标是使一个单位成为一体，使每个人都成为一种类型，如此成效才能加以估算，团队的表现整齐划一。军纪越严明，个人优点就越难发挥，整体表现则越能掌握。

军方以可能出现的杰出成就来换取对整体表现的掌握，牺牲个人能力来减少不确定因素。伴随军纪而来的必是复合战或社会战——那种形式的战争中，战士是由工厂到补给单位这个大体系的产品，并由此一体系维系他在战场上的活跃。

阿拉伯战争应反其道而行，力求简单与个人化。每名士兵都应该上战场，而且应该在战场上自给自足。我们部队的战力在于每个个体的战力。依我看来，这种形式的战争中，每个个体战力的总和至少不会少于复合体系同等兵力的战力。

在实战中，我们不应将太多兵力部署在第一线，依照简单体系，理论上可由我们自由调遣，否则我们的攻击（与撤退相对照）范围会变得太宽广。个别战斗的道德限制使士兵在打"简单的"战争时吃足苦头，要求他必须格外有进取心、有耐力、热忱。非正规战争比拿刺刀冲锋更需要以智取胜，比只知奉命行事的部队更耗费体力。游击队必须拥有自由运作的空间，在非正规战争中，若两个人在一起，便有一人是闲置的。我们的理想应该是使我们的战役成为一系列的单独战斗，我们的小兵与矫捷的总指挥官是快乐的战友。

第六十章　空袭、突击、骗敌

　　阿卡巴湾内战舰云集。费萨尔到了，随行的还有贾法尔、他的随从，以及"仙女教母"乔伊斯。装甲车已运达，还有高斯列特、埃及工人和数千兵马。为了弥补六个星期来的闲散，法尔肯海因曾向土耳其人提出忠告，他巨细靡遗的情报加强了他们的防御力。马安的部队很特别，由前西奈总指挥官贝杰特领军。他有六千步兵、一团骑兵与有坐骑的步兵，他依机动战的标准，将马安的防御工事筑得固若金汤。从那时开始，每天都有一队飞机出勤。补给品堆积如山。

　　这时土耳其的备战工作已经就绪。他们开始移防，显示出目标是通往阿卡巴的最佳途径圭威拉。已有两千步兵进军阿巴里森，巩固当地防御工事。骑兵一直在我们附近逡巡，牵制阿拉伯部队由穆萨河谷来的反击。

　　这种草木皆兵的气息便是我们的契机。我们要要他们，激他们到穆萨河谷追赶我们，此地的天然屏障使其易守而难攻。

　　为了引他们上钩，邻近的达拉加人马便忙碌起来。土耳其人斗志高昂，也展开反击，结果损失惨重。我们到穆萨河谷内的农村打家劫舍，丰厚的战利品令达拉加人抢得不亦乐乎。茂路德这名宝刀未老的战将，与他的骑骡步兵团前去攻打著名的佩特拉遗址。里阿珊纳人受到鼓舞，也在独眼龙族长哈利勒的领军下，到高原处搜刮掳掠，并窃取土耳其人的坐骑或载物牲畜，每次两三只，若偶尔遇上卫兵，便连步枪也抢走，让他们防不胜防。如此持续数个星期，土耳其人被激得越来越浮躁。

　　我们也要求萨蒙德将军履行他的承诺，派远程飞机轰炸马安，让土耳其人更加寝食难安。由于任务艰巨，萨蒙德特意遴选斯滕特与其他身经百战的拉比格或沃季飞行官，要求他们全力以赴。他们都有在沙漠中迫降的经验，也可以在没地图可参考的山区挑出一个不知名的目的地。斯滕特的阿拉伯语说得很流利。这支空军部队必须冷静沉着，不过它的指挥官技巧纯熟又爱现，像其他艺高胆大者一样，老是喜欢要些令人捏把冷汗的花招。例如，有一次他下令低空掠过，以求确认目标，结果精准地炸中马安，战果丰硕。他们在这个措手不及的火车站内外总共投了三十二枚炸弹。其中两枚正中军营，土耳其部队有三十五人殒命，五十人受伤；八枚炸中引擎仓库，使工厂与库房严重受创；有一枚投入守军的将军家的厨房，解决了他的厨师和他的早餐；有四枚炸中机场。虽然土耳其以榴霰弹还击，我们的空军还是人机平安地返航，回到他们位于阿卡巴上方的孔蒂拉临时机场。

那天下午他们维修飞机，入夜后就睡在机翼下。第二天拂晓再度出击，这次共三人出勤，前往阿巴里森，当地的军营规模庞大，令斯滕特垂涎不已。他们轰炸马栏，马匹惊慌逃窜，在帐篷间横冲直撞，使土耳其部队阵脚大乱。他们还是和前一天一样，低空掠过，机身挨了不少子弹，但都不碍事。中午前他们便已折返孔蒂拉。

斯滕特检视过剩余的汽油与炸弹后，认为足够再出勤一趟，所以下令要弟兄们寻找炮兵。当天早上他们曾被炮兵苦苦追击。他们在日正当中时升空。由于载的炸弹太多，飞不高，所以当他们迫不及待地飞越阿巴里森后方的山头时，只以大约三百英尺的高度掠过山谷。土耳其人习惯在中午时午休，被这一幕吓得魂飞魄散。他们总共投下三十枚炸弹：一枚解决掉炮兵，其他的炸死数十个人员与牲口。之后负荷减轻的机身才翱翔升空，回到阿里什。阿拉伯人欣喜若狂，土耳其人则闻风丧胆。贝杰特帕夏只得派手下去挖掘掩体，在他的飞机修复后，则将它们部署在高原四周，专门担任防守营地的任务，也降低了我们的空患。

借着空袭使他们不堪其扰，借着不断突袭将他们引诱到错误的目标，而我们使土耳其攻势受挫的第三张王牌是摧毁铁路，这使得他们不得不将攻坚部队打散，担任防守勤务。因此，我们在九月中旬安排了许多爆破行动。

我决定重施故伎，埋地雷炸火车。这时我想到比自动引爆的地雷更有效也更可靠的装置：利用接电的方式在火车头经过时直接引爆。英国的爆破专家鼓励我放手一试，尤其是驻埃及的工兵指挥官赖特将军，他经验丰富，对我不按牌理出牌的做法很感兴趣，并推荐一批工具运来给我：一具引爆器与若干绝缘电线。我带着这些物品登上我们的新守护舰"亨伯"号，并向舰长斯纳格做自我介绍。

斯纳格运气不错，能指挥这艘原本是替巴西打造的船舰，这艘船舰的设备比英国一般的守护舰舒适多了。我们能登上他指挥的这艘船舰实在是天赐鸿福，因为他非常热忱好客。他好奇心强，对岸上发生什么事甚感兴趣，我们的一些小挫败在他眼中也都有它轻松的一面。每告诉他一段挫败的故事，到头来总能一笑置之，而且说完故事后他都会犒赏我一顿热水澡，以及茶点，茶具极为考究，一尘不染。他的亲切与协助使我们在需要支援时免于多跑一趟埃及，也使我们得以月复一月地对土耳其迎头痛击，使他们军心涣散。

那具引爆器是一口上了锁的大箱子，非常笨重。我们将锁头撬开，看到箱子内有一个棘齿把手，将它往下压——什么都没发生。电线是粗厚的橡胶绝缘线，我们将它剪成两段，将两端拴结到箱子内的螺丝接头处，立刻就通电了，非常方便。成功了。

我去拿雷管过来。我们将电线没拴住的一端连接到雷管上，再将把手压下去——毫无动静。我们一再尝试都徒劳无功，懊恼不已。最后斯纳格打电话召来他的炮兵维修官。他精通电学，建议我采用特殊的电雷管。这艘舰上有六支，他给了我三支。我们把一支和引爆箱连线，当把手压下，雷管顿时迸裂，美不胜收。我觉得已经掌握窍门了，便开始研拟突袭的细节。

至于目标，收效最大也最容易到达的似乎就是慕达瓦拉，位于马安南方八十英里的给水站。若在此炸毁一部火车，足以使敌人惶惶不可终日。至于人员，我挑的是能征善战的豪威塔特族。同时，我也要借这次任务考验刚收留的随从，三个豪兰农家子弟。鉴于豪兰地位逐渐重要，我们有必要了解当地的方言、设施、各部落间的恩怨纠葛，还有当地的地名与道路。这三名随从，拉海尔、阿萨夫、赫梅德，将在征途中与我聊天，让我在闲聊中了解他们家乡的状况。

为了在炸毁火车头后能控制整部火车，必须有大炮与机枪才行。火炮方面，何不用迫击炮？机枪呢，何不用路易斯牌机枪？于是，埃及由扎伊通的陆军学校挑了两个干练的教官，训练一队阿卡巴的阿拉伯人使用枪炮。斯纳格在舰上挪出一个空间让他们使用，因为我们在岸上仍没有像样的英军营舍。

他们的名字好像是叫耶尔斯与布鲁克，不过后来因为大家爱上他们介绍的枪炮，所以用枪炮厂牌名称，昵称他们为路易斯与斯托克斯。路易斯是澳洲人，身材高瘦，动作柔和，慵懒的姿态不像顶天立地的军人。他的表情冷峻，眉毛拱起，有侵略性的鼻子散放出一股澳洲人特有的卤莽气息，愿意也有能力立刻采取行动。斯托克斯是个矮壮的英国自耕农，一副劳动阶级的模样，沉默寡言，总是等人下令让他执行。

路易斯点子很多，若有什么进展，总会旋风似的笑着来找我们。斯托克斯从不提意见，只会在出完任务后才捏着帽子，仔细回想刚才犯了什么错，下回一定要改进。两人都很杰出。他们没有翻译人员协助，在一个月内，便已和学员相处融洽，并让他们学会枪炮的基本操作。我们要求的也不多，因为由经验中体会到，略懂皮毛比有精确知识更符合我们突击队的精神。

我们在研拟突袭行动的架构时，已经迫不及待想出征了。慕达瓦拉车站似乎唾手可得。三百个人已足以打得它猝不及防。那将是大功一件，因为它的深井是马安下方干旱地带唯一的水井。若没有这口井，火车行经那座峡谷将失去经济效益。

第六十一章　暂栖圭威拉

　　澳洲人路易斯在蓄势待发的一刻，表示他和斯托克斯愿意加入突击队。一个新鲜、迷人的构想。有他们随行，我们的技术支援已无后顾之忧。他们参与的意愿极为强烈，而且这阵子以来的表现也值得我们设法回报。我们提出警告，这种经历可能不大好玩，到时候没有规则可循，而且将是不眠不休地在内陆行军、用餐、战斗。如果他们同行，将无法享有英军惯有的舒适与特权，必须与阿拉伯人福祸共享（战利品除外！），并忍受没有粮食及纪律为伴之苦。如果我出事了，他们不会说阿拉伯语，情况堪虞。

　　路易斯回答，他就是想体验这种奇特的人生。斯托克斯则说如果我们做得到，他也可以。所以我借了两只最出色的骆驼给他们（鞍袋内塞满牛肉罐头与饼干），在九月十七日一同启程前往伊腾河谷，与由圭威拉调来的奥达手下的豪威塔特族人马会合。

　　为了让两名教官逐渐适应，我设法让情况比早先警告的轻松些。第一天走得很悠哉，自行决定行程。他们没骑过骆驼，而且伊腾河谷光秃秃的花岗岩山壁炙热逼人，很可能会使他们在还没正式开始出征前便已中暑。九月是不利于出征的月份。几天前在阿卡巴海滩旁棕榈树园的浓荫中，我测量过气温，高达一百二十华氏度（约四十九摄氏度）。所以我们正午时在一座山崖下休息，到傍晚再走十英里路便扎营夜宿。

　　我们以罐装的热茶以及米饭和肉饱餐一顿。我窃笑着观察周遭环境对两人所造成的冲击。他们的反应一如预期。

　　澳洲佬一开始似乎安之若素，以很坦然的姿态与阿拉伯人寒暄对应。但是，等他们也礼尚往来地与他笑闹时，他吃了一惊——几乎是忿忿不平，他从没料到他们会因为他的客气，而忘了一个白种人与一个黄种人的差别。

　　有趣的是，他的皮肤比我的几个新随从还要黝黑。新随从中，我对最年轻的那个拉海尔特别好奇。他是个相当出众的少年，体格粗壮，对我们这趟征途而言似乎胖了些，但也因而更能吃苦耐劳。他的脸色红润，双颊圆鼓鼓的，颊袋很低，几乎像悬垂着；嘴唇小而饱满，下巴很尖，再加上又高又浓的眉毛，与炯炯有神的大眼睛，看来似乎诡计多端又急躁，高傲又没耐性；他的言语粗鄙，口无遮拦，总是莽莽撞撞，自吹自擂，毛毛躁躁，神经兮兮；他的精神不像身体那么强壮，喜怒无常；他在疲惫或生闷气时，常会哭得泪水纵横，但一有事情分心便立刻停止，而且哭过后又生龙活虎，可以继续吃苦。我的随从穆罕默德、艾哈迈德，还有拉希德与阿萨夫都很纵容拉海尔，一来是因为他有一股野性的吸引力，二来是因为他善于自我吹嘘。他由于和两位教官没大没小，被我喝止了一两次。

英国佬斯伦克斯很难适应阿拉伯的奇风异俗，因此相当闭塞，沉默寡言。他的羞怯也提醒了我的手下，他和他们不一样，是英国人。这也使他较受尊重。对他们而言，他是"教官"，而路易斯则是"那个高个儿"。

这些都是他们身上显露的个性。世界各地自古至今的书中，都将我们的形象描绘得像洗衣妇一般，但又不像她们能与陌生人打成一片，实在很丢人。在中东的英国人可以分为两类。第一类细腻而不露声色，善于掌握周遭人群的特性、语气、思维模式，甚至言行举止。他可以对别人潜移默化，随心所欲地引导他们，自己的个性则深藏不露，没人留意。

第二类，也就是一般书中所描绘的"约翰牛"①，这种人离开英国越久，越像英国人。他替自己营造了一个祖国，拥有各个优点的故乡，那么令人向往又遥不可及，结果常常在现实中觉得苦闷，因而在脑中退缩回往日时光。在国外，他借着强装的笃定，表现出一个充满英伦特质的典型。他展现了完整的英国人形象。他的行事有瑕疵，方向也不如知识分子那种类型平稳，然而他的坚毅典型却能赢得更多喝彩。

这两个类型在塑造典型时都有相同的方向，但做法上，一种呐喊嘶嚷，另一种则潜移默化。他们都认为英国人是上帝的选民，无与伦比，若想模仿他们，是亵渎僭越，大不敬。他们自负地敦促别人成为仅次于他们的优秀人种。

---

① 约翰牛，英国人或英国人的代表形象，首先见于阿巴思诺特的《约翰牛传》一书。十八和十九世纪的许多政治漫画都采用这个形象，画中人物矮而结实，常常穿件背心，上面绘有英国国旗。

上帝没有挑上他们当英国人，他们有责任成为他们人种中的佼佼者。我们就这么赞赏当地的风俗民情，研习他们的语言，立书撰写该国建筑、民俗以及即将没落的产业。然后有一天，我们猛然惊醒，发现原本充满神秘色彩的精神披上了政治的外衣，于是我们为它忘恩负义的国家主义痛心地摇摇头——那真的是我们无心栽植出来的柳树荫。

法国人虽然也自认是完美的选民（那是他们的教条，而不是真心感受），接着却与我们反其道而行，他们鼓励附庸国模仿他们。虽然再怎么模仿也无法达到同样的层次，但借着模仿已可提升他们的水准。我们将模仿视为嘲讽，他们则视为一种恭维。

第二天，旭日初升，我们已接近圭威拉，惬意地穿越粉红色的沙质平原，以及满地灰绿的灌木丛，这时天空传来嗡嗡声。我们立刻将骆驼掉头离开路面，躲入灌木丛中掩蔽，不规则的色彩使它们藏身于此也不至于被敌方的空军发现。我最疼惜也最具威力的炸药包，以及斯托克斯的那些炮弹，若遇上空袭，可不是闹着玩的。我们沉着地在原地守候，坐在骆驼背上，它们则吃着身边聊胜于无的草。然后飞机在我们前方圭威拉的岩壁上方盘旋两圈，投下三枚轰然巨响的炸弹。

我们再度上路，稳健地走入营地。圭威拉人声鼎沸，有一个供山区与高原区豪威塔特族采购的市集。触目所及，整座平原都是一群群移动中的骆驼，数量多得每天早晨不到天亮便已将附近的水坑喝得见底，所以起得晚的人便得走上数英里路才有水喝。

这也没什么大不了的，反正阿拉伯人闲着没事，只有每天早晨等飞机。待飞机炸过后，便胡扯闲聊打发时间，直到夜深了就入睡。太多空闲又聊太多话，勾起往日的嫌隙。奥达野心勃勃地想利用我们必须仰赖他帮忙的良机，整合各个部落。他掌握了豪威塔特族的庞大军饷，打算借着这笔钱，迫使那些较小的派系投效其麾下。

各个派系对此极为不满，并威胁要回山上，不然就再转而投效土耳其。费萨尔派遣马斯特谢里夫出面斡旋。成千上万的豪威塔特族人分成上百个派系，全都顽固倔强，不愿妥协。想要安抚他们，又不能触怒奥达，真是难上加难。

当时的气温在阴影下都高达一百一十华氏度（约四十三摄氏度），而阴影其实是黑压压一片的苍蝇。

我们期盼能协助出征的南部三派系也加入抗议的行列。马斯特与他们交涉，阿布塔伊族的长老与他们协商，我们与他们沟通，全都无功而退。看来我们的计划才刚开始就要面临夭折的惨境。

一天中午前，我正走过岩壁时，马斯特来告诉我，几个南方部落已骑上骆驼，准备撤出营地与行动。我懊恼不已，立刻转身冲进奥达的帐篷。他坐在帐内的沙地上，与刚讨来的老婆吃煮面，那开朗的女孩身上穿着靛蓝的新衣，黄皮肤上映着淡蓝。我忽然闯进去，那小妇人飞快地由帐后的门帘像兔子般钻出去。我为了出一口闷气，开始揶揄他年纪一大把了，还像其他族人一样做傻事。他们一向将行房当成人生大事，而不只是做一件爱做的事。

奥达反驳说他是想传宗接代。于是我问他，他是否觉得人生美好到足以感谢父母让自己降临人世，或是对是否美好仍存疑，却自私地将之转赠予一个未出生的灵魂。

他不为所动。"事实上，我是奥达，"他毅然地说，"你也知道奥达代表什么。我父亲（愿神保佑他）更英勇，比奥达还伟大。他也会赞扬我的祖父。我们越往上推，就越伟大。""可是，奥达，我们说要尊重子女，他们是我们财富的继承人，替我们完成遗志。每过一代，地球就更为老旧，人类也离童稚时期更远……"

老家伙透过那双细眼和蔼可亲地望着我，本想讽刺他却不得要领。他指着帐外的平原上，他的儿子阿布塔伊正在试骑一峰新来的骆驼，他用棍子在它的颈背上敲打着，但就是无法让它像训练有素的名种般沉稳地迈开步伐。"噢，这小淘气，"奥达说，"如果真主高兴，他已经继承了我的财产，不过谢天谢地，他还没有继承我的力气。如果我想教训他，就会打得他屁股开花。无疑地，你很聪明。"我们一席话后的结论是，我应该去找个干净的地点，静观其变。我们雇了二十峰骆驼来驮炸药。第二天，在飞机来袭两小时后，我们已准备就绪。

飞机像是圭威拉营地里古怪有趣的作息调节器。阿拉伯人总是在黎明前即起床，等待它的莅临。马斯特派了个奴隶到崖顶，一看到飞机就示警。在接近它惯常出现的时刻时，阿拉伯人开始悠闲地边走边聊，若无其事地朝岩壁漫步过去。到岩壁下方后，每个人挑个自己喜欢的岩缝藏身。马斯特身后会跟着他那一大群的奴隶，端着架在火盆上的咖啡壶，连地毯也带着。他会和奥达进入一处隐蔽的阴影下，坐下来闲聊，直到飞机已经越过席塔山的预警声传来，岩缝间开始骚动为止。

　　每个人都会紧贴着壁缝，这块怪异的鲜红色大岩层挤满衣着鲜艳的阿拉伯人，像一大群朱鹭般栖息在岩面的各个缝隙间，等着敌机在上方盘旋，无功而返。飞机会投下三枚炸弹，或四枚，或五枚，视当天是星期几而定。炸弹爆裂后的浓烟凝结成一团，飘浮在翠绿的平原上，结实得像奶油泡芙。这团烟在没风的空中会维持几分钟，然后渐渐扩散开来，缓缓消失。虽然我们知道这种空袭无法构成威胁，但在炸弹投下后发出的尖锐响声划空而过时，仍会产生喘不过气来的窒息感。

第六十二章　绝美的瓦地伦

我们欣然离开嘈杂又惊心动魄的圭威拉。在将沿路护送的苍蝇群甩开后，便停下来休息。事实上我们没必要赶路，与我同行的两个可怜教官也首度体验到这种酷热。迎面刮来的风像副铁面具扑在脸上。他们咬牙苦撑，希望能像阿拉伯人一样熬过去，精神可佩。但阿不吭声地硬撑，往往很快就到达体力的极限。阿拉伯人的无知使他们逞血气之勇，顶着大太阳与窒闷的空气仍聒噪不休。不过这种行为经试验后，结果是有益健康的。我为了追求这种效果，四处嬉闹，状似自得其乐。

接近傍晚时，我们动身上路，然后在一片浓密的柽柳树林中扎营。这座营地景色优美，后方矗立着一座峭壁，或许有四百英尺高，在落日余晖的映照下呈现一片通红。脚下是黄土地，与木板一样硬，平坦得像一潭湖水，左右两侧各延伸了半英里长，其中一侧是只有褐色树干的柽柳树林，最边缘处才有些因干旱与日晒而枯萎的灰蒙蒙的树叶。

我们要骑往瓦地伦，班尼阿提耶族的北方水源地，这地方令我向往，因为连粗枝大叶的豪威塔特族人也说此地很美。我们可望在明天一早到达，不过在仍满天繁星时，随行的哈里斯族族长艾德唤醒了我。他爬过来颤抖着告诉我："大人，我眼睛瞎了。"我让他躺下来，发现他全身发抖。不过他也只知道他半夜醒来时，发现什么都看不见，两眼刺痛。阳光晒瞎了他的双眼。

我们骑入两座沙岩质的大尖峰间，到达一座长坡的山脚时，天才刚亮。此地长满柽柳树，他们说，这就是瓦地伦的源头。往左看，有一片高大的岩壁，极为险峻，像是一道千英尺高的巨浪扑向山谷中央；右边拱起处是崎岖陡峭的红色山脉。我们踩过矮树丛，沿着斜坡往上爬。

一路前进，矮树丛渐渐成为树林，树叶在粉红色沙地的衬托下，显得格外翠绿。往上的坡度逐渐缓和，到最后山谷成为一座狭窄的倾斜平原。右边的山较高耸陡峭，相较下左边的山像是一面红色的大墙。两侧逐渐接近，最后只相距两英里。然后山势逐渐爬升，直到两边都达约两千英尺高，像条林荫大道般往前迤逦数英里远。

它们不是一片完整的岩壁，而是一块块聚合而成，像街道两旁高大的建筑物。峭壁间的空隙达五十英尺宽，壁面受风雨侵蚀而出现如浮雕般的图案。绝壁高处的洞穴看起来像是窗户，靠山脚的洞穴则像门。黑色的污迹沿着岩壁的正面往前延伸数百英尺，像不小心泼洒上去的。这些山崖由颜色更深、质地更硬的碎岩堆成达两百英尺高，粗糙的表层有垂直的条纹。基底不像沙岩般有褶痕，而是劈成松散的斜坡，像是墙壁的壁脚。

这些峭壁的顶端呈圆拱形，不像山的主体那般深红，而是一片灰蒙。它们为这令人难以抗拒的地方增添了一笔拜占庭建筑的风味，使这条通道变得比想象中还迷人。在此阿拉伯部队显得微不足道，山壁间也足以让一支飞行中队编队并行。我们自知渺小，全都静默下来，在这些耸山危崖之前自惭形秽。

在童年的梦境里，风景总是广袤又恬静。我们追溯往日回忆，寻找所有人类走过眼前这种山壁，通往前方路尽头处广阔广场的原型。往后骑经内陆时，我的心思总忍不住会跳离眼前的路面，回想起在瓦地伦待过的一夜，以及在晨曦曙色中走过山谷，进入绚丽耀眼的平原，或在晚霞夕照下沿山谷走入灿烂辉煌的广场，而我却因情怯而不曾真正进入这片广场中。我会说："我这次是否该继续前行，越过哈扎勒，一窥堂奥？"不过事实上，我太爱瓦地伦了。

这一天我们骑了几个小时，景色越来越壮观，图案雄伟有致，直至走到一个隘口，右转转入另一个新天地。隘口约有三百码宽，是山壁中的裂缝，通往一座像古罗马竞技场的椭圆形凹地，前面浅，左右两侧突出。这里的山壁与瓦地伦的其他山壁一样，都是陡峭的绝壁，不过看起来更巍峨，因为凹地位于一座主山的正中心，凹地的渺小使山势看起来更高耸。

太阳已沉入西面的山壁后，使凹地蒙上一层阴影，不过落日余晖将入口处两侧与山谷远方的山壁照得霞光万道。凹地的地表是湿沙，长着浓密的灌木丛。在所有山壁的山脚，则有比房子还大的圆石，有些看起来像碉堡，都是由山顶滑落下来的。前方有一条通路，因经常有人走过而颜色较两旁浅淡，沿着基底蜿蜒通往主要壁面处，然后往南急转，顺着两旁有茂密枝叶的树林的岩棚前进。由这些树林和岩缝间，传出怪异的叫声。阿拉伯人在三百英尺外的水泉处喂骆驼饮水的回音，则成了悦耳的乐音。

雨水落在圆拱形的山顶上，似乎被坑坑洞洞的岩面缓缓吸收了。我的思绪跟着这些雨水，一英寸一英寸地往下渗透入沙岩的山中，直达山底下无法透过的地层，之后受到挤压再沿着地面的表层往前流，在两片岩层的交接处喷出岩面。

穆罕默德转入椭圆凹地左边的突出处。脑筋灵活的阿拉伯人已在凹地另一端悬垂的岩块下清出一块空地，我们就在此歇脚。黑夜立刻降临这处绝壁环立的营地，露气极重的空气拂过被阳光烫热的皮肤时相当冷冽。负责看管炸药的豪威塔特族将骆驼聚集在一起，在回音此起彼落的山壁间吆喝着，带它们去饱饮足够让它们再返回圭威拉的水。我们升火煮米，拿出两位教官的罐头牛肉打牙祭，替我煮咖啡的仆从则忙着准备招待稍后会来的访客。

水泉洼地外帐篷里的那些阿拉伯人已经看到我们进入山谷，不久也知道我们的来意。一小时内达劳夏族、扎雷班尼族、祖威达族、托加特加族等的族长全已聚集在我们身旁，然后大家各抒己见，气氛不大融洽。艾德谢里夫由于眼睛失明，心情沮丧，不愿陪我招待客人，而这种事我又做不来。这些小派系对阿布塔伊族怠慢客人很不满，怀疑是我们怂恿奥达去并吞他们。他们在能确信费萨尔可以支持他们的要求之前，不愿向他效忠。

卡西姆·阿布·杜梅克，这个骑术精湛、在阿巴里森之役率领山地部落冲锋的战士，脸色似乎特别难看。他皮肤黝黑，态度傲慢，薄唇带着冷笑；心地还不错，但很顽固。他此时与陶韦哈族有了嫌隙。我势单力孤，没人帮腔一定无法让他站在我这边，所以我决定让其他族人看清他的敌意，于是开始和他展开激烈的舌战，直到他哑口无言。原本支持他的族人这时纷纷羞愧地背弃他，但也很少人转而支持我。他们仍犹豫不决，开始抱怨那些族长，并表示要跟我一起走。我把握机会说，查阿尔明天一早会到达此地，他和我愿意接受所有人的帮助，不过杜曼尼叶族人除外，由于刚才卡西姆的恶言相向，费萨尔的津贴名册将剔除他们，并取消他们赢来的善意与酬劳。卡西姆誓言会立刻加入土耳其，继而愤然离开火堆旁，他的朋友试着要他少说几句，但未能如愿。

第六十三章　斡　旋

　　第二天早晨，仍在气头上的卡西姆以及他的手下就站在一旁，犹豫着要加入还是反对我们。正举棋不定时，查阿尔到了。卡西姆的阴沉对上查阿尔钢铁般的冷酷，两人不久便怒目相向。我们在他们打起来前出面打圆场，不过两人已撕破脸，前一晚勉强做成的安排也被推翻。其他派系看不惯卡西姆的穷凶极恶，三三两两地默默加入我们，充当志愿军，不过要求我在出发前让费萨尔知道他们的忠心。

　　他们的疑虑使我决定立刻与费萨尔联络，一来可以设法消弭这场纷争，二来也要找些骆驼来驮运炸药。雇用杜曼尼叶族的骆驼并不是办法，可是此地又没有其他骆驼可用。最好是我亲自前往，因为卡西姆或许会在半路拦截信差，可是他不敢阻拦我。我将两个教官托付给查阿尔代为照顾，他发誓愿为他们的性命负责。于是我和艾哈迈德骑着没任何行李的骆驼上路，打算赶往阿卡巴后立刻折返。

　　我们只认得伊腾河谷那条较长的路。有一条捷径，但没有人指点迷津，不知该怎么走。我们在山谷中摸索多时却不得其门而入，正在绝望之际，路旁一个男孩突然开口，指示我们走右边的山谷。我们依他的指示行进，一个小时后上了一道分水岭，发现有许多山谷往西迤逦散开。这些山岭一定是通往伊腾河谷，因为附近除此之外没有其他可让山区的水排入海中的流域了。于是我们匆匆走入这些山谷，并不时地冒险抄小路越过右边的丘陵，进入一些支脉中，以缩短行程。

　　一开始行经的是干净的沙岩区，岩石外貌相当悦目。一进入山脊，矗立在我们面前的便是与海岸同样质地的花岗石，再骑了一段平缓的坡路，即由南伊腾河谷进入主河谷中，就在阿卡巴水井上方。这段行程我们只花了六个小时。

　　到达阿卡巴后，我们立刻前往费萨尔的住处。我的突然折返使他吃了一惊，在我解释后他才了解瓦地伦发生了这种纷争。我们吃过饭后即刻采取必要措施。驮运行李的骆驼必须在两天内出发，费萨尔会派足够的人员负责照料炸药，并由他的贴身仆役同行负责监督。他还派遣目前最依赖的亲信阿卜杜拉·菲尔谢里夫前去充当仲裁。与我一同前往铁路的人员的家属经过我验证后，就可直接由他的仓库支领配给。

阿卜杜拉和我在天亮前出发，经过一段怡人的旅途，于下午抵达瓦地伦。得悉一切安好，暂时放松了紧绷的心情。阿卜杜拉谢里夫立刻着手工作。他将阿拉伯人集合，包括桀骜不驯的卡西姆，然后借着一个阿拉伯领袖与生俱来的说服力与丰富的人生阅历，开始安抚他们。

我们离去的这段空当，路易斯为了打发时间，到绝壁附近探视，结果发现那些泉水很适合洗澡，所以，我为了涤净跋涉后的尘垢与压力，便由峡谷沿着残破的山壁缝隙往上爬，进入绝壁的壁面。以前曾有水由这些缝隙间喷出，流下岩棚，再进入山谷河床内的纳巴泰人井楼中。这段山路并不难走，一个疲困的人走来，需时大约十五分钟。到了山顶，阿拉伯口中的雪拉拉瀑布就近在几码前。

淙淙的水声由我左方绝壁突出的岩块边传来，鲜红色的岩面上爬满绿油油的蔓藤植物。通道就绕着岩块下方的岩棚前进。头顶上突出的岩块上刻着纳巴泰人的文字，还有些图案与标记。路旁壁上则是些阿拉伯语的涂鸦，包括部落标志，有些是已受人遗忘的迁徙所留下的见证。不过我的注意力还是集中在由头顶上突出岩块的下方阴影中一道缝隙传来的潺潺水声。

一道银白色细流由岩隙间流入阳光下。我前去探视这道泉水，它比我的手腕还细，由岩壁裂隙稳定地淌出，以清脆悦耳的声音注入一座水花四溅的浅池中。岩壁与突出的岩块上都沾满水汽。茂盛的蕨类与葱翠的青草，使这片不过五英尺平方的土地成为世外桃源。

我在这片洁净又芳馥的岩棚上卸下全身脏垢衣物，进入那座天然小澡盆中，总算可以让劳累困顿的肌肤品味徐徐清风与激滟流水。池水清爽怡人。我静静地躺着，让澄澈的暗红色池水流过身躯，洗净满身尘埃。正自得其乐时，突然看到一个蓄着灰胡子、衣衫褴褛、脸上线条分明、饱经风霜的人，缓缓沿着通道走过来，在泉水的对面停下脚步。他叹了口气，俯身看着我为驱虱蚤而铺在阳光下曝晒的衣物。

他听到我弄出的声响，也倾身向前，以长满眼屎的双眼瞪着这个满身苍白的东西在光幕下的池中戏水。他盯了好久，似乎满意了，闭上眼睛呢喃着："爱来自真主；属于真主；归于真主。"

他的低声呢喃不知何故清晰地传入水池中。我听了一愣。我一直相信闪族人无法使用爱来当作他们与真主之间的连结，事实上，无法想象这种关系，除非是像荷兰哲学家斯宾诺莎①那种知性的爱，而他的爱那般理性又无情欲，那般形而上，使他不求或者说不允许有回报。我认为基督教是这个尘世间第一个宣扬爱的信仰，沙漠与闪族人（由摩西以迄希腊斯多葛派哲学家芝诺）②则禁绝了爱。而且基督教也是个掺杂其他信仰教义的混合体，只不过它的起源不见得是闪族。

基督教发源于加利利，使它免于成为只是闪族无数天启教中的一种。加利利是叙利亚的非闪族区，对一个虔诚的犹太人而言，与这个地方接触几乎等于自甘堕落。它与耶路撒冷的疏离关系，就如白教堂③与伦敦一般。耶稣基督鉴于此地的思想自由，选择在此宣扬他的福音，不是在叙利亚村落的土屋中，而是在市集、华厦、洛可可式澡堂间洁亮的街道中，这些通都大邑都是强烈但非本土而且又腐败的希腊文明之产物。

这片外国殖民地上的居民不是希腊人，至少大多数人不是，而是各类的黎凡特人，模仿希腊文化。它们出产的不是希腊本土那种正确但陈腐的希腊主义，而是热带理念的蔓生，希腊艺术与希腊理想有节奏地均衡发展成新的形貌，再加上东方激情色彩而显得俗丽。

激进的诗人在激动中语无伦次地吟朗出他们的诗句，反映出此时此地纸醉金迷与理想幻灭的宿命论，沉迷酒色中。从他们的质朴中，清心寡欲的闪族信仰或许抓到人性与真爱的特质，使基督的福音有所区别，使其适于横扫欧洲人心，其模式是犹太教与伊斯兰教都无法达成的。

---

① 斯宾诺莎（1632—1677），荷兰哲学家，唯理论的代表之一，从"实体"（即自然界）出发，提出"自因说"，认为只有凭借理性认识才能得到可靠的知识。

② 芝诺（约前336—前264），古希腊哲学家，雅典斯多葛哲学学派创始人，其哲学体系以伦理学为中心，认为人应顺从统治宇宙的理性，此即人的幸福所在。

③ 白教堂，英国伦敦东部一区名。

然后基督教又有幸后继有人，它在各时代与各国间流传后，已脱胎换骨，所经历的重大改变远非一成不变的犹太教所能比拟，由亚历山大式佶屈聱牙的抽象理论变成拉丁的散文，以适应欧洲大陆，最后也是最可怕的历程，是传入了日耳曼的条顿族，正式结合当地思想，以适应这个冷漠又爱争论的北方民族。长老教会的教义与希腊正教的信仰之差异南辕北辙，所以在战前我们可以派传教士去说服那些立场较不坚定的东方基督徒，接受我们所宣扬的一个合逻辑的神。

　　伊斯兰教在各大陆间也不可避免地有所改变。它避免抽象的形而上学，除了伊朗极端分子那种内省的神秘主义；在非洲蒙上拜物教的色彩（简单地说，就是敬拜这块黑暗大陆上的各种飞禽走兽）；在印度，它必须屈服于信徒那种正当而又照字面解释的特性。然而，在阿拉伯半岛，伊斯兰教仍保留闪族的特色，或者说是闪族的特色经过伊斯兰教洗礼后仍能流传下来（就如城市居民不断面临各种信仰的洗礼），表达了广袤空间的一神论，穿越无限的泛神论，以及每天接触、遍及家家户户的神。

　　与这种一成不变或我以为的一成不变的思想对照之下，那个瓦地伦老人隐隐预言他的信仰，似乎以一个句子推翻了我对阿拉伯人天性的理论。我担心身份曝光，因此匆匆结束这场沐浴，上前取回衣服。他以手遮住眼睛，重重哼了一声。我温和地请他站起来，让我着装，然后邀他和我走过这条骆驼经年累月踩出来的奇特通道。他在我们的咖啡壶旁坐下，穆罕默德已升起火，我则设法让他谈些教义。

　　晚餐备妥，我们邀他共餐，所以他那咕哝不清、语无伦次的话中断了几分钟。夜深后，他痛苦地站起来，带着他的信仰——如果有的话蹒跚走入夜色中。豪威塔特族人告诉我，他这辈子一直都在各部落间游荡，呢喃些奇怪的话，分不清昼夜，也不费神去觅食、工作或找栖身地。他接受他们的施舍，把自己的一生看作是到世间受难一遭，不过他从不搭腔，或大声说话，除非独自在户外，或单独置身于羊群之间。

第六十四章　修改计划

阿卜杜拉的斡旋已有进展。卡西姆不再公然挑衅，但仍绷着张臭脸，不肯公开和解。各个较小派系大约有一百位族人已经敢于背离他，答应与我们同行。我们与查阿尔讨论后，决定就以这支兵力碰碰运气。再拖延下去，吸收来的新兵或许又会打退堂鼓，而且以目前各部落间的气氛看来，再吸收新兵的机会很渺茫。

这支队伍很小，只有原来预期的三分之一。我们兵力不足，只好黯然修改计划。我们也缺乏一个望重四方的领袖。查阿尔与往常一样，仍是个很有才干的族长，有远见、精力充沛、做事踏实。他很有胆识，可是与奥达太过亲近，因而使人对他有戒心，再加上说话刻薄而且口无遮拦，让人信不过，连他提的忠告大家都不愿接受。

第二天费萨尔派来驮行李的骆驼队到达，由十个自由人照料二十峰骆驼，另有四名费萨尔的贴身仆人监督他们。这些人是整个部队中最受费萨尔信赖的随从，很懂得如何侍候费萨尔。他们乐于舍身救主，若他遇难也愿与之共存亡。我们让两名教官各有两人陪伴，以确保如果我出事了，他们仍可安然返回营地。已缩水的突击计划所需的行李都已打包妥当，一切就绪，准备一早启程。

九月十六日黎明，我们由瓦地伦出发。已经失明的艾德谢里夫仍坚持同行，他说虽然无法开枪，至少还骑得动，如果真主眷顾我们，让我们成功，他就趁机向费萨尔告假还乡，如此解甲归田至少不会太过遗憾。查阿尔率领他的二十五名诺瓦瑟拉族人，他们是奥达旗下的一个支系，自称是我的手下，他们的骆驼是全沙漠最负盛名的。我耐得住长途跋步，使他们乐于与我为伍。

莫特洛格·阿瓦也骑着阿拉伯半岛北部最优良的骆驼吉达，加入我们的行列。队伍内的伙伴看吉达的眼神不尽相同，有人自豪，有人艳羡，全视自己与莫特洛格的关系而定。我的加扎拉高大威武，跑起来更快，但年事已高，经不起高速奔驰。然而，它是队上——事实上应该说是这片沙漠中唯一能与吉达相提并论的名种，它玉树临风般的堂皇外貌，令我与有荣焉。

其余的队员三三两两聚成一小群，像散落的项链。祖威达族、达劳夏族、托加特加族、扎雷班尼族等，各成一群。动身半小时后，有几个满脸羞惭的杜曼尼叶族人由侧边山谷中骑出来，他们无法忍受眼睁睁看别人去突袭，自己却只能与妇女胡闹。

每一群人都各走各的，互不交谈，我整天忙着在满脸不悦的族长间来回穿梭，设法使他们化干戈为玉帛，以求在展开行动时得以团结一致。然而，他们之间唯一的共识就是行进间不接受查阿尔的命令——尽管他被公认为智勇双全，同时也是身经百战的猛将。就我而言，他是放眼望去唯一能信任的人。至于其他人，我觉得他们说的话、他们的承诺，或许连他们的步枪能否信得过都仍在未定之天。

可怜的艾德谢里夫虽然是游牧民族的领袖，却已派不上用场，我虽然百般不愿，仍必须扛起指挥的重责大任。部落民族突袭的特殊技艺，以及休息用餐、让骆驼吃草、决定走哪条路、薪饷、纷争、瓜分战利品、世仇、行进次序，这些在牛津现代史学院的课堂上都没教。我忙着摸索出头绪来处理这些琐事，无暇欣赏沿路景观，也未能多花心思研究该如何攻击慕达瓦拉，以及如何充分利用炸药达到奇袭的效果。

日正当中时，我们在一处肥沃的土地上午休，春雨下在沙质斜坡上，长出银白色的茂盛草丛，最合骆驼的口味。气候温和，像英国的八月天般怡人，我们惬意地四处溜达徜徉，出发前几天的纷纷扰扰，以及暂时化解但仍有隐忧的紧张气氛，在此地总算雨过天晴。在这种环境下，人心转瞬即变。

午后稍晚我们再度上路，沿一道两旁都是砂岩壁的峡谷盘旋下山，于日落前到达另一片平地，黄色的泥土一如要到达瓦地伦的美景前的那一段路。我们在平地边缘扎营。我的穿针引线已有成果：扎营时只分成三区，各区用柽柳树的枯枝升起一堆熊熊烈火。我的手下在一区，另一区是查阿尔的人马，第三区是其余的豪威塔特族人。夜深后，等到各族长饱餐完一顿瞪羚肉与热面包，总算能将他们全请到我这个中立派的火堆旁，平心静气地讨论第二天的行程。

我们必须在日落时在慕达瓦拉的水井处饮水，此处距火车站这一侧两三英里远，位于一座有掩蔽的山谷中。然后，一入夜就可以到车站附近勘察，看看以我们目前薄弱的兵力能否发动攻势。我强烈支持进攻（与众人唱反调），因为那是铁路沿线最关键的一个据点。那些阿拉伯人无法看出这一点，因为他们不了解土耳其人因战线长而必然极为依赖补给线。不过，我们还是谈得一团和气，最后也信心满满地各自回营就寝。

第二天早上，我们先留在原地用过早餐，因为前面只有六小时路程。饭后继续穿越那片黄土平地，到达一座坚硬碎石灰石的平原，上面覆着褐色、被风雨磨钝的打火石。接下来是一些小丘陵，偶尔在较陡的坡道上有些软沙地层，是旋风吹过此处后掉落下来聚积而成的。我们由这些坡道爬上一座山头，然后越过山的另一侧进入类似的山谷中，眼前豁然开朗，由阴暗的碎石堆中跨入阳光普照的辽阔平原。一座小沙丘从平原中绵延开来。

我们在入口处午休，在午后准时到达水井。那是一座露天水池，几平方码大，位于一座遍布板状巨石与打火石和沙的空谷中。污浊的水质令人失去胃口。池面上覆着一层厚厚的绿色泥巴，有些油腻腻、像小岛似的粉红色大气囊浮在池面。阿拉伯人解释，土耳其人将死骆驼丢入池中，使水质腐臭，不过时日已久，所造成的影响已经变淡。如果我能认同他们这种标准，或许就能觉得影响已经淡得微不足道了。

然而，除非能攻下慕达瓦拉，否则也只有这池水可用，所以我们拿水袋开始装水。一个豪威塔特族人在帮忙取水时，不慎由池边滑落水中，沉入池面油腻腻的厚泥下好一阵子，然后浮出水面，激烈地喘着大气，在众人的笑闹声中手忙脚乱地爬上岸来。他身后的池面留下一个黑洞，一股腐肉的恶臭像一根扎实的柱子般冒出来，盘绕在我们及整个山谷间，令人作呕。

薄暮时分，查阿尔和我，连同两名教官和其他人，悄悄前进。半小时后，我们登上最后一座山头，到达一处土耳其人的战壕及石头堆成的哨站，里面空无一人。前面山下便是车站，守军举炊的火光照得门窗一片通明。从这里看去距离似乎很近，不过斯托克斯的机枪射程只有三百码，所以我们继续前进，敌人的嘈杂声依稀可辨，我们提心吊胆，唯恐引起狗吠而暴露行迹。斯托克斯教官左顾右盼，想找个架设机枪的据点，始终找不到合意的。

这时查阿尔和我爬过最后一段平地，直到可以数出没光线的帐篷有几座，交谈声也清晰可辨。有一个人走出门，朝我们的方向走来，然后迟疑了一下。他划亮一根火柴点烟，火光照亮他的脸，我们可以清楚地看见他的长相：一个年轻、脸部深陷、满脸病容的军官。他蹲下来抽了一会儿烟，再走回同胞处，他走过时他们静了下来。

我们折回山上，低声讨论。这座车站很长，以石头砌成，坚固得恐怕连我们带的那些炮弹都打不破。守军似乎有两百人。我们只有一百一十六支步枪，而且人员相处得不是很融洽。唯一能凭借的优势就是出其不意。

所以，最后我投票赞成离开，不去惊动他们，以待日后再战，而这应该也为期不远。不过，事实上，接踵而来的意外使慕达瓦拉逃过一劫，直到一九一八年八月，在它苟延残喘许久后，巴克斯顿的骆驼部队才出兵将之攻下。

第六十五章　进退维谷

我们悄悄牵回骆驼，回营就寝。第二天循原路往回走，进入车站看不见的平原深处，然后往南越过那片沙质平地。我们看到瞪羚、剑羚、鸵鸟的足迹，还有一个地方有豹许久前留下的足迹。我们要前往平原另一头的小丘陵，打算炸毁一辆火车，因为查阿尔说那个地点的轨道弯度适合我们埋地雷，而且旁边的山脊可以埋伏机枪。

所以我们从南部的丘岭往东走，直到距离铁路不到半英里。队伍就停在一座三十英尺高的山谷中，有几个人走向铁路，铁轨为了避开我们所在的高地，略朝东弯。这座高地的最远端是一块平坦的台地，比铁轨高五十英尺，面北穿过山谷。

铁轨筑在高堤上穿越洼地，有一座两个桥拱的桥梁贯穿其间，用来排放雨水。这里似乎是埋地雷的绝佳地点。这是我们第一次尝试使用电力引爆的炸药，不晓得效果如何。不过我们都同意最保险的方法是将地雷埋在桥上，因为无论能否炸毁火车头，至少可以保证能将桥梁炸断，火车也就甭想通行了。

岩棚上很适合让斯托克斯架设据点。自动机枪架在岩棚上稍嫌高，不过无论火车由哪个方向开来，从此处向下扫射都可以压制住。两位我必须负责他们安危的英国教官在一起比较妥当，一来不怕突发状况，二来安然撤离也不成问题。斯托克斯正为痢疾所苦，或许是慕达瓦拉的池水吃坏了肚子。英国人娇生惯养，对疾病很少有抗体。

我们回到停放骆驼处，将行李卸下，再到附近岩面凹陷处的安全草地上放牧，这些凹陷处是阿拉伯人在岩壁刮盐后形成的。几个自由人将斯托克斯和路易斯的机枪与弹药卸下来，再将火药与绝缘电线、发电机与工具全搬到选定地点。两名教官在一处高地架起他们的玩具，我们则到桥上在两条枕木间挖一个坑，在里面埋了五十磅火药。我们将一包包火药拆开，再装填入一个大沙袋内，利用阳光的热气使它成为乳胶状。

要把火药埋妥也费了好大的劲。路基很陡，铁轨和山腰间的袋形区域有一道风吹积成的沙堤。除了我，其他人都没跨过这道沙堤，每一步走来都如履薄冰。然而我走过后还是在平滑的沙面留下足迹。我用斗篷包着由路基挖起来的碎土石，一趟一趟地带到桥下抛弃，让水自然地将这些土石冲匀。

我花了将近两小时才挖好坑洞，将炸药埋进去，而将笨重的电线由引爆器牵到山上又是一项棘手的工程。沙堤的表面凝成坚脆的表皮，必须弄碎表皮才能埋入电线。这些电线都很坚硬，在沙面上看起来像一条细长笨重的长蛇。我将某段电线压到沙面下，其他段的电线又跷出沙面来。到了最后，还是得拿石块将电线一段段压住，但是，这么一来又得将沙面挖得一团糟才能将石块埋住。

接下来，必须拿一个沙袋沿沙面拖甩，使留下的痕迹成为波浪形。最后，用一个风箱与斗篷猛扇，模仿风吹过后的平滑表面。整个工作耗时五小时才大功告成，不过做得相当彻底。所有人都看不出炸药埋在何处，也看不出由路基到两百码外山脊后引爆点沿途埋着的电线。

我们带的电线刚好够由山脊再拉到一处洼地，于是我们在这洼地处将两条电线的接头与引爆器连接起来。这个地点对引爆器与负责引爆的人而言都相当理想，不过从这里看不见那座桥。

然而，只要派个人在五十码外监控桥梁，指示负责按下引爆器的人适当的引爆时机，即可解决这个问题。费萨尔最宠信的奴隶萨利姆要求执行引爆这个光荣的任务，我答应后他狂欢不已。当天下午接下来的时间都在教他（用未接上电线的引爆器）如何操作，直到他驾轻就熟，在我一举手示意火车已上桥时，他便能即刻按下棘齿把手。

我们走回营地，留下一人在铁路旁守候。我们的行李没人看管，找了许久仍不见其他人的踪影，后来才赫然发现他们面向金黄色的夕阳，坐在一座高山上。我们大声呼唤，叫他们躺下或下山来，但他们不为所动，仍像一群戴着头巾的乌鸦般栖息在高处，往南或往北远眺。

最后我们只好跑上山，将他们拉离山顶的棱线，但已太迟了。戍守在距我们南方四英里的哈拉特安马旁一个小哨站的土耳其部队已发现他们，并开始朝他们开枪，逐渐下沉的夕阳将这些队员的身影越拉越长，朝哨站接近。贝都因人善于利用地形，一向不将愚蠢的土耳其人看在眼里，不在乎与他们厮杀。从慕达瓦拉与哈拉特安马一眼就可瞧见这座山冈，他们突然站在高山上四处观望，惊动了两地。

不过，黑夜迅即笼罩大地，我们知道必须耐心地熬过这一晚，期待明天的到来。如果明天一早土耳其人看到营地已经空无一人，或许会认为我们已经离去。所以我们在一座洼地中升火烤面包，舒服地过夜。经过一番分工合作之后，我们已经成为一个团队，而在山冈上做出的傻事，更使他们在羞愧之余，同意让查阿尔当我们的领导人。

曙色悄悄到来，我们在空荡荡的铁路旁等了几个小时。查阿尔与他跛足的表弟豪威米尔持续地监看，使我们没被发现，但也费尽千辛万苦，因为那些毛躁的贝都因人就是无法安静地坐上十分钟，总是坐立不安或没话找话。这项缺点使他们在面临长时间枯燥而紧张的待战期间，比不上沉得住气的英国人。另外，那也是他们在防御时不耐久候的原因。今天他们让我们一肚子火。

土耳其人终究还是发现我们了，因为九点大约四十个敌军由哈拉特安马旁山顶的帐篷中走了出来，列队往南整齐前进。如果不加理会，再过不到一小时他们便会前来将我们驱离；如果借着优势兵力将他们击退，铁路沿线都会提高警觉，火车会暂时停驶。这时真是进退维谷，最后我们决定派三十人与敌人的巡逻队交锋，并设法将他们引诱到旁边的崎岖山岭。如此或许可以使我们的主要据点不致曝光，并让他们认为我们的兵力与目的都不足以对他们构成威胁。

情况如我们计划般进行了几个小时，两军交火的枪声逐渐微渺，越来越远。一支固定出巡的巡逻队非常笃定地由南方走过我们这座山，经过埋地雷处继续往慕达瓦拉前进，没注意到我们。这支队伍有八个士兵与一个结实的班长，他热得不断拭汗，因为当时已经十一点多，实在酷热难耐。他越过我们约一两英里后，终于疲惫得受不了了。他将队伍带到一条大水沟旁的阴影中，水由东边涓涓流过这条水沟，他们舒服地躺在软沙上，喝瓶子里的水、抽烟，然后睡觉。我们认为这是每个健康的土耳其人在阿拉伯半岛炎热的夏日正午理所当然会做的歇息，而且他们会在此小憩，显然表示我们骗敌成功，他们已不再理会我们。然而，我们错了。

第六十六章　大获全胜

中午又有新状况出现。我由高倍望远镜看到一百名土耳其士兵由慕达瓦拉车站出发，朝我们这个方向前进。他们走得很慢，显然不大甘心最爱的午休泡汤了，不过就算再不甘心，走得再慢，也可以在两小时内到达我们的藏身处。

我们开始打包，做好离开的准备，也决定将地雷与导线留在原处，或许土耳其人不会发现，稍后我们可以折返，充分利用这花了好多心血才完成的装置。我们派了个信差到南方通知担任诱敌任务的队伍，要他们到有很多凹痕的山壁间与我们会合，该处是个天然屏障，是让骆驼吃草的好地方。

信差才出发，负责监视的队员就高呼有烟雾从哈拉特安马冒出来。查阿尔与我冲上山，由烟的外观与浓度看来，应该是有火车在那座车站内等着。正待翻过山头查看，它忽然朝我们的方向驶过来。我们高声叫喊那些阿拉伯人立刻各就各位，沙地与岩面上顿时起了一阵阵骚动。斯托克斯与路易斯穿着长靴，跑不赢那些部落民族，不过他们还是将痛苦与痢疾抛诸脑后，攀上岩棚。

持步枪者在山脊后排成一长列，由机枪阵地延伸到引爆器，再到谷口。谷口离铁路不到一百五十码，他们可以直接朝出轨的车厢射击，斯托克斯与路易斯机枪的射程可达三百码。一个阿拉伯人站在机枪后方高处，大声告诉我们火车的动向——这是必要的防范措施，因为如果车上载运着部队，而且在我们后方下车，我们便得落荒而逃。所幸火车仍继续在两部火车头的拉动下高速前进。

火车行驶至靠近我们昨天行迹败露的地点时，朝沙漠中胡乱开枪。嘈杂声逐渐接近，这时我坐在桥边的小丘上，准备向萨利姆做出手势，他激动地在引爆器旁手舞足蹈，祈求神让他顺利成功。土耳其人的枪声听起来很猛烈，我摸不清到时候要与多少人交战，也不确定借着地雷之助，能否让我们区区八十人压制住他们。第一个电力引爆地雷的试验品真该挑个比较容易得手的目标。

然而，庞大的火车头已经随着尖锐的汽笛声转过弯道，进入眼帘，后面还拉着十节车厢，一支支步枪的枪管由窗口与门口冒出来。车厢顶上也有土耳其部队趴在沙袋后，朝我们开枪。我没想到这列火车会一次用两个火车头，在那瞬间决定在第二个火车头经过时引爆，如此，无论地雷的威力多微弱，至少前面那个未受损的火车头也无法将车厢拖走。

所以，在第二个火车头上桥时，我朝萨利姆举起手。接着是一声惊天动地的巨响，铁路笼罩在一团直径一百英尺的浓浓黑烟中，稀里哗啦的撞击声与金属的叮当声由黑烟中传出来，火车头的一个车轮被炸得半天高，咻的一声飞越我们头顶，重重地坠入身后的沙漠里。碰撞声停止后，一片死寂，没有人的吆喝声或枪声，黑烟也渐渐变淡，成为一片灰雾由铁路飘向我们，越过山头，消失在山中。

我趁这段空当往南跑到两个教官处。萨利姆拿起步枪，朝烟雾中冲过去。我还没攀上机枪阵地，洼地里已传来枪声，贝都因人冲上前去与敌人厮杀。我回头探视情况，发现火车已静止不动，车厢横七竖八地倒在铁轨外，车厢侧面被枪弹打得千疮百孔，土耳其兵由另一侧的车门跳下车，在铁轨的路基处寻找掩蔽。

我还在观望时，我们的机枪已在上头开始扫射了，车厢顶的一排排土耳其兵在枪林弹雨中被打得一阵翻滚后，像一捆捆棉花般坠下车，车厢顶的木板被子弹扫过后溅起一团团黄色木屑。机枪位于制高点，到目前为止对我们极为有利。

我到斯托克斯与路易斯身旁时，战况已有转变。残存的土耳其兵躲在高达十一英尺的路基后，借着车轮的掩护朝二十码外凹地内的贝都因人还击。敌人躲在弯道处，机枪打不到。不过斯托克斯已取出迫击炮，几秒钟后火车后方的沙漠中传来一声巨响。

斯托克斯调整角度，第二发炮弹命中车厢旁土耳其人藏身的桥下洼地。一时血肉横飞，幸免于难者惊慌失措地抛下步枪与装备，逃入沙漠中。这时机枪又开始大展神威。路易斯扫射了一排又一排的子弹，直到沙漠上尸横遍野。谢拉雷特族的少年穆夏格拉夫原本站在第二挺机枪后面，看到战争已经结束，猛然抛下步枪，跑向其他族人，开始像野兽般搜刮各节车厢。他们抢了将近十分钟。

我拿起望远镜沿铁路望过去，看到慕达瓦拉的巡逻队与由火车上逃离的人会合，往北逃窜。再往南看，发现三十名负责调虎离山的队员已骑着骆驼肩并肩朝我们的方向疾奔而来，打算瓜分战利品。原本僵持不下的土耳其人看到他们离去，也朝他们胡乱放枪。显然我们有半小时的空当，然后便要面临两面夹攻的威胁。

我跑下山，查看地雷所造成的破坏。整座桥已经不见了。第一节车厢掉进桥面被炸开的缺口内，车厢内原本搭载着病人。车厢坠落后车内只剩三四名生还者，其他死者全都叠挤在车厢尾部，血肉模糊。其中一名生还者神志不清地高声叫着"斑疹伤寒"这个词。我将车门关上，让他们留在原处。

后面的车厢也都出轨而且撞毁了，有些已扭曲变形，无法修护。第二部火车头成为一堆冒着烟的废铁。车轮都被炸翻了，燃煤炉则被炸掉一面。驾驶室与贮煤室支离破碎，散落在桥座上的石堆间。它是别想再上路了。第一个火车头情况还好，虽然已严重出轨并半倾，而且驾驶室也被炸毁，但蒸汽仍有压力，引擎也很完整。

我们最大的目标是摧毁火车头，我手中抱着一箱火药，还有导火线和雷管，以备不时之需。这时我将这一组炸药安装在引擎汽缸外。若安装在锅炉上或许效果更好，但仍然滋滋冒出的蒸汽让我担心它会全面炸开，四处飞射的碎片会危及手下（仍像蚂蚁般在大肆搜刮掳掠）。料想他们在土耳其人赶来之前不可能歇手，所以我还是点燃导火线，利用导火线燃烧的那半分钟，费了一番工夫将那些抢得眼红的土匪往后驱赶。炸弹爆开了，汽缸炸得粉碎，轮轴也残缺不全。当时我因为不确定造成的破坏是否足以使这个火车头瘫痪，所以感到十分困扰。不过后来土耳其兵发现引擎已经不堪使用，只剩拆解一途。

整座山谷呈现一幕光怪陆离的景象。阿拉伯人疯狂地抢夺，没戴头巾，打着赤膊，高声叫嚷，对空鸣枪，奋力将车门撞开，冲进车内抢出大包小包，在铁轨旁翻拣这些包裹行李，看不中意的便砸毁。火车上载满难民与病人，以及在幼发拉底河当船员的志愿军，还有要回大马士革的土耳其军官眷属。

无数地毯摊陈在地上；坐垫与被褥、毛毯堆积如山，形形色色的男女衣物；时钟、饭锅、食物、装饰品、武器。有三四十位歇斯底里的妇人蜷缩在一角，没戴面纱，撕扯着自己的衣服和头发，尖声狂叫。阿拉伯人没搭理她们，继续搜刮家用物品，直到拿不动为止。骆驼成为公有财产。每个人都拼命朝距他最近的骆驼背包内塞战利品，直到装不下才将它赶到西边的空地上，然后再回头继续搜刮。

那些妇人看我没有介入抢夺，于是冲过来拉住我，高声叫着饶命。我向她们保证不会有事的，但她们不肯离去，直到丈夫走上前来。他们将老婆赶开后，惊恐万分地抱住我的脚。看到土耳其人这么低三下四的模样实在令人反感，我用光脚丫子将他们踢开，最后总算挣脱了。

接着又来了一群澳洲人，军官与士官，以土耳其语向我求情。我以不大灵光的德文回答。这时其中一人以英语要求我找个医生替他裹伤。我们没有医生，不过也没什么差别了，因为他伤得很重，已奄奄一息。我告诉他们，土耳其部队一个小时内会回来照料他们。不过那名伤者在土耳其人回来前便死了，其他人（他们是土耳其在汉志战争期间新添的传授榴弹炮知识的外籍教官）也是，因为他们和我的侍卫起了争执，其中一人掏出手枪射中年少的拉海尔。在我回头制止前，我的手下已在盛怒之下将他们乱刀劈死，只剩两三人。

从一片激动混乱的现场看来，我方没什么伤亡。九十名战俘中有五名是埃及士兵，只穿着内衣。他们认得我，并向我解释他们是随同达文波到艾斯河谷夜袭，结果遭土耳其部队抄截后被俘。他们告诉我若干达文波的工作，他在阿卜杜拉阵营内勤奋卖命，也多亏了他，阿卜杜拉阵营虽然缺乏当地人积极参与的鼓舞，仍得以继续维系下去。他最得力的助手便是这些结实的埃及步兵，于是我将他们带往我们约定的集合地点——盐岩。

第六十七章　凯旋荣归

路易斯与斯托克斯下山来协助我。我有点担心他们，因为阿拉伯人已抢红了眼，随时可能将朋友看成敌人。他们曾三度装作不认得我，想抢我的物品，我不得不将他们赶开。幸好，两名教官的卡其服上只有几处擦伤。路易斯到铁路东侧清点他杀死的三十人，他在土耳其兵的背袋内意外地发现黄金与战利品。斯托克斯走到已残破不堪的桥边，看到有二十名土耳其人被他的第二枚炮弹炸得尸首不全，于是匆匆走回来。

艾哈迈德捧着一堆战利品回来找我，高声叫嚷着（阿拉伯人在胜利的兴头上根本无法正常谈话），说最后第二节车厢内有个老妇人要求见我。我让他将战利品搁置一旁，先派他去牵我的骆驼及几峰驮行李的骆驼，准备将机枪运走，因为敌人的枪声已清晰可辨，阿拉伯人也抢够了，这时纷纷往山上跑，将骆驼赶往安全地点躲藏。将机枪留到最后才装运真是失策，可是首度试验便已获得大捷，一时乐昏头，没想那么多。

我在那节车厢的车尾找到一位极为老迈、全身发抖的阿拉伯贵妇，她问我是怎么回事。我向她解释。她说虽然她是费萨尔的老朋友，也宴请过他，但她太过虚弱了，无法与我们同行，必须留在原地等死。我回答，她不会受伤害的，土耳其人快到了，会照顾生还者的。她接受了我的说法，然后要求我替她找她的老黑奴，替她取水。那女黑奴从第一列火车头已破损的贮煤室中舀了杯水（非常甘甜，路易斯借此解渴），然后我带她去找她的主人。几个月后，我收到麦地那的杰拉尔·列尔的女儿艾莎夫人偷偷由大马士革寄来的信函和一块可爱的俾路支小地毯，纪念当日的邂逅。

艾哈迈德一直没牵骆驼过来。我的手下利欲熏心，已和贝都因人四处去抢分战利品了。两名教官和我孤立无援地留在现场，这时四周一片死寂。我们开始担心恐怕必须抛下机枪，逃命要紧，不过这时看到两峰骆驼飞奔回来。查阿尔与豪威米尔没看到我，因此回来找我。

我们将仅剩的一条绝缘电线卷收起来。查阿尔跃下骆驼，要我骑上去离开，最后我们决定让骆驼驮运电线与炸药。查阿尔这时还有心情取笑我们放着满火车金银珠宝不去抢，却抢救这么寒酸的战利品。豪威米尔因膝盖的旧伤而跛足，不良于行，我们要他让骆驼蹲跪下来，然后将两挺机枪的尾端像剪刀般绑在一起，再扛上骆驼背部。还有一尊迫击炮没运走，不过这时斯托克斯出现，他刚到四处寻找后，发现一峰在附近晃荡的骆驼，于是以不大纯熟的技巧将它牵回来。我们匆匆将迫击炮扛上这峰骆驼，再让斯托克斯（他仍因痢疾而虚弱不堪）骑查阿尔的骆驼，由豪威米尔带队，将三峰骆驼以最快的速度带离现场。

这时路易斯与查阿尔在原本架机枪的据点后方一处隐蔽的洼地内，以弹壳、汽油、废弃杂物等堆集在一起点起火来，火堆旁再摆上机枪的一排排子弹与没能带走的弹药，然后小心翼翼地将几枚迫击炮摆在最上面。布置完成后我们拔腿狂奔。火势延烧到弹药后方，开始连续发出噼里啪啦的巨响。几千发子弹持续爆裂，听起来像是机枪扫射，炮弹爆炸声更卷起一阵浓烟。正要前来包抄的土耳其人被震慑住了，认为我们火力强大，而且已在据点内坚守，所以急忙四下找掩蔽，然后依照兵法所教的一切法则，小心翼翼地包围我们的阵地，仔细勘察，我们则没命地潜入山中逃之夭夭。

整件事似乎圆满落幕，我们很庆幸能死里逃生，除了我的骆驼与行李不见之外没什么损失，虽然两名教官珍爱的工具箱也没能带走。反正瓦地伦还有食物，而且查阿尔认为或许我们会发现遗失的物品都是其他队员带走的，而他们就在前面等我们。果然如此。我的手下满载而归，所有的骆驼都在，每一只的鞍袋都被战利品塞得鼓胀欲裂，就等我们跨上去。

我委婉地向他们说明，我对停火后两名奉命牵骆驼却一去不回的手下的看法。他们辩称爆炸声使大家吓得队伍都散了，后来阿拉伯人又说牲口被谁看到就是谁的。或许如此，不过我的手下都身强体壮，应该可以应付这种事的。我们询问有没有人受伤，有人说一个什姆特族少年——一个精力充沛的小伙子在第一次朝火车冲锋时阵亡了。这次冲锋是失策，没有人指挥，原本只打算等地雷顺利爆炸后，再以路易斯与斯托克斯的枪炮解决敌人。因此我觉得他的阵亡非我之过。

有三人轻伤。这时费萨尔的一个奴隶说萨利姆不见了。我们将全部人员集合，逐一探问。最后有一个阿拉伯人说他看到萨利姆中弹躺着，就在火车头后面。路易斯这下子才想起来，他的确看到一个黑奴躺在火车头旁边的地上，伤势严重，只是他当时不晓得那是我们的人。竟然没有人告诉我这件事，这令我火冒三丈，因为至少有半数的豪威塔特族人知悉此事，而且他们也知道萨利姆是我的手下。由于他们的疏忽，我第二度将一个朋友遗弃。

我征求志愿回去找他的人。过了半晌，查阿尔同意了，然后十二名诺瓦瑟拉族人也加入。我们疾驰过平原朝铁路前进，到达最后第二座丘岭时，看到被炸毁的火车旁边已挤满土耳其人。至少有一百五十人，我们无异于以卵击石。萨利姆恐怕早已命丧黄泉，因为土耳其人一向不收留阿拉伯战俘。事实上，他们常将俘虏凌虐致死，所以，我们基于慈悲心，都会给已受重伤必须被留下来等死的战友一个痛快。

我们必须放弃萨利姆。但是，为了不虚此行，我向查阿尔建议，我们沿山谷溜过去，将教官的工具箱找回来。他乐于一试，于是一路骑到土耳其人开始朝我们射击时才躲入路旁的堤岸。我们刚才使用的阵地就在下一个洼地，必须穿越一片一百码的平地。所以，脚程较快的年轻小伙子一两人一组，分批冲过去将鞍袋抢回来。土耳其人距离很远，他们的远距离射击一向没什么准头。不过我们第三批人员冲过去时，他们已经将机枪架起，子弹扫过黑色打火石，激起一阵阵沙尘。

我叫那些跑腿的小伙子先离开，然后将较轻便及贵重的行李挑出来，再与其他队员会合。我们冲下坡，越过平原。一进入平原，土耳其人轻易地看出我们势单力薄，胆子为之一壮，开始由两翼包抄过来。查阿尔跃下骆驼，与其他五人爬上我们刚越过的山冈上还击。他有百步穿杨的神技，我曾见过他骑着骆驼，两枪击毙在三百码外奔驰的瞪羚，他的还击镇慑住土耳其追兵。

查阿尔叫我们驮着行李的人先到下一个洼地，等他回去会合，我们就由他断后，采取这种模式翻山越岭，沿途还不断与敌军交火，打倒了十三四个土耳其人，我们有四峰骆驼受伤。最后，当我们只隔两座丘陵便可回到营地，也自信可以安全抵达时，突然见到一个骑士朝我们的方向过来。是路易斯，腿上摆着一挺机枪，他听到激烈的枪声，所以想过来看看我们是否需要帮忙。

路易斯的加入立刻使战局逆转，我的心情也好过一些，因为我被土耳其人搞得一肚子火，他们杀了萨利姆，随后穷追猛赶，使我们在沙尘热浪中以汗洗面。因此我们挑了个据点，准备给追兵迎头痛击。不过不知是他们对我们突然的无动静起了疑心，还是担心追得太远了，反正没看到他们继续追来。几分钟后我们冷静下来，也明智地决定回去与其他人会合。

他们已经出发了，驮着笨重的行李。九十名俘虏中，有十名是友善的麦地那妇女，她们选择了请费萨尔送她们到麦加去。我们有二十二峰无主的骆驼，那些妇女挤在五峰骆驼上，其余的则供伤患两人共骑一峰。当时已近黄昏，我们精疲力竭，水都被俘虏喝光了，必须当晚赶到前一天晚上的那口慕达瓦拉古井装水，才能撑到瓦地伦。

那口井距离车站很近，最好是能顺利到达并悄悄离去，若惊动了土耳其人，就只能束手就擒了。我们将队伍打散成若干小队，往北推进。阿拉伯部队在打胜仗之后总是纪律涣散，所以我们已不再是一支斗志高昂的突击队，而是走得跌跌撞撞的行李队，驮负的战利品足以让一个阿拉伯部落用上好几年。

两名教官各向我要了一把剑，充当首度参战的纪念。我沿着队伍逐一翻拣，想找些像样的东西送他们，这时突然遇见费萨尔调拨给我的那群自由人。令我惊讶的是，他们后面一个鞍座上绑了一个人，浑身是血，神志不清，竟然是失踪的萨利姆。

我上前去问费尔汗，他是怎么找到萨利姆的。他告诉我，斯托克斯的第一枚迫击炮爆炸时，萨利姆冲过火车的另一侧，被土耳其人由背后击中。子弹由他的脊椎穿透，他们认为应该不会致命。在我们占领火车后，豪威塔特族抢走他的斗篷、匕首、步枪和头巾。一个同伴米吉比尔找到他，将他抬上骆驼，没告诉我们便先行将他往后送。费尔汗在半路遇上他，替他接手照顾萨利姆。萨利姆痊愈后，一直对我竟然抛下他这个同伴而耿耿于怀，认为我不够讲义气。我习惯躲在一个谢里夫的背后，以避免别人以严厉的阿拉伯标准来评估我，他们对穿着他们衣服、模仿他们习俗的外国人，常不由分说地视同自己人来批判。我很少这么倒霉，本想躲在艾德谢里夫后面规避责任，却碰上他失明了。

我们在三小时内抵达那口井，安然饮水。然后又走了大约十英里路，不再担心会有追兵，于是打尖夜宿，在第二天醒来时虽疲倦却快乐。斯托克斯原本仍为痢疾所苦，但一夜酣睡再加上焦虑已消失，使他不药而愈。全队只有他、我以及路易斯没有驮战利品，所以我们三人走在前面，经过一片宽敞的黄土地，随后又是一处平地，在日落前到达瓦地伦的谷底。

　　这条新路径对我们的装甲车很重要，因为这绵延二十英里长的硬土，或许可以让他们轻易到达慕达瓦拉。如此，我们便可以随时去拦截火车。一念及此，便掉头走入林荫夹道的瓦地伦中，夕阳美景依旧瑰丽绚烂，绝壁如远天云彩般红艳，也和云朵一样成鳞状，高可摩天。我们再度觉得瓦地伦的鬼斧神工足以令人自惭形秽。如此壮观的绝美胜景令人自叹渺小，我们骑过平地时睥睨顾盼、不可一世的豪情壮志在此荡然无存。

　　夜幕降临，山谷的景致只能在脑海中沉吟低回。已无法辨识的绝壁仿若在眼前，但只能借着壁顶将苍穹星辰切割成的图案，凭想象力推测绝壁的外形。眼前真的是伸手不见五指——这是一个令人不想活动的夜晚。我们只能感受到骆驼的踽踽而行，它们单调又平稳地在这无垠无涯的平原上走了一小时又一小时，前面的山壁走了许久后仍然没有变近，后面的山壁也没有变远。

　　到晚上大约九点钟，我们已到达水井与旧营地所在的凹地。我们认得这个地方，因为一进入这里，原本漆黑的四周就变得更黑，充满湿气。我们掉转骆驼朝右走向岩壁，壁顶高得抬头张望时头巾的系绳都滑落到脖子上。只要将手中的棍子往旁边伸，便可触及这些壁面。不过我们又往前走了几步，穿过角状的突出岩块。

　　最后终于进入那些高大的树丛中，我们扯开喉咙大叫。一个阿拉伯人也大叫着回应。我的回音由绝壁间传回来，与他的叫声混在一起，然后两股声音合而为一在峭壁间回荡。左边亮起摇曳不定的火光，我们循光线前行，找到瞭望员穆萨。他以一种气味浓烈的木块升火，我们蹲坐在火堆旁狼吞虎咽地吃牛肉罐头，以一碗又一碗冰凉的甘泉配食物，在喝过慕达瓦拉那摊令喉咙灼焦数日的腐臭浊水后，饮此甘泉令人格外如痴如醉。

　　我们随后一夜酣睡。两天后回到阿卡巴，凯旋荣归，驮着贵重物品，吹嘘着整辆火车任我们宰割。两位教官由阿卡巴匆匆搭船回埃及。开罗方面已经想到他们，对两人滞留不归相当不满，然而，他们就算因此受罚也怡然自得。他们已独力打赢一场仗，得过痢疾，靠骆驼奶维生，学会骑骆驼轻松地日行五十英里。另外艾伦比也各颁了枚勋章给他们。

第六十八章　攻击火车的战略意义

日子一天天过去，我终日与费萨尔讨论政务、组织与战略，同时另一场战斗的筹备行动也紧锣密鼓地进行。旗开得胜使整个营地活跃起来。如果能训练足够的人手，或许可以有数小队同时分头去埋地雷炸火车，蔚成风潮。驻防阿卡巴的法国指挥官皮萨尼上尉是第一个自告奋勇者，他身经百战，亟欲建立战功——多多益善。费萨尔替我找来三个年轻的大马士革兄弟，他们一心想带领部落民族搜刮掳掠。我们前往瓦地伦，并宣布这次行动是专为卡西姆的族人举行的。这种烫手山芋令他们却步，但贪婪又令他们无法拒绝。连续几天都有人挤破头想加入，但大部分被拒于门外。尽管如此，我们出发时仍多达一百五十人，还有一大队骆驼随行，准备载运战利品。

为了换换口味，我们决定挑马安下手，于是前往巴特拉。气温由热变凉，地点由阿拉伯半岛变成叙利亚，柽柳树变成苦艾。我们穿越山径，看到长满水蛭的水井上方山岭的点点艳红时，也感受到北方沙漠的第一道气息。那种空气美得难以形容，诉说着完全的孤寂、枯草，以及烈日下的打火石。

向导说在四百七十五公里路段很适合埋设地雷，但我们发现此地碉堡林立，只得悄悄撤兵。我们沿铁路前进到一座山谷，路基筑在高堤上，山谷两侧及中央各有一道桥。我们在午夜后采用新式的强力立德型炸药安置一枚自动引爆地雷。埋地雷花了数小时，还没完成天已破晓。这时天色已亮，却没有光线照射进来，举目四望，却不知旭日位于何处。许久，朝阳才穿透薄雾露出脸来。

我们沿着灌木丛生的山谷往后撤退一千码，在此埋伏并熬过大热天。阳光渐渐增强，热得像烈日就近在咫尺。我们的队员多得吓人，由于渴望着战利品而急躁不已，屡生龃龉。他们谁的话都不肯听，只听我的，一有纷争就找我仲裁。在那六天的行动期间，总共出现十二次械斗、四次盗骆驼、一次结婚、两次窃案、一次离婚、十四次血仇寻仇、两次互相瞪眼、一次施法术等公案，所幸都顺利解决了。

尽管对阿拉伯人所知有限，我仍然对这些案子作出裁决。我昧着良心判案，寝食难安。这又是我在起义期间违背诚信原则所做出的众多苦果之一。我在教导阿拉伯人虚伪作假，借着虚伪的权威统治愚民，所能掌握的唯一证据只是观察他们的脸色，而我的眼睛经过一年的烈日曝晒，已虚弱得常流泪液，刺痛感更是挥之不去。

我们夜以继日地守候。日落时，我躺在草丛中写下当日心力交瘁的感受，这时一尾蝎子从草丛中爬出来，紧缠着我的左手猛蜇，似乎连蜇了几回。我的手臂肿痛，整夜无法成眠。我心里倒轻松了些，因为忙着注意身体的疼痛，也无暇扪心自问是否能明镜高悬。

然而，肉体的痛并不能真的治好我的心病。经过一个晚上后，那种不光彩的内心疼痛再度浮现，更难以忍受。在这种情况下，战争似乎只是荒唐的愚行，就如我自欺欺人的判案是种罪恶。我正打算招来各族族长，宣布自动引退，让他们自己去裁决。这时瞭望员高叫有火车。

那是由马安开出来的运水车，驶过地雷后安然无事，没有引爆。阿拉伯人对我的失手感激涕零，因为抢一火车的水当战利品实在不是他们的梦想。埋地雷行动失败，所以，到了中午，我带着几个新收的徒弟到原来的立德型炸药上再埋上电力引爆的地雷，希望电力地雷爆炸后可以引爆底下的地雷。我们仗着有海市蜃楼当掩护，而且土耳其人正在午睡，所以肆无忌惮地在大白天安装。果然不出所料，花了一小时埋好炸药都没有出现任何状况。

我们由南端的桥梁将电线牵到中央的桥梁，引爆器就装在中央桥梁的桥拱下，从火车上无法发现。路易斯牌机枪架在北边的桥下，在地雷引爆后可以扫射火车的另一侧。阿拉伯人在距铁轨三百码外的山谷树丛中排成一列。然后我们在烈日与苍蝇群中鹄候一整天。敌军的铁路巡逻队查得勤快，早晨、下午、晚上各一班。

第二天早上大约八点，一柱浓烟离开马安。这时第一班巡逻队刚好也过来了。总共才六人，不过如果他们示警，便会阻止火车前进。我们心急如焚地观望着，不知是巡逻队还是火车会先到达。火车开得很慢，巡逻队则走走停停。

我们估算巡逻队在火车到达时，还在离我们据点两三百码外，所以下令各就各位。那部火车头拖着十二节载满货物的车厢缓缓爬上一道斜坡前来，开得很平稳。我坐在河床中的草丛里，距地雷一百码，可以同时看到地雷、引爆小组、机枪。法伊兹与贝德里听到火车经过他们的桥拱上方时，不禁绕着引爆器手舞足蹈地跳起战舞。藏在我身旁沟渠内的阿拉伯人低声跟我说，该引爆了，不过我等到火车头经过埋地雷的桥拱时才跳出来挥舞斗篷。法伊兹立刻压下引爆器，隆隆巨响与阵阵浓烟蹿入云霄，与一星期前在慕达瓦拉时如出一辙，我坐的地方也被烟雾笼罩，立德型炸药所发出的令人作呕的绿黄色浓烟则盘绕在出轨火车的上方。路易斯牌机枪开始发飙，共扫射了三四排子弹。阿拉伯人齐声怒吼，由声音如妇女般尖锐的皮萨尼下达攻击令，疯狂地朝火车冲锋。

一个土耳其人出现在由后数第四节的车厢缓冲器上，将联结器拆掉，让后面几节车厢沿斜坡滑回去。我冲上前塞了一块石头在车轮下，企图使车厢停下来，但没能如愿。他们的反应如此机灵，看来让那么多战利品溜走也是公平的。一个土耳其军官从窗口用手枪朝我射击，子弹划破我的嘴唇。我嘲笑他的白费力气，就像一般的正规军官一样，还以为多杀一个人就会扭转战局。

我们的地雷炸掉了桥拱。至于火车头，燃煤室已被炸开，有许多管子都爆裂了。驾驶室面目全非，一个汽缸不翼而飞，车体扭曲变形，两个车轮及轮轴均已碎裂。贮煤室和第一节车厢扭挤成一团。大约有二十名土耳其人死亡，其他俘虏，包括四名军官，站在铁轨旁向阿拉伯人哭着求饶，但阿拉伯人没空搭理他们。

这部火车载的是食物，多达七十吨，运货单上注明：玛甸沙勒地区正"迫切需要"。我们把这张运货单交给费萨尔，充当战果的附件，其他收据则留在车上。我们同时把数十位老百姓赶下车，他们原本以为这部车要开往麦地那。皮萨尼负责督导战利品的装卸及销毁。阿拉伯人又与上回一样，满载而归，他们牵着驮满战利品的骆驼徒步回去。法拉吉牵我的骆驼，萨利姆与戴兰协助运送火药与笨重的电线。待装载妥当时，土耳其的援军已在四百码外，不过我们顺利脱身，没有任何伤亡。

徒弟们随后便自行操作地雷埋设工作，并传授给其他人。他们大发利市的消息传遍各部落，有些是以讹传讹，越传越离谱。"送我们一枚劳伦斯，我们要用它来炸火车。"班尼阿提耶族人写信给费萨尔说。费萨尔派遣心狠手辣的亚格利人萨阿德去协助他们，他们拦下一部重要的火车，我们在沃季时的宿敌苏莱曼·里法达也在车上，他还带着价值两万镑的金币及各式珍贵的战利品。萨阿德重蹈覆辙，光顾着劫掠，只抢救回电线。

往后四个月间，我们这群阿卡巴爆破专家炸毁了十七部火车头。敌人搭火车时总是胆战心惊。在大马士革，大家抢着挤在火车后面的车厢，甚至宁可多花点钱。火车驾驶员大罢工。民用车辆几乎全面停摆。我们有天晚上在大马士革市政厅贴了一张布告，表示阿拉伯的善良老百姓从此以后若搭叙利亚火车，后果必须自行负责，结果连阿勒颇地区也因而风声鹤唳。火车头的损失惨重，令土耳其人如芒刺在背。由于那些火车都要往来于巴勒斯坦与汉志地区，我们的爆破行动不只使麦地那的大规模撤兵无法如愿，在英军节节进逼的此时，也使得耶路撒冷开始草木皆兵。

这时埃及方面拍电报要我过去。一架飞机载我到总指挥部，艾伦比借着过人的毅力，正在重整散漫的英军。他问我，我们卖命地炸铁路有何用意，或是说，这么做除了让费萨尔的起义行动平添闹剧色彩外，又有何深意。

我解释道，我希望让铁路勉强继续通往麦地那，但也只是勉强，如此一来，法赫里的守军在当地必须自行觅食，这比起将他们关在开罗战俘营划算多了。要限制铁路的交通又不致使它整个瘫痪，最保险的方法便是攻击火车。阿拉伯人对埋地雷炸火车兴致勃勃，对纯粹炸铁轨则兴趣索然。我们仍无力使铁路瘫痪，因为铁路的总站是铁路最坚强的地点，我们宁可挑距离最近的敌人弱点，直到正规军已训练有素、装备精良，而且人多势众，才会去攻击马安。

他问我关于穆萨河谷的事。依土耳其方面的情报判断，他们正打算立刻攻击该地。我解释，我们原本就想引诱土耳其去攻击穆萨河谷，也即将因为他们落入我们的欺敌圈套而受益。我们派出无数小队，没有僵化的编组或队形，他们的飞机也无法评估我们的实力，没有任何间谍有能力估算，因为即使我们自己也不知道在某一时刻拥有多少兵马。

另一方面，我们则对他们了如指掌：每一个单位，以及他们调动的每一个人。他们将我们当成正规军，每次采取行动时都会估算我们可以与他们对抗的总体战力。我们不那么正统，很清楚他们要拿什么来对付我们，在这一点上就占了上风。几年来，阿拉伯建国运动一直介于"可以"与"愿意"之间，往往令人振奋，但稍纵即逝，空欢喜一场。我们不容再出任何差错。事实上，"不容出错"是阿卡巴的座右铭，每个人都可朗朗上口。

这一刻终于到来，杰马勒对穆萨河谷展开攻击却不作反应。茂路德指挥若定，他大开中门，极其幽默地让土耳其人一路挺进到碰上阿拉伯人藏身的垂直绝壁，然后在他们摸不着头绪时由两翼同时包抄。土耳其人再也不敢去攻击阿拉伯人有防备的据点了。他们伤亡惨重，而我们的神出鬼没使他们如惊弓之鸟，这种伤害远比伤亡还严重。多亏茂路德，阿卡巴从此高枕无忧。

卷六
突袭桥梁

第六十九至八十一章

　　一九一七年十一月，艾伦比已准备在前线对土耳其发动全面攻势。阿拉伯人也应该同步展开攻势，但我不敢孤注一掷，于是以截断耶尔穆克山谷铁路的欺敌行动取而代之，打乱土耳其部队原定的撤退行动。这权宜之计也因起事仓促而受挫。

第六十九章　艾伦比及其左右手

我们已得悉艾伦比、博尔斯及道内都计划对加沙与贝尔谢巴防线展开攻击，所以，十月是充满期盼的月份。这道防线的土耳其守军是一小支负隅顽抗的劲旅，有畅通的补给管道，并因连战皆捷而狂傲，认为英国的将军中无人能借强攻猛打击败他们。

他们是自欺欺人。艾伦比上任后已使英军脱胎换骨。他开阔的胸襟已将默里与其部属留下的钩心斗角、各自为政的歪风一扫而光。林登·贝尔将军的参谋长宝座也拱手让给艾伦比驻防法国时的参谋长博尔斯将军。博尔斯五短身材、反应敏捷、胆识过人、个性随和，或许是个深谙兵法的军人，目前正忠心耿耿地替艾伦比执行计划，是艾伦比不可或缺的左右手。不幸，他们两人都无权挑选部属，多亏切特伍德知人善任，遴选道内担任他们的参谋。

博尔斯一向负责执行，不曾出计献策。道内基本上是个知识分子，缺乏博尔斯的热忱及艾伦比的冲劲与对人性的了解。所有部属都替艾伦比卖命，也极为崇拜他。道内会以冷淡、严苛的眼光审视我们的表现，总是不断地思考、再思考。他冷漠的外表下隐藏着热情的信念，他是属于高层次战争的理性学者，他要求严格，总是对我们及人生感到不满。

道内是最不像职业军人的军人，是个涉猎希腊历史的银行家，一个知无不言的战略学者，对日常琐事也能热心投入的热情诗人。他在战争期间曾运筹帷幄主导苏弗拉战役（被无能的战术家糟蹋了），以及加沙之役，但都黯然遭到挫败。他经此打击，更为内敛，借冷酷的高傲掩饰自己的懊恼。

艾伦比无视道内的郁郁不得志，大胆重用；道内也以鞠躬尽瘁回报他的知遇之恩，在进军耶路撒冷时大展长才，终获大捷。两人的配合如虎添翼，使土耳其根本无力招架。

两人个性的南辕北辙在研拟作战计划时表露无遗。加沙的防御工事采取欧洲模式，一道防线后还有一道道的备用防线。这条战线无疑是敌军最坚强的阵地，所以英国的高阶将官两度挑中此地做正面攻击。刚由法国调来的艾伦比坚持日后要攻击此地时，务必有压倒性的兵力与火力，而且运输补给要充裕，才能发动攻势。博尔斯表示赞同。道内不认同正面交锋。他打算采取迂回策略来摧毁敌军的战力。他像个手段圆滑的政治家般向上司推销计划，他建议在土耳其的大后方靠近贝尔谢巴处发动攻势。他为求轻易获胜，希望敌军的主力部队仍能留在加沙，如果英军的企图不被识破，土耳其会误以为在侧翼所受到的攻击只是英军想声东击西。博尔斯对此也表示赞同。

所以这次行动保持高度机密。不过道内的情报幕僚中，有位盟国的参谋建议他反其道而行，让敌人得悉他打算攻击贝尔谢巴的计划（其实是欺敌的假计划）。

这位盟国参谋是迈纳茨哈根，他因痛恨土耳其而投笔从戎，而且不遗余力地想打击敌人。他说服了道内，艾伦比勉强答应，博尔斯表示赞同，这套计划就此展开。

迈纳茨哈根的手段激烈。他做事有条不紊，是个绝对的理想主义者，一心只想摧毁敌人，即使采取邪恶、不道德的手段亦在所不惜。他是个战略家、地理学家，冷酷无情，盛气凌人。利用骗敌策略瞒过敌人（或朋友），或将一群无路可退的德国暴民用木棍敲得他们头破血流，同样都会令他欣喜若狂。身体强壮，思想残暴，使他对暴力手段乐此不疲，执行时也毫不迟疑。他假造一份英军的文件，制作精巧且保持极度机密。他在这份伪造的计划中，让艾伦比的兵力部署在错误的阵地，攻击错误的方向，发动攻势的日期也比实际迟了几天。这份情报经由无线电密码极为慎重地发送出去。迈纳茨哈根在得悉敌人已经截获这份情报后，亲自带着笔记本出外执行侦察任务。他深入敌境，直到敌军发现他的行踪。他在逃命时，随身装备物品全都掉了，差点连小命也不保，不过也因而成功地使敌军深信不疑而将主力部队留在加沙，并在沿岸地区积极备战。同时，阿里·福阿德帕夏也严令禁止他军中的参谋人员携带文件进入战区。

我们在阿拉伯前线，与敌军关系非常密切。我们的阿拉伯军官以前都曾在土耳其部队中服役，熟识敌方的每一位军官。他们接受与敌军一样的训练，有一样的想法，一样的观点。我们可以借此全盘掌握土耳其部队，了解他们的想法，几乎可将心比心。我们与他们之间的关系是全面性的，因为敌人领土内的人民全都是我们的人，只不过没领我们的薪饷。所以我们的情报触角最广、最完整，也最翔实。

我们比艾伦比还了解敌人及英军的虚实，对艾伦比的炮兵及活动迟缓的步兵与骑兵评价都不高。我们希望艾伦比能拥有一个月风和日丽的好天气。若真能如此，他才有可能打下耶路撒冷，甚至连海法都攻下来，将山区所有的土耳其部队彻底歼灭。

到时候将是我们采取行动的时机，我们必须做好准备，在最出其不意的地点进行最强烈的攻击。依我看来，我们的重点是德拉，这是耶路撒冷、海法、大马士革、麦地那等地铁路的交会点，也是叙利亚的土耳其部队之枢纽，是他们全部防线的要冲。这里也有可能蕴藏着可供阿拉伯部队征召的大批战士，等待费萨尔由阿卡巴来加以训练及武装。我们可以招募此地的鲁瓦拉族、塞拉因族、瑟狄叶族、胡雷沙族等，还有比部落民族更强大的兵力资源——豪兰与德鲁兹山之间的屯垦部落。

我思索着是否有必要征召这些战士来攻打土耳其的补给线。我们能确切掌握的兵力已达一万两千名：攻打德拉、摧毁铁路，甚至出奇兵攻占大马士革已绰绰有余。我们的任何行动都可以使贝尔谢巴的敌军危在旦夕，可是我对于是否该立刻打出王牌却犹豫不决。

不是第一次，也不是最后一次，我为了必须同时侍奉两个上司而苦恼不已。我是艾伦比麾下的军官，深获器重，他也要求我力求表现以为回报。我同时又是费萨尔的顾问，费萨尔对我的诚信与能力依赖之深，有时几乎是毫不迟疑地言听计从。可是我却无法向艾伦比解说阿拉伯的全盘局势，又无法向费萨尔透露英国的详细计划。

当地人民望眼欲穿地盼着我们的到来。德拉附近的塔拉勒·哈雷齐姆族长曾一再表示，只要我们派几名人员前往，充当阿拉伯方面愿意支持的证据，他便可以替我们攻占德拉，如此可以替艾伦比分劳。但费萨尔基于良知问题却无法赞同，除非他有把握在攻下德拉后能守住，如果忽然占领德拉，旋即弃守，遭殃的将是当地居民及邻近地区的农民，他们会面临屠城的悲惨命运。

他们只能起义一次，只许成功不许失败。艾伦比发动攻势后将可扫除此地区的敌军，而且随后的十一月将是无雨的月份，很适合迅速推进。有鉴于此，目前就号召德拉附近的居民起义，会危及费萨尔赢得最后胜利所能掌握的王牌。

我在脑中评估英军的战力，老实说不大有获胜的把握。英军大都骁勇善战，将军却常莫名其妙地打一场胜仗后，又迷迷糊糊地将战果拱手让人。艾伦比的指挥能力如何尚待考验，他在法国的战绩亦不是毫无瑕疵，而且目前带的那支部队已经被默里糟蹋得如同乌合之众。当然，我们是为协约国的胜利而战，既然英国是协约国的领导国，阿拉伯面临最后关头时势必得牺牲自己成全他们。可是，如今已面临最后关头了吗？这场战争的局势既不算好，也不算差，而且看来明年会有机会再次奋战。为了阿拉伯，我决定暂时搁置这个冒险行动。

第七十章　间谍？帮手？

然而，阿拉伯建国运动仍需仰赖艾伦比的善意支援，所以还是必须在敌人后方发动若干攻势，规模不需要像全面起义这么大，而是进行只动用部落民族的突击队即可完成的行动，无需劳师动众去征召农村和城镇居民。这种突击可以打击土耳其的物资补给，让英军乐得轻松，艾伦比也能满意。经过评估后，要达到此一目的，便得截断耶尔穆克山谷中的一座大桥。

铁路是由巴勒斯坦经过耶尔穆克河的险峻峡谷进入豪兰，再通往大马士革。约旦盆地的深陷及东部高原的陡峭，使这一段铁路在建筑时困难重重。工程师必须沿着曲折蜿蜒的河道搭建，并筑起一座座的桥梁跨过这些河道。最西与最东两侧的桥梁最难重建，只要将这两侧的桥梁之一炸毁，便会使巴勒斯坦的土耳其部队陷入长达两个星期孤立无援的窘境，它的基地大马士革也爱莫能助，只能眼睁睁看着艾伦比的大军压境，插翅难飞。我们想推进到耶尔穆克，便得由阿卡巴出发，取道阿兹拉克，行程大约四百二十英里。土耳其部队鉴于这趟路程太遥远，对这些桥梁一向疏于防范。

于是我们向艾伦比提出这个计划，他要求我们在十一月五日或随后三天内的任何一天完成。如果能成功，而且随后天气放晴两个星期，则土耳其的冯·克雷斯大人麾下部队在逃往大马士革途中将被悉数歼灭。如此一来，阿拉伯部队便得以接手已因长途征战而疲惫的英军，举兵攻入大马士革这个首都。

为了这关键性的一役，我们必须在阿兹拉克找一位德高望重的权威人士来领导当地的起义人士。急先锋纳西尔此时不在营中，不过年轻而迷人的哈里斯族族长阿里·伊本·侯赛因正在与班尼沙赫族联系，他在费萨尔早期攻打麦地那的惨淡岁月里，曾立下显赫的汗马功劳，后来在攻打乌拉时，彪炳的战功比起纽科姆亦不遑多让。

阿里·伊本·侯赛因在大马士革时曾是杰马勒的座上客，对叙利亚也略有所悉，所以我向费萨尔要求借调他。他的胆识、机智及精力都颇获好评。自从我们成军以来，他不曾因任务太危险而裹足不前，无论面临多严重的局势，他都豪气干云地谈笑用兵。

阿里·伊本·侯赛因身体强壮，不是身材高或块头大，而是力大如牛，他能够蹲下来将掌心朝上贴在地面，然后双手各托着一个彪形大汉站起来。此外，阿里还可以打赤脚徒步追上奔驰中的骆驼，以高速跑上半英里，然后飞身跨上鞍座。他狂妄傲慢，顽固倔强，目中无人，言行举止极为卤莽，在公开场合总是鹤立鸡群。对一个一心想在战争与运动上胜过沙漠游牧民族的人而言，他的受教育水平算是不错的了。

阿里会将班尼沙赫族拉拢到我们阵营中。我们也很有希望争取到阿兹拉克的塞拉因族。我正在与班尼哈桑族接触中。至于鲁瓦拉族，这个季节已迁徙至避冬的住处，所以我们在豪兰的最大王牌还不用亮出来。法伊兹·古赛因已经前往黎加地区筹备，一旦接到通知便可前去攻击豪兰铁路。炸药已运至适当地点储存。我们在大马士革的友人都已接获通知，大马士革的军事总督里卡比帕夏阿里·勒扎正不动声色地筹划着，他是该城无辜人民的父母官，同时也是费萨尔的头号代理人与共谋者，他一旦举事，便可控制全城。

我的详细计划是请拉法（最够义气的族长，他曾在六月时护送过我）当向导，带着大约五十个人员，由阿兹拉克兼程赶往乌姆盖斯。乌姆盖斯也就是加达拉，此地因梅尼普斯 ① 与梅利埃格 ② 两位叙利亚败德诗人而名噪一时，他们也造就了叙利亚文学的黄金时代。此地距离耶尔穆克最西侧的桥边不远，这座桥以钢筋铁骨搭造，若能顺利摧毁，连我也会在加达拉地区名噪一时。桥桁与桥台上总共只有六名卫兵，提供换班人员的营区共有六十名兵力戍守，位于汉米的车站，此地有可供治病的加达拉温泉。我希望查阿尔能与我同行，前去说服若干阿布塔伊族人的加入。这些狂野的部落民族保证可以将那座桥搞得支离破碎。为了避免敌军增援，我们必须在路口以机枪掩护，这将由法国骑兵分队调来的布雷上尉率领的印度志愿军负责，布雷曾在杰玛达·哈桑·沙阿麾下任

---

① 梅尼普斯，公元三世纪希腊哲学家，出生于叙利亚加达拉。其奉行第欧根尼的犬儒学派，并创立了一种既庄严又诙谐的文学体裁，世称"梅尼普斯讽刺"。这种体裁后来被希腊和拉丁作家模仿，也因而对"拉丁讽刺"的发展产生影响。

② 梅利埃格，公元前一世纪希腊诗人，出生于叙利亚加达拉，编纂了第一部警世隽语大集。

职，作风强硬，经验丰富。他们几个月来一直由沃季到各乡间破坏铁轨，骑骆驼的技术亦已相当纯熟，适合计划中的急行军。

想以有限的炸药破坏重心极稳的大型桥桁，必须展开极为精密的行动才能奏效，也需要以电力引爆项圈型的炸药。"亨伯"号替我们裁制长条形的帆布带与带扣，以利安装。不过，这项任务的困难在于要在敌人的火力威胁下执行。为了避免伤亡，我邀请阿卡巴的工程师伍德——当时唯一的工兵官与我同行，他虽然因曾在法国时头部中弹而不能从事激烈战斗，仍爽快地答应了。劳埃德·乔治当时即将参与协约国的一个军事代表团，正在阿卡巴做最后几天的逗留，他答应要陪我们到杰佛。他是最适合在路上同行的好伙伴，有他作陪使我们这趟生死未卜的行程增色不少。

正在做最后的筹备时，突然来了个不速之客，阿卜杜勒·卡德尔·贾沙里，他是阿尔及尔对抗法国的一位伟大斗士的孙子。他们全家流亡至大马士革已历经一代。家族中有一位奥马尔在皮科的秘密文件曝光后，被杰马勒以通敌罪名处以绞刑，其他家人也都遭驱逐出境。阿卜杜勒·卡德尔娓娓细述他如何由布鲁萨历经艰险，横越安纳托利亚，再逃亡至大马士革。事实上，阿巴斯·希尔米赫迪夫[①]已替他向土耳其求情，使他不再受到通缉，随后赫迪夫派阿卜杜勒·卡德尔到麦加替他处理私务。阿卜杜勒·卡德尔前往麦加后，晋见侯赛因国王，带着侯赛因国王阵营的红旗与贵重的礼物回来，他已疯狂地认同我们的理念，激动地想参与。

阿卜杜勒·卡德尔表示他们这一群住在耶尔穆克山谷北岸、健壮强悍的阿尔及利亚流亡人士都愿意效忠费萨尔。我们把握这天赐良机，借此可以在短时间内控制山谷中的铁路中段，包括两三座主要桥梁，不用再去劳动附近的居民，因为阿尔及利亚人是受到排挤的外国人，阿拉伯农民不会与他们并肩作战。所以我们取消与拉法在阿兹拉克会师的计划，也未去找查阿尔支援，转而集中心力在哈立德河谷与谷内的桥梁。

---

① 阿巴斯·希尔米赫迪夫（1874—1944），埃及执治者（1892—1914）。"赫迪夫"为一八六七年至一九一四年间土耳其苏丹授予埃及执政者的称号，一九一四年英国统治埃及后改为"苏丹"。

正在研拟计划时，布雷蒙上校拍了一份电报来，向我们警告阿卜杜勒·卡德尔是土耳其的间谍。这令我们举棋不定，详加观察，丝毫看不出他有任何破绽，更何况指控他的人是布雷蒙，他一向想扯我们后腿，对阿卜杜勒·卡德尔的指控或许居心叵测，不能轻信。他可能是听说阿卜杜勒·卡德尔曾公然谴责法国，因此愤而失去理智想陷害他。法国人的爱国情操会使他们对诋毁法国的人怀恨在心。

费萨尔要阿卜杜勒·卡德尔与阿里和我一起出发，并告诉我："我知道他是个极端分子。我认为他应该很有诚意。提高警觉，善加利用他。"于是我们上路，秉持着反正骗子不会歌颂我们的诚实，而诚实的人起疑心后会变成骗子这个原则，让他认为我们全心信赖他。事实上，他是个伊斯兰极端分子，因为宗教的狂热与对自己的猛烈自信而几近疯狂。我毫不忌讳地表明自己是基督徒，这激怒了他的穆斯林热忱。我们与他同行也使他觉得自尊受损，因为那些部落民族都极为景仰阿里，对我的态度也比对阿卜杜勒·卡德尔要好。他的愚昧两三度使阿里忍不住动怒，场面极为难堪。他的最终目的是想先竭尽全力妨碍我们的行程，触怒我们，并阻挠我们的计划，然后在我们面临危机时见死不救。

第七十一章　重选护卫

　　和往常一样，万事起头难。我挑选六名新兵加入我的护卫队。其中马哈茂德是耶尔穆克当地的居民，是个警觉性高、脾气急躁的十九岁小伙子，也有火爆之人常有的满头鬈发。另一位是来自塔法斯的阿齐兹，年纪较长，为了逃避兵役，曾与贝都因人相处了三年。他虽然善于骑骆驼，可是心胸狭隘，老是怨天尤人，但很自负。第三个是穆斯塔法，德拉来的温和男孩，忠厚老实，常离群独处，因为他耳聋，而且对这个缺陷觉得很自卑。有一天，在海滩，他突然开口向我要求担任我的护卫。他很显然认为自己不会被挑上，我却选中了他。对其他人而言，队上有他也是好事，因为他是个很温顺的农夫，任劳任怨，他们都乐得将卑贱的工作交给他做。然而他却乐此不疲，因为他认为队员都是一时之选，他能入选，与有荣焉。我为了弥补他能力的不足，另外再挑选了修瓦克与萨利姆两个谢拉雷特族的骆驼牧人，还有来自利雅德的逃亡奴隶阿卜杜勒·拉赫曼。

　　至于原来的护卫队，我让穆罕默德与阿里休息一阵子。他们跟着我四处炸火车，也够累了。他们和他们的骆驼一样，需要静静地休养生息一番。这使艾哈迈德理所当然地成为护卫队的队长。他办事勤快，值得加以升迁，不过让他当官却是失策。他滥用权力，仗势欺人，所以后来我便不再让他与我同行。我带着克雷姆随行好照料骆驼；还有拉海尔这个色眯眯、满脑子非分之念的豪兰少年，对他而言，操劳过度反倒对他有利，这样就没精力胡思乱想了。班尼哈桑族的马塔尔像个寄生虫，死缠着我们。他肥胖的臀部塞满骆驼鞍座，在沿路与其他队员说猥亵笑话解闷时，这个胖农夫说得最是津津有味。我们或许会进入班尼哈桑族的地盘，到时候他便可以派上用场。他恬不知耻的贪婪嘴脸让我们深信他会尽忠职守，直到对他的期望落空为止。

　　为我效命如今已成为肥缺，因为我知道自己在起义活动的分量，也不惜耗费巨资保障自己的安全。我的身价由于以讹传讹而水涨船高，也得以出手阔绰地延聘护卫队。我最后再征召法拉吉与达乌德，还有海德尔与米吉比尔，再加上两个毕亚夏人，使这支护卫队阵容坚强。

法拉吉与达乌德沿路既能干又快活，这是亚格利人的特性。不过在扎营休息时，无穷的精力就会使他们老是惹祸。这一次他们玩过火了。在第二天清晨要拔营时，他们居然失踪了。到中午时优素福谢里夫捎来口信，说两人在他的监狱里，并问我是否想过去与他讨论此事。于是我赶过去，发现这位胖族长被他们搞得哭笑不得。他刚买了一峰纯种的骑乘用骆驼，当天傍晚这峰骆驼漫步到亚格利人扎营的棕榈树林附近。这对难兄难弟没料到它是总督的坐骑，一整夜不眠不休地用指甲花将它的头染成大红色，再用靛青将它的腿染成蓝色，然后才放走它。

阿卡巴地区马上被它滑稽的模样搞得全城沸腾，笑声不绝。优素福好不容易才认出它来，并立刻派警力去搜捕嫌犯。这对活宝被逮到法官面前，双手还沾满了染料，居然高声辩称他们是无辜的。不过罪证确凿，优素福将他们修理一顿之后关起来，要他们面壁思过一个星期。于是我赔偿他一峰骆驼以弥补损失，然后解释我亟须带两人上路，并保证等他们被打得皮破肉绽的伤口痊愈后，会再修理他们一顿，他这才同意放人。他们欢天喜地离开那座长满虱子的监狱，又唱又跳地回到我们队上。

这段小插曲延误了行程，所以我们先在营区中饱餐一顿，然后在入夜后出发。我们缓缓走了四小时，刚启程总是走得很慢，骆驼与人员刚出发时都不大想上路。道路湿滑，鞍座必须重新系紧，人员也调换坐骑。除了我自己的骆驼（这次我带了身怀六甲的祖母级老骆驼加扎拉，以及谢拉雷特的纯种骆驼里马，这是沙赫族人由鲁瓦拉族人手中偷来的），和护卫队的骆驼之外，我也让印度人都骑骆驼，还借了一峰给伍德（他骑骆驼的姿势很优雅，每天跨下坐骑后几乎都还是一副生气蓬勃样），另一峰借给劳埃德的卫士索恩，他骑骆驼看起来像是阿拉伯工人，系着头巾，卡其服以斗篷裹着。劳埃德自己骑的是费萨尔借他的纯种德莱叶骆驼：一峰看起来腿力颇健的好骆驼，后来因长疥癣修过毛而很瘦弱。

我们的队伍拖得很长。伍德落在后头，我的手下因为都是生手，又要忙着将印度人集合在一起，也没去注意他。后来发现他与索恩两人走丢了，我们向东转时他们没跟上，迷失在除非月亮高挂否则便一片漆黑的伊腾峡谷的夜色中。他们朝通往圭威拉的大路继续前进，骑了几小时，最后决定在旁边一座山谷中等到天亮。他们对那地区完全不熟，对阿拉伯人也仍怀着戒心，所以两人轮流站岗。我们在半夜停下休息时，已猜出他们出了什么状况，天亮前艾哈迈德、阿齐兹、阿卜杜勒·拉赫曼已奉命由他们可能走的三条路线分头折返，并将他们带到瓦地伦与我们会合。

我与劳埃德和大队人马同行，由他们带领穿越一道粉红色砂岩的斜坡，以及长满柽柳树的山谷，到达瓦地伦。空气清新，四周景色瑰丽缤纷，使我们暂时将明日抛诸脑后，信步徜徉于山谷中。事实上，我不是有劳埃德可以聊天吗？世界变得非常美好。昨晚一场细雨使大地与天空融成一体。绝壁、树木和土壤的色泽都是如此澄澈，如此鲜明，令我们渴望伸手触摸它们，也很遗憾自己无法带走这份美感。我们心情很悠闲。印度人都不善于驾驭骆驼，法拉吉与达乌德则因皮破肉绽无法骑骆驼，因此徒步走了一英里又一英里。

我们总算进入瓦地伦了，火红的夕阳照在如鬼斧神工般的绝壁上，染得山壁一片通红。伍德与索恩早已在谷中的井泉旁砂岩处等我们。伍德生病了，躺在我们上次扎营的营地中。阿卜杜勒·拉赫曼在中午前便已找到他们，可是双方语言不通，两人只会说几句埃及话，阿卜杜勒·拉赫曼则只能说豪威塔特族的方言，好不容易才比手画脚地说服他们跟他走。他抄捷径翻山越岭，道路坎坷令他们吃足了苦头。

伍德又饿又热，再加上又急又怒，连阿卜杜勒·拉赫曼要带他们到路旁的帐篷中向居民要点食物他都不愿接受。他以为再也看不到我们了，后来因为我们忙着欣赏瓦地伦迷人的景致而没注意到他的苦难，对我们很不谅解。事实上，我们只看了他一眼，说了声"是的"，便听任他躺在那边，自顾去品味瓦地伦的美景了。所幸艾哈迈德与阿卜杜勒·拉赫曼还想到食物。吃过晚饭后，伍德也与他们交上了朋友。

第二天正在系鞍座时，阿里与阿卜杜勒·卡德尔出现了。劳埃德和我陪他们又吃了一顿午餐，因为他们两人正闹得不可开交，有客人在场才能使他们暂时休兵。劳埃德是个异数，可以在旅途中的任何时间与任何人在任何状况下吃任何东西。我们居间调解争执后，再度上路，走过那座壮观的山谷。

我们在山脚处穿越平坦的加阿，让骆驼在这片柔软的大地上奔驰一阵子，直到跟上主队，我们这一番激动的高速冲撞把他们的队伍弄得四下奔散。印度人驮行李的骆驼到处乱窜，身上的行李掉落满地。我们这才冷静下来，与众人缓缓走到哈菲拉河谷，此地有如被刀裁割般整齐地形成一座台地。在台地源头处有一条羊肠小径，可通往巴特拉的山顶。不过我们今天由于想偷懒图个舒适，所以没攻顶，在谷底遮阴处扎营。我们升起熊熊烈焰，在冷冽的夜晚围坐于火堆旁相当惬意。法拉吉仍像往常般替我准备米饭，劳埃德与伍德和索恩各自带着牛肉罐头及英军的饼干口粮，所以我们和手下一起用餐。

第二天我们沿那条小径崎岖而上，哈菲拉的这条绿色走道通往圆锥形的山顶，后方的瓦地伦群山像金字塔般，有如它的背景，今天山头云雾氤氲，景色更是迷人。我们望着队伍在曲折蜿蜒的小道上爬升，直到中午前，所有骆驼、阿拉伯人、印度人及行李都已登上山头，没发生任何意外。我们心满意足地翻过山头下山，进入第一座绿色山谷中，风吹不进来，微弱的阳光使谷中充满暖意，将这片高原的冷冽秋意一扫而空。又有人开口谈起吃的了。

第七十二章　星夜行军

我往北走，与谢拉雷特族照顾骆驼的男孩阿瓦德一起外出侦察，我并未详加调查便让他加入我们的队伍。我们队上驮行李的骆驼太多，印度人在装卸行李与牵领骆驼方面都是生手，我的护卫队常需分心协助他们，无法尽职地陪伴在我身旁。所以在修瓦克向我介绍他这位谢拉雷特族表弟，表示他可随时陪伴在我身边时，我只瞄了一眼便决定雇用他，此时与他外出，借以考验他是否能吃苦耐劳。

我们绕着阿巴里森兜圈子，以确定土耳其部队是否真的毫无动静，因为他们习惯于忽然派出一队骑兵巡逻队到巴特拉，我可不希望部队卷入不必要的战斗中。阿瓦德是个衣衫褴褛的褐肤少年，或许才十八岁，身材结实，肌肉如运动员般鼓胀，行动像猫一般敏捷，骑术精湛，虽然有谢拉雷特族的若干特征，但不是太丑。他充满野性的眼中也有一丝充满疑惑的期盼，仿佛随时都在期待人生中会有新鲜事发生，但又发觉盼到的不是他追寻或想要的，因而有点不甘心。

这些谢拉雷特族农奴是沙漠中一个神秘莫测的部落。其他人或许会有期望或幻想，谢拉雷特族则很清楚他们今世只能拥有勉强可以苟活的物质，因此不敢奢望。利用这种极端自卑的思想，很容易博得他们的信任。我对待他们就如对待其他的护卫一样，他们受宠若惊之余，也喜不自胜，乐于受到我的庇护。他们在担任我的护卫时格外卖命，也是很好的奴隶，因为在沙漠中无论做什么事他们都不会觉得有失身份，也没有什么苦是没吃过的。

阿瓦德在我面前时显得困惑和拘谨，与族人相处时却会嬉笑怒骂。忽然获得雇用，对他而言是喜从天降，也因此可怜兮兮地下定决心对我百依百顺。我此刻要他做的，就是骑过马安的道路，以吸引土耳其人的注意。在成功地引诱他们出来追逐后，我们即刻往回走，然后再度折返，将他们的骑骡追兵引向北方。阿瓦德兴高采烈地玩这场捉迷藏的游戏，也很善于使用他的新步枪。

然后我与阿瓦德登上一座山顶，俯瞰巴特拉及由阿巴里森沿斜坡而下的山谷。我们在山上慵懒地躺到下午，望着土耳其人像无头苍蝇般四处瞎闯，看着我们的队员高枕无忧地睡着大觉，骆驼则悠闲地吃着草。我也看到低层的云团在苍白的阳光下飘过草地，看起来像是一片软绵绵的洼地。那种感觉祥和静谧，飘然脱俗，远离纷扰的尘嚣。山的高度涤净了红尘的羁绊。在这遗世独立之处，心灵获得解脱，忘怀俗世烦忧。

不过阿瓦德可无法忘怀他获选进入我队上的兴奋，所以激动难抑地嚼着草茎，表情夸张地结结巴巴向我述说着他的喜悦之情，直到我们看见阿里率领的人马已走到山径的起点处。我们跑下坡与他们会合，听他谈起在山径如何折损了四峰骆驼：两峰跌断腿，另两峰在攀上岩棚时因太过虚弱而累垮。还有，他又与阿卜杜勒·卡德尔吵了一架，还祈祷真主别再让他和那个自大庸俗的聋老头为伍。阿卜杜勒·卡德尔动作迟钝，完全没有方向感，又不肯与劳埃德和我在同一队，以策安全。

我们让他们在后头自行跟上，因为他们没有向导，所以我把阿瓦德借给他们，与他们约好在奥达的营地会合。然后我们拔队上路，越过低浅的山谷与纵横交错的山脊，直到夕阳沉入最高的山岭，我们登上那座山岭，看到像正方形小盒子的贾迪哈吉车站醒目地浮现地平面，距我们数英里之遥。身后的山谷中有金雀花丛，所以我们在此歇脚，埋锅造饭。晚上哈桑·沙阿想出个好主意（后来变成一种习惯），提议以他的印度茶来配饭。我们垂涎三尺，无法抗拒，厚着脸皮将他带来的茶与糖全用光了。

劳埃德与我将我们打算穿越的雪狄亚下方铁路的方位标示出来。在看到满天星辰明灭不已后，我们决定借着猎户星的导引，继续上路，走了几个小时，猎户星座也没有因此距我们更近，彼此之间也没有任何物体出现。我们由山岭进入一座无边无际的平原，景色单调枯燥，只有一条浅河床，河岸低而直，在银白色的星光下，看它老是有像铁路地基的错觉。我们走过的地面很坚实，沙漠中迎面吹来的凉风使骆驼走得极为自在。

劳埃德与我走在最前头勘察，如果遇上土耳其碉堡或夜间巡逻队，也不致连累主队。我们骑的骆驼因为没驮重物，步伐奇大，没一会儿工夫便已不知不觉地将队伍远远甩在后头。哈桑·沙阿派了一个人在我们和主队之间联系，以免走丢，后来又派遣第二个人过来，接着又来了第三个，到后来他的队伍全都派出来成为与我们联系的一系列纵队。最后他由这列纵队一个接一个口耳相传地传话，要求我们走慢一点，但经过几个人的传话后，传入我们耳中时已不知所云了。

我们停下来，这才发现万籁俱寂的暗夜其实充满声响，枯草的气味也随着阵阵和风飘送过来。再度上路时我们放慢步伐，似乎走了好几个小时，平原中还是布满让人产生错觉的河道，平白消磨了我们的注意力。我们觉得星座似乎移位了，担心早已迷途。劳埃德有指南针，不知摆在何处。我们停下来让他到鞍袋中翻找。索恩骑过来，帮他找出来。我们围聚在一起，以指南针的夜光针头研究目前的方位，后来决定放弃猎户星座，改用有更好兆头的北极星引路。然后再度在漫漫长夜中赶路，直到后来跨过一座大河岸，劳埃德勒住骆驼，轻叫一声，以食指朝前一指。我们前方地平线上浮现两个比天空暗的黑色立方体，旁边还有一个尖形屋顶。雪狄亚已经在正前方，我们差点就闷着头走入车站内了。

于是我们赶忙调头往右走，匆匆横越一处空地，也担心后头的行李队没留意到我们已改变方向而继续往前。所幸一切顺利，几分钟后我们用英语和土耳其语、阿拉伯语与乌尔都语等，叽里呱啦地庆幸刚才只是虚惊一场。身后的土耳其营地中也隐隐传来令人心跳加速的狗吠声。

我们已经知道自己置身何处，因此另外挑了个前进的方向，避开雪狄亚下方的第一座碉堡。我们信心十足地前进，深信不久就可以穿越铁路，可是走了许久，什么都没出现。当时是午夜，我们已经走了六个小时，劳埃德不耐烦地发牢骚，说再这么走下去，天亮时都要走到巴格达了。这里或许根本没有铁路。索恩看到一排树，也看到那些树在晃动，我们的步枪保险立刻咔嗒一声扳开，不过仔细一看，不过是树影幢幢。

我们放弃希望，漫不经心地乱走，坐在鞍座上打盹，让沉重的眼睑合上休息。我骑的里马突然情绪失控，尖叫一声往旁边跳窜，差点将我摔下鞍座，它连续跃过两座河岸及一道水沟，突然在一处污秽不堪的地方趴下来。我敲它的头，它这才站起来紧张分分地再举蹄跨步往前走。那些印度人又被我们远远抛在后头。一个小时后，刚才经过的最后一道河岸以不同的面貌浮现在我们面前。它笔直地向前延伸，在几处区段颜色较黑，似乎是涵洞的阴影。我们觉得好奇，于是驱策骆驼悄悄往前。靠近后，发现河岸边缘围着铁蒺藜。那些阴影其实是电线杆。有个头顶呈白色的身影静静地端详着我们，但纹丝不动，我们猜那应该只是一座里程碑。

我们立刻带着队伍绕到另一侧，想探探这静悄悄的围篱内到底有些什么设施，也有突然遭到扫射的心理准备。不过毫无动静。到河岸时发现杳无人迹，我们跨下坐骑，沿着河岸上上下下跑了两百码，不见人影。我们可以由此通行。

我们立刻叫其他人穿越东边这片无人看守的空地，自己则在飒飒作响的铁丝网下等着，看着骆驼庞大的身躯由暗夜中浮现，沿着河岸走到我们身后。最后一峰也越过铁丝网了。我们在一根电线杆旁将队伍集合。索恩爬上杆，抓住最低的那条电报线，荡到杆上的绝缘托座上。他爬上杆顶，不久后被他切断的电报线咔嗒作响，朝两旁坠下。接二连三的电报线断落于地，滑过石头地面，但仍没有任何反应，显然我们通过的这个地点刚好介于两座碉堡之间的三不管地带。索恩手掌都磨破了，爬下摇摇欲坠的杆子。我们走向在一旁跪伏着的骆驼，跨上去跟上队伍。又走了一小时，我们下令歇息直至天亮。不过天仍未出现任何曙光前，我们便已被北边传来的步枪与机枪声吵醒。小阿里与阿卜杜勒·卡德尔在穿越铁路时太不小心，因而被敌军发现。

第二天早晨，我们在朝阳中与铁轨平行前进，向由马安开来的第一部火车致敬，然后穿越奇形怪状的杰佛平原转入内陆。日上三竿，阳光强猛，使热气腾腾的平地上尽呈现海市蜃楼的景象。我们甩开如牛群般的队伍后，回头眺望，只见幻影中的他们有些像被银白色的洪流淹没，有些则随着骆驼的左右晃动与地面的高低起伏，而在洪流上载沉载浮。

到午后，我们发现奥达在西南方杂草丛生的水井旁扎营。他勉为其难地接待我们。他的那些大帐幕与妻妾都已送到不会遭土耳其飞机空袭的安全地点。当时有若干陶韦拉人在场，正为了如何分配薪饷而吵得面红耳赤。老奥达因为我们目睹他束手无策的窘状而显得有点懊恼。

我设法转移他们的注意力，让他们知道还有其他获利的机会，试图化解这场纷争。这一招果然奏效，因为他们都笑开了。对阿拉伯人而言，这等于已经成功了一半。就目前而言这已足够。于是我们转而去找穆罕默德·戴兰共餐。他的手段比较圆滑，不像奥达那么坦率，而且无论心里怎么想，只要他认为有需要，都会笑脸迎人。所以我们便接受他的米饭、肉、马铃薯大餐的热忱招待。穆罕默德虽然是个乡下人，但吃得非常讲究。

饭后，趁着我们还在回想刚才经过的那些灰色干涸的沟渠到底作什么用途时，我向查阿尔提起前往耶尔穆克桥勘察的计划。他很不赞同这个计划。十月的查阿尔与八月的查阿尔判若两人。这一阵子来搜刮掳掠获利极丰，使他变得瞻前顾后，极为珍惜自己宝贵的性命。如果还是今年春天，去什么地方他都在所不辞，但最近一次的劫掠所冒的风险使他捏了把冷汗。他此时说，除非我能明确解释此行的动机，否则他不愿出马。

我问他，我们可以招募到什么样的人手。他列举营中的三个人，说他们很适合这种玩命的工作。其他的族人不是不在营中，便是不够格。带三个陶韦拉人，倒不如不带，因为他们傲慢自大，只会惹火其他人，而且才三个人，也无法独自执行任务，所以我说我到别的地方找找看。查阿尔听后显然松了一口气。

我们正在讨论应该怎么做（因为我还是需要查阿尔的建言，他是最出色的突击队员，最有资格评估我的计划），一个面色仓皇的少年突然冲进来，大声叫嚷着有一群骑士由马安的方向朝我们快速逼近。马安的土耳其部队有骑骡步兵与正规骑兵团，也一再扬言要找阿布塔伊族的碴。所以我们跃身而起，准备迎战。

奥达拥有十五个人手，五人身手尚称矫健，其他都是非老即幼。不过我们队上有三十名壮丁，我心想那位土耳其指挥官运气真背，想来突袭豪威塔特族人，偏偏遇上一队身经百战的印度机枪手来此做客。我们蹲伏备战，并将骆驼藏入较深的河道间，再将机枪架在这些天然战壕中，以树丛作为绝佳的天然屏障，同时监控两侧八百码的距离。奥达将他的帐篷拆掉，并将步枪兵列队准备射击。于是我们好整以暇地等敌军到来，待那些骑士接近时，才发现是阿里·伊本·侯赛因与阿卜杜勒·卡德尔，他们由敌军阵营的方向前来杰佛。我们欢欣雀跃地与他们会师，穆罕默德也再度端出马铃薯与米饭招待阿里。他们昨晚穿越铁路时遭敌人射击，折损了两名人员与一匹马。

第七十三章　班尼沙赫族人

劳埃德将在此地与我们分道扬镳，返回凡尔赛，我们要求奥达支援一名向导带他穿越铁路。找人倒不成问题，最棘手的是坐骑，因为豪威塔特族的骆驼都在草原，而距离这片不毛之地最近的草原远在东南方外一整天的行程。我自己提供这位向导一峰骆驼，解决了这个问题。我选中的是高龄的加扎拉，它害喜的情况比我们想象的还要严重，在远征结束前，它必然无法胜任快马加鞭的驰骋。所以，我将它交给拥有舒适鞍座且乐观开朗的索恩，借以交换他的骆驼，此举令豪威塔特人为之瞠目结舌。他们将加扎拉视为当地最出色的骆驼，愿意不惜一切代价来争取骑它的荣誉，如今它却被交付给一个小兵，这名小兵红扑扑的脸与因为眼球炎而红肿的眼睛，看起来像个泪眼汪汪的妇人。劳埃德说，看起来有点像被绑架的修女。看着劳埃德离去是件憾事。他善解人意，屡有妙计解难，总是殷殷祝福我们能达成目标。此外，他也是我们在阿拉伯遇到的人当中唯一受过高等教育的人，这几天来我们经常让心灵共同翱翔，天文地理无所不谈。他离开后，我们再度面临无止境的战争、蛮族、骆驼。

夜晚便在这些令人厌烦的俗务中展开。豪威塔特族的问题必须设法解决。入夜后，我们聚集在奥达的火堆旁，我花了数小时不断向这些被火光照得满脸通红的族人表达我的观点，竭尽所能地向他们委婉解释，有时他们听懂其中一点，有时又听懂了另一点（当他们听懂一句话时，很容易看到眼中的神采），有时则会误解我的意思，或是毫无反应，白白浪费宝贵的几分钟。阿布塔伊族的精神与体格一样坚强，但工作的压力早已使他们信念的热火燃烧殆尽。

我逐渐地获得认同，不过直到近半夜仍争论不休，这时奥达举起拐杖喝令肃静。我们竖耳倾听，搞不懂到底出现了什么危险。过一阵子，我们听到一阵令人毛骨悚然的回音，这种鸣响的节奏太模糊、太广阔、太徐缓，令耳朵一时无法察觉，听起来有如远方低沉的闷雷。奥达抬起憔悴的眼睛望向西方说："英国人的炮火。"艾伦比将军正准备发动攻势，这助益良多的炮火声使我的论点无需再多费唇舌便拍板定案。

隔天早晨营区内的气氛融洽，一团和气。老奥达这次面临的困境已获得解决，他亲切地拥抱我，与我言归于好。最后，当我站到我那峰蹲踞着的骆驼旁边时，他跑出来，再度将我紧紧拥入怀中。他在我耳旁低语"提防阿卜杜勒·卡德尔"时，我感受到他粗糙的胡子拂过耳朵。我们有太多事要谈，一言难尽。

我们继续往无边无际但美得出奇的杰佛平原推进，直至夜幕低垂时到达一座打火石陡坡的山脚，这座陡坡像耸立于平原上的一片绝壁。我们在遍地蛇虫的树丛间扎营。我们推进的路程很短，走得相当悠闲。印度人显然不善于跋涉。他们由沃季港进入内陆已数个星期，我原本以为他们骑术高超，可是如今，他们骑着最好的骆驼，费尽吃奶之力，一天也只能走三十五英里，对队上的其他人而言，这简直像在度假。

因此，我们每天都很好过，毫不费力，体能毫无负担。风和日丽，草地上薄雾笼罩，阳光和煦，傍晚的凉意使行军平添一股奇特的祥和气氛。这个星期是属于初冬的暖和天气，日子过得像值得回味的惬意梦境。我只觉得非常舒适怡人，空气中充满欢乐，我的朋友们全都心满意足。这么完美的情况一定不会持久。不过眼前的祥和因为未受任何宗教期望的挑战，只加深了秋意的静谧。我觉得无忧无虑。这段日子几乎称得上是我有生以来心情最平静的时刻。

我们扎营用午餐及午休——士兵们一天必须吃三餐。这时警报忽然响起。一队骑着马与骆驼的不速之客由西方和北方出现，飞快包抄过来。我们抓起步枪。印度人已经习惯在瞬间应变，立刻架起机枪跨上骆驼备战。虽然置身于这开阔地带极为不利，不过我们还是在三十秒内部署出防御阵势。我的护卫队守在每个侧翼的前头，衣着光鲜亮丽，趴俯在灰色的矮树丛间，步枪紧贴在颊上。四组穿着卡其服的印度人握着机枪蹲在他们身旁。他们后面是阿里谢里夫的人马，谢里夫本人站在队伍中间，未戴头巾，眼光锐利，轻靠在步枪上。随后是骆驼队驱赶着坐骑到我们后方接受火力掩护。

这是队上所摆出的架势。我暗自赞叹我们的应变能力，阿里谢里夫则叮嘱在未受到攻击前不要开枪，这时阿瓦德开心地笑着，跃起身来朝敌人跑过去，友善地高举双手挥舞着。他们胡乱朝他开枪。他趴下来还击，朝最前面的骑士开了一枪。这从头顶飞过的一枪及我们沉着应战的架势使他们阵脚大乱，踟躇不前，经过一分钟的讨论，他们才无奈地挥动斗篷当旗帜，对我们的信号做出回应。

其中一人缓缓骑过来。阿瓦德在我们的火力掩护下，也走了两百码迎上去，认出他是个班尼沙赫族人。那人听到我们的名号时，装出大感震惊的模样。我们一起走向阿里谢里夫，其他入侵者看到我们和平地会面后，也保持一段距离跟在后头。他们是扎本沙赫地区的强梁，不出我们所料，就盘踞在拜尔前方。

阿里谢里夫对他们竟然胆敢攻击颇感不满，威胁要好好教训他们。他们绷着臭脸听他的训诫，一再辩解说族人一向见到陌生人就开枪。阿里谢里夫接受这个解释，也认为在沙漠中这是种好习惯，不过他也抗议，他们未经示警便由三面包夹我们，显然是一种预谋的伏袭。班尼沙赫族人很危险，他们不是纯粹的游牧民族，不会信守游牧民族的戒律或奉行沙漠中的生存法则，但也称不上是屯田而居的良民，自然不肯放弃拦路抢劫的勾当。

于是这群入侵者到拜尔汇报我们的到来。他们的族长穆夫利赫认为，要消除刚才待客不周的不良印象，最好是发动当地全体人马列队鼓掌吆喝，并对空鸣枪来公开迎接我们。他们围着我们绕圈子，骑着马在石头路面上往来奔驰，不断鸣枪。滚滚黄沙不断扬起，使我们说话的声音都显得沙哑。

最后欢迎阵容总算告一段落，阿卜杜勒·卡德尔认为此时需要有人出面致意，而且他当仁不让。这时众人正对着阿里谢里夫叫道："愿真主赐予我们的谢里夫无穷的胜利。"然后勒转马缰，到我身边来说道："欢迎，劳伦斯，行动的先锋。"于是阿卜杜勒·卡德尔跨上马，坐在高大的摩尔式马鞍内，七位阿尔及利亚仆人在他身后紧紧排成直直的一列，然后他开始趾高气扬地缓步绕着圈子，嘶哑地吆喝着"呼，呼"，并拿出手枪胡乱对空放枪。

贝都因人顿时为之瞠口结舌，直到穆夫利赫走上前来，半哄半骗地说："真主保佑，快叫他住手，因为他既不会射击也不会骑马，如果他打中人，可要把我们今天的好运给搞砸了。"穆夫利赫是因为深知阿卜杜勒·卡德尔的"家学渊源"，才会那么紧张。阿卜杜勒·卡德尔的弟弟穆罕默德·赛义德曾在大马士革连续三次用手枪误杀朋友，这也算是一项世界纪录。当地的杰出战士阿里·勒扎曾说："有三件事是绝对不可能发生的：第一，土耳其赢得这场战争；第二，地中海变成平原；第三，我在穆罕默德·赛义德带着武器时与他同处一地。"

我们在废墟旁安顿下来。班尼沙赫族一座座黑色的帐篷在远处看来像散居山谷的羊群。一个传令要带我们到穆夫利赫的帐篷。不过，阿里要求先打听一个问题。费萨尔曾应班尼沙赫族人的要求，派遣一组比舍地区的石匠和凿井工人，将纳西尔与我在前往阿卡巴途中炸毁的水井重新砌好。这批工人已在拜尔待了好几个月，仍汇报说这件工作尚未完成，费萨尔指示我们要查询拖宕许久的原因。阿里谢里夫发现这些比舍派来的工人好逸恶劳，并逼迫阿拉伯人供应他们肉类与面粉。他对此提出质疑。他们支吾其词，但阿里自有主见，丝毫不为所动。于是穆夫利赫以替我们张罗一顿丰盛的晚宴来谢罪。我的手下兴奋地低声说道，他们看到他帐篷后面墓区的小丘上有人在宰绵羊。阿里谢里夫就这么滔滔不绝地谴责，直到菜肴端出来为止。米列夫一边听着他的责难，一边训诫那些黑人，同时叫仆人将他们带入废墟内施以惩处。他们面有愧色地回来，除吻手示好外也请求宽恕，于是双方人马握手言和，一起席地用大餐。

豪威塔特族的大餐一向不缺少奶油，班尼沙赫族则简直是奶油泛滥。我们的衣服上都溅满油渍，满嘴油光，指尖也被奶油的热气烫得发痛。在填饱饥肠后，取菜的手渐渐放慢了速度。不过菜肴仍一道道端出来，这时阿卜杜勒·卡德尔突然闷哼一声站起来，用一条手帕擦拭着手，坐到帐篷角落的地毯上。我们踌躇着不知该如何应对，阿里谢里夫嘀咕了一声"村夫"，于是晚宴继续进行，直到在座的人都吃撑了，比较节俭的人还在舔指头上的奶油渣。

阿里清了清喉咙，于是我们坐回自己的地毯上，这时吃第二轮及第三轮的人也开始大饱口福。有个插曲值得一提：有五六个人，穿着污秽的工作服，从开始到结束都一直埋头猛吃，最后肚皮胀得老大，满脸油光，悄悄地抓起一只肥大的羊肋，摇头晃脑得意地离去。

帐篷前面有群狗正在龇牙咧嘴地啃骨头，穆夫利赫的仆人在角落分食羊头骨，并吸食脑髓。其间，阿卜杜勒·卡德尔则坐着不断地吐痰、打饱嗝及剔牙。最后，他派一名仆人去取他的药箱，倒出一剂药，并咕哝着说又硬又韧的肉块使他消化不良。他刻意表现出粗鲁的言行，想为自己赢得粗犷豪迈的美名。族人在他的淫威下显然不敢有异议，不过班尼沙赫族距离沙漠太近，言行不能以单纯的农村标准来衡量。另外，今天他们也见识到阿里谢里夫这个天生的沙漠之王截然不同的行为模式。

阿卜杜勒·卡德尔刚才忽然从宴席中起身，这种行为是中央沙漠的模式。这是半游牧民族之间习惯的礼仪，每个客人在吃饱后便自行退居一侧。在最北方的安那兹族人则会让陌生人自行进食，而且是在黑暗中进食，所以不用为自己的狼吞虎咽觉得羞耻。作风各有不同。不过对大多数部落民族而言，谢里夫的举止才是值得歌颂的王者之风。所以可怜的阿卜杜勒·卡德尔中途退席之举被视为失态。

阿卜杜勒·卡德尔自行离去，我们则坐在帐篷口。帐篷的营火已如点点星辰般在黝暗的山坳处升起，像是与天上的繁星交映争辉。那是个平静的夜晚，偶尔传来狗儿的群起交吠，随着吠声逐渐平息，我们再度听到远方隐隐传来准备攻击巴勒斯坦的重炮闷响。

我们听着隆隆炮声，于是告诉穆夫利赫，我们即将突袭德拉地区，也很希望他能率领十五个左右的族人骑骆驼同行。我们在未能取得豪威塔特族的协助后，决定暂时不要表明目标，以免这些伙伴鉴于前途堪虞而打退堂鼓。然而，穆夫利赫迫不及待而且欣然同意，并答应要带着族中最剽悍的勇士及自己的儿子同行。这个少年名叫图尔基，从前有一阵子颇受阿里谢里夫的宠爱。他们的坐骑互相嘶鸣，形影不离地四处闲逛，享受无声胜有声的默契。他是个白肤金发、外貌憨厚老实的男孩，大约十七岁，不高大但结实强壮，圆脸上长满雀斑，朝天鼻，上唇短缩，露出门牙，使嘴巴看起来像在生闷气，与带着笑意的眼睛不大搭配。

我们曾在两次危急时刻见识到他的胆识与忠心耿耿。他多少也沾染了父亲贪得无厌的恶习，不过他的好脾气弥补了这个缺点。图尔基处心积虑地想当个男子汉，一直想做一件足以让他在族中女孩面前夸耀的英勇事迹。他眉飞色舞地穿着我在晚宴时送他的新丝袍，没披上斗篷便在村内的帐篷间来回走了两趟，边走边数落那些在聚会时迟到的人，借此展示新装。

第七十四章　塞拉因族入列

我们在入夜许久后离开拜尔，当然，人畜都先饮足了水。几个领导人稍后出发，等候扎本族人准备就绪。穆夫利赫打算顺道去祭祀祖先艾沙特，他的墓地就在奥达的儿子安那德的坟墓附近。班尼沙赫族已经长年定居，并采用闪族村落人的丧葬仪式。穆夫利赫族长打算借机要求我们提供祭品，让艾沙特空无一物的墓碑前增添光彩。我交给他一份红色与银色相间的麦加丝绸饰品，并表示我是借花献佛，荣誉应该归于送我这件饰品的人。节俭成性的穆夫利赫塞了个半便士的铜币给我，表示愿意向我购买。几个星期后我再度经过那片墓园时，发现那件饰品已经不见，穆夫利赫在我面前大声咒骂，表示不知哪个目无神明的谢拉雷特族人偷走他祖先的祭品。图尔基想必会有截然不同的说辞。

我们经过一条古道，走出拜尔河谷。登上一座丘陵的山顶时，看到先出发的队员已围着火堆扎营准备过夜，不过这次众人沉默不语，也没煮咖啡喝。我们并肩躺着，竖起耳朵倾听艾伦比的炮火隆隆声。炮声不绝于耳，西方也不断出现炮火的闪光。

第二天我们经过施来苏克瓦特山脉的左方，这座峰顶为纯白色的"三姐妹山"，是个醒目的地标，由它高耸的分水岭往四面八方都要花上一天才能走完。我们由山后的缓降坡走下山。此地十一月的清晨有如英国的夏日般柔和优美，不过我必须设法将沿途的美景抛诸脑后。我此行无论歇息或行进途中，都与班尼沙赫族人为伍，让耳朵习惯他们的方言，并将他们提及的各部落、家族或个人私事都谨记在心。

在这人口稀少的沙漠地区，每个有身份地位的人都彼此认识，他们不研读书本，但会研究其他人的家世。如果不了解别人的家世，不是被认为没教养，便是被当作陌生人，而陌生人是不能获准参加家庭聚会或会议的，也不会获得信任。我参与阿拉伯人的起义，最感到吃不消但也是最重要的，便是每次遇到一个新部落，就得绞尽脑汁将他们的点点滴滴巨细靡遗地铭记于心。

我们入夜后在肥沃的杰夏河谷扎营，营地旁有灰绿色的灌木丛，很合骆驼的口味，也很适合升火。这个晚上远方的炮火听来极为清晰而响亮，或许因为炮声经过死海的洼地产生回音后，再传上我们所处的高原，音量倍增。阿拉伯人低语着："他们越来越近了。英国人正在推进。希望真主下大雨淋他们。"他们同情正节节败退的土耳其人。虽然不堪一击的土耳其人长期压迫他们，他们却盲目地同情弱者，反倒不喜欢较强势的外国人。

阿拉伯人不尊重强势，他们更尊重技术。阿拉伯人对若干英国人比对土耳其人更有好感，不过若因此而认为阿拉伯人亲英国，将是犯了愚不可及的大错。每个陌生人置身于他们身旁时都会坐立不安。

我们很早便起床，打算在日落前赶到阿马里。我们翻越一座座被阳光烤得炙热的打火石山岭，山间长满橘黄色的植物，放眼望去一片金黄。班尼沙赫族人称此地为沙法拉杰夏，山谷的河道只有几英寸深，河床看起来像是摩洛哥皮革，上次下雨形成的无数河道相互交叉，错综复杂。每个河道在弯道处都有隆起的小沙丘，泥土的堆积形成坚硬的质地，有时上头会有闪闪发亮的盐粒结晶，有时则会有一半被埋在土中的矮树丛。这些河道沿着山谷通向锡尔汉河谷，两旁草木茂盛。当河道的洼地聚满水时，部落民族便会聚集在山谷中，并在沿岸搭起帐篷营地。同行的班尼沙赫族人便曾在这山谷中扎营。他们沿路不断地指着洼地中的一座座火炉说："那是我的帐篷，另外那一座是哈姆丹·萨伊的。你看我睡的那些干石块，旁边是塔夫拉的睡铺。真主保佑她，她在史奈尼拉特时被鼓腹蛇咬死了。"

将近中午时，一支奔腾的骆驼队出现在山头，摆明了朝我们而来。图尔基骑着他的老骆驼，卡宾枪摆在腿上，迎过去探询他们的来意。"哈哈，"他们还距我们一英里之远时，穆夫利赫已朝我叫道，"最前面那个是法赫德，骑着他的夏阿拉。他们都是我们的亲戚。"果然没错。法赫德与阿得赫布两个扎本战将在济扎旁的铁路西侧扎营，一个高曼尼人去通知他们我们已经上路了，他们闻讯立刻赶过来，在半路追赶上我们。法赫德为了表示礼貌，亲切地责怪我路过他们这地区要去冒险，居然把他们兄弟俩留在帐篷内睡大觉。

法赫德年约三十，表情忧郁，声音轻柔，沉默寡言，脸色苍白，胡子修剪得很整齐，眼神悲伤。弟弟阿得赫布比他高大强壮，但也只算是中等身材。他与法赫德个性截然不同，活跃而聒噪，看起来很粗鲁；长着朝天鼻，娃娃脸上没有半点胡楂，闪亮的绿眼眸骨碌碌转地东张西望。他蓬头散发，衣衫脏乱，更显粗俗。法赫德看起来比较整洁，但衣着也很平凡，两人都骑着其貌不扬的骆驼，看起来不像是大名鼎鼎的谢里夫。然而，他们都是颇具声望的战将。

入夜后，阿马里的一阵冷风将水池旁的灰尘刮得漫天飞舞，我们的齿缝因此沾满了沙尘。我们对池水也很不满意。这里的水池就在地表，与锡尔汉河谷一样，但大部分池水都很苦，不适合饮用。不过其中一座称为埃米尔井的，水质相当不错，位于几座沙丘间的石灰石岩层中。

这池水（颜色混浊，喝起来有股盐与氨水混合的味道）就在岩板下的一个石窟中，达乌德丈量过了深度，量法则是将法拉吉丢进水池内。法拉吉沉入污黄的水中，后来悄悄浮出水面，藏在一块突出的岩石下，在昏暗中没人发现。达乌德等候许久不见他的踪影，紧张地脱下斗篷，也跃身跳入水池——这才看到法拉吉躲在突出的岩石下偷笑。两人在池内潜水为戏，如鱼得水。

他们被拖上岸，在池边的沙地上被毒打了一顿。两人都皮破肉绽地回到我坐的火堆旁，身上湿淋淋的，衣服支离破碎，头发、脸、手、脚，全身都沾满泥巴与水草，狼狈不堪。他们说在跳舞时不小心跌入树丛中，还希望我慷慨解囊，送他们一件新衣服。我打消他们的如意算盘，叫他们去将衣服补好。

我的护卫队，尤其是亚格利人，衣着都很时髦，薪饷大都花在衣服和饰物上，也花了不少时间将乌亮的头发绑成辫子。他们用奶油擦头发；而为了去除头虱，常用一种齿缝很细的梳子梳头发，并将骆驼尿泼洒在头发上。为土耳其效忠期间（他们曾在一次拂晓攻击时击溃我们以自耕农组成的部队，并占领我们一个据点），一个在贝尔谢巴的德国医生曾将他们当中长头虱的都关在厕所内，直到他们将虱子吞下肚为止，借此教导他们保持干净。

天亮时风势已较缓和，于是我们朝阿兹拉克出发，前面还有好长一段路要走。然而，还没离开水池便已传来警报声。卫兵看到有骑士在树丛间出现。这地区经常有强梁出没。于是我们找了个较占地利之处集合。印度机枪手挑了个小山脊，很快便将机枪架起来，并让骆驼跪伏在后方的洼地中。阿里与阿卜杜勒·卡德尔迎着风竖起他们的大红旗。我们的部队由艾哈迈德与阿瓦德领军，两路夹击，与敌方交火。枪声突然停下来。敌人由掩蔽处站出来，排成一列朝我们走过来，并将斗篷脱下，在空中挥舞着，口中还高呼欢迎词。他们是塞拉因族人，正要去投效费萨尔阵营，听到我们的消息后，立刻折返来与我们会合，并为了能省下来回奔波之苦而开心，因为他们这一族称不上骁勇善战，也不是游牧民族。我们进入他们位于阿兹拉克东方数英里的贝达营地时，全体族人还举办了一场小小的欢迎仪式，因为他们的妇女在男性族人前去参加起义时，一心系念着他们的安危。

所幸他们当天立刻安然回到营地，而且带了个谢里夫回来，还有阿拉伯部队的军旗、机枪。这支衣衫褴褛的百人队伍与刚出发时一样，开心地唱着歌列队回家。我的眼光被一峰红色的骆驼吸引，它大约七岁大，是第二排的一个塞拉因族人的坐骑。这峰高大的骆驼不甘待在第二排，跨着大步挤到最前头来。艾哈迈德凑上前去和它的主人打招呼。

进入他们的营地后，族长将我们分配到各个帐篷接受招待。阿里、阿卜杜勒·卡德尔、伍德，还有我，都由最资深的长老姆泰尔接待，他是个老态龙钟、牙齿已掉光的和善长者，说话时手必须一直托着松垂的下巴。他热忱地话家常，并烹煮羊肉与面包宴请我们。伍德与阿卜杜勒·卡德尔或许有点不自在，因为塞拉因族似乎不讲究餐桌礼仪，我们在进食时菜肴四处飞溅。饭后，在姆泰尔的坚持下，我们在他的帐篷中过了一夜。我们身上挤满想换口味的跳蚤、虱子，它们显然已厌倦塞拉因族人的血肉。它们吃得津津有味，我终于按捺不住，不想再当它们的盘中飧。阿里也受不了，坐起来说他睡不着。所以我们叫醒姆泰尔，并派人去找来族中的战将穆夫利赫·伊本·班尼。我们向他们解释费萨尔的要求，以及打算替他执行的计划。

他们脸色凝重地聆听。他们说，西边的桥梁不可能破坏得成。土耳其刚调来数百名负责伐木的工兵，任何来意不善的部队接近必会被发觉。他们也表明对摩尔人的村落及阿卜杜勒·卡德尔都怀有戒心，要他们在阿卜杜勒·卡德尔的率领下前往摩尔人村落，想都别想。至于距此地最近的塔勒谢哈布桥，他们则担心若去攻打此桥，那些与他们形同水火的村民会趁机从他们背后抄袭。此外，如果下雨，骆驼将无法取道雷姆哲的泥泞平原回来，届时整个部队都会被拦截，遭到歼灭。

这下子可棘手了。塞拉因族人是我们最后的指望，如果他们拒绝加入，我们将无法如期完成艾伦比托付的任务。于是阿里将他们族中较强壮的战士召集到营火旁，并将法赫德、穆夫利赫、阿得赫布等人也找来，以壮声势。我们开始以三寸不烂之舌游说这些做事谨慎的塞拉因族人。我们已在不毛的荒野中跋涉那么久，不甘心就此放弃。

我们不是抽象地说教，而是以具体的例证，以他们自己为例，指出他们的一生也只是在追求感官的享受。然而起义无法好逸恶劳或只想享乐，必须亲自参与，吃苦耐劳，并且以此苦为基础，继续接受更进一步的考验，承受更大的苦。

他们也知道，置身于沙漠中，注定要与一个敌人做永无止境的抗争，这个敌人不是这个世间，不是人生，什么都不是，而是希望。失败似乎是神用来解放人类的手段。死亡则似乎是我们最后的解脱。我们唯有不去做我们力所能及之事，才能得到解脱，因为如此人生才属于我们，我们将它视成一文不值才能掌控它。死亡似乎是我们最出色的表现，是我们最后所能掌握的无拘无束，也是我们最后所能享有的悠哉闲暇。在生与死这两极间，或者，不要说得这么决断，就说在投闲置散与汲汲营生之间，我们要尽可能地避免为谋生而劳碌（那是人生的要素），而是只求能糊口，尽量保持悠闲。如此我们所要阐扬的是游手好闲而不是积极进取。或许，有些人没什么创意，他们游手好闲会一事无成，不过这些人即使积极进取也只是追求物质。若想拥有非物质的、属于精神层次而不是感官的事物，有创意的事物，我们便不应浪掷太多时间或不辞辛劳追求物质需求，因为大部分人的灵魂早在身体衰老前便已老迈。人类一向无法借着劳碌奔波获利。

唾手可得的成功将毫无荣耀可言，不过若明知会失败而仍愿赴汤蹈火，则将可望普受景仰。上帝与造物主是我们最可敬的两个对手，事实上，一个完整的人所能遇上的可敬对手也只有他们，他们是他自己的元灵所衍生的怪物，最顽强的敌人总是自家人。在对抗上帝时，最值得敬佩的就是能潇洒地抛弃我们所拥有的少得可怜的资源，赤手空拳与他较量。败在他手下，不只因他拥有更高的心智，也因他拥有更好的工具之优势。对一个眼光远大的人而言，失败才是唯一的目标。我们必须相信，彻底地相信，唯有从容就义，为了失败而奋斗至死，声嘶力竭要求上帝下手再狠一些，以求借着他的打击，可以将我们饱受折磨的自我锻炼成为使他自己毁灭的武器，否则不会有胜利。

　　这段唱高调的长篇大论说得断断续续，是迫于时势而拼凑出来的，说完后也记不清楚内容了，因为随后我只记得塞拉因族人开始窃窃私语，在这寂静的夜色中，俗世的功名退隐了，他们最后热切地表示愿与我们同行。天未亮我们便叫醒阿卜杜勒·卡德尔，我们将他拉到一旁的灌木林中，对着他重听的耳朵大吼，说塞拉因族人愿意与我们同行，由他带队，天亮后便往哈立德河谷出发。他咕哝着说"太好了"，我们则互相约定，有生之年再也不和重听者共事了。

第七十五章　一波三折

　　我们累坏了，于是躺下来休息，但不久就被叫醒，起床检阅塞拉因族的骆驼部队。他们阵容凌乱而狂野，在我们面前横冲直撞，我们对他们的骑术评语不佳，只觉得他们虚张声势。很遗憾他们没有一个像样的领导人。姆泰尔太老了，无法披挂上阵，穆夫利赫·伊本·班尼则野心勃勃地想当个政治家，不想当战士。不过，如今我们所能招募的人手也只有他们了，所以就此定案，下午三点我们带着这支队伍往阿兹拉克出发，因为若在那些帐篷中再待上一晚，我们会被咬得只剩皮包骨。阿卜杜勒·卡德尔与他的仆人骑马，象征已接近战线。他们紧跟在我们身后。

　　这是阿里首次见识阿兹拉克，我们激动地加快步伐骑过多石的山岭，一边畅谈着和古代那些热爱这块土地、姓名如乐音般的牧王有关的战争、诗歌及热情，还有更早期在此驻扎的罗马军团。这时位于瑟瑟作响的棕榈树上方的蓝色碉堡，以及青青河畔草与潺潺流水，皆映入我们眼帘。我们对阿兹拉克的评语，就如对瓦地伦一样，是"鬼斧神工"。两地的景观皆令人屏息，但瓦地伦是气势雄伟壮观，阿兹拉克高深莫测的静谧则使人缅怀流浪的诗人、斗士、失落的王国、希拉古城 ① 与加萨尼王朝 ② 的罪过与功绩。此地的每块石头或每片叶子，无不令人想起早已湮灭的伊甸园。

　　最后阿里勒住缰绳，他的骆驼也小心翼翼地沿着熔岩斜坡走下山，到达泉水后方的草地。我们原本半闭着的眼睛此时为之一亮，几个星期来被阳光晒得睁不开的眼睛总算获得缓解。阿里叫了声"青草"，并跳下鞍座，趴跪着将脸埋入草丛中，这些草虽然粗糙，但在沙漠中已弥足珍贵了。然后他跃起身，红光满面，发出他们哈里斯族特有的战士呐喊，将头巾摘掉，在沼泽地间奔驰，

---

① 希拉古城，坐落于今伊拉克中南部库费南方的一座古城。原是军事阵地，但在公元前五至六世纪成为拉赫姆王朝的首都。

② 加萨尼王朝，公元前六世纪的阿拉伯王朝，领土范围包括今叙利亚、约旦、以色列所在地。

在长满芦苇的红色河道间跳跃。他撩起克什米尔长袍的下摆，露出白森森的脚。我们西方人很少体验到打赤脚的美感，这时行动的节奏与优雅都显而易见，每走一步都可看出运用到哪一部分的肌肉，以及静止不动时的和谐均衡。

再度想到该办公务时，却找不到阿卜杜勒·卡德尔。我们在城堡中、棕榈园中、泉水旁遍寻不获。最后派手下出去寻找，他们带了几个阿拉伯人回来，说出发后不久，阿卜杜勒·卡德尔便往北经过碎岩山丘，前往德鲁兹山脉。队上的小兵都不知道我们的计划，也很痛恨他，所以看到他离去觉得正中下怀。不过这对我们而言是则坏消息。

我们所能选择的三个地点中，乌姆盖斯早已被排除在外，如今阿卜杜勒·卡德尔潜逃，哈立德河谷也触碰不得了。也就是说，我们必须设法炸毁塔勒谢哈布桥。要到达这个地点，我们必须通过雷姆哲与德拉之间的空旷地带。阿卜杜勒·卡德尔已投敌，他对我们的计划与兵力了如指掌。土耳其人只要采取正常的防范措施，必可将我们围困。我们找法赫德来开会，决定继续按原计划执行，认定土耳其人无法对我们构成威胁。不过这个决定有点自欺欺人，我们做出决定后，阳光似乎黯淡了些，阿兹拉克感觉也似乎危机四伏。

第二天清晨，我们心事重重地沿着一座硬石山谷前进，翻过一座丘陵后进入哈里斯河谷，此地青翠的河道与家乡的许多地方颇为神似，令人萌生浓浓的乡愁。阿里则因为看到这座以他的部落为名的河谷绿草如茵，雀跃不已，我们在草丛间找到上星期的雨所留下的清澈水池后，众人与骆驼一样欢天喜地。我们在此地歇息、用午餐，过了许久。阿得赫布、艾哈迈德和阿瓦德出去猎瞪羚，回来时手上拎了三只瞪羚。我们因此待得更久了，吃第二顿午餐，像在享受大宴，用通条叉着肉块烤，直到外层已黑得像焦炭，再开始享受里面仍鲜美多汁的肉。到沙漠造访者总是会爱上这种天赐的飨宴，何况，我们此行走得有点无奈，所以也乐得找借口多逗留些时候。

只可惜我正想偷个半日闲时，却因为必须主持公道而使闲情逸致荡然无存。艾哈迈德与阿瓦德两人素来不睦，在猎捕瞪羚时又起争执。阿瓦德射掉艾哈迈德的头巾，艾哈迈德也在阿瓦德的斗篷上轰出个大洞。我将两人都解除武装，并高声下令将他们右手的拇指与食指切掉。他们吓坏了，立刻卖力地互相拥吻，公开和解。不久全部手下都来替他们作保，说他们之间的纷争已经化解了。我向阿里·伊本·侯赛因谈起这个案件，他同意让他们交保获释，但要求先采取游牧民族奇特的古老盟约方式，以一把笨重的匕首的刀刃狠狠地敲打头部，直到鲜血淌出滴到腰带上。那会使头部疼痛，但不会有生命危险，刚敲击时的疼痛与随后的疤痕可以使犯错者想起自己承诺永不再犯的约定。

我们继续推进数英里路，走得相当顺利，沿途都有可供骆驼进食的茂盛青草，到达阿布沙瓦纳后，我们发现一处清澈的水道，深达两英尺，或许有十英尺宽，长约半英里。此处可充当突击桥梁的出发点。为了确保安全无虞，我们又往前推进几码，登上一座石质的小丘，看到一群土耳其派来的切尔克斯族骑兵，前来探勘此地的水是否已被人占用，此时正在汇报途中。谢天谢地，再晚五分钟，我们就和他们碰头了。

第二天一早，我们将水袋装满水，因为由此地到桥梁间没水可喝。然后悠闲地上路，走到一处三英尺深的洼地时，沙漠也到此结束，往后是一片开阔的平原，再走上数英里便是铁路。我们停下来等入夜再穿越这座平原。我们的计划是不惊动敌人悄悄越过平原，藏身于对面的德拉南方小丘间。春季时这些小丘上有很多放牧的羊群，因为春雨会使山侧长出新鲜的青草与繁花。不过，一入夏季，花草枯萎后，就不再有人迹，只偶尔有人路过。我们可望在那些山坳间待上一整天也不被人发觉。

我们借着等待日落的这段空当用餐，我们总是一有机会便饱餐一顿，如此行李较轻便，也没空去胡思乱想。即使如此，白天还是太漫长了。总算夕阳西沉。入夜后一小时，整片平原便笼罩在一片漆黑中。于是我们上路，我和法赫德在前头探路，快马加鞭赶了两小时的路，走过碎石地到达铁路，然后毫不费劲地找到一处石质地面——行李队经过这种地面也不致留下足迹。土耳其的铁路卫哨兵看来悠哉自在，显然阿卜杜勒·卡德尔向土耳其当局通风报信后，尚未使他们提高警觉。

我们穿越铁路，由另一侧走了半小时后，进入一处多石的洼地，四周长满仙人掌类的植物。这里就是卡迪尔阿比阿德，穆夫利赫建议我们在此埋伏。我们相信他，认为此地是藏身的好所在，于是在骆驼身旁睡了一觉。待天亮后，就可以知道此处到底安不安全。

天快亮时法赫德带我到洼地的边缘查探，这洼地约十五英尺深，由洼地顶隔着一片草原就是铁路，看起来近得似乎在射程之内。这么近极不方便，可是穆夫利赫也想不出更好的地点了。我们必须整天提高警觉。每有什么风吹草动，手下便立刻去查看，洼地边缘也会立刻挤满一堆人头。此外，放骆驼去吃草时也必须派许多人手看管，以免它们走远了被发现。每当有巡逻队在附近，我们便得小心伺候骆驼，深恐其中一峰叫出声引来敌军。昨天的白天很漫长，今天的白天更难熬。我们不能开伙，因为所携带的水必须设法撙节，以免明天不敷使用。光是想到这一点便已让我们口渴难耐了。

阿里与我安排行动的最后步骤。我们要在此处待至入夜，然后前往塔勒谢哈布将桥炸毁，并于天亮前回到铁路的东方。这表示我们必须在黑暗中花十三个小时骑至少八十英里路，其间还要炸毁一座桥。如此的高效率那些印度士兵大都做不到，他们骑术不佳，由阿卡巴骑到此地，就快把胯下的骆驼弄得筋疲力尽。阿拉伯人知道如何善待他的坐骑，可以在历经艰辛旅程后，让骆驼健康状况良好地回家。印度士兵已经尽力而为了。我们到目前为止的行程虽然还算轻松，他们乏善可陈的骑术却已使自己和骆驼饱受折磨。

所以我们挑选其中骑术最好的六位和六峰状况最佳的骆驼，再由他们好心的队长哈桑·沙阿领军。他认为这支小队只适合带一挺机枪。这个决定使我们的攻击火力大为削弱。我越想越觉得这次耶尔穆克的计划实在一波三折，极不顺心。

班尼沙赫族骁勇善战，而且我们很不放心塞拉因族人，所以阿里与我决定在突击时采用班尼沙赫族人，由法赫德领军。我们留几个塞拉因族人看守骆驼，其他的塞拉因族人则协助扛炸药上桥。为了方便在黑夜中扛炸药下山，我们将炸药分装成每一份三十磅，为了能看清楚，每一份各装在一个白色袋子里。伍德负责将炸药分装，处理时也让他提心吊胆了老半天。不过，这样一来，时间很容易就打发掉了。

我的护卫队必须妥善分配，每个骑术较佳者都搭配一位骑术稍差的当地人。当地人的长处是对地形较熟，这样的组合可以沿路互相配合，不用担心地形问题。阿里·伊本·侯赛因则选出他的六个仆人，再加上二十名班尼沙赫族与四十名塞拉因族人组成这支突击队。我们让跛腿和病弱的骆驼留在卡迪尔阿比阿德，由其余的人员照料，并指示他们在天亮前要回到阿布沙瓦纳等候消息。我的手下有两个人突然病倒，无法同行。我让他们告假，后来也不再让他们出任何任务了。

第七十六章　炸桥失利

太阳一下山，我们便与他们道别，满心无奈地走入山谷。我们翻越第一座丘陵时夜色已漆黑，随后转向西，沿荒芜的朝圣道路行进。前人留下的足迹就是最好的向导。我们沿着颠簸的山坡走下山，前面的人忽然往前冲，我们也跟着冲过去，发现他们将一个吓得脸色苍白的小贩团团围住，那小贩还带着两个妻妾，两只驮着葡萄干、面粉、斗篷的驴子。他们正要前往马弗拉克——我们后方的车站。这下子麻烦了。后来我们要求他们就地扎营，留下一个塞拉因族人看守，以防他们离去，天亮后便可以放走他们，他自己则要越过铁路逃往阿布沙瓦纳。

随后我们在伸手不见五指的暗夜中费力地前进，后来总算又看到朝圣道路的微光。这条路正是我初到阿拉伯时，在几位阿拉伯人的陪同下由拉比格出发所走的路，迄今在十二个月间已走了一千两百英里路，经过麦地那与海狄亚、狄查德、慕达瓦拉、马安。我们这支武装朝圣团距离终点大马士革已不远了。

不过我们担心的是今晚。阿卜杜勒·卡德尔阵前倒戈，令我们惴惴不安，他是我们唯一遇上的叛逃通敌者。如果我们有先见之明，或许早该知道不必找他一样可以成事。可是我们当时几乎是不择手段，根本无法冷静思考，只绝望地认为阿拉伯起义一直差临门一脚，生恐到头来又会沦为以五分钟热度追求空幻目标的一个例子，烈士们前仆后继地横尸荒山野地间，却仍一事无成。

有个牧人朝我们队伍放枪，打断我的思绪，他在黑暗中隐约看见我们正悄悄逼近。他没打中我们，开始尖声惊叫，然后边逃边朝我们胡乱开枪。

这时负责带队的穆夫利赫·戈曼赶忙掉头，在夜色中仓皇地带领全队冲下一道斜坡，惊险万分地到达山脚，然后又登上另一座山的山肩。这时我们才松了一口气，在星光下再度排好队伍依序前进。第二次出状况是左方传来狗吠声，然后一峰骆驼突然出现在路上，不过，它是只迷途的无主骆驼。我们继续赶路。

穆夫利赫要我与他并肩而行，他称呼我为"阿拉伯人"，以免叫我的名字会在黑暗中不慎泄露身份。我们走入一座洼地时，闻到灰烬的味道，随后一个妇人模糊的身影由路旁的树丛中窜出来，然后又高声尖叫着跑得不见踪影。她或许只是个吉卜赛人，因为随后并没有任何动静。我们到达一座山丘，山上有个村落，由远处可看到村中的灯火。穆夫利赫带我们由右边绕道而行，走过一片耕地。我们缓缓爬上山，鞍座发出吱嘎怪响。登上山顶后，大队就停下歇息。

北方的山下有几簇明亮的灯火，那是德拉车站的灯光，用来指引军车通行。我们觉得安心一些，但对土耳其人不将我们看在眼里，这么明目张胆地将灯光点得通明，也有点愤慨。（我们的报复方式是使今晚成为它们的最后一夜：第二天起，直到一整年后德拉被占领，这些灯都无法再发亮。）我们由山顶互相紧挨着往左走下坡，进入雷姆哲平原，平原西北方的村落偶尔会在黑夜中亮起红色的微光。路面已逐渐平坦，但那是耕过的农地，相当松软，有许多兔穴，骆驼常会一脚踩入穴中，走起来极为吃力。不过，我们仍需加快脚步，因为沿路几次虚惊及路况的崎岖坎坷已使我们延误了行程。穆夫利赫不断地催赶他那峰走得拖泥带水的骆驼加快步伐。

我的坐骑比别人强，就是带我们进入贝达的那峰红骆驼。它身躯高，脚又长，步伐奇大，三两下就赶过其他骆驼。领先后，它不再野心勃勃地争先，步伐也变得很稳健，每一步至少比其他骆驼大几英寸，走起来极为轻松，似乎仍保留无穷的体力与耐力。我又折回头，催队员走快点。那些印度兵面无表情地骑着，他们已经尽力，只是路况实在太差，所以进度迟缓，几个小时后，开始有一两个队员掉队了。于是我改换位置，与骑着一峰老迈的竞赛用骆驼的阿里·伊本·侯赛因走在最后压阵。这峰罕见的骆驼或许已经有十四岁了，但整晚走来步履仍极为稳健。它走的时候将头压低，以内志骆驼特有的提膝步伐快速前进，让骑士非常轻松。我们的速度与马棍使那些落后的队员与骆驼吃足了苦头。

九点过后我们离开了那片耕地。路况照理说应该有所改善了，可是这时下起毛毛细雨，路面也因而变得湿滑。一峰塞拉因族的骆驼跌了一跤，主人将它扶起来，继续上路。随后一峰班尼沙赫族骆驼也滑倒了，主人没受伤，匆匆再上路。后来我们发现阿里的一个奴隶站在他那峰裹足不前的骆驼旁，阿里催他上路，那个奴隶还在找借口时，阿里扬起马棍朝他劈头便是狠狠的一棍。骆驼受到惊吓，没命地往前狂奔，那个奴隶手仍抓着缰绳，赶忙跃上鞍座。阿里还在后头追赶，一路赏了他好几棍。我那个不善骑骆驼的手下穆斯塔法摔倒了两次，他的战友阿瓦德总是帮他抓着缰绳，在我们赶上来之前扶他再坐上骆驼。

雨停了，于是我们加紧赶路。这时已是下坡路段。穆夫利赫忽然由鞍座上站起来，举刀朝头顶挥舞。我们在黑暗中只听到哐当的金属撞击声，这才知道我们头顶上正是通往穆宰里卜的电报线电缆。前方灰暗的地平线看起来更遥远了，我们似乎正位于一个弓形地带的弧线路段，两旁与前方都越走越暗。远方传来像是风拂过树梢的飒飒声，虽然微弱但持续不断，而且音量逐渐增强。那一定是塔勒谢哈布桥下的瀑布声，于是我们信心十足地前进。

几分钟后，穆夫利赫勒住他的骆驼，然后轻拍它的颈部，使它静静地跪下来。他跨下骆驼，我们也在他身边的草地上一座乱石堆旁勒住骆驼。在眼前的一片漆黑中，传来湍急的河流巨大的水声，正是我们刚才一直听到的飒飒声。此地是耶尔穆克峡谷的源头，目标桥梁就在右下方。

我们协助那些印度兵跨下驮着笨重行李的骆驼，以免发出声响暴露行踪，然后在湿冷的草地上集合，轻声点名。这时月亮仍未出现，但已快天亮，天际渐有微微曙色，看得出有若干零碎云团飘过灰蒙蒙的天空。我将炸药分发给十五名挑夫，然后上路。班尼沙赫族人在阿得赫布的领军下，循着漆黑的斜坡而下，前去探路。这场雨使斜坡更是湿滑，我们必须打着赤脚，将脚趾深深嵌入泥泞中，才能站稳脚步。有两三个队员摔得四脚朝天。

待我们到达最坚硬的路段，路面上已有石块露出，这时除了哗啦啦的水声外，还传来一列由加利利开来的火车哐当哐当的行进声，车轮的轮缘磨过铁轨时吱嘎作响，引擎的蒸汽在深谷中像一缕白色的幽魅。塞拉因族人裹足不前，伍德催他们跟在我们身后，法赫德与我跳向右方，我们在火车燃炉的火光中，看到车厢内有些人穿着卡其服，或许是要被送往小亚细亚的战俘。

我们再往前走上一小段路，总算看到下方有一团比黑暗的峡谷还漆黑的物体，它的另一端还隐隐发出微光。我们停下来用望远镜观察，正是我们的目标桥梁，桥的另一头有卫兵的帐篷。四周寂静，只有淙淙水声。一切纹丝不动，只有帐篷外的营火摇曳乱舞。

伍德原本要当我的备胎，若我中弹他才会下来，这时他也过来指挥那些印度兵将机枪架起来，以便事迹败露时可朝帐篷内的卫兵扫射。这时阿里、法赫德、穆夫利赫与其他人，还有班尼沙赫族人和那些扛炸药的挑夫，全都蹑手蹑脚地摸索着前进，后来总算找到一条通往桥墩的施工用小径。我们排成一列纵队沿此小径潜行，残破的斗篷与沾满泥泞的衣服，和身旁的石灰石及底下的峡谷融成一体，最后总算抵达铁轨，就在桥梁的前方，铁轨由此地弯向桥梁。众人在此停下来，我和法赫德继续前行。

我们到达光秃秃的桥座，趴伏在地上，藏身于桥上栏杆的影子中，匍匐前进，直到可以看到唯一的卫兵靠在六十码外另一头的桥座。正在观望时，他开始缓缓地在他的火堆前来回走动，不曾踏上桥面一步。我趴在桥面盯着他看，一时不知如何是好，这时法赫德已悄悄溜回山腰处的桥座。

这样不妙，因为我原本打算炸毁桥桁的，所以我爬了回去，准备召集那些挑炸药的挑夫过来。我还没到达他们的藏身地点，上面突然传来步枪掉落的响声。那名卫兵吓了一跳，趋前查看声源。这时已是云破月来，峡谷中一片银白，机枪手原本藏身的阴影处如今也让月光泄露了行踪，他们忙着想转移阵地，但已被卫兵发现，他高声叫嚷，然后举枪射击，并召唤其他卫兵出来。

这时立刻乱成一团。那些不知藏身在何处的班尼沙赫族人躲在我们上头的小径上，胡乱开枪还击。卫兵们都已冲入战壕，朝我们猛烈开火。那些印度兵正在转移阵地，也来不及架好机枪还击。这时双方枪声大作，土耳其的步枪声、小径上的还击声，此起彼落。塞拉因族挑夫听我的护卫说，如果炸药被击中就会爆炸，所以当他们身边枪声大作时，纷纷将身上的炸药抛入山谷，逃之夭夭。阿里跳下来找我和法赫德，我们幸有桥座的阴影庇护仍没暴露行踪，但手无寸铁，阿里告诉我们，炸药都已经掉入深谷中，不知所踪了。

这些炸药被这么随手乱抛，想找回来已没指望了，于是我们也溜之大吉，毫发无伤地在土耳其兵的枪火中爬上山，气喘如牛地到达山顶。我们在山顶与满脸懊恼的伍德及那些印度兵会合，并告诉他们这次任务已经结束了。我们回到那座乱石堆处，那些塞拉因族人正手忙脚乱地跨上骆驼，于是我们也匆匆骑着骆驼落荒而逃，土耳其兵这时还在底下胡乱射击。距此地最近的村落图拉听到枪声，也开始盲目放枪。其他的村落也被吵醒了，整片平原上的各个村落灯火通明。

我们逃命时撞见一队由德拉回来的农民，那些塞拉因族人由于犯了大错（也可能是因为我在逃命时口不择言地谴责他们），正一肚子闷气没处宣泄，于是拿这些农民泄恨，将他们抢了个精光。

那些遭抢的农民带着妻小在月光中逃命，边跑边以阿拉伯人特有的尖锐音调高喊救命。雷姆哲的村落听到他们的求救声，族长赶忙唤醒附近的人家，一群人跨上坐骑出来包抄我们，方圆数英里的住户也跟着爬上屋顶朝我们开枪。

我们让那些惹出这一连串风波的塞拉因族人自行处理那些掠夺来的物品，闷不吭声地上路，设法保持队形，我那批训练有素的护卫队表现出色，他们协助跌倒者爬起来，或让那些骆驼已严重受伤而无法上路的人与他们共骑。路面仍很泥泞，那片耕地比来时更难走了。不过我们身后仍是叫嚣不断，只能卖命地往前冲，像丧家犬般逃往山中避难。最后我们总算躲入山中，并找到一条较平坦的道路，不过仍驱策着快累垮的骆驼继续逃命，因为马上要天亮了。后来我们身后的喧嚷声总算平息下来，落在最后的队员也已归队，于是全队一起上路，像先前要进军时一样，由阿里·伊本·侯赛因和我在后头挥舞着马棍压阵。

我们到达铁路时刚好天亮，伍德、阿里，还有其他领导人这时都已在前面探路，他们开心地沿路破坏电线杆。我们原本要连夜越过铁路去炸毁塔勒谢哈布桥，截断巴勒斯坦与大马士革间的交通，如今历经艰险，到头来却只能切断一些通往麦地那的电报线！艾伦比的炮火仍在右方隆隆作响，也是我们这场挫败最惨痛的见证。

灰蒙蒙的曙色浮现后不久，便飘下灰蒙蒙的雨丝，这凄风苦雨似乎在嘲弄我们前往阿布沙瓦纳时的狼狈步伐。我们在日落时到达大水池处。没参加这次任务的队员好奇地向我们打听出了什么差错。我们都是笨蛋，每个人都一样蠢，所以一肚子的火也就没处发泄。艾哈迈德与阿瓦德又干了一架；穆斯塔法拒绝煮饭，法拉吉和达乌德揍得他痛哭失声；阿里鞭打他的两个仆人。但是不管是我们还是挨打的人都毫不在乎。我们因为这次挫败而心灰意冷，一整天内不眠不休不进食，惊险地跋涉了一百英里坎坷路，我们的身体也已疲惫不堪。

第七十七章　祸不单行

随后我们脑中只想到食物，我们在凉意袭人的雨中开会，讨论该如何解决民生问题。我们为了使行李轻便一点，从阿兹拉克出发时只带了三天的口粮，到今晚便要吃光了。不过我们也不能两手空空地回去。班尼沙赫族想争点面子，塞拉因族人则因刚才太丢人现眼，如今也不敢忤逆众议。我们还有三十磅炸药，阿里·伊本·侯赛因曾听说过我们在马安时轰轰烈烈的表现，与其他阿拉伯人一样雄心万丈地说："咱们去炸列火车。"这句话引来众人欢呼叫好，他们旋即望向我，但我一时无法和他们一样乐观。

炸火车需要精密筹划，有足够的人手，还要有机枪待命，草率从事，后果堪虑。这次的困难在于机枪手是印度兵，他们虽然在吃饱时也算是顶天立地的男子汉，但在饥寒交迫时，却只是手无缚鸡之力的半丁。我不打算要求他们一个星期没饭吃还得去冒险。让阿拉伯人挨饿并不算残忍，断食几天饿不死他们，况且他们即使饥肠辘辘也仍是斗志高昂，如果真的饿得受不了，他们还可以吃骆驼肉。可是那些印度兵虽然也是穆斯林，却基于原则问题，不肯吃骆驼肉。

我向众人解释食物短缺的问题。阿里立刻说，炸火车由我来就够了，收拾出轨车厢的事情交给他和手下的阿拉伯人，不需要机枪支援。由于没有人料想到我们会在这个地区出现，所以我们很可能会遇上运补给品的火车，车上或许只有老百姓或少数的护送士兵，于是我答应碰碰运气。这个决定又博得喝彩声连连。我们披着斗篷，围坐在雨中，一一将剩下的冷口粮吃完（雨水浸湿了柴薪，无法举炊），想到还有希望扳回一成，心头才宽慰了些。

天亮后，印度兵由于无法像阿拉伯人一样饿肚子，只得垂头丧气地折返阿兹拉克。他们与我深入不毛之地，原本打算建功立勋，结果先是炸桥功败垂成，如今连炸火车也与他们绝缘，真是情何以堪。我们为避免他们太没面子，要求伍德陪他们回去，他与我争了许久后，终于为了顾及他们的颜面而勉强同意。后来证明这对他而言也是明智之举，因为他前一阵子老是病痛缠身，此时已出现肺炎的早期症状。

剩余的人员约有六十名，这时再回头朝铁路出发。他们对这地区全然不熟，于是我带他们前往密尼菲尔，我和查阿尔在春季时曾在此地大肆破坏。这里的山头对瞭望、扎营、放牧及撤退而言都是绝佳地点。我们就在当初扎营的老地方坐到黄昏，在冷雨中打着哆嗦眺望那片像地图般层次分明的平原，以及远方的德鲁兹山脉，乌姆吉马勒与其邻近的村落在雨中看来像是地图上的墨渍。

我们在薄暮时分下山埋地雷，在一百七十二公里处重新铺设的涵洞似乎仍是最佳地点。正站在这地点旁时，突然传来一阵隆隆的声响，在逐渐深浓的夜色中，我们发现北方的弯道忽然有一列火车出现，距我们只有两百码。众人赶忙躲入涵洞内，听着火车由头顶轰隆驶过。这让我们捏了把冷汗，不过我们在火车远去后仍开始着手埋地雷。当晚冷得要命，偶尔还风雨交加。

这座坚固的涵洞是水泥砌造的，直径达四米，铺设在沙砾河床上，河的源头就是我们刚才藏身的山顶。冬季的雨水使这条河流深达四英尺，河道则狭窄曲折，很适合我们在朝铁路接近时藏身，不过，到了距铁路三百码处时，河道突然变宽，然后直朝涵洞流去，这段路就无法藏身了。

我们将炸药小心翼翼地埋在涵洞的圆顶上，埋得比平常深，而且是埋在枕木下，就算巡逻队员踩过去也不会发觉。电线拉到河道内的沙砾河床中，很容易便隐藏得天衣无缝。电线有多长，我们就拉到多远。不幸，这条电线只有六十码长，因为埃及最近绝缘电线缺货，我们此行出发时仍未能补货。六十码要炸桥绰绰有余，但炸火车则稍嫌不足。然而，电线刚好可拉到河边一处十英寸高的矮树丛内，我们将电线埋在这很容易辨识的地标间。我们无法像往常一样将电线先与引爆器接妥，否则巡逻队员一眼就会发现。

由于满地泥泞，我们花了比平常更多的时间，待完成后已将破晓。我在涵洞中等着，全身湿透，意气消沉，天亮后，我再回到凌乱不堪的现场，又花了半小时清除留下的痕迹，在上面撒些树叶与枯草，并由附近的水池中取水冲掉泥地上的足迹。这时其他队员朝我挥手，示意第一班巡逻队已经上路，我于是赶去与其他队员会合。

还没跑到他们身边，他们已纷纷跑到原本分配好的地点各就各位了。一列火车由北方驶来。跟在费萨尔身边多年的奴隶哈穆德拿着引爆器，可是他来不及将引爆器交给我，已有一列火车高速飞驰而过。雨水与清晨的浓雾使能见度不佳，我们的瞭望员看见火车时已经晚了。这第二次的失手使我们更是笼罩在愁云惨雾中，阿里还说这趟行程万事不如意。说这种话不是好兆头，所以，我为了转移他们的注意力，建议在更远的地方设瞭望点，一处在北方的废墟间，一处在南方山头的石堆。

其他人由于没饭可充饥，只好装作不饿。他们都安于挨饿，我们就这么苦中作乐，坐在以湿漉漉的骆驼围成的肉墙后面，在雨中开心地互相紧挨着取暖。骆驼的毛湿透了，纠结成一团团，看起来蓬头乱发，模样甚是古怪。雨时下时停，雨停时，刺骨的寒风便会朝我们没衣物遮蔽的部位刮过来。每个人的衬衫都又湿又黏，毫无遮风避雨之效。我们没东西吃，没事做，也没地方坐，只能坐湿石头、湿草地或泥泞的地面。然而，这风雨交加的天气也提醒我，此次失手将会延误艾伦比朝耶路撒冷进军的计划，使他攻势受挫。我们的雄狮受到如此严重的拖累，正是我们这些小人物应该发愤图强的时候。明年我们仍将并肩作战。

在情况良好时，发动攻势前的等待已经很难熬了，今天，这种日子更不是人过的，连敌军的巡逻队在雨中都走得漫不经心，敷衍了事。快到中午时，天气突然放晴，南方山顶的瞭望员疯狂地挥舞着斗篷，示意有火车来了。我们快速地各就各位，因为我们担心再度错过机会，一直蹲踞在附近的水沟里。阿拉伯人都已找妥隐蔽位置。我由我引爆的地点观看他们的埋伏处，除了灰色的山腰外，什么也看不到。

我无法听到火车声，但相信不会有错，于是跪下等着，过了大约半小时，等得不耐烦了，我发出信号想知道怎么回事。他们汇报说这列火车走得很慢，而且非常长。这更令我们垂涎不已，车厢拉得越长，战利品就越多。然后他们又汇报火车停下来了。后来又启动了。

最后，将近一点，我终于听到它的蒸汽声。火车头显然已不堪使用（这些燃煤的火车头都有点故障），拖着重货走上这段上坡路使它力不从心。我藏身于矮树丛间，火车如牛步般由南边出现，沿着河岸经过我头顶驶向涵洞。前十节车厢中挤满士兵。由于如今已是箭在弦上，不得不发，所以在火车头驶过地雷时，我将引爆器的把手压下。没有动静。我连压了四次。

还是毫无动静。这时我知道安装上出了问题，也意识到自己正跪在一处没有遮蔽物的河岸，五十码外有一列火车拖着土耳其部队缓缓驶过。那座矮树丛看起来虽然有一英尺高，但如今简直比一片无花果叶还微不足道。我发觉自己已成为该地段最醒目的一个活靶。我身后是空荡荡的平地，我的阿拉伯同伴在两百码外，想必正纳闷我在搞什么鬼。这时就算引爆也来不及了，土耳其部队必会冲下火车，将我们解决掉。如果我端坐着不动，或许他们会以为我只是个平凡的贝都因人，如此还有一线生机。

所以我正襟危坐，一切听天由命，眼睁睁望着十八节车厢、三节货车厢，及三节军官车厢慢条斯理地经过。火车头喘着大气，越走越慢，我生恐它会抛锚。车上的士兵没人在乎我，倒是那些军官似乎颇感兴趣，他们走到车厢后的小平台上，对着我指指点点。我朝他们挥手，胆战心惊地挤出笑容来，觉得自己穿着这身麦加王族的服饰，头上还有金色头箍，实在不像是牧羊人。或许因为全身泥垢，再加上他们没刻意端详，所以我才没被看出破绽。最后一节车厢总算缓缓消失在北方。

火车一离开，我立刻跃身而起，将电线埋起来，抱着那可恨的引爆器，像兔子般飞奔到山上的安全地点。我在山上喘着大气，回头看到那列火车终于气喘吁吁地停了下来。它在距离地雷约五百码外的地方停留了将近一个小时，让蒸汽车头休息。这段时间有一队军官沿着铁轨走回来，在我刚才坐的地方仔细搜索。不过，电线都已埋妥，他们什么也没找到，火车头再度喷出蒸汽，他们终于离去。

第七十八章 小有斩获

穆夫利赫欲哭无泪，他以为我是故意让火车通过的。塞拉因族人听到我说明实际原因后，说了句："我们霉运当头。"就我们此行所经历的波折来看，他们言之成理，但他们说得像一语成谶，于是我语带讥讽地提起他上星期在炸桥时的英勇表现，暗示他们族人只适合看顾骆驼。他们立刻鼓噪抗议，怒不可遏地对我反唇相讥。班尼沙赫族人则与我站在同一阵线。阿里听到我们这边的骚动，赶忙跑过来。

待双方言归于好，连日来的低迷气氛也一扫而空。阿里很够朋友，虽然他的身体已被冻得发蓝，而且因发烧而全身打颤，但仍挺身替我仗义执言。他仗着自己是先知的嫡系后裔，身为谢里夫都有"未卜先知"的能力，信誓旦旦地说他知道我们已时来运转。这句话颇能安抚人心。我也立刻鸿运当头，在雨中除了匕首外没用任何工具，便将引爆器撬开了，检查后也相信电力设备安然无恙，可再度运作。

我们再回到电线旁继续守候，但没任何动静，入夜后仍是凄风苦雨，搞得人人心烦意乱，怨声载道。没有火车的踪影，放眼望去湿淋淋的一片，无法举炊。我们唯一能吃的也只有骆驼。当晚没有人有胃口吃生肉，我们的牲口也就得以幸存。

阿里趴着睡，这种睡姿可以减轻饥饿引起的腹痛，他打算一觉将高烧睡掉。阿里的仆人哈赞将斗篷脱下供他御寒。我为防哈赞冻坏了，让他共用我的斗篷，但不久便发现太挤了。所以我将斗篷留给他用，下山去将引爆器与电线连接起来。接妥后我独自留在原地，听着电报线在风中凄厉的咆哮声，根本没有睡意，冻得苦不堪言。漫漫长夜毫无动静，雨丝风片中的曙色与往日相较，看起来更是奇丑无比。这时我们被密尼菲尔、铁路、等火车、炸火车这些事烦透了。清晨的巡逻队沿着铁轨走来时，我爬上山回到大队人马的藏身处。然后天色稍微放晴，阿里醒了，气色好了些，看到他精神抖擞也使我们的士气为之一振。哈穆德拿出他放在衣服里、整晚抱在怀中的树枝，几乎被他的体温烘干了。我们取来若干火药，用火药燃起的烈焰升起火来，班尼沙赫族人赶忙将一只长癣的骆驼宰了，以克难的工具将它肢解。

就在这节骨眼上，北方的瞭望员高叫"有火车"。我们立刻离开火堆，三步并作两步地奔到六百码外的山下，各就各位。火车绕过弯道，尖声鸣着汽笛前来，总共有两个火车头，拖着十二节车厢，高速爬上坡道。我在第一个火车头的第一个轮子驶过地雷时，压下引爆器把手，这次爆炸威力惊人，飞沙走石扑上我的脸庞，使我头晕目眩，上衣破裂，左手臂淌着血。引爆器在我两膝之间，被一截扭曲的铁轨撞碎了。我前方躺着一具只有上半身，仍冒着气的尸体。我由爆炸引起的飞扬尘土中望过去时，只见第一个火车头的整个锅炉似乎已不翼而飞。

我浑浑噩噩地觉得应该快点离开，才一移动，便觉得右腿一阵剧痛，因此走起路来踉踉跄跄，大脑里也回荡着爆炸引起的晕眩。走动之后，神志清醒了点，我蹒跚着走向峡谷上方，我们的人员正在那边朝载满敌军的车厢发动攻击。我昏昏沉沉地以英文说"噢，我希望这件事没发生过"，借此提神。

当敌军开始还击时，我发现自己被两股火力夹击。阿里看到我倒地，以为我已受重创，故而带着图尔基与他的仆人及班尼沙赫族人，总共大约二十个人赶过来救我。土耳其兵发现他们，一下子就射倒了其中七人。其他人冲过来，围在我身旁——他们这一刻的模样真适合当雕刻家的模特儿。纯白棉衬裤像腰带般紧缠在他们的细腰及脚踝上，褐色的身躯光溜溜的，额旁的垂辫有如长角，使他们看起来像是俄国舞蹈家。

我们连滚带爬地一起回到藏身处，这时我偷偷自我检查一番，发现满身瘀血擦伤，一只脚趾也扭伤了，还有五处被子弹擦破了皮（有几处伤口还蛮深的），衣服也已残破不堪，但倒是没什么严重伤势。

我们由河道往外张望。这次爆炸摧毁了涵洞的圆顶，第一个火车头的外壳滚倒在涵洞旁的路基上，第二个火车头掉进破裂的涵洞中，压在第一个火车头毁损的贮煤室上，基座扭曲。我判断两个都已无法修复。第二个火车头的贮煤室已无影无踪，前三节车厢挤在一起，已四分五裂。

其他车厢都已出轨，横七竖八地倒在铁轨旁。其中一节车厢是餐车，插满旗帜。土耳其第八军团司令穆罕默德·贾迈勒帕夏也在车上，正要赶赴耶路撒冷抵御艾伦比的攻势。他的专用战马在已毁的第一节货厢中，而他放在最后一节车厢的机动车也被我们射毁。我们在他的幕僚中发现一个肥胖的宗教人士，我们猜这必是他的专属祭司阿萨德·舒凯尔，一个恶名昭彰的亲土耳其混账。所以我们朝他猛烈开火，直到他颓然倒下。

火车距离我们相当远。我们看得出来，想占领这列火车的机会十分渺茫。车上原本共有四百余官兵，此时生还者都已从惊吓中恢复神志，各自找地方掩护，并朝我们猛烈还击。一开始我们埋伏在北方的队伍已围攻过去，差点就击溃他们。穆夫利赫骑着马将餐车上的军官一路追赶到下游的水沟里。他太激动了，只顾穷追猛赶，忘了要停下来射击，所以他们全毫发无伤地躲入水沟中。他身后的阿拉伯人则转身去捡拾步枪与散落在地面上的勋章，然后从车厢中拖出一些袋子、箱子。如果我们有机枪在另一侧扫射，依照我炸火车的经验，这列火车上的土耳其官兵将无人可幸免。

穆夫利赫和阿得赫布在山上与我们会合，并问起法赫德的下落。一个塞拉因族人说，他在我瘫倒于引爆器旁时，率先冲出去，当场惨死。他们拿他的皮带与步枪给我们看，证明他确实已阵亡，而且他们也曾试图去救他。阿得赫布闷不吭声地由藏身处跃出，朝山下冲过去。我们屏气凝神望着他，因大气都不敢喘而使肺部隐隐作痛，不过土耳其人似乎没察觉。一分钟后，他拖着一具躯体到河道的左岸。

穆夫利赫跃上马，冲刺下山。他们将那具软趴趴的躯体扛上马鞍运回我们的藏身处。一颗子弹贯穿法赫德脸部，打断四颗牙齿，划破舌头。他被击中后昏迷不醒，但在阿得赫布去找他前已恢复意识，眼睛沾满血而无法看见，只能手脚并用地试着爬离现场。他这时元气已稍恢复，可以在鞍座上坐稳，所以他们让他改骑他们找到的第一峰骆驼，立刻带他离开。

土耳其兵看我们没动静，开始朝山坡逼进。我们让他们上了半山腰，然后狠狠打得他们落花流水，至少打死二十名，其他人则抱头鼠窜。铁路上死伤枕藉，血流成河，土耳其兵都挤在已支离破碎的车厢内。不过他们仍在他们的军团司令督阵下继续奋战，开始沿山脊包抄，朝我们反扑。

我们这时只剩约四十人，与土耳其兵顽抗显然无济于事，所以分批往河床撤退，每到可以掩蔽处便立刻转身朝他们扫射，借此阻挠他们的追逐。图尔基年纪轻轻却处变不惊，不过他拿的那把土耳其卡宾枪太醒目，使他头巾上被射穿四个洞。阿里因我撤退速度太慢而发火，事实上我是因皮肉之伤而举步维艰，但为了不让他知道这一点，我故作轻松，装成是为了研究土耳其兵。

最后总算上了山顶。每个人都跨上距自己最近的骆驼，朝东方的沙漠飞速狂奔一个小时。安全无虞后，我们开始检视牲口。拉海尔真有一套，虽然当时情况危急，逃命时仍没忘了将火车到达前我们刚要烹烤的骆驼肉驮在鞍座上。我们又往前走了五英里路，发现前方有四个人骑着骆驼与我们同方向而行。那是我们的友人马塔尔，他刚从家里带了些葡萄干与农村佳肴，正要赶回阿兹拉克。这时拉海尔抢救回来的肉，更让我们有了停下来歇息的充分动机。

我们立刻在杜列尔河谷的一块巨岩下歇息，在一棵没结果实的无花果树旁开伙烹煮三天来的第一餐。我们也在此替法赫德上绷带，他受伤严重，此时昏昏沉沉的。阿得赫布见状，取来马塔尔刚带来的一条新毛毯，对折后铺在骆驼鞍座上，再将一端缝合，像一口披在骆驼背上的大袋子。他们让法赫德躺在袋子一边，阿得赫布再钻入另一边，借此使袋子保持平衡。这只骆驼就这么一边驮一个，将两人往南驮回他们部落的营区。

其他伤者这时也都获得照顾。穆夫利赫集合队中年纪最幼的队员，要他们在伤者的伤口处撒尿，充当天然消毒剂；未受伤的人则借机养精蓄锐。我又买下一峰长癣的骆驼替众人加菜，然后发放队员薪饷，并抚恤阵亡者家属，接着为我们掠夺回来的六七十把步枪颁发奖金。这些战利品虽然微不足道，但也不容小觑。有些塞拉因族人刚才冲锋陷阵时连枪都没有，只能拿石头乱丢，这时每个人各拥有两把枪了。第二天我们回到阿兹拉克，受到热烈的欢迎，我们也大吹大擂——愿真主原谅我们，自诩凯旋荣归。

第七十九章　以阿兹拉克为家

霍雨凄迷，整个地区湿淋淋的。艾伦比被天气打败了，今年无法有突破性的进展。然而，我们为了争取来日的发展，仍决定守住阿兹拉克。部分原因是此地可充当向各部落游说的基地，借此将建国运动推展到北方；另一个原因是此地可充当情报中心；还有一个原因是如此可切断努里·沙兰与土耳其人的往来。努里·沙兰之所以至今仍犹豫着不敢公然起义，只因为他在叙利亚仍拥有巨额财富，以及可能会因此失去叙利亚的市场，使他的族人损失不赀。我们栖身于他的封邑内，借此可使他有所顾虑而断绝与敌人的往来。阿兹拉克对我们很有利，只要我们能将那些旧碉堡修整得可供人居住，便可将此当成极为便捷的总部，不用担心寒冬来袭。

所以我在南门的城塔中安顿下来，并派六名豪兰族仆从（对他们而言，从事劳动并不丢人）在四周广植灌木丛、棕榈树，并将已剥蚀的露天石椽再以黏泥涂补。阿里挑中的是东南角的城塔，他还将屋顶补得滴水不漏。印度兵将他们在西北角的房舍修整得可遮风避雨。我们将西门城塔的一楼充当仓库，因为这边最坚固也最干燥。毕亚夏人选择住在南门，就在我的下方。所以我们将南门封锁，充当我们的大厅，然后在庭院架起一座大拱门通向棕榈园，并铺了一道斜坡，让骆驼每天晚上可进去过夜。

我们指派哈桑·沙阿当总管。他身为虔诚的穆斯林，上任后的当务之急便是整理广场中的小清真寺，它的屋顶已塌了一半，一些阿拉伯人也在内院养羊。他派二十名手下将寺中杂物清理干净，并将地板洗得一尘不染，这座清真寺顿时成为最吸引人的祈祷场所。原本纯属于真主的圣坛，在因经年累月的风吹雨打日晒而颓败后，也曾沦为凡夫俗子可擅自进出之地，如今重回原貌，进入其中朝拜的人当可体验今昔之异同。

行事谨慎的哈桑·沙阿着手的第二个工作是在高塔上架起机枪，在这些制高点，可使任何逼近的部队难逃枪火扫射。然后他安排一个正式的卫兵（这在阿拉伯可是破天荒之举），负责在日落时将后门关上。这扇门以玄武岩石板制成，有一英尺厚，在门槛与门楣有承窝可固定旋轴，要将它推开得费很大的劲，而将门关上时，会发出轰然巨响，连古堡的西墙都会震动。

这时我们也开始研究如何自己觅食。阿卡巴距我们太过遥远，冬季时前往当地的路况极为坎坷难行，所以我们组了个采购队，前往中立的德鲁兹山脉，距我们只有一天的路程。马塔尔率队出发，带着一长列骆驼去购回各式各样的食物，供我们这个各路英雄好汉齐聚一堂的部队食用。除了我那些有什么就吃什么的护卫队外，我们还有印度兵，对他们而言，若用餐时没胡椒佐餐，吃了也等于没吃。阿里·伊本·侯赛因想替他的手下及毕亚夏族人购买绵羊、奶油、干麦。此外，我们在此设立基地的消息，一旦在大马士革传开，必会有无数的投效者与难民闻风而至，我们也要准备食物接待他们。在他们抵达之前，我们可以休养生息几天，好好坐下来享受善变的秋季——阴晴不定的天气。我们有绵羊、面粉、鲜奶、柴薪。住在碉堡中，除了看到满地烂泥令人不快之外，倒是过得挺惬意的。

不过这份闲情逸趣结束得比我们预期的快。原已病体虚弱的伍德因罹患痢疾而倒下。这本身倒没什么，但在天寒地冻的隆冬他的虚弱使他不堪折磨。还有，他也是阿卡巴的基地总工程师，虽然我乐于有他做伴，此时也不能留他了。于是我们组了个护送队送他回阿卡巴，护送人选为艾哈迈德、阿卜杜勒·拉赫曼、马哈茂德，还有阿齐兹。他们由阿卡巴回阿兹拉克时，要顺道带回补给品，尤其是印度兵的口粮。我的其他手下都闲着没事做，静观局势演变。

随后访客开始潮涌而来。从早到晚，每天都有川流不息的人潮，有些胡乱开枪，有些高声叫嚷，有些则骑骆驼狂奔，那是贝都因人的阅兵仪式，来的可能是鲁瓦拉族、谢拉雷特族、塞拉因族、瑟狄叶族、班尼沙赫族，伊本·祖海尔、伊本·凯比尔、拉法·胡雷沙等大名鼎鼎的族长，或是一些家庭的户长，向阿里·伊本·侯赛因谄媚示好。有时会出现健马奔腾：德鲁兹族，或是阿拉伯平原中暴躁好战的农民。有时会有缓步前来的骆驼队，走得如临渊履冰，跨下骆驼时也手僵足硬，那便是叙利亚来的政治人物，或是不习惯跋涉的富商巨贾。有一天，来了一百位面黄肌瘦的亚美尼亚难民，刚逃离土耳其的魔掌。有时则会进来一批仪容整洁的军官，他们是在土耳其部队中服役的阿拉伯军官，通常会带着属下一整队的阿拉伯士兵一齐叛逃。每天都有访客上门，日复一日，在他们绵延不息的踩踏下，连原本无垠无涯的沙漠也走出一条路来。

阿里一开始指派一个人负责接待宾客，后来加派一位，最后又派了第三位，才足以应付这些摩肩接踵的访客。每位访客都想知道费萨尔、阿拉伯部队、英军的现况。大马士革来的商贾带着礼物前来：蜜饯、芝麻、牛奶糖、杏仁糊、核果、送我们穿的丝绸衣服、锦缎斗篷、头巾、羊皮、毛毡、波斯地毯。我们回送他们咖啡、糖、米、白棉被单等各种他们因战乱而无福享受的日用品。每个人都听我们说这些日用品由世界各地经海路运送到阿卡巴，堆得满山满谷。阿拉伯建国运动对他们而言原本只是基于民族情怀、本能和意愿，如今也变得有利可图了。我们慢慢地说服了他们，非常慢，这是我们刻意的，希望借细水长流可使他们的立场更为巩固。

费萨尔在北方最大的资产就是阿里·伊本·侯赛因谢里夫。他原本属于最放荡不羁的部落民族，如今也将他的一身野劲全投入更伟大的功业中。个性复杂而多面，使他的脸与身体看起来极为威武而有个性，每个人看过他后，都忍不住想再多看一眼，尤其当他偶尔咧着嘴眉开眼笑时更耐看。他的美是自己也意识到的武器，他总是穿得极为洁净，不是纯黑便是纯白，他也很留意姿势神情。

他得天独厚，体格完美，仪态高雅出众，不过这些特质只是他贴切表达能力的方式，它们使他宁死不屈、绝不低头的胆识更为明显。他在作战时高喊的口号"我是哈里斯族人"彰显了他的自豪——他们族人是已有两千年历史的强梁；他的大眼睛使他显得格外尊贵。不过他偶尔也会不自觉地笑得乐不可支。他的年轻，无论他是像男孩或像女孩，以及他的热情与活力，总是会如旭日般照亮他的夜晚。

虽然如此得天独厚，阿里却经常郁郁寡欢，他心中对简朴的不知名渴望，以及他对抽象思想的追逐，都是旁人无法理解的。他的体能日渐增长，却因为渴望得到更多而无法自足。他的野性奔放不过是他心中无止尽欲望的一项外在表征。这些特质使他拒绝亲密，也使他无可奈何地与随从之间保持疏离。他虽然很容易与人坦诚相处，却没有知心朋友。然而他也无法独处，因为他没有访客时，仆人哈赞必须侍候他进食，奴隶则充当访客与他共餐。

我们在这些夜晚置身此地相当安全，不会受到外界的干扰，只有一件事：当时正值冬季，有些人会在雨夜中冒险走过那如迷宫的熔岩区或沼泽区——也就是通往我们城堡的两条路。此外，我们还有灵界的守护者。第一个晚上，我们与塞拉因族人共坐闲聊，哈桑·沙阿已经在屋内外做过例行的巡视，我们正准备煮咖啡，这时塔外忽然传来诡异的哀嚎声。伊本·班尼抓住我的手臂，抱住我直发抖。我低声问他："怎么了？"他喘着气说，这座城堡神秘的创建人班尼·希拉勒的狗群，每天都会在六座城塔外哀猎着，想找它们亡故的主人。

我们聚精会神地聆听，只听到阿里住处的黑色玄武岩窗架外传来瑟瑟声，那是晚风吹过枯萎的棕榈树时发出的声响，就像在英国时雨滴在落叶上的声音。然后又是一阵阵哀猎，音量越来越大，直到呜咽声在四面墙壁间回荡，凄凉至极。这时我的手下便会将咖啡磨得叮当作响，阿拉伯人则会扯开喉咙高歌，想盖过那些哀嚎声。没有任何一个贝都因人会想到外头去一探究竟。我们由窗户望出去，什么也没看到，只有被我们火光照亮的点点雨滴。所以此事一直成谜。不过无论是野狼、胡狼、土狼或猎狗，由它们的幽魂看守我们的房舍，远比重兵防守有效。

入夜后，我们将大门关上，所有宾客便会聚集在我的房间或阿里的房间，大家喝咖啡说故事，直到吃完晚餐，再聊到就寝。在风狂雨暴的夜晚，我们会将树枝与干兽粪摆在地板中间，升起火堆。我们将毛毯或羊皮鞍座摆在火堆旁围坐着，在火光中谈起各场战役，或听各个部落的风俗民情。摇曳的火光将我们的身影映照在身后的残破墙壁上，形成怪异的影像。在每则故事告一段落时，我们会不自在地移动膝盖或手肘，调整一下坐姿。这时咖啡杯也会叮当作响地端到众人面前，一个仆人会用他的斗篷将火堆的蓝烟扇向墙中供瞭望用的堞口，使得烟灰四处飞舞。待说故事者再度开口，我们又再度静下来，听着由屋顶石梁滴落的雨珠掉进火堆中央时发出的短暂嗞嗞声。

后来，下起了倾盆大雨，再也没有人能来投效我们。我们孤零零的，也体验到被困在这种连挡雨的灰泥都没有的破旧地方，生活是多么不便。雨水由墙壁间渗出来，从壁缝间涌进房内。我们用棕榈树枝扎成木筏，铺上毡垫，身上则披着另一张席子遮雨，就利用这木筏在积水的房内划来划去。天气冰凉透骨，我们窝在房内，一动不动，由灰蒙蒙的白天直到入夜，每个人的思绪似乎也被困在这些墙壁间，雾气由射击用的窗洞间灌进来，像面小白旗。过去与未来有如一道长河涌入脑际。我们梦想着自己与这地方的精神融为一体，围城、飨宴、劫掠、谋杀、在半夜唱情歌。

我们的躯体受困于此，唯有靠想象才能解脱。我很痛苦地使自己回到现实，逼我的思绪想起我必须利用这冬季的天气到德拉附近勘察。

正在构思该如何上路之际，塔法斯族的族长塔拉勒·哈雷齐姆忽然在一个下雨天的早晨未先通知便出现在我们面前。他是个鼎鼎有名的逃犯，土耳其悬赏高额奖金要买他的项上人头，不过由于他名气响亮，所以仍能来去自如。他逃亡这两年间，依照报道，已杀了约二十三个土耳其人。他的六个随扈坐骑都极为华丽耀眼，他自己则是豪兰地区穿着最时髦的人物：羊皮外套是顶级的安哥拉制品，搭衬的是绿色宽幅呢绒，还有丝质穗带当装饰，其他衣服也都是丝绸品；他的高筒靴，他的银色鞍座，他的剑、匕首，还有步枪，都有名不虚传之感。

塔拉勒神气活现地走向我们的咖啡炉，似乎认定我们必会欢迎他的到来，聒噪地与阿里寒暄（我们与部落民族相处久了之后，觉得所有的农民都很聒噪），爽朗地取笑这种鬼天气、我们的城堡以及敌人。他看起来大约三十五岁，矮小结实，有张圆脸，胡子修剪得很整齐，还有翘起来的八字胡。他满腔热忱地投效我们，我们对此真是乐不可支，因为只要能亮出他的招牌，在豪兰地区便可畅行无阻。我在确定他的意向后，偷偷带他到棕榈园，告诉他我打算去参观他的家乡。这个想法让他很开心，他也兴高采烈地从头到尾亲自陪伴着我，就像个骑在一匹好马上的叙利亚人。我特别挑选哈里姆与法里斯当我的护卫。

我们经过乌姆泰耶，探勘道路、水井、熔岩区，然后越过铁路到谢赫萨阿德，再往南到达塔拉勒的故乡塔法斯。第二天我们继续前进，到达泰勒拉尔，此地距离大马士革铁路极近，又可监控德拉，是兵家必争之要冲。然后我们骑过崎岖颠簸的路段，到达巴勒斯坦铁路沿线的穆宰里卜。我构思着，下次来，只要有人马、薪饷、枪炮，必可在此地发动全面起义，胜利将如探囊取物。或许来年春天，就可看到艾伦比大显神威。

第八十章　德拉历险

要完成这趟豪兰地区的探勘，最大城德拉是非去不可的。我们固然可以借着摧毁这座城的北面、西面、南面铁路，断绝它的对外交通，不过若能先将车站攻下来，再往外推进，效果则是事半功倍。然而，塔拉勒因为遭重金悬赏，不敢贸然陪我进城，所以我们向他再三道谢后，与他分道扬镳，往南沿着铁路直走到德拉附近，然后下来步行。与我同行的少年哈里姆将几匹小马牵到德拉南方的尼西贝。我的计划是与法里斯沿着铁路绕过车站与德拉，在日落后到达尼西贝。法里斯是与我同行的最佳人选，因为他是个默默无闻的农夫，年纪大得足以当我父亲，而且仪表堂堂。

是否仪表堂堂得视情况而定，因为我们刚涉过昨夜豪雨后泥泞不堪的地面。我们打着赤脚，长袍的下摆沾满泥巴。我换上哈里姆湿漉漉的衣服，外加一件破旧的豪兰夹克，而上次炸火车时扭伤的脚，至今走起路来仍一拐一瘸的。天雨路滑行路难，必须将脚趾尽量向外张开，紧紧抓住地面，这么走上数英里路，持续的剧痛令我苦不堪言。我经常得承受皮肉之痛，因此总是尽量略过起义期间身体遭受的痛苦。然而我在阿拉伯期间，除了因为成为欺瞒阿拉伯人的从犯而受良心谴责，及因担负指挥的重责大任而压力沉重外，身体更是没有一天能免于酸楚疼痛的。

我们爬上巴勒斯坦铁路的路堤，由这视野辽阔的地点眺望德拉车站。不过此地太过空旷，无法采取突袭。我们决定去探勘东边的防线，所以继续前行，沿路注意到有存放德国补给品的仓库，到处有铁蒺藜及尚在挖掘的战壕。土耳其士兵在他们的帐篷及靠我们这一侧的厕所间来回进出，对我们视若无睹。

我们由车站南端旁边的小型机场最角落处进入这座城。有几部老旧的信天翁型飞机用帆布盖着，一些士兵在四处闲逛。其中一个叙利亚士兵上前来询问我们来自哪一座村落，以及我们住的地方有没有很多"政府部门"。他可能是有意当逃兵，先打听何处适合落脚。我们费了一番唇舌总算蒙混过去，转身离开他。这时有人用土耳其语朝我们吆喝，我们置若罔闻，继续走。突然一个士官追上来，粗暴地揪住我的臂膀，说："我们大人要你。"当时有太多人，无法反抗或开溜，所以我只好干脆地跟他走。他根本连看都没看法里斯一眼。

我跟着他走过高大的围墙，墙内有许多小屋与几栋建筑物。我们到达一间土屋，屋外有一座泥土砌的平台，上面坐着一个臃肿的土耳其军官，一脚盘在臀下。那名士官将我带上前，用土耳其语叽里呱啦地向他作冗长的汇报时，他几乎没以正眼瞧过我一眼。他问我叫什么名字，我说我叫艾哈迈德·伊本·巴格，是库奈特拉来的切尔克斯人。"你是逃兵？""可是我们切尔克斯没有军队。"他这才转头盯着我，缓缓地说："你说谎。哈桑·裘维什，把他编入你队上，先做好准备，等我们大人传唤他。"

他们带我进卫兵室，里头摆满了行军床，有十二个人穿着脏乱的制服或坐或躺在床上。他们取走我的皮带与刀子，要我洗个澡把自己弄干净，然后叫我进食。我就在这间卫兵室待了一整天。他们不肯放我走，但试着好言安抚我，他们说，当兵的日子其实还蛮好过的，明天或许就可以放假了——如果我今晚能让大人爽快的话。他们口中的大人似乎是总督纳希。他们说，如果惹得他不高兴，我就会被调到巴勒贝克新兵训练中心去接受步兵训练。我故意装出一副"那是全世界最惨的遭遇"的表情。

入夜后有三个人来找我。当时似乎是逃脱的最佳时机，但其中一人一直紧紧抓住我。我只恨自己力气太小。我们走过铁路，这个车站除了旁轨外，共有六条轨道。我们走过一道侧门，经过一条街道，穿越一座广场，抵达一栋独立的二层楼建筑。门外有一个卫兵，还有几个在暗处晃来晃去。他们带我上楼，进入那位大人的房间，或者应该说是他的卧室。他也是个臃肿的胖子，或许他自己就是切尔克斯人，他穿着睡衣坐在床缘，像发烧似的颤抖着直冒汗。我被推进房内时，他的头一直低垂着，然后挥手示意卫兵出去。他气喘吁吁地叫我坐在他面前的地板上，然后默不作声。我望着他硕大的头，他头顶上有几根头发翘了起来，头发看起来比脸上的胡子还短。然后他抬眼端详我，要我站起来，接着要我转身。我听命行事，他将身体后仰往床上躺，同时将我搂入他怀中。我搞清楚他的意图后立刻挣扎起身，很欣慰自己的力气不比他小，至少要扭打不会输他。

他朝我皱眉头，说我看起来细皮嫩肉的，还说他一定不会让我去出操及担任勤务，他要我当他的随从，甚至可以付我薪水，只要我肯爱他。

　　我抵死不从，他马上换成另一副嘴脸，高声叱喝要我脱掉衣裤。我仍不肯就范，于是他冲过来一把攫住我，我则奋力将他推开。他双掌一拍，卫兵立刻进来，并将我双手反扣住。那个总督撂下狠话威胁我，然后叫卫兵将我的衣服脱掉，一件一件脱。他的眼光望向我前一阵子被子弹划过尚未痊愈的伤痕，尔后色眯眯地缓缓朝我走来，并开始对我毛手毛脚。我忍耐了一阵子，但他越来越下流，所以我抬起膝盖朝他顶过去。

　　他踉跄着跌坐在床上，身体缩成一团，痛苦地呻吟着，那名卫兵则召唤一个下士与其他卫兵进来，将我的手脚架住。待我动弹不得后，那个总督又神气活现了，他朝我吐口水，并说我若不道歉他誓不甘休。他拿起拖鞋朝我脸上猛打，那个下士则揪住我的头发往后拉，让我仰起脸让他打。他倾身向前，将牙齿卡入我颈部，直咬到我的血淌出来。然后他吻我。吻完后他抽出一支卫兵用的刺刀。我以为他要杀死我了，心头一阵酸楚。不过他只将刀子抵在我胸肋处，慢慢加重力道，然后扭转刀口。这种折磨很难受，我紧锁双眉，血已由我肋间淌出，滴在大腿上。他似乎很满意，以手指头沾我的血抹在我的肚子上。

　　我豁出去了，毅然回绝他。他脸色一变，僵立了一会儿，然后极力控制着声调说："你必须了解，我知道怎么对付你这种人。你如果乖乖听话会好过些。"我一时不知如何是好，我们默不作声地互望着，那些卫兵没遇到过这种情况，不自在地改变一下姿势。不过他显然也只是想碰碰运气，没把握我会因此就范。我不敢再开口了，因为一遇到危急情况说起话来就结结巴巴，所以我扬起下巴，那在东方代表"不"。于是他坐下来，低声告诉那个下士带我出去，好好教训我一番。

　　他们将我一路踢到楼梯口，然后将我按在一张卫兵用的长椅上，对我拳打脚踢。有两个人将我的足踝反压到膝窝上，另两个人扭扳我的手腕，直到它们发出咔啦的响声，然后又将我的手腕与颈部朝木椅上重重压下去。那名下士下楼去取回一根切尔克斯式的鞭子，是黑色兽皮制的软皮带，握把处（还镀了一层银）约有大拇指宽，渐渐变细，在最尾端只有铅笔般粗细。

我全身抖个不停，或许是因天气冷，他看到后，故意将皮鞭在我耳边甩得噼啪响，向我耀武扬威，并说我被他鞭上十下后，便会大声求饶，鞭二十下，便会恳求接受那位大人的爱抚。说完他开始使尽浑身力气鞭打我，我咬紧牙关，忍受这有如火烫的电线刷过皮肉的痛楚。

我为了使自己的意识保持清醒，刻意去计算鞭数，但数到二十下后便数不清了，只觉得疼痛有如千钧重担，不像我预期的会撕裂皮肉的尖爪，而是由脊椎处如狂涛骇浪般朝脑门冲的剧痛，逐渐将我全身撕成碎片。那时身旁不知什么地方有座时钟，嘀嘀嗒嗒响得如雷鸣，我痛苦地想着，他们鞭打我时怎么不跟着时钟的节拍下手。我奋力地扭动挣扎，却被压制得动弹不得，再怎么挣扎也是徒劳。在那名下士住手后，其他人过来接手，每个人爱打几下就打几下，有时候为了抢先彼此会争吵，并以羞辱我为乐。如此一再重复的折磨，为时或许不超过十分钟。在每次换人鞭打我时，他们会将我的头扳转过来，让我看着第一鞭打下去，白色的肌肤先是肿起，看起来像铁路一般，然后颜色慢慢变深，成为深红，血也渐渐渗出来。到后来，鞭打的位置会与已皮破肉绽的旧鞭痕重叠，使伤口颜色更深，血肉模糊，我全身肌肉也因剧痛与怕再挨下一鞭而抖动不停。他们不久便鞭碎了我绝不叫出声的决心，但我仍设法自制，只用阿拉伯语求饶。

最后，我已被折磨得不成人形，他们似乎也满意了。我发觉自己不知何时已不是被压在长椅上，而是躺在污秽的地板上。我静静地躺着，天旋地转，喘着大气，恍惚中觉得这样还蛮舒服的。我已有被折磨至死的心理准备，也如置身事外般，不去在乎自己的身体如何抽搐扭动。不过我此刻知道，或许是想象到我身旁发生了什么事。

我记得那名下士用他的钉靴踢我，叫我起来。这不是我想象出来的，因为第二天我身体右侧有瘀青与被钉靴划破的伤口，肋骨也断了一根，使我呼吸时痛苦万分。我记得当时懒洋洋地朝他笑了笑，因为我此刻全身洋溢着一股甜美的暖意，或许是性的快感。然后他手一扬，朝我鼠蹊部又奋力挥了一鞭。这一鞭使我全身扭成一团，大叫出声，或许应该说，想大叫但叫不出来，只张开嘴巴战栗个不停。一个卫兵乐得直窃笑。有一个叫道："真可惜，你打死他了。"

又是一鞭打了过来。我只听到耳旁喧哗不已，眼前一片昏黑。这重重的一击似乎使我的灵魂离开了遍体鳞伤的躯壳。

依身上体无完肤的情况看来，他们后来应该又继续毒打了我。接下来，我只知道我被两个人拖着，一人扯一只脚，像要将我五马分尸，另一个人则骑跨在我背上。这种折磨比起被鞭笞好多了。这时纳希在叫唤了。他们朝我脸上泼水，擦拭掉我身上的污秽，将一直在干呕与啜泣着求饶的我抬到纳希的卧室。他此刻对我是避之唯恐不及，像是怕我血肉模糊之躯会弄脏他的床铺，他责怪属下太过火，把他的玩伴给糟蹋了。他们显然也只是依平常的手段折磨我，错在于我太细皮嫩肉，与阿拉伯人相较，太容易皮破肉绽了。

所以，那个最年轻也最俊俏的下士垂头丧气地被留了下来，其他人则沿着狭窄的楼梯将我抬下楼，走入街道。凉爽的夜风拂过我炙烫的肌肤，再加上历经折磨后看到满天星辰，使我再度痛哭失声。那些士兵此时已可自由交谈，他们警告我，当兵的必须对长官的淫威逆来顺受，否则便得付出像我一样的代价，或受到更严重的摧残。他们将我抬过一片空旷无人的暗处，然后进入总督府后方一间木制厢房，房内有许多满布尘垢的被褥。一个亚美尼亚籍医务兵进来，睡眼惺忪地胡乱替我梳洗及包扎伤处。然后他们全都离去，最后离去的那个士兵走到我身旁，以德鲁兹族的口音悄悄告诉我，隔壁房间的门没上锁。

我就这么病恹恹地躺着，头痛欲裂，冷得四肢发麻，直到曙光由小屋的缝隙射进来，车站也传来火车头的汽笛声。晨曦与笛鸣，再加上口干舌燥，使我神志渐渐清醒，也发现自己毫无痛感。我从小就很怕痛，莫非我此时已神志失常，麻木不仁？不过我一移动身体，便开始痛彻心扉。我强忍着痛，一丝不挂地踉跄着站起身，我步履蹒跚，呻吟不已，发现这并不是一场梦。回想起五年前我在卡法堤还是个怯生生的菜鸟时，也发生过类似的遭遇，但没这么血腥。

隔壁房间是医务室，门后挂了一套毛衣。我的手腕已肿起，只能笨手笨脚地穿上这套衣服，再由一堆药品中挑出升汞，心想若有人再来抓我，就用这种有腐蚀性的化学物品防身。窗户坐落在一面很长的空白墙壁上，我全身僵硬地勉强爬出去，跌跌撞撞地沿路走向村中，与几个已起床的人擦肩而过。他们没注意到我。事实上我穿着这件黑色呢绒，戴着红色土耳其便帽及拖鞋，也没有什么特别惹人注目之处。不过我惊慌得差点自己叫出声来。德拉感觉极无人性，充满邪恶与残酷，身后的街道上传来一个士兵的笑声时，令我吓出一身冷汗。

水井在桥边，井边有些男女忙着汲水。旁边一座水槽空着。我用手从水槽尾端舀了些水，抹在脸上，然后喝了些水，觉得如荒漠甘泉。我走过山谷，朝南方前进，完全没有人察觉。这座山谷地势隐蔽，我们可以由此对德拉发动突袭，让土耳其人措手不及。所以，我在逃脱时解决了当初使我想来德拉的难题，只是为时已晚。

我继续往前走，后面一个正要前往尼西贝的瑟狄族人骑着骆驼赶过我。我向他说我要到尼西贝办些事情，而且脚已经酸得走不动了。他同情我，让我与他共骑，于是我一路紧抓着鞍座，饱尝颠簸之苦。他族人的帐篷就在村子前面，我发现法里斯与哈里姆正在那边焦急地等着我，他们好奇地打听我出了什么事。哈里姆前一天晚上曾潜入德拉，知道我们此行的真正目的并没有曝光。我轻描淡写地骗他们说我借着贿赂与略施小技安然脱身了，他们答应不会将此事说出来，并嘲笑土耳其人那么容易受骗。

我当晚设法去探看尼西贝的大石桥。我如今身心皆受摧残，根本懒得去管什么阿拉伯起义（只想疗伤止痛一番，其他什么也不想）。然而，因为战争已成为我的嗜好，我基于习惯还是迫使自己走一遭。探视过后，我们牵过马来，小心谨慎地骑往阿兹拉克，没再遇上什么意外，只碰上乌尔德阿里族的劫掠队，他们在得知我们的身份后，丝毫没有为难我们的人员与马匹，可算是意想不到的宽宏大量。乌尔德阿里族尚未与我们结盟，他们的网开一面（立刻便决定放我们通过，好像我们是什么值得尊敬的大人物）使我暂时决定默默承负这重担，日后也证实那确是我的心头重担：那天晚上在德拉，我坚守完璧之身的最后防线已落入万劫不复。

第八十一章　双骑南下

就在我回到古堡前不久，塞勒海德地区的德鲁兹族酋长瑟里来到古堡，首度拜会阿里谢里夫。他还告诉我们有关那个阿尔及利亚人阿卜杜勒·卡德尔叛逃后的情形。他逃走后立刻到他们村里耀武扬威，挥舞着阿拉伯旗帜，他的七个手下骑着马在他身旁开枪庆贺。村民吓坏了，土耳其总督也表示抗议，说这种行为对他是种侮辱。他与阿卜杜勒·卡德尔会面时，阿卜杜勒·卡德尔桀骜不恭地坐在躺椅上，大放厥词，还说费萨尔已派他管理德鲁兹山脉，现有的官员都可获得留任。

第二天阿卜杜勒·卡德尔再到其他地方逞威作福，土耳其总督也再度提出怨言。阿卜杜勒·卡德尔抽出他镶金的麦加长剑，誓言要砍下杰马勒帕夏的头。德鲁兹族人谴责他，表示怎么可以在他们家里当着总督大人的面说这种话。阿卜杜勒·卡德尔咒骂他们是婊子生的、母狗生的、靠自己老婆卖淫牟利，各种不堪入耳的脏话骂个不停。德鲁兹族人被他激怒了。于是阿卜杜勒·卡德尔和他们闹得不欢而散，临走前还高叫，只要他的脚重重踩一下，整个德鲁兹山脉都会山崩地裂。

他带着七个仆人赶至德拉车站，进城时的排场与进入塞勒海德时如出一辙。土耳其人早已知道他的疯狂行径，见怪不怪。连他信誓旦旦地说阿里和我当晚将会试图攻占耶尔穆克桥，他们仍嗤之以鼻。后来我们真的去进行爆破，土耳其人开始审慎评估他的话，并派人护送他到大马士革。阿卜杜勒·卡德尔渐渐地被他们收买，对他们唯命是从。土耳其人也开始再度利用他当线民，借他来打击叙利亚当地的国家主义者。

此时天气恶劣，风雪交加。显然往后一个月，在阿兹拉克除了向访客宣扬起义与建国理念之外，无事可做。我不热衷于宣扬这些理念。在有必要时，我已尽责地高声疾呼，全力游说。同时我也一直意识到自己终究是异邦人，以异邦人的身份来宣导国家自由，是何其名不正言不顺。这场战争使我陷入天人交战，要使阿拉伯人将起义视为顺理成章，而且毫不怀疑，我必须先说服自己一点，那就是英国政府会履行承诺。在我又累又病时，这一点尤其困难，遇到这种情况时我总会胡思乱想，使自己不堪其扰。还有，以前与率真的贝都因人相处时，他们会单刀直入地叫我"喂，劳伦斯"，然后直言不讳地将他们的需求告诉我，绝不会拍我马屁；而如今访客大都是些拘泥客套的城市人，开口闭口王子、大人、救星，先将人捧上天，然后才提出他们的要求，令人烦不胜烦。这种谄媚的手段有如决斗时穿在身上的盔甲，其功效毋庸置疑，但令人很不舒服，也觉得很卑贱。

我不曾妄自尊大。正好相反，我设法平易近人，即使如此会使他们每天都来找我也不打紧。我也以身作则，使生活力求简朴。我没有帐篷、厨师、仆人，只有护卫队。他们是战士，不是仆役，结果却看到那些拜占庭富商巨贾，极尽奢华之能事，败坏我们安贫乐道的风气！所以我愤而离开他们，决定南行，看看在这种冰天雪地中能否在死海附近找点事做——敌人将死海当成我们与巴勒斯坦之间的天然界线。

我手边剩余的经费悉数移交给阿里谢里夫，让他维持到春季，那些印度兵也委托他照顾。我们特意为他们买了些骑乘用的新骆驼，以备冬季期间临时必须出勤。虽然土耳其打算进军阿兹拉克的传闻不断，但年轻的阿里却总是嗤之以鼻。他热情地和我道别，离情依依。阿里将他珍藏衣饰的半数慨赠给我，有衬衫、头巾、皮带、长袍。我也礼尚往来地回赠他等值的衣饰，于是我们穿着对方的衣服吻别。然后我只带着拉海尔，骑着我最出色的两峰骆驼，往南出发。

我们在傍晚满天晚霞中离开阿兹拉克，一群白鹤自我们头顶掠过，迎向夕阳，看起来像是抽出箭筒的箭矢。这趟旅程从一开始就走得很吃力，入夜后进入布图姆河谷，路况更是坎坷。整个平原湿漉漉的一片，我们的骆驼走得跌跌撞撞，一再滑倒。它们一滑倒我们也跟着摔跤，不过我们紧抓着鞍座，总是比它们轻松些。到午夜时我们已穿越盖代夫，道路泥泞不堪，实在寸步难行。此外，在德拉饱受折磨后，我常有晕眩感；我的肌肉软绵绵的，仍在红肿，而且沿路走来提心吊胆。我们只好就地歇息。

我们就睡在泥泞的地上。待天亮醒来，全身沾满泥巴，两人互望着不禁莞尔失笑。朔风野大，地面也渐渐干了。这很重要，因为我打算在护送伍德到阿卡巴的人员返回之前赶到阿卡巴，他们比我们早八天出发，我们必须兼程赶路才来得及。我的身体很不想骑得太辛苦，这也是我偏想强迫自己赶路的另一个原因（反其道而行）。我们在中午前走得不大顺利，因为骆驼踩过松软的打火石地面时步履维艰，脚常会陷入泥沼中。过了中午，我们走到地势较高的地区，路面好走多了，趁势加快步伐朝白雪皑皑的施来苏克瓦特山接近。

突然附近传来枪响，四个人骑着骆驼由一道斜坡朝我们冲过来。我平静地勒住骆驼。他们看到我无意反抗，于是跃下骆驼，挥舞着臂膀朝我们跑来。他们问我是谁，并自称是贾齐地区的豪威塔特族人。这是公然撒谎，因为他们的骆驼上烙有法伊兹族的标记。他们在四码外以步枪对着我们，喝令我们下来。我朝他们大笑，这在面临危机时是应付贝都因人的绝招。他们满头雾水。我问刚才开口时声音最大的那一个可知道自己叫什么名字。他瞪着我，以为我疯了。他走近了些，手指头摆在扳机上，我俯身朝向他，低声说，他一定叫特拉斯，因为其他商人不可能这么无礼。我边说着，边偷偷取出藏在斗篷下的手枪对着他。

这等于是公然侮辱，不过他没料到竟有人胆敢挑衅一个持枪战士，一时不敢轻举妄动。他后退了一步，四下张望，提防着我们还有人在后头接应，所以才会这么处变不惊。我立刻缓缓骑开，只觉得背脊发凉，寒毛直竖，我硬着头皮招呼拉海尔跟上来。他们也让他走了，毫发无伤。待我们走到一百码外后，他们后悔了，并开始开枪，不过我们已翻越分水岭，进入另一座洼地，穿过这片洼地后，也脱离了险境。

我们在日落时在山冈上回头俯瞰北方的平原，此时已是灰蒙蒙的一片，只看到零星几处有些微光或一片火红，那是落日照在雨水积成的水池形成的反射。这些亮处极为抢眼，隔着雾霭距离几英里外都还看得见，而且看起来像高挂在远天，有如海市蜃楼。

我们在入夜后许久才穿越拜尔，只看到当地的营火摇曳。后来我们看到山谷中出现星辰的倒影，知道有水池，于是让气喘吁吁的骆驼前去饱饮一顿。它们喝过水后，我们让它们休息半小时。这种夜行对人与动物来说都很辛苦。骆驼在白天可以看见路况，就算路面崎岖不平也可以随之起伏，骑士则可以晃动着身体减少颠簸；然而一入夜伸手不见五指，一路走来总是跌跌撞撞。我这时正在发高烧，这令我火气很大，所以在拉海尔要求休息时，我充耳不闻。这个小伙子几个月来因为精力旺盛，常径自疾驰，还嘲笑我们太虚弱，惹得我们一肚子火。所以这回我打算遥遥领先于他，毫不留情。天亮前已见他嘀咕着自艾自怜了，不过很小声，怕我听到。

杰佛的曙色在浓雾中几乎无法察觉，阳光似乎都没照到地面，只能用肉眼看到转瞬即逝的光芒。各种物体都只能隐约看到顶部，底部则与地面融为一体。我们的身影也模模糊糊，不禁怀疑地面上隐隐约约的黑影到底是不是我们的影子。我们在上午到达奥达的营地，在此歇脚接受他的欢迎，也享用了几颗焦夫产的椰枣。奥达无法提供骆驼给我们替换，于是我们再度上路，打算在刚入夜时越过铁路。拉海尔这时已经懒得抗议了。他绷着脸，默不作声，他的好胜心也被激了起来，此时一心一意想撑得比我久。

就算我们公平竞争，他也可以轻易胜过我，更何况我此刻身体状况极差。我仍在发烧，又单调地骑骆驼走个不停，几乎快神志不清了。不过这种感觉相当愉快，因为人被包在这具臭皮囊中，除了处于恍惚状态，精神无法解脱。我发觉此刻自己分裂成好几个人：其中一个仍自顾自地继续骑下去，还体恤地协助疲惫的骆驼；另一个盘旋在右上方，好奇地俯身问臭皮囊在做什么，臭皮囊没有回答，事实上，他只知道必须继续走下去；第三个很聒噪，在一旁叽里呱啦地批评臭皮囊自讨苦吃，并且不屑地责问如此卖命所为何来。

这个晚上就在这么自问自答中熬过去。伸手不见五指，只看到黎明这个目标就在前头。在这条山径的源头处，就是有如世外桃源的瓦地伦，我的几个自我仍热烈争辩着这么熬下去是否值得，到头来是否白忙一场。臭皮囊径自走着，没去搭理其他自我，这么做很正确，因为那些分裂的自我所说的都是我在冷酷无情时所想的，他们全都是我的本性。特雷休士曾经因为类似经验导致精神分裂。他如果继续下去，让自己精疲力竭，或许会发现自己想象出来的各种思绪、行为、感觉，全都会变成有血有肉的生物环绕在他身旁，他会像秃鹰般望着它们鱼贯经过赋予它们生命的臭皮囊。

拉海尔将我昏沉沉的思绪唤回，他拉起我的缰绳打我，大叫道我们走错路了，这时正在朝阿巴里森的土耳其铁路走去。他说对了，我们必须回头绕一趟远路，才能安全到达巴特拉。我们先走下这条山径较陡峭的路段，然后沿着哈菲拉河谷跟踉前行。在谷中遇上一个英勇的豪威塔特族少年，年约十四岁，冲出来举枪对着我们，要求我们不要动并解释来意。我们笑着照做了。稍后那少年知道我们的身份，满脸通红，辩解说他一直留在谷中替他父亲放牧骆驼群，所以既没见过我们，也没听人说过我们的样貌。他希望我们不要说出去，免得他丢脸。这支小插曲化解了拉海尔与我之间的紧张关系，于是我们边聊着边骑到加阿。我们就在此地的柽柳树下午休，反正已经走错路，再折返巴特拉，绝对赶不及在三天内由阿兹拉克到达阿卡巴了。我们心照不宣地重归于好。瓦地伦的胜景不容人因赌气而错过。

我们在下午骑过这山谷，气氛已较轻松了，我们互相开着玩笑，夜幕也逐渐低垂。我们沿着斜坡翻越哈扎勒山时，看到西天的低层云朵遮住太阳，也因而享受了一幕英国式的黄昏景致。伊腾河谷的雾气由土壤中冒出来，在每处洼地都会凝结成羊毛般的白色雾团。我们于半夜到达阿卡巴，在营地外一直睡到早餐时刻，我才去拜访乔伊斯，这才发现那支护送队此刻尚未启程。事实上伍德也才刚回来没几天。

不久突然传来紧急命令，要我搭飞机火速前往巴勒斯坦。克罗伊尔驾驶飞机送我到苏伊士，我再由此转往艾伦比位于加沙后方的总部。他连战皆捷，所以对我无法破坏耶尔穆克桥一事也不以为意，于是我轻描淡写地交代过去，没再详述失败的细节。

我仍在与艾伦比商谈时，切特伍德突然传话过来，说已经占领耶路撒冷了。于是艾伦比依马克·赛克斯所规划的天主教模式，筹备正式的进城事宜。他真是大人大量，虽然我对这场胜仗毫无贡献，他仍让克莱顿带领我与他的幕僚一起参加这场盛会。他的幕僚将他们多余的衣服借我穿，使我摇身一变，看起来像个正常的英国少校，达尔梅尼还借我垂饰，埃文斯借我高级军官用的穗带，使我得以盛装赴会，然后我参与了在贾法城门的一项仪式，这是我参战以来最光荣的一刻。

卷七
死海战役

第八十二至九十一章

攻占耶路撒冷后，艾伦比为了减轻右翼的威胁，指派我们从事一件较小规模的任务。我们一开始进展顺利，但到达死海时，恶劣的天气加上人员脾气暴躁、意见分歧，使我们士气低迷，军力涣散。

我与扎伊德发生误解后挂冠求去，回到巴勒斯坦汇报任务失败，并请求调职。艾伦比正为来年春天一项重大计划满怀期望，他赋予我新的权力与职务，派我立刻回去找费萨尔。

第八十二章　局势大好

对胜利觉得羞愧——与其说是胜利，不如说是艾伦比向当地的主要精神致敬。我们驱车回到位于许亚的总部。助理们忙进忙出，替我们张罗了一顿午餐，菜色丰富，精致可口。原本祥和的气氛被法国的政治代表皮科先生破坏无遗。艾伦比允许他与克莱顿一起进入耶路撒冷，他以悦耳的声音致词时说道："明天，亲爱的将军，我会采取必要的步骤，在这座城市建立文人政府。"

那是有史以来最勇敢的一席话。随后现场一阵沉寂，有如天国开启了第七封印。我们面面相觑，转头望向艾伦比，沙拉、鸡肉美乃滋、鹅肝三明治全都留在口中，忘了咀嚼，连他也一脸错愕。我们担心我们的偶像会示弱。只见他脸涨得通红，咽了下口水，下巴抬得老高（我们就喜欢他这种调调），脸色凝重地说："在战区，唯一的当局就是总司令——就是我本人。""可是，格雷爵士，爱德华·格雷爵士……"皮科先生结结巴巴地说。艾伦比打断他的话："爱德华·格雷爵士所提的文人政府，在我认为军事情势允许时便可以成立。"我们再度驱车，在难得露脸的阳光下，沿着向我们致敬的层山群峦，进入营地。

随后艾伦比与道内告诉我，英军在险峻的山区遇到顽强的抵抗，双方炮火猛烈，战况胶着，他们与土耳其的战线由拉姆拉直拉至耶路撒冷，所以要求我们往北推进到死海，如果可能，就守住死海南端，打破胶着的僵局。幸好我早已和费萨尔讨论过这个问题，他也早已准备朝塔菲拉大举进军，这是必要的第一步。

我趁机向艾伦比打听他接下来打算采取什么行动。他表示暂时会按兵不动，到二月中旬过后再进军杰里科。敌军已用驳船运送许多粮食到死海，他要我留意这条补给线，如果顺利攻下塔菲拉，就将它当成下一个目标。

我希望能使这计划更完善，于是回答，要是能使土耳其一再受挫，我们或许可以与他在死海北端会师。如果他可以每天运送五十吨的补给品、军火到杰里科给费萨尔，我们便可以放弃阿卡巴，将总部移师至约旦山谷。阿拉伯正规军如今有三千余人，足以防卫约旦河东岸的安全。

艾伦比与道内对这个提议都欣然同意。只要一月底通到耶路撒冷的铁路可畅通，他们便可以保证能提供补给与军火的支援，我们也可以在铁路畅通后两个月移防。

这次商谈使我们对行动方向有了更明确的认识。阿拉伯部队要尽快到达死海，在二月中旬前迫使敌军无法再经死海运送粮食至杰里科，然后在三月底前转移基地至约旦。由于第一项行动要一个月后才能展开，而且所有准备行动皆已就绪，我可以放个假。所以我前往开罗，在那边待了一个星期，实验绝缘电线与炸药。

一个星期后，我觉得还是回阿卡巴比较自在，于是在圣诞节当天回去，正好遇上"亨伯"号舰长斯纳格以驻阿卡巴最资深军官的身份，招待英国同胞圣诞晚餐。他将后甲板围起来，摆上餐桌，足以容纳主人与二十余名宾客。斯纳格舰长是陆军的教父，热忱好客，不仅提供舰上的军医协助我们，还让我们借用舰上的工作室，而且乐此不疲。

在起义初期，负责协助我们的是"哈丁吉"号。有一次冬天在延布，费萨尔冒雨由山区骑进城，又冷又湿又累。林柏里舰长派了艘汽艇靠岸，邀请费萨尔上船，提供他一间温暖的舱房、丰盛的一餐，并让他痛快地洗了个澡。后来费萨尔坐在安乐椅上，抽着他常抽的烟，如梦似幻地告诉我，他终于知道天堂的设备应该是什么样子的了。

乔伊斯告诉我一切顺利。在茂路德获胜后，情况已经好转。土耳其部队原本已集结在阿巴里森，而我们不断突袭马安南方的铁路，使他们防不胜防。阿卜杜拉与阿里也在麦地那附近突袭铁路。土耳其为了防卫铁路，只得由阿巴里森抽调人马去增援势单力薄的区域。

茂路德大胆地将我们的哨站设在高原上，并开始掠夺由马安前来的补给队。由于高原地区气候严寒，再加上雨雪不断，使他的行动窒碍难行，若干衣不蔽体的手下还真的活活给冻死了。不过土耳其在人员与运输方面也元气大伤，因为他们原已体弱多病的骆驼在风雪与泥泞地中奔波，损失惨重，因而在补给上严重受阻，不得不将阿巴里森的驻军大举撤走。

最后土耳其终于无力防卫这宽广的据点，在一月初，茂路德一番强攻猛打，更迫使他们节节败退至姆雷加。贝都因人一发现土耳其军队正在撤退，便拦截落在最后头的部队加以歼灭。土耳其只得再度败逃至乌黑达，距离马安只六英里之遥，而在我们持续的进逼之下，此地旋即弃守，他们逃窜至马安三英里外的据点塞姆纳。所以到一月七日，茂路德已经将马安团团围住。

情势一片大好，让我们得以享有十天的悠闲。由于乔伊斯与我很少有机会偷闲散心，所以我们决定借机驱车沿一片土质平原前往慕达瓦拉，兜风庆祝。

机动车辆如今已在圭威拉成立一个固定营地。吉尔曼与道塞特率领他们手下与五十名埃及士兵，花了数个月在伊腾河谷大兴土木，在峡谷间辟建一条可供机动车行驶的道路。这项浩大的工程如今已可通达圭威拉，所以我们开着劳斯莱斯汽车，车上塞满备用轮胎、汽油，以及四天的粮食，展开探勘之旅。

这片土质平原相当干硬，走起来极为顺畅。我们在这片广袤的开阔地高速奔驰，绕过柽柳树林，在砂岩峭壁间呼啸而过，轮胎只在路面上留下不起眼的白色胎痕。驾驶兵闷了九个月，如今总算可以首度快意驰骋，因而开始疯狂地追求极速的快感。他们的时速高达六十五英里。这些车辆几个月来一直在沙漠中饱受折腾，驾驶兵既没时间也没工具修理，能跑出这种速度算是值得欣慰的了。

我们的工兵在第一片平原与第二片平原间的沙质狭路上，用灌木的树干铺了一条木头路。这条路铺设完成后，车辆驶过这些木头时总会加快速度，以免被卡住，所以看起来险象环生。然而，我们知道劳斯莱斯是不可能抛锚的，因此就苦了托马斯、罗尔斯、桑德森几位驾驶兵，他们在这种起伏不平的圆木道路上颠簸而行，总会震得抓不住方向盘，所以驶过这条路后，气喘如牛，手心也磨破了皮。

我们停下来用午餐并稍事休息，然后再度奔驰上路，其间曾看到一只瞪羚，还不自量力地驱车追了一阵子。

到达第二片平原的终点加阿后，我们在一条颠簸难行的路面走了约一英里路，到达第三片平原阿布沙瓦纳，我们在这片土质与打火石质的坚硬平原上做最后十五英里的冲刺。之后，停车过夜，痛快地饱餐了一顿牛肉罐头、茶和饼干，围着炙热的营火用英语谈笑风生。聊过瘾了，我们便以软沙为床，裹上两层毛毯席地而卧。对我而言这有如在度假，附近没有阿拉伯人，不用劳心费神。

第二天一早，我们继续上路，几乎到达慕达瓦拉，也发现通往分水岭的路面极佳，所以这次探勘算是成果丰硕。我们立刻折返，打算率领装甲车，在拥有塔布兹牌载重车的炮兵部队的协助下发动攻势。

这支炮兵队原本在埃及闲置着，克莱顿将军发现后调他们来支援我们，他们的六辆塔布兹车是专门为载重而设计的，上面载着两挺十磅炮，由英国炮手操控。让这么优秀的人操作这么破旧的武器，真是大材小用。不过他们似乎不以为忤，仍然斗志高昂。他们的指挥官布罗迪是个沉默寡言的苏格兰人，做事谨慎，不畏艰难，军纪森严。他们无论担任何种艰巨的任务，都会以无比的毅力完成使命。在每趟任务与每次危机中，他们都严守岗位，吃苦耐劳，无怨无悔。

第二天，八部车浩浩荡荡地由圭威拉出发，在日落前到达我们以前在慕达瓦拉后方扎营的营地，这让我们省了不少事，我们在此扎营，打算明晨再出发找出可通往铁路的道路。隔天一早，我们便开着劳斯莱斯四处探勘，到入夜时已到达距离泰尔夏姆车站最近的一座山头后方，这是慕达瓦拉车站往北的第二座车站。

我们曾约略谈起要埋地雷炸火车，但此地太过开阔，而且敌军的碉堡林立，我们决定改挑藏身地点对面的一个小据点动手。所以在元旦的上午，一个天气与英国的夏天一样凉爽的日子，我们愉快地吃过早餐后，随即驱车越过多石的平原，到达一座可以俯瞰土耳其阵地的小丘下。乔伊斯与我下车，爬上山顶观察。

乔伊斯负责指挥，我首度以旁观者的身份参战，这种新奇的经验挺有意思。派装甲车上战场似乎蛮奢侈的，因为我们的士兵置身于钢甲内，不会受伤，所以我们把这次战斗当成演习，我们也像正规军最出色的将军般，坐在山头开会，用望远镜专注地观察战情。

驾着塔布兹车的炮兵率先出动，英勇地开到我们藏身的山下，三部装甲车则由土耳其碉堡的侧翼像大狗般逼进。土耳其士兵纷纷探头观望，对这种新奇的装备充满好奇，也毫无戒心，直到装甲车调转车上的机枪开始朝他们扫射，才知道大事不妙，匆匆躲入掩体，胡乱地朝装甲车还击，有如蚊子叮牛角。过了一阵子他们发现布罗迪的炮兵队也已逼近，于是开始朝他们射击。

他们显然无意投降，我们一时也无法逼他们投降，所以我们见好就收，对能在铁路旁耀武扬威已经相当满意，也证明这条路可供机动车辆高速推进。然而，我们的手下意犹未尽，为了让他们过过瘾，我们带他们往南走，直到与泰尔夏姆遥遥相对。布罗迪挑了个距车站两千码的地点当大炮阵地，开始朝敌军猛轰。

土耳其部队被炸得咬牙切齿，纷纷进入碉堡应战，我们的装甲车则优哉地朝车站的门窗扫射。如果我们想攻下这座车站，将有如探囊取物，然而我们还是下令撤兵，回到藏身的山后。此番出马只是一心希望能使用机动车辆到达铁路，真的到了之后一时也不知如何是好，对于该采取何种战术根本毫无头绪。然而我们仍获益良多。

如今我们已可确定，由圭威拉可以在一天内朝铁路发动攻势，意即要截断他们的交通有如反掌折枝。即使集结驻防在阿拉伯的土耳其全部的兵力，也无法在空旷地带对抗一部装甲车。所以他们在麦地那原就岌岌可危，如今更是朝不保夕了。德国参谋已看出这种危机，所以在法尔肯海因将军前往马安视察后，便一再敦促土耳其弃守马安以南的各个据点。然而土耳其冥顽不灵，将麦地那这座圣城视为他们统治阿拉伯的象征，一味将军事观点置之脑后，仍坚持要死守。

英军在麦地那麇集重兵，势言要夺下此城，而且不惜耗费巨资与无数炸药，供阿里与阿卜杜拉由延布基地朝麦地那展开攻势。我提议反其道而行时，他们将我的观点视为似是而非之论。所以，为了替我们在北方按兵不动找个借口，我们便得装作力不从心，让他们认为阿拉伯人无力截断马安附近的铁路，并使之瘫痪。这种想法可以让他们满意，因为英军一向认定阿拉伯人的战斗力不值得一提，也觉得阿拉伯部队无力截断铁路是理所当然的。所以我们顺水推舟，故作无能，那是最迫不得已的下策，但也是最便捷的。英军的参谋由于自恃熟谙兵法，非我这门外汉所能望其项背，所以不愿接受我所提出依阿拉伯非正规部队的特色而采用的战法。而我也实在懒得多费唇舌去对他们谆谆教诲。

第八十三章　强化护卫队

我们回到阿卡巴后，好几天都在忙着处理营内琐事。我主要是忙着筹组一支私人护卫队，我已因谣言而浪得虚名，悬赏身价也水涨船高。我们首次由拉比格前往延布时，土耳其人只觉得好奇。后来他们感到很恼火，甚至认为都是英国在推波助澜，才会发生阿拉伯起义，就如我们认为土耳其之所以做事效率提高，是受了德国的影响。

然而土耳其言之凿凿，到后来连他们自己也深信不疑，甚至还悬赏一百镑要缉捕一名英国军官，死活不拘。后来，他们不只赏金提高，还指名道姓地要悬赏我的项上人头。在我们攻占阿卡巴后，赏金更是可观。我们炮轰杰马勒帕夏后，他们更将阿里与我列为头号要犯：活捉值两万镑，尸体也值一万镑。

当然，这笔赏金只是充场面的，也没指明是金币或纸钞，或是否真会付赏金。然而，重赏之下必有勇夫。我开始将自己的护卫队扩充成一支小部队，每遇到在别处因案而逃亡在外者，便将之网罗到旗下。我需要强悍的骑士与能吃苦耐劳者，自豪而且没有家累的壮丁。也算万幸，我一开始便招募到三四个这种狠角色，也使后进者有个依循的标准。

有一天下午，我在马歇尔的帐篷内（我待在阿卡巴营地时，大都借宿在苏格兰籍军医马歇尔的帐中）静静地阅读，这时一个黑瘦矮小但穿着体面的亚格利人无声无息地走了进来。他肩上扛着我见过最豪华的哈萨制鞍座，羊毛毡颜色鲜艳，两侧各有五条缨饰，上面还绣有妍丽的图案并镶着穗饰。

他彬彬有礼地向我致意，将这口鞍座抛在我的地毯上，说"你的"，然后掉头就走，来去如风。第二天，他再度拿了一副同样艳丽的鞍座登门拜访，鞍尾的铜扣处还有精致的也门雕版。第三天，他空手而来，穿着简陋的棉质衬衫，趴在我面前，说他希望能为我效命。他没穿丝绸，看起来容貌怪异，脸因长天花而枯皱成一团，也没蓄胡子，看不出年纪。不过他的身体像少年般灵活，举止也像小伙子般鲁莽。

他的黑色长发扎成六条亮丽的小辫子分垂于脸颊两侧。他的眼睛无神，眯成一条小缝隙。他的嘴唇性感，柔软湿润。他朝我笑了笑，表情有点愤世嫉俗。我问他叫什么名字，他回答名叫阿卜杜拉，姓氏则是那哈比，绰号叫强盗，承袭他的大盗父亲而来。他自己的盗贼生涯则不大顺利。他出生于波雷达，从小即因离经叛道的行径而与文明社会格格不入。他少年时有一次因意图染指一位已婚妇人，失风后被迫匆匆离开故乡，投效内志的总督伊本·绍德。

这期间阿卜杜拉由于桀骜不驯，饱尝鞭笞与监禁。后来他转往科威特另谋发展，再度因偷香窃玉被捕。他出狱后前往哈伊勒，成为当地埃米尔伊本·拉希德的随从。不幸，在此期间由于与上司不睦，竟公然以马棍暴行犯上，结果也挨了一顿毒打。他在狱中伤势逐渐痊愈，出狱后再度投入茫茫世间。

当时正在建筑汉志铁路，于是他前去应征，以出卖劳力谋生。然而一个工头因为他在中午时打盹而扣他薪水，他愤而一刀砍下工头的头。土耳其政府将他逮捕入狱，他发觉在麦地那狱中的日子很不好过，于是越狱逃到麦加，他善于骑骆驼，因此觅得在麦加与吉达间跑腿的工作。他至此终于安顿下来，也挥别年少轻狂的荒诞生活，将父母接到麦加定居，并利用替商人与强盗跑腿赚来的佣金当资本，开了一家店让父母帮忙照料。

阿卜杜拉发迹后一年，有一次在跑腿时遭劫，骆驼与托运的物品全被抢走。货主以他的店抵债。他遭此变故，只得投身行伍，在骆驼警察队中任职。他屡建奇功，审升成一个小警官，但也屡因持匕首与人格斗或口出脏话而引人侧目。有一次，他与一个亚提巴人一言不和，竟当着谢拉夫谢里夫的面拿刀刺杀他。

谢拉夫盛怒之下，严惩阿卜杜拉，差点将他给折磨死。他痊愈后，再度投效谢拉夫。在战争爆发后，他成为费萨尔阵营中的亚格利人带队官伊本·达希勒的勤务兵，渐渐闯出点名气。但伊本·达希勒因为在沃季的那场兵变而被剥夺兵权，成为使节。阿卜杜拉仍怀念军旅生活，所以伊本·达希勒写了封推荐函，举荐他来投效我。

推荐函中说，阿卜杜拉两年来忠心耿耿，但目无尊长，寡廉鲜耻。他是经验最丰富的亚格利人，几乎每位阿拉伯王子他都服侍过，也总是因犯上而被每个王子鞭笞与监禁后解雇。伊本·达希勒说，那哈比的骑术只略逊他一筹，是个骆驼专家，而且勇猛强悍，不知危险为何物。事实上，这正是我想寻觅的随从，所以我立刻雇用他。

阿卜杜拉在投效我期间只被监禁过一次。那次是发生在艾伦比的总部，一个宪兵司令气急败坏地打电话给我，说有一个野蛮人拿着武器，坐在总司令的门前台阶上，毫不反抗地被带到警卫室，他在警卫室内猛吃橘子，像在参加吃橘子比赛，还声称是我儿子，也是供费萨尔差遣的狗儿之一。当时橘子正缺货。

阿卜杜拉就这么首次体验到以电话交谈是何种感觉。获释后他告诉宪兵司令，如果所有的监狱都有他们这么好的设备，住起来一定很舒服，然后扬长而去。他坚持必须随身携带枪械，后来也获得合法携带刀、匕首、手枪、步枪的许可证。他拿到许可证后，第一件事就是拿着香烟到警卫室请那些宪兵。

阿卜杜拉替我审核前来应征的人，也多亏他以及我旗下的另一位带队官查基（一个中规中矩的军官），我身旁得以聚集了各路英雄豪杰。驻阿卡巴的英国军官称他们为杀手大队，但他们只听我的命令才会开杀戒。或许别人以为他们都只听命于我，目无他人。然而我不在营中时，他们其实也对马歇尔少校相当友善，还常拉着他大谈骆驼经、它们的血统与疾病，从早谈到晚，让马歇尔听得晕头转向。马歇尔耐心十足，所以他们之中总有两三个天一亮便聚精会神地坐在他床边，等他一醒来就与他大谈骆驼经。

这支队伍有一大半（九十人中有将近五十人）是来自内志乡村的亚格利人，以善于照顾骆驼闻名。亚格利人向来唯利是图，若嫌薪饷太低便会怠工，因此声名狼藉。然而阿拉伯起义期间最英勇的行为却也是一个亚格利人所缔造，他曾两度由下水道游入麦地那，调查过该城之虚实后，再回来向我们作完整的报告。

我付给他们的薪饷是一个月六镑，这是军中付给人连同骆驼的标准薪饷，但我让他们骑我自己的骆驼，所以他们算是赚到了，使这份差事成为令人艳羡的肥缺，我在招兵买马时自然有更多机会可以精挑细选。由于我的工作安排，我比大部分的人忙，老是在长途跋涉兼程赶路。通常阿拉伯人都将自己的骆驼视为财富，不愿像我这样赶路以免累坏骆驼，这种赶路方式也会将人累垮。

所以，我必须挑选最善骑的骑士，骑我自己的骆驼。我们以高价收购腿力最强、最健壮的骆驼。在它们太疲惫时，我就将它们送入营中的骆驼医院调养生息，骑士也可顺道休养。查基负责评估每个人的体能状况是否适合上路。

众人都以加入我的护卫队为荣，后来也几乎像是一支灿烂夺目的专业部队。他们打扮得像一整园的郁金香，万紫千红，色彩缤纷，除了白色外什么颜色都有——因为我一向穿白色，他们不想与我抢风采。他们可以在半小时内准备就绪，一口气骑上六个星期，那是我们带粮食所能行走的上限。他们认为带着行李队同行太丢脸了。他们可以在我一声令下后日夜兼程赶路，而且以不喊累为荣。如果有新进人员在嘀咕，老兵会立刻施以严词呵斥。

如果我要他们冲锋陷阵，尤其是对付土耳其人或外人时，他们一定会像拼命三郎，有时我不希望他们做得太过火，他们却也收煞不住。若有人违规，便由他们互相鞭笞当惩处，他们也都有接受重赏与重罚的心理准备，还会在营中大肆吹嘘自己的赏金与惩罚。这种玩命的狠劲也使他们足以应付任何行动、任何风险。

阿卜杜拉与查基担任我的左右手，负责管理他们，我们的要求严格，但只有一个因吃不消而打退堂鼓，其他人虽然都仍只是青少年，但被这种出生入死、吃得好、高薪的生活吸引，赴汤蹈火在所不惜，甚至以吃苦为乐。在重心灵轻躯体的东方人心目中，替人卖命与从事其他行为一样正当。这些少年以供人驱遣为乐，不在乎肉体受到折磨，认为如此可以使他们的心灵得到更大的解脱。他们几乎觉得当奴隶的体验胜过当主人，而且也省得每天劳神费心。

所以阿拉伯人的主仆关系，比起我在别处见识到的更自由，但也更有拘束力。仆人担心受到法律的刀剑制裁及主人的鞭笞处罚，不是因为刀剑会夺走他们的性命，或鞭笞会使他们遍体鳞伤，而是因为那是他们曾矢志效忠的象征。他们自甘卑贱，乐于为主人抛头颅洒热血，因为他们在精神上可与主人平起平坐，而且他们的主仆关系也是你情我愿，毫不勉强。这种似有若无的主仆关系绝不会发生羞辱、牢骚与后悔等情况。

在双方维持主仆关系期间，仆从若因懦弱而无法履行职务，将会蒙羞。他们若在事后得以幸存，往往会借由体罚来排解心头的羞愧。在我们队上，没有恐惧，因为他们都基于爱国情操，认同我们的目标——或认同费萨尔。由于有这个目标，他们不那么强调体罚，而且效忠也是有崇高理想而不是自甘为奴。我们的队员为了这个目标全心奉献，无暇顾及个人荣辱，为了这目标也愿意牺牲性命，甚至愿意牺牲战友的性命——这对他们而言，比牺牲自己性命难上数倍。

在我们眼中，理想超越了个人，成为新的行事准则。然而，这种超越个人的特性，也使理想变得无法持久，它的原则成为一切以行动为依归，为了实践理想不眠不休。所以理想终会幻灭，使奉行者精疲力竭，追求的目标转眼成空。

然而，我这支队上的阿拉伯人仍坚持着这个理想，并借着严格的管理使他们的行为合于规范。何况，队上的成员来自三十个不同的种族，各有各的血海世仇，若非我从旁监督，恐怕每天都会彼此残杀。彼此之间的嫌隙使他们无法联合起来抵制我，而他们不同的背景则让我触角宽广，从阿卡巴到大马士革，从贝尔谢巴到巴格达，都可以深入进行了解。在我服役期间，这支部队共有六十人死亡。

我为求公正，迫使自己的身体与我的护卫队站在同一阵地，要求它忍受同样的劳苦。情况对我不利，气候也会夺走人命。我在冬天比他们耐寒，不畏霜雪；在酷暑时，他们则比我耐热。在耐力上，我与他们难分高下。我在战前便常自我磨炼，我曾试过大吃一顿，然后两天或三四天不进食，之后再暴饮暴食。我以不按常规进食当作我的常规，也借着一再不按常理出牌使自己习惯不墨守成规。

所以，基本上我颇能适应沙漠生活，既不觉得饥饿，也不觉得饮食过度，更不会为食物而烦心。我在行军时可以在两口井间滴水不沾，也像阿拉伯人一样，在有水可喝时，一口气将昨天与明天该喝的水一口气喝光。

同样的，虽然睡眠对我而言仍是世上最大的乐事，我却仍能以在鞍座上左摇右晃的夜行军来取代睡眠，或在并未过度操劳的情况下赖床贪睡。这种几年来养成的率性而行的习惯使我特别适合这种生活。不过，当然，对我而言这种习惯一半是出于自我磨炼，一半则是情势使然，和阿拉伯人一样，我也是苦过来的，并非得来毫不费工夫。不过我的意志力比他们强。他们在我意气消沉前便已心灰意冷，相较之下，我看起来似乎比他们更吃苦耐劳，而且精力充沛。

我不敢探究自己的意志力极限为何。精神与物质相对立这种观念，也就是阿拉伯人"摒绝自我"的基本理念，对我毫无帮助。我达成摒绝自我的方式与他们正好反其道而行，我认为身心是不可分的：我们的身体、宇宙、我们的思维与五官都是同一种元素的不同外观。我的价值观使我认为，抽象与具体对立的情况，并不比英国的自由党与保守党间的对立更严重。

参与起义行列更强化了我的虚无主义理念。我们在起义期间，经常看到人们自愿或被迫面临残酷的耐力极限，然而从来不曾出现过体能的崩溃。崩溃总是肇因于道德的脆弱，侵蚀了肉体，而肉体则无法控制意志。我们在骑骆驼时，已由形体中抽离，对肉体与触觉都已失去意识。每隔一段时间，这种兴奋感消退，我们又对自己的身体有了感觉，却认为我们的身体达到最高境界，不是为了充当精神的媒介，而是要以排泄物对大地施肥，因而带着一丝敌意，深觉不齿。

第八十四章　占领塔菲拉

　　这段备战期间，我们在远离战线的阿卡巴也看到起义腐败的一面，基地中的道德状况令人不敢恭维。后来我们总算可以遁入圭威拉附近洁净清新的山林，也因而略感欣慰。初冬的天气温热，晴时多云，九英里外的高原上浓云密布，茂路德仍在当地风雨无阻地守护着。入夜后凉意袭人，裹着厚斗篷烤火取暖格外过瘾。

　　我们在圭威拉等待我军对死海南端的塔菲拉带状村落展开攻击的消息。我们打算由西、南、东三路同时进军。首先由东翼发难，攻击该地距汉志铁路最近的火车站哲夫。这次攻坚行动由福星高照的纳西尔主导，同行的还有贾法尔的参谋长努里·赛义德，他率领若干正规军、一尊大炮，以及几挺机枪。他们要求杰佛发动攻势。三天后，他们的据点已准备就绪。纳西尔一如往昔，用起兵来仍是老谋深算。他们的目标哲夫防御力强，有三座石造建筑，外围还有掩体与战壕，车站后方有一座小丘，四周也有掩体与战壕，土耳其兵在这座小丘上架了两挺机枪与一尊大炮。小丘后方有一座陡峭的山岭，也是分隔杰佛与拜尔的山系中最后一座高山。

　　这个车站的防御漏洞就在这座山岭，因为土耳其兵力不足，无法同时据守山岭与小丘或车站，而且此山冈可俯瞰铁路。有一天晚上纳西尔出其不意地占领整座山头，然后将车站两方的铁路完全截断。几分钟后，曙光初露，努里·赛义德将大炮架在山边，才三发炮弹便摆平了土耳其的大炮。

　　纳西尔兴奋难抑，班尼沙赫族人跃上骆驼，决定冲锋陷阵。努里·赛义德认为土耳其的战壕内仍有机枪防御，就这么冲出去太疯狂了，但贝都因人将他的话当成耳边风，他不得已，只好对土耳其阵地猛烈轰击，班尼沙赫族人则如一阵旋风由山脚冲到小丘。土耳其兵看到骆驼群潮涌而来，纷纷丢盔弃甲往车站逃窜。只有两名阿拉伯人受重伤。

　　努里·赛义德到小丘查看，发现土耳其的大炮并未受损。他将炮口掉头，炸毁了车站的售票口。班尼沙赫族人看到车站的木片石屑齐飞，莫不欢欣雀跃，也再度骑着骆驼由小丘往车站猛冲。土耳其兵看苗头不对，赶忙投降，有将近两百名土耳其人，包括七名军官，成为我们的战俘。

贝都因人赚翻了，除了枪械外，还有二十五头骡子，停在车站内的七节火车车厢中还装着要运给麦地那、供军官聚餐用的精致餐点。有些餐点是这些部落民族只曾听闻从没缘见过的，有些则是连听都没听过的。他们乐得手舞足蹈，连那些一向与战利品无缘的正规军也分到一杯羹，终于有机会尝到橄榄、芝麻糊、杏仁果，以及若干他们几乎都已淡忘的叙利亚土产蜜饯。

努里·赛义德的品位较高，他从那些野人手中抢救下罐头肉品及酒类。有一节车厢中塞满香烟。因为豪威塔特族不抽烟，所以由班尼沙赫族与正规军二一添作五。这次掠劫使麦地那守军因香烟缺货而受尽煎熬。费萨尔也是个老烟枪，所以听闻此事后，还特意派骆驼队加送一批廉价香烟到泰布克以示嘉许。

经过一番搜刮掳掠后，工兵在两个火车头下引爆两枚炸弹，同时也将水塔、水泵、分轨点等设备悉数炸毁。他们烧毁那些车厢，破坏一座桥梁，但都只是敷衍了事，因为众人还是陋习难改，只顾着抢夺战利品，无暇因公而忘私。他们满载而归，在车站后方扎营夜宿。到半夜时卫兵突然发出警报，只见一列火车由南方开来，在远处停下，显然已知悉车站遭袭。奥达派斥候去一探究竟。

侦察兵尚未汇报，已有一名土耳其士官单枪匹马前来，到纳西尔营内表示愿意投诚。他奉命前来打听这座车站目前的状况，他提供的情报是，刚才停下的那列火车上有六十名士兵、一尊大炮，如果他回去诳骗他们一切平安，使他们松懈警觉心，或许可以不发一枪便全部束手就擒。纳西尔火速招来奥达，奥达再次集合豪威塔特族，准备悄悄前去设下圈套，演练一场瓮中捉鳖。可是他们尚未到达，侦察兵已因想要抢头功，擅自朝那列火车开火。敌军惊慌之余，火速倒车，安然无恙地开回马安。这是哲夫之役唯一的憾事。

这次突袭后，天气再度转坏，连续三天风雪不断。纳西尔的部队费尽千辛万苦才回到杰佛的营地。这座高原位于海拔三千至五千英尺高，无论是北风或东风都可畅行无阻地一路灌进来。这些风都是由中亚或高加索刮过来的，沿途经过的尽是无垠大漠，到此地才首度遇到山岭阻碍，所以风势格外凶猛，使此地的冬季比犹地亚及西奈都要冷冽。

英军觉得贝尔谢巴及耶路撒冷外围已经很冷了，但阿拉伯人却跑去那边避寒。补给官这才无奈地发现，我们简直像在小阿尔卑斯山区打仗，但为时已晚。他们提供的帐篷只能供四分之一官兵遮风雪，也无法提供厚重的哔叽布外套，没有长靴，更没有足够的毛毯供驻守山区的守军一人两条御寒。我们的士兵如果没有叛逃或亡故，幸存者在冰天雪地中也会被冻得灰心丧志。

依照我们的计划，在哲夫传来捷报后，便应该让阿卜杜勒·马因谢里夫率领佩特拉地区的阿拉伯部队立刻翻山越岭前往修北克。这些打着赤脚的农民裹着羊皮，在白茫茫的风雪中攀过险峻的山岭，穿越覆着厚雪的杜松树又粗又硬的枝干。这种行军实非常人所能忍受。天寒地冻，已有不少牲口及人员被冻死。然而这些强悍的高地人已习惯在严冬讨生活，所以仍冒着漫天袭地的风雪咬牙挺进。

土耳其部队听说他们已逐渐逼近，闻风而逃，从树林中的碉堡逃往邻近的铁路总站，沿路都是他们慌忙逃命时丢下的行李与装备。

森林铁路的总站只有临时搭建的房舍，阿拉伯部队居高临下，炮火可以全盘掌控整座车站，简直像探囊取物。土耳其部队在房舍墙壁被炸毁或起火后，纷纷夺门而出，遭到部落民族如风卷残云般打得溃不成军。一支训练有素的土耳其正规军，由阿尔巴尼亚军官领军，一路死战到铁路主线旁，方得以逃逸。不过其余的部队全被阿拉伯人格杀或俘虏，修北克的补给品仓库，以及十字军东征时留下的蒙雷阿莱古堡，也被阿拉伯人占领。阿卜杜勒·马因就将这座古堡当成总部，派人去向纳西尔报佳音。马斯特也获悉这则捷报，立刻召集正在阿拉伯半岛享受冬阳的莫塔加族人马，攀过山径往东朝塔菲拉进军。

然而，纳西尔终究捷足先登，他由杰佛出发，才一天便已抵达，在拂晓时刻出现在塔菲拉所在的峡谷绝壁上，并展开一阵猛攻，想迫使土耳其守军投降，无奈构不成威胁，因为努里·赛义德已携带大炮回圭威拉了。山谷中只有一百八十名土耳其兵，但他们有慕海辛族人支援，这些农民支援他们并不是因为热爱土耳其，而是因为与他们不同派系的族长狄阿布已表明要效忠费萨尔，所以他们故意唱反调，朝纳西尔的部队乱枪扫射。

豪威塔特族在绝壁间散开，与这些农民对峙，双方僵持不下。这可惹火了奥达这头老雄狮，他没料到区区村夫竟敢在太岁爷头上动土，抗拒起他们的主人阿布塔伊族来了。于是他策马下山，直达可以看见村落最东边的房舍处，然后勒住马，朝他们招手，以他雄浑的声音吼道："龟孙子，你们可认得奥达？"他们发现战神现身，顿时手脚发软，不战自败，一小时后，纳西尔谢里夫已在城内品茗，并请惊魂未定的土耳其总督当他的座上客。

入夜后马斯特才到达。他率领的莫塔加族人眼看世仇阿布塔伊族人抢了头功，还盘踞了城内最好的房舍，气得咬牙切齿。两个族长将当地分隔成楚河汉界，让剑拔弩张的两派人马各据一边。他们根本无力居间斡旋，因为几年来纳西尔几乎已被同化成阿布塔伊人了，而马斯特则成为贾齐人。

天亮后，两派人马又相互叫骂，一整天就在一触即发的紧张气氛中度过，因为除了这两派是形同水火的宿仇之外，慕海辛族人也想争取当村落间的老大。另外还有两个更离奇的因素使情势益发错综复杂：一个是由北非来的塞努西流寇之部落，他们在土耳其的威逼下，沦落到一处土壤还算肥沃但早已荒芜的耕地；另一个是在市郊有一千名亚美尼亚人聚集的穷困却活跃的村落，他们是在一九一五年土耳其青年党革命运动时遭流放至此。

塔菲拉的居民惶惶不可终日。我们与往常一样，既缺粮也缺运输工具，而这两样他们都无法提供。他们有小麦或大麦，但都藏在密室里；他们有许多载货用的骆驼、驴子、骡子，但早就赶到安全地点藏匿。他们原本也有能力将我们赶走，不过，算我们运气好，他们没兴起这种念头。当地居民对政务漠不关心，这帮了我们大忙。因为东方人的政府所以能掌握政权，不是靠着高压或人民的认同，而是社会大众普遍懒得过问，不在乎由谁掌权。

费萨尔指派他的同父异母弟弟扎伊德全权指挥朝死海进军事宜。这是扎伊德首度在北方用兵，新官上任，积极地想力求表现。他延揽我们的将军贾法尔帕夏当顾问，他的步兵、炮兵、机枪兵则因缺粮而在佩特拉动弹不得。不过扎伊德本人与贾法尔还是先行前往塔菲拉。

这时几乎出现血腥场面，所幸奥达表现出长者风范，宽恕了梅塔阿布与安那德这两名莫塔加族兄弟。他们的父亲阿布坦当年被奥达的儿子所杀,两位少年弱不禁风,却不自量力地撂狠话要报父仇——初生之犊不怕虎,有如以卵击石。奥达说如果他们敢再如此撒野,就要将他们抓到市场公开鞭笞一顿。他以斥责了事,算是宽宏大量,因为两个小伙子只有两名随从,奥达手下则战将如云,如果双方开战,整个村落都会沦入腥风血雨中。两个小伙子逞过口舌之快且全身而退,得意洋洋地与我的手下拉海尔到各巷道游街炫耀一番。

扎伊德向奥达致谢并犒赏他,然后请他回沙漠待命。慕海辛族的族长则百般不愿地被请到费萨尔的营中做客。他们的死对头狄阿布是我们的盟友,我们遗憾地想起一句谚语:一个无往不利的新政府最好的盟友不是它的党员,而是它的死对头。在扎伊德的金钱挹注下,当地的经济状况已转危为安。我们指派一位军官管理并组织当地五个村落,以备进一步进军。

第八十五章　土耳其反扑

　　然而，这些计划不久便泡汤了。我们还来不及将这些计划与众人商议，土耳其竟发动奇兵，企图由我们手中夺回塔菲拉。这大大出乎我们的意料，因为他们似乎没有理由硬想占领塔菲拉。艾伦比刚入主耶路撒冷，对土耳其而言，他们的当务之急应该是全力防御约旦，免得又被艾伦比攻陷。除非杰里科也失守了，否则塔菲拉根本称不上是兵家必争之地。我们本身也不很在意是否要占领此地。我们的目标只是要铲除这个障碍，以便继续顺利推进。土耳其在兵源已日渐短缺之际，居然浪掷如此多的兵力想夺回此城，更彰显了其愚昧。

　　土耳其的第四十八师师长哈米德·法赫里帕夏显然另有看法，不然就是奉命行事。他派遣九百名步兵，组成三个营（在一九一八年一月，土耳其一个营的兵力根本微不足道），外加一百名骑兵、两尊大炮及二十七挺机枪，分由铁路与公路集结于卡拉克。他在当地征收所有运输工具，并募集大批文职幕僚准备接掌塔菲拉政务，然后往南出奇兵袭击我们。

　　我们的确猝不及防，直到他的骑兵侦察队偷袭我们在赫萨河谷的哨站时，我们才知道他们已兵临城下。

　　贾法尔帕夏在塔菲拉的南方大峡谷摆开阵势，如果土耳其真的继续朝我们挺进，他打算将村落拱手让出，然后到村落后方的高地上坚守。我对此计颇不以为然。那些坡道出入不便，于攻于守都同样困难，他们可能转由东边攻过来。另外，我们若由村中撤离，也等于让村民投入土耳其的阵营。

　　然而，当时众人都已采纳此计——扎伊德也别无良策，所以他在午夜时下令撤守，仆役与随从开始打包行李。我们的兵力全移师至南边的山头，行李则先送至安全地点。这项举动造成全城恐慌，那些农民认为我们在逃命（我也有同感），所以也赶忙抢救自己的财物自行逃命。当时仍天寒地冻，地面结了层厚厚的冰雪。居民在暗夜中于狭窄的巷弄间胡乱冲撞，哀声震天。

　　狄阿布族长告诉我们，城内居民都已见风转舵，众叛亲离，他想借此彰显他对我们的忠诚。不过我倒觉得居民都相当强悍，若善加运用，潜力无穷。为了一探虚实，我坐在自己的屋顶上，或在黑暗的巷弄间来回走动，将斗篷紧裹着以防被认出，我的护卫队在四周随时待命。我们因而得以了解当时情势。居民个个惊慌失措，只顾逃命，简直是见人就抢。但并没有人认同土耳其，他们也怕土耳其会再回来，并且愿意支持一个有心对抗土耳其的领袖。这令我相当满意，因为这与我在此坚守的构想不谋而合。

后来，我遇见梅塔阿布与安那德这两位贾齐族的年轻族长，他们衣着光鲜亮丽，一身刀枪戎装金光熠熠，我派他们去找他们的叔叔哈姆德·阿拉尔。哈姆德来了后，我要求他到峡谷北方，告诉当地仍在与土耳其交战的农民，我们会立刻前去支援。于是骁勇的哈姆德在兵荒马乱之际火速召集二十名族人，率领他们衔命出发。

他们快马加鞭穿越街道，使慌乱的情况更为恶化。家庭主妇纷纷将行李家当由门窗往外抛，但家中的男丁也没有在外头接应。儿童被推挤得哭闹不停，他们的母亲则大声嘶号着。莫塔加族人边往城外奔驰边对空鸣枪壮声势，这时敌军的枪火已依稀可辨，北方的绝壁间火光遍天。我到另一面的高原上与扎伊德谢里夫商议对策。

扎伊德脸色凝重地坐在石头上，拿着望远镜搜寻敌军。情势逐渐告急，但扎伊德却似乎置身事外，漠不关心。我气得七窍生烟。如果照正常的用兵之道，土耳其根本不该冒这么大的风险来夺回塔菲拉，他们纯粹是出于贪婪，基于不拿白不拿的心理，而这也正是土耳其人的标准作风。如此卑贱的对手，要我们如何尊重他们？他们的愚昧也使我们的士气低迷不振，因为我们的士兵无法佩服他们的勇气，我们的军官也无法佩服他们的智慧。此外，当时已是冷冽的清晨，我一夜没睡，气恼之余决定要让他们为了破坏我的计划而付出代价。

由他们推进的速度看来，兵力想必不多。我们占尽了天时、地利、人和诸多有利因素，可以轻易击退他们。不过在盛怒之余，我认为光是击退他们还不足以消气。我们可以牛刀小试，陪他们玩一段，他们想对我们宣战，我们就与他们正式两军对垒，杀他个片甲不留。我可以将以前读过但已快忘光的兵法拿出来，在实际战役中印证一番。

这实在令人痛心疾首，因为依目前局势看来，协约国胜券在握，实在可以不用展开此种屠戮的。胜负显而易见，打这种仗实在荒唐。我们在以前与后来至少有二十场战役原本都可以借着欺敌战术，不战而屈人之兵。然而这次由于火气被激上了，再加上自恃深谙用兵之道，我决定要好好让敌军与世人知道我的厉害。扎伊德这时已经明白退守高原实属下策，于是乐于听我献策，转守为攻。

首先，我建议先由阿卜杜拉带着两挺霍奇基斯自动机枪去试探敌军兵力的虚实。他率兵出发后，我再继续与扎伊德讨论下一步。我们的商议颇有成果，因为扎伊德也是个冷静英勇的战士，颇有职业军官的架势。我们看着阿卜杜拉越过另一面的河岸，双方猛烈交战一阵子，然后枪声逐渐朝远方消逝。阿卜杜拉的出现激励了莫塔加族人与村民，他们朝土耳其的骑兵侦察队迎头痛击，将他们赶过一个山岭，再一路追过两英里宽的平原，翻过第二座山岭，由斜坡进入赫萨盆地。

土耳其的主力部队就在盆地外，他们也因严寒而整夜不得安枕，这时正要再度上路。他们立刻摆开阵势还击，阿卜杜拉的攻势因而受挫。接下来我们只听到远方传来机枪嗒嗒的怒吼声，我们借声音想象战况，有如身临其境，接着捷报频传。我催扎伊德立刻亲自披挂上阵，但他这时又不敢躁进了，坚持等到他的急先锋阿卜杜拉传回实际战况再做决定。

依兵书所述，其实无此必要，但他们都知道我充其量不过是个投笔从戎的冒牌军人，所以在我献策时，他们认为可以不用言听计从。然而，我已打定主意要打这一仗，所以决定亲自出马，借此证明他们的决策失当。我在路上看到我的护卫队，他们正在街道上捡拾居民逃难时抛到户外的物品，个个收获丰硕。我吩咐他们去将我们的骆驼牵来，然后带着霍奇基斯机枪立刻赶往峡谷北岸。

我们走过一道遍布无花果树的斜坡，后来这条路转往东方，要绕行许久才会到达山头。于是我跨下骆驼，直接攀爬岩壁上山顶。我已很习惯打赤脚走崎岖的路面，脚底也磨硬了，也可能是因为太冷使脚底麻木，走在岩石上健步如飞，丝毫不觉得疼痛。直攻山顶大大缩短了我的路程，不久我已登上山头，俯瞰高原。

此地似乎颇适合充当塔菲拉的预备防线或最后防线，这时我看到扎伊德的亚格利随从都躲在一个洼地中。要催他们上战场，与要他们将发辫解开一样困难，不过我总算连哄带骗使他们坐在山棱线上。他们共有二十人，由远处看来像是一支军容壮盛的部队。我将我的图章交给他们充当证物，要他们去召集人员，尤其是我直属的手下，带枪到该处集合。

然后我再往北朝战场走，遇上阿卜杜拉，他正要回去向扎伊德报告战况。他的弹药已用罄，有五名属下被炮弹炸死，一部机枪被炸毁。他认为土耳其部队应该拥有两尊大炮，还认为应该叫扎伊德召集全部人员奋力一搏。这番话已说得够明白，由他去汇报，也不用我再添油加醋，便可以让扎伊德知道是否该出兵了。

于是我借此空当先研究即将开打的战场。这座小平原大约两英里宽，位于青翠的丘岭之间，约略成三角形，我所处的山岭是三角形的底线。由这座平原可通往卡拉克，再进入赫萨河谷，土耳其部队正沿这条路打过来。阿卜杜拉刚才已攻下西面，也就是左侧的山岭，那是我们目前的战线。

我走过平原时，炮弹已开始朝平原猛轰，他们准头不够，大都打到山后才爆炸。有一枚炮弹落在我身旁，我由热乎乎的弹头知道那是什么口径的炮。我一路走，弹着点也离我越来越近，到达山边时，炮弹碎片已四处飞舞了。显然土耳其部队不知在何处设了个观测点，我回头观望，看到他们沿着卡拉克路的峡谷东侧爬上山。不久他们就会由侧翼包抄我们的西边山麓了。

第八十六章　空泛的胜利

"我军"——结果只有大约六十名，分成两队聚集在山后，一队在山脚，一队在山头。山脚那一队是农民组成的，徒步，看起来很狼狈，然而却是当天唯一令我觉得窝心的一幕。他们说子弹已打光，这下子没指望了。我向他们保证，战争才刚要开始，并指向我刚才选定的最后防线，说我们的援军都在那座山头。我要他们立刻回营地，重新补充弹药，然后去坚守那座山头。我们则会在目前这个位置设法掩护，替他们争取几分钟的撤退时间。

他们闻言开心地跑回去，我接着再去探视山头那一队，引经据典地告诉他们，在准备妥要转移到另一个据点之前，必须在原据点不断地射击。他们的队长是年轻的梅塔阿布，奋战后已衣衫凌乱，披头散发，满脸血迹。他懊恼地捶胸顿足，唉声叹气，因为他原本打算在这场他为我们打的第一仗中好好表现一番的。

我在土耳其正要攻破他们防线时出现，很不是时候。他在我表示我只是来观察地形时，更觉得火冒三丈。他觉得我太轻率了，还大叫我这个基督徒竟然赤手空拳就上战场。我反唇相讥，引述克劳塞维茨的名言，说担任后卫者，出现比出战还重要。这引来他一顿冷笑，或许也笑得有理，因为此时我们的藏身处已陷入枪林弹雨中。土耳其兵知道我们藏身于此，二十挺机枪全指向我们扫射。显然我们必须立刻撤离，我没骑马，所以先走，梅塔阿布承诺会设法苦守十分钟，替我断后。

我竭力狂奔，使身体也暖和了起来。我数着步伐，顺便测量距离，此地只有这么一个据点能供他们使用，而且无法抵御由南边来的攻击，我们以退为进，或许可以赢得这场战役。那些莫塔加族死守了十分钟，然后毫发无伤地全身而退。梅塔阿布让我与他共骑，我们一路奔驰，直到与亚格利人会师。当时日正当中，我们可以休息片刻，借机思考。

我们所处的丘岭约四十英尺高，地形易守难攻。此刻我们共有八十名人员，其他人员也陆续到达。我的护卫队已携枪上阵；负责爆破的卢特菲也来了，身后跟着一百名亚格利人。整个场面看起来像是在举行野餐，而且我们不断说着"好极了"，并装出欢欣鼓舞的模样，以免手下惊慌。我们将机枪架在棱线上，并下令对土耳其部队断断续续地扫射，要压制他们，但火力不要太猛烈，这也是依循马塞纳①的兵书所指示：拖延敌军部署的时间。除此之外，我们便暂时按兵不动。我躺在一处掩体中，稍微享受日晒，没有风，我在此酣睡了一个小时，这时土耳其部队占据了我们原来那个山头，像一群鹅般在山上摆开阵势。我们没搭理他们，让他们自顾自去展现兵力。

到下午三点，扎伊德来了，同行的还有马斯特、拉希姆、阿卜杜拉。他们率领我们的主力部队，共有二十名骑骡步兵、三十名莫塔加族骑马战士、两百名村民、五挺自动步枪、四挺机枪，还有由埃及陆军支援，曾转战麦地那、佩特拉、哲夫等地的大炮。这可谓军容壮盛，我醒来趋前迎接他们。

土耳其部队看到我们集结大批人马，于是以大炮与机枪朝我们攻击，但他们的枪炮射程都不够远，根本打不中我们。我们开始出动。拉希姆担任骑兵指挥官，率领八十名骑兵绕过东边山岭，由敌军左翼包抄，因为兵书上说，不要攻击一条战线，要攻击一个点，只要绕到侧翼，便有机会各个击破。拉希姆很喜欢我替他安排的这个目标。

拉希姆笑着说一定会将敌军斩尽杀绝。哈姆德·阿拉尔则表现得更令人嘉许，他在出发前誓言要为阿拉伯起义牺牲奉献，死而后已，接着庄重地抽出剑宣誓，并豪气干云地发表一场演说。拉希姆携带五挺机枪上阵。这很好。

我们故意让中央队伍四处走动，以掩饰这支侧翼部队的出发，敌军则不断将机枪搬出来，像在展示一般。他们采用的不知道是哪门子的兵法，他们占据的山头质地是打火石，连蜥蜴也无法藏身。我们已见识过子弹打上去时，会如何激起碎石四溅。我们将大炮架妥并调整好射程，一旦拉希姆的侧翼部队就位，就可以立刻朝敌军猛轰。

正在待命攻击时，又有一百名艾麻来的援兵到达。他们在前一天与扎伊德因为薪饷问题没谈拢而拆伙，不过在此危急时刻很够意思地决定不讨价还价。

---

① 安德烈·马塞纳（1758—1817），法国大革命暨拿破仑发动战役中的著名统帅。

他们的加入使我们决定放弃福熙元帅的兵法，立刻展开三面进攻。这批艾麻人携带三挺机枪攻打右翼，我们则由中央朝敌军正面发动攻势，以机枪重炮迎头痛击。

敌军发现再拖下去对他们不利。太阳即将下山，日落后对守方比较有利。于是土耳其的老将军哈米德·法赫里帕夏召集他的幕僚，要他们也携枪上阵。"我纵横沙场四十年了，但从来没见过这种阵仗，你们也跟小兵一起上阵……"不过为时已晚，拉希姆的五挺机枪已展开攻势，每挺机枪有两名机枪手，他们速度奇快，迅雷不及掩耳地使得土耳其的左翼瘫痪。

艾麻人长年在此地放牧，对地形了若指掌，他们左躲右闪，神不知鬼不觉地接近至距离土耳其部队仅三百码处。敌军被我们中央部队的炮火牵制住，在艾麻人展开攻势后才知道他们已逼近，右翼因此也被我们打得四处奔散。我们见状立刻朝骆驼部队与身旁的小兵大喊冲锋。

扎伊德的家务总管穆罕默德·贾西卜此时奋不顾身地率先骑上骆驼冲出去，亮丽的长袍在风中摇曳，亚格利人鲜红色的旗帜也在他头顶飘扬。留在中央部队的所有人员、我们的仆人、炮手、机枪手，全都跟在他身后杀声震天地冲了出去。

这一天漫长得令我觉得难熬，此刻巴不得能立刻结束。不过我身旁的扎伊德则兴高采烈地鼓掌，为我们在火红夕阳下的壮盛军容喝彩。拉希姆的骑兵已将敌军左翼驱赶至山后，艾麻人心狠手辣地将右翼的败军赶尽杀绝。敌军正面部队朝峡谷中逃窜，我们的人员或徒步，或骑马，或骑骆驼，在他们后面扑杀。亚美尼亚人今天一整天全畏首畏尾地躲在我们身后，这时也壮起胆来，抽出刀子，嘶声呐喊着往前冲。

我想到由此到卡拉克仍有漫漫长路，而且道路崎岖难行，溃逃的土耳其兵将会沿路惨遭屠戮，我本该为那些敌军感到遗憾的，可是当时正在气头上，而且经过一天征战已疲惫不堪，无心再去为那些敌军请命。由于我决定放手一搏，使我方六百名人员中折损二三十人，受伤者可能三倍于此数。我们以兵力六分之一的伤亡，换来一场空泛不实的胜利，因为这一千名可怜的土耳其兵对大局根本不会造成任何影响。

最后，我们掳获两尊榴弹炮（是斯柯达型的，对我们很有用）、二十七挺机枪、两百匹马与骡子、两百五十名战俘。我们的人员说，敌军只有五十人逃脱，逃往铁路方向。他们在逃命时遇到当地的阿拉伯人，因而惨遭二度杀戮。我们的人员不久便放弃追杀他们，因为自己也已疲惫不堪，而且饥寒交迫。对将军而言，战胜的这一刻或许很令人兴奋，但今晚毫无胜利的光彩，只有残肢断臂的骇人场面，那是我们的人员被抬着回家。

我们班师回城时，开始飘雪，到深夜之后，才费尽千辛万苦地将我方的伤兵抬进城。土耳其伤兵就躺在战场上，第二天必然魂归西天。这种事不容我们狡辩，但也没有人为此谴责我们。我们冒生命危险在风雪中救回自己的同胞，如果我们的原则是不要为了杀土耳其人而造成阿拉伯人的伤亡，就更不该为了救土耳其人而危害到阿拉伯人的生命安全。

第二天与第三天，雪越下越大。我们被困在风雪中，整天无所事事。我们原本应该乘胜追击，打回卡拉克，让当地的土耳其部队胆战心惊地逃回安曼。事实上，除了我写了份报告送至英军在巴勒斯坦的总部供参谋人员参考外，我们的战果与伤亡无人闻问。我那份报告是刻意为制造效果而写的，引经据典，故意佯装一知半解，让他们认为我是个中规中矩的业余军人，想尽办法依照兵法用兵；不是一个小丑，而是与他们一样遵循着福熙等兵法家的脚步，靠着血流成渠建立战功，成为克劳塞维茨的信徒。总部爱死它了，而且不明就里地建议颁发勋章表扬我为此战役所做的贡献。如果每个人都可以在没有人目睹的情况下撰写自己的英勇事迹，我们的部队中将会出现更多闪亮耀眼的勋章。

第八十七章　地冻天寒

赫萨之役唯一的收获就是让我得到了教训，再也不敢如此轻率地逞勇斗狠。事实上，三天后我们便扳回颜面。我们与阿卜杜拉·菲尔联络上，他的营地设在死海南岸一处有甜美溪水与茂盛草木的世外桃源。我们将捷报告诉他，并通知他我们打算突袭卡拉克的一座内港，摧毁港中的土耳其军舰。

阿卜杜拉·菲尔挑了七十名来自贝尔谢巴的贝都因骑兵，在夜间骑马沿着摩押山脉与海岸间的沙洲前进，直达土耳其的哨站。在曙光初露、能见度足以奔驰时，他们便由灌木丛间飞奔出来，冲向停泊在海湾北方的汽艇与驳船，土耳其守军毫无警觉，仍在海滩或附近的茅屋中酣然大睡。

他们是土耳其的海军，根本无法打陆战，更难以招架骑兵的攻击。他们在我军冲锋的马蹄已响彻云霄时才被吵醒，战事也随即结束。那些茅屋全部付之一炬，补给品也被抢掠一空，船只则驶到外海凿沉。我方无任何伤亡，掳获六十名战俘。我们的人员凯旋荣归。一月二十八日，我们已达成第二个目标——截断死海的交通，比我们与艾伦比约定的日期提前十四天。

第三个目标是杰里科旁的约旦河口，要在三月底前攻下。这原本并不困难，但天气恶劣，再加上赫萨之役的血腥场面使我们裹足不前。塔菲拉的局势已稳定下来，费萨尔替我们送来弹药与食物。城内的居民逐渐信任我们的战力，物价也不再上扬。卡拉克附近的部落民族天天与扎伊德接头，打算在他继续推进时投入阵营。

然而，此刻我们却无法推进，酷寒的严冬令我们全都躲入村里，慵懒地窝着取暖，根本无法上路。我曾两度到冰天雪地的高原上巡视，土耳其士兵的尸体仍在雪地中，僵硬的衣物碎片四处散置。这种天寒地冻的日子很难熬。白天时雪会稍微融化，到晚上再度积雪。冷风会使皮肤皲裂，手指头使不出力，麻木无知觉，两颊会像枯叶般抖个不停，直到已冻僵抖不动了。肌肉紧绷得发痛。

若想骑骆驼冒风雪经过滑溜的路面，必会招致众人的反对。塔菲拉地区的大麦已开始短缺，我们的骆驼原本已因天气恶劣而无法出去嚼食天然牧草，如今连人工饲料也已断粮，必须驱赶它们到距营地一天路程外的哥尔去吃草。

如果沿着曲折蜿蜒的路而行，哥尔距离相当远，其实直线距离仅有六英里，而且由我们的营地便可以望见，就在下方五千英尺处。看到寒冬中的山下还有这么一片青草地，令人更觉沮丧。我们被困在长满虱蚤的冰冷屋内，没有柴薪，没有粮食，风雪漫天袭地，使街道全被封锁。然而山谷中竟然有阳光与青草地，繁花似锦，牲口的鲜奶充裕，空气暖和得令人想将斗篷脱掉。

我的私人护卫队的境遇比大多数人稍微好些，因为查基帮我们找到一栋空屋，有两间坚固的房间与一个庭院。我的经费还买得起柴薪，甚至可以买谷物喂食骆驼，我们将骆驼关在院子中可避风雪的角落里，爱骆驼成痴的阿卜杜拉可在此替它们梳理毛发，并教它们认自己的名字。他先叫唤它们的名字，再让被叫到的骆驼由他口中取食面包当奖品，有如接吻。然而，住在这房子内的日子也不好过，因为若要生火，必会使室内弥漫呛人的浓烟，而且通气口只有我们自己的木工拼凑成的克难窗板。土质的屋顶整天都在漏水，石头地板间的跳蚤则每天晚上都会为了又有鲜肉送上门来而群集欢唱。两个小房间挤了二十八个壮汉，汗臭味浓得刺鼻。

我的鞍袋中有一本《亚瑟王之死》①，使我暂时忘却难受的处境。我手下则没有这种精神慰藉。这么多人挤在一起，火气不久就爆发了，连我也被他们挤得怒火中烧，再加上我臀部有一处皮肉之伤被冻得旧伤复发，更是痛得一肚子火。随着住处日渐污秽，越来越像兽窝，我们之间的关系也越来越紧张。

后来，狂野的谢拉雷特人阿瓦德与年少的马赫马斯起了争执，不久便拔刀相向。其他人将他们挡开，所以两人都只受了轻伤，但是已经违反了当我护卫的大忌，由于犯行明确，故而由查基对他们用刑。然而查基的鞭笞声听起来太过残酷，所以他没打几下我便要他住手。阿瓦德挨了几鞭，毫无怨言，勉强挣扎着站起来，跟跄地走回他的睡铺。

---

① 英国作家托马斯·马洛里爵士（1395—1471）所著，描写半带传奇色彩的不列颠国王亚瑟。此书可能是最后一本有关于亚瑟的中世纪作品，后来的许多重述大多以此书为范本。

接下来轮到马赫马斯受罚了，他其实称不上是我的正式护卫，只是帮忙照料骆驼。他的自尊心很强，因而与人相处时常会忽然翻脸，对同伴造成危害。如果他与人斗嘴时被抢白得词穷了，或被嘲笑，必会立刻亮出随身携带的匕首，捅向他的同伴。如今他畏缩在房内一角，哭着求饶。阿拉伯人通常以忍受痛苦来显示男子气概，马赫马斯的哭泣被视为懦弱，所以在我放过他之后，他无地自容，溜到外头躲藏。

我为阿瓦德感到抱歉，他的坚强令我汗颜。尤其在第二天清晨，我听到院子里有一跛一跛的脚步声，发现是他试着做照料骆驼的例行工作，更令我自愧不如。我将他叫进来，打算送他一条华丽的头巾，充当尽忠职守的奖励。他脸色沉重地走了进来，有点畏缩，也有再接受惩罚的心理准备，我不罚反而奖赏使他受宠若惊。到中午，他已经又唱又叫，乐不可支，因为他在塔菲拉城内找到一个傻子，花了四镑买下我送他的丝绸头巾。

由于大家神经都绷得太紧，很容易发生冲突，所以我决定将队伍分散开，我则打算出去筹募天气转晴后需要用到的经费。扎伊德已将进军塔菲拉与死海的经费花光了：一部分用来当薪饷，一部分用在购买补给品及犒赏赫萨之役的有功人员。无论我们下一个战场在何处，都必须花钱在当地招募生力军，因为当地人最了解地形，为了捍卫家园也会打得最卖力。

乔伊斯应该已安排好要送经费过来给我，不过在这种季节运送困难，我势得亲自走一趟——总比闷在塔菲拉强。所以我们一行五人，挑了个天气稍微放晴的日子出发。我们顺利到达雷希狄雅，继续前行的途中，也短暂地看到了久违的阳光。

下午又变天了，刮起北风与东风，风势逐渐增强，使我们后悔贸然到这不毛之地来。我们涉过修北克的河水时开始下雨，起先只是阵雨，随后倾盆而至，由我们左肩扑打下来，雨势强得令我们感受不出风势。雨水滴落地面，溅起白色的水花。我们没停下歇息，继续催策颤抖不已的骆驼赶路，沿途跌了几跤，在入夜后许久才穿越滑泞的谷地。虽然路况泥泞难行，我们的时速仍将近两英里。我们越走越顺，也兴奋难抑地借着赶路取暖。

我原本打算整夜赶路，不过在接近欧德罗时，我们被笼罩在一片浓雾中，雾的上方则是飘动的流云。景观似乎变了，远山看起来更小，附近的小丘则变大了。我们走得太靠右。

这片空旷的平原虽然看起来地面坚硬，但骆驼每踩一步，脚便陷入地里四五英寸深。可怜的骆驼冻了一整天，再加上不断陷入泥地中，使它们肌肉僵硬，满腿瘀青，所以，它们裹足不前。它们会匆匆走上几步，然后忽然停下来，左顾右盼，或试图往路边逃窜。

我们设法防止它们脱逃，驱赶它们往前走，直到进入一处石质山谷，山棱线参差不齐。左右两侧一片漆黑，面前原本不该有山，却出现了一座山脉。地面再度结冰，山谷中的石头也都覆上一层冰雪。已经迷路了，又是这种风雪交加的夜晚，继续赶路实在不明智。我们找到一块较大的岩石，其后可遮风避雪，于是将骆驼赶在一起紧紧靠着，尾部朝风——如果面朝风，它们或许会冻死。我们挤在它们身侧，希望能取暖就寝。

我根本无法取暖，也难以入眠。我曾短暂地打了个盹，但不久就发现仿佛有手指头在缓缓抚弄我的脸，因而惊醒。环顾四周，发现飘下了软绵绵的大片雪花。这场雪持续了一两分钟，接着便下起雨，接下来又结霜，我缩成一团，全身酸痛，冷得无法动弹，就这么熬到天亮。黎明姗姗来迟，不过总算是来了。我挣扎着由泥地里起身探视手下，他们裹在斗篷里，蜷缩在骆驼旁，每个人的表情都是痛苦万分。

他们四个都是南方人，原本就很怕冷，到了塔菲拉更是悲惨，他们必须到圭威拉疗养，直到天气回暖。不过他们此时似乎觉得命在旦夕了，虽然他们太高傲，不愿开口抱怨，不过还是默默地让我感受到他们这么做是为我做了多大的牺牲。我叫他们，但他们没有开口，也静止不动。若有骆驼冻倒了，最好是点把火，慢慢替它取暖。不过我扯动他们其中一人的头发，向他证明他仍有感觉。其他人见状也自己起来了，我们再用脚踢踹那些冻僵的骆驼，迫使它们站起来。唯一的损失是一只水袋，被冰冻凝结在地上拿不出来。

在白天地平线看起来很近，我们也看出正确的路线原来是在左边四分之一英里处。我们徒步蹒跚上路。骆驼已累得驮不动我们的重量（这趟旅程走下来，除了我的骆驼之外，其他的都死了），地面泥泞湿滑，我们也和骆驼一样边走边摔跤。这会儿，在德拉的那一套又派上用场了，每走一步就将脚趾张开，再紧抓住泥地。借着这种方式，我们手牵着手连成一队，勉强继续前行。

空气似乎冷得什么都会结冰，但其实并没结冰。风在夜间曾转向，此时由西方夹带着雪花朝我们扫过来。斗篷鼓得像风帆般，使我们走得倍感吃力。后来我们将斗篷脱掉，走起来轻松了些，我们的衬衫紧贴在身上，袍尾在风中拍打着。我们由暴风雪卷起的白雾可以看出它们行进的方向。我们的手已冻得失去知觉，所以只有在发现地上有血迹时，才知道手割伤了，不过身体并没有冻僵。每场暴风雪刮过来时，我们便在冰雹下猛打寒战。我们扭曲身体，让刺骨的冰雹打在未被打伤的一侧，也将衬衫拉离肌肤，借此暂时遮挡住冰雹。

到午后，我们走了十英里路到达阿巴里森。茂路德的人马已带往平原，所以没有人来迎接我们。这样也好，因为我们全身脏兮兮的，狼狈不堪，青筋暴突，像是毛被剪光的猫。接下来的路就好走多了，通往席塔山的最后两英里路，路面冻得像铁一般硬。我们再度骑上骆驼，它们由鼻孔吐出白茫茫的气息。我们加快步伐，终于由云隙间看到红色的圭威拉平原，看起来温暖、舒服。云层在我们所在的山头间笼罩着洼地，像一层凝乳将天空从中一分为二，我们心满意足地观赏了几分钟。每隔一阵子，就会有一小缕如棉絮般的碎云被吹散，扑到我们身上，站在峭壁上就会有云轻轻吹拂过我们的脸庞。一转身，则可望见一团白絮飘过崎岖的山头，在撞上山壁后碎裂成粗糙的颗粒状或凝结成水珠。

在观赏过天空奇景后，我们下山，开心地在和煦的空气中沿山径走到干燥的沙地，不过一路走来不如我们预期的顺利：冻破皮后淌出的血流过肌肤时产生的疼痛，远比血流出时还难受，我们逐渐感觉得出脚已磨破皮，也被石头擦撞得瘀痕累累。在冰天雪地时我们麻木得觉不出痛，然而到了这种暖和的地点，含盐的沙使伤口痛得难以消受。我们不得已只好再跨上那些苦命的骆驼，僵硬地鞭策它们走向圭威拉。温度的转变使它们开心了些，它们平静地将我们安然送抵目的地。

第八十八章　运送金币

　　慵懒的夜。在圭威拉的装甲车营地度过三个优哉的夜晚，与艾伦·道内、乔伊斯及其他人闲聊，也吹嘘些在塔菲拉的事迹。这些友人对我运气这么好显得有点黯然，因为他们在两个星期前与费萨尔出兵攻打慕达瓦拉，结果铩羽而归。挫败的原因之一是正规军与非正规军无法合作的老问题；另一个原因出在穆罕默德·阿里·巴达维身上，这位老先生奉命率领班尼阿提耶族人，居然因为有水就乐不思蜀，在到达水井边时喊了声"午休"，而且一待就是两个月。在阿拉伯半岛，食物向来短缺，人们总会受到口腹之欲的诱惑。他们如果不加以节制，每吃一小口食物，都可能成为一种享受。连水或枝叶浓密的树这种稀松平常的物品也会成为奢侈品，由于稀罕又遭到滥用，常使它们成为一种令人期盼的珍品。他们的故事使我想起希腊诗人阿波罗尼奥斯[1]的诗句："塔尔苏斯[2]的居民啊，别再像鹅一样坐在河上，如痴如醉地畅饮清澈的河水了！"

　　随后由阿卡巴运来三万镑金币给我与我的乳白色骆驼伍德黑哈，它是我现有的骆驼中最好的一峰。它属于亚提巴种，曾替原来的主人赢得许多竞赛，现况极佳，有点胖但不是太胖。它的脚底板因常年在北部的打火石地面走动而变硬，毛皮浓密。它长得不高，看起来很庞大，不过温驯，很容易驾驭，只要在鞍座一侧轻拍一下，它便会转向指定的方向，所以我骑它时不用拿棍棒，如果路况许可，还能优哉地骑在鞍座上看书。

　　由于手下不是在塔菲拉或阿兹拉克，就是在出任务，所以我向费萨尔调借随从。费萨尔将他手下的两名亚提巴骑兵索吉与拉梅德借我，另外为了协助我载送金币，又加派了莫特洛格。我们当初驾驶装甲车在慕达瓦拉与泰布克的平原探勘时，莫特洛格贡献良多。

　　莫特洛格当时出力相助，坐在福特牌货车的行李堆上，向我们介绍当地情

---

[1] 阿波罗尼奥斯，公元前三世纪希腊学者和史诗诗人。写过许多语法书，以及一首有关寻找金羊毛的长诗《阿尔戈船英雄记》，此诗极受罗马人推崇。

[2] 塔尔苏斯，位于土耳其中南部的城市，滨塔尔苏斯河。

况。我们高速奔驰过沙丘之间，福特车有如乘风破浪的小船上下颠簸。在一个急转弯处，还曾疯狂地只剩侧面两轮着地，险象环生。莫特洛格被抛出车外，头部着地。马歇尔懊悔不迭地停下车，跑回去查探，准备因开得太猛向他道歉，不料莫特洛格竟愁眉苦脸地抚着头，轻声说："请别生我的气，我没学过要如何坐车。"

那些金币每一千镑一袋，我让莫特洛格的二十名手下中的十四名各带两袋，最后两袋我自己携带。每一袋重二十二磅，在那种恶劣的路况下，驮两袋对骆驼而言已经极为吃力，走起路来也会东摇西晃。我们在中午出发，希望能在进入崎岖山区前先赶一段路。不幸半小时后就变天了，雨下个不停，将我们淋得浑身湿漉漉的，骆驼的毛也有如落水狗般纠结在一起。

这时莫特洛格看见砂岩尖峰旁有一座帐篷，是法赫德谢里夫。我虽然急着赶路，但他仍力邀我留下过夜，欣赏明天的山景。我知道这么做会浪费宝贵时间，所以向他道别，与我自己的两个手下及六个要前往修北克的豪威塔特族人一起上路。

刚才的一阵耽搁已延误了行程，所以我们在入夜时才抵达山径的起点处。我们在凄风苦雨中不禁懊悔自己太尽忠职守，也羡慕起在法赫德处做客的莫特洛格。这时我们忽然看到左边火光摇曳，才发现萨利赫·谢费亚带着一百名由延布来的自由人战士在三个洞穴间扎营。萨利赫是我们的宫廷小丑穆罕默德的儿子，他是个少年英雄，曾与维克里协力攻克沃季。

"Cheyf ent？"（你好吗？）我热忱地说了两三次。萨利赫因为我采用朱罕纳族特有的寒暄风格而眼睛一亮。他走近我，低下头来隆重地一口气说了二十声"Cheyf ent"。我不喜欢被比下去，所以也同样隆重地回答了他十几声。随后他又一口气说了至少二十次。我终于放弃，不想去研究延布河谷的寒暄方式到底要重复几次才算合乎礼数。

我虽然全身湿淋淋的，萨利赫仍邀我到他自己帐篷内的地毯坐下，并在我们等着热乎乎的饭与肉端出来时，拿出他母亲亲手缝制的衣服让我更换。饱餐一顿后，我们心满意足地睡了一整夜，耳边回响着雨水打在他的麦加制帐篷双层帆布上的声音。

第二天，我们天一亮就上路，边走边吃萨利赫送的面包。我们开始走上坡时，索吉抬头观望着说道："这座山戴着帽子。"山头上白雪皑皑，那些亚提巴人加快脚步走上山径，想亲手摸一下积雪的奇景。他们的骆驼似乎也没见过什么世面，伸长脖子好奇地对地面的积雪闻闻嗅嗅，不过嗅过两三次后便腻了，不再感兴趣。

一路无事，但不久情况就有所改观。刚走过最后一座山头时，一道凛冽的东北风狂扫而过，刺骨的寒意使我们赶忙折回找地方避风。感觉若迎着这股阴风挺进，没准会一命呜呼。不过我们知道这种想法太荒唐，所以还是打起精神，冒着冷飕飕的寒风走到山谷中第一个可栖身处。索吉与拉梅德连呼吸时肺部都会刺痛，他们吓坏了，以为自己即将窒息。为了避免他们在经过友人营区时又要为是否留下来做客而天人交战，我带着队伍绕到茂路德驻扎的山区后方，如此就不会与他们那支饱受风吹雨打的部队打照面。

茂路德这支部队在这处海拔四千英尺的高地已戍守两个月，不曾有人来换防。他们必须住在山边的掩体内，没有可以生火的柴薪，只能用潮湿的苦艾每隔一天勉强烘焙一次面包。他们除了类似英军夏季制服的那种卡其服之外，没有其他取暖的衣物。一群人住在泡水又长满虱蚤的掩体内，睡在由六至八个空面粉袋扎成的克难睡袋上，权充毛毯取暖。

他们当中有半数被冻死或冻伤，然而幸存者仍坚守岗位，每天与土耳其哨站相互射击，也因天气恶劣而没有展开大战。他们的贡献令人肃然起敬，多亏茂路德的孤忠高节，他们才得以历霜雪而弥坚。

这位浑身伤痕的老战士基于强烈的爱国情操，与土耳其部队连番征战，功勋彪炳，并曾三四次因公牺牲自己的前途。也唯有强烈的爱国情怀，才能使茂路德在严寒的隆冬于马安前线死守三个月，且甘之如饴，并使麾下五百战士能同仇敌忾，不屈不挠地与他出生入死。

我们才出来一天就难受得吃不消了。在阿巴里森的山上，路面都已结霜，冷风刺得我们眼睛睁不开。不过麻烦才刚开始。骆驼僵立在二十英尺高的河岸下的湿滑雪泥中，似乎在告诉我们，它们无法驮我们上河岸。我们下来推它们，然后再骑上去，但它们仍裹足不前。最后我们脱下用来御寒的珍贵新长靴，打着赤脚一路将骆驼推上河岸。

我们从此饱受折腾，在日落前至少跨下骆驼二十次。有时是非下来不可，因为骆驼已滑倒，酒桶似的腹部翻滚过地面。它们仍有力气时，这么摔上一跤会极为恼火。后来它们会变得小心翼翼，最后则是胆战心惊。我们的情绪也变得很急躁，因为刺骨的狂风不曾歇息。在阿拉伯，就数马安的北风最凛冽了，今天尤其刺骨猛烈。劲风穿透我们的衣服，使我们的手指头蜷缩成一团，握不住缰绳与马棍，腿也冻僵了，无法夹住鞍座。结果，在骆驼滑倒后，我们便被抛出鞍座，重重地摔在地面，跌下时仍然保持着盘腿坐骆驼的僵硬姿势。

然而，此时并没下雨，风也很干燥，所以我们还是继续往北推进。入夜后我们已经到达巴斯塔的河边，这表示我们的时速在一英里以上。我因为担心明天人员与骆驼会因太过疲惫而无法保持这种速度，所以在夜色中仍涉水而过，继续前进。水势高涨，骆驼驻足不前，我们只得下来牵它们走过三英尺深的冰凉河水。

过河后，高地上的冷风像与我们有仇似的继续折磨我们。到了九点钟，其他人都哭着躺在地上，赖着不肯再往前走。我也几乎要哭出来，事实上，只因看到他们这么公然哀叹使我嫌恶，所以我才强忍着没哭，然后半推半就地顺着他们的意扎营。我们将九头骆驼聚集成一个方阵，然后安然躺在它们中间，听着身旁的萧瑟阴风，有如在茫茫大海中置身于船上倾听波声浪语。明亮的群星在飞驰而过的流云间忽隐忽现，似乎不断地在更换位置。我们各有两条军毯，还有一包烘熟的面包，所以算是有备而来，也能在冰凉的泥地上酣然入睡。

第八十九章　独自上路

天亮后我们神采奕奕地再度上路，不过已有点在变天，灰扑扑的云层笼罩着长满苦艾的山岭。这片年代久远的地层中，已风化的石灰石矿壁浮现在通往山顶的斜坡上，路面坑坑洞洞，走起来更为艰辛。融雪缓缓流过山谷，最后较大块的雪片也开始崩落。我们到达欧德罗的荒芜废墟时正值中午，但看起来像薄暮时分。风时吹时停，缓缓移动的云团与细雨也不断飘过我们身旁。

我往右走，避免经过位于我们和修北克间的贝都因人营地，不过我们的豪威塔特族同伴却带着我们直朝他们的营地走去。我们在七小时内走了六英里路，他们都累坏了。两位亚提巴人不只累坏，简直是豁出去了，他们扬言就算天塌下来也要到那些部落民族的帐篷中休息一番。我们为此在路边僵持不下。

我个人觉得精神饱满，心情开朗，不希望因为无谓地接受部落民族的招待而延误行程。扎伊德营内正缺薪饷，这是我急着赶路的最好借口。修北克距我们只有十英里，距离入夜还有五小时，所以我决定自行上路。这段路程应该没有安全顾虑，因为在这种鬼天气下，土耳其人与阿拉伯人都懒得出门，一路上只会出现我一个人。我接过索吉与拉梅德携带的四千镑，并对着山谷咒骂他们是懦夫，其实他们并不是。拉梅德几乎喘不过气来，索吉则痛得连骆驼都骑不稳。他们在我抛下他们自行离去时，都又气又恼。

事实上主要是因为我拥有最健壮的骆驼，伍德黑哈虽然又多驮了几袋金币，仍健步如飞。经过平地时我会骑它前行，遇到上坡与下坡我们则并肩同行，有时会滑稽地同时摔一跤，它似乎也玩得不亦乐乎。

日落时雪停了。我们已到达修北克的河边，也可以看到对面山岭间褐色的道路迤逦通向村落。我试着走一条捷径，但地面已结冰使我分不出路面，结果一个不慎踏破冰层（边缘很尖锐，像刀一般），深深陷入泥沼，我真担心要一整夜待在这泥沼里载沉载浮；或者全部陷进去，这种死法或许更干脆。

伍德黑哈还真有灵性，不肯跟着走进这泥沼中，它只是茫茫然地站在破冰层的边缘，望着我的一身泥泞。不过，我手中仍握着套在它头上的络头，所以设法让它靠近些。然后我猛然翻身，伸手一捞，紧紧攫住它蹄旁的簇毛。它吃了一惊，往后倒退，也因而将我拖出泥沼。我们跌跌撞撞地沿着河床到达一个安全的地方，我在溪水中洗净全身污臭的烂泥巴，然后越过河谷。

我浑身打着寒战再度骑上骆驼。我们翻过山岭抵达对面的山脚，圆锥形山头的轮廓映着夜空，显得相当巍峨壮观。此地的石灰岩质地坚硬，地面也已结冰，沿路的积雪达一英尺深。我打赤脚踩雪前进，快到城门时，为了使进城时较有气派，我攀住伍德黑哈的肩头跨入鞍座。但一跨上去就后悔了，因为我应该由它颈部侧身跨坐上去，才不会因为坐到驼峰而引起它的惊慌。

我知道阿卜杜勒·马因谢里夫应该仍在修北克城内，所以在微弱的星光中勇敢地骑过寂静的街道，星光在墙角的冰柱、屋顶以及地面的积雪上舞动着。路面积雪很深，骆驼每跨出一步都有点迟疑。但我不在乎，因为我已经到达这趟夜行的目的地了，而且还带着厚重的毛毯足以御寒。我在十字路口吆喝着向人问好，过了一阵子，从我右手边一间陋室中才传来有人裹在棉被里发出的沙哑的声音，抗议我扰人清梦，我向他打听阿卜杜勒·马因在何处，他告诉我在这座老城廓另一头的总督府。

我走到总督府，再度吆喝。一扇门开启了，一道夹杂着雾气的光线由门内透出来，有些微粒在光束中飞舞，几张黝黑的脸探出门，问我是何许人。我友善地呼唤他们的名字，然后说我是来和他们的主人共享羊肉大餐的。这些奴隶闻言讶异地跑出来，扶我跨下伍德黑哈，并将它牵到他们自己睡的臭厩房中。有个奴隶以火把替我引路，由屋外的石阶走到门口，然后我穿过一大群仆人，走过左弯右拐、屋顶还会漏水的通道，进入一个小房间。阿卜杜勒·马因就躺在地毯上，脸朝下，呼吸着这一层烟雾最淡的空气。

我双腿瘫软，跌坐在阿卜杜勒·马因身旁，开心地模仿他的姿势，以免吸进炭盆飘出的令人窒息的浓烟。他替我找出一条可裹住身体的围腰巾，于是我脱下身上的湿衣服，挂在火炉边烘干。炭火燃烧成热煤后，烟雾也不那么刺眼呛鼻了，这时阿卜杜勒·马因双手一拍，吩咐仆役立刻准备晚餐，并招待又热又浓的"福赞"（哈里斯地区称呼茶的俚语，是以阿卜杜勒·马因的表兄弟，也就是这座城的总督命名的），热茶源源不断，直到奴仆端出以葡萄干加奶油烹煮的羊肉。

阿卜杜勒·马因边赞美那盘大餐边向我解释，隔天他们就要饿肚子了，不然便得四处去抢掠，因为他有两百名手下，如今既没钱也没粮食，他派去向费萨尔求援的信差又被风雪困住了。这时我也双手一拍，要求他的仆役将我的鞍袋扛过来，当场支借他五百镑，待他的经费拨下来后再归还。用这笔钱来付这一餐算是大手笔了，然后我们笑谈着我在寒冬中驮着逾一百磅重的金币只身上路的古怪行径。我告诉他扎伊德也和他一样阮囊羞涩，需钱孔急。然后我提起索吉、拉梅德，还有那些阿拉伯人仍未赶过来。阿卜杜勒·马因闻言眉头一蹙，并扬起手中的马鞭作势挥打。我替他们辩解，说英国几乎整年到头都是这种湿冷的天气。"上天垂怜！"阿卜杜勒·马因说。

一小时后他告退了一阵子，因为他刚讨了个修北克娇妻。我们聊起他的婚姻，他说主要是想传宗接代，我深不以为然，并引述希腊酒神狄俄尼索斯的故事。

他们听我说起酒神至六十岁仍未婚极感震惊，他们都认为生殖与排泄一样是身体的自然机能，他们要传宗接代以光宗耀祖。我问他们在情欲最亢奋时，如何能想到子女。然后我请他们想象，婴儿像虫一般由母亲体内爬出来，那血淋淋又瞎眼的东西，正是他们自己！他觉得这是最有趣的笑话，聊完后我们蒙在厚毯子中暖和地入睡。跳蚤见猎心喜，闻香麇集，但我依循阿拉伯人对付虱蚤孳生的床铺之妙招，祖裼裸裎而睡，减少了它们的威胁。身上的酸痛瘀伤则因我已太过疲惫而浑然不觉。

第二天清晨我醒来时头痛欲裂，但仍坚持继续上路。他们找了两个人陪我同行，众人都说我们无法在入夜前抵达塔菲拉。然而，我认为路况不会比昨天恶劣，所以我们战战兢兢地走过湿滑的路面，到达一座平原，这座平原沿路还有许多罗马时代著名的帝王题字的里程碑。

两个陪我同行的胆小鬼走到这座平原后便打退堂鼓了。我继续上路，与前一天一样时而骑骆驼时而徒步，不过这时除了那些古道外，其余的道路都已滑溜难行。当年罗马帝国曾将土耳其人赶入沙漠中，抚今追昔，弥足珍贵。我在这些古道上可以骑骆驼，但遇到路基历经十四个世纪的洪水冲蚀而坍毁之处，仍需下来涉水而行。雨仍下个不停，我淋得浑身湿透，随后又刮起刺骨的寒风，使我全身裹着一层白霜，像剧院中的骑士——或像结了层厚冰的结婚蛋糕。

骆驼与我走了三个小时才穿越这座平原，相当顺利，但我们的麻烦仍未结束。就如我的向导所说的，积雪已完全覆盖住蜿蜒通往山顶的整条道路，我在前两个弯道处，费了好一番工夫才确定方向。伍德黑哈一路踩过那及膝的积雪，觉得有点不耐烦了，开始走得无精打采。然而，它还是爬上一座斜坡，不过在弯道的边缘处不小心踩了个空。我们一起跌落约十八英尺高的山脚下，摔在一码深的雪堆中。它坠落后又站了起来，呜咽着静立不动，浑身打颤。

如果是公骆驼出现这种却步不前的情况，必定会在几天后死在原地，这时我担心母骆驼也会有此倾向，于是趋前想将它拉出来，但无济于事。我开始拍打它的臀部，打了好久，它仍无动于衷。于是我跨骑上去，它却坐了下来。我跳下来，吃力地拉它站起来，猜想着会不会是因为积雪太厚了。所以我替它铲出一条有模有样的小路，宽约一英尺，深三英尺，长约十八步，是我手脚并用挖出来的。积雪的表层已冻硬了，所以我必须先费尽千辛万苦将表层压碎，然后将里层的雪掏出来。表层的碎冰极端尖锐，我的手腕与足踝都被刮破了，血流如注，在路旁洒成一道粉红色的结晶，看起来酷似颜色非常淡的西瓜肉。

然后我再走回伍德黑哈身旁，耐心地站了许久再跨上鞍座。它轻松地迈开步伐前进了。我们开始迈开步伐跑过这条小路，再回到原来的路上。这时我们又如履薄冰了，我下来以棍子探索路面，若遇积雪太深就替它挖出一条新路。我们走了三小时到达山顶，发现西麓风势极强，于是舍弃原有道路，沿着崎岖不平的山头前行，俯瞰着达纳村中星罗棋布的房舍，以及数千英尺下阳光普照、草木扶疏的阿拉巴。

我们越过山头后走了一段坎坷的路段，这时伍德黑哈又赖着不走了。这次它似乎是真的执意不走，因为即将入夜了。我忽然体会到自己的孤立无援，如果我们在入夜后仍被困在这山顶上，像伍德黑哈这种出身尊贵的骆驼可能会就此丧命。那些沉甸甸的金币也可能就此不保。将六千镑金币摆在路边，上头放个图章表示归我所有，任它们在此留置一晚，即使是在阿拉伯，我也不确定到底保不保险。所以我沿刚才走过的道路将它往后拖了一百码，然后跨骑上去，越过山头。它有反应了。我们快速穿越俯瞰雷希狄雅的塞努西村落的北边棱线。

山的这一面可以遮风，而且整个下午都有日照，雪已融化了。在融雪下方则是潮湿泥泞的地面，伍德黑哈飞快地跑过这片路面时滑了一跤，趴倒在地，四脚交缠。它就这么尾部着地，带着鞍座上的我，一路往下滑了一百英尺。它的尾部或许磨伤了（雪下有石头），因为滑到平地后，它踉跄着站起来，咕哝着，像蝎子般甩动尾巴。然后它开始以十英里时速沿这条湿滑的坡道朝雷希狄雅飞奔而下，疯狂地时而滑时而冲。我坐在鞍上生恐会摔得粉身碎骨，紧抓着鞍角不敢松手。

扎伊德手下的一群阿拉伯人原本要到费萨尔营地，却被风雪困在此地，听到伍德黑哈飞奔下山的蹄声，纷纷跑出来探看究竟，也对它这么惊天动地的进村方式乐得大声叫好。我向他们打听情势，他们说一切顺利。然后我再骑上伍德黑哈，走完最后八英里路进入塔菲拉。我交给扎伊德他的信件与若干经费，然后安然入睡……又是一个没有跳蚤的夜晚。

第九十章　挂冠求去

一早醒来，我发现自己几乎得了雪盲，但心情愉快，精力充沛。我四处闲逛找事做，打发等其他金币送达前的这段空当。最后我决定亲自勘察前往卡拉克的通路以及日后要进军约旦时所经过的地区。我要求扎伊德接收莫特洛格带来的两万四千镑，目前需要的费用就先拿去用，其余的等我回来再说。

扎伊德告诉我，塔菲拉还有另一个英国人。这消息令我颇感诧异，于是去与柯克布莱德中尉会面，他是个会说阿拉伯语的参谋官，迪兹派他到阿拉伯前线了解情报发展。我与他从此密切配合，互蒙其利。柯克布莱德的表现也令人嘉许。他是个沉默寡言、埋头苦干型的人，很孩子气，但一上战场毫不留情，他与阿拉伯军官已相处八个月，是个沉默的战友。

寒冬已过，即使在高山地区也能展开行动了。我们穿越赫萨河谷，到达约旦山谷的边缘，深谷内全是艾伦比喧腾的人马，他们说杰里科仍在土耳其部队手中。于是我们再折返塔菲拉，经过这番勘察后对前途更充满信心。我们已可轻而易举地与英军会师。晴空万里，我们可以立即行动，也可望在一个月内完成任务。

扎伊德漠然地听我作简报。我看到莫特洛格就在扎伊德身旁，于是语带讥讽地恭贺他并问他带了多少金币来，然后才开始畅谈我们可以如何展开攻势。扎伊德打断我的话："可是，那需要一大笔钱。"我说不需要，我们手边的钱够用了，而且还绰绰有余。扎伊德答说他身无分文，我目瞪口呆地望着他，他这才满脸羞愧地说已将我带来的经费花光了。我以为他在开玩笑，不过他说他各付了一大笔钱给塔菲拉的族长狄阿布、村民、贾齐的豪威塔特族、班尼沙赫族。

经费花光了，我们将只能采取守势。扎伊德刚才提到的那些部落全都聚集在塔菲拉，彼此间有血海深仇，根本无法让他们往赫萨河谷北方推进。当然，如果我们进军，这些族长都会征召各地区的人，而且按月付他们薪饷。但除非他们真的上战场，否则这笔薪饷是有名无实的，对此大家心照不宣。费萨尔在名义上拥有四万大军，然而英国提供他的经费补助只够他支付一万七千人。其余只挂名而未上战场者，没领到薪饷时也经常向他索讨，但讨得并不是很理直气壮。然而，扎伊德说他还是将钱付给他们了。

我愣立当场，因为，这么一来所有计划与期望全都泡汤了，也无法履行我们对艾伦比的承诺。扎伊德则一再表示钱已经花光了。后来我去找因发烧卧病在床的纳西尔，他病恹恹地告诉我，其实这件事是大错特错，扎伊德太年轻又缺乏胆识，无法应付他身旁那些狡诈又懦弱的顾问群。

我整夜没睡，思索着该如何挽回颓势，但只觉一片茫然。到天亮后我也只能派人去告诉扎伊德，如果他不能将钱追讨回来，我就要挂冠求去。他的反应是把自己那一份送还给我。我们正在打包时，乔伊斯与马歇尔来了，他们刚由圭威拉过来，要给我一个惊喜。我告诉他们出了什么事，以及我要回去艾伦比营中供他遣用。乔伊斯去找扎伊德商议，但徒劳无功，只得答应会替我向费萨尔解释。

乔伊斯也愿意帮我解除我的职务，并协助遣散我的私人护卫队。所以我当天下午就无官一身轻，带着四个随从，朝距离英军总部最近的贝尔谢巴出发。我们沿着阿拉巴的陡坡边缘而行，初春的景致美不胜收，我心头离情依依，更觉触景伤情。山下的峡谷树林浓密，但身旁的山头上只有五颜六色的秃石所形成的陡峭山壁，有些颜色是岩矿的原色，有些则是因融雪滴落崖边而形成。

当路过位于深谷上方一片巨岩上的小村落布塞拉时，村民坚持要我们下来与他们共餐。我也很乐意，因为如果我们在这里让骆驼吃些大麦，或许可以走上一整夜，明天便可到达贝尔谢巴。然而为了避免耽搁，我还是婉拒进入他们房舍，只在一座公墓内的坟墓旁用餐。坟墓前有许多以水泥固定住的发辫，是前来吊唁者剪下来向死者致意的。用完餐后我们沿着蜿蜒的山径而下，进入达哈尔河谷闷热的谷底，两旁的山壁高耸又紧密，使夜色更形漆黑，仰头不见星光。我们的骆驼刚走完险峻的下坡路，因为紧张而腿软，所以我们略事休息，再沿着一座竹林而行，涉过林下湍急的溪水，竹梢低垂，叶片沿路抚弄着我们的脸庞。行进间发出的回音吓得我们的骆驼越走越快。

我们不久便走出这片竹林，然后走出山谷，在空旷的阿拉巴地区摸索着前进。我们到达平原的中央，发现已经迷路——情况不妙，因为我们是依三年前我画给纽科姆的地图的印象前进。我们浪费了半小时想找出通往山壁的斜坡。

最后总算找到了，随后是一段迷宫似的蜿蜒山路——很怪异的地方，因盐分太重而寸草不生，看似大海突然凝结了，汹涌的波涛凝固成坚实的土地，在微弱的月光下灰蒙蒙的一片。走过这段路后我们往西，直到看见哈斯柏地区高大的树林映着夜空的轮廓，这时我们听到潺潺的溪水声。我们到溪旁让骆驼饮水，它们刚由五千英尺高的塔菲拉高原走下来，马上又得走上三千英尺高的巴勒斯坦。

我们在慕拉河谷前的小丘上，忽然看到一堆营火，刚刚堆成的，都是巨大的圆木，仍熊熊燃着烈焰。附近并没有人迹，显然生火的是一支战斗部队，然而生火的方式又不像游牧民族。由火势看来，他们还在附近，由火堆的大小判断，他们的人数众多，所以我们决定走为上策。事实上，那是英军福特车队的营火，他们在两位著名的马克先生的领军下，正在探勘由西奈到阿卡巴的车道。他们就躲在暗处，用路易斯牌机枪监控着我们。

我们在天亮时走上山径。这时下起毛毛雨，在经历过塔菲拉的狂风暴雨后，这种微风细雨令人神清气爽。稀薄的碎云令人费解地停滞在山头，我们骑过平坦的平原，在中午到达贝尔谢巴，表现不错，下山再上山共走了将近八十英里路。

他们告诉我们，刚刚攻下杰里科。我前往艾伦比的总部，在那边遇见霍加斯，向他坦承我把事情搞砸了：我是来要求艾伦比将我安插到其他单位，执行一些较无关紧要的闲差事的。我一头栽进阿拉伯起义行动，如今因判断错误而搞砸了。问题出在费萨尔的幺弟扎伊德，他也是我真心喜爱的一个小弟。我如今在阿拉伯人面前已抬不起头来，只想退回熟悉安全的环境中供人驱遣，安心地奉命行事，不用负责。

我抱怨道，自从到达阿拉伯半岛后，我便一直在做选择与要求，不曾接受命令，如今我对这种我行我素的行径已烦透了。一年半来我一直在四处奔波，每个月骑骆驼跋涉上千英里路，外加搭乘令人提心吊胆的飞机，或搭马力强大的汽车在荒野间横冲直撞。我在最近五场战役中都曾中弹，我的身体生怕再承受伤痛，总得鼓起莫大的勇气才敢再面临枪林弹雨。我一直处于挨饿状态，最近则是饥寒交迫，冻霜与泥垢使我的伤口恶化成痛彻心扉的脓疮。

然而，因我已习惯自欺欺人，所以才得以暂时将身体伤痛这种烦心琐事抛诸脑后。我自欺欺人地想领导别的民族发动全国性起义，每天穿着异族的衣服，以其他民族的语言宣扬起义理念，心头暗自期盼，让阿拉伯人信以为真的那些"承诺"，在必须履行的时刻到来时，真会使他们奋战不懈的努力获致应得的成果。我们自欺欺人地说，或许阿拉伯人可以既没援手又没人教导，以纸糊的工具成功捍卫自己的家园。然而我们借着引诱他们参战来掩饰自己的错误。如今我不再自欺欺人了，赫萨河谷之役造成数百冤魂，全得归咎于我的自大独断。我的意志已荡然无存，我恐惧独处，唯恐环境、权势、欲念都会如强风般刮走我已如行尸走肉的灵魂。

第九十一章 妥　协

霍加斯老谋深算，当时未置一词，只带我去与克莱顿共进早餐。我在用餐时得悉史迈兹已奉英国战时内阁之命，到达巴勒斯坦，他带来的信息使我们的情势大为改观。他们这一阵子急着想召我去参加内阁会议，最后还派了架飞机前往塔菲拉找我，但驾驶员只飞到修北克附近，要求当地的阿拉伯人传话，只是那些阿拉伯人全因当时天气恶劣而懒得动弹。

克莱顿说，依照目前的新局势，不可能就这么放我走。东线的战事才刚开始，艾伦比告诉我，由于西线的战事已陷入胶着，战时内阁亟须他在东线有所突破。他至少要攻占大马士革，如果可能，也要尽快占领阿勒颇。我们必须彻底将土耳其击溃。他目前面临的困难在于东翼，也就是右边的约旦。他一直想找我，研究能否由阿拉伯部队替他分摊这个重担。

我这是插翅也难逃了。我必须再度在中东自欺欺人。我一边为自己这么轻易便采取姑息的权宜之计而羞耻，一边再度一头栽了进去。这种事或许是欺诈，也可能只是闹剧，但没有人能说我不会演。所以我连为何来此的缘由都闭口不提，只指出这个约旦战役计划似乎只是为了英国的利益而研拟出来的。艾伦比表示同意，并问我们是否仍能执行。我说暂时不行，除非能先克服新出现的难题。

第一个问题在于马安。我们必须先攻占马安，才可能继续推进。如果能让阿拉伯正规军拥有更多的运输工具，让他们得以扩大行动范围，他们将可望在马安北方数英里外设立据点，并永远地截断当地铁路，迫使马安守军出城与他们交战。阿拉伯部队在荒郊野外可以轻易打败土耳其部队。我们需要七百峰驮辎重的骆驼，以及更多的机枪大炮。最后，也需要确保我们在攻击马安时，不会遭到来自安曼的侧翼夹击。

我们就以这几个大原则为基础，研拟出一套作战计划。艾伦比派遣两个单位的骆驼运输部队到阿卡巴，这是一支由英国军官指挥的埃及部队，在贝尔谢巴战役中有杰出的表现。这真是一份大礼，因为它的载重力足以让我们的四千名正规军移防至八十英里外的新基地。申请机枪与大炮也悉数照准。至于掩护我们免于遭到来自安曼的攻击，艾伦比说这只是小事一桩，易如反掌。他自己也为了避免遭到侧翼攻击，打算不久先进军攻占约旦后方的索尔特，并派一旅印度兵前去戍守。第二天要开军团会议，我必须留下来开会。

在这次会议中决定，阿拉伯陆军立刻朝马安高原进军，攻占马安。英军则穿越约旦，占领索尔特，并尽可能地摧毁安曼往南的铁路——尤其要炸毁大隧道。至于在安曼的阿拉伯人在英军行动时应扮演何种角色，则引起一番争议。博尔斯将军认为阿拉伯部队应该在进军时便与英军联手出击，我对此表示反对，因为在稍后土耳其部队由索尔特撤守后，会造成当地人人心惶惶，趁他们兵荒马乱之际再动手，可收事半功倍之效。

负责执掌此次进军兵符的切特伍德问我，他的手下该如何分辨阿拉伯人到底是敌是友，因为阿拉伯人对穿卡其服的人一向不大友善。我当时穿着裙袍坐在他们中间，于是回答，穿裙子的当然不喜欢穿制服的，这句话引来众人一阵哗笑，这场争议也因而消弭于无形。我们同意，在英国占领索尔特之后，我们才协助他们戍守当地。一旦攻陷马安，阿拉伯正规部队便顺势推进，并在杰里科补给军需品。七百峰骆驼也继续供他们调度，让他们得以维持在方圆八十英里内活动自如的战斗力。在艾伦比由地中海至死海间展开第二波大规模的战事，朝大马士革进军时，这支部队也得以借骆驼之助在安曼上方策应。

我的份内工作已完成。我到开罗待了两天，然后身负与费萨尔配合的新任务，搭飞机到阿卡巴。我告诉费萨尔，我觉得他们未经我同意，就将我专为死海战役而申请的经费花光，太不尊重我了，令我颇觉委屈。所以我离开扎伊德，因为身为顾问，若受到屈辱，根本不可能再待下去。

是艾伦比派我回来的，但我回来并不意味着所造成的伤害已获得弥补。我们已丧失了千载难逢的良机，同时让一次极有价值的进军沦为幻影。土耳其可在一星期内不费吹灰之力重新夺回塔菲拉。

费萨尔因为塔菲拉失守会使他声望受损而扼腕不已，他见我对此事漠不关心大为诧异。我为了安抚他，指出这座城对我们已无关紧要，最重要的是他的最终目标：安曼与马安。不值得为了守住塔菲拉而折损一兵一卒。事实上，如果土耳其出兵攻打塔菲拉，他们在马安与安曼的兵力便会减弱，反倒对我们有利。

他闻言略感宽心，但仍急忙派人去警告扎伊德局势危急，不过于事无补，六天后土耳其已夺回塔菲拉。这时，费萨尔也重新安排他的军队经费。我告诉他一个好消息，表示艾伦比为了犒赏我在死海与阿巴里森的表现，已拨下三十万镑供我独立运用，并提供我们七百峰骆驼运送人员与物资。

这消息使全军士气大振，因为这支运输部队可以使乔伊斯、贾法尔，以及无数阿拉伯与英国军官几个月来一手栽培的阿拉伯正规军得以大展长才。我们拟妥了概略的行程，我随即搭船赶回埃及。

卷八
好事多磨

第九十二至九十七章

　　我们为了配合艾伦比，研拟出一套三路进军的计划，打算一举横越约旦、攻占马安、截断麦地那。这个计划太不自量力，双方都无法履行。所以阿拉伯方面决定放弃较平静的麦地那铁路，全力进军较难攻陷的马安，该地的土耳其部队与阿拉伯正规军的兵力旗鼓相当。

　　为了协助我们进军，艾伦比支援运输工具，让我们得以扩大行动范围与机动性。马安固若金汤，我们久攻不下，于是全力截断该地北方的铁路，以防土耳其由安曼出兵支援。

　　显然这套战术令土耳其束手无策，但这时德国朝佛兰德进军，使艾伦比必须抽调他的部队前往西线支援，结果造成他在东线的兵力低于土耳其。他通知我们，他已无法展开攻势。

　　我们难以忍受一九一八年整年都陷入胶着。我们计划加强阿拉伯陆军的战力，以便入秋后在德拉附近及班尼沙赫地区发动攻势。若可借此迫使敌军由巴勒斯坦抽调一支部队前往支援，则英军可望展开行动配合我们，最后在约旦山谷下方的杰里科附近与我们会师。筹备一个月后，这项计划宣告夭折，因为风险太大，也因为另有更好的计划。

第九十二章　重责大任

我在开罗待了四天，我方局势看好。艾伦比的鼎力相助使我们的幕僚阵容更为坚强。我们拥有补给官、一位运输专家、一位军械专家、一个情报分部：由艾伦·道内管辖，他也是与我们共同筹划贝尔谢巴战役的战友，此刻刚前往巴黎。道内是艾伦比送给我们的最好礼物——比上千只驮辎重的骆驼还珍贵，他是个职业军官，相当熟稔军中的作业流程，所以总可适时将我们的需求反应给权责单位。他善解人意，对阿拉伯起义的特质也立刻心领神会，他的军事素养使他处理此事更是得心应手。他将战争与起义视为一体的两面，我在延布时便梦想着所有正规军官都能如此。不过，三年下来，只有道内做到这一点。

道内无法全权且直接指挥，一则是因为他不会说阿拉伯语，再则是因为他戍守佛兰德时健康受损。他有使好事锦上添花的天分，这在英国人中很罕见。就陆军军官而言，他学识极为渊博，也很有想象力。平易近人使他的朋友遍及各种族和各阶级。经由他的耐心调教，我们得以学会战斗的技艺，纠正了我们以前马虎行事的作风。他的中规中矩使我们有如脱胎换骨。

阿拉伯起义一直像野台秀，前途与战法都无人看好，自此之后，艾伦比才将之列入他的计划中认真考量。了解到如果我们失败将危及他的子弟兵的性命，我们要在他面前力求表现，这种重责大任使阿拉伯起义远离了喧闹冒险的格局。

我们为了支援艾伦比的第一波攻势，与乔伊斯研拟出一套三路进军的计划。中央部队是贾法尔率领的阿拉伯正规军，负责占领马安北方的铁路。乔伊斯与我们的装甲车则潜往慕达瓦拉，破坏当地铁路——这次要彻底摧毁，因为我们已打算孤立麦地那。莫祖克与我则在艾伦比于三月三十日攻破索尔特后，北上与他会师。时间很宽裕，我游刃有余，于是我决定前往修北克找扎伊德与纳西尔。

时值春季，隆冬之后春光格外明媚，令人如置身梦境。大地一片清新，山上的春季中午时很闷热，入夜后则有明显的寒意。

大地春回，鸟语花香，连昆虫也活跃了起来。第一个晚上我将我的克什米尔羊毛头巾铺在地上当枕头，天亮时将头巾拿起来一看，上面已聚集了二十八只虱子。后来我们都睡在鞍褥上，这种鞣成熟皮的鞍褥很滑，可防虱蚤。即使如此，我们也无法高枕无忧。骆驼身上的扁虱常会吃得圆滚滚的（吸的都是我们拴住的骆驼的血），有如拇指的指甲般大，然后钻到我们的鞍褥下，如果半夜时翻身压到它们，会将它们压成一摊污血。

　　我们置身于怡人的春光中，鲜奶不虞匮乏，这时阿兹拉克方面有消息传来：阿里·伊本·侯赛因与印度兵仍在当地尽职地戍守，其中一个印度兵已冻毙，我的亚格利仆从达乌德也成为冻死骨，这是他的难兄难弟法拉吉亲口说的。

　　他们两人从小一起长大，情同手足，工作、生活全在一起，同甘共苦，相亲相爱，所以看到法拉吉来通报这件事时满脸愁云惨雾，眼神哀戚，我并不感到惊讶，而且从这一天起，他再也不曾与我们嬉笑怒骂。他一丝不苟地替我照料骆驼、准备咖啡、打点我的衣着与鞍座，每天三次按时祈祷。其他弟兄们想安慰他，但他总是四处踯躅，落落寡合。

　　由这片酷热的中东看来，英国对妇女的观念似乎与这北方的天气一样，让我们没信心。在地中海地区，妇女的影响力与功能只限于单纯的劳力工作，这是大众普遍的共识，没有商量的余地，一如精神上的匮乏。然而，在这种共识下，借着否认两性平等，男人与女人之间就无法发展出情爱、伴侣、友谊等关系。妇女变成一种从事劳动的机器，男人的心灵层面只能在同伴间获得满足。男人间哥儿们的情谊也应运而生，让人性不只局限于肉体的接触。

　　我们西方人置身于这复杂的时代，体内追求比言语及感官更高层次的僧侣成分，在追求时便已完全关闭。然而，像这些不用脑筋的亚格利孩子，甚至不求回报也心满意足。我们为了自己耽于肉欲而饱受良心煎熬，设法借着一辈子的折磨来弥补罪愆，将幸福当成透支生命，入地狱再赎罪，结算一份善与恶的总账余额以面临末日审判。

　　这时在阿巴里森，计划受挫，我们原本打算在艾伦比攻击安曼时，也在马安北方的铁路旁设立阿拉伯部队据点，迫使马安守军出城应战，再将之一举歼灭，但这计划宣告流产。费萨尔与贾法尔一致认同这个计划，不过他们属下的将官都吵着要直接攻打马安。乔伊斯向他们指出，他们的大炮、机枪数量不足，人员素质也有待考验，先截断铁路再将敌军逼出来才是上策，但他们不为所动。茂路德斗志高昂，迫不及待想立刻发动攻击，还写了一份便笺提醒费萨尔：阿拉伯在争自由时受到英国干涉的危险。在这节骨眼上，乔伊斯偏偏因肺炎病倒，前往苏伊士疗养。道内前来与那些摩拳擦掌的主战者激辩。他是我们的王牌，在军界声誉卓著、战功彪炳，一身英挺的戎装，威风凛凛。但他来迟了一步——那些阿拉伯军官如今一心只想要求我们尊重他们的意见。

我们虽然握有经费、补给、运输等大权，可以予取予求，但还是认为应该赋予他们决定的权利。然而，如果人民很懒散，他们的政府必然也很懒散，我们与全是自愿上战场的阿拉伯部队相处，必然也得放慢步调。我们很熟悉土耳其、埃及、英国等部队，每个人拥护的部队也各不相同。乔伊斯声称他的埃及部队军容壮盛——都是中规中矩的人，喜爱机械化的动作，在体格、灵敏度、操练上都胜过英国部队。我嘉许土耳其部队的克勤克俭，那些由农奴组成的部队个个衣衫褴褛、面黄肌瘦。英国部队我们都很熟悉。我们在比较各国部队时，发现服从性的差异随着惩罚的强度而不同。

在埃及，士兵隶属于部队，舆论不会过问，所以他们得以不受干扰地勤练战技，精益求精。在土耳其，士兵在理论上也同样隶属于长官，身心皆然，但他们可以借着逃兵来逃避痛苦。在英国，自愿从军的士兵与土耳其士兵一样以绝对服从为天职，不过社会礼俗已使部队当局严禁采取直接体罚，然而就实际情形看来，利用使他们劳累来惩罚英国士兵，效果略逊于东方的制度。

在阿拉伯正规部队中，没有惩罚，在我们所有部队中都可看出这种重大的差异。他们没有正式的纪律，没有主从关系。他们积极参与战斗，也像意大利部队一样，了解击败敌人的责任。在其他方面，他们不是士兵，而是朝圣者，总是希望再走远一些。

我对此并不觉得不满，因为我认为纪律，或者至少是正式的纪律，在承平时期是一种美德，一种特质或标记，使士兵无法成为完整的人，甚或扼杀他的人性。纪律最简单的做法就是限制士兵不得做这个，不得做那个，借着严格的规范，使他们不敢违抗命令。教官试图让服从成为一种本能反应，一听到命令便立刻反应。

只要这么做能增加敏捷度，倒也无可厚非，但它并没预想到伤亡，也没有假设每个下属的自由意志都未完全消失，而是仍保留着，准备有朝一日接掌他长官的职务。

这么做还有另一个弱点，就是人的忌妒心使然，权利最后会集中在行事任性的老年人手中，最后往往会因长期掌权而腐败。另外，我也不信任本能，因为那根源于我们的兽性。理性似乎比恐惧或痛苦更能带给士兵珍贵的教训，这也使我不重视承平时期的敏捷。

因为在战争时，士兵会发生微妙的变化。即将上战场的士兵会急着想对纪律加以修改、支持，甚至照单全收，这种急切也使士兵在战斗时得以获胜。战争是由一次次奋力一搏的危机所组成。指挥官们基于心理因素，总希望这种卖命奋斗持续得越短越好：不是因为士兵们不愿搏命——通常他们愿意撑至倒下为止，而是因为这么卖命会削弱他们剩余的兵力。这种急切会使人精神紧绷，而且，在一心想卖命时会使人心力交瘁。

在承平时期激发战争的高昂斗志会造成危险，有如太早给运动员服食兴奋剂，所以，人们发明了纪律来加以压抑。阿拉伯部队一开始便是战争的产物，从来不知道承平时期的习惯，也不曾面临如何维持的问题，直到停战，然后它一败涂地。

第九十三章　痛失同志

乔伊斯与道内离去后，我也在莫祖克的陪同下由阿巴里森出发。出发这一天，高原上春意盎然。一星期前此地还是风雪交加，如今有些白雪似乎已被阳光融化了。地面上长满青翠的新草，阳光斜照过来，淡得像稻黄色，使迎面的和风加倍舒畅。

我们还带着两千峰锡尔汉骆驼同行，由它们驮着我们的弹药与粮食。由于有辎重队，我们走得很悠缓，打算在入夜后到达铁路。有几个人先走，趁白天时先去探勘铁路，以确定敌军被驱散时该地安全无虞。

我的护卫队跟在我身旁，还有莫祖克与他的亚格利人，他们骑着两峰著名的竞速用骆驼。风和日丽的天气使他们兴高采烈，不久两人就开始互相竞技，或彼此叫嚣。我的骑术不佳（心情也很闷），所以没和那些小伙子一起奔驰，他们偏向北面狂奔，我则继续上路，不去搭理他们的喧闹。沙漠的景观洗涤了我的心灵，它的广袤使我心胸为之开阔。在这不毛之处，更可展现造化之工，如此广阔，如此瑰丽，如此壮观。

快日落时，已可看到铁路横陈在开阔的地面，四周有一丛丛青草与灌木。我看一切平静，便继续前行，打算在铁路的另一侧停下，掩护其他人过来。我们曾多次破坏铁路，碰到铁轨总会令我有点激动。

我朝路基走去，骆驼踢动路基上的松散碎石，这时一个土耳其士兵由我左侧的涵洞阴影中站出来，无疑地，他必然已在此睡了一整天。他慌乱地打量着我，也看到我手中的手枪，然后懊恼地看着他摆在一旁数码外的步枪。他很年轻，体格健壮，但绷着张臭脸。我凝视着他，淡淡地说："真主是慈悲的。"他了解这句阿拉伯话的含意，因而眼睛一亮，原本睡意浓重的脸也露出喜悦的神色。

然而，他一句话也没说。我用脚按压骆驼长着密毛的肩头，它再度跨着优雅的步伐往前走，穿越铁轨，直抵另一侧的斜坡。我心头对这个土耳其年轻人萌生一股暖意，像自己拯救了一条生灵，他也算是条汉子，没有在我背后放冷枪。我走到安全距离外后回头瞥视，他将拇指按在鼻子上，对着我晃动手指头。

我们在路旁生起火，让浓烟当指标引导其他人跟上来，然后用这堆火煮咖啡等着他们鱼贯到来。第二天我们前往金兹河谷，直抵洪水过后留下的水池，池边长满茂密的矮树丛。这里的水质一如石灰泥的河谷，是灰色的，但味道甘甜。我们就在此夜宿，因为查基猎到一只鸨鸟，希腊大将色诺芬曾赞美这种鸟的肉质鲜美，果然名不虚传。我们用餐时骆驼也在一旁吃草。春季长出的鲜美青草已有及膝高。

第四段路我们轻松地到达目的地阿塔拉，盟友穆夫利赫、法赫德、阿得赫布都在此扎营。法赫德仍带着伤，穆夫利赫则谄媚地出来招呼我们，脸上与声音中都流露着贪婪。

多亏艾伦比一肩扛起较吃重的任务，我们分摊的任务很轻松。我们此时只需待命，时机一到便越过铁路到班尼沙赫族主要的水源地瑟梅德，然后在骑兵的掩护下推进至马代巴，在该地设立我们的总部。艾伦比则负责肃清杰里科与索尔特间的道路。我们可以不用开一枪一弹，悠哉地与英军会师。

这时我们只需在阿塔提尔待命。此地真是绿油油的一片，每处洼地都有水池，山谷中百花争艳，令我们喜出望外。白垩色的山岭因盐分高而寸草不生，与溪流相映成趣。我们站在高岗上可以眺望北方与南方，也可看到雨水落在白山绿野的山谷间，美得如诗如画。万物欣欣向荣，沙漠也变得像草木茂盛的牧场了。轻快的风一阵阵吹过草地，青草为之摇曳生姿。我们坐在山上，被风吹得直打颤，心中却期待着劲风出现。有时会有一阵暖风吹过我们的脸庞，夹杂着花香，非常轻柔，像一道银灰色的光芒般，继续拂过山下的翠绿草原。我们那些挑嘴的骆驼在草地上啮食了一个小时左右，然后躺下来消化，将胃中有奶油味的绿草反刍出来，大口大口地嚼着。

最后消息传来，英军已占领安曼。半小时后我们穿越已无人迹的铁路，朝瑟梅德出发。稍后又有消息传来，说英军正在撤退，虽然我们已曾预先警告过阿拉伯部队这种可能性，他们还是大感恐慌。又有一个信差来报，说英军已刚从索尔特败逃，这与艾伦比的计划背道而驰，我当场断言那绝非事实。又有一个人飞奔来报，说英军围攻安曼两天无法攻下，只在安曼南方破坏少许铁路。各种互相矛盾的谣言四起，令我困惑不已，只得派头脑最冷静的阿得赫布到索尔特，捎信给切特伍德或许亚总部，要求他们亲笔写张便笺说明局势。这期间，我们在长满新生大麦的田野间不安地到处闲晃，脑中则不断地构思着各种应变计划。

深夜后，阿得赫布达达的马蹄声响遍山谷，他飞奔进来告诉我们，杰马勒帕夏打了场胜仗，目前已占据索尔特，并将城内曾欢迎英军的居民一律处以绞刑。土耳其部队仍沿着约旦山谷一路追杀艾伦比的部队，由此看来耶路撒冷会被他们夺回去。我对自己的国人有信心，不愿相信这种可能性，不过显然情况不妙，我们手足无措地再度溜回阿塔提尔。

情势如此演变，又是突如其来，令我很难堪。艾伦比的计划看起来不难达成，我们却在阿拉伯人面前摔了个大跤，真是情何以堪。我以前信誓旦旦地说我们会有如何杰出的表现，他们一向不予置信，这时他们径自享受着此地的明媚春光。他们被一群由北方来的吉卜赛人所吸引，这些流浪家族的驴子上驮着些锅碗瓢盆，沿路叫卖。令我颇讶异的是，那些扎本族的部落人居然热情地与他们打招呼——后来我才发现，这些吉卜赛人除了卖手工艺品外，其中的妇女也公然和人打情骂俏。

她们和亚格利人聊得格外起劲，生意兴隆，因为我们的人员都很饥渴，出手阔绰。我也利用她们。我觉得都那么靠近安曼了，若是无功而返，连进去看一眼都没有就打道回府，似乎太可惜了。所以法拉吉和我雇了三个开朗的小妇人，并将自己打扮得像她们一样，然后潜入村落里。虽然我最后还是决定不攻打此地，但这次探勘相当成功。回程时，在桥边曾虚惊一场，几个土耳其士兵骑过我们身旁，以为我们五个都是吉卜赛妇女，热络地向我们示好。我们装作一副娇羞样，依吉卜赛妇女的模式答礼，然后全身而退。从此以后我下定决心，如果要深入敌境，一定要穿着正规的英军制服，反倒不会被怀疑。

随后我决定将那些印度兵由阿兹拉克调回费萨尔营地，我自己也要回去。我们在天亮时出发，身体已被太阳晒醒，头脑却因昨晚思索一夜仍昏沉沉的。在这样的早晨，人常会有一两个小时对外界的声音、气味、颜色等的感受个别而直接，未经思绪过滤或辨识，它们似乎自给自足地存在，即使又吵又臭又丑也不再令人不快。

我们沿铁路往南行，预期会与从阿兹拉克缓缓移防的印度兵碰头。我们让骑着竞速用骆驼的小队先走，在前面探路与警戒。

我们的小队骑着系出名门的骆驼，由一个制高点飞奔到另一个制高点，边走边找那些印度兵。整天平静无事，使我们放胆赶路翻越那些遍地打火石的山脊，而不去理会诸多沙漠通道，那些通道只会通往去年或几千年前甚至上万年前的废弃营地，因为这种打火石与石灰石一旦被踩成通道，便形成沙漠的外表，只要沙漠还存在，它们就不会消失。

在法来夫拉，我们看到八名土耳其巡逻兵沿铁路而行。我的手下在阿塔提尔休养了一阵子，静极思动，要求前去突击这支巡逻队。我觉得这种事太轻率，可是禁不起他们一再央求，还是应允了。于是几个小伙子立刻往前冲。我下令其余人员越过铁路，将敌军由他们藏身的涵洞赶走。查基在我右手方一百码，他了解状况后，也迅即冲了过去。穆赫辛稍后也带着他的人马跟上去，阿卜杜拉与我则继续由我们这一侧挺进，打算两头包夹敌军。

法拉吉一马当先，对我们的叫喊声与由他身旁呼啸而过的枪声全然充耳不闻。他转头望着我们的阵势，自己则继续疯狂地往桥头冲，在查基的队伍越过铁路前，他已经到达桥边了。土耳其兵这时不再开火，我们认为他们已躲入路基的另一面了。不过当法拉吉在桥拱处停下时，传来一声枪响，他好像是摔下来或跳下来的，旋即失去踪影。过了一阵子，查基在铁轨的路基处摆好阵势，他的人员胡乱开了二三十枪，仿佛敌军仍在似的。

我很担心法拉吉。他的骆驼安然无恙地独自站在桥头，他可能已中弹，或者去追敌军了。我不相信他会刻意朝他们冲过去，然后停在那边，然而情况看来似乎就是如此。我派菲海德去告诉查基，尽快赶往桥的另一侧，然后我们自己朝桥头飞奔过去。

我们同时到达，发现一个阵亡的土耳其士兵，法拉吉身受重伤，躺在桥拱处，就在他由骆驼上摔下来的位置。他看起来已不省人事，但当我们跨下骆驼时，他却朝我们打招呼，然后默不作声，有如相信死神已逼近。我们将他的衣服撕开，检视伤口，却爱莫能助。子弹贯穿他的身体，他的脊椎似乎受伤了。阿拉伯人说他只能再撑几个小时。

我们试着搬动法拉吉，他已无法动弹，虽然他没有痛苦的表情。地面溅满了血迹，我们想替他止血，但无能为力。过了一阵子，他叫我们别理他，因为他快死了，也很乐于赴死，因为他对人生已不再眷恋。事实上，许久以来他也确实像行尸走肉，对生命厌倦的人常会爱上死亡，在奋力一搏后虚弱地凯旋撒手西归。

我们正在法拉吉身旁七手八脚、不知如何是好时，阿卜杜勒·拉蒂夫出声示警，他看到大约五十名土耳其兵沿着铁路朝我们这方向前来，不久我们也听到北方传来台车的声音。我们总共只有十六人，而且所处地势极为不利。我说我们必须扛着法拉吉立即撤离，他们试着抬起他，一开始是用他的斗篷当担架，后来则改用毛毯。但他这时已恢复意识，痛得呼天抢地，令我们不忍心再让他受苦。

我们不能抛下法拉吉不管，让他落入土耳其兵手中，因为我们曾目睹他们将我们的伤兵活活烧死。为此我们在战前便彼此约定，若有人受重伤，别人要给他个痛快。但我没想到必须由我来杀死法拉吉。

我跪在法拉吉身旁，将手枪朝地面压低，悄悄比向他头部，以免让他看见。但他想必已心里有数，因为他睁开眼睛，以干枯的手——内志地区尚未成熟的少年的小手紧抓着我。我等了一会儿，然后他说："达乌德会生你气的。"他昔日的笑靥诡异地再度浮现在死灰般蜷缩的脸上。我回答："替我向他致意。"他正色回答："真主佑你平安。"然后疲惫地合上眼睛。

这时土耳其的台车已相当接近，沿着铁轨像甲虫般左摇右晃地朝我们驶过来，车上的机枪在我们撤回山中时，从我们的头顶呼啸而过。穆赫辛牵着法拉吉的骆驼，鞍座与毛毯都还保持着他由桥上摔落前的模样。我们到快入夜时才停下来，查基到我身旁低声说，大家都在争论法拉吉那峰出色的骆驼明天该由谁骑，他自己也想要。我为他们竟然如此狠心而愤愤不平，于是干脆一了百了，用第二颗子弹打死那峰可怜的骆驼。

太阳西沉，卡拉克的山谷中在午后都闷热无风，空气浓浊，热气吸光百花的香气。入夜后空气才再度流动，由西方吹来的风拂过沙漠。我们已离草木扶疏处数英里，但一阵阵夹杂着花香的风传来扑鼻的香气，令我们忽然觉得身旁似乎花团锦簇，然而，这股香气不久即随风消散，接着是带着湿气、有益健康的夜风。阿卜杜拉端晚餐给我：米饭与骆驼肉（法拉吉的骆驼）。随后我们便就寝。

第九十四章　第七个夏天

　　第二天上午，我们在金兹河谷附近遇上那群印度兵，他们正在一棵树旁休息。时光仿佛倒流，回到一年前，我们去炸桥，与哈桑·沙阿一起穿越原野，听着维克里机枪的扫射声，协助我们的人员将战利品绑妥。他们看起来仍与当时一样不善于骑骆驼，所以我们直到暮色降临才穿越铁路。

　　我在此与那群印度兵分道扬镳，因为我觉得急躁不安，在夜色中赶路或许可以使我心情平静些，所以我们摸黑前往欧德罗。到达山头时，注意到左边有火光不断冒出，应该是由浙当发出来的。我们勒住缰绳，聆听低沉的爆炸声。有一股火苗蹿出，越来越猛烈，后来分成两道。或许是车站失火了，我们加快步伐去向马斯特打听消息。

　　然而，马斯特的营区空无一人，只有一只野狗。我决定去找费萨尔。我们以最快的速度赶路，太阳也逐渐高升。路上蝗虫充斥——虽然由远处看，它们振翅在空中成群飞舞的景色相当壮观。夏季已在不知不觉间降临，这是我在中东的第七个夏天。

　　我们接近时，听到由塞姆纳传来的枪炮声，于是许多部队缓缓爬上这座可监控马安的半月形小丘。显然我军已占领塞姆纳了，于是我们朝新据点骑过去。我们在平地上遇到一峰骆驼拖着担架，牵着骆驼的人指着后方说："茂路德帕夏。"我赶忙冲上去，叫道："茂路德受伤了吗？"因为他是我们部队中最杰出的军官之一，也是最忠贞不贰的战将，这么一个不屈不挠的爱国志士，实在令人敬佩。这个老将躺在担架上回答："是的，劳伦斯大人，我受伤了，不过感谢真主，不碍事。我们已经占领塞姆纳了。"我回答我正要过去。茂路德虚弱地将身体撑起，几乎无法睁眼或开口（他膝盖上方的大腿骨已被炸碎了），但仍勉强地一再叮嘱我要如何防御山腰。

　　我们到达时，土耳其部队正在朝山头胡乱炮击。努里·赛义德接掌茂路德的职务，正在指挥作战。他冷静地站在山头。大部分人在炮火下，说话速度总会比平常快，并装出一副轻松自在的模样；努里却是炮火越猛烈，他越冷静，扎伊德则会越来越不耐烦。

我问贾法尔在何处，努里说他应当在午夜时开始攻击渐当。我告诉他看见火光之事，显然已奏捷了。正觉得欣慰时，贾法尔的信差到达，报告已掳获敌军与机枪，车站与三千条枕木都已被烧毁。这是大功一件，足以使北方铁路瘫痪数星期。然后努里告诉我，他在昨天拂晓时突袭贾迪哈吉车站，并将之夷成平地，还摧毁了五座桥梁与一千条枕木。显然南方的铁路也已瘫痪了。

午后当地一片死寂。双方都不再胡乱开炮。他们告诉我，费萨尔已移防至乌黑达。我们涉过小溪，到达茂路德疗伤之处，满脸红胡子的医生马哈茂德说，他认为茂路德应该可以不用做截肢手术便能痊愈。费萨尔就在山顶上，背光而立，阳光照得他修长的身影旁出现一团光晕，系着蚕丝头巾的头上也笼罩着金光。我让我的骆驼跪下，费萨尔伸出双手叫道："天啊，你可好？"我回答："赞美真主。"然后他招呼我进他帐篷内交换情报。

英军在安曼溃败的消息，费萨尔已由道内处知道得比我还详细。他也听说了当地天气恶劣，情况纷乱，以及艾伦比快刀斩乱麻、当机立断地下令撤军。这是明智的决定，虽然令我们很难堪，但已使损失降到最低。乔伊斯住院，此刻正在康复中；道内正在主威拉待命，准备率领全部机动车辆倾巢而出，攻击慕达瓦拉。

费萨尔向我打听塞姆纳与贾法尔的消息，我将我所知道的都告诉他，并转述努里的意见及情势的展望。努里曾向我抱怨，阿布塔伊族人整天闲散，无所事事。奥达否认他的这种说法。我想起我们首度去攻打阿巴里森时，奥达因我的激将法愤而冒死冲锋。费萨尔还是首次听到这则轶事。我提起此事，深深触痛奥达的痛心事。他信誓旦旦地说他今天已经奋勇作战了，只不过情势不利于部落民族的作战，我仍继续与他抬杠，于是他愤愤不平地掉头走出帐篷。

梅纳德与我在随后的几天都在观察战情。阿布塔伊族人攻下车站东方两座哨站，萨利赫·谢费亚则掳获一挺机枪与二十名战俘，这些战果让我们得以在马安四周自由地活动。第三天，贾法尔的炮兵猛烈轰击南方山岭，努里·赛义德则率领一支突击队攻打车站，到达藏身处时，负责掩护他们的法国炮兵却停火了。我们在福特车上观察战情，这时努里一身英挺的戎装，还戴着手套，抽着白石南木烟斗，过来与我们碰头，并要求我们去找炮兵指挥官皮萨尼上尉，敦促他快点开炮支援。于是我们去找皮萨尼，却发现他垂头丧气地搓着手。他的炮弹都打光了，他说他曾一再要求努里别挑这个弹尽援绝的节骨眼发动攻势。

我们一时也束手无策，只能眼睁睁看着人员再由车站旁冒着枪林弹雨冲回来。沿路都是穿着卡其服的伤兵，肢残臂断，眼神因痛苦而更为锐利，以谴责的眼光瞪着我们。他们血肉模糊的身体已不听使唤，不由自主地抽搐着。我们可以看得很清楚，也可冷静地思考，却听不到声响。我们因为知道我们已失败而暂时失聪了。

事后我们才知道，步兵表现出令人意想不到的高昂斗志，在机枪的掩护下充分利用地形地物，奋战不懈。由于他们自动自发地冲锋陷阵，所以只折损了三名军官。马安之役让我们了解到，虽然英军攻势受挫，阿拉伯部队仍可独当一面。这使我们在研拟计划时更能灵活调度，所以这场失败也因祸得福。

四月十八日清晨，贾法尔明智地决定不能再损兵折将，率领余众撤回塞姆纳的据点。他与土耳其部队的指挥官是大学老友，于是送了封劝降书，要求他们投降。对方的回答是很想投降，奈何上级有命，要求他们战到最后一枪一弹。贾法尔提议休兵，他们可以借机将子弹打光，但土耳其部队仍犹豫不决，到后来杰马勒帕夏又由安曼调来援军，重新夺回浙当，并派兵护送粮食与弹药到这座被围困的城内。铁路则瘫痪了数星期。

我搭车前去与道内会合。我对他这个正规军官开着装甲车这么复杂的武器打他的第一场游击战，觉得有点忧心忡忡。另外，道内也不会说阿拉伯语，他的骆驼专家皮克及军医马歇尔说得也不大流利。他的队上有英国人、埃及人、贝都因人，埃及人与贝都因人一向水火不容，所以我在半夜到他位于泰尔夏姆上方的营地，并自告奋勇地要当他的翻译。

所幸道内接纳了我，并带我到他的战线巡视。场面相当壮观。机动车辆整齐地排列在一处，装甲车辆排在另一处，卫兵与哨兵都已各就各位，机枪也已就绪，连阿拉伯人也隐身在山后一处战术据点，充当后援，但让人完全看不到也听不见。哈查亚族长与道内不知是用了什么法术，竟然让他们乖乖地留在指定地点待命。我看得咋舌不已，几乎脱口说出"如今万事俱备，只欠敌人了"。

道内谈起他的计划后，更令我叹服。他已拟妥万全的作战计划，全是非常正统的军事术语，还将时间归零来安排一系列的行动。每个单位都有自己的任务：我们（装甲车队）在拂晓时将由占有地利的山头朝"平原哨站"发动攻击，乔伊斯与我上次挫败时曾坐在这座山头上苦笑；机动车队则打算在天亮前便"攻占车站"，并朝战壕发动奇袭；然后一号车与三号车将于归零后的一时三十分，前去摧毁作战图（缩尺二十五万分之一）上标示的 A 号桥与 B 号桥，其余车辆朝"岩石哨站"推进，在哈查亚族长与阿拉伯人的支援下展开攻势（归零后二时十五分）。

在塔布兹编号四〇五三一与四一二二六位置的霍恩比与爆破人员，随后前去炸毁编号 D、E、F 的桥，其余队伍则开始用午餐。午餐后，当阳光低垂，透过海市蜃楼仍有清晰的能见度，也就是归零后八时，大军将攻打"南方哨站"：埃及部队由东方，阿拉伯部队由北方，负责掩护的是装甲车上的长程机枪，与位于"瞭望岗"的布罗迪的十磅炮。攻下这座哨站后，大队再朝泰尔夏姆车站进军，这时布罗迪再转由西北方朝车站炮轰，空军同时（于归零后十时）由瓦地伦的平原起飞，前去轰炸，装甲车辆由西方逼近。阿拉伯部队跟着车队前进，皮克则率领骆驼部队由南方哨站下山。计划中指明，"于归零后十一时三十分占领车站"。不过事与愿违，因为土耳其部队不晓得有这么个计划，匆忙中提前十分钟投降，使这个不流血的计划出现唯一美中不足之处。

我不客气地问道内："哈查亚能弄懂这套计划吗？"道内告诉我，哈查亚没有表可以对时（道内顺道说："对了，老兄你的表现在是否也该戴上了？"），所以在车队往北推进时就跟着前进，然后再依实际传达的命令展开行动。于是我告退，躲起来睡了一个小时。

天亮时，我们看到装甲车已悄悄接近仍在睡梦中的战壕，土耳其部队惊惶失措，吓得高举双手走出来，行动简单得像在摘取成熟的蜜桃。霍恩比率领两部劳斯莱斯汽车上阵，在 A 号桥上安置一百磅炸药，将之炸得碎如齑粉。我与道内威风凛凛地坐在第三部车内督阵，这轰然巨响差点将我们震出车外，于是我们跑过去，教霍恩比如何炸涵洞才能节省炸药。接下来的几座桥也依序被炸得支离破碎。

还在炸 B 号桥时，装甲车的机枪已开始朝"岩石哨站"的掩体扫射，这些以厚石墙围成的据点位于陡峭的山丘上，车辆无法上山。哈查亚早已就绪，此时更是摩拳擦掌，亢奋不已。土耳其兵被四挺机枪扫射得手脚发软，阿拉伯人才一开始冲锋，他们便迫不及待地投降了。这是第二颗蜜桃。

接下来是大部分人的空当，但霍恩比则仍有事待办，我也以助理工兵官的身份助他一臂之力。我们开着劳斯莱斯车沿铁路而下，车上载着两吨炸药，我们走到哪里炸到哪里，桥梁与铁轨齐飞。车上的士兵负责掩护我们，有时候他们也躲在车上找掩护，以免被漫天呼啸飞舞的碎片击中。有一块二十磅重的打火石飞坠在机枪座上，所幸只把枪座撞凹了，没任何伤亡。众人纷纷利用机会在爆破时拍照留念。这真是场豪华的战斗，有这么壮观的爆破，我们自得其乐。悠闲地用过午餐后，我们前去观看"南方哨站"的攻防战。这个据点也准时地攻了下来，但与原先构想不尽相符。哈查亚与手下由于太过激动，根本无法像皮克及埃及部队般互相掩护逐步推进，反倒将之当成是障碍赛跑，骑着骆驼爬上那座小丘，直奔战壕。土耳其部队早已兵困马疲，见状后厌烦地投降了事。

然后便是当天的重头戏了：进攻车站。皮克由北面进军，他数度挺身暴露在枪火中指挥手下前进，次数不多，因为他们并不是想抢功的勇士。布罗迪仍然依他平日的水准精准地朝那些据点猛轰，这时飞机也已残酷无情地如秃鹰般在上空盘旋，并朝战壕内投弹。装甲车在炮弹扬起的阵阵浓雾中挺进，一排土耳其兵也垂头丧气地举着白旗，由烟雾中走出来。

我们发动劳斯莱斯汽车，阿拉伯人跨上骆驼，皮克的手下如今胆子也壮起来了，奋不顾身地往前冲，几路人马疯狂地奔向车站会师。我们的车队拔得头筹，我抢下车站中的钟，是大马士革制的黄铜精品，第二个弟兄抢到剪车票的打孔器，第三个抢的战利品是盖车票用的戳章。惊惶失措的土耳其兵愣在一旁，也显然有点不满，没想到我们只顾着抢东西，把他们冷落在一旁。

没过多久，贝都因人狂啸一声扬长而入，展开他们有史以来最疯狂的掠劫行动。车站内有两百支步枪、八万发子弹、无数炸弹，以及堆积如山的粮食和衣物，每个人都抢得不亦乐乎。一峰骆驼在进入车站的调车场时不幸踩到地雷，引爆后造成一场虚惊，原本喧嚷的场面更是乱成一团，他们以为布罗迪还在对车站开炮。

这期间埃及军官找到一间完整无损的仓库，于是派了一队卫兵看守，因为他们也闹缺粮。哈查亚那批贪得无厌的手下，此时抢得意犹未尽，而由于他们并不认为埃及部队有权与他们瓜分战利品，双方展开火并。不过我们居间斡旋，最后敲定先由埃及部队取走他们需要的口粮。随后则是各展所长的你争我夺，库房墙壁差点被挤破。

泰尔夏姆车站的战利品十分丰硕，连阿拉伯人十有八九都心满意足。隔天早晨，只剩哈查亚与少数几人与我们继续推进。道内计划中的下一个目标是拉姆拉车站，但他仍未拟妥明确的攻击计划，因为这个据点尚未经过探勘。所以我们派韦德驾驶装甲车前往，另派一辆在后面接应。他悄悄开向车站，未发一枪一弹便进入车站前的广场，小心翼翼地避开遍地的地雷。

车站已经关闭了。韦德朝门窗扫射一排子弹，没任何动静，于是下车搜查，发现车站内空无一人，却堆满令人垂涎的食物，足以让哈查亚及几位仍忠心耿耿继续跟我们推进的贝都因人不虚此行。随后我们又炸毁数英里长的铁轨，直到认为所造成的破坏足以让土耳其最大的修护队忙上两个星期，这才歇手。

第三天的目标是慕达瓦拉车站，但我们兵力不足，不敢抱太大期望。阿拉伯人全都抱着战利品回家了，皮克的手下根本无法担当攻坚的重任。然而，慕达瓦拉仍有可能像拉姆拉一样，自乱阵脚，不战自败，所以我们当晚就睡在刚攻占的车站旁。精力充沛的道内派卫哨兵在外站岗，这些卫兵也和道内一样活力十足，他们模仿白金汉宫前的卫兵那一套，在我们就寝的临时总部前来回踢正步巡逻，待我醒后，才教他们如何在沙漠中担任警戒勤务。

我们一早便开着马力强大的汽车驶过细沙与打火石的平坦平原，前往慕达瓦拉探勘，一路驶来气派非凡，有如国王出巡，柔和的朝阳仍在我们身后的东方冉冉上升。我们靠近车站后，看见站内停着一部相当长的火车。是援军，还是要撤兵？不久后，他们以四尊大炮朝我们猛轰，其中有两尊是火力旺盛、准头十足的澳洲制榴弹炮。他们可以在七千码内弹无虚发，我们这时也只好狼狈不堪地落荒而逃。随后我们绕了一个大圈，到达我以前曾与查阿尔炸毁第一部火车的地点。我们将当时土耳其巡逻队曾用来午睡的大桥炸毁，随后再回到拉姆拉，沿路炸毁无数铁轨与桥梁，以确保能让交通瘫痪，让法赫里无法修复。这时费萨尔则派穆罕默德·戴兰去攻打我们与马安之间的各座车站，道内在一天后也加入他们的爆破行列。所以由马安到慕达瓦拉间绵延八十英里的铁路，以及其间的七座车站，全落入我们手中。这一役也使仍在死守的麦地那终告弃守。

我们的参谋群增添了一位由美索不达米亚调来的生力军，休伯特·扬。他是个极富军事素养的正规军官，身经百战，阿拉伯语也说得很溜。他此行的任务就是与我携手合作，联络各部落民族，使我们对付敌人的触角能更为宽广、更上轨道。我为了让他进入状态，放手让他自行召集扎伊德、纳西尔、莫祖克，前去截断由马安北向的八十英里铁路，我自己则前往阿卡巴，再搭船前往苏伊士，与艾伦比讨论后续行动。

第九十五章　骆驼大礼

道内与我会面，在前去晋见艾伦比前先讨论我们要作的简报。博尔斯将军开心地笑脸相迎，说道："我们已经去攻打索尔特了。"他看我们满脸讶异，于是解释：班尼沙赫族的族长有一天早上到杰里科，主动表示愿意提供他们在瑟梅德的两万名族人与我们合作；他第二天在洗澡时想出一个计划，并就此定案。

我问博尔斯那位班尼沙赫族的族长是谁，他答："法赫德。"竟然胆敢抢我的地盘，我越听越火大。我知道法赫德连召集四百个族人都有困难，而且，目前在瑟梅德根本连座帐篷也没有，那些族人都已南移，前去投效休伯特·扬了。

我们赶忙到总部一探究竟，结果发现博尔斯所言果然不虚。英国骑兵临时奉命，在几名扎本族族长空洞不实的承诺下，已匆匆赶往磨押山脉。这些贪婪的族长也曾为了想分一杯羹而进军耶路撒冷，但全是光说不练之徒。

这时总部内已无其他人。我们的战神艾伦·道内的哥哥盖伊·道内，当初进军耶路撒冷的计划即是由他所拟，此时已转调至海格的阵营；负责研拟于秋季进军大马士革计划的巴塞洛缪，这时也仍在切特伍德的帐下。所以几个月来，艾伦比麾下一直缺乏独当一面的大将。

因此，我到耶路撒冷会见当时已担任总督的斯托尔斯时，难免为了博尔斯草率进军而抱怨不已。班尼沙赫族人此刻如果不是还懒散地待在帐篷内，便是去投效休伯特·扬了。肖韦尔将军失去他们的支援，只能眼睁睁看着土耳其再度将约旦河谷打通，并将他刚占领的道路夺了回去。所幸艾伦比警觉性高，发现苗头不对，没有贸然投入兵力，才避免进一步的伤亡。然而我们仍损失惨重。这场挫败让英军学了个教训，知道以后在费萨尔面临困难时应更有耐心；土耳其也借此了解安曼地区是他们的弱点；班尼沙赫族人则了解英国人很不可理喻——或许不是英勇的战士，不过在居于劣势时竟还敢出战。这次挫败也使费萨尔想在班尼沙赫族支援下独立作战的希望幻灭，这个谨慎又富裕的部落找盟友时都挑可靠的才肯卖命。

我们若只是面临单纯的敌人，则行动相当明确，但如今却因为盟友打退堂鼓而骑虎难下。我们必须向艾伦比调兵，他对此相当不悦。德国攻打法国，已使他抽调不少兵力前去救援。他还守得住耶路撒冷，但无法再损兵折将，更无法数个月持续进兵。陆军部承诺要由美索不达米亚调印度部队支援他，他可以利用这支援军采取印度模式重整兵力。或许，在夏季后，他可以再度投入战场，而目前我们只能按兵不动。

这是艾伦比在五月五日告诉我的，史迈兹也安排在这一天大举北伐，当作进军大马士革与阿勒颇的前奏。他安排在这时候出师，使我们面临攻打马安失利的窘境，艾伦比的无兵可用更令我们面临敌众我寡的困境。此外，由安曼增援的土耳其部队如今可以谈笑用兵，将我们驱离阿巴里森，一路赶回阿卡巴。局势如此险恶，联合作战（其实是互相指责）的居间协调重担又落到我头上来。最后，艾伦比仍大力支援，使我们松了口气。他在约旦建立无数的滩头堡，让敌军以为他又要大举来犯，因而倍感威胁。他借此牵制住安曼的敌军。另外他也提供我们必要的技术装备，让我们实力大增。

我们借机要求不断对汉志铁路展开空袭。于是萨蒙德将军奉召前来，他也和总司令一样慷慨，且言出必行。皇家空军自此开始不断骚扰安曼，直到土耳其战败为止。敌军在这期间动弹不得，主因之一就是他们的铁路被我们的空军摧残得柔肠寸断。我与艾伦比在喝下午茶时，他提起西奈的"帝国骆驼旅"，并且遗憾地表示由于目前财务吃紧，他必须撤除这支部队，将原来的人员用来充当后援部队。我问："你打算如何处理那批骆驼？"他笑着说："问Q。"

于是我顺从地穿过满布尘垢的花园，去找被称为Q的军需官（Quartermaster）华尔特·坎贝尔爵士——作风非常苏格兰（小气），向他重述我的问题。他坚决地表示，这批骆驼要调拨为第二支印度增援部队载运辎重之用。我向他解释，我想调用其中的两千头。他一开始装聋作哑，后来则回答：如果答应了，我会得寸进尺。我据理力争，但他丝毫不为所动。当然，身为Q，抠一点也是天经地义的事。

我再回去找艾伦比，在他的幕僚面前大声说道，共有两千两百峰可以骑乘的骆驼，以及一万三千峰驮行李用的骆驼，全都要调拨去载运辎重，不过，骑乘用的骆驼终究还是骑乘用的骆驼。他的参谋们闻言吹了声口哨，装出很明智的表情，仿佛他们也一样怀疑，骑乘用的骆驼岂可大材小用去驮辎重。我略施小计，总算如愿以偿。每个英国军官为了面子问题，都得表现出很懂动物。所以总司令邀请华尔特·坎贝尔爵士当晚共餐，我也就不觉得意外了。

我们各坐在艾伦比左右两侧，在开始上汤时，艾伦比随口聊起骆驼经。华尔特·坎贝尔爵士劈头就说，这一旅骆驼是天赐的礼物，可以让那支印度部队的运输能力大为增强。说是天赐的，是因为东方人向来渴求骆驼。他弄巧成拙了。艾伦比是英国诗人弥尔顿的忠实读者，对弥尔顿雄浑庄严的诗风也知之甚详，华尔特·坎贝尔爵士这句台词太没说服力了。艾伦比不在乎那支部队是否渴求骆驼，或他们的能力是否增强。

艾伦比朝我眨眨眼："你打算用这批骆驼做何用途？"我兴奋地回答："派一千人去攻占德拉，日期悉听尊便。"他笑了笑，遗憾地朝华尔特·坎贝尔爵士摇摇头："Q，你输了。"胜方欣喜若狂，败方垂头丧气。这是天大的礼物，提供无限机动力的大礼。阿拉伯部队如虎添翼，胜利将唾手可得。

第二天早上，我到阿巴里森凉爽的营地中找费萨尔。我们天南地北地闲聊着历史、部落民族、迁徙、情感、春雨、牧草，最后，我才提起艾伦比已调拨两千峰骆驼给我们。费萨尔愣了半响，然后紧抓住我的膝盖，说："怎么会？"于是我将事情原委告诉他。他跳起来吻我，然后大声击掌。黑奴赫吉里斯的身影出现在帐篷门口。"快点，"费萨尔叫道，"叫他们来。"赫吉里斯问要叫谁。"噢，法赫德、阿卜杜拉·菲尔、奥达、莫特洛格、查阿尔……""莫祖克不用叫？"赫吉里斯怯生生地问。费萨尔大骂他是傻瓜，这个黑奴这才跑出去。然后我说："事情已快到尾声了。你不久之后便可以让我走了。"他抗议道，我必须一直留在他们阵营中，不能像我在乌姆莱季时所说的，只待到攻占大马士革为止。我真想脱身。

帐篷门口传来急促的脚步声，各个族长满脸肃穆地整理衣冠后走进门来。他们一个接一个静静地坐在地毯上，每个人都随口问道："您可好？"费萨尔则回答："赞美真主！"他们个个莫名其妙地瞪着他眉开眼笑的脸庞。

待人员都召集齐全后，费萨尔告诉他们，真主已送给他们制胜的利器——两千峰骑乘用的骆驼。我们的战争从此将可畅行无阻，直到获得最后的胜利。他们讶异地交头接耳。身为大人物，他们也设法保持冷静。他们瞥视着我，揣度我在这件事上扮演的角色。我说："多亏艾伦比鼎力相助……"查阿尔立即打岔，代表众人说："真主佑他和你长命百岁。"我回答："我们胜利在望。"接着起身向费萨尔说："容我先行告退。"然后离去，准备将这件事告诉乔伊斯。几位族长在我身后热烈地讨论将如何采取行动。或许有点孩子气，但这将会是一场漂亮的战争，每个人都可以在不知不觉中获胜。

乔伊斯听到有两千头骆驼增援的消息，也乐不可支。我们想象着应该用这些骆驼来攻打何处，也研究如何将它们由贝尔谢巴运到阿卡巴，还有到什么地方找能让这么大一群骆驼放牧两个月的草地。它们得随着我们四处征战，必须戒掉吃大麦的习惯。

这些都还不是当务之急。我们目前必须先设法在高原上稳住阵脚，继续围困马安，并使铁路保持瘫痪状态。这也是艰巨的重任。

首先是补给问题。我已经将原本的补给队解散了。埃及的骆驼运输部队一直在阿卡巴与阿巴里森之间稳定地运送补给品，但驮负的重量与行军速度远不如我们乐观的估算。我们督促他们增加运送量与速度，却发觉他们因生恐会折损骆驼而不愿让它们太操劳。只要能增加它们的效率，便可以使运送量倍增，所以，我提议接管那些骆驼，将埃及部队遣送回国。

英军由于人力不足，听到我这构想时急得直跳脚。我们一时之间为了临时调度驱赶骆驼的人手忙得晕头转向，原先我们的补给、运输、军械、军需、营区指挥官等职务全由高斯列特一手包办。这么吃重的工作真的太为难他了。所以道内找来一个爱尔兰人斯科特担任营地指挥官，他脾气好，精明干练，阿卡巴从此以后安然无事。军械的工作我们交给布赖特，他是个中士或是士官长。休伯特·扬接掌运输与军需官的职务。

休伯特·扬操劳过度，奔波于奈梅特、汉加亚、班尼沙赫几个地区间，在纳西尔、莫祖克、费萨尔几人间奔走，设法使他们团结一致。另外，他的领导风格也使阿拉伯人无法接受。如果让他接管运输方面的职务，他的能力应该更能发挥。他全力投入，使混乱的情况步入正轨。他的运输部队缺乏物资、鞍座、兽医、药物、骆驼夫，简直不可能顺利上路，但休伯特·扬以他独特的作风，几乎全做到了。也多亏了他，马安高原上的阿拉伯正规军的补给问题终于迎刃而解。

这时我们的起义规模与日俱增。费萨尔在他的帐篷内，不厌其烦地向前去晋见他的宾客宣传阿拉伯建国理念。阿卡巴日渐茁壮，连我们的野战任务也都极为顺利。阿拉伯正规军已第三度占领浙当，这座饱经战火摧残的车站他们几度失而复得，几乎已成为习惯了。我们的装甲车撞见一支由马安想突围而出的土耳其部队，将他们打得抱头鼠窜，令他们再也不敢妄想突围了。扎伊德率领乌黑达北方半数的部队，也力求表现。他旺盛的精力比费萨尔温文儒雅的作风更合职业军官的口味。所以一文一武两兄弟配合无间，也因而得以吸引各路人马汇聚在起义的大旗下。

然而北方仍有隐忧。安曼有一支土耳其劲旅，一旦补给问题解决，便可前往马安驰援。我们借着截断大马士革的铁路，以及皇家空军由巴勒斯坦不断地轰炸，延滞这批补给品的运送。

为了对抗这支劲旅，我们最出色的游击队领袖纳西尔奉命在扎伊德出兵前，先行大肆破坏铁路。他与霍恩比带着大批炸药在赫萨河谷扎营，在皮克的埃及陆军骆驼部队的协助下从事爆破任务。在艾伦比的兵力恢复前，我们必须争取时间，只要纳西尔能对土耳其陆军采取神出鬼没的游击战，争取到一个月喘息的时间，对我们将大有裨益。如果他失败了，马安的土耳其守军将可突围而出，敌军集结后也会再度在阿巴里森大肆屠戮。

第九十六章　空　袭

　　纳西尔依照他的老招式攻打赫萨车站，先在前一晚截断往南与往北的铁路，然后在曙色初露时朝车站猛烈炮击。炮手是拉希姆，使用的则是在麦地那、沃季、塔菲拉等战役中用过的老古董克虏伯炮。在土耳其防御力削弱后，阿拉伯人即刻冲入车站，班尼沙赫族与豪威塔特族争先想抢头功。

　　当然，我方毫无伤亡。这种战术一向如此。霍恩比与皮克将当地夷成平地，他们炸毁水井、水塔、火车头、水泵、建筑物、三座桥梁、车厢，以及大约四英里长的铁轨。第二天，纳西尔再往北推进，摧毁法来夫拉车站。皮克与霍恩比当天与隔天仍持续爆破工作。这一役似乎是我们规模最庞大的爆破行动。我决定亲自去一探究竟。

　　我率十二名手下同行。我们在雷希狄雅山岭下方时，经过那棵名为谢加雷特泰亚的孤树。我的豪兰籍手下在它多刺的枝干前勒住骆驼，树枝上有无数已褪色的衣服碎片，原是旅人供奉的衣物。穆罕默德说："该你了，穆斯塔法。"穆斯塔法无奈地跨下鞍座，将衣服一件件脱掉，几乎全裸，然后躺在乱石堆上。其他人也跨下骆驼，各自拔了根树刺，神色肃穆地排成一列，将这些刺（又硬又尖像黄铜一般）戳入他的肉中，留在他体内。亚格利人瞠目结舌地望着这仪式，但在还没结束前就像猴子般跨下骆驼，邪门地笑着，也去摘树刺，朝穆斯塔法身上最痛的各个部分刺进去。穆斯塔法闷不吭声地颤抖着，直到穆罕默德以称呼女性的语法说："起来。"他这才难受地将刺拔出，穿上衣服，然后再度跨上骆驼。阿卜杜拉不知道这种惩罚仪式的典故，依豪兰人的态度看来，他们也不希望我追根究底。我们在赫萨找到纳西尔，他因为担心敌军空袭，带着六百人马藏身在绝壁与树丛间，已有不少人于空袭时遇难。有一次，十一峰骆驼正在饮水，一枚炮弹落在水池内，使它们悉数丧命。我们致函空军副元帅萨蒙德爵士，要求他发动报复性反击。

　　铁路仍在纳西尔的掌控中，霍恩比与皮克手中只要有火药，便去炸铁轨。他们有如在比赛爆破，也发展出一套新的爆破铁轨的方式，可将整个路段炸翻，有如用刀切割一般。由北方的沙坦尼以迄南方的哲夫，爆破范围不断扩大，绵延了十四英里长。纳西尔很清楚他这种爆破工作的重要性，也很有希望持续下去。他在两片凸出的石灰石岩壁间找到一处很舒适且可躲避空袭的洞穴，两片岩壁像牙齿般咬合，在翠绿的山腰处分开。这季节山谷中的热气与苍蝇还不致令人却步，其间还有潺潺流水，土壤肥沃，牧草鲜美。山谷外便是塔菲拉，如果纳西尔面临严重威胁，他只需送个口信，村里的农民就会骑着挂着铃铛的小马，冲过来支援他。

我们到达的那天，土耳其派出一支由骆驼部队、骑兵、步兵等组成的兵力，试图反扑，夺回法来夫拉。纳西尔立刻挺身迎敌。他的机枪朝土耳其扫射时，阿布塔伊族已经冲了出去，并掳获所有骆驼与若干马匹。将骑乘用的骆驼暴露在贝都因人的视线中，保证会被抢走。

随后我与奥达同行，到山谷的分叉处，这时我们听到头顶传来飞机引擎的闷哼声。一时万籁俱寂，连小鸟与昆虫都畏首噤声。我们躲入巨大的落石间，听到第一枚炸弹投在山谷稍下方皮克的营地附近。飞机是朝我们这方向飞来的，因为第二枚炸弹距我们更近。第三枚就投在我们面前，落在我们刚掳获的骆驼群旁，轰然一声巨响，尘土满天飞扬。

待烟尘消散后，我们看到有两峰骆驼痛苦地躺在地上抽搐着。一个满脸血肉模糊的人，高叫着朝我们的岩石跟跄地跑过来，血由他脖子间喷涌而出。他伸出双臂摸索，盲目地在岩石间跌跌撞撞，因痛苦而疯狂。过了一阵子他静静地躺下，靠近他的人试着趋前探视，但他已然停止呼吸。

我再回去找纳西尔，他正与班尼沙赫族的族长米施盖尔的弟弟纳瓦夫·法伊兹安然藏身于洞穴中。纳瓦夫为人狡诈，死爱面子，为了在公开场合维护自己的尊严，可以不惜私底下采取各种下三滥的卑鄙勾当。但这时他被吓慌了。所有法伊兹家族的人都是这种德性，他和他们一样反复无常，也和他们一样口若悬河，眼神游移不定。

我在战前即与纳瓦夫结识，一年前则秘密再见过一次面，那时我们一行三人，在日落后潜入他们家族在济扎附近的豪华帐篷。法伊兹家族中最年长的法瓦兹是个德高望重的阿拉伯人，也是大马士革反土耳其团体的成员，在争取独立的团体间颇受景仰。他热忱地招待我，以大餐宴请我，然后在我们聊得尽兴之后，取出他最豪华的棉被供我取暖。

我就寝后一两个小时，突然有人隔着带烟味的胡子向我低语。是法瓦兹的弟弟纳瓦夫，他向我透露，法瓦兹表面上很友善，但其实已派流星马前往济扎通风报信，不久就会有军队来抓我了，到时我们只能束手就擒。我的阿拉伯随从听到后立刻进入战斗位置，打算做困兽之斗，至少在死前杀几个敌人陪葬。这种同归于尽的做法令我不悦。如果面临赤手空拳的肉搏战，我就死定了。被触碰的嫌恶感，比死亡及战败更令我难以忍受，或许因我年少时曾与人格斗，造成对肉搏战留下无法磨灭的恐惧，或者是因为我崇尚智慧而贬抑肉体，所以不愿借肉体来求生。

我低声向纳瓦夫请教他的意见。他蹑手蹑脚地走出帐篷。我将我的几件随身物品塞入鞍袋中，也跟了过去。他的帐篷就在隔壁，帐篷后方跪坐着几峰骆驼，鞍座都已系妥。我们悄悄跨上骆驼。纳瓦夫骑着马，腿上摆着一支步枪。他带我们穿越铁路，进入沙漠中，然后依星座指示我们如何走到目的地拜尔。几天后法瓦兹就死了。

第九十七章　拨云见日

我向费萨尔解释，纳西尔破坏铁路的行动可以再持续一个月。土耳其即使能摆脱他的威胁，也要在三个月后才能朝我们所在的阿巴里森进军。到那时候，我们的骆驼生力军应该已进入状态，可供我们自行发动攻势了。我建议他要求他父亲侯赛因国王将目前由阿里与阿卜杜拉指挥的正规部队全调到阿卡巴。若有这支部队支援，我们的正规军员额将达一万余名。

我们可将他们兵分三路：一部分围困马安，使其无法动弹；一千名骑着我们的新骆驼，前去攻击德拉与大马士革间的地区；另一支部队由两千至三千名步兵组成，往班尼沙赫地区推进，在杰里科与艾伦比会师。骑骆驼的长途突击队借着孤立德拉或大马士革，将迫使土耳其由巴勒斯坦抽调一师甚至两师的兵力前去支援，借此削弱敌军兵力，将可让艾伦比有能力设法将他的战线推进至纳布卢斯。若能攻下纳布卢斯，将可截断磨押的补给线，迫使他们撤回安曼，将约旦谷地拱手让给我们。事实上我献计建议动员豪兰地区全部的阿拉伯人攻占杰里科，此地是我们大马士革这个目标的中途点。费萨尔很赞同这个策略，并修书给他父亲推荐这个计划，要我替他送达。不幸，由于费萨尔最近战果辉煌，功高震主，再加上他受到英国格外的眷顾，老人家吃味，把他的建议都当成耳边风。我为了应付这位老国王，请出负责替他筹募经费的温盖特与艾伦比。我决定亲自走一趟埃及，要求他们致函侯赛因国王，向他施压。在开罗，道内赞同我的计划，将南方的正规军调到阿卡巴，并由我们自行发动攻击。我们去找温盖特，经过一番唇枪舌战后，终于说服他此计可行。他修书给侯赛因国王，强力建议调遣部队去增援费萨尔。我敦促他在信中向侯赛因国王明白表示，唯有他听从我们的建议，才会持续拨经费给他。但温盖特不愿借紧缩银根来施压，只是礼貌而委婉地措辞，麦加那个生性多疑的老顽固必定无法了解此种弦外之音。

然而这已使此计大有可为，所以我们去找艾伦比，要求他向侯赛因国王施压。我们到总部后，感受到截然不同的气氛。这里和往常一样，充满活力与希望，但此时却明显地多了一份分工合作的气氛。艾伦比欠缺挑选幕僚的眼光，主要是他自己太过杰出，使他的部属似乎没必要太出色。但切特伍德却不甘如此，所以安插了巴塞洛缪当他的参谋长，成为他们军中排名第三的人物。巴塞洛缪与道内一样，对外国事务并不熟悉，但军事素养更高、更谨慎，也更尽忠职守，而且是个很友善的团队领导人。

我们向巴塞洛缪说明我们打算在秋季展开攻势的计划，希望借着我们的攻势，可以使他在稍后也得以全力投入战局。他微笑着聆听，然后说我们来迟了三天，他们的新兵已准时由美索不达米亚及印度调来，并展开密集的训练。六月十五日，他们在一次秘密会议后一致同意，这支部队已有能力在九月展开全面且持续性的攻势。

这可说是拨云见日，前途豁然开朗。于是我们去找艾伦比，他开门见山地说，九月底他将展开全面攻击，以完成史迈兹的计划，甚至可攻下大马士革和阿勒颇。我们扮演的角色将如春季时草拟出的计划，必须以两千峰新骆驼对德拉展开突袭。至于行程与细节，则随时依巴塞洛缪的规划另行决定。

我们经常让胜利由指缝间溜走，使我对此大好的局势也不敢太过笃定。所以，为防万一，我还是请艾伦比协助，让阿里与阿卜杜拉的正规部队得以移防。我得到他修书支援后，便前往吉达，却无功而返。侯赛因国王早已风闻我的意图，以正值伊斯兰教斋月为由，躲在他的首都麦加，避不见面。我们以电话联络，每当谈到关键话题时，侯赛因国王便装作电话故障，装聋作哑。我心事重重，没心情和他演闹剧，所以挂上电话，将费萨尔、温盖特、艾伦比等人的信函原封未拆地塞回背包内，搭下一艘船回开罗。

卷九
打破均势局面

第九十八至一百零六章

　　由印度与美索不达米亚调来的新兵经过艾伦比的集训后，迅速进入状态，效果远胜预期，让他得以研拟秋季攻击的计划。双方势均力敌，意指若要获胜，他必须误导土耳其人，让他们以为他们的危险在约旦之外。

　　我们可以借着沉寂六个星期，装作不堪一击，引诱土耳其部队攻击，以助艾伦比一臂之力。

　　然后，阿拉伯人要在关键时刻截断巴勒斯坦的铁路。

　　这种尔虞我诈的骗敌策略需要精确地拿捏时机，因为土耳其倘若太早由巴勒斯坦撤军，或太早朝约旦外的阿拉伯人攻击，将会破坏双方势均力敌的局面。我们向艾伦比借调若干帝国骆驼部队，扭转了原本危机四伏的劣势。朝德拉进军的计划正在紧锣密鼓的制定中，唯一的阻挠来自侯赛因国王很不识时务的因妒生恨。

第九十八章　诱　饵

七月十一日，道内与我再度与艾伦比及巴塞洛缪会商，承蒙他们大人大量与推心置腹，我们得以见识到一个将军的思维模式。这是一种体验：非常专业，令人安心，对我这个在自己不按牌理出牌的游击战中也勉强算是个将军的人而言弥足珍贵。他们在研拟这些计划时，博尔斯正好在休假，华尔特·坎贝尔爵士也不在场。巴塞洛缪与副官埃文斯决定不再墨守成规，将运输队伍重新编制，使他们更有弹性，得以持续乘胜追击。

艾伦比信心十足，他在攻击前去检阅已秘密集结静待命令的部队，告诉他们，他相信在他们的协助之下，可以掳获三万名战俘。在战况仍胶着不明时有如许自信！巴塞洛缪则忧心忡忡，他说要在九月前将整个部队脱胎换骨，实在强人所难，即使勉为其难地让他们有应战能力（事实上有几个旅在首次出征时便已令人刮目相看），也万万不可一厢情愿地认定一切能如计划进行。这计划只能在沿岸地区与火车总站拉姆拉遥遥相对之处执行，只有此地能囤积所需的补给品。这一点显而易见，虽然土耳其人目前不予理会，但他不相信他们会一直视若无睹。

艾伦比的计划是，在九月十九日前将步兵与骑兵集结在拉姆拉下方的柑橘园与橄榄园，同时要在约旦山谷展开大规模骗敌战，诱导土耳其将大批兵力往该地集结。索尔特两度遭袭，已使土耳其格外留意约旦以外的地区，当地若有风吹草动，无论是英国或阿拉伯的突袭，都会引来土耳其的严加戒备，可见他们有多戒慎恐惧。在沿岸地区，也就是真正的危险地带，敌军反倒只有寥以充数的守军。要成功，关键就在于让敌人继续受此致命的误导。

在迈纳茨哈根奏捷后，原本被一般的将军视为雕虫小技的骗敌战，已成为艾伦比的主要战略。于是巴塞洛缪必须将埃及的所有报废帐篷搭起（在杰里科附近）；也要将兽医院与患病牲口移往当地；只要找得到地方，就扎起假营地，在其中安排假马和假部队；要炸毁更多桥梁；要将所有掳获的大炮集中对准当地敌军；并在适当日子让非战斗队伍沿那些尘垢满布的道路推进，让敌军认为我们即将发动最后的攻击。同时皇家空军则将最新型的战机倾巢而出，到该地上空盘旋。我们的空中优势将使敌军在那期间无法做空中勘察。

巴塞洛缪希望我们由安曼全力支援。然而他还是一再叮嘱，即使计划周详，成功仍是未定之天，因为土耳其只要将沿岸地区的防线后撤七八英里，便可以安全无虞，我们则必须重新集结兵力。如此一来英军将有如搁浅的鱼，在岸上束手无策，所有的重炮、军需补给、营地，全在摆错的位置，而且往后也没有橄榄树园可以供我们藏身了。所以，他虽然也信誓旦旦地说英军必会全力以赴，但仍不忘再三叮嘱我们，千万不要让阿拉伯部队集结在无法撤离的据点。

眼见前途光明灿烂，道内与我赶回开罗，紧锣密鼓地展开筹划工作。这时阿卡巴有消息传来，使如何据守高原以抗拒土耳其又成为问题。土耳其不久前已将纳西尔逐出赫萨，这时正打算在八月底进军阿巴里森，而我们进军德拉的计划也挑在这个时刻发动。除非我们能将土耳其牵制住两星期，否则原来的计划都将泡汤。必须另谋良策才行。

在这危急存亡之秋，道内灵机一动，想到帝国骆驼部队硕果仅存的一个营。或许总部愿意将这支部队借调给我们，借以使土耳其错估情势。我们打电话给巴塞洛缪，他了解我们的意图，也立即汇报给在亚历山勒塔的博尔斯和艾伦比。在几番电报往返后，我们终于如愿以偿。巴克斯顿上校与手下三百人员借调给我们一个月，有两个附带条件：第一，我们必须立刻提出作战计划；第二，他们不得有任何伤亡。巴塞洛缪觉得有必要为既堂皇又温馨的第二个条件向我们致歉，因为他觉得这条件太缺乏军人气概了！

道内与我坐下来研究地图，敲定让巴克斯顿由苏伊士前往阿卡巴，再经由瓦地伦夜袭慕达瓦拉，之后再取道拜尔摧毁安曼附近的桥梁与隧道，随后于八月三十日折返巴勒斯坦。他们的攻势应当可让我们高枕无忧一个月，我们的两千峰骆驼也可借此时机学习改吃牧草，以及驮载巴克斯顿的部队需要的粮秣。

正在研拟这些计划时，阿卡巴方面又传来另一个方案，是休伯特·扬以我们在六月间由豪兰的阿拉伯人独立作战这想法为基础，替乔伊斯拟出来的。他们将两千人马所需的食物、弹药、粮草，以及由阿巴里森到德拉间的运输，巨细靡遗地罗列出来。他们将我们所有的资源皆列入考量，研拟出一套行程，打

算在十一月将所有物资辎重集结完毕，展开攻势。

即使艾伦比的兵力尚未部署，此计亦注定要失败。这套计划需依赖阿拉伯正规军支援阿巴里森，但侯赛因国王已拒绝此议。此外，十一月已濒临冬季，豪兰地区的道路泥泞难行。

天气与兵力之优劣或许见仁见智，但艾伦比已打定主意要在九月十九日发动攻势，也要我们在两至四天前先展开行动。依照他的说法，只要有"三个男人与一个小孩，带着手枪"在九月十六日出现在德拉前方，便可以算是完成任务。这将比在这日子之前或之后一星期率千军万马去攻城还有效。事实上，他根本不在乎我们的战力，也不将我们列入他的战术考量之内。对他而言，我们的作用只是心理层面，让敌方将领将注意力集中在约旦战线。我站在英国的立场，对他的看法敬表同意；但我站在阿拉伯的立场，却觉得扰乱敌心与冲锋陷阵同样重要，一个是为了替盟友争取胜利，另一个则是为了建立阿拉伯人的自尊。若无法亲自打胜仗，终究是种缺憾。

所以，我们毫不犹豫地将休伯特·扬的计划束之高阁，转而自行研拟计划。由阿巴里森到德拉需两星期，截断三条铁路再撤回沙漠重整兵马，也需一星期。我们的突击队必须携带可维持三星期的口粮。这一幕已浮现在我脑海——我们两年来一直在过这种生活，所以我立刻向道内提出我的构想，认为我们的两千峰骆驼可一路无需补给，自给自足，只要配备五百名会骑骆驼的正规军步兵、法国制点六五连发炮、相当数量的机枪、两部装甲车、爆破兵、骆驼侦察兵、两部飞机，直到我们任务完成。这似乎是将艾伦比所谓的"三个男人一个小孩"作较为广义的解读。我们将此计告诉巴克斯顿，也获得总部的祝福。

我回到营地告诉休伯特·扬及乔伊斯，知道他们精心策划出来的计划被弃而不用，他们颇感不悦。我没说穿他们的计划虎头蛇尾以及时效太迟，我将改弦易辙的原因归诸于艾伦比的兵力已恢复。我的新构想是在往后一个半月间，环环相扣地展开复杂的奇袭行动，由英国的骆驼部队"劫掠"德拉的土耳其部队。

乔伊斯认为我犯了大错。他认为让外国人参与这种劫掠，会让阿拉伯人觉得颜面无光，让他们一个月后就此离去，情况会更糟。休伯特·扬以一句顽固而强悍的"不可能"否决了我的构想。他认为骆驼部队会占用驮行李的骆驼，那原本是要用来突袭德拉的，我贪心地想脚踏两条船，最后会两头落空。我据理力争，也因而与他们吵得面红耳赤。

我先驳斥乔伊斯关于帝国骆驼部队的观点。我说他们会挑一天早晨到达阿卡巴——不会引起任何阿拉伯人的注意，然后同样匆匆地消失踪影，前往瓦地伦。他们将由慕达瓦拉前往基西尔桥，一路行经的都是黄沙大漠，阿拉伯正规军不会与他们打照面，阿拉伯村落也不会有他们的消息。这种神龙见首不见尾的行军将使敌方的情报单位认定，原本已经裁撤的骆驼部队如今正在费萨尔的前线。费萨尔获得如此庞大的增援，必会使土耳其大为担心铁路的安危，巴克斯顿在基西尔露面，会使他们认为是初步的侦察行动，也必将引得谣言纷起，认为我们打算进军安曼。乔伊斯被我说得哑口无言，随后也转为支持我的构想。

对休伯特·扬所提运输上的困难，我丝毫不为所动。他刚到此地，却铁口直断地说我的问题无解。其实我早就经历过这种旅程，几乎不费吹灰之力，因此我知道那根本称不上是难题。我们让他自行处理骆驼部队的负重与行程问题，因为那是他这个正规军人的专业。他虽然什么都不愿承诺（只说不可能做到），但事实证明我们确实做到了，而且提前两三天完成。突袭德拉是另一个议题，我就这计划的特性与装备逐一与他争论。

我先将到达拜尔之后所驮的粮草去除，那是最累赘的一项。休伯特·扬开始冷嘲热讽，认为骆驼将会饥饿难熬，但今天德拉地区的牧草肥美。我也去除了人员在第二波进攻及回程的口粮。休伯特·扬大声讥讽道，或许人越饿打起仗越有精神。我向他解释，我们将靠当地的物产过活。休伯特·扬认为当地贫瘠，物产匮乏，我则说物产丰隆。

休伯特·扬说攻击后的十天回程将要饿肚子，但我不打算回阿卡巴。他问那我到底是打算打胜仗还是打败仗。我指出，每个人都骑着一峰骆驼，若每天宰杀六峰骆驼，我们便无挨饿之虞。然而这仍无法使他心服。我进一步删减他的汽油、机动车辆、弹药，务求刚好够用，绝无呆料。他拿出正规军那一套来驳斥我，于是我老调重弹，告诉他我们得以打败土耳其就是靠着不按牌理出牌，休伯特·扬的计划之所以窒碍难行，就是因为太精确了。

我们以另一套计划取代，派遣一支一千人的骆驼部队到阿兹拉克，在九月十三日前集结完毕。我们要在十六日包围德拉，截断当地的铁路，两天后再往东折返汉志铁路，静待艾伦比发动攻势。为防万一，我们可在德鲁兹山脉购买大麦，并储放在阿兹拉克。

努里·沙兰会与我们同行，可能的话也会带着鲁瓦拉族，还有瑟狄叶族、塞拉因族，还有塔拉勒·哈雷齐姆所率领的"低洼地区"的豪兰农民。休伯特·扬认为这太冒险了。乔伊斯看我们争得面红耳赤，自己悠哉地作壁上观，也颇想一试，但怀疑我的企图心不够。不过，可以肯定的一点就是，两人都会全力以赴，因为此计早已定案。道内也出力不少，他帮我们从总部调借来一位经验丰富、老练机灵的参谋官斯特林。斯特林爱马成痴，这使他与费萨尔及那些族长志同道合，轻易打成一片。

我们颁发若干英军的勋章给几位阿拉伯军官，以表彰他们在马安之役的英勇表现。艾伦比的这些勋章激励了阿拉伯正规军的士气。努里·赛义德自告奋勇要率领德拉之役，他胆识过人，德高望重，临危不乱，确实是理想的将才。他从正规军中精挑细选出四百名最优秀的人手。

法国的指挥官皮萨尼也来头不小，他曾得过军功十字勋章，并积极地想争取优异服役勋章，所以亲自携带四尊施奈德牌大炮上阵，那些大炮是布雷蒙离职后，库斯送给我们的。他也和休伯特·扬争得面红耳赤，想争取半数骆驼供他载运弹药、骡子饲料、他的人员，还有他的私人厨房。整个营地内热闹非凡，情绪亢奋，大家忙进忙出，前程似锦。

我们自家人的内讧仍暗潮汹涌，但那也是在所难免。阿拉伯事务如今已越来越棘手，非我们这小单位所能掌控。不过接下来这一仗也可能是最后一搏，我们只要相忍为国，或许可望毕全功于一役。问题只在于我们之间的意气之争，多亏乔伊斯宽宏大量，大公无私，不管我如何专横跋扈，我们总算能舍弃私怨，保持足够的团队精神，不致分崩离析。我也有足够的自信，若有必要，可一肩扛起所有重任。他们总认为我说这种话时太自命不凡，但我的信心并不在于能将一件事做得尽善尽美，而在于出状况时设法补救，不是任其自生自灭。

第九十九章　飞向杰佛

　　此时已是七月底，远征德拉的部队八月底便得上路。这期间必须有人引导巴克斯顿的骆驼部队依计划行事，也必须有人去联络努里·沙兰，还要有人教装甲车部队如何辨识前往阿兹拉克的道路，也得帮飞机找停机坪。忙碌的一个月。努里·沙兰离我们最远，所以优先处理。我们通知他在八月七日到杰佛与费萨尔会面。接下来就是巴克斯顿的部队了，我以密函通知费萨尔他们即将抵达，为了确保没有伤亡，他们攻打慕达瓦拉时必须绝对保密，攻其不备。我要亲自带领他们走最艰险的第一段路程，穿越阿卡巴外围的豪威塔特族地盘，到达瓦地伦。

　　所以，我动身前往阿卡巴，到当地后巴克斯顿让我向各个连队说明他们的行程，以及前来协助的盟友是如何的没耐心。我恳请他们，如果与那些阿拉伯人发生冲突，就设法装做若无其事。一则是因为他们毕竟比阿拉伯人受过更多教育，应该更宽容；再则也是因为他们人数少，真吵起来还是自己倒霉。经过一番耳提面命后，我们启程上路，骑过闷热的伊腾峡谷，经过内志红色的岩壁下方，再走过伊姆兰像乳房般的山坡，山势逐渐高耸，朝气势雄伟的瓦地伦攀升，直到我们穿越哈扎勒岩壁间的缺口，进入圣殿般的冷冽水泉中。这里的景观开始高耸入云，人类在山脚下渺如微尘。

　　这支部队在瓦地伦首度体验与阿拉伯人平起平坐地喝水，觉得很麻烦。不过他们都很温和。巴克斯顿曾在苏丹担任官职，会说阿拉伯语，对游牧民族的习性相当熟稔。他很有耐心，脾气很好，善解人意。哈查亚设法规诫阿拉伯人，出力不少，随行的斯特林与马歇尔则是班尼阿提耶族已熟识的老面孔了。多亏他们居间折中斡旋，英军也极有分寸，所以双方相安无事。

　　我在瓦地伦与他们度过第一天，望着这些健康的小伙子，觉得恍若置身梦境。他们穿着衬衫、短裤，看起来像是体格结实的学童，他们无拘无束地在山壁间徜徉；这里曾是我寻幽访胜之地。他们在西奈三年，皮肤已晒成黝黑色，但蓝眸与贝都因人坚定的黑色眼珠相较，显得较为柔和。在几个世纪来受光辉文明洗礼的精明的阿拉伯人身旁，这群脸庞宽大、眉毛低垂、朴素老实的英国大兵，看起来相当迟钝。欧陆来的士兵与我们这些清瘦的士兵相较显得很笨重，不过英国大兵与我那些瘦骨嶙峋的内志手下相较，看起来又显得笨重了。

稍后我再度经过伊腾的高耸岩壁，前往阿卡巴，我身旁只有六名沉默、从不发问的护卫同行，他们如影随形地跟着我，在家乡的山川草木间缓缓前行。我忽然萌生一丝乡愁，自己浪迹于阿拉伯人之间，利用他们崇高的理想，使他们对自由的热爱成为协助英国打胜仗的另一个工具，一念及此，更加深我的愁绪。

此时正是薄暮时分，在前方的西奈沙洲上，夕阳正要西下，万丈霞光此刻映入眼帘，格外刺眼——因为我如今心如槁木死灰，只渴望看到英国阴郁的天空。今天的夕阳极为耀眼夺目，充满野性，夕阳余晖如一阵五彩缤纷的风拂过大漠——日复一日皆如此，但每天看来都像个充满力与热的奇迹。然而我所期盼的却是虚弱、凛冽及灰蒙蒙的雾气，让世界不要这么透明清晰，是非分明。

我们这些长年旅居国外的英国人，总是以记忆中的祖国为荣——这个与住在其间的居民毫无关系的怪异祖国，因为最爱英国的人通常最不喜欢英国人。我置身于阿拉伯半岛，迫于战争的需要，除了出卖自己的诚信来换取祖国的生存，别无选择。

我在阿卡巴将其余的护卫队员全部召集，准备迎接胜利，因为我已答应那些豪兰籍的手下，他们可以在获得自由的村中欢宴庆贺：这个日子已为时不远了。所以我们最后一次提起精神，沿着海岸线走过多风的海滩，阳光耀眼的热浪与我手下华丽的衣饰争辉。他们共有六十名。查基很少一次将这么多人全部聚齐，我们骑入通往圭威拉的褐色山岭时，他忙着依亚格利人的模式将他们编队，有中央伍、左右翼，两边则分列诗人和歌手，所以我们沿途乐声缭绕。我不肯像个王子般竖起一面旗帜，这令他颇为闷闷不乐。

我骑着加扎拉这峰祖母级的老骆驼，此时又英姿焕发了。它的小宝宝最近夭折，骑在我身后的阿卜杜拉将那峰小骆驼的皮剥下，并将这干毛皮铺在鞍座后，像是骆驼的臀部。多亏查基沿路的吆喝，我们一开始走得很顺畅，但一小时后，加扎拉将头扬高，毛躁地踱着步，像个舞剑者般将脚抬高。

我试着催它上路，但阿卜杜拉冲到我身旁，挥舞着他的斗篷，然后跳下鞍座，手中拿着那片小骆驼皮。他跳下来时在加扎拉面前溅起一堆碎石砾，加扎拉静了下来，低声地哀吟着。他将那片骆驼皮铺在它面前，再将它的头按到骆驼皮上，它不再悲泣，以唇在这片干皮上磨蹭了三次。然后它再将头抬起来，轻轻呜咽一声，跨步往前走。同样的状况一日数起，但后来它似乎就忘了。

西登斯驾驶一架飞机在圭威拉等我。努里·沙兰与费萨尔要我立即赶赴杰佛。空气稀薄，气流不稳，我们惊险万分地掠过席塔山头。我坐在机上想着会不会坠机，几乎是希望会。我确信努里会要求我们履行那龌龊的协定，死在空中似乎是种干脆利落的解脱。然而我也不大希望发生空难，不是出于恐惧，因为我已心力交瘁，无心恐惧；也不是出于顾忌，因为我觉得我们的生命完全归自己掌握，可自行决定要保留或抛弃；而是出自习惯，因为最近我只在对我们的目标有利时才会冒险。

我忙着整理思绪，费尽心思想理清本能与理性之区隔。本能说"死"，但理性说那只会切断思绪的拴绳，使其自由驰骋。最好是寻求心灵的死亡，让头脑慢慢萎缩，使它不再为这些思绪所困。意外比刻意的错失更卑劣。如果我可以毫不迟疑地冒生命危险，何苦又使生命蒙羞？然而生命与荣誉似乎是不同的范畴，无法互相交易。至于荣誉，我在一年前向阿拉伯人保证英国会遵守诺言时，不就已丧尽荣誉了？

或者荣誉像西比尔 ① 的叶子，失去的越多，剩下的就越弥足珍贵？仅存的部分等同于全部？我的秘而不宣使我不用担负任何责任。卖命地从事体能活动，却永不满足，而无止境的怀疑与质疑令我头昏目眩，无法思考。

我们终究还是安然降落杰佛，费萨尔与努里平静地与我们会面，不曾提起我的承诺。这个老人竟会乐于加入我们年轻人的行列，令我觉得不可思议，因为他已经老态龙钟，面色土灰，表情阴沉，只带着一丝苦笑。他粗糙的睫毛下悬垂着松皱的眼睑，头上的阳光照入他眼中，使眼眶像燃着烈焰的窟窿。只有从染过的枯发、脸上枯萎的皮肤以及纵横交错的皱纹，才看得出他已经七十

---

① 西比尔，罗马传说中表现神奇智慧的女预言家，又称西比拉。根据传说，西比尔曾受到太阳神阿波罗的启示，把一些预言都写在棕榈叶上。

岁了。

　　这位不苟言笑的领袖身旁还围着一群他部落中的重要长老，他们都是著名的族长，所以穿的都是自己的豪华丝绸或费萨尔赠送的华服，走起路来像妇女般会发出瑟瑟声，但缓步走路的姿势却像公牛。其中第一个是法里斯，像莎士比亚剧《哈姆雷特》一样，不肯原谅谋杀了他父亲索坦的努里。他身材瘦小，蓄着一把低垂的胡子，脸色苍白得很不自然，面对外界的非难仍可面不改色，反唇相讥。他指着我尖声说道："天呀！他会说我们的阿拉伯话。"特拉德与沙尔坦都在场，睁大双眼，神色肃穆，说话坦率，他们都是受人景仰的大人物，也是杰出的骑兵领袖。另外还有倨傲不恭的米吉汉，费萨尔邀他到场，与他的叔叔握手言和，他叔叔满脸不情愿，勉为其难地与他同聚一堂，米吉汉则忙着挤笑脸。

　　米吉汉同样是个杰出的领袖，他率领游击队的能力与特拉德难分轩轾，但内心却既脆弱又残酷。他坐在特拉德的弟弟哈立德旁边。哈立德也是个健壮开朗的骑士，面容与特拉德极为酷似，尚未完全长大成人。杜济·伊本·杜格米风也似的进来欢迎我，使我想起他在那布克时见利忘义的贪婪嘴脸。他是个獐头鼠目、长着鹰钩鼻的独眼龙，块头大，满脸凶恶，卑鄙下流，但英勇善战。还有卡法吉，他是努里娇生惯养的孩子，由于父亲的缘故对我相当友善，也不要我对他做任何承诺。他还很年轻，以冒险参战为乐，对他的新武器颇为自豪。

　　本德尔这个笑口常开的男孩，长年跟着卡法吉玩闹，当着众人的面央求我让他进入我的私人护卫队。他由养兄拉海尔处得知我的护卫队待遇优渥，日子很好过，使他自甘为奴。我婉拒他，但他仍苦苦哀求，所以我只得说，我不是国王，无法豢养沙兰的奴仆。努里朝我阴沉地瞟了一下，以嘉许我的做法。

　　拉海尔坐在我身旁，穿着孔雀般的鲜艳衣饰，他在众人交谈时逐一向我介绍各个族长的姓名。他们不用打听我是谁，因为我的衣服与长相在沙漠中独树一帜。我是唯一没留胡子的，再加上总是穿着一身雪白丝袍（至少在外表），头上系着麦加制的金黄色与鲜红色头巾，并佩着金质匕首。我借着这身衣饰，再加上费萨尔在公开场合也与我平起平坐，使自己成为醒目的标志。

费萨尔在这种会议中，经常能顺利让新部落热血沸腾地加入我们的阵营，有时候这项重任会落在我肩上。不过从来不曾像今天一样两人一起上场，站在各自的立场，互相配合无间，一唱一和，使游说工作像儿童在玩游戏。鲁瓦拉族人在我们唱双簧的鼓动下投入行列，我们借着只字片语就打动了他们。他们全神贯注，屏气凝神，细眯的眼中所绽放的信仰之光全投射在我们身上。

费萨尔先向鲁瓦拉族谈起国家主义，让他们想起阿拉伯的历史和语言。然后他静默半晌，因为对这些不识字的语言大师而言，语言才是鲜活的，他们要慢慢回味咀嚼，一次不能有太多话混杂在一起。然后我再向他们彰显费萨尔的精神，他们的伙伴及领袖为了争取国家的自由而牺牲奉献。接着又是一阵静默，让他们想象一下，费萨尔在帐篷中焚膏继晷地鼓吹起义、争取盟友。他们意念中浮现这个想象的人物，神圣不可侵犯地坐着，摒绝各种欲念、野心、缺点、错失。如此超凡入圣的人，为了一个抽象意念而鞠躬尽瘁。

当然这只是想象中的人物，不是血肉之躯，然而也是真有其人，因为他已全心奉献给这个理念，视尘世的财富如敝屣。费萨尔深居帐篷中，担任我们的领袖。事实上，他是国家主义最忠贞的仆人、工具，而不是它的主人。不过，没有人比他更高贵。

费萨尔继续呼吁他们揭竿起义，反抗已穷途末路、无计可施的敌人。我们在沙漠中悠哉地以逸待劳，待时机成熟便可将他们一举歼灭。

我们的一唱一和，就是想激起他们尘封的思绪，让他们亢昂奋起，自动自发地起义，而不是由我们加诸于他们身上。不久我们看出他们已心动了，于是不再开口，望着他们互相交换意见，共同感染那股热血沸腾的气氛，然后他们一个接一个地主动要求加入，当然最后努里简洁的一句"好"，比所有人所说的总和更具有一言九鼎的分量。

我们在游说时不只是激起他们的热情，也希望他们的支持能细水长流，而非感情用事。我们也不要为图口饭吃而效忠的人，坚决拒绝将我们源源不绝的金币送给口是心非的部落。金币只是加以确认，是锦上添花，而不是奠基石。如果靠收买来拉拢人心，我们的运动将沦为因利益而结合，如此一来，我们的伙伴参与的动机将只有人性的弱点。即使是我这个陌生人，这个目中无神的骗子，到别人的国家鼓吹国家主义，对自己装作与他们一样受那理念的束缚，也觉得由憎恨与不断提出自我质疑才能得到解脱，而且憎恶我自己的表现中缺乏本能。

我当然无法长时间欺骗自己，不过由于能说善道，除了乔伊斯、奈西布、穆罕默德·戴兰之外，似乎没有人确切知道我言不符实。对依赖本能的人而言，任何有两三人相信的事，都有其不可思议的约束力，个人的轻松自在与生命，或许都会因此而牺牲。对理性的人而言，国家主义的战争与宗教战争一样是个骗局，没有什么是值得奋战争取的，奋斗、战争也无法维护与生俱来的美德。生命是那么私人的东西，没有任何情况可允许一个人对别人施暴，虽然一个人的死是他最后的自由意志，免于遭受无法承受的痛苦之手段。

我们使阿拉伯人翘首期盼能达成我们的目标，因为他们信以为真。这是个危险的国家，此地的人民会将行为当成意愿。我的错误，我盲目的领导（急着想找到使他们投效的捷径），使他们对我们的结局抱有憧憬，而这目标也只有在朝无法获得的想象之光进行永无止境的努力后才会实现，我们的群众在事情中寻求线索，就像可怜的狗在电线杆下闻闻嗅嗅。宣扬这抽象目标的人只有我自己，我的职务使我必须自欺欺人。

反讽的是，我爱目标胜于生命或理念，接二连三地参与战役，使我的行为与思想很不一致。将感觉与行动隔离，对我而言是很艰巨的工作。我一生中一直有个渴望，想以某种富于想象力的形式来包装自我表达的能力，却因太散漫而无法获得这种技巧。最后，却因缘际会地成为一个战士，在阿拉伯起义中占一席之地。对有心人而言，这个运动是现成的主题，有史诗的格局，让我得以借文学这种最没技巧的艺术来发泄，于是我变成只对技巧感到激动。史诗的模式对我和对我这一代人一样不适用。我记忆中没关于英雄事迹的线索，所以我自己无法像奥达一样感受这种人，他似乎像瓦地伦的山岭一样雄浑壮观，像马洛里一样历史悠久。

我在阿拉伯人之间是理想幻灭者、怀疑论者，羡慕他们廉价的信念。未被拆穿的骗局看来如真似幻，使它成为卑鄙骗子的衣服。无知者、肤浅者、受骗者，是我们之中快乐的人，他们借着我们的欺诈而获得荣耀，我们为了他们而付出的代价是我们的自尊，他们则获得对他们的生命最深的体会。我们越谴责与蔑视自己，越能讽刺地以他们（我们的傀儡）为荣。过度信任别人是如此容易，依我们自己无情的事实写下他们的动机是如此不可能。他们是我们的傀儡，全心对抗敌人。他们像粗糠般受我们摆布，在风中飘舞。但他们不是粗糠，而是最勇敢、最单纯、最快活的人。我以为自己是谁呢？受许多人相信的人难道不会成为扭曲的正义？将短视的大众几年来诚心的希望累积在一起，或许会使一个偶像虽然百般不愿仍被冠上神的光环，每当有人默默向他祈祷时便加强了他的神性。

第一百章　欺骗与赎罪

我在满布尘垢的心中反复思索着这个问题，陷入如阳光的思绪及其飞舞的意念之尘中。然后我明白宁可默默无闻而不要当神是一种替人顶罪的想法，只能得到虚假的平静。借着命令，或因为那是一种职责而支撑——相当简单。军人承受的只是偶尔的打击，我们的意志则必须扮演工头直到工人昏倒，并将自己留在安全地点，推别人入危险之域。若为一个我自己也不相信的目标而自愿牺牲生命，或许壮烈英勇。但要别人为我铭记在心的影像而由衷地去送死，却是偷窃灵魂。因为他们对我们的话信以为真，已有为此而死的心理准备。这种情况使他们的行为不是轰轰烈烈，而是理所当然。一种合理的虚假，适合一种得失平衡的行为。创造一种信息，然后睁大眼睛为它自制的形象而死亡——那更伟大。

起义活动似乎只能借着生与死来表达。通常我们都可意识到肉体，因为会痛。在长期习惯痛苦后，喜悦来临时会更明显，但我们受苦的资源似乎比欣慰的能力还大。昏睡在此扮演它的角色。两种情绪都是我们与生俱来的，因为我们的痛苦充满漩涡，扰乱它的纯净。

会让很多人的判断力触礁的是一种虚荣，认为我们的坚持可以争取到赎罪，或许替整个民族赎罪。这种错误的观念带来一种虽然短暂但强烈的满足，我们因而觉得自己已承担别人的痛苦或经验，别人的人格。那是胜利，以及一种自我提升的感受。我们已避免粗暴的自我，已征服我们的完美几何，已抓住一个瞬间即逝的"改变心意"。

然而，事实上我们是为了自己才替人受罪，或至少是因为那对我们有利。唯有借着在感受与动机上伪装，才能免于让人得悉。

自我牺牲的受害者将牺牲这种稀罕的礼物据为己有。这种自愿承担别人的邪恶来使自我完美的选择，是世上最令人喜悦、感觉最踏实的荣耀与乐事。与所有的完美一样，其中隐藏着自私。对每个机会，只有一个人能替人受罪，抢走这个机会也就抢走了那些人应得的伤害。替他们受罪者欣欣雀跃，而他的伙伴则男子气概受损。谦卑地接受那么踏实的一种解脱使他们不完美。他们为了能不用为它付出代价而欣慰，这是一种罪过，使他们沦为附属品，也因连累到他们的仲裁者而须加负若干罪责。对仲裁者而言，他更纯净的表现或许是站在群众间，看其他人赢得赎罪者的美名之洁净。一条路可获得的是自我完美，另一条是自我牺牲及使邻人完美。德国文学家霍普特曼 ① 要我们取与舍一样慷慨，但我们反倒似乎像蜂窝中的一个蜂房，这个蜂房可以改变，或膨胀，只是所有蜂房会因而付出代价。

替别人受苦，简单地说就是给人一种超凡入圣的感觉。没有什么比在十字架上凝视世界还要崇高，它的骄傲与兴奋远超乎想象。然而每个十字架一旦被占据，后继者的全部机会将被抢走，只能可怜地模仿。最卑贱的就是这些依范例而做的事。牺牲的美德就置身于牺牲者的灵魂之中。

真诚的赎罪必定是不求回报而且有赤子之心的。当赎罪者意识到他的行为背后的动机及随后的荣耀，两者在他身上都已浪费了。所以自省的利他主义者喜欢对自己无价值，事实上是有害的行为，因为如果不积极主动，他的十字架或许会被转赠给一个纯真的人。借着付出他复杂的自我来替单纯的人受罪，拯救他们免于此种邪恶，这是现代人的贪婪。他百般斟酌揣摩，无法与他们共享能让别人替他受罪的信仰，而他们，莫名所以地依赖着他，或许会因感受到男子气概受损而羞耻，或可能无法感受到这一点，并因而蒙受无知的双重惩罚。

或者这羞耻也是一种自我约束，本身也应该被承认与尊敬？让人莫名其妙地死，怎么会是对的？模仿正确途径的盲目与愚昧所受的惩罚比刻意的邪恶更重，至少在目前还活着的人的意识与悔恨中是如此。工于心计的人知道自我牺牲会如何提升赎罪者，并贬低被收买者，而且他有此体会后又退居幕后，或许可因此让一个愚笨的兄弟替他承担虚假的尊贵地位，以及稍后醒悟后应得的更重刑罚。我们身为领导人在这欺诈行为的巷弄中，似乎没有笔直的路可走，一环蒙骗一环，后继者可耻的动机或否决他们的前辈，或变本加厉。

然而我无法将我对阿拉伯人的默许欺瞒，归咎于性格上的弱点或天生的虚

---

① 盖哈特·霍普特曼（1862—1946），德国剧作家、自然主义戏剧的倡导者，一生创作剧本四十余部，代表作有《日出之前》《织工》等，获得一九一二年诺贝尔文学奖。

伪，虽然我必然有若干诡计多端的倾向，若干天赋，否则无法这么会骗人，而且持续两年将别人所架构妥并已开始进行的欺诈计划，执行得如此成功。我一开始并不关心阿拉伯起义运动，最后因为它成为首创者的烫手山芋而需由我负全责。这期间我的罪愆到底是何时由从犯变成主谋，有哪些罪状必须受到谴责，非我所能置喙。不过很显然自从进军阿卡巴后，我便因自己在这场运动中的分量日益吃重而懊悔不迭，这种痛苦足以侵蚀我没在活动的时刻，但不足以使我断然与其撇清关系。因此我的意志摇摆不定，而且喋喋不休地抱怨。

第一百零一章　暗通款曲

西登斯当天傍晚用飞机送我回圭威拉，我当晚一到阿卡巴，便告诉道内，人生很圆满，却不知不觉地就流逝了。第二天早上，我们听到侦察机汇报巴克斯顿的部队在慕达瓦拉的进展。他们决定要在黎明前发动攻势，主要是借助轰炸机，再兵分三路，一路进入车站，另两路攻碉堡。

所以，在半夜前攻击发起线就铺上了白布条当指标。归零的时间定在三点四十五分，但因路太难找，所以他们摸索到天亮才开始攻打南边的碉堡。在一番猛轰之后，他们轻易地攻下这座碉堡——这才发现进攻车站的部队早已高奏凯歌。这使中央的碉堡有所警觉，但也是一战即败，二十分钟后竖旗请降。

北边的碉堡拥有大炮，斗志较旺盛，朝车站及我们的部队猛轰。巴克斯顿在南边碉堡的掩护下，指挥布罗迪的大炮，精准地一枚枚发炮。西登斯驾机加入轰击行列，骆驼部队则由北方、东方、西方，以路易斯机枪扫射胸墙。到清晨七点，最后一名敌军黯然投降。我们有四名阵亡及十名受伤。土耳其有二十一名阵亡，我们获得一百五十名战俘，还有两尊大炮与三挺枪。

巴克斯顿马上叫那些土耳其战俘用水泵汲水，让他的骆驼群饮水，他的手下则四处炸毁水井及两千码的铁轨。到黄昏时，他们连水塔也夷成了平地。巴克斯顿不久后朝他的手下叫道："便步前进！"然后四百峰骆驼整齐划一地起身，发出震耳欲聋的鸣声，往杰佛出发。道内开心地到阿巴里森会晤费萨尔。艾伦比派他去向费萨尔通报，他要向费萨尔要求暂时按兵不动，因为英军的进兵有点冒险，如果失败了，阿拉伯部队会被困在约旦的另一侧，束手无策。艾伦比特别要求费萨尔别擅自朝大马士革进军，待时机成熟再伺机而动。

这合理的叮嘱也是因我而起。有天晚上我在总部，忍不住脱口说，对我而言，一九一八年似乎是最后的机会了，无论德拉与拉姆拉的局势如何，我们不妨都先将大马士革攻下再说，因为即使是得而复失，总比没占领过强。

费萨尔亲切又睿智地朝道内笑了笑，回答说即使天塌下来，他也要在秋季设法攻占大马士革，而且，如果英军无法协同进军，他或许就会自行与土耳其和谈，借此拯救他的子民免受战火洗礼。

费萨尔与土耳其暗通款曲已有相当时日了，杰马勒帕夏先来函打开此管道。杰马勒也是穆斯林，他直觉地认定麦加的叛变是一种审判，他也愿意尽可能地居间调解这种信仰上的裂隙。他的信函发人深省。费萨尔将这些信函送到麦加和埃及，希望他们也和我们一样读出字里行间的弦外之音，但他们只解读他论点的表面意义，我们也奉命回答，我们的剑就是我们的审判官。这么回答当然冠冕堂皇，但在战争中如此天赐良机不容错失。

没错，与杰马勒和解是不可能的，他曾处死许多叙利亚德高望重之士，如果与他握手言和，将对不起朋友的抛头颅洒热血。但我们如果能在回函时设法表明这种立场，或许可以使土耳其内部国家与宗教间的罅隙日益严重。

我们的目标对准土耳其参谋总部中反德国的部门，主管是穆斯塔法·凯末尔，他热衷于推动"土耳其化"，不致否决让阿拉伯人在奥斯曼帝国下自治的权利。所以，费萨尔捎了封回函去策反。双方保持密切联系。土耳其军方开始抱怨虔信派教徒，认为他们重宗教而轻战略。国家主义者宣称，费萨尔只是将他们对土耳其公正、无可避免的民族自决的信念，付诸于不成熟又悲惨的行动。

杰马勒知道他们国内已有这种思潮后，也影响了他的决定。一开始他只愿让汉志自治，随后叙利亚也获准，然后是美索不达米亚。费萨尔似乎仍不满足，所以杰马勒的副官（他的上司当时正在君士坦丁堡）擅自将麦加也列入。最后，他们告诉我们，他们认为让伊斯兰教先知的家族担任伊斯兰教的精神领袖也是合情合理的！

这些信函虽然有其可笑的一面，但分化了土耳其的参谋总部却是不争的事实。古板的穆斯林认为费萨尔是不可宽宥的罪人；思想较现代的穆斯林则认为他是个诚恳但没有耐心的国家主义者，被英国空洞不实的承诺误导了，他们渴望能借着辩论将他导回正轨，而不是兵戎相向。

他们的王牌就是《赛克斯-皮科协议》，英国、法国、俄国瓜分土耳其领土的这份过时协议，由俄国公诸于世。杰马勒在贝鲁特的一场晚宴中得悉这龌龊的暗盘交易。这项协议曝光，我们曾因此受到伤害。罪有应得，因为我们与法国都意图借着模棱两可的方式，以便日后可自行解读，来掩饰双方在政策上的分歧。

所幸，我早已向费萨尔透露这条约，也说服他若要解套，便应全力协助英国，使英国在战后因问心有愧，而无法拒绝履行承诺。如果阿拉伯人能依我之计而行，便不致任人宰割瓜分。我要求他不要像他父亲一样，轻信我们的承诺，而应信任自己的杰出表现。

正巧，在这关键时刻英国内阁向阿拉伯人承诺，或是说向由七个开罗的笨蛋组成的未获授权的委员会承诺，阿拉伯人可以保留他们在战争期间从土耳其手中收复的领土。这令人雀跃的消息传遍了叙利亚。

英国为了替垂头丧气的土耳其打打气，也让我们见识一下它做承诺有多容易，所以提出文件A给费萨尔谢里夫，B给他们的盟友，C给阿拉伯委员会，文件D给罗斯柴尔德勋爵，后者是刚蹿起的政坛新贵，英国语焉不详地承诺他的同胞在巴勒斯坦可拥有某些实惠。老努里·沙兰皱着他睿智的鼻子，拿了一叠文件来找我，迷惑地问我该相信哪一份。我照例避重就轻地回答："日期最近的一份。"他们言出必行，所以认为我是在说笑。他此后便全力支援我们，不过他若对我承诺后食言了，也会告诉我，他日期较近的承诺才算数！

然而，顽固的杰马勒仍未放弃希望。艾伦比在索尔特吃了败仗后，杰马勒派阿卜杜勒·卡德尔的弟弟穆罕默德·赛义德来找我们。穆罕默德和他哥哥一样狡诈，但缺乏胆识，他毕恭毕敬地站在费萨尔面前，替杰马勒前来做说客。

费萨尔告诉他，他来得正是时候。如果土耳其可以从安曼撤兵，将此地交给阿拉伯人管理，他可以向杰马勒保证阿拉伯陆军不会再与他们征战。这个招摇撞骗的阿尔及利亚人以为自己建了大功，于是匆匆赶回大马士革。杰马勒气得差点将他吊死。

穆斯塔法·凯末尔闻讯，赶忙要求费萨尔不要与杰马勒协商，他承诺若阿拉伯人能进占他们的首都，他们这些不满政府的土耳其异议人士会加以配合，并以此为基地攻打恩维尔帕夏与他位于安纳托利亚的德国盟军。穆斯塔法希望托罗斯山以东所有土耳其部队闻风而归后，他可以直接进军君士坦丁堡。

后来事情的演变使这些复杂的谈判终告流产，这期间埃及与麦加都被蒙在鼓里，因为我们对他们没有信心。我担心英国会因为费萨尔脚踏两条船而立场动摇。不过为了对那些参战的阿拉伯人公平起见，我们不能封闭与土耳其和解的全部通道。如果欧洲战争失败了，那将成为他们唯一的生存之道。我一直有隐忧，担心英国或许会在费萨尔与土耳其和解前先发制人，不是与国家主义者和谈，而是自行与保守的土耳其人达成协议。

英国政府已朝这方向进行许久，并未知会它这个最小的盟友。我之所以能得悉这些过程及提议（那将会令与我们并肩作战的无数阿拉伯人步上死路），不是经由正式的官方通道，而是私下打探而来。我至少有二十次是靠友人而不是靠我们的政府，政府的行径与缄默是个范例，让我也以其人之道还治其人之身。

第一百零二章　目标阿兹拉克

在和谈后，我们可再度进行光明磊落的战斗。乔伊斯与我决定再度驱车出征，这次目标是阿兹拉克，破坏通往德拉的铁轨。所以我们到杰佛城外迎接凯旋荣归的骆驼部队，他们军容壮盛地在日落前越过耀眼的平原，全军官兵皆为慕达瓦拉大捷而振奋不已，也为在沙漠中无拘无束而开心。巴克斯顿说，他们状况极佳，到任何地方都可以适应。

他们要先休息两夜，再从仓库中领取四天口粮，依休伯特·扬的估算，这刚好够我们用到奥达的营地。所以，隔天一早，乔伊斯和我便由技术高超的罗尔斯开车，悠哉地进入拜尔河谷。我们在水井间遇见艾尔温，他是奥达的亲戚，脸颊光滑无须，面色忧郁。他躲在这里，以求能远离奥达。

我们只在此地待了几分钟，和他一起安排巴克斯顿人马的藏身地点，然后再上路，带着一个年轻又狂野的谢拉雷特人帮我们带路。他习于骑骆驼，这对挑选可让五吨重装甲车行走的路线没什么帮助，但先带他走一趟，以后可以带其他车辆上路。

尔哈高原很好走，打火石质的空旷地面上偶尔有些硬泥地面点缀其间。我们快意奔驰而过，到达金兹河谷的源头，此地的牧草绿油油一片。

阿布塔伊族正在此放牧一群群的骆驼，他们衣衫褴褛，没裹头巾，步枪握在手中，高唱着战歌。他们听到我们的装甲车隆隆驶近后，惊慌失措地四处奔散。我们朝其中五个人的一群追过去，他们正往北方飞速狂奔，十分钟后追上他们。于是他们优雅地盘坐在骆驼上，友善地趋前向我们致意——他们也别无选择了，因为血肉之躯别想与开装甲车的人争吵。他们是贾齐地区的豪威塔特族人，如假包换的土匪，这时一团和气，大声表示很高兴忽然在这里与我碰面。我表现得很冷漠，并斥令他们立刻回自己的营地。于是他们垂头丧气地往西离去。

我们沿着乌姆卡鲁格东侧而行，发现此地路面坚实，但我们走得很慢，因为必须越过许多支流的河道。另外，我们在洪水冲刷过的湿软沙地上，也必须先铺上树枝才能通行。在快入夜时，我们到达适合行李队歇息、草木繁茂的山谷。

第二天早晨，北方清凉的空气与沙漠中吹来的冷风，使我们决定先吃顿热腾腾的早餐，再赶往乌姆卡鲁格与狄尔瓦交会处，然后穿越宽阔的狄尔瓦盆地，再越过低矮的分水岭进入杰夏。此地的浅河道都经由阿马里流入锡尔汉，我打算前往阿马里探勘，因为假如车辆得以通行，一旦阿兹拉克失守，我们便可以转进阿马里落脚。我们在研拟新计划时，总是有无数的"假如"必须列入考虑。

罗尔斯与桑德森经过养精蓄锐，都已容光焕发，他们飞快地穿越长满番红花的杰夏，进入大山谷。到下午，我们看到白垩质的河岸，于是沿着灰色的斜坡进入锡尔汉的水池边。这使我们在撤退时安全无虞，因为敌人机动性不高，无法同时进逼阿兹拉克与阿马里。

以前法拉吉与达乌德曾在此地的水池中嬉戏，我们取那些污秽的池水加满车子的散热器，然后往西行越过空旷的丘陵，直到已远离那些水井，以免土匪在入夜后前来劫掠。乔伊斯与我坐下来观赏落日，看着夕阳由灰转粉红，再转为红色，而后呈现一片艳红，颜色深得令我们屏气凝神，唯恐破坏这股令人目眩神迷的静谧。我们的人员这时打开肉罐头，并取茶烹煮，再连同饼干摆放在充当餐桌的毛毯上。用完餐我们取出更多毛毯，裹在毯子里一夜酣睡。

第二天我们迅速穿越盖代夫的三角洲，直到进入一片往南与往东延伸的宽敞土质平原，这里距离阿兹拉克古堡旁的沼泽地七英里。

今天海市蜃楼的外围是朦胧的暗蓝灰色，那是柽柳树丛的影像受热气蒸发后高悬于半空的幻影。我想找梅贾柏的泉水，我们可以沿着当地树林浓密的河床潜行，不会被发现，所以罗尔斯开着车越过这片宽阔而颠簸的路段。眼前的路面飞快往后流逝，车后则扬起一道烟尘。

最后车子在柽柳树林戛然减速，高大的树旁有一堆堆受风吹积而成的沙冢。我们左弯右拐地穿过柽柳树林中坚实的地面，进入一片湿软的沙地，四周长满一丛丛的荆棘。车子停在艾因阿萨德的小丘后，隐身在高大的芦苇丛中，晶莹剔透的水珠沿着草茎滴落。

然后我们缓缓沿着墓冢到达大水池上方，发现这水源地空无一人。一团海市蜃楼悬浮在空地上方，不过此地的地面长满矮树丛，热气无法聚集，阳光将山谷照射得像流水一样澄澈，放眼望去杳无人迹，只有野鸟及一群群瞪羚，它们被我们的车声惊动，正畏缩成一群，准备奔逃。

罗尔斯将车子驶过罗马人留下的鱼池，我们绕过西边熔岩区的边缘，沿着如今已变成坚实且草木茂密的低洼湿地，到达静立一隅的蓝色古堡，四周长满柔软的棕榈树，在这片静谧后，隐藏的或许不是安详，而是恐惧。我将隆隆作响的车子、穿着卡其服的北方人带入这最隐秘的世外桃源，对此我有点过意不去。但我多虑了，因为我们的人员才是真实的，背景则有如风景画，他们的新鲜与明确（英国部队穿着军服的明确感）使阿兹拉克在平淡的孤寂中平添尊荣。

我们驻足片刻。乔伊斯与我爬上西面的高塔，我们都觉得阿兹拉克当工作基地有很多优点，遗憾的是此地没有牧草，所以我们在第一次和第二次突袭间的空当，无法在此逗留。随后我们经过土质平原的北方突出部分，此地很适合让增援的飞机降落。此地的另一个优点是能见度高，我们的飞机飞两百英里到达这座新基地，不致看不见在阳光下呈琥珀金色的掩体。

我们折返艾因阿萨德，再度驾着装甲车快速穿越空旷的打火石质沙漠。这时已下午三点，相当炎热，装甲车的钢壳被晒得发烫，觉得格外闷热，不过驾驶员仍忍着酷热继续上路，在日落前便已到达杰夏山谷中的分水岭，找到一条比我们来时更近也更好走的路。

入夜时我们已到达阿马里南方不远处，在山冈上夜宿，经过一天炙热蒸烤，由花团锦簇的德鲁兹山脉吹来的凉风弥足珍贵，同时也让我们更珍惜属下烹煮的热茶以及可将全身裹得紧紧的毛毯。

这趟行程相当惬意，因为我无需担负任何责任，只需看路。另外，那位谢拉雷特少年向我透露他的看法，也让我听得津津有味。他毫不保留地向我表达他的想法，因为只有我穿着和他一样的衣服，说和他一样的方言。他无家可归，过惯了受尽凌辱的生活，英国人对待他的态度令他受宠若惊。他不曾挨过我们的鞭打，甚至不曾被叱喝过。

他说每个士兵待他都像家人一样，他也觉得他们所穿的紧身、不足以蔽体的衣衫，以及勤奋的外表，似有防身的功能。他穿戴着长袍、头巾与斗篷，而他们只穿着衬衫与短裤、绑腿与长靴，却不畏寒风。事实上，他们从早到晚都穿着这些衣服，在大热天挥汗开着沾满油污尘垢的车辆四处奔波，所以他们的衣服与身体就像树干与树皮一样，早已融合为一体。

然后，他们刮了胡子，换上同样的制服。他原本都是由衣着来辨识人，如今每个人看来都整齐划一，令他傻眼了，要想辨识他们，便得依每个人的体形才行。另外，他们的食物都不用煮，喝热茶，很少互相交谈，偶尔却会因一句话，一句不合宜又没人性的话，而笑得东倒西歪。他认为他们是我的奴隶，也认为他们的生活必定很少休息或满足，虽然对谢拉雷特人来说，这么坐着便可以像风一样奔驰，很令人羡慕，而且每天可以吃肉和罐头肉品，更令他艳羡。

第二天清晨，我们再匆匆翻山越岭，在下午到达拜尔。不幸这时轮胎出了状况。装甲车太重，经过打火石地面总会稍微陷入，以三段速驶来格外吃重。这使轮胎温度升高，我们不断地停车换车胎。天气炎热，我们又急着赶路，所以便不断重复停车以千斤顶橇高轮胎打气，这使得我们脾气越来越急躁。我们在中午时分到达慕黑威尔角高耸的脊岭。我安抚那些一肚子火的驾驶员，此后路面就好走多了。

的确如此。我们绕过蜿蜒的山岭，心情好了些，连轮胎也比较耐用了，我们沿着弯道弯弯拐拐，有时往左俯瞰通往锡尔汉的山谷，有时往右远眺汉志铁路。远方朦胧的光点就是艳阳下铁路沿线的白色车站。

午后我们到达山岭的尽头，以每小时四十英里的速度进入哈地的山腹。我们经过欧沙吉的洼地到达拜尔的水井，这时山谷中营火点点。巴克斯顿、马歇尔以及骆驼部队从杰佛轻松地走了两天，正在此扎营。

他们相当烦躁不安，因为拜尔仍然只有两口井，而且两口都被占用。其中一口由豪威塔特族与班尼沙赫族共用，汲水供他们的六百峰骆驼饮用，他们在草原上赶了一天路，打算前往东南方，这时正感到干渴。另一口则有上千名德鲁兹族与叙利亚难民、大马士革商人、亚美尼亚人抢着用，他们正要前往阿卡巴。这些旅人出现得很不是时候，而且互相喧嚷争吵，使我们无法前去汲水。

我们与巴克斯顿席地而坐，开了一场作战会议。休伯特·扬已按时送出十四天粮秣至拜尔，这些粮秣送到时只剩可供人员用八天、骆驼吃十天的分量。补给队的骆驼夫由于对沙漠充满恐惧而不愿上路，几乎要闹叛变，在休伯特·扬的铁腕压迫下才勉强从杰佛出发。巴克斯顿短缺的那些补给品被他们一路上遗失、变卖，或是被偷。

我怀疑那些喊冤不已的亚美尼亚人，但又无法追回赃物，只得依现状调整计划。巴克斯顿将他们部队中非必要的物资全部剔除，我则将两部装甲车减到一部，并更改路线。

第一百零三章　自我解剖

我居间协调，协助骆驼部队在那些四十英尺深的水井中汲水，让巴克斯顿与他的三百名手下感激不已。他们使山谷增色不少，豪威塔特族人没想到这个世界上会有这么多英国人，忍不住盯着他们猛瞧。我为自己的同胞自豪，他们自动自发，秩序井然地忙着，身旁的阿拉伯人看起来倒像是阿拉伯半岛上的陌生人。另外，与巴克斯顿交谈也是一件乐事，因为他善解人意，学识渊博，想象力丰富。不过他多半时间都忙于筹备即将展开的长征。

这天正逢我三十岁生日，我一个人独处，花数小时反省自己的立场。我莫名所以地想起了四年前，一心一意想在三十岁时成为将军，获颁爵位。这种俗世的尊荣如今唾手可得（如果我能再苟活四个星期），只是我对阿拉伯立场的表里不一，使我不再怀有这种不成熟的野心。我只渴望在手下之间赢得好名声。

这使我对自己的诚信深感怀疑。只有一个演技精湛的演员才能让人对他有这种好评。这些阿拉伯人相信我，艾伦比、克莱顿信任我，我的护卫队忠心耿耿。我不禁怀疑，莫非所有人都像我一样借欺诈浪得虚名。

如今外界对我的表现之赞扬，我已无法推却。若加以婉拒，会被认为是谦虚、妄自菲薄，而且这些事迹很吸引人——因为群众总是喜欢相信浪漫的故事。羞愧是一种行为，谦虚是一种观点，人们将两者混为一谈，令我很恼火。我并不是谦虚，而是因立场尴尬与离群孤僻而感到羞愧，那使我无法与人结为莫逆，只有点头之交，完整、不知变通、令人难受，像水晶。

手下总认为我高深莫测，这导致我刻意故弄玄虚——外行人充内行。我不是军人，我的战争都是绞尽脑汁想出来的；我不是一个行动家，我的行为也总落得操劳过度。这些都是刻意做出来的，我疏离的自我总是以批判的角度审视我的表现。

除了这种态度外，还有饥饿、疲惫、酷热或严寒，以及置身于阿拉伯人间的恶劣的生活环境，这些都会造成病态。我的笔记本中记载的不是事实与数据，而是心态、幻想及自我质问，因我们的情势有感而发，以抽象的字眼表达，随着骆驼行进时一顿一顿的节奏写下来。

这天在拜尔过生日，为了对自己坦诚，我开始剖析自己的信仰与动机，在漆黑的心中摸索。这种对自己的不信任，通常会以漠不关心或轻率的面具出现在我面前，令我困惑。我的思绪撕扯着这平静的外表，知道那只是面具。因为，虽然我试着绝不恋眷任何引人入胜的事，但有时候我的兴趣强烈得令自己无法控制，使我骇异。

我很清楚自己的能力与本质，不了解的是它们的特性。我渴望受到喜爱——既强烈又神经质，使我从来不敢对别人友善地敞开心胸。我害怕这么重要的事会失败，所以畏缩不前，不敢尝试。此外，还有标准。除非其他人也能以同样的语言，采取同样的方式，为了同样的理由，做最完美的回应，否则亲密关系似乎很羞耻。

我渴望扬名立万，也恐惧别人知道我喜欢出名。对自己的渴望成名深觉不耻，使我拒绝接受任何殊荣。我几乎像贝都因人一样珍惜自己的独立性，但缺乏想象力，只能在画像中看到自己的影像，也只有无意中听到别人对我的评论，才能建立自我印象。渴望无意中听到或看到我自己，是我对自己的神圣堡垒的攻击。

较低级的人我敬而远之，这反映了我们无法做到真正的理智。如果他们强迫我接受，我会恨他们。将我的手摆在一个生命体上是一种亵渎，如果他们触碰我或太快对我感兴趣，我会不寒而栗。这是一种原子推斥作用，像一片雪花完整的路径。要是我的头脑不那么专制，我的选择会是反其道而行。我渴望能掌控妇女及动物，每当我看到一个军人与一个女孩在一起，或一个男人在逗一只小狗，我便会自怨自怜，因为我期望与他们一样肤浅，一样精于此道。而我的狱卒将我拉了回来。

感觉与幻觉总会在我内心做天人交战，理性够坚强，可以赢，但还没坚强到可以完全摒除感情，或能抑制住不去更喜欢他们。或许爱的真谛是去爱自我所鄙视的部分。然而我只能期望，可以认为荣华富贵是一种幸福，倘若无法向它投降，可以试着麻醉我的心灵，任建议如耳边风，痛苦地保持清醒。

我喜爱下层的自我，也以往下探索为乐。堕落似乎有个下限，不会逾越这安全尺度。人性的升华可以没有上限，但兽性有个临界点令他无法逾越。得知堕落的下限很令人宽慰。事物的力量、年龄及虚假的尊严，这些使我越来越无法自甘堕落。不过我年轻时曾在埃及东北部的塞得港过了两星期卑微的生活，白天与各国来的流浪汉替轮船添燃煤，晚上则缩在雷赛布^①旁的防波堤上睡觉，浪涛在身旁澎湃。那种自由自在的滋味令我回味不已。

的确，意志总是蠢蠢欲动地潜伏着，等着爆发。我的头脑像沉默的野猫般总是突如其来地蠢动，我的感官像泥土粘着它的脚，我的自我（总是意识到它自己及它的羞愧）告诉那野兽，它跳出来太失礼，食用死尸太下流。它被神经和犹豫紧紧地网住，不会让人害怕。然而它是真的野兽，这本书是它长了癣的皮，弄干燥，制成标本公开展示，供人凝视。

我迅速摆脱意念。所以我不信任专家，他们经常是关在高墙内的智者，摸透了他们监狱内的地面所铺的每一块石头。然而我可以知道这些石头是由哪一座采石场所裁割，以及那些石匠可赚多少钱。我满不在乎地否定他们，因为我发现物质总是倾向于有其目的，而意志是胸有成竹的向导，由许多道路将目的引向成就。没有肉体。

我曾挑出许多事情，拖拖拉拉，考虑再三，再束之高阁，因为我没有执行的信念。构思似乎比行动更稳固可靠。自我追求的野心拜访我，但不会停留，因为我那带着批判性的自我会吹毛求疵地拒绝他们的果实。我无论漂泊到何处都想掌控身旁事务，但从来不曾自愿参与。事实上，我认为自己对普通人有危险，我有办法漫无目标地任他们支配。

我跟随别人，没有自己的主见。事实上，甚至不想跟随。只是因为懦弱才使我没有进行"精神自杀"，只能借着某种耗时费日的重任使我脑中的火炉终于闭塞熄火。我将别人的构想发扬光大，协助他们，但不曾有自己的构想，因为我无法赞同创造。当其他人创造时，我会效劳并加以改善，使其尽善尽美。因为，如果创造是种罪愆，那么狭隘或有瑕疵的创造，必定是既罪恶又可耻。

我在工作时总试图听命行事，因为出面领导太惹人注目。顺服命令可以不

---

① 雷赛布（1805—1894），法国外交官，苏伊士运河开凿者。此处指代苏伊士运河。

用痛苦地费神思考，也可将性格与意志冷藏起来，可以毫无痛苦、默默无闻地行动。我无法找到一个可以利用我的上司，那也算是我的失败。他们因为无能或懦弱或喜欢，全都太过放任我自由发挥，仿佛他们无法了解自甘为奴是病态心灵最深的骄傲，代人受苦是它最乐于得到的勋章。他们不加以应用，反倒纵容我，而我也恃宠而骄，我行我素。举凡会遭抢劫的果园都必须有园丁、看门狗、高墙、铁蒺藜。予取予求，何其无趣！

费萨尔是个勇敢、虚弱、无知的人，试图从事只有天才、先知或要犯才做得来的事。我出于同情服侍他，这种动机使我们两个都蒙羞。艾伦比最接近我心目中的主人，但我必须避开他，不敢恐惧地趴下，以免他露出泥土制的脚及友善的言词，使我的忠诚之心就此幻灭。然而，他对我们而言真是个偶像，有着伟大、本能等独立存在的强烈特质。

有些特质，像勇气，就无法独立存在，必须与一种好或坏的媒介混合才会出现。艾伦比的伟大显现的是另一种范畴：自给自足，性格的一面，却不是智慧。平凡的特质对他而言是多余的。智慧、想象力、英明、勤奋，在他身旁全显得可笑。他不能依我们的标准来判断，就如邮轮船首的尖锐不能用剃刀刃的尖锐来判断。他天纵英才，不需要用到这些特质。

听到别人赞美我，令我对自己又嫉妒又绝望，因为别人说什么我就接受其表面价值。然而，就算他们说我的好话再好上十倍，我也会将之贬抑得分文不值。无可避免地，我是自己的军事法庭，因为对我而言，靠运气成功的行动不值得自诩。必须事先设想、预见、准备、奋斗而得，才值得赞美。自我知道溢美的害处，不得不贬抑别人缺乏批判性的嘉许。那是我受过训练的历史专业能力对大众判断的证据之报复，对于那些了解的人而言这是最低的标准，但无法上诉，因为世界是如此天宽地阔。

当一件事唾手可得，我便不再想要。我的喜悦在于渴求。期盼朝思暮想的每件事都能如愿以偿，一如所有正常人的野心。当脑中出现强烈的渴求时，我总是会奋斗，直到只需张开手就可得到它，然后我会掉头就走，对于那是自己能力所及，觉得心满意足。我只是追求自我肯定，丝毫不在乎别人是否知道。

"开始"有特别的吸引力，驱使我从事永无止境的努力，使我的人格免于膨胀，而且将它投射在一个新鲜的媒介，使我可以满足想看它赤裸裸的阴影的好奇心。不可见的自我在别人尚不感兴趣的心之止水中反映得最清楚。与邂逅陌生人时本能地揭露出来的印象相较，已有的定见都是毫无价值的——无论形成于过去还是未来。

我的许多行为全来自这种自我的好奇心。在与初识者相处时，我会做出一些唐突的行为，借此观察这会对别人造成何种冲击，将身旁的人当成练习创意的靶子，直到几乎连自己也不知道这种恶作剧由何处开始或结束。这种行为使别人跟我在一起时浑身不自在，也使我免于老是必须与人为伍。此外，他们感兴趣的，有很多是我极端排斥的。他们和我谈食物与疾病、游戏与享乐，我却觉得承认我们拥有臭皮囊已够堕落了，不用再去谈它们的缺陷与特性。的确，我不喜欢我可以看到及听到的"我自己"。

第一百零四章　全员到齐

我正在做自我剖析时，陶韦哈族营地传来骚动。手下嘶声高喊着朝我跑来，我将思绪唤回，打算调停阿拉伯人与骆驼部队间的纷争，结果却发现是要求协助处理两小时前舍迈尔族人的遭劫：有八十峰骆驼被史奈尼拉特族抢走了。为了避免他们认为我完全置之不理，我派几位有亲友被抢的手下，骑着几峰备用的骆驼去协助。

巴克斯顿与他的手下在下午三点出发，我则监督手下将六千磅火药分由三十峰埃及的载物骆驼驮运，所以延后至傍晚才启程。我的护卫队这趟行程必须或率领或驱赶这支运火药的队伍，这令他们极为反感。

我们判断巴克斯顿会在哈地前方扎营，所以也朝那方向前进，但没看到营火，也没看到路上有足迹。我们登上山岭寻找，由赫尔蒙吹来的强劲北风扫过我们慌乱的脸庞。另一头的山坡黑漆漆、静悄悄，对我们已习惯烟雾、汗水或刚挖泥土的气味的城市人而言，这股冷冽的沙漠强风带着令人不安，几乎是危险的气息。所以我们往后退一段路，藏身在可遮风的山边夜宿。

第二天清晨，我们在这片景色单调的地区搜寻了五十英里，搞不懂怎么会与同伴走失了。达希尔忽然由靠哈地的那一侧高叫，看到他们的队伍由东南侧绕过来了。他们很早就迷路了，所以就地扎营直到清晨。我的手下消遣他们的向导萨利赫族长，竟然在施来苏克瓦特与拜尔间也会迷路，就像英国人在大理石拱门与牛津广场间迷路般好笑。

然而，这是个美好的早晨，背上的阳光赤艳，脸上的和风清新。骆驼部队迈着雄健的步伐翻过三个林木浓密的山峰，进入狄尔瓦的翠绿谷地。他们与刚到阿卡巴时那支一板一眼、彬彬有礼的队伍不大一样，因为巴克斯顿灵活的头脑与细密的观察已吸收了游击战的经验，并依新的需要修正了他们的训练规则。

巴克斯顿改变他们的编制，将原来分为两连的正式建制打散。他改变行进的次序，所以不再如原来那般排成固定的队伍，而是依路况或地形迅速更换队形。他削减行李并重新打包，所以骆驼可以走得更快、更远。他将步兵原本每小时停一次的休息次数减少（以免骆驼觉得无聊），也不再那么注重梳理牲口。在以前，他们会打扮牲口，像照料京巴犬般梳理它们，每次休息时总是拿毛毯拍打骆驼的背峰，替它们按摩，如今都利用这空当让它们吃草。

结果，我们的帝国骆驼部队变得速度更快、机动性强、更耐跋涉、更安静——他们一起跨上骆驼时例外，因为这时候三百峰雄骆驼会齐声嘶鸣，在黑夜中数英里外都听得见。每次行军都让他们变得更能吃苦耐劳、与骆驼更熟悉、更强悍、更结实、更迅捷。他们的举止和在度假的大男孩没两样，而且军官与士兵打破藩篱、平起平坐，气氛因此更为融洽。

我的骆驼从小到大都依阿拉伯模式走路，走起来屈膝扬蹄，每一步都比一般骆驼大一些，速度也快一些。巴克斯顿的骆驼依它们正常的速度而行，不受背上的人影响；他们隔着长靴与鞍座，与骆驼没有直接的接触。

所以，虽然我每次在出发时都和巴克斯顿并肩而行，到后来总会与我的五名随从遥遥领先。尤其在我骑着巴哈这峰骨架高大的骆驼时更是如此，这名字的由来是它曾被一枪打穿下颚，发出的鸣声类似巴哈。它的品种优良，但脾气急躁，几乎像是野生骆驼，也对慢条斯理地走路很不耐烦。它总是昂首阔步，令我手下那些亚格利人恨得牙痒痒的，因为它会累得他们腰酸背痛，但我则乐在其中。

我们总会领先英国部队三英里路，先寻找一处有绿草或多汁荆棘的地点，在暖和的清风中躺着，让牲口吃草，直到后面的队伍赶上来。骆驼部队出现时也是一幅美景。

透过打火石质的山头散发的热气所形成的海市蜃楼，一开始只看到一团斑斑点点的棕褐色队伍，在雾气中左摇右晃。待队伍走近些，这团雾气会分散成好几群，也是摇摇晃晃，时而聚合，时而分开。最后，直到他们走到我们前方，才能分辨出个别的骑士，像大水鸟般深陷在银白色海市蜃楼中。巴克斯顿英挺的身影走在前头，领着他那些晒得通红、笑容可掬、穿着卡其服的手下。

他们骑骆驼的姿势千奇百怪。虽然鞍座相当粗陋，有些人还是可以坐得相当自然；有些则会将臀部往后翘，身体往前倾，活似阿拉伯村民；其他人则瘫坐在鞍座上，像是骑着马的澳洲人。我的手下眼见他们这副模样，显然很想嘲弄一番。我告诉他们，我可以由这三百人当中挑出四十名，比费萨尔阵营中任何四十名都还要善骑、善战、耐劳。

到中午，我们在慕黑威尔角旁休憩了一两个小时，虽然今天的热气不会比埃及的八月天强，巴克斯顿仍不希望手下马不停蹄地赶路。我们放骆驼自行吃草，然后吃午餐，将由拜尔沿路跟来、一直栖息在我们汗湿的背上的苍蝇赶走，设法假寐一会儿。这时我的护卫队也赶了上来，他们为了担任载运行李这种低三下四的工作而怨声载道，装出一副这辈子不曾这么丢人现眼的模样，还高声喊冤，似乎生恐世人听不见他们在抗议我对待他们的暴虐无道。

他们骑的是索马里骆驼，更是苦不堪言，这种骆驼最高时速也不过三英里。巴克斯顿的部队时速大约四英里，我的骆驼则约五英里，所以这一路走来，查基与他那四十名大盗手下因骆驼的蜗行牛步而受尽折磨。

我们故意取笑他们，称他们为家畜贩子及苦力，并说到市场时要向他们购买他们的货品。到后来他们对自己的处境也只得苦笑。第一天之后，他们靠着入夜后继续赶路（只赶了一小段路，因为那些牲畜都有夜盲症），以及匆匆吃早餐，也没午休，才勉强赶上我们。他们将那些火药完整无缺地运到目的地，对他们这种披金戴银的绅士而言算是难能可贵的表现。他们虽然外表光鲜亮丽，却是阿拉伯所能雇到的最擅长驾驭骆驼的人，也因此才能不负所托。

那天晚上我们在盖代夫过夜。装甲车在我们停下时超越我们，那个谢拉雷特族的向导坐在车盖上，笑得合不拢嘴。一两个小时后，查基他们到达了，汇报全员到齐，一切平安。他要求巴克斯顿不要在路上当场宰扭断脚的骆驼，因为他的手下不断以路上见到的死尸为借口，要求停下来大吃一顿。

阿卜杜拉觉得很困惑，英国人为什么要枪杀他们想丢弃的骆驼。我指出，阿拉伯人如果在战役中受了重伤，也会给对方一个痛快。但阿卜杜拉反驳说，那么做只是在避免受到折磨凌辱。他相信每个人都会选择在沙漠中慢慢死亡，而不是忽然被打死。事实上，依他的看法，死得越慢越人道，因为这时已毫无期望，也可避免因战败而痛心，使人得以本性流露，接受真主的宠召。我们英国人认为，除了人之外，所有动物都应给个痛快比较人道。阿卜杜拉不以为然。

第一百零五章　快速推进

　　第二天和前一天一样，队伍稳定地推进了四十英里。隔天便是发动攻桥战役的最后一天了。我从行李队中抽调出半数的手下，让他们先出发，到山头找伏袭的据点。一切按计划进行，但我们并没能出奇制胜，因为在上午九点左右，快到慕亚加尔时，我们已看到先遣的伏袭队，于是满怀希望地迈开大步前进，这时一架土耳其飞机由南方飞来，从我们队伍头上飞过，再往前飞往安曼。

　　我们在中午时心情沉重地进入慕亚加尔，藏身于罗马神殿下。瞭望队戍守在山头，隔着已收割的平原监视着汉志铁路，用望远镜看过去，山坡上的灰色石头像是一群群放牧的绵羊。

　　我们派手下的农民到山下的农村打听消息，并警告当地居民不要出门。他们回来后说，情况对我们不利。打谷场上站满了土耳其兵，因为土耳其收税人员正在这批骑骡步兵的戒护下，核算今年的收成与税收。这支部队共有四十人，分成三队，今晚将分别寄宿在距离大桥最近的三座村落中——我们非得经过这些村落不可。

　　我们召开紧急会议。飞机或许看见我们了，也可能没看见。最严重的情况也不过是让守桥的卫兵提高戒备，我对此并不担心。土耳其兵会以为我们是要前往安曼进行第三度突袭的先遣部队，所以很可能将部队往安曼集结，而不是将安曼部队分散至各地。巴克斯顿的手下能征善战，而且他已拟妥万全之计。胜利如探囊取物。

　　问题在于攻下这座桥要花多少代价，或者说这座桥值得折损多少英军的性命，因为巴塞洛缪要求我们不得让这支部队造成伤亡。

　　那支骑骡步兵的出现意指我们在撤退时将有后顾之忧。骆驼部队必须在距离桥梁大约一英里处便跨下骆驼（他们那些聒噪的骆驼）徒步前进。攻击时造成的骚动必会惊动邻近区域，更别提火药炸桥时的轰然巨响。村中的土耳其巡逻队或许会撞见我们拴骆驼的位置——那我们就惨了；或者，至少在我们撤离时会沿路拦截。

　　巴克斯顿的手下在将桥炸毁后，无法像一群鸟般自己找路回慕亚加尔。在夜战时，总会有些人被拦截而阵亡，我们势必得等他们，也可能因而折损更多人。整场战役下来可能要折损五十人，而我认为那座桥的价值不超过五人。炸毁这座桥的目的是要造成土耳其的恐慌，使他们在我们的长征队于八月三十日朝阿兹拉克进军前，不会试图来攻击我们。今天是二十日。在七月时，他们大举来犯的危险性似乎迫在眉睫，而今这危机已快解除。

　　巴克斯顿也同意。我们决定鸣金收兵，立刻撤离。这时有更多飞机已从安曼起飞，由慕亚加尔往北巡逻，在各山区寻找我们的下落。

　　手下听到要打退堂鼓，纷纷表示不满。他们希望借着这次长征扬眉吐气，也急着想告诉那些对他们的能力存疑的埃及人，他们真的完成任务了。

　　为了不致空手而返，我派萨利赫及其他族长到村中散播谣言，虚报我们的兵力，并说我们是费萨尔大军的先锋队，打算在下个新月时攻击安曼。这是土耳其兵最怕听到的传言，是他们认定我们会发动的战役，也是最令他们胆战心惊的攻势。他们如临大敌一般派骑兵到慕亚加尔，在村民口中证实这个揣测，因为山顶上有无数空罐头，路上也有无数车辆驶过的痕迹。胎痕多得吓人！他们被吓坏了，我们兵不血刃便使他们一个星期不敢轻举妄动。如果炸毁桥梁，或许可以两个星期高枕无忧。

　　我们在夜深后才往五十英里外的阿兹拉克推进。我们苦中作乐，将这次突袭当成远足，聊起罗马时代的遗迹，及加萨尼王朝的狩猎区。骆驼部队曾受过夜训，走夜路几乎已成习惯，如同白昼，也不会在夜色中迷路。今晚月色皎洁，我们直走到清晨月残星稀，半夜曾经过喀兰内孤零零的宫殿，但也懒得转进去一窥堂奥。这也要怪月亮，因为月华将大地照得白如霜雪，我们的心境也随之冷静如冰，所以只愿静静地坐在鞍座上，就是静静地坐着。

　　一开始我担心会遇上阿拉伯土匪，他们或许会分不清敌我而攻击骆驼部队，所以我派手下在前方半英里处打头阵。我们一路走着，渐渐能辨识夜鸟，它们由我们脚下振翼飞起，数量极多，身影乌黑又庞大。它们的数量越来越多，到后来整个地面似乎全挤满鸟禽，群起飞舞时，像是一大团羽毛在风中无声地打转。它们疯狂地在空中穿梭而过，令我头昏眼花，数量之多令我的手下恐慌不已，他们取出步枪，朝展翅而过的黑影不断地开枪。走了两英里路，夜空才再度开阔。最后我们躺在浓郁的苦艾丛中酣睡，直到被太阳晒醒。

到下午，我们疲惫不堪地到达库塞勒阿姆拉，此地是俗称"牧人王朝"的埃及希克索斯王朝国王哈里斯的狩猎行宫，这位国王一向赞助诗人不遗余力，行宫与四周挹翠的林木相映成趣。在凉爽的薄暮时分，巴克斯顿将总部设在行宫的大厅，我们则研究着斑驳的壁画，但只是笑闹着而不是肃穆瞻仰。手下有些人在其他房间里安顿下来，大部分人则与骆驼栖身于树下睡午觉。敌机没发现我们——我们藏身于此，他们无法找到。我们由拜尔带来的水闷过几天后，味道已经浓得令人不敢领教了。隔天我们便要前往阿兹拉克，将有新鲜的水可畅饮。

阿兹拉克也是个名闻遐迩的胜地，被称为"绿洲之后"，比阿姆陆还美，草木扶疏，流水潺潺。我已答应到时候每个人都可以洗个澡。英军自从离开阿卡巴后便不曾洗澡，对于能痛快地洗个澡，简直是望眼欲穿。在抵达阿兹拉克之前，阿姆陆也是不错的栖身地。他们惊奇地问我厅堂壁画中那些加萨尼的国王是何许人，我勉强还可以告诉他们这些国王的生平事迹及惨烈的战役，但那段辉煌的岁月似已久远了。

第二天，我们不疾不徐地走到阿兹拉克。我们翻越最后一道熔岩山岭，看见美仑美奂的梅贾柏墓园时，我与手下趋前勘察，一来是防止在此地发生意外，再者也想趁其他人赶上前，再度体验一下天地悠悠的感受。这些士兵看起来安全无虞，使我担心阿兹拉克会丧失它的珍奇，在与世隔绝一千年后又被拉回现实生活。

然而，这两种担心其实是杞人忧天。阿兹拉克并没有阿拉伯人，和以前一样美，而且在稍后我们白净的身体在它波光粼粼的池水中游泳时，变得更加美不胜收，清风徐徐拂过芦苇，使戏水的嬉闹声显得格外嘹亮。我们挖了一个大洞，将火药埋在里面，以供九月进军德拉时使用。然后便四处徜徉，采收树丛间的艳红色野果。我手下称这种野果为"谢拉雷特葡萄"。

我们在此地逗留了两天，此地的池水令人心旷神怡。巴克斯顿与我同去古堡寻幽访胜，我们造访了戴克里先与马克西米安的祭坛，打算替英王乔治五世美言几句。但闲情逸致先是被灰苍蝇搅得心浮气躁，随后更因一件意外而破坏无遗。一个阿拉伯人在古堡的水池中射鱼，结果步枪不慎落地走火，打死了原属苏格兰骑兵的罗恩中尉。我们将他埋在梅贾柏墓园，我一直很羡慕这片远离尘嚣的世外桃源。

第三天我们再行经阿马里，穿越杰夏，到达我已渐渐熟悉的施来苏克瓦特附近。我们进入哈地时觉得相当自在，也决定夜间行军，手下们在我身后高声喊口号。"我们吃得好不好？不好。""我们有没有精神？有。"喊累了后，我可以听到他们绑在鞍座上的装备叮当的碰撞声——他们总共有十一或十五件装备，全塞在宽大的阿拉伯制鞍袋中，上路时抛到鞍座上。

我全神聆听他们在身后发出的声响，结果连自己也在哈地及拜尔间迷了路。然而，我们仍借着星光引路，直走到黎明（手下们必须到拜尔用餐，因为他们的口粮昨天就吃光了）。天亮时我们置身于一座林木茂盛的山谷中，无疑是拜尔河谷，可是我偏就无法确定我们到底在水井的上游还是下游。我向巴克斯顿与马歇尔坦承自己的错失，我们漫无目的地四处走了一阵子，幸好遇上在沃季时的老盟友萨吉尔·伊本·沙兰，他替我们指点迷津。一小时后，骆驼部队已有新口粮，回到他们在井边的营地，还发现深谋远虑的埃及医官萨拉马算准他们今天会回来，所以已先将水汲到蓄水池中，足以让半数的骆驼立刻畅饮一顿。

我决定搭乘装甲车进入阿巴里森，因为巴克斯顿此时已到达熟悉的地形，有老朋友照料，无需我的协助。所以我们这辆前导车沿着陡坡高速驶入杰佛平原，并以时速六十英里高速穿越。车后扬起一道滚滚黄尘，使我们看不见身后的另一辆车，到达平原的南端时仍不见它的踪影，或许是轮胎出了状况，于是我们坐在原地等，回头望着悬浮在半空的海市蜃楼。淡蓝色天空（越高处，颜色越蓝）下的深色海市蜃楼千变万化，使我们一再误以为友车已经来临。最后，总算有一个黑点穿透这灰蒙蒙的热雾，后头还拖曳着一长条被阳光照得闪闪发光的尘土。

那是格林希尔跟上来了，他高速穿越热气，使车壳热得发烫，当车子在柔软的热沙面晃动时，他的手下常会烫伤裸露的手臂及膝盖。

我们的车子停了许久，在等待时，有人吸出汽油，在一座小丘上煮茶给我们喝——军用茶，溢满的茶叶像洪水般，加奶粉后呈黄色，很适合解渴。我们在喝茶时，另一辆车也驶过来了，并告诉我们刚才高速穿越平原时，车子出了点小毛病。我们请他们喝茶，同时取笑他们以油污的手擦拭尘垢满布的脸。他们看起来像老头子，眉毛、睫毛，还有脸上的毛细孔全呈土灰色，只有在汗水流过处才会冲洗出一道道沟痕，露出红色的皮肤。

他们匆匆喝完茶（因为日渐西沉，我们还得赶五十英里路），将茶渣倒在地上，茶水滴落沙面后，马上像水银般渗入，在沙上留下一个个小洞。我们驶过已荒芜的铁路直抵阿巴里森，乔伊斯、道内、休伯特·扬都在，他们说一切顺利。事实上，准备工作皆已就绪，于是他们分道扬镳，乔伊斯前往开罗看牙医，道内到总部向艾伦比汇报我们士气高昂，而且都很听话。

第一百零六章 内 讧

乔伊斯的船由吉达驶来，还带着麦加捎来的信函。费萨尔打开《齐布拉报》（侯赛因国王的官报），发现其中刊载一段皇室文告，表示有一群傻瓜称呼贾法尔帕夏为阿拉伯北伐军的总司令。并指出这种头衔是凭空冒出来的，事实上，阿拉伯陆军最高的头衔也不过是上尉，贾法尔族长还有其他人，竟然顶着这些子虚乌有的头衔在阿拉伯陆军任职！

侯赛因国王发表这篇文告（他读过艾伦比赠勋给贾法尔的报道），没先知会费萨尔，这么做是想贬抑北方的阿拉伯城市居民、叙利亚人、美索不达米亚军官，侯赛因国王一来鄙视他们纪律松散，其次也担心他们功高震主。他知道他们参战不是为了让他巩固大权，而是为了解放自己的国家，追求自治，侯赛因国王的权欲熏心，已到了无法自制的地步。

贾法尔立刻挂冠求去，我们队上的军官与他们的部属也纷纷向费萨尔递出辞呈。我恳求他们不要在意这个七十岁老人的意气用事，他之所以在麦加能安然大权在握，也是他们替他奋斗来的。费萨尔也拒绝接受他们的辞呈，他指出，所有的人事令（因为他父亲并未签准他们的任命案）都是他自己签署的，所以这份文告对他们职衔提出的质疑，应由他一个人承担。

于是费萨尔拍电报到麦加，结果收到的回电竟称他为叛徒与不法之徒。他的反应是立刻卸下阿卡巴前线指挥官的职务。侯赛因国王指派扎伊德继任，扎伊德断然拒绝。侯赛因国王用密码拍来的电文中变得充满怒火，戍守阿巴里森的兵力眼看一夕间就要冰消瓦解。道内在由阿卡巴搭船赶过来前，曾与我通电话，忧心忡忡地问我是否已经无法挽回了。我回答要看运气，但或许可以有惊无险。

我们面前有三条路可走。第一条，向侯赛因国王施压，要求他收回这份声明；第二条，置之不理，继续进行；第三条，培植费萨尔正式独立于他父亲之外。每个方案在英国人与阿拉伯人间各自有支持者。我们致电艾伦比，要求他出面斡旋这场纷争。侯赛因国王冥顽不灵又老奸巨猾，要逼他道歉，可能得花上数个星期。在正常情况下花三个星期也无妨，不过此时我们面临危急存亡之秋，三天后，预定朝德拉进军的计划便要展开。我们必须设法使这场战役如期发动，同时由埃及方面找出解决之道。

我的第一项任务就是以最速件通知努里·沙兰，我无法到卡夫与他及他族人会面，不过会在新月出来的第一天到阿卡巴听候他差遣。这是很遗憾的权宜之计，因为努里也许会怀疑我为何变卦爽约。如果没有鲁瓦拉族参与，我们于九月十六日进军德拉的优势将会如灰飞烟灭。然而，我们必须冒这种较小的风险，因为如果没有费萨尔与阿拉伯正规军，以及皮萨尼的炮兵，这场战役终将沦为空谈，为了使他们回心转意，我必须待在阿巴里森静观其变。

我的第二项任务是将补给队带往阿兹拉克——行李、粮食、汽油、弹药。休伯特·扬一如往昔，虽然不赞同这项计划，仍尽职地张罗这些补给品。他最大的障碍就是自己，没有人能阻挠他。我永远忘不了努里·赛义德容光焕发的脸庞，他在一场联合会议后遇上一群阿拉伯军官，替他们打气说："别放在心上，各位。侯赛因国王和英国人说话的态度，就像他和我们说话一样！"这时他督导着各梯队依原计划由指派的军官率队出发——事实上，行程并未完全按原计划，不过只慢了一天。我们的原则一向是不直接向阿拉伯人下令，而是通过他们的族长传达，他们不曾由我们的军官带队，所以也没有该不该听命的先例可援，他们像绵羊一样乖乖地上路了。

我的第三项任务是面临军中的叛变。他们都耳闻了这场危机的不实谣言，尤其是炮兵，他们误解事情的原委，有一天下午和他们的军官起了冲突，在气头上将大炮对准了军官的帐篷。然而，炮兵指挥官拉希姆已抢在他们之前，将所有炮台全部堆集在他的帐篷内。我趁机去与那些士兵交涉，他们一开始很紧张，后来出于好奇心，终于同意与我谈谈，我在他们眼中一直只是个怪人，一个像贝都因人的英国人。

我告诉他们高层之间钩心斗角的这种茶杯内的风暴，他们都开心地笑了。他们的目标在大马士革，不在麦加，他们也不在乎部队之外发生了什么事。他们担心的是费萨尔已离职，因为有好几天没看到他出现了，我答应要立刻将他找回来。当费萨尔与扎伊德搭着由博尔斯特别漆成绿色的沃克斯豪尔车经过他们面前，而且表情毫无异状后，士兵们眼见为实，都相信自己是误信谣言。

我的第四项任务是按时将部队带往阿兹拉克。为了执行这项任务，便得先让他们对军官恢复信心。手段圆滑的斯特林这时派上用场了，努里·赛义德和其他军人一样野心勃勃，也打算善加利用这个机会，他爽快地同意推进到阿兹拉克，等待侯赛因国王道歉。如果没获得满意的回应，他们就要折返，甚或不再效忠；如果能令他们满意，则仍妾身未明的北伐军将使侯赛因国王颜面无光，我也向他保证必可让他们满意。

士兵们在我们的软硬兼施下总算获得安抚。我们表明像食物与军饷这种问题兹事体大，必须靠整个组织维系才能发放。他们屈服了，各个部队，包括骑骡步兵、机枪队、埃及爆破兵、廓尔喀雇佣兵、皮萨尼的炮兵，全都依照斯特林与休伯特·扬所规划的行程各自带开，只慢了两天。

最后一项任务是重建费萨尔的权威。若打算在德拉与大马士革间大举用兵，没有他绝对无法奏功。我们可以攻占德拉，那也是艾伦比对我们的期待。然而要占领大马士革——那是我对阿拉伯人的期待，也是我之所以不辞千辛万苦、殚精竭虑，与他们一起出生入死的原因——得靠费萨尔与我们并肩作战，不要受军事任务所分心，而是准备接收并运用我们所替他打下的地方之政治价值。最后他提议接受我的指挥。

至于麦加当局的道歉，艾伦比与威尔森已通过电话线，设法施压。如果他们失败了，我的因应之道是向费萨尔承诺英国政府会直接支持他，让他得以入主大马士革。有此可能，但我希望若非绝对必要，不要闹到这种地步。阿拉伯人为此已写下一页光辉灿烂的起义史，我不希望在达成全面胜利及和平之前，便已因内讧而分崩离析。

侯赛因国王原形毕露，强词夺理，找出无数遁词狡辩，完全不理解他这么一搅和，对北伐大业造成多么严重的伤害。为了让他了解情势，我们开门见山向他说个明白，却引来他激烈的恶言相向。他的电报通过埃及用无线电送至我们在阿卡巴的收报员，然后用车子送来给我，再由我转交给费萨尔。阿拉伯的密码很简单，我在转交给费萨尔前，都先借着将某些密码的数字打乱，来删除会使情况恶化的句子。借此权宜之计，才使他的部属不致闹脾气。

这种移花接木的戏码上演了几天，麦加方面一直不肯松口认错，反倒一再以各种不同的方式重述原先那份措词强硬的文告。最后，传来一份冗长的文稿，前半段是轻描淡写的道歉，并撤回原先那份造成重大伤害的文告，后半段则是以另一套说辞重述那份文告，我将后半段删除，在前半段注明"最速件"，送到费萨尔帐内，当时他正与他的幕僚围成一圈在开会。

他的秘书将那份电文解码，然后呈给费萨尔。我先向众人做了一点暗示，使在场者皆屏气凝神地望向费萨尔。他满脸讶异地望着我，因为那些温和的词句不像是出自他那刚复自用的父亲手笔。然后他打起精神，将那段道歉文稿大声念出来，最后激动地说："这封电报挽救了我们所有人的荣誉。"

全场欢声雷动，费萨尔悄悄在我耳畔说："我是说，几乎是我们所有人的荣誉。"他说得很开心，我也笑了，并装聋作哑地说："我不知道你在说什么。"他回答："我要在这最后一次进军时接受你的指挥，怎么，还不够吗？""因为那会有失你的尊荣。"他低声说："你总是把我的荣誉摆在你自己的之前，"然后他精神抖擞地站起来，说道："好了，各位，赞美真主，开始工作吧。"

三小时后我们已敲定行程，并安排接替我们在此戍守阿巴里森的部队。于是我告退。乔伊斯刚由埃及回到营地，费萨尔承诺他最迟会在十二日与乔伊斯及马歇尔一起到阿兹拉克与我会合。整个营区内洋溢着一片喜气，我驱车北上，仍希望能及时号召鲁瓦拉族人在努里·沙兰的率领下，与我们一起攻打德拉。

卷十
华宅落成

第一百零七至一百二十二章

我们由飞机、装甲车、阿拉伯正规军、贝都因人等多路人马所组成的机动部队在阿兹拉克会师，打算截断德拉的三条铁路。我们在马弗拉克附近截断往南的铁路，在阿拉尔截断往北的路线，在穆宰里卜截断往西的路线。我们将德拉团团围住，而且不顾敌机的空袭，在沙漠中集结大军。

第二天艾伦比发动攻击，几小时后便将土耳其部队打得落花流水。

我飞到巴勒斯坦寻求空军支援，并收到往北发动第二波攻势的指令。

我们移师至德拉后方，以加速它的弃城投降。巴罗将军也与我们会师，我们与他并肩推进至基斯沃，在当地再与澳洲骑兵部队会师。我们的联军长驱直入大马士革。城内出现若干动乱，我们设法化解。艾伦比到达后一切难题迎刃而解。随后他便让我离去。

第一百零七章　大会师

能拨云见日，使局势豁然开朗，真是无法言喻的喜悦。温特顿、纳西尔，还有我，一路上怀着感恩的心，彼此道谢。温特顿勋爵是我们最后招募来的生力军，他是出身于巴克斯顿骆驼部队的一位干练军官。纳西尔谢里夫由在麦地那起义的第一天开始，便一直是阿拉伯陆军的急先锋，在这最后一役，我们也特别挑选他担纲打头阵。他最有资格率大军直捣大马士革，因为他曾在麦地那、沃季、阿卡巴、塔菲拉以及无数战役中大显神威。

一部小型福特车在我们后方飞扬的尘土中吃力地赶路，我们的大马力车则飞快地驶过这熟悉的路段。我曾为了能在三天内由阿兹拉克赶到阿卡巴而自豪，但如今我们开车只要两小时，开着劳斯莱斯这么舒服的车子上战场，有如大将军一般，让我们晚上睡得格外安稳，舒适之余也有点感伤。

我们再度注意到这些装甲兵的日子真好过。他们不会太过操劳，所以头脑得以清醒地执行这种坐在安乐椅上的工作。我们则因只能在日出与日落这两个不适合上路的时段，偷闲各打一小时的盹，而使身心俱疲。我们经常一天二十四小时中有二十二小时待在鞍座上，每个人轮流带队，其他人则昏沉沉地坐在鞍上边打瞌睡边跟上前去。

我们倒也不是完全无意识，因为即使在睡得最沉的情况下，我们的脚还是可以朝骆驼的肩头使劲，让它继续前行，而且一旦它的脚步不稳，或转了个弯，我们都会马上惊醒。另外我们还得忍受风吹雨打日晒，粮食与饮水老是匮乏，并得随时提防土耳其人和阿拉伯人。然而几个月来这些被迫与部落民族为伍的日子已使我安之若素，对新来者而言，似乎是疯狂鲁莽的行径，但事实上却是我们日常生活的写照。

这时沙漠已一反常态。事实上，它人口稠密得实在不像话。我们不会像以前那般看不到人迹，随时可以看到一列列骆驼载运着部队、部落民族和行李，往北缓缓越过无垠无涯的杰佛平原。我们呼啸着追过这些骆驼队（这样才可以准时在阿兹拉克会师），我的驾驶员格林技术高超，时速一度高达六十七英里。

纳西尔坐在车内紧张兮兮，只能在我们每次超越他的友人时朝他们招招手。

我们在拜尔听到惊慌的班尼沙赫族人说，土耳其在前一天忽然由赫萨往西进入塔菲拉。我闻言大笑，穆夫利赫以为我疯了，或是笑得不是时候。如果这事早四天发生，我们进军阿兹拉克的计划便得泡汤了。然而，如今我们已经出发，也不在乎敌军去占领阿巴里森、圭威拉，甚至阿卡巴——而且欢迎之至！我们放出风声要进军安曼，已使他们惊慌失措，那些傻瓜已中了我们的调虎离山之计。他们每派一个人到南方，便损失一个兵力，甚至十个。

我们在阿兹拉克找到几个努里·沙兰的仆人，以及一部克罗斯利汽车，上面载着一个飞行官、一个飞行员和一些飞机零件，汽车旁还有一座帆布库房供掩护我们会师的两部飞机使用。我们第一个晚上就睡在他们的飞机场上，饱受折磨。有一只又大又悍的马蝇，蜇起人来像大黄蜂，只要见到我们衣服没遮到的皮肤就张口大咬，直闹到日落才罢休。夜凉如水，被叮到的部位没那么痒了，让我们稍微松了口气——但这时风突然转向，一股股热乎乎的带盐味的狂风沙吹得我们睁不开眼睛来，三小时后才歇息。我们躺下来用毛毯包住头，但无法入睡，每隔半小时便得起来把沙抖掉，否则会被活埋。到半夜，风总算停了，我们将汗湿的小窝整理妥当准备就寝——这时一群密如乌云的蚊子载歌载舞地来找我们，我们和它们奋战到天亮。

所以，天亮后我们转移阵地，到梅贾柏山冈上扎营，此地位于水源西方一英里，在沼泽上方一百英尺，风从四面八方吹来。我们小憩片刻，然后将飞机的库房搭起来，接着到银白色的水池中洗澡。我们在灿烂耀眼的水池旁宽衣解带，天空的倒影在水池中绽放着如梦似幻的光彩。"真是甘泉！"我高叫着在水池中四处游动。"可是你干吗一直在水里动个不停？"温特顿过了一会儿问我。然后一只马蝇咬了他臀部一口，他这才恍然大悟，赶忙跳入水里跟着我四处游动。我们拼命地游，让头保持潮湿，想让那群灰色巨蝇知难而退。不料它们饿得连水都不怕，五分钟后我们终于挣扎着上岸，飞快着装，全身被它们利如匕首的螯叮了二十大包，已淌出血来。

纳西尔站在一旁笑我们，不久后我们一起前往古堡，在当地午休。阿里·伊本·侯赛因那座位于一隅的高塔，是这沙漠中唯一有屋顶的房舍，相当凉爽宁静。风吹得棕榈树叶飒瑟作响，这些受到冷落的棕榈树因为太靠北方，长出的红枣品质不佳，但叶茎很厚，树枝低垂，很适合遮阴。纳西尔就静静地坐在铺于树下的地毯上。他抛弃在地上的香烟缓缓散发出灰色轻烟，袅袅升入暖和的空气中，在阳光透过叶隙筛下的光影中摇曳生姿。"我很快乐。"他说。我们都很快乐。

到下午，一部装甲车驶过来，我们必要的防护网也已完成，虽然敌人不大可能胆敢来犯。在我们和铁路间的地区有三个部落帮我们掩护。德拉总共只有四十名骑兵，安曼一个也没有。此外，土耳其方面仍不知道我们的动向，他们的一部飞机于九日早晨曾飞到我们的上空，敷衍了事地盘旋一圈后离去，或许没有看到我们。我们的营地位于高岗上，视野辽阔，可以远眺德拉与安曼的道路。白天时我们十二个英国人，以及纳西尔和他的奴隶，都慵懒地四处溜达、欣赏夕阳美景、看风景、沉思；晚上则安然入梦——至少我睡得很香甜，趁下个月与敌军交锋前尽情享受这段珍贵的空当。

这段空当之所以珍贵，部分原因在于我自己，因为在这段往大马士革推进（我们已经在想象兵临城下的情景了）的路上，我的情绪已开始波动。我可以感受到身后的阿拉伯人心情紧绷的气氛。几年来所宣导的运动已然进行到高潮阶段，一个统一的国家将朝它具有历史意义的首都迈进。我深信这件亲手锻造的武器足以达成我的最终目标，也因而似乎忘了我的英国同僚，他们被我抛诸脑后，置身于普通战争的影子中。我无法使他们与我一样胸有成竹。

许久之后，我听说温特顿每天拂晓时都会起床视察地平线，以免因我的疏忽而使我们受到突袭。在乌姆泰耶与谢赫萨阿德，英军一直担心我们前途黯淡。事实上我知道（也说得十拿九稳），我们和全世界任何一个参战的人一样安全。由于他们一直摆着骄傲的身段，我丝毫不在意他们怀疑我的计划。

这些计划是声东击西之计，表面上是要攻打安曼，实际上则是截断德拉铁路。我们没有下一步计划，因为那是我的习惯，依情势演变再随机应变。

社会大众通常总是将荣耀归诸将军，因为他们只看到命令与结果——连福熙说（在他实际掌兵符之前），打赢战役的是将军，但是没有将军真的这么想过。一九一八年九月的叙利亚之役，或许是英国有史以来最科学化的一场战役，武力只占极小的比率，大都是靠脑力。全世界，尤其是在英军中服役者，都将胜利归功于艾伦比与巴塞洛缪，但他们两位却绝不会作如是观，他们知道初期的构想在执行时都已被敌方得悉，而他们的手下通常不知道这一点，仍继续执行。

我们在计划中的第一部分顺利攻占阿兹拉克，已经达到声东击西的效果。我们运送成千上万的"圣乔治的骑兵"，也就是金币到班尼沙赫地区，将他们所有的大麦悉数购买，并要求他们不要张扬出去，我们在两星期后将用这些粮食供应牲口与英国的盟友。塔菲拉的狄阿布——那个奇笨无比的呆瓜马上将这消息传遍卡拉克。

另外，费萨尔要求扎本族人到拜尔效命。霍恩比这时（或许稍嫌早了些）穿着阿拉伯服饰，已在积极筹备大举进军马代巴，他的计划是在十九日一听到艾伦比发动攻势，就立刻响应。他打算守住杰里科，如此一来，要是我们德拉之役无法奏功，部队便可以撤回，转而支援他的行动。到时候这将不再是声东击西，而是两面夹击。然而，土耳其先进军塔菲拉，粉碎了这个计划，霍恩比只得死守修北克。

至于第二个阶段，攻占德拉，我们必须仔细研拟进兵计划。先期作业是截断安曼附近的铁路，以防安曼的部队去支援德拉，如此也可以让敌军对我们的声东击西之计更是深信不疑。在我看来，这项先期作业可以由廓尔喀人执行（埃及工兵执行实际的爆破工作），他们的兵力不致分散我们主力部队担任主要任务。

这个主要任务就是截断豪兰地区的铁路，使其至少瘫痪一个星期。要达到这个目的似乎有三种方式：第一种是由德拉北方截断通往大马士革的铁路，就是我在冬季时与塔拉勒走过的那条路径，然后再前往耶尔穆克铁路；第二条是由德拉南方截断耶尔穆克铁路，与阿里·伊本·侯赛因在一九一七年十一月走的路径一样；第三条是直捣德拉城。

第三个计划若想执行，势得由空军先朝德拉车站猛烈空袭，达成有如炮兵轰炸的效果，我们才能以这么少的兵力发动攻击。萨蒙德很想执行这项空袭任务，但要视他能集结多少重型轰炸机而定。道内会在九月十一日飞来此地，对我们作最后的任务交代，在这之前，我们暂时不决定要采取何种计划。

至于我们的援军，我的护卫队率先到达，于九月九日雄姿英发地进入锡尔汉河谷。他们兴高采烈，比他们胖嘟嘟的骆驼还胖，已充分养精蓄锐，和鲁瓦拉族痛快地享受了一个月的飨宴。他们汇报努里即将准备就绪，也决定投效我们。这个消息使我们士气大振，每个人欢欣鼓舞。

九月十日，两部飞机由阿卡巴飞来。墨菲与朱诺两位驾驶员在一群马蝇间安顿下来，这些马蝇看到他们的细皮嫩肉也觉得欢欣鼓舞。十一日，其他的装甲车及乔伊斯也来了，还有斯特林，不过独缺费萨尔。马歇尔将在隔天护送他前来会师。马歇尔果决干练，只要有他在，便可望万事如意。休伯特·扬、皮克、斯科特-希金斯，以及行李队都到达了。阿兹拉克变得人山人海，它的湖泊也再度充满嬉闹声。褐肤的瘦子或褐肤的壮汉、古铜色肌肤或白色肌肤，纷纷扑通跳入澄澈的水中。

十一日，由巴勒斯坦调来的飞机到达了。不幸，道内再度病倒，接替他职务的参谋官（还是个菜鸟）严重晕机，应该转交给我们的文件也忘了带来。他原本信心十足的英国绅士风度，这么一折腾已荡然无存，更令他惊骇的是我们若无其事地待在这片大漠中，也没有什么哨站、瞭望哨、信号兵、卫兵、电话、防线、掩体、基地。

他惊吓之余，最重要的口信也忘了提，也就是艾伦比在九月六日灵机一动，告诉巴塞洛缪："何必为了梅苏迪耶而大费周章？让骑兵直扑阿富列及拿撒勒不就得了。"所以计划已全盘改弦易辙，原本明确的目标已由尚未确定的进军计划取代。我们对此毫无所悉，不过在对驾驶员百般追问后，总算了解轰炸机所能提供的支援，他们无法配合我们直扑德拉的要求。所以我们只要求他们做掩护性轰炸，让我们绕到北方摧毁大马士革铁路。

第二天费萨尔莅临，身后跟着阿拉伯正规军、努里·赛义德军容壮盛的队伍、贾米尔的炮兵、皮萨尼像流动摊贩般的阿尔及利亚兵，以及其他要担任"三个男人一个小孩"任务的各个单位。那些灰蝇如今有两千头骆驼够它们吃个痛快，所以也无暇再去找朱诺与几个快被吸干了的机工。

到下午，努里·沙兰出现了，同行的还有特拉德、哈立德、法里斯、杜济、卡法吉。奥达也来了，同行的有穆罕默德·戴兰，还有扎本的族长法赫德与阿得赫布，以及塞拉因族长伊本·班尼和瑟狄叶族长伊本·简吉。索尔特附近的阿德万族长马吉德·伊本·沙尔坦前来探听我们是否真要攻打安曼。入夜后，北方枪声大作，我的老伙伴塔拉勒·哈雷齐姆带着四十至五十名农民飞驰进我们营区。他红润的脸庞因我们期盼已久的目标终于要如愿以偿而喜形于色。德鲁兹族与叙利亚的都市人、伊沙威亚人与哈瓦内人也赶来会师，连我们为防万一失败（我们很少去想这种可能性），在撤退时要用的大麦也陆续运来了。每个人都意气风发。只有我例外。纷至沓来的人潮已破坏了阿兹拉克的静谧，我独自走到偏僻的艾因阿萨德，整天躺在我那位于柽柳树林内的老窝，此地沾满尘垢的树梢间的风声，与英国树梢间的风声并无两样。风儿告诉我，对这些阿拉伯人，我已经厌烦透了。卑微的闪族人，他们的成就之高度与深度皆非我们所能迄及，却是看得见的。他们能明辨是非善恶，也明白我们的独断，然而两年来我却装作是他们的伙伴，从中得利！

今天我断然决定，我虚伪的立场已该告个段落。一星期，两星期，三星期，然后我便要坚持卸下重担。我的精神早已崩溃，能掩饰那么久没被发现，也算万幸了。

这时乔伊斯一肩扛起我应负的职责。在他的一声令下，皮克率领这时已成为爆破大队的埃及骆驼部队，斯科特-希金斯率领廓尔喀战士，外加两部装甲车以防万一，前往依夫丹截断铁路。

他们的计划是由斯科特-希金斯在入夜后率领他那些身手矫健的印度人突袭一座碉堡——应该说是徒步时矫健，因为他们骑骆驼时是笨手笨脚的。然后皮克开始进行爆破，直到天亮。装甲车负责掩护他们在清晨时往东撤退，经过平原，我们主力部队也要由阿兹拉克经此平原往北到达距德拉十五英里的乌姆泰耶，此地有雨水积成的大池，可充当进军的基地。我们提供鲁瓦拉族人当他们的向导，充满期盼地送他们出发，进行这项重要的先期作业。

第一百零八章　好彩头

　　我们在曙色初露时出发。大队人马中有一千名是原本戍守阿巴里森的部队，三百名是努里·沙兰骑马的游牧民族。他另外还拥有两千名骑骆驼的鲁瓦拉族战士，我们要求他将这支兵力留在锡尔汉河谷。在最后决战日之前便将如此众多的贝都因人聚集在豪兰地区的村落中，似乎是不明智之举。那些骑马的游牧民族不是族长就是族长的仆人，都是颇有资产的财主，也都听命行事。

　　我一整天待在阿兹拉克与努里和费萨尔商议。乔伊斯留下"蓝雾"这辆车给我，所以第二天一早我就赶上了主力部队，发现他们在崎岖不平的吉安古纳青草地上吃早餐。骆驼在阿兹拉克闷了许久，这时乐得在草地上狼吞虎咽。

　　乔伊斯有坏消息传来。皮克已归队，他汇报他因为与预定要进行爆破的地区的阿拉伯居民起了冲突，无法截断铁路。我们已经预留要爆破安曼铁路的火药，这次挫败着实令人懊恼。于是我下车，携带一批炸药骑上骆驼，在主力部队之前先出发。其他人都绕道而行，避开往西通往铁路的熔岩区粗糙路段；不过我们、亚格利人与其他善骑者，抄捷径走一条土匪走的路，到达已荒芜的乌姆吉马勒附近的空旷平原。

　　我努力思索着该如何破坏安曼铁路，也为了该如何做才是最快又最好的上策而苦恼不已。眼前的废墟使我更为困惑。这些罗马时代留下的城市，乌姆吉马勒、乌姆索拉布、乌姆泰耶，似乎全是胡乱搭建。这些在当年与今日都曾饱受炮火洗礼的建筑物，与周遭环境格格不入，似乎在控诉它们的建造者是如何愚昧无知，他们似乎像是在财大气粗地声明，人（罗马人）有权一成不变地住在他的产业中。在这种蛮荒之地出现意大利风格的建筑物——也只有借着向乖顺的殖民地强征暴敛才建得成，充分暴露政治的虚幻无常与盲目无知，不值得骄傲。

　　我专注于思考这些问题，加上铁路至今未能摧毁，使我对头顶上的空战视若无睹：墨菲驾着我们的布里斯托战机正与一架敌军的两人座战机缠斗。布里斯托战机先严重受创，随后土耳其战机起火坠落。我们的部队看得乐不可支，但墨菲发现自己的机身受创太过严重，在阿兹拉克无法修复，于是在第二天早上飞到巴勒斯坦维修。所以我们原本就小得可怜的空军如今只剩 B.E.12 这种早已过时的机种，不可能参与战斗，当侦察机也派不上用场。这是当天稍后才得知的，此时我们则和全队人马一起为我机击落敌机而雀跃不已。

在日落前不久我们到达乌姆泰耶。主力部队在后方五六英里处，所以我们在骆驼喝够水后，便朝西方山下四英里外的铁路推进，打算前去破坏它。天色昏暗，我们靠近后仍未惊动敌军，也欣慰地发现这条路可以通行装甲车，我们前方则有两座桥。

这使我决定第二天清晨再率领装甲车，带着更多的炸药，炸毁那座有四个桥拱的大桥。土耳其至少要花上数天才能修复，我们在突袭德拉时便可不用担心会有安曼守军驰援。如此一来皮克无法达成的任务也可以完成了。这个发现令我们雀跃，于是趁天色未全黑时折返，沿路选定适合车子走的路径。

我们翻越最后一道山岭，这道高耸的分水岭将乌姆泰耶与铁路完全分隔开来，我们在山头眺望，那些罗马废墟这时与三小时前所看到的模样截然不同，令我们忍不住停下来，赞叹不已。低洼的地面已亮起繁星般的点点营火，忽明忽灭的火光在烟雾中摇曳闪烁。一些人在火堆旁烘面包或煮咖啡，其他人则牵着聒噪的骆驼来回于水井间。

我骑回黑漆漆的营地，到英军营中，与乔伊斯、温特顿、休伯特·扬等人围坐着，告诉他们明天一早该怎么做。英国士兵在我们身旁躺着抽烟，默默地冒着自己的生命危险参与这次战役，只因为我们下达了指令。这种反应相当典型，很符合我们的民族性格，就如阿拉伯营区中的喧嚷笑闹一样自然。两个民族在面临危机时，一个内敛，一个外放。

隔天早上，大队在吃早餐，阳光赶走了清晨的凉意，我们与阿拉伯领袖开会，告诉他们可以用装甲车突袭铁路。最后决定由两辆装甲车攻桥，主力部队则继续朝大马士革铁路沿线的泰勒拉尔前进。明天，九月十七日，他们会于拂晓时攻下当地哨站，占领铁路。我们的装甲车突击队届时应已完成炸桥任务，前去会合。

大约下午两点，我们正驱车前往铁路，发现有一大群我方的轰炸机正朝德拉进行首度空袭任务。德拉至目前为止都不曾遭受空袭，所以毫无防备的守军受创严重。他们的人员士气所承受的打击，与炸得柔肠寸断的铁路一样严重，所以他们在发现我们的大军由北方逼进之前，一直都在忙着挖防空洞。

我们驾驶两辆装甲车与两辆勤务车，颠颠簸簸地经过乱石遍地的草地，终于平安地到达最后一道山岭后方，与目标点同侧。在桥的南方有一座石头碉堡。

我们决定将勤务车留在原地担任掩护工作。我带着一百五十磅火药，引信都已装妥，改搭其中一辆装甲车，我们打算以这辆装甲车直奔桥拱，将炸药装妥并引爆，这期间另一辆装甲车则奋勇攻坚，直扑碉堡来掩护我。

两辆车同时出发。七八名土耳其守军发现我们之后，手忙脚乱地抓起步枪冲出战壕，毫不掩蔽地迎向我们，不知是吓慌了，还是搞不清状况，还是出于超人的勇气。

几分钟后，第二辆车已开始朝他们攻击，这时又有四名土耳其兵由桥边出现，朝我们开枪。我们的机枪手瞄准后扫射一波子弹，一个敌军当场毙命，另一个应声而倒，其他人作鸟兽散，跑了几步后见苗头不对，又折回来挤笑脸请降。我们接收他们的枪支，叫他们走到勤务车处，我们的人员正在山头虎视眈眈地监控着。守碉堡的敌军也同时投降。我们很满意能在五分钟内攻下桥梁与邻近道路，而且毫无伤亡。

乔伊斯带着更多炸药开勤务车过来，我们匆匆地将炸药安装在桥上，做起来轻松愉快，这座桥有八十英尺长、十五英尺高，桥头还有一片白色大理石的落成纪念碑，署名是苏丹王阿卜杜勒·哈米德。我们在排水孔中塞了六枚炸药，很精确地将所有的桥拱炸得粉碎。这次爆破是绝佳的示范，桥身并未受到破坏，但已摇摇欲坠，所以敌军在修理时必须先将整座桥拆掉后才能重建。

完成爆破后，敌军的巡逻队已逼近，所以我们开始撤离。基于搜集情报的考虑，我们将几个战俘带上车，然后上路。不幸乐极生悲，在经过第一条河道时，我搭乘的勤务车突然颠震了一下，车身重量倾向一侧，后轮因承受不了重量抛锚了。

我们下车探视，底盘已破裂，一条弹簧的挂钩处断开，非得送修不可。我们懊恼不已，因为此时距离铁路仅三百码，敌军巡逻队再过十分钟就要到了，眼看就要损失一辆汽车。在沙漠中，劳斯莱斯比珠宝还珍贵。虽然我们这些车已开了十八个月，而且不是飞驰在车厂原本料想的平坦公路上，而是载着上吨的行李及四五名壮汉，在最颠簸的路段不分昼夜地飞速奔驰，然而，这还是我们由九部车组成的车队中第一部抛锚的。

驾驶员罗尔斯是一流的技师，维修车辆的技术炉火纯青，多亏他才使我们的车子得以顺利上路，他此时看着严重受损的车体，也欲哭无泪。我们一群人，军官与士兵，英国人、阿拉伯人、土耳其人，全都挤在罗尔斯身旁，焦急地望着他。他发现自己虽然只是个二等兵，但面临此等危机，众人的生死全系在他身上，因而神情更为凝重，连下巴的胡楂子似乎都变硬了。最后他说，只有一线生机：我们或许可以将弹簧拉回原位，以木头塞住，设法固定在车旁的踏板上，然后再用绳子绑住，踏板的角铁或许能承受这股重量。

我们每辆车上都载着木条，若车子陷入沙地或泥泞中时可用来垫轮胎，只要有三根这种木条便可以当克难的固定板。我们没有锯子，所以便用子弹打穿木条再用力折断。土耳其追兵听到我们开枪，如临大敌地停了下来。另一辆车上的乔伊斯也听到枪声，于是折回头助我们一臂之力。我们将车上的行李全扛到他车上，然后以木条撑起弹簧和底盘，用绳子固定在踏板上（配合得天衣无缝），发动引擎，再度上路。随后在遇到石头路或沟渠时，便放慢速度，我们（战俘及全车官兵）则下车跑步，高声喊加油，并协助清除路面。

回营地后，我们用抢来的电报线将那些弹簧紧紧绑在底盘上，并将木条绑得更稳固。我们确定它已经相当牢靠了，便将行李再搬回车上。这辆车就这么继续开了三个星期，所有任务照常执行，到最后它也以这种克难状态长驱直入大马士革。伟哉罗尔斯，壮哉劳斯莱斯！他们人车一体，在这些沙漠中可抵得上千军万马。

修理车子耽搁了数小时，最后我们在乌姆泰耶夜宿，很笃定只要能在天亮前出发，就不致延误明天与努里·赛义德在大马士革铁路会师的行程。我们还可以告诉他，由于那座大桥被炸毁，通往安曼的铁路将会瘫痪一个星期。那是土耳其增援德拉的主要通道，所以我们已无后顾之忧。那也使目前戍防阿巴里森的扎伊德松了一口气，因为土耳其集结在塔菲拉的大军在铁路抢通之前将不敢擅动。我们的最后一役抢了个好彩头。

第一百零九章　开　战

我们按既定行程在天亮前出发，沿着斯特林的车子轨迹前进，希望赶在他们开战前与他们会合。不幸，路况不尽如人意，一开始是一段坎坷难行的下坡路，接着又是一片崎岖的粗玄武岩平原，我们牛步蜗行，心急如焚。随后驶经开垦过的斜坡，此地因逢夏季干涸期，地面的红色土层龟裂达一码深、两三英寸宽，五吨重的装甲车行经其间，只能以一挡的低速前进，而且随时有被卡住之虞。

我们于早上八点左右在靠近铁路的山顶赶上阿拉伯部队，他们正摆开阵势，准备攻击介于我们与泰勒拉尔山之间的桥头小碉堡，由泰勒拉尔山的山头可以俯瞰德拉的乡区。

鲁瓦拉族的骑马战士在特拉德的领军下，沿长坡冲下山，经过长满甘草的河床冲向铁路。休伯特·扬搭福特车跟在他们后面冲出去。我们在山上观战，原本以为可以不发一枪一弹便攻占铁路，但其中一座不起眼的土耳其哨站突然枪声大作，我们的勇士们原本雄姿英发地站在铁路旁（暗忖着接下来要做什么），这时慌忙地四处找掩蔽。

努里·赛义德架起皮萨尼的大炮，发射了几发炮弹。然后鲁瓦拉族人与大队人马冲上去，轻易地攻下那座碉堡，只有一人阵亡。所以在早上九点，大马士革铁路南方十英里沿线都已落入我们手中。这是通往巴勒斯坦及汉志唯一的铁路，我真没想到我们运气这么好，我们向艾伦比所做的承诺居然轻易又快速地实现了。

阿拉伯人如潮涌般冲下山，再争先恐后地登上泰勒拉尔山的山头，俯瞰他们的平原，此时平原仍在朝阳绵长的阴影中，看来如幻似真。士兵以肉眼便可以眺望德拉、穆宰里卜、贾查尔这三座位居要冲的车站。

我看到的不止这些。往北可达大马士革的道路，这座土耳其的大本营，也是他们在君士坦丁堡与德国间唯一的联络站，如今已被截断；往南通往安曼、马安、麦地那的铁路全已截断；往西通往纳布卢斯与约旦山谷的交通也都瘫痪，可将利曼·冯·桑达斯孤立在拿撒勒。今天是九月十六日，就是约定的日期，再过四十八小时艾伦比便要全面进军。届时，土耳其就会改变兵力的部署以因应新危机，但他们在艾伦比发动攻势前不会改变。巴塞洛缪曾说："告诉我他是否会在我们开始进军前便已在奥贾铁路，我就可以告诉你我们是否会赢。"好了，他的确已在奥贾，所以我们赢定了。问题是赢多少。

我要立刻炸毁整条铁路，但我们的攻势似乎停顿了下来。正规军已完成分内的任务：努里·赛义德已将机枪架在泰勒拉尔山头，监控由德拉来的袭击。可是，为什么都没有爆破？于是我冲下山，这才发现皮克的埃及部队正在张罗早餐，真的是气定神闲，令我叹为观止。

然而，一小时后他们已再度披挂上阵，开始展开一系列的爆破。法国的炮兵也携带着炸药，试着炸毁附近的一座桥，他们的技术不佳，但第二次试炸时还是略有斩获。

我们在海市蜃楼开始浮现前，以我的高倍望远镜在泰勒拉尔山头仔细眺望德拉，想了解土耳其会如何因应。结果令人相当不安。他们的飞机场活动频繁，一群群士兵正将一架架飞机拉出来，我看得到的就有八九架。除此之外一切倒是都如我们所料。有几个步兵跑步进入阵地中，大炮也开始朝我们轰击，但我们距他们四英里之遥。火车头冒着蒸汽，不过火车没有武装。我们后方，往大马士革的方向，仍然平静得像一幅地图，右方的穆宰里卜也毫无动静。我们掌握了主动权。

我们希望能引爆六百枚炸药，采取"郁金香模式"，使六英里长的铁轨瘫痪。郁金香模式是皮克和我专为炸铁轨而发明的。我们以每十米为一区，在每一区最中央的枕木下方埋设一枚三十盎司的炸药。枕木是中空的钢铁，如果炸药埋设得恰到好处，不会将枕木炸断，而是使其整个拱起，高达两英尺，像花蕾一般。枕木拱高后，会将铁轨拉高三英寸，两条铁轨则被拉近六英寸。结果铁轨因而扭曲变形，无法修复。如此有三或五根枕木会毁损，并在地面炸出一道沟，只需一枚炸药，以引信引爆，引爆时间极短，所以在埋第三枚时，第一枚已经爆炸，将碎石炸得满天飞舞。

这么炸上六百枚，足以让土耳其忙上一星期才能抢通，这可以将艾伦比

"三个男人与一个小孩带着手枪"的说法充分发扬光大。于是我再折返主力部队处，这时发生了两件事：皮克引爆第一枚炸药，黑色浓烟直上云霄，爆炸声则极微小；然后土耳其的第一架飞机也升空在搜寻我们了。努里·赛义德与我在山的南面，以一块突出的岩石充当藏身的天然掩体。我们静静地等着炸弹投下来，不过那只是一架普法兹型侦察机，经过一阵观测后决定回德拉通风报信。

它一定是汇报大事不妙，因为随后飞来三架两人座战机及四架侦察机，还有一架老旧的黄腹信天翁型飞机，在我们上空盘旋，投炸弹，或朝我们俯冲以机枪扫射。努里·赛义德将他的霍奇基斯自动机枪架在岩缝间，朝他们还击。皮萨尼将四尊大炮架高，对空胡乱放炮。这使敌机饱受威胁，他们且战且走，然后爬升至高空再折返。他们的目标变得不大明确了。

我们将正规军与骆驼分散开，非正规军则不用我们下令已自行作鸟兽散。我们若想安全无虞，便得设法将部队尽量散开，因为这片空旷的平原连兔子都无法藏身。我们看到数千人马在山下四处躲藏，不禁忧心忡忡。在山上看着绵延两英里长的人员与牲口，以及炸弹炸开后默默散开的浓烟（与震耳欲聋的爆炸声似乎无法联想在一起），还有机枪扫射所扬起的尘土，令人捏把冷汗。

听起来好像战况激烈，不过埃及部队仍和刚才吃早餐时一样，气定神闲地在埋炸药。他们分成四组采用郁金香模式埋设炸药，皮克与另一名军官则将埋好的炸药引爆。土耳其飞机似乎不晓得底下在炸铁轨，至少敌机没有特别朝他们猛投炸弹试图赶走他们。这支爆破部队一路炸过去，后来脱离危险区域，进入平静的北方。我们沿着电报线路被破坏的痕迹跟上去找他们。在没受破坏的地区，电线杆站得很整齐，电报线也绷得很紧。然而在皮克经过后，电线杆或歪七扭八或东倒西歪。

努里·赛义德、乔伊斯还有我，开会研商该如何到巴勒斯坦沿线的耶尔穆克，执行截断大马士革与汉志铁路的任务。敌军负隅顽抗，我们势得倾全部兵力才能攻下，但依目前敌机死缠不放的情况看来，率大队人马前进是不明智之举。一来，敌机的轰炸或许会在我们通过空旷的平原时造成严重伤亡；再者，如果土耳其部队鼓起余勇出城还击，皮克的爆破部队将只能束手就擒。土耳其目前仍惊魂未定，等过一阵子或许会定下心来，恢复勇气。

我们仍在犹豫不决时，问题竟奇迹般的迎刃而解。B.E.12型机的驾驶员朱诺此时独自留守在阿兹拉克，他得悉墨菲的战机与敌机在德拉附近空战时受创，决定自己取而代之，执行原定的空中计划。所以我们正被敌机困住，动弹不得时，他适时投入战局。

我们心情复杂地观战，因为他那架老旧的飞机实在不是敌人的侦察机或双人座战机的对手，然而一开始他就以机上的两挺机枪打得他们魂飞魄散。他们分散开来，仔细研究这个不速之客。他往西飞过铁路，他们也追了过去，虽然地面的目标很重要，他们基于空军的老毛病，仍不肯放过这架来势汹汹的飞机。

我们因而得以喘一口气。努里·赛义德趁机集合三百五十名正规军，以及皮萨尼的两尊大炮，飞快地骑着骆驼越过泰勒拉尔，朝穆宰里卜推进。只要有半小时的空当，那些飞机或许就不会注意到我们的兵力减少，或分散四处的部队正往西方的斜坡及洼地聚集。这些耕地从空中看来像被褥一般，而且地面长满高大的玉米茎与蓟草。

在正规部队出发后，我们派农民上路，半小时后我召集护卫队，打算抢在别人之前赶到穆宰里卜，这时我们又听到飞机的引擎声嗡嗡作响，惊喜地发现朱诺安然无恙，但已被不断扫射的敌机三面包夹。他出神入化地翻滚盘旋并还击，他们以众击寡但一时仍未能占到便宜，不过再这么打下去，结局可想而知。

我们抱着一丝他可以平安降落的希望，冲到铁路旁一处碎石较少的空地。每个人群策群力地想清理出一条跑道，朱诺则被追赶得越飞越低。他发出信号，让我们知道他的油料即将用罄。我们卖命地清理五分钟，然后打出降落信号。他开始俯冲，但这时风向突然改变，朝他迎面刮来。克难跑道实在太窄了。他漂亮地降落，但风再度刮来，起落架随风打滑，整架飞机也翻倒在乱石堆上。

我们冲过去救他，但朱诺早已自行爬出飞机，除了下巴轻微刮伤外，安然无恙。他将机上的路易斯机枪与维克里机枪，还有一箱的曳光弹全抱下来。我们将这些全塞进休伯特·扬的福特车内，这时一架土耳其双人座战机已开始朝我们俯冲及投弹，于是我们加速脱身。

五分钟后，朱诺静极思动，又自告奋勇地要求出任务了。乔伊斯提供他一辆福特车，他豪气干云地驱车直奔至德拉附近，炸毁了一段铁轨后才被土耳其兵发现。他们对这种挑衅行为气得咬牙切齿，立刻朝他开炮，他也不甘示弱地在福特车内还击，出生入死后第三度全身而退。

第一百一十章　心痒难耐

我的护卫队在山腰排成两长列等着。乔伊斯与一百名努里·赛义德的手下、鲁瓦拉族人、廓尔喀人、装甲车等，留在泰勒拉尔负责掩护；我们则去摧毁巴勒斯坦铁路。我的部队看来像是贝都因人，所以我决定光明正大地走捷径前往穆宰里卜，因为我们已落后许久了。

不幸，我们被敌人盯上了。一架敌机飞过来，朝我们投炸弹。一枚、两枚、三枚，都没打中，第四枚就落在我们中间。我的两名手下被炸倒，他们的骆驼血肉模糊，在地面挣扎。两个人都没受伤，抛下骆驼与队友共骑。另一架敌机再度飞过我们头顶，投下两枚炸弹，我的骆驼被炸得原地打转，我也被震得差点摔倒，只觉得右手肘一阵灼热。我觉得自己受了重伤，于是难过得呼天抢地。眼看再过一天就胜利在望，自己却是出师未捷身先死。鲜血由我的手臂汩汩流出，其实如果我没低头看，或许会不知道自己中弹，而继续上路。

我的骆驼被机枪扫射得东奔西窜。我紧抓着鞍头，这才发觉受伤的手臂仍有意识，而且还管用。我原本以为手臂被炸断了。我用左手将斗篷解开，探触伤口——只摸到一小片滚烫的炮弹碎片，小得微不足道，在穿透我层层衣衫后，根本不致造成严重伤害。从我的大惊小怪，可见当时神经绷得有多紧。说也奇怪，那是我首度被飞机打中。

我们分散开来，由于路况很熟，于是疾驰上路，只偶尔停下来，告诉沿途遇见的年轻农民，我们要去攻打穆宰里卜。田埂上全是热心的农民，由各村落中赶来想助我们一臂之力。他们都是自动自发的。但我们长久以来看惯了沙漠部落褐色结实的躯体，所以这些开朗的农村子弟，脸红扑扑的，头发束起来，手脚白白胖胖，看起来太女孩子气了。他们将长袍的裙摆撩高到膝盖处，以利工作，一些比较活泼的还会跟在我们身旁跑一阵子，开我们玩笑。

我们到达穆宰里卜时，杜济·伊本·杜格米来迎接我们，并告诉我们努里·赛义德的部队就在后方两英里外。我们让骆驼饮水，自己也喝个饱，因为在这大热天已忙了一整天，而且还有得忙。我们在古堡后方隔着湖泊远眺，看到那座法国式的铁路车站中有动静。

车站里有几个人影，腿白苍苍的，我们因此判断有土耳其部队在戍守。目标在望，令我们心痒难耐。阿卜杜拉负责带队攻坚，因为我冒险犯难的日子已经结束，我偷懒的借口是必须保重身体以备不时之需。此外，我也想进入大马士革。这次行动如探囊取物。阿卜杜拉发现有谷物以及面粉，还有若干枪械、马匹、饰品等战利品，这使想凑一脚的人兴奋得摩拳擦掌。新加入的助阵者跑过草地，像苍蝇看到蜂蜜般飞奔而来，塔拉勒也如往昔般奔驰而来。我们穿越溪流，一起走过另一岸及膝高的芦苇，直到看见那座土耳其车站就在三百码外。我们可以先攻下这座车站，再去炸毁塔勒谢哈布下方的那座大桥。塔拉勒若无其事地继续前进。土耳其往左右摆开阵势。"没关系，"塔拉勒说，"我认识那个站长。"但在走到只剩两百码时，二十把步枪同时朝我们射击。我们有惊无险地躲入芦苇丛（几乎都是蓟草），连滚带爬狼狈地撤退，塔拉勒边退边咒骂。

我的手下听到他的咒骂声，或是听到枪声，连忙由河边朝我们聚拢过来，但我们担心车站里有机枪，于是将他们撤走。努里·赛义德很准时，他与纳西尔相偕到达，我们一起研究对策。努里·赛义德指出，若在穆宰里卜耽搁了，或许会损失大桥那个更重要的目标。我同意，但也指出若能攻下这座唾手可得的车站也就够了，因为皮克的爆破行动已足以使铁路瘫痪一星期，在一星期后，又将是全新的局势。

所以皮萨尼乐得将大炮架起，展开一轮猛攻。我们有大炮掩护，再加上有二十挺机枪助威，努里·赛义德不久便昂首阔步，戴着手套，披挂礼刀，去接受敌军的投降。

数百名豪兰农民蜂拥而上，朝这座油水丰厚的车站大肆搜刮。男女老少皆奋不顾身地你争我夺，像疯狗般见到东西就抢。门板、窗板、门框、窗框，连楼梯的台阶，全被拆得一干二净。有一枚炸弹炸开保险柜，里面堆满邮票；另一枚则炸毁一长列车厢，里面有各式各样的货品。被抢走的数以吨计，散落满地的碎片更是不计其数。

休伯特·扬与我将电报线切断，这里是重要的联络网站，事实上是巴勒斯坦部队与他们故乡的主要联络站。一想到利曼·冯·桑达斯会在拿撒勒因为电报打不通而咒骂不已，我们便乐得心花怒放。我们故意剪得很慢，像举行隆重仪式般，让土耳其人咬牙切齿。土耳其人缺乏积极的进取心，所以他们的军队需要被"率领"，我们切断电报线，使他们变成群龙无首的乌合之众。剪完电报线后，我们炸毁停车场，然后栽植"郁金香"——不算很多，但已多得够让敌人头痛了。在炸铁轨时，一架小型飞机由德拉沿铁路前来巡逻，我们"郁金香"的爆炸声与炸起的烟雾把它吓退了，稍后又有一架飞机来找我们。

在掳获的车厢中，有两车载满要送到德国福利社的食品。阿拉伯人一向不信任罐装与瓶装食物，将这些食品几乎全砸毁了，不过我们还是找出若干幸免的汤罐与肉罐，努里·赛义德后来还拿了些瓶装的芦笋给我们。他发现一个阿拉伯人撬开一罐，看了看里面装的东西，骇然地大叫"猪骨头"。那个农人吐吐口水，随手丢了，努里·赛义德赶忙将其余的全搜刮到他的鞍袋中。

载货的车厢中有大汽油桶，还有几车厢的柴薪。在众人皆已满载而归后，我们在日落时将整座车站付诸一炬，大队人马都回到湖泊出水口旁的草地上。

火车燃烧时的烈焰照亮了我们的晚餐，木柴燃烧的火舌及汽油引燃的爆炸直上云霄。我们让手下烘面包，饱餐一顿，养精蓄锐，然后再去夜袭位于西方三英里外的塔勒谢哈布桥。我们原本打算在刚入夜时就动手，但因想先果腹而作罢，然后又来了一批批的访客，因为我们的营火引来半数的豪兰居民。

这些客人都是我们的眼线，所以必须善加招待。我的任务是接见任何一个有消息要说的人，让他知无不言，再将这些消息在脑中重整成完整的影像，以便作明确的评估。但是因为线民人多口杂，众说纷纭，很难理出个头绪。

由北方投奔我们的人接踵而来，有的骑马，有的骑骆驼，有的徒步，数以百计，个个激动难抑，以为这一战已天下底定，纳西尔将在当晚攻占德拉，高奏凯歌，连德拉的地方官员都来找我们献城。如果同意他们的献城，便可拥有车站的水源，而那迟早会落入我们手中。然而，如果稍后土耳其的援军再度反攻，我们可能又会被逐出城外，也会因而丧失德拉与大马士革间的平原居民的支持，但是最后的胜利非得他们相助不可。这是高瞻远瞩之计，以前也早就有此结论，所以我们还是反对占领德拉，再度婉拒朋友的美意。

第一百十一章　不硬拼

进度缓慢。后来又有一个新访客出现，是塔勒谢哈布的少年族长，他的村落是通往那座桥的门户。他向我们描述当地的地形，大队的卫兵，以及他们如何部署。如果他所言属实，显然问题比我们预料的还难。我们对他的话存疑，因为他刚过世的父亲一向对我们怀有敌意，而且这孩子表现得这么热衷，太过突然了。然而，他最后建议，他回去带他的朋友，也就是守桥卫兵的队长，一个小时后回来。我们让他回去带他的土耳其朋友，然后吩咐人员再等一小时静观其变。

不久那少年带着一个上尉回来，是个亚美尼亚人，一来就迫不及待地数落他的政府的不是，一副诚惶诚恐的模样。我们费了好一番工夫才让他知道我们已经了解他的心意了。他说，他属下的那些中尉以及士官，都是忠贞不贰的土耳其军人。他建议我们往村落推进一点，找地方藏身，然后派三四个最强壮的战士躲在他房内。他会一个个叫他的部属分别去见他，每进去一个，我们的刺客就解决掉一个。

这种情节听起来简直像是从冒险故事书中抄来的，我们一致热烈地赞同。当时是晚上九点，我们与他们约妥，在十一点整会到村落外围，等这个少年族长来带我们的壮汉到那位队长的屋内。他们两人心满意足地离去，我们则将累得躺在骆驼旁呼呼大睡的部下全部叫醒。这时一片漆黑。

我的护卫队将炸桥用的炸药备妥，我在自己的口袋内塞满雷管。纳西尔派人去通知骆驼部队这项行动，要求他们前去配合，并确保他们骑上骆驼时安静点，别让骆驼高声鸣叫。众人依计行事。我们的部队分成两路纵队走下蜿蜒的小径，沿着灌溉用的沟渠前进。如果此计有诈，这条光秃秃的路就是个死亡陷阱，往左或往右都无路可逃，路又狭窄难行，而且泥泞湿滑。所以纳西尔与我带着我们的手下走在前头，他们眼观四面，耳听八方。我们前方就是那座瀑布，隆隆声响令我想起上回与阿里·伊本·侯赛因由峡谷另一侧偷袭这座桥，却落得铩羽而归的难忘夜晚。不过今晚我们靠得更近了，所以瀑布的声音更为刺耳，令人透不过气来。

　　我们走得很慢，如临深渊，打着赤脚，无声无息，身后全副武装的部队也悄悄跟上，全都屏气凝神。他们也是无声无息，因为骆驼在夜行时一向不会出声，我们也已系妥人员的装备与鞍座，以免叮当作响。这一片死寂使暗夜更为黝暗，也使两旁飒飒作响的山谷更令人毛骨悚然。带着水汽的风由河边吹来，拂过身上，冷得我们直打战，这时拉海尔由左方突然窜出，抓住我的臂膀，指向山谷中一道袅袅上升的白烟。

　　我们跑到斜坡边缘探视，但深谷中弥漫着水面浮起的雾气，只能隐约看到轻烟由堤岸边盘旋而上。铁路就在谷中的某处，我们停下来，生恐这就是死亡陷阱。我们三个人一步步爬下泥泞的山腰，直到可以听到声响。这时那道轻烟突然转向散开，并传来火车煞车的吱嘎声。底下想必停着一列火车。确定方位后，我们再度往前走到村落下方的山脊处。

　　我们在山颈一字排开，等了五分钟、十分钟。分秒难挨。月升之前的暗夜，黑得令人无法喘息，即使没有狗吠，即使偶尔传来桥头卫兵的声响，我们焦躁不安的人员也不敢擅动。最后，我们让所有人员悄悄跨下骆驼，坐在地上揣忖着为何耽搁，以及土耳其部队为何戒备如此森严，还有山谷中那列火车是为何而来。带水汽的雾湿透了我们的羊毛斗篷，我们打着寒战。

　　许久后黑暗中出现一个亮点。是那个少年族长，他将褐色斗篷掀开，露出像旗帜般的白色衬衫。他低声说，他的计划失败了。一列火车（就是山谷中那列）刚载来一位德国上校与由阿富列来的德国与土耳其预备部队，是利曼·冯·桑达斯派来的，要去援救人心惶惶的德拉。

　　他们因为那位亚美尼亚上尉擅离职守而将他关禁闭。现在桥头有无数机枪待命，卫兵也不停地在附近的道路巡逻。事实上，在离我们不到一百码的路上，就有重兵在站岗，敌我近在咫尺却互不知情，令我哑然失笑。

　　努里·赛义德提议硬拼，靠蛮力夺下此地。我们有足够的火力，而且人多势众，又是有备而来，占尽优势，胜算相当大。但我考虑的却是人命，和往昔一样，觉得这代价太昂贵了。当然，战争时大部分的任务都得付出昂贵的代价，我们应该遵循前例，奉此而行，但我内心深以原来的计划为荣，所以告诉努里·赛义德我不赞成强攻猛打。我们今天已经两度截断大马士革与巴勒斯坦间的铁路，而且将阿富列的守军引到此地，对艾伦比已是第三项大礼。我们的表现已可圈可点。

努里·赛义德在深思后终于同意。于是我们与那位一心想替我们效劳的少年互道珍重。我们沿着队伍往回走，低声告诉每个队员悄悄撤退，然后围成一圈，握着枪（我的枪是镶金的李恩菲尔德牌，是恩维尔在达达尼尔掳来的战利品，几年前他送给费萨尔，再辗转送到我手上），掩护我们的人员全数撤离危险区。

奇怪的是，这是当晚最难熬的一刻。如今任务已结束，我们忍不住想把那些破坏好事的德国人搞得鸡犬不宁。攻入他们的营区易如反掌，这些严肃的德国人势得手忙脚乱地冲出来，胡乱朝雾蒙蒙的山中放枪。纳西尔、努里·赛义德，还有我，不约而同地萌生这种念头，我们几乎同时脱口说出这个构想，也为大家都这么孩子气而觉得羞愧，互相叮嘱不要忘了有任务在身。午夜后，我们回到穆宰里卜，觉得平白放过那座桥实在心有不甘。所以我的手下分成两支队伍，由塔拉勒的手下当向导，到塔勒谢哈布外围炸毁两处无人看管的铁轨。爆炸声使那支德国部队一夜不得安眠。一时敌军的营区火把大亮，为防我们突袭，他们也到邻近地区搜查。

我们很高兴能让他们忙上一整夜，因为如此一来他们天亮后便会无精打采。前来投靠的人仍陆续拥入，亲吻我们的手，并矢志效忠。他们结实的马匹走过营区，经过数百名席地而卧的士兵及焦躁不安的骆驼，它们整夜反刍着白天吃下的青草。

天亮前，皮萨尼的其他大炮与努里·赛义德的其余人马都已由泰勒拉尔赶过来。我们已通知乔伊斯，表示第二天要往南折返，取道尼西贝，完成环绕德拉一圈的任务。我建议他立刻回乌姆泰耶等我们，因为该地有充裕的水源与肥美的牧草，再加上它位于德拉、德鲁兹山脉、鲁瓦拉沙漠之间，很适合集结大军，静候艾伦比的消息。我们驻扎在乌姆泰耶，也等于截断土耳其戍守在约旦（我们的特别目标）之外的第四军与大马士革间的联络管道，而且一旦敌军将炸毁的铁路修好，我们便可就近再前去破坏。

第一百十二章　最关键的一座桥

　　我们勉强打起精神继续努力，集合全部人马，拖着绵长散乱的队伍穿越穆宰里卜车站。我们放的火已烧尽，整个地方尽成余烬。休伯特·扬与我随意地安置郁金香炸弹，部队则沿崎岖道路往雷姆哲推进，远离德拉与塔勒谢哈布。土耳其飞机在上空盘旋，寻找我们，所以我们吩咐队伍中的农民经由穆宰里卜回到各自的村落。结果，土耳其的空军向上级汇报我们声势浩大，或许有八九千余大军，而且似乎同时朝四面八方扩散。

　　为了让他们更摸不着头绪，我们由法国炮兵利用长引信，在离去数小时后将穆宰里卜的水塔轰然一声炸毁。这时德国援军正由塔勒谢哈布往德拉挺进，震天巨响吓得这群不苟言笑的部队龟缩回去，到午后才敢出来。

　　这时我们已走远了，稳定地往尼西贝前进，在下午四点左右到达当地的山顶。我们让骑骡步兵略事休息，并将大炮与机枪架在第一座山冈上，由此到铁路车站间一片空旷。

　　我们将大炮架妥在隐秘地点后，要求炮兵自行对两千码外的车站发炮。皮萨尼的炮手彼此较劲，所以不久后车站的屋顶与仓库都已百孔千疮。我们再将机枪架在前方左侧，朝战壕扫射，敌军也猛烈还击。然而我军有天然屏障，而且背对着下午的阳光，占尽地利，所以我们毫无伤亡。敌军也没有。当然，我们只是虚张声势，也不打算攻下这座车站。我们真正的目标是村落北方那座大桥。下方的那座山脊成长角状往这座桥延伸，有如一道长堤，村落在一侧，桥在另一侧。土耳其人设了一座碉堡守卫这座桥，另外也部署步枪手在村中的住家内监控。

　　我们将皮萨尼的大炮挪两尊朝桥头的小碉堡攻击，希望能将堡内的哨兵逼出来。另有五挺机枪朝村落扫射。十五分钟后，村中的长老都惊慌失措地跑来找我们。努里·赛义德要求他们将村中的土耳其兵驱离，当作停火的条件。他们同意了。所以车站与桥梁就此一分为二。

　　我们继续攻击，火力极为猛烈，共有二十五挺机枪全面扫射。敌军的火力也相当旺盛。最后我们将皮萨尼的四尊大炮全部对准那座小碉堡，一阵猛轰后，哨兵纷纷从已被炸成断垣残壁的碉堡溜出来，跑过桥面到铁路的路基处藏身。

这座路基约二十英尺高，如果土耳其兵决定在此死守，必会死伤惨重。然而，我们推测他们不久就会再朝车站撤退。我派护卫队中半数队员带着炸药，沿架机枪的山头往碉堡推进至咫尺的距离。

那天傍晚彩霞万缕，满天和煦的霞光，难以言喻的安详，将我们猛烈的炮轰衬托得格外壮观。逐渐淡去的晚霞斜照在山岭上，柔和的光辉使层峦群峰如披上薄纱。然后日渐西沉，暗影笼罩大地，在夕阳余晖完全消逝前，无数的打火石向西的一面全反射出耀眼的金光，像火海中的黑色钻石。

我的手下似乎觉得美景当前不适合去送死。这是他们第一次裹足不前，不肯在敌军的机枪扫射下冲出掩体。他们已相当疲惫，骆驼也连日赶路，如今连走路都有困难。他们都知道，只要一颗子弹打中携带的炸药，便可以把他们轰上西天。

我连哄带骗地想催他们上阵，但他们不为所动。最后我只好抛下他们，只挑队上最年轻且懦弱的赫梅德跟我一起上山。他像做噩梦般浑身打战，不过还是默默跟了上来。我们骑着骆驼到山岭最外围的边缘，仔细勘察那座桥。

努里·赛义德在山边，吸着他的烟斗，替那些炮兵打气，他们仍在朝桥梁、村落、车站间的道路猛轰。努里·赛义德兴高采烈地向我提出攻击车站的计划，然而我并不打算攻车站。我和他为此争辩了十分钟，敌军的子弹在身边呼啸而过，赫梅德坐在鞍座中吓得面无血色。有几发子弹射在打火石上，发出啪啪巨响，扬起一缕转瞬即逝的尘土。

努里·赛义德终于同意在我朝桥梁推进时尽量掩护我。于是我派赫梅德骑我的骆驼回去告诉其他队员，如果他们不肯跟他越过危险地段来与我会合，我会将他们修理得比挨子弹还惨。我想去确认桥头的碉堡是否已弃守。

我的队员仍在犹豫不前时，天不怕地不怕的阿卜杜拉与查基来了。他们得悉我手下抗命不肯上阵后，怒不可遏地朝这群贪生怕死之徒冲过去，逼他们翻过山头，结果也只有六个人受到擦伤。碉堡已经弃守，所以我们下骆驼，示意努里·赛义德停火。我们在一片寂静中全神戒备地走过桥拱，发现整座桥都已弃守。

我们匆匆将炸药安置在有五英尺厚、二十五英尺高的桥墩，很坚固的桥梁，是我炸毁的第七十九座，就战略上而言是最关键性的一座，因为我们要在桥另一侧的乌姆泰耶待到艾伦比前来解围，所以我决定将整座桥炸得片甲不存。

这时努里·赛义德则率领步兵、炮兵、机枪兵往铁路前进，他们奉命穿越铁路，进入沙漠一英里，集合队伍后等我们前来会合。

然而这么多骆驼经过铁路，势必得花很长时间。我们在桥下焦急地等候，火柴握在手中，等努里·赛义德一发出信号就引爆。所幸一切顺利，一小时后努里·赛义德发出全队已通过的信号。半分钟后（我最偏爱的六英寸引信），我刚冲撞入土耳其的碉堡内掩蔽，八百磅的炸药已轰然引爆，碎石在漆黑的夜空漫天飞舞。我距离爆炸点只有二十码，耳朵差点震聋了，或许连在通往大马士革的半路上都可以听到这震天巨响。

努里·赛义德懊恼地来找我。他在发出"全队通过"的信号后，才发现有一连骑骡步兵不见了。所幸我的护卫队急着想弥补稍早贪生怕死的表现，塔拉勒·哈雷齐姆带领他们去找这支队伍，努里·赛义德与我则站在已被炸成大窟窿的桥边，用手电筒当指标，等着引导他们回来。

马哈茂德在半小时后得意洋洋地带着脱队的步兵回来了。我们对空鸣枪，召唤仍在搜寻的其他队员回来，然后骑过空地朝乌姆泰耶前进。经过两三英里后，路面变得崎岖难行，满地滑溜的玄武岩，所以我们也乐得下令歇息，与手下一起睡了一觉。

第一百十三章　讨救兵

然而，纳西尔和我似乎与美梦无缘。我们在尼西贝所引爆的轰然巨响，与在穆宰里卜引燃的熊熊烈火一样，让我们威名远播，还没睡稳，无数访客已由四面八方前来，找我们讨论最新局势。他们都听说我们只是四处掠劫，但不占领攻下的据点；还听说我们稍后便会逃之夭夭，就如当初英军由索尔特败退，听任当地友人因而受苦受难。

当晚营区不停地拥入这些访客，失魂落魄地向我们哀号请命。他们以农民惯有的模式，抓住我们的手啜泣，声称我们是至高无上的主人，他们是最谦卑的仆人。或许我们招待他们的态度不像以前那么热烈，不过，他们使我们整夜不得安睡，也算是报复了我们的招待不周。我们的神经已紧绷了三天三夜：思索、指挥、行动，如今，正想好好休息一番，实在不想再将第四个晚上也耗在虚应敷衍的交朋友上。

再加上他们意气消沉，使我们心情更是沉重。到最后，纳西尔拉我到一旁，低声说他们会如此怨声载道，一定有人居间教唆。于是我派护卫队中的农民混入那些村民当中，打听消息。据他们的汇报，似乎是乔伊斯昨天率领装甲车队回来时，路过泰夷伯这座村落，惊动了他们，村民担心我们撤退时他们会首当其冲。

我招来阿齐兹，两人立刻经过一片满地碎石的熔岩区，前往泰夷伯。他们的长老正在族长的茅舍中开秘密会议，我们不请自来地走进去时，他们刚在讨论该派谁去向土耳其求饶。他们以为自己的秘密会议神不知鬼不觉，所以我们的现身令他们大为惊慌失措。我们天南地北地与他们胡扯了一个小时，谈农作物与农地价格，还喝了些咖啡，然后起身离去。我们一走，他们又开始叽里呱啦地争论起来。不过此时他们这些骑墙派已偏向我们这边，而且也没有去找敌人。第二天，他们因为坚决与我们站在同一阵线而饱受土耳其轰炸。

我们在天亮前回到营地，躺平准备睡觉，这时铁路的方向传来隆隆巨响，一枚炮弹落在我们正在酣睡的大队人马旁边。土耳其已派一部装甲火车运来一挺巨炮。我这时困得要命，如果只有自己，宁可冒险留在原地继续睡觉，但部队已睡了六小时，因此起床上路。

我们匆匆经过那段坎坷难行的路面。一架飞机在上空盘旋，向炮兵汇报我们的位置，所以我们走到哪里，炮弹就跟到哪里。我们加快步伐，并将队伍散开。这时那架飞机突然转向，朝铁路飞去，而且似乎降落了。巨炮又蒙中一枚，炸死两峰骆驼，但随后便失去准头，再经过约五十发炮弹后，我们便不再受威胁。他们转而朝泰夷伯发泄怒气。

乔伊斯这时正在乌姆泰耶，听到炮火声，赶出来迎接我们。他高大的身影后面挤满豪兰各村落与部落的居民，来此向我们表示效忠。我将这些访客塞给纳西尔应付，他气得不停咒骂，然后我去找乔伊斯和温特顿，告诉他们那架飞机降落之事，并建议他们趁它还在地面，派一部装甲车前去将它击毁。这时又有两架敌机出现，也在同一个地点降落。

早餐已就绪，这是我们好几天来首次有像样的一餐可吃。所以我们坐下进食，乔伊斯边吃边谈他在路过泰夷伯时，当地居民朝他开枪，或许是向他抗议，他激怒了土耳其这么一窝黄蜂后又一走了之。

早餐用毕。我们想征求一辆装甲车志愿前往侦察敌机。每个人竞相奋勇争取，令我感动得为之哽咽。最后乔伊斯挑出两辆车——一辆给朱诺，一辆给我，我们走了五英里，到达一座山谷。飞机就停在谷口。

我们驶着车子无声无息地沿谷口潜行。在距离铁路两千码处，山谷展开成平坦的草地，草地的另一头就停着三架飞机。我们见猎心喜，赶忙往前冲，却见前头有一道大水沟，河堤又是已龟裂的泥土，无法通过。

我们匆忙沿着土堤以对角线前进，直到距离飞机仅一千两百码。这时两架飞机发动了，我们开火，并继续往前接进，但它们已完成滑行，升空扬长而去。

第三架飞机仍未发动。我们逐渐接近，那架飞机的驾驶员与瞭望员则气急败坏地想发动，最后终于因为我们的火力太过猛烈，只得躲入铁路的战壕中。我们朝机身发射一千五百发子弹（当天下午敌人将它一把火烧了），然后折返营地。

不幸两架逃脱的飞机已飞至德拉，再一肚子怨气地飞回来找我们算账。其中一架技巧奇差，在高空投弹，弹着点离我们老远；另一架则低空仔细瞄准后才朝我们投弹。我们在散石堆间牛步前进，弹着点越来越近，我们觉得像是罐头内的沙丁鱼，毫无招架能力。有一枚炸弹的碎片穿过车子缝隙飞入车内，造成我们皮肉擦伤；另一枚炸掉一个轮胎，车身差点翻覆。

我们孤立无援，险象环生，然而，还是化险为夷地回到乌姆泰耶，向乔伊斯汇报已成功打烂一架飞机。我们让土耳其人知道，那架飞机已不堪使用，而且德拉也随时会遭到装甲车突袭。稍后，我躺在一辆车子的影子下睡觉。沙漠里所有的阿拉伯人，以及土耳其飞机的空袭，都无法吵醒我。在出任务时不觉得累，此时我们已有惊无险地完成第一回合的任务，我必须好好休养生息一番，使脑筋清醒，再思索下一步行动。所以我倒头就睡，一觉睡到下午。

在战略上，我们的任务是守住乌姆泰耶，由此可掌控德拉的三条铁路。如果能再守住一个星期，即使艾伦比的援军没来，我们也可以困住土耳其部队。然而在战术上乌姆泰耶却是个危险的据点，如果只有正规军，没有非正规部队在外面协防，是无法守住这个据点的，而如果无法取得空中优势，不久非正规部队就会一哄而散。

土耳其最少有九架飞机。我们的营地距离他们的机场十二英里，在空旷的沙漠中唯一的水源附近，有大批的骆驼及马匹必须放牧。土耳其飞机的空袭已使担任我们眼线的非正规军遑遑不安，不久便会作鸟兽散，各自打道回府，我们的优势也将因而结束。掩护我们得以免于受德拉突袭的第一座村落泰夷伯也将会变节——它如今不断遭到炮击，无力招架。我们若想继续留在乌姆泰耶，便得设法安抚泰夷伯。

艾伦比已经安排妥后天会派一架新飞机到阿兹拉克，显然我们的当务之急是请他再提供空军支援。我认为最好是亲自去找他谈，我可以在二十二日折返。乌姆泰耶可以撑到那时候，因为我们可以转移阵地至另一座罗马人留下的村落乌姆索拉布，使敌机暂时找不到我们的踪影。

无论是在乌姆泰耶或乌姆索拉布，我们若想安全无虞便得掌握主动权。德拉方面由于农民的信心已动摇而暂时无法行动，只剩汉志铁路。在一四九公里处的桥梁即将修妥，必须再度加以摧毁，且一并破坏南方的另一座桥，使想前来抢修的火车无法到达。温特顿昨天曾去探勘，知道破坏第一座桥需要有足够兵力与枪炮，第二座桥则必须采取突袭。我于是去找护卫队，看他们能否在与我前往阿兹拉克的途中，顺道将这座桥炸毁。

情况不大对劲。他们个个两眼通红，畏首畏尾，全身发抖。最后我才知道，我不在时查基与阿卜杜拉及其他族长因为那些队员在尼西贝抗命不上阵，狠狠毒打了他们一顿。他们有权这么做，因为我自从在塔菲拉后，便将护卫队的管教交给队上自行处理。然而经过这么一顿重罚，这些队员已派不上用场了。他们因贪生怕死而受罚，但被罚的队员中较强悍的，或许会因而更目无法纪，在一旁目睹用刑的队员，也可能同样因愤愤不平而犯错。如果当晚出任务，他们或许会因一时冲动，对我、对他们、对敌人都造成危险。

所以，我改而向乔伊斯建议，派埃及部队与廓尔喀人回阿卡巴。另外也请他借我一部装甲车，与他们一起到铁路，也就是他们的第一站，看能否设法加以破坏。我们去找纳西尔与努里·赛义德，告诉他们我会在二十二日搭战斗机回来，让我们能拥有侦察机与轰炸机。这期间我们先拿钱给泰夷伯，弥补他们被土耳其轰炸的损失，乔伊斯则在乌姆泰耶与乌姆索拉布两地准备妥飞机场，以供我带空军回来时降落。

当晚的爆破行动真是乱成一团。我们在日落时出发，开抵一座开阔的山谷，离铁路三英里远。马弗拉克这方向可能会对我们造成威胁，所以我搭装甲车，朱诺搭福特车，守住这方向以防敌军擅动。埃及部队则直接到铁路进行爆破。

我迷路了。我们在迷宫似的山谷中走了三小时，找不到铁路，找不到埃及部队，也找不到出发地点。最后我们看到前方有火光，于是趋前探查，结果发现已经走到马弗拉克前头了。我们赶忙回头找地方藏身，这时听到一部火车隆隆驶出车站，往北开去。我们一路跟过去，打算在它到达那座已被炸碎的桥之前将它拦下，不过还没追上，前方已爆炸声大起，是皮克引爆了三十枚炸药。

有些敌军骑着骆驼往南走。我们朝他们开枪，然后那列火车也以最快的速度折返，想避开皮克的攻击。我们与火车并肩而行，并用机枪朝它扫射，这时朱诺打出一枚绿色曳光弹，划破夜空。虽然枪声隆隆，火车引擎声也震耳欲聋，我们还是可以听到土耳其士兵被曳光弹吓得高声大叫，胡乱开火。这时我们庞大的装甲车忽然停了下来。一发子弹打穿油箱，那是这辆车唯一没加铁皮防护的要害。我们花了一个小时才将破洞塞住。

然后我们沿着一片死寂的铁路，到达被炸毁的铁轨与涵洞处，不过没发现战友。所以我们再往后退一英里，就地扎营，在天亮前我总算好好睡了三个小时。一觉醒来精神百倍，也认出身在何处。或许昨晚只是因为连续五天没睡好，我才神志不清迷路了。我们加速赶路，追上埃及部队与廓尔喀人，在下午到达阿兹拉克。费萨尔与努里·沙兰焦急地等着听我们的消息。我们逐一向他们说明，然后我到临时搭起的野战医院找马歇尔。他在此细心照料所有的重伤官兵。伤兵人数远低于他的预期，所以他还可以挪出一张担架让我当床铺。

天亮时乔伊斯突然出现。他决定趁此空当到阿巴里森协助扎伊德与贾法尔朝马安进军，并向班尼沙赫族推荐霍恩比。然后由巴勒斯坦来的飞机到达了，我们也听到艾伦比连战皆捷的喜讯，他已将土耳其部队打得节节败退。局势已大为好转，得赶忙向费萨尔传捷报，并建议他趁机发动全面起义。一小时后，我已安然到达巴勒斯坦。

空军提供一辆车子让我由拉姆拉前往总部。我发现艾伦比将军在总部若无其事，只在博尔斯每隔十五分钟进来回传一次捷报时，眼中才会绽放异彩。艾伦比在发动攻势前便已稳操胜券，所以对捷报频传并不讶异。然而，再怎么足智多谋的将军，在知道自己深思熟虑研拟的计划已获得大捷后，难免都会内心窃喜，尤其是他采取这么非正统的战法而能获胜，必会觉得集思广益后的判断总算有了代价。他打破教科书上的兵法陈规以适应这场战争，并竭尽所能地提供他们精神上与物质上、军事上与政治上的各种支援。

艾伦比告诉我他的下一个步骤。有历史意义的巴勒斯坦已是囊中之物，溃不成军的土耳其部队逃窜到山中，希望能借此躲过追击。休想！巴塞洛缪与埃文斯已准备再展开三路进军：一路穿越约旦到达安曼，由柴特率领新西兰部队执行；一路穿越约旦到达德拉，由巴罗率领印度部队执行；另一路穿越约旦到达库奈特拉，由肖韦尔率领澳洲部队执行。柴特攻下安曼后就留在原地；巴罗与肖韦尔则乘胜追击，直捣大马士革。我们要协助这三路人马。我不可以擅自进军大马士革，必须先与其他人马会师。

我向他说明战情，以及由于缺乏空中优势而窒碍难行。他闻言后按铃，几分钟后萨蒙德与博顿来与我们会商。他们的飞机在艾伦比的计划中不可或缺，而且也已完成任务（艾伦比用兵如神，无论是步兵、骑兵、空军、海军、装甲部队、骗敌战、非正规部队，全都运用自如），如今天空中已无土耳其飞机——我赶忙插上一句：我们这边的战线除外。那更好，萨蒙德说，他们可以派两架布里斯托战机到乌姆泰耶供我们调遣。我们可有飞机零件？汽油？一滴也没有？那要怎么送过去？只能用空运？一支自给自足的空军战斗部队？没听过！

萨蒙德与博顿都是勇于尝试的人。于是他们研究如何利用 DH.9 型与亨德里-佩奇型运输机送零件与汽油过去，艾伦比则坐在一旁带笑聆听，深信必有办法排除万难。他与空军的配合相当有弹性，联络的通道也极为畅通快速。英国皇家空军在土耳其部队撤退时，将他们打得抱头鼠窜，并炸毁电话与电报的联络站，拦截他们的补给车，也成功驱散他们的步兵。

两位空军主管随后转头问我，是否有足够让载满补给品的亨德里-佩奇机型运输机降落的机场。我曾在停机坪见过这种庞然大物，但仍然毫不迟疑地答"有"，不过也建议他们最好派个专家明天与我搭布里斯托战机同行，以便确认。他可以在中午前回来，然后在三点亨德里-佩奇机便可以出发。萨蒙德站起来："没问题，长官，我们会张罗一切。"于是我去吃早餐。

艾伦比的总部有如人间天堂：凉爽，通风，粉刷得一片雪白，没有苍蝇，屋外的树林间风声瑟瑟，悦耳无比。我觉得有点心虚，在这里享受白色餐巾、咖啡、勤务兵侍候，而弟兄还在乌姆泰耶像蜥蜴般趴在乱石堆间，吃没发酵过的面包，等下一架飞机来轰炸。我看着阳光由叶隙间筛透，在地面撒满菱形光点，不禁觉得浑身不自在。因为，久居于不毛的沙漠，花草似乎会令人不自在，遍地的繁花嫩叶也变得无比庸俗。

然而，克莱顿、迪兹、道内等人，以及空军的幕僚人员，都极为亲切。对我这个长期紧张疲惫的人而言，总司令的开朗与充沛活力更令人如沐春风。巴塞洛缪忙着在地图上指指点点，解释他们接下来的行动。我在一旁提供敌情，因为我就是他最好的情报官。他也使我明白无论我们在乌姆泰耶会出什么状况，我方都已胜券在握。然而我觉得，阿拉伯人手中似乎掌握了一个选择权，可以让这场胜利仅成为一场胜利，或者，他们可以再冒个险，使这场胜利一战定江山。我这么说，并不是他们真的有此选择权。不过，当一个人的身体与心灵都像我这般又累又烦时，便会本能地寻找避险之道。

第一百十四章　亨德里-佩奇机

天亮前，澳洲部队的机场上已停了两架布里斯托战机与一架DH.9运输机，与我同行的是老战友罗斯·史密斯，他是经特地遴选，要驾驶新型的亨德里-佩奇型运输机，这种新机型在埃及仅此一架，也是萨蒙德最珍贵的宝贝。萨蒙德愿意割爱，让这种飞机飞越敌军战线，而且只是从事送补给品这种低层次的任务，足以显示他对我们多么器重。

我们一小时后便飞抵乌姆泰耶，发现已人去楼空，所以再转往乌姆索拉布。大队人马都已转进此地，装甲车在外围形成防御网。阿拉伯人听到我们的引擎声，尚不确定敌我，所以到处找地方躲藏。聪明的骆驼各自散开在平原上，自行啃食肥美的牧草。休伯特·扬看到我们机上的标志后，发出降落信号，并在他与努里·赛义德清理出来的停机场上引燃一枚信号弹。

罗斯·史密斯一降落，便急着去丈量这座克难机场的长与宽，驾驶兵正在准备早餐时，他面露微笑前来与我们会合。这个场地让亨德里-佩奇型机降落没问题。休伯特·扬告诉我们，昨天与前天敌军都来猛烈轰炸，炸死了几名正规军与几名皮萨尼的炮兵，每个人都烦得要命，所以他们决定连夜撤到乌姆索拉布。那些白痴土耳其人还在轰炸乌姆泰耶，其实我们只在中午与入夜后才会去汲水。

此外我也听温特顿提起他炸铁路的行动，很有意思。他遇上一个不认得的士兵，并以他的破阿拉伯语向那名士兵解释他们的进展有多么顺利。那名士兵先向真主感谢一番，然后消失在黑暗中，不久机枪由左右两侧开始朝温特顿扫射！不过，这时温特顿已完成爆破任务，所以毫无伤亡地安然撤离。随后纳西尔来找我们，告诉我们某人受伤，某人阵亡，某派系已就绪，某些已经加入我们，某些则已打道回府——当地的所有传言。我们这三架亮晶晶的飞机已使大部分阿拉伯人恢复信心，他们不断赞美英国，也对自己的勇气与毅力自吹自擂一番，我则告诉他们艾伦比势如破竹的英勇事迹——纳布卢斯、阿富列、拜森、塞马克、海法皆已陆续落入我们手中。听众热血沸腾：塔拉勒激动不已地跃跃欲试，鲁瓦拉族人则大叫着要立刻朝大马士革进军，连我那些挨了重罚仍满脸怨气的护卫队也大受鼓舞，开心地在众人面前吹嘘着要如何杀敌建功。整个营区内洋溢着高昂的斗志与信心。我决定向费萨尔与努里·沙兰提议全力打最后一役。

这时正值早餐时刻，空气中弥漫着香肠的味道。我们食指大动，围坐着准备大快朵颐。瞭望员看到德拉方向飞来一架飞机，于是大叫："敌机来袭。"我们的澳洲驾驶员赶忙冲向引擎仍热乎乎的飞机，立刻发动。罗斯·史密斯与他的观察员跳入其中一架，矫捷地升空迎击，彼得斯也随后升空，第三个驾驶员则站在 DH.9 旁边紧盯着我。

我对他装傻。路易斯机枪、准星、表尺、调整环、风向计，射击前先瞄准，依自己与敌机的速度及方向控制调整环。我学过这套理论，也勉强可以将射击要领背出来，然而那只是纸上谈兵，没有实际操练过根本派不上用场。不，我可不想升空去打空战，就算这会令我在这位驾驶员面前丢尽老脸也不在乎。他是个澳洲人，这个爱好冒险的民族不是我必须配合的阿拉伯人。

他太过尊敬我，所以不敢开口。但我们在观看空战时，他却不时以谴责的眼光看着我。敌军共有一架两人座战机与三架侦察机。罗斯·史密斯咬住那架大型战机，双方缠斗五分钟后，那个德国驾驶员忽然朝铁路坠落。它坠入山岭后方，只见坠落的地点升起一道浓烟，我们身旁的阿拉伯人"啊"了一声。五分钟后，罗斯·史密斯凯旋荣归，开心地从飞机内跳下来，高呼在阿拉伯前线打仗真过瘾。

我们的香肠烤得正热。我们吃香肠、喝茶（我们最后的英军补给品，只有在招待宾客时才拿出来），还没来得及品尝德鲁兹山脉的葡萄，瞭望员又挥舞着斗篷高叫："敌机来袭！"这次彼得斯拔得头筹，罗斯·史密斯居次，特雷尔闷闷不乐地在一旁待命。但敌机看苗头不对，溜之大吉，彼得斯一路追到阿拉尔，咬住他的猎物死缠烂打。后来，在我们移师到当地时，看到那架坠落的敌机与两具德国人的焦黑尸体。

罗斯·史密斯恨不得能永远留在阿拉伯前线，而且最好是每隔半小时就来一架敌机。彼得斯对他的差事羡慕得要命，然而，他还是得先回去驾驶亨德里–佩奇机，将汽油、食物、零件都运过来。第三架飞机要前往阿兹拉克，将昨天留下的观察员接走，我也顺道前去拜会费萨尔。

搭飞机，时间变得很好用。我们在三十个小时内已来回阿兹拉克一趟。我派廓尔喀人与埃及部队回去与大队会合，以便北上执行新的爆破任务，然后与费萨尔及努里·沙兰搭着那辆绿色的沃克斯豪尔汽车，朝乌姆索拉布出发，迎接亨德里–佩奇机的莅临。

我们快速通过平坦的打火岩地段或泥土平原，让这辆马力强大的车子充分发挥特长，岂料运气不佳，有人报告塞拉因族营地发生争端，于是我们前去处理。然而，我们也借机要求他们的战士前往乌姆泰耶，还要他们到铁路另一头散布我们百战百胜的消息，以及为了防止土耳其败军逃窜，经由阿杰隆山区的道路或许会被封锁。

然后我们的车子再度上路。在距离乌姆索拉布二十英里处，我们见到一个单枪匹马的巴达维人往南飞快地奔驰，灰色头发与胡子在风中飞舞，衬衫（下摆塞在腰带内）在背后鼓胀成一团。他改变路径接近我们，然后扬起枯瘦的臂膀吆喝道："全世界最大的飞机。"接着往南飞奔，到各营区传布消息。

到达乌姆索拉布时，亨德里–佩奇机已经昂然挺立在草坪上，布里斯托战机与DH.9在它的翼下有如小巫见大巫。阿拉伯人环绕在飞机旁赞叹："他们总算送这架飞机来给我们了，其他飞机和它一比像小鸟一样。"在入夜前，费萨尔拥有庞大资源的消息在德鲁兹山脉与豪兰地区已不胫而走，居民都知道如今我们占尽了优势。

博顿自己也搭这架飞机前来，与我们并肩作战。我们与他交谈时，我们的人员已从机上卸下一吨的汽油，以及布里斯托战机用的燃料与零件，供人员使用的茶与糖，还有口粮，给我们的信件与路透社电报及药品。这架庞然大物于薄暮时分再度鹰扬于天际，前往拉姆拉，并与我们约妥要夜袭德拉与马弗拉克，将已被我们炸得柔肠寸断的铁路交通再彻底炸毁。

我们的任务则是继续进行爆破工作。艾伦比交付的任务是设法牵制土耳其的第四军，直到柴特将他们逼出安曼，然后在他们撤退时再截断退路。这支部队势必会撤退的，只是时间早晚的问题，所以费萨尔决定将努里·沙兰的鲁瓦拉族骆驼战士由阿兹拉克调到我们部队中。如此一来可使我们增加四千名生力军，其中有四分之三是非正规部队。不过他们的战力不容小觑，因为努里·沙兰这个刚毅沉默的老人将族人掌控自如。

努里·沙兰是沙漠奇人，不知道什么叫作争辩。他只有"要"与"不要"，不容别人辩驳。在别人说完话后，他会简洁明快地表达意向，然后冷静地等别人顺从。别人也真的会对他百依百顺，因为他是个人见人怕的家伙。他年迈又聪明，也就是说，既疲惫又失望。他老得令我总是想不透，他怎么会投入我们热血行动的行列。

第二天我在纳西尔的帐篷中休息，与他的农民访客相处，设法由他们众说纷纭的消息中理出个头绪。在我休息时，努里·赛义德与皮萨尼带着两尊大炮，还有斯特林、温特顿、休伯特·扬、装甲车，及人数众多的部队，浩浩荡荡地往铁路推进，靠强攻猛打肃清了沿途的敌军，并炸毁一公里的铁路。乔伊斯与我在攻打德拉前炸毁的那座桥，如今土耳其已用木材搭起一条便桥，也被他们再次摧毁。努里·沙兰穿着黑色高级呢绒斗篷，亲自率领他的鲁瓦拉族骑马战士，搏命演出。在御驾亲征下，那些族人个个奋不顾身，锐不可当，连努里·赛义德都赞不绝口。

第一百十五章　移防谢赫萨阿德

　　努里·沙兰今天这一仗是对土耳其的最后一击，此后他们便放弃修补安曼与德拉间的铁路的念头。我们这时仍不知道这一点，只晓得敌机仍会到我们上空盘旋，也急着想进行更大规模的破坏。第二天黎明，温特顿、贾米尔，还有我，开车前去检视马弗拉克车站以南的铁路。我们受到猛烈的机枪扫射，火力之炽烈远超过往昔。稍后我们掳获那些机枪手，这才发现他们隶属于德国的一个机枪部队。我们困惑不已，只好暂时撤离，前往一座令人跃跃欲试的桥梁。我的计划是驱车沿桥下走，直到可以安置炸药的桥墩处，所以我带着六十磅炸药改搭一辆装甲车，告诉驾驶兵走桥拱下方。

　　温特顿与贾米尔搭另一辆支援车跟在后头。"好热。"贾米尔抱怨道。"我们要去的地方更热。"温特顿说着。这时有无数胡乱射击的炮弹掉落在我们身旁。我们仍继续挺进，距离河堤约五十码，车上的机枪子弹足够用上一个星期，这时后方有人朝我们投了一枚手榴弹。

　　这突发状况使我想到达桥下的计划泡汤。因为，若车子后方挨炸，可能引爆车上的炸药而使我们粉身碎骨；再者，装甲车遇上手榴弹就束手无策了。所以我们立刻撤离，也满头雾水，搞不懂为什么这么一小段铁路戒备如此森严，但同时也很感兴趣，事实上应该说是觉得很有意思，在如入无人之境这么久后，总算遇到了敌手。在我们想象中，"挫败"是个矮小结实、满脸怒容的人，紧锁着双眉，怒目四下张望，想解决它的麻烦；在它身旁的"胜利"则是个纤细、白肤、慵懒的妇女。我们必须在入夜后再试一次。我们回到乌姆索拉布，发现纳西尔打算再将营地迁回乌姆泰耶。这是攻打大马士革的要冲，所以他的想法很令我雀跃。于是我们再度移防，并以此为借口，决定当晚休兵不去炸铁路。取而代之的活动是围坐着说故事与各人经验，直到午夜亨德里-佩奇机去轰炸马弗拉克车站。它出现了，朝车站投下一枚枚重达数百磅的炸弹，使站内火焰冲天，土耳其人也停止射击。

　　于是我们就寝，并将当晚最佳故事奖颁给恩维尔帕夏在土耳其夺回夏丘伊时发生的一则轶事。恩维尔帕夏与贾米尔王子，连同一位得力助手搭轮船前去当地视察。在到达前，保加利亚人已将土耳其人杀光了。土耳其人全被杀光后，保加利亚农民也走了，所以土耳其人几乎找不到人可杀。一个灰胡子老人被带上船，借以让总司令泄恨。最后恩维尔将那老人凌虐得厌烦了，于是示意两名副官将火炉的门打开，说："把他推进去。"那老人抵死抗拒，奈何力气没有两名军官大，所以被推入火炉中，门也被关上。"我们都觉得很恶心，于是掉头想离去，但恩维尔叫住我们，并倾着头聆听。所以我们也驻足倾听，直到火炉内传来一声啪啦声。他笑一笑，点点头，说道："他们的头总是会爆开，像那样。"

当晚及隔天，车站内的车厢火势越烧越旺。那是土耳其溃败的证据，阿拉伯人从昨天开始就不断传出土耳其已战败的传闻。他们说，第四军已由安曼四处逃窜。班尼哈珊族人沿路抄截脱队与落单的分队，他们说土耳其败军逃命时比吉卜赛人还狼狈。

我们召开一次会议。我们对付第四军的任务已经完成。那些免于遭受阿拉伯人毒手的败兵残将，逃到德拉时也只是手无寸铁的散兵余勇。我们的新任务将是迫使德拉立刻撤军，以防土耳其人在当地重整旗鼓，成为他们的后卫。所以我提议往北推进，经过泰勒拉尔，在明天黎明时越过铁路，进入谢赫萨阿德的村落。此地位于大家都熟悉的地区，而且水源充裕，视野开阔，如果直接遭受攻击，可以安全地往西或往北，甚至往西南撤退。此地也能截断德拉与大马士革及穆宰里卜的交通。

塔拉勒热烈附和我的意见，努里·沙兰点头同意，纳西尔与努里·赛义德也表示赞同，所以我们准备拔营。装甲车不能同行，它们最好留在阿兹拉克，直到德拉攻陷，我们要利用它们进军大马士革。布里斯托战机也已肃清土耳其的战机，此时可以功成身退，回到巴勒斯坦传达我们要移防谢赫萨阿德的消息。

于是他们翱翔而去。我们望着它们离去时，注意到已被炸得面目全非的马弗拉克扬起一道尘土。一架飞机折回来，投下一张字迹潦草的纸条，表示有一大队骑兵来势汹汹地沿着铁路朝我们逼近。

这不是好消息，因为我们没有应战的准备。装甲车都另有任务外出了，飞机也已归队，一连的骑骡步兵已先行出发，皮萨尼的骡子也驮着行李安插在队伍中。于是我去找努里·沙兰，他正与纳西尔站在山头，我们为了该走或该战而举棋不定。最后决定走为上策，因为谢赫萨阿德是个更有利的据点。所以我们催正规军加速上路。

然而我们不能这么一走了之，所以努里·沙兰与塔拉勒率领鲁瓦拉族马军与豪兰马军负责断后。他们意外遇见盟友，因为我们的装甲车在前往阿兹拉克的途中发现了敌军。原来这支土耳其骑兵不是前来攻击我们，而是迷路后想找捷径回家。我们掳获数百名口干舌燥的战俘与众多运输工具，敌军在交战时惊慌失措，甚至将缰绳割断，骑着没鞍座的马逃命。这股恐慌沿着铁路延伸，所以那些土耳其败兵在距离阿拉伯人数英里外时纷纷丢盔弃甲，连步枪都丢了，没命地向德拉逃窜。

然而，这也使我们的行程受阻，因为我们率领穿着卡其服的骆驼部队在夜间经过豪兰地区，若没有当地的马军担保，无法使居民相信我们不是土耳其兵。所以我们在午后便停下来等塔拉勒、纳西尔和努里·沙兰。

有些人趁这空当检讨我们的行动，并质疑我们再度越过铁路，使我们置身于谢赫萨阿德的危险局势中，与撤退中的土耳其主力部队正面交锋，是否明智。近午夜时，沙宾来找我，我正置身于弟兄们之间，躺在毛毯上。他认为我们做得够多了。艾伦比指派我们监控第四军，我们已经看到这支部队四处流窜，任务已完成，我们可以凯旋回到东方二十英里外的布斯拉，奈西布·贝克里正在当地集结德鲁兹族人来协助我们。我们不妨与他们一起等英军攻下德拉，并在战役光荣结束后，等着接受犒赏。

我将这种论调当成耳边风，因为，如果我们撤回德鲁兹山脉，等于在还没赢得最后胜利前便自行停战，将重担全推到艾伦比肩上。我很珍惜阿拉伯人的荣誉，也愿意不计代价全力争取。他们参战是为了争取自由，借自己的兵力收复古都是他们最能理解的象征。

"责任"就像歌颂它的人一样，是可怜的东西。显然，我们若能由德拉后方进军谢赫萨阿德，对土耳其所造成的压力将比任何英军部队大得多，也可以使土耳其无力在大马士革这一侧展开攻势。为了这种收获，牺牲几条人命也是值得的。攻占大马士革代表东线战场的结束，而且，我相信，也是全面战争的结束，因为轴心国是互相依存的，他们最弱的一环——土耳其战败，将会使其他各国也兵败如山倒。所以，基于各种明智的理由，战略上的、战术上的、政治上的，甚至道德上的，我们都应该继续前进。

沙宾顽强固执，丝毫不为所动。他又去找皮萨尼及温特顿回来，开始辩论。他说得很慢，因为努里·赛义德就躺在旁边的毛毯中，半睡半醒，他想让努里·赛义德也参与会议。

沙宾一再强调军事层面：我们的任务已完成，而且汉志铁路危机四伏。今天的行程遭到耽搁，已无法趁夜色越过铁路。想在明天大白天作此尝试，简直是疯狂，整条铁路从头到尾都会被成千上万由德拉拥出来的土耳其兵围得水泄不通。如果他们放任我们通过，我们也只会进入更大的危机。他说，乔伊斯指派他担任这次任务的军事顾问。他说他虽然不愿明讲，但仍有责任指出，身为正规军官，他有他的专业素养。

如果我是正规军官，或许就会觉得沙宾把别人全贬成非正规军了。但我任凭他抱怨，每当我觉得他的话会激怒与他持不同意见的人时，我只有耐心地叹口气。最后我漫不经心地说我想睡觉了，因为明天得起个大早好穿越铁路。我打算和护卫队到前方与贝都因人同行，无论他们目前人在何处，因为努里·沙兰与塔拉勒至今未赶上我们，也是怪事。反正，我想睡觉了。

皮萨尼长期戎伍生涯，都是担任部属，他相当得体地说他会奉命行事。我喜欢他这一点，也设法安抚他的疑虑，提醒他，我们已并肩作战十八个月，而且他也不曾发现过我会鲁莽行事。他带着法国式的笑声回答，他认为我一直都很鲁莽，但却是军人本色。

温特顿的本能使他除了在猎狐狸外，都会选择较弱而且较有风险的一方。努里·赛义德在我们争辩期间一直闷不吭声，假装睡着了。但是，沙宾离去后，他翻过身来低声说："那是真的吗？"我回答，我看不出在大白天穿越铁路有何不寻常的风险，而且如果谢赫萨阿德有陷阱，我们只要小心提防必可化险为夷。他满意地躺了回去。

第一百十六章　战果辉煌

纳西尔、努里·沙兰、塔拉勒等人在半夜跟了上来。我们会师后继续推进，往北经过物产丰饶、安和乐利的村落。我们穿过已收成的耕地，这时田中长着蓟草，有小孩子高，但已发黄枯萎。强风将这些枯草吹断，一束束蓟草被风吹得纠结成一团，像个大球般在已休耕的田地中滚动。

几个阿拉伯妇人正骑着骡子出来汲水，这时跑向我们，大声叫道不久前有架飞机降落在附近，机身上有谢里夫的骆驼那种圆形标记。皮克前去查看，发现是两名澳洲飞行员，他们的布里斯托战机在飞越德拉时散热器被击中。他们没料到会遇到盟友，不禁又惊又喜。我们帮他们将破洞补好，并向那些妇人讨了些水，将散热器加满水，他们终于安然飞回去。

每一分钟都有人过来投效我们，每到一座村落，都会有年轻人徒步跑出来，加入我们的队伍中。我们在金黄色的阳光下继续前行，也难得地全部人马齐聚一堂。我们不久就成为一种身份，一个有机体，置身其间使我们与有荣焉。我们胡扯些淫荡的笑话以衬托身边的美景。

中午时到达一片西瓜田。大队人员前去大嚼大啖，我们则到前头探视铁路。正在探视时，一列火车驶了过来，铁路昨晚才修复，这是第三列。我们的队伍迤逦达两英里长，浩浩荡荡地穿越铁路，如入无人之境，我们开始进行爆破，每个身上带着炸药的人都是看到什么炸什么。刚投效我们的那些生力军充满热忱，虽然没受过爆破训练，也炸得有模有样。

我们去而复返，显然令敌军大吃一惊。我们必须乘机追击。所以我们去找努里·沙兰、奥达、塔拉勒，问他们能带自己的人马进行何种任务。精力充沛的塔拉勒自告奋勇要攻打伊兹拉这个北方的大谷仓，奥达负责攻打往南通信的车站柯贝特贾查拉，努里·沙兰则率子弟兵沿大路进逼德拉，与土耳其部队正面交锋。

这是三条妙计。几位族长分头去进行，我们也率大队人马继续推进，经过已荒芜的密斯金聚落，在月光下看来格外荒凉。此处遍地沟渠，上千人马走得人困马疲，所以我们决定就地扎营，待天亮再上路。有些弟兄升起火，驱走豪兰地区刺骨的寒气，其他人在露湿的地面席地而睡。与朋友走失的则扯开喉咙，以阿拉伯农村特有的尖锐叫声呼唤友人。月已西沉，大地又是一片漆黑，寒意袭人。

我将护卫队叫醒，快马加鞭地赶路，在天亮前便已进入谢赫萨阿德。我们由岩地进入林地时，大地也在朝阳的照射下恢复生机。晨曦使橄榄园闪烁着银辉，右边一座羊毛大帐篷中跑出几个人，邀我们去做客。我们问那是谁的帐篷，他们回答："伊本·史麦尔。"这下子棘手了。他与努里·沙兰是形同水火的宿仇，所以我们立刻捎口信去警告纳西尔。所幸伊本·史麦尔当时不在，所以他的家人暂时会当我们的座上客。努里·沙兰身为主人，也必须遵守游戏规则。

我们这才松了一口气，因为队上弟兄间早已有数百族互为死敌宿仇，只能借着费萨尔的威望勉强使他们互不侵犯，相忍为国。为了将他们隔开，免得冤家路窄，常搞得我们焦头烂额。如果派驻法国的英军也是每个部队间互相敌视，而且每当狭路相逢必大打出手，则在法国的战争想必是内忧外患，困难重重。然而，我们已经使他们两年来都相安无事，现在只要再撑几天就行了。

夜袭的部队回来了，满载而归。伊兹拉原本是由阿尔及利亚人阿卜杜勒·卡德尔据守，手下有若干随从、志愿军及部队。塔拉勒到达之后，那些志愿军立刻望风来归，部队则闻风而逃，留下的随从人少势孤，阿卜杜勒·卡德尔不战自退。我们的人员忙着搜刮战利品，没闲工夫去穷追猛赶。

奥达威风凛凛地回来了。他以风卷残云之势夺下柯贝特贾查拉，掳获一列火车、枪炮及两百名战俘，其中还有几个德军。努里·沙兰则掳获四百名战俘，还有骡子与机枪。土耳其的小兵都已分散到各偏远地区的村落中屯垦，各自谋生。

一架英国飞机在我们上空盘旋许久，不能确定我们是不是阿拉伯部队。休伯特·扬朝它发信号，于是他们投下一则信息，表示保加利亚已向协约国投降。我们一向连巴尔干半岛有没有战事都不晓得，所以这则消息对我们毫无意义。无疑地，不只是整个世界大战，我们的战争也即将进入尾声。历经千辛万苦，总算可解甲归田，每个人各自回去处理自己的事务，忘掉一些疯狂行径。因为对大多数人而言，这都是第一场战争，我们将战争结束看成是休息与太平。

大队人马都已到达。树林中人满为患，每个部队各自挑了一个中意的空地，卸下鞍座小憩，或在无花果树旁，或在棕榈树下，或在橄榄树下，也惊起一群群的飞鸟，高声鸣叫。我们将牲口牵到溪流边的草地上，只见遍地繁花似锦，鲜果累累，对长年在遍地打火石的大漠中讨生活的人而言，真是奇景。

谢赫萨阿德地区的居民怯生生地拥来看费萨尔的大军，那是他们久仰大名的传奇，如今竟进驻村中，由大名鼎鼎的英雄豪杰领军——塔拉勒、纳西尔、努里·沙兰、奥达。我们也看着他们，暗中羡慕他们的田园生活。

我们的人员在伸懒腰、舒展筋骨时，我们五六个人再往前探勘，想了解此地是否安全，却讶异地发现一队穿着制服的正规军——土耳其人、奥地利人、德国人，带着八挺机枪，由骆驼驮着。他们在加利利被艾伦比打败后，正要逃往大马士革。他们满脸绝望，但也无忧无虑，走得很悠哉，认为任何战争至少都在他们五十英里外。

我们没有惊动大军，让疲惫的部队继续休息，只派了杜济·伊赛·杜格米与卡法吉，还有另外几个部落，悄悄到一个隘口堵他们。那些军官挺身顽抗，被当场格杀，小兵则弃械投降，不到五分钟已被全身搜刮一光，并被押往树园与我们拴牲口的兽栏间——那边似乎很适合当监狱。谢赫萨阿德真是个战果来得既快又丰硕的好地方。

东方出现三四个黑点，往北移动。我们让豪威塔特族人去追赶他们，一小时后，他们笑着回来，每个人牵着一头骡子或驮行李的马。它们委靡、疲惫、遍体鳞伤，一看就知道是逃难的敌军坐骑，它们的主人是刚被英军击溃、手无寸铁的士兵。那些豪威塔特族的战士不屑将这种战俘带回来。"我们将他们送给村里的男孩和女孩当仆人。"查阿尔的薄唇露出冷笑说道。

我们听到西边传来消息，有些被肖韦尔打败的土耳其残兵正往附近的村落逃窜。于是我们派纳伊姆族的战士前去围剿，这一族是昨晚在密斯金时前来投效的，纳西尔派他们去尽力肃清余孽。我们期盼已久的全面起义此时已成沛然莫之能御的洪流，每打一场胜仗，就可激起更多人揭竿起义。再过两天，或许就有多达六万大军投入起义的行列。

我们在前往大马士革时，沿路扫除敌军的败兵残将。后来我们看到山上浓烟蹿升，遮蔽了德拉。一匹流星马来向塔拉勒禀报，德军已将飞机与仓库全部炸毁，打算弃城逃逸。一架英国飞机投下一则信息，表示巴罗的部队在雷姆哲附近，另外有两支土耳其部队，一支有四千人马，另一支两千，正分别由德拉与穆宰里卜往我们这方向逃窜。

依我看，这六千人马应该是由德拉败逃的第四军，与被巴罗击溃的第七军残存的全部人马，如果能悉数歼灭，我们在此地的任务便大功告成。然而，在确定这些部队底细之前，我们必须先留在谢赫萨阿德。所以，人数达四千名的那支部队，我们放它一马，只由哈立德带着鲁瓦拉族人，还有若干北方农民，由他们的侧翼与后方不断进行突袭。

第一百十七章　入主德安

距离较近的那支两千人部队和我们势均力敌，我们可以派半数正规军及两尊皮萨尼的大炮前去应战。塔拉勒相当焦躁不安，因为这支部队正朝着他的家乡塔法斯逼近，他催我们尽快前往，并先占据南方的山头。不幸，对早就人困马疲的队伍而言，速度快慢是见仁见智的。我与护卫队先赶往塔法斯，希望能占据一个可藏身的据点，牵制住敌军，直到大队人马赶过来。我们在半路上遇到一队阿拉伯人，赶着一群衣不蔽体的战俘正要前往谢赫萨阿德。他们对待战俘极为残酷，把他们鞭打得鼻青眼肿，体无完肤。但我没有过问，因为这批战俘是德拉的警察营，附近地区的农民几年来饱受他们凌虐蹂躏，血泪交织，无处控诉。

那些阿拉伯人告诉我们，土耳其的部队——杰马勒帕夏的枪骑兵团已经进入塔法斯了。我们接近后，发现他们已占领整座村落（村中偶尔会传出零星枪响），也在村中埋锅造饭。柴堆的轻烟由房舍间袅袅飘升。在我们这一侧的高地上，有一群劫后余生的老弱妇孺站在及膝的蓟草间，控诉着土耳其部队一小时前入侵他们村落时如何丧尽天良。

我们监控着村中的动静，后来看到敌军已开始往村外撤离。他们秩序井然地往密斯金推进，枪骑兵在前后戒护，中间是步兵，机枪充当侧翼警戒，大炮与大批行李队则在最中央。在他们离开房舍后，我们开始朝他们射击，他们也架起两尊大炮轰击我们。他们的炮弹与往常一样，总是飞过头，在我们身后爆炸。

努里·沙兰与皮萨尼赶过来了。奥达摩拳擦掌地率领大队人马到达，塔拉勒听到他的族人诉说土耳其泯灭人性的残戮，急得五内如焚。所有土耳其部队都已撤离村中了。我们在他们身后溜进村子，以解除塔拉勒的焦虑，步兵则各自找据点，以霍奇基斯自动机枪朝敌军扫射。皮萨尼也架起大炮开始轰击，使敌军的后翼溃不成军。

我们小心翼翼地靠近，发现村中静悄悄的，只有轻烟不断袅升。草丛中似乎有些灰色的身影，趴在地上，像是尸体。我们没去细看，知道他们都已死亡，不过其中一个小小的身影跌跌撞撞地跑开，像在逃避我们。那是个幼童，才三四岁大，肮脏的衣服上有一侧沾满血迹，颈部与身体连接处有个伤口，或许是被枪骑兵的长矛所刺伤。

那孩子跑了几步，然后停下来朝我们放声哭喊（此外四周一片死寂）："别打我，爸爸。"阿卜杜勒·阿齐兹哽咽着不知说了些什么——这是他的家乡，她或许是他的亲人。他跃下骆驼，扑跪在孩子身旁。这突如其来的动作吓到她，她挥舞着双臂想大叫，但是没叫出声，反而瘫倒在地，伤口的血再度迸流而出，染红了衣服。然后，我想，她死了。

我们往村内走，看到其他男性与女性的尸体，还有四具婴儿的死尸，景象惨绝人寰。这才知道，村中的寂静意味着死亡与恐惧。村子外围有一道低土墙，是羊栏，我看到墙头有红白相间的身影，趋前一看，发现是个妇女趴在上头，臀部朝上，被一把刺刀由裸露的双腿间插入，钉在墙头，死状极惨。她是个孕妇，身旁还有其他尸体，总共有二十人左右，死法各不相同，却都是受尽凌辱惨死。

查基歇斯底里地狂啸，在这片高地午后温暖的阳光与清新的空气中，听来分外凄凉。我说："你们谁杀的土耳其人多，谁就是勇士。"说完我们转身朝敌军追过去，沿路将一些落单在路旁向我们求饶的敌军逐一射倒。一个土耳其伤兵，光着上身，无法站立，坐着向我们哭泣。阿卜杜拉掉头离去，但查基高声咒骂着，冲上前朝那人的胸膛补了三枪，血汩汩淌出，他的心仍在跳动，噗，噗，噗，越来越慢。

塔拉勒也看到这一幕了。他发出像受伤野兽般的哀号，然后骑马到高处，全身颤动地紧盯着土耳其部队。我上前想安慰他，但奥达拉住我的缰绳制止我。塔拉勒极为缓慢地用头巾捂住脸，然后似乎回过神来了，因为他开始策马疾驰，压低身体在马鞍上晃动，朝敌军的主力部队直扑过去。

这段路相当长，要经过一段缓降坡及一片洼地。我们呆若木鸡，愣愣地望着他往前冲，他哒哒的马蹄听来响得吓人，因为我们都已停火，土耳其部队也已停火。两边人马都在等他。他在一片死寂的暮色中继续奔驰，直到敌军就在咫尺之遥。然后他挺起胸膛高声呐喊："塔拉勒！塔拉勒！"震耳欲聋地连喊两遍。敌军的步枪与机枪顿时响起，他和他的马满身弹孔，当场惨死在敌军长矛前。

奥达脸色凝重地看着。"真主怜悯他，我们会替他讨回公道。"他勒转马头，缓缓朝敌军追过去。我们召集那些农民，他们这时敌忾同仇，我们派他们分头去包抄那支部队。奥达这个战神如雄狮乍醒，我们理所当然地由他率队出征。他神勇无匹，将土耳其部队逼入险恶地域内，并将他们截成三段。

第三段人数最少，成员大都是德国与澳洲机枪手，环绕在三辆机动车辆旁，还有若干骑兵。他们抵死顽抗，虽然我们攻势凌厉，仍一再将我们逼退。阿拉伯人杀红了眼，浑身是汗，喉中沾满沙尘，他们心中则燃烧着复仇的烈焰。我参战以来唯有这次下令，不留活口。

最后，我们先抛下这较顽强的一段，赶上前去追杀前面的两段。他们正落荒而逃。到日落时，我们已将两段悉数歼灭，并掳获全部枪械，只剩较小的那一段。我们进军时无数的农民拥出来助阵，一开始他们只能五六人共用一把武器，后来有人抢到一把刺刀，有人抢到剑，还有人抢到手枪。一小时后，原本走路的也都有骡子可骑了。后来他们每个人都有一把步枪及一匹马。入夜后，马匹上已载满战利品，肥沃的平原上尸横遍野，血流成渠。我们因塔法斯惨绝人寰的一幕而大开杀戒，甚至敌军阵亡后还在他们头上补一枪，连牲口也不放过，仿佛可借他们的死与血泄恨。

只有一群阿拉伯人因为不知道我们不留活口的指令，所以掳获中央那一段的两百名战俘。他们苟延残喘的时间很短。我前去了解为何留活口，原本也乐于将这些战俘留下，充当塔拉勒壮烈牺牲的证据，但这时，他们后方有个人躺在地上大声朝阿拉伯人不知在呐喊什么，于是我在脸色惨白的阿拉伯人的带领下上前了解。那是我们的人——他的大腿被炸得血肉模糊，血喷涌在猩红的地面上，已奄奄一息。但敌军并没因此而放过他。他们不断折磨他，像是在制作昆虫标本一般，用刺刀将他的肩膀与另一只脚钉在地面。

他的意识仍很清醒。我们问他："哈桑，是谁做的？"他瞄了一眼那群畏缩成一团的战俘。我们朝他们开枪时，他们默默承受。最后，他们不再蠕动了，哈桑也死了。我们再度上路，在苍茫暮色中缓缓骑回家（家就是我那条毛毯，放在距离三四小时行程外的谢赫萨阿德），日已西沉，寒意逼人。

然而，或许是因为全身酸痛，我无法休息，满脑子都是塔拉勒，这个杰出的领袖，出色的骑师，旅途上的好伙伴。过一阵子我叫人牵来我的另一峰骆驼，在一个护卫的陪同下，摸黑前去与我们的人员会合，继续追杀由德拉撤出的另一支更大的部队。

夜色极暗，南方与东方不断刮来一阵阵劲风。我们也唯有借着风中传来的枪声，以及偶尔闪现的炮火，才能找到交战地点。山谷间全是到处盲目流窜的土耳其残兵。我们的人员紧追不舍。夜色替他们壮胆，他们这时距离敌军更近了。随着战事的进行，所到之处的每座村落都会加入围剿土耳其残兵的行列。冷冽的夜风中充满枪声、叫声、马蹄声，以及双方人马碰头时手忙脚乱的叫嚷声。

敌军在日落时曾试图停下扎营，但被哈立德追杀得只好再度流窜。有些往前推进，有些留在原地。很多人累得豁出去了，倒头就睡。他们已是一盘散沙，乱成一团，在夜色中风声鹤唳，看到身影就开枪，无暇分辨敌我。阿拉伯人也一样是乌合之众，也一样草木皆兵。

唯一的例外是德国部队。在此，我首度以杀害我兄弟的敌人为荣。他们离家两千英里，前途茫茫，无人引路，情况糟糕到足以令最坚强的勇士崩溃。然而他们仍军纪森严，像战舰般在土耳其人与阿拉伯人间左冲右突，面不改色，默不作声。他们遭到攻击时立刻停下，就地掩蔽，有条不紊地还击。他们不会手忙脚乱，不哭泣呐喊，不犹豫迟疑。他们表现卓绝。

最后我找到哈立德，并要他召回鲁瓦拉族人，将这些逃窜的敌军交给时间与村民，我们或许还得往南从事更艰巨的工作。黄昏时有谣言传来：德拉已成空城。哈立德的弟弟特拉德带着半数的安那兹族人前去打探虚实。我担心他会遭敌军逆袭，因为城内必定还有土耳其部队，而且有更多在其他地区战败的人都越过伊尔比德山区，沿铁路到德拉避难。事实上，除非目前滞留在雷姆哲的巴罗已找不到敌军，否则随后必有一支后卫部队会前来。

我要哈立德去支援他弟弟，他在强风中高声呼唤一两个小时后，身旁聚集了数百名骑马或骆驼的人员。前往德拉途中，他几度在星光中与土耳其残兵交锋，到达德拉后发现，特拉德安然据守在坚固的据点。特拉德在夜色中一举攻占车站，并将战壕内顽抗的少数土耳其守军彻底歼灭。

鲁瓦拉族人与当地居民同心协力，将敌军的营地劫掠一空，燃烧着熊熊烈焰的仓库中战利品尤其丰盛，但屋顶已着火，情况岌岌可危。可是，这是一个令人失去理智的疯狂夜晚，虽然身边的人死伤枕藉，别人的性命也如草芥一般，但自己似乎是不可能就这么死了的。

谢赫萨阿德当天晚上枪声与叫闹声不绝，还有农民吆喝着要杀死战俘，为塔拉勒与他的村民讨回公道。较积极的族长都已出去猎杀土耳其人，他们与随扈都不在，阿拉伯阵营群龙无首。原已沉睡的派系宿仇，在下午大开杀戒的血腥屠戮后又苏醒了，纳西尔、努里·赛义德、休伯特·扬、温特顿，全都为了安抚那些互相看不顺眼的仇家而忙得焦头烂额。

我在午夜后回营，发现特拉德的信差刚由德拉回来。纳西尔去接见他，我则只想睡个觉，因为这是我第四个晚上劳碌奔波。可是我的心却不理会身体有多累，所以到了大约清晨两点，我又骑上第三峰骆驼，再度沿着塔法斯的小径，通过一片漆黑村落的上风处，连夜直奔德拉。

努里·赛义德与他的部属也走同一条路，我们会合后一起赶路，直到晨曦乍现。这时我已沉不住气，再加上天冷难耐，不想再与他们并驾齐驱。我听任骆驼——就是那峰盛气凌人、桀骜不驯的巴哈尽情驰骋，它放腿狂奔，像一列火车般风驰电掣，将我的同伴远远抛在后头，所以我在天已全亮时，独自到达德拉。

纳西尔在市长官邸安排一个军事政府及一支警力，在城内全面搜查。我补充若干建议，包括在各抽水机、火车头库房及各种工具店外部署警卫看守。随后我滔滔不绝地讲了一个小时，当场拟出一套计划，表示如果能保有这些设备，依我们的局势可以如何善加利用。可怜的纳西尔听得目瞪口呆。

我打听巴罗将军的现况。一个刚由西边进城的人告诉我们，他刚才遭到英军攻击，因为英军已摆好阵势正要攻进来。为了避免因分不清敌我而自相残杀，查基与我登上布威伯山，山上有坚强的印度机枪哨站。他们以机枪对我们扫射，很得意能碰上穿得这么体面的猎物。后来，一个军官与若干英国骑兵出现，我向他们自我介绍。他们确实正要围攻德拉，我们在山上观看时，努里·赛义德正要进入车站，他们的飞机还朝运气欠佳的努里·赛义德轰炸，这是他在谢赫萨阿德与我竞速跑输后的惩罚。但是，我为了防止情况恶化，匆匆前去寻找正搭车视察各据点的巴罗将军。

我告诉巴罗，我们已在城内待了一夜，他听到的枪声是鸣枪庆贺。他对我相当无礼。我倒是有点同情他，因为他落后进度一天一夜，喝的是雷姆哲污浊的井水，虽然他的地图上显示，前方的穆宰里卜有湖泊河川，就在敌军逃窜的路上。然而他奉命进军德拉，只得前来。

巴罗要我与他并肩而行，但他的那些马痛恨我的骆驼，所以参谋总部的那些大官们都沿水沟旁边行进，我则稳健地走马路的最中央。他认为必须派卫哨兵到村中维持秩序，我则委婉地解释，阿拉伯人已经成立他们的军事政府。他经过井边时，说要派工兵来检修抽水机。我回答，欢迎他们来协助，我们早已将火炉点燃，希望在一小时后便可以抽水让他的马畅饮一顿。他看我说得好像早已在此安身立命了，颇不是滋味地闷哼了一声。他说他只掌管火车站就好。我指出火车头已驶往穆宰里卜（当地那位少年族长阻止土耳其人炸毁塔勒谢哈布桥，如今那已是阿拉伯人的财产），并要求他好好指示卫哨兵，不要妨碍我们在铁路沿线所进行的工作。

巴罗没接到任何关于阿拉伯情势的指示。这是克莱顿帮我们的一个大忙，他认为我们有权自作主张。所以巴罗进城时原本以为阿拉伯人是被征服的民族，也对我一副理所当然将他视为客人的态度感到困惑，如今却别无选择，只有听任我们自行处理。我当时绞尽脑汁，站在盟友的立场，想设法避免没想象力的英国人帮倒忙，剥夺了逆来顺受的当地居民学习担起重责大任的机会。英国人虽然一番好意，却经常会造成必须借经年累月的起义与起义才能弥补的缺失。

我早已研究过巴罗，也有应付他的万全准备。几年前，他曾发表过他的信念，认为无论是战争与和平时期，"恐惧"都是一般人行动的主要动机。如今我发现恐惧是一种卑鄙、受到高估的动机，会一发不可收拾，而且，虽然是一种激励，却是有害的激励，利用恐惧来激励行动，如饮鸩止渴。我无法苟同他关于将人吓进天堂这种书呆子的论调，最好是巴罗与我立刻分道扬镳。我对无法避免的事之本能反应是偏要去招惹它。所以，我表现得很难缠而且姿态很高。

巴罗屈服了，要求我替他张罗粮秣与食物。事实上，我们不久便相处融洽。我在广场上向他介绍纳西尔悬挂在总督府阳台的丝质军旗，旗下有个打着呵欠的卫兵。巴罗立正站好，并行了个标准的举手礼，这时围观的阿拉伯官兵对一个将军那么敬重他们的军旗，都觉得很兴奋。

我们也投桃报李，虽然一切行动自作主张，但都不会逾越政治上必要的限制。我们也叮嘱所有的阿拉伯人，印度部队是客人，应该宽容他们，而且要帮助他们，尽量让他们随心所欲。施行这个大原则的结果令我们啼笑皆非。村落里的所有鸡都不翼而飞，还有三名印度骑兵因为觊觎纳西尔的军旗银质的旗杆，竟把军旗整支取走了。这是尖锐的对比，英国将军敬礼，印度骑兵偷军旗。这个对照更加深阿拉伯人对印度人的种族歧视。

这期间，我们在各处都掳获战俘与枪械。战俘已数以千计，有些我们交给英国处理，由英军再将人数清数一次。大多数战俘我们寄居在各村落中。阿兹拉克方面已耳闻我们大捷的消息。费萨尔在一天后搭着沃克斯豪尔车前来，后面跟着装甲车队。他在车站内安顿下来，我前去拜会他，向他禀报整个过程，报告完毕时，房间因轻微的地震而摇晃。

第一百十八章　会师基斯沃

巴罗这时已水足饭饱，即将到大马士革附近与肖韦尔会师，两人要倾全力攻城。他要求我们担任他的右翼，对我而言是正中下怀，因为纳西尔就在汉志铁路沿线，仍紧咬住土耳其撤退中的大军，借着日夜不断的攻击使这支败军人数日渐萎缩。我还有事待办，所以在德拉又多待了一夜，享受着部队离去后的宁静。因为车站在旷野的边缘，环绕在车站旁的印度兵的举止与这地区格格不入，令我极为不满。沙漠的本质就是踽踽独行的旅人，道路之子，与世隔绝，有如置身墓中。这些部队聚在一起像缓缓移动的绵羊群，看起来不配享受广袤的空间。

我内心觉得印度小兵太低微，成不了大器。他们似也自觉卑贱，几乎是卑躬屈膝，不像粗鲁自然的贝都因人。英国军官对待他们手下的态度，令我的护卫队大为震惊，他们从没见过人与人这么不平等。

我在此地曾遭受过人类泯灭天良的切肤之痛，打从心底痛恨德拉，所以我每晚都与手下睡在旧机场上。我的护卫队在烧焦的飞机棚旁，仍如往昔般争吵不休。今晚阿卜杜拉最后一次端来用银碗盛着的米饭给我。用过餐后，我试图在一片混沌中思考该何去何从，但脑中茫茫然，我的梦想如蜡烛般，被胜利的强风吹熄。前方是我们伸手可及的目标，但身后则是两年的奋斗，个中辛酸不是被忘怀，便是被美化了。我脑中浮现无数名字，每个名字想起来都令人肃然起敬：雄浑壮观的瓦地伦、灿烂辉煌的佩特拉、人迹罕至的阿兹拉克、清新脱俗的巴特拉。然而人却变了。死神已夺走那些温和的人，苟活者的聒噪令我痛心。

辗转难眠，未及天亮我便叫醒斯特林及我的驾驶员，我们四人坐进那辆"蓝雾"车，朝大马士革出发，沿着尘土飞扬的道路而行，这条路已塞满巴罗的运输部队与后卫部队。我们改走乡间小道前往法国铁路，老旧的碎石路面空无一人，但有点崎岖。然后我们加足马力。中午时我们在一条小溪旁看到巴罗的军旗，他正在溪边让马饮水。我的护卫队就在附近，所以我改骑骆驼去找他。他和其他古板的马师一样，不屑于骑骆驼。他在德拉时曾夸口，我们无法跟上他的骑兵，他们要用三天急行军到达大马士革。

所以当巴罗看到我精神抖擞地骑骆驼朝他走过去时，不禁满脸讶异，并问我们是何时离开德拉的。"今天早上。"他脸都垮了。"你今晚要在哪里扎营？""大马士革。"我眉开眼笑地说，无形中制造了一个敌人。我觉得和他恶作剧有点过意不去，因为他对我几乎有求必应。但这场赌注如此之高，远非他所能理解，而且只要我们能赢，我也不在乎他对我的想法。

我再回去找斯特林，然后搭车继续上路。我们在每座村落都留下纸条给英国的前锋部队，告诉他们我们在何处，以及敌人在我们前方多远。巴罗那种如临大敌的进军方式，令斯特林和我都觉得看不过去：侦察兵在杳无人迹的山谷中搜查，每座荒芜的山头都要派兵上去探勘，路过友善的地区也派重兵戒护。我们打游击战来去自如，正规战则步步为营，有明显的差异。

在到达基斯沃之前，不会有危险，我们要在此与肖韦尔会师，此地也是我们这条路与汉志铁路的交界处。纳西尔、努里·沙兰、奥达，还有各部落民族都在铁路旁。他们仍在对三天前败逃的那支四千人部队（其实是将近七千人）紧追不舍，我们悠哉地休息时，他们仍奋战不懈。

我们驶近时听到枪响，也看到有炮弹朝右边的山后飞去，正是铁路所在的位置。不久，土耳其的部队出现了，约有两千人，军容涣散，不断停下来发射大炮。我们跟上去与队伍会合，蓝色劳斯莱斯车在空旷的路面显得极为抢眼。土耳其部队后方的几个阿拉伯人骑着马，沿灌溉用的沟渠朝我们飞奔过来，我们认出是纳西尔骑着他的鲜红色种马，这匹骏马已征战了上百英里，仍毫无疲态，老努里·沙兰及三十名仆人也一样仍精神饱满。他们告诉我们，七千名土耳其兵就只剩眼前那些残兵余将了。鲁瓦拉族人一直在他们的两翼死缠烂打，奥达则赶到马尼亚山脉找他的朋友乌尔德阿里族，在当地守候这支部队，努里·沙兰希望能将这支部队赶过山头，进入奥达埋伏的地点。我们的出现是否意味着援军终于到来？

我告诉他们，英国大军就在后方，如果他们可以设法牵制住敌军一个小时……纳西尔往前眺望，看见前方有一座木造农舍。他召唤努里·沙兰，两人匆匆到该地去阻挡土耳其部队。

我们开车往后走了三英里，遇到前导的印度部队，告诉他们那位年迈又脾气乖戾的上校，阿拉伯人已送了一个天大的礼物给他们。他似乎因为这么整齐的队伍被打乱而很不高兴，不过最后还是派遣一支骑兵中队越过平原去追赶土耳其部队，土耳其部队也回头朝他们开炮。一两枚炮弹在他们队伍附近炸开，那位上校竟然下令撤兵，让我们吓出一身冷汗（因为纳西尔已使自己置身于险境，正在等我们奋勇驰援）。斯特林和我急得直跳脚，冲过去向他苦苦哀求，要他不要怕大炮，其实大炮威力比不上手枪。但无论威胁利诱、软硬兼施，这位老先生就是不为所动。于是我们再去找更高阶的指挥官。

一位副官告诉我们，格雷戈里将军就在前面。我们向他致谢，并请他上车，一起找到格雷戈里将军，我们将车子借给格雷戈里将军，让他的旅长可以火速赶去下令骑兵出动。另一人则快马加鞭去向炮兵传令，炮兵在阳光即将在山顶消逝前，开始朝敌军开炮。英军也与阿拉伯部队并肩作战，一起冲向土耳其的后翼。在夜幕低垂之际，我们看见敌军开始溃散，丢盔弃甲，抛下所有辎重物资各自逃命，他们沿着山坳翻过马尼亚山脉的两座山峰，以为山后便是无人之境。

然而，奥达却正置身于这无人之境。这位老将在他的最后一役大开杀戒，一路攻掠直到天亮。两年来一直是我们绊脚石的第四军，就此灰飞烟灭。

格雷戈里意气风发，我们也打起精神，前去与纳西尔会面。我们开车前往基斯沃，先前已答应他午夜前在此会合。随后赶来的是印度部队。我们本想找个隐蔽的地点，然而当地已人满为患了。

对这场起义行动众说纷纭，我与他们一样急躁不安。在夜色中我的肤色看不出来。我可以来去自如，当个不起眼的阿拉伯人，但这时置身于自己的同胞间，却与他们格格不入，使我觉得出奇的孤单。我们的装甲车部队与我很亲近，因为他们人数少，而且我们也相处了颇长一段时间，也因为他们有自己的特色，几个月来饱受风吹日晒，已自成一体。他们置身于这么一大群陌生的军队中，有英国人、澳洲人、印度人，和我一样感到孤单与羞怯，也和我一样因满身污垢而显得与众不同，因为几星期来穿着同样的衣服，这套汗湿的衣服已经像是我们的皮肤了。

不过其他人都是真正的军人，打了两年游击战后，看到他们觉得真是新奇。我也恍然大悟，制服的秘密就是可使一群人整齐划一，有威严，没个人特色，使一个团体像是一个人。这种死气沉沉的制服使穿着的人与日常生活隔绝，象征着他们已将意志与身体都卖给国家：签约服兵役，不因一开始是自愿从军而不那么悲惨。有些人从军是出自于目无法纪的本能，有些人由于挨饿，其他人出于渴望军旅生涯的多彩多姿。然而，在所有军人当中，只有想使自己堕落的人才能称心如意，因为在太平时期的人眼中，军人是没有人性的。只有色欲熏心的妇女才会受军人制服的诱惑。军人的薪饷，不像劳工的酬劳可供温饱，只是零用钱，只有在让他们得以偶尔用来买醉消愁时才划算。

受刑人会被施以暴力。奴隶若有意，或许可得到自由，然而军人却将一天二十四小时都卖给他的主人，而且心灵与情感也必须由人掌控。一个受刑人如果满怀恨意，有资格仇视使他身陷囹圄的法令及外界的人性，但军人如果满脸怒容则是个坏军人，事实上称不上是军人。他的情感必须成为国王棋盘上的一颗棋子。

战争的奇特力量使我们全都以作践自己为己任！这些澳洲人在喧闹时将我顶开，不知文明为何物。他们今晚意气风发，因太有自信而漫不经心。然而，当他们慵懒地昂首阔步时，眼中却流露着老迈与理想幻灭。我觉得他们脾气急躁、肤浅、依赖本能、好大喜功，像刀半出鞘般令人不安。令人不安，不是可怕。

英国人不会依赖本能，也不会像澳洲人一样漫不经心，而是全神贯注。澳洲人成群站在一起，独自走路；英军总是两个两个在一起，这是无关乎情欲的友情，袍泽情谊。他们把这叫作"团结"，那是战时的憧憬，想将深得足以伤人的思绪留在四只耳朵间。

这些军人周围都是阿拉伯人——眼神凝重的人，来自另一个天地。我自欺欺人的任务将我放逐到他们中间达两年。今晚我和他们的距离比和同胞还近，我对此颇觉憎恶，也很羞愧。这种恼人的对照也掺杂了渴望回家的期盼，使我的感受格外敏锐，让我不只看到种族的差异，听到语言的差异，而且还学会分辨他们的气味。如阿拉伯人棉衫浓重的汗酸味，以及英军野蛮的味道：穿着羊毛料的人群的热尿味，那是种刺鼻的酸味，令人喘不过气，像氨水味；强烈的石脑油味。

第一百十九章　大马士革

战争结束了。尽管如此，我们当晚还是在基斯沃过夜，因为阿拉伯人告诉我们路上危机四伏，我们可不想在即将进入大马士革时，不明不白地枉死在黑暗中。喜欢冒险的澳洲人将这场战役当成点对点的战斗，据点是大马士革。事实上，这时候我们全都归艾伦比调度，这场胜利也全都得归功于他的神机妙算以及巴塞洛缪的不辞辛劳。

依他们战术上的计划，澳洲部队应该部署在大马士革的北方及西方，在南方的部队进城前穿越铁路。至于我们，阿拉伯部队的领导人，则还在等后面的英军，部分原因是因为艾伦比从不怀疑我们能否完成他交付的任务。他信心十足地认为，他的充分信任必可得到绝对服从的回报。

艾伦比希望我们在进城时能在场，一来是他知道大马士革对阿拉伯人而言不只是个战利品，再者则是出于谨慎。费萨尔的起义运动使盟军在经过敌军的领土时受到友善的欢迎，路过荒山野地也不需派人护送，还使各城市不用军队驻扎即可自行运作。澳洲部队在围攻大马士革时，或许会因情势使然而不顾命令抢先进城。如果有人阻挡他们，便会危及未来。我们有一个晚上的时间让大马士革居民接纳英军为他们的盟友。

这在观念上与行为上都是重大的改变，但费萨尔的大马士革委员会几个月来一直在筹划一旦土耳其垮台该如何接管。我们只需与他们联络，告诉他们盟军的行动以及要求他们如何配合。所以在暮色渐浓时，纳西尔派鲁瓦拉族马兵进入城内，找委员会的主席阿里·勒扎，或是他的助手苏克里·阿尤比，告诉他们，如果他们可以立刻成立临时政府，则明天即可解放该城。事实上，他们在当天下午四点我们采取行动前，就已成立临时政府。阿里·勒扎不在，他在最后一刻被土耳其调去指挥他们由加利利撤退的部队。但苏克里意外地获得穆罕默德·赛义德与阿卜杜勒·卡德尔这对阿尔及利亚兄弟的支持，在随扈的协助下，阿拉伯的旗帜在日落前已悬挂于市政厅，这时德国与土耳其的最后一支驻军正要撤离。他们说队伍最后面的一个将军在经过时，还很讽刺地朝阿拉伯旗帜敬礼。

我劝纳西尔暂时不要进城。当晚城内想必会一团混乱，不如在天亮后再昂首阔步地进城。他与努里·沙兰拦住第二批鲁瓦拉族人，这些战士今天早晨与我一起由德拉出发，他派他们进入大马士革，支援已在城中的鲁瓦拉族族长。所以到午夜我们就寝时，已有四千名我们的武装人员在城内。

我想睡个觉，因为明天有事要办。但我睡不着。大马士革是我们两年来悬宕未决的高潮，我脑子里全是这期间曾用过或被拒绝过的各种构想。此外，基斯沃到处是树木、植物，而且人满为患，挤得人透不过气来。这也正是我们前方世界的缩影。

德国人离开大马士革时，将各种搬不走的军需品与炮弹全付诸一炬，所以每隔几分钟就会传来刺耳的爆炸声，天空也被火光映得亮如白昼。每次爆炸似乎都会使地表震动一次。往北方看过去，可以看到弹药库爆炸时，将炮弹炸得满天飞，然后这些炮弹也会在天空爆炸，迸出一束束黄色光点，像炮中有炮。我转向斯特林，喃喃说道：“大马士革着火了。”真不愿意去想这么一座伟大的城市为了自由所付出的代价是化成灰烬。

天亮时我们驱车到山上，此处可以俯瞰大马士革的绿洲，我们迟迟不敢往北眺望，生恐真会看到一片废墟。所幸大马士革没有变成废墟，反倒是一片翠绿，还有河水的波光潋滟，映着城市的倒影，仍和往日一样美，像朝阳中的一颗珍珠。昨晚的动乱只剩下一柱长长的黑烟，由汉志铁路终点站卡甸旁的仓库升起。

我们沿着笔直的河堤路前进，农民正在田间工作。一个人骑着马到车旁探视我们的头巾，然后开心地朝我们敬礼，拿出一串黄色葡萄。“好消息：大马士革向你致敬。”他是苏克里派来的。

纳西尔就在前面，我们将这消息转告他，让他得以风风光光地进城，这也是他历经百战后应得的殊荣。他与努里·沙兰并肩而行，两人快马加鞭赶路，不久便消失在飞扬的尘土中。为了让他先走远一点，斯特林与我在一条小溪边停下来，在溪中盥洗与刮胡子。

几名路过的印度骑兵打量我们和我们的车子，还有驾驶的军用短裤与上衣。我穿的是地道的阿拉伯服装，苏克里则除了头巾外，穿的都是英国参谋官的制服。那支印度骑兵队的士官是个迟钝粗鲁的人，他以为逮到战俘了。等到后来他弄清楚将我们释放后，我们估算一下，差不多可以上路了。

我们悄悄进城，沿着长长的街道前往位于巴拉达河旁的总督府。道路两旁挤得人山人海，人行道、路面、窗户、阳台、屋顶，全是摩肩接踵的人潮。许多人在哭泣，少数人在低声欢呼，有些人呼唤着我们的名字，但大部分人都是默默地看着，眼中闪着喜悦的光芒。我们这趟路，由城门直到市中心，有如一声绵长的叹息。

到市政厅后，情况又不一样了。阶梯与台阶上全挤满激动的群众：嘶叫呐喊、互相拥抱、手舞足蹈、高声欢唱。他们挪出一条路让我们进入前厅，眉开眼笑的纳西尔、努里·沙兰都已端坐在厅中，站在两旁的是我的宿敌阿卜杜勒·卡德尔，还有他的弟弟穆罕默德·赛义德。我愣立当场。穆罕默德站出来表示，他们身为伊斯兰教烈士的后裔，已经于昨天在谦恭的土耳其人与德国人的见证下，与苏克里·阿尤比建立临时政府，并拥戴侯赛因为"阿拉伯国王"。

穆罕默德还在喋喋不休，我转头望向苏克里，他不是个政治人物，而是个颇受敬爱的人，由于他曾饱受杰马勒帕夏的折磨，在社会大众眼中几乎可算是个烈士。他告诉我，全大马士革就只有这两兄弟一直效忠于土耳其人，直到看到他们败逃了才见风转舵。然后，他们率领阿尔及利亚手下冲入效忠费萨尔的委员会，断然要求接掌大权。

他们是极端分子，他们的意念都是出于宗教狂热而不是出于逻辑。于是我转向纳西尔，打算一开始就借着他的威望来压制他们。但这时又出了个小插曲。我们身旁的群众东倒西歪地往两边退开，椅子、桌子也被撞得七零八落，这时传来一阵很耳熟的吼声，使全场顿时肃静。

奥达与德鲁兹族的族长沙尔坦·阿特拉什在场中空出来的地方捉对厮杀，他们的手下也冲上前去，我则跳进中间试图将他们隔开。我和穆罕默德·戴兰撞在一起，他也是要来劝架的。我们合力将他们拉开，设法使奥达后退一步，侯赛因·阿特拉什则将身材较瘦小的沙尔坦拉到另一个房间。

奥达气疯了，根本什么话都听不进去。我们带他到大厅，这个大厅极为宽敞，装饰得富丽堂皇，静得像坟墓，因为除了我们这一扇门外，其他门都锁住了。我们让他坐在一张椅子上，抓住他，他仍气得七窍冒烟，扯开喉咙高声叫骂，直到声音沙哑。他的身体不断扭动，双臂疯狂地抡舞，想去找武器，满脸通红，头巾也掉了，头发垂散在双眼前。

是沙尔坦先动手打人的，老战神一生桀骜不驯，不甘受此屈辱，非要找那德鲁兹族仇家雪耻不可。查阿尔也和哈斯比进来了。我们四五个人联手抓住他，不过还是花了半小时才使他冷静下来，听得进我们在说什么，随后又花了半小时才使他同意交由穆罕默德与我处理，三天内不采取报复行动。于是我出去，偷偷派人将沙尔坦以最快的速度送出城，然后回头找纳西尔与阿卜杜勒·卡德尔，继续讨论成立政府的事宜。

他们已不见人影。阿尔及利亚兄弟说服纳西尔到他们家中吃点心，真是天助我也，因为还有许多更急迫的事待办。我们必须证明旧政权已垮台，新政府已掌握大权，苏克里可以充当我的最佳代言人，担任临时总督。所以我们搭乘那部"蓝雾"，到外面去游街，对市民而言，苏克里掌握大权就是革命的标志。

刚才进城时，有绵延数英里的民众夹道欢迎，如今两旁的群众更多达数倍以上。城内二十五万居民似乎不分男女老幼，全都挤进街道，等着看我们出现。大马士革一片欢腾。男人将帽子丢进空中欢呼不已，妇女也将面纱摘下。家长都将鲜花、壁毯、地毯丢在我们前方的路上，他们的妻子则倚在门旁尖声大笑，并以水瓢朝我们泼洒香水。

我们的车前车后都有人在手舞足蹈，一路护送，群众的情绪陷入疯狂。除了当地居民的叫声与妇女的尖叫声外，还有我们的人员整齐划一的吼声，喊着"费萨尔、纳西尔、苏克里、劳伦斯"，喊声与我们沿路同行，经过市场再往东门，绕过城墙再沿梅丹折返。我们到达城中的高塔时，四周的喊声如高墙般环绕着我们。

他们告诉我，肖韦尔即将进城，于是我们的车队到南面的城外与他会合。我向他描述城内万众欢腾的盛况，并说新政府在隔天我与他讨论过彼此的需求前，无法保证能立刻开始运作。这期间我负责维护公共秩序，但也要求他将属下留在城外，因为今晚将是这座城市六百年来首次欢庆光复，在激动之余，恐怕难免会有脱序的失控场面。

肖韦尔勉为其难地听从我的建议，他仍犹豫不决，我则胸有成竹，他只好听我的。他和巴罗一样，上级并没指示他在攻占此城后该如何处理。既然我们已捷足先登，也很明白自己的目标，又是有备而来，而且已掌握所有资源，他也别无选择，只能任我们继续进行。他的参谋长戈德温是个职业军人，负责替他运筹帷幄，也乐得将肩头重担交给文人政府。他的支持也等于承认了我们的地位。

事实上，肖韦尔接下来说的话更确认了我们的地位。他要求能绕城一周。我爽快地答应了，因此他得寸进尺，又问明天能否率大军正式进城。我说当然可以，然后我们开始研究游行路线。我这时想起在德拉时，巴罗向阿拉伯人的军旗敬礼，让我的手下看得心花怒放——我引述这则轶事当范例，让他明天进城路过市政厅时依样画葫芦。那只是我灵机一动，突然想起的，但他觉得这有象征意义。要他向英国国旗之外的任何旗帜敬礼，令他很为难。我原本想嘲笑他那么死板，但我没这么做，反倒设身处地为他设想，知道如果他经过阿拉伯人的旗帜却要故意装作没看见，也会很为难。于是我们绕着这问题打转，身旁不知情的群众则仍在对我们欢呼。后来我建议权宜之计是避开市政厅，规划另一条路线，例如，经过邮局。我原本只是说着玩的，因为那时我已开始觉得不耐烦了，但他却信以为真地将这建议当成解套的妙计，也算是对我和阿拉伯人退让了一步。至于在"进城"的地点，他打算采取"分列式"，也就是说，他不是走在中间，而是走到前面，或是他不是要走在前面，而是走在中间。我忘了，也可能是没听清楚，反正，就算他爬在部队底下，或由空中飞过，或将他自己劈成两半，采取两旁各有一半的分列式，我都不在乎。

第一百二十章　成立新政府

我们在讨论这些芝麻琐事的同时，还有一大堆当务之急待办。必须扮演这种角色，真是痛苦。另外，经过这么讨价还价，我心里很不是滋味，进城时的兴奋也大为扫兴，就如我浇了肖韦尔一头冷水。英国在需要阿拉伯人帮忙时信口做出的空洞承诺，如今要兑现了，而且会让英国不知所措。然而，我替我们规划的目标已证明是正确的。再过十二个小时，我们便可高枕无忧，阿拉伯人的地位已稳如泰山，在进行即将展开的政治角力时，足以应付虎视眈眈的列强。

我们再回到市政厅，想找阿卜杜勒·卡德尔谈判，但他仍未回来。我派人去找他和他的弟弟，以及纳西尔，得到的是干脆利落的答复——他们在睡觉。我也早该蒙头大睡的，但我没这么做，我们四五个人到一家伧俗的餐厅囫囵吃了一餐，围着一张庸俗的黄金桌，坐的也是俗不可耐的黄金椅。

我把话向传话的人说明白。他离去，几分钟后兄弟俩的一个表弟来了，满脸愠容，说他们已在路上。这是公然撒谎，但我回答，那就好，因为如果再半小时不到，我就派英军去找他们。他闻言匆匆离去，努里·沙兰淡淡地问我打算怎么办。

我说我要罢黜两兄弟，另外指派苏克里接掌他们的职务，直到费萨尔到达。我说我会做得委婉一点，免得伤了纳西尔的感情，况且如果有人抗命，我自己也没有兵力可以镇压。努里·沙兰问英军会不会来。我回答当然会，但遗憾的是他们来了之后或许就不走了。他沉吟半晌后说："你放手去做，鲁瓦拉族人会支持你，马上就来。"他一说完，立刻出去替我召集他的人马。阿尔及利亚兄弟带着保镖来到我们约好的地点，眼露杀机。但是，他们在路上已看到努里·沙兰的大批人马，也是杀气腾腾。努里·赛义德带着正规军集结在广场上，我那支随时准备拼命的护卫队则在总督府的前厅待命。兄弟俩一看就知道没戏唱了，然而谈判过程仍相当火爆。

我以费萨尔代理人的身份，宣布废除他们的大马士革文人政府，并任命苏克里帕夏·阿尤比暂代军事总督一职，努里·赛义德担任部队的指挥官，阿兹米担任副官，贾米尔担任公安局长。穆罕默德·赛义德恶狠狠地斥责我是个基督徒，而且是英国人，他要求纳西尔支持他。

可怜的纳西尔，两边都是朋友，此时只能无奈地坐着。阿卜杜勒·卡德尔冲上前，对我恶言相向，激动不已。他似乎已失去理性，只是作宗教性的谩骂，所以我没搭理他。这更使他怒不可遏，猛地拔出匕首朝我接近。

奥达快如电光石火，一转眼已朝他扑过去。老战神早上一架没打成，余怒未消，正巴不得能找个人出气，若有人能在此时此地让他泄愤，自然是不亦快哉。阿卜杜勒·卡德尔吓得龟缩不前了，于是努里·沙兰出面结束讨论，对着地毯（好庞大、好暴力的一张地毯）说道，鲁瓦拉族拥护我，不容置疑。阿尔及利亚兄弟一肚子怨气离开市政厅。有人劝我，应该将他们抓起来枪毙。但他们的区区伎俩实在吓不倒我，而且我也不想在阿拉伯人面前做出为防万一就下毒手的执政恶例。

我们分头工作。我们的目标是成立一个阿拉伯政府，有扎实的基础，而且有本土性，可以在承平时期善加运用起义的热忱与自我牺牲。我们必须留下旧政府中若干较高瞻远瞩的人士当基层人员，带领那百分之九十安于现状不会造反的人口，新政府也要借他们的安于现状来维系。

起义人士，尤其是成功的起义人士，难免都是难以驾驭的臣民，也是丝毫不懂得驾驭人的地方首长。费萨尔最遗憾的责任就是必须将替他打天下的战友摆在一边，由曾经对土耳其政府最有助益的人士取而代之。纳西尔的政治智慧不足以洞悉这一点，努里·赛义德则看得很透彻，努里·沙兰亦然。

他们不久就募集了一批核心幕僚，组成一个团队。历史告诉我们，这些过程单调乏味：任命、任职、分门别类的例行公事。首先是警察。我们挑出一个指挥官及一批助手；辖区分派完成；薪饷、申请装备、制服、权责划分；机器开始运作。接着是供水问题。水道因塞满人与动物的尸体而发臭，一个检验官与一批清洁人员解决了这个问题。戡乱时期的法令规章也已拟妥。

白日将尽，街上乱成一团。我们挑了一个工程师负责管理发电厂，并要求他无论如何晚上要让城里大放光明。让街灯重新亮起，是一切回归正常的最重要指标。电力恢复了，我们胜利后的第一个晚上秩序良好，主要得归功于全城能灯火通明。不过新警察也很负责尽职，许多较积极的族长也主动协助巡逻。

接着是卫生设备。街道上一片狼藉，敌军撤退时抛下无数杂物、行李、车子、物资、尸体。土耳其阵营中流行斑疹伤寒、赤痢、癞皮病，许多患者在撤退时病死在途中。努里招募了一支收尸队，清理道路与空地上的死尸，并将他的医师分派到各医院，他还保证如果能找到药品与食物，明天就送过去。

其次是消防队。当地的消防车已被德军炸毁，军用品仓库至今仍在燃烧，有波及全城之虞。我们紧急招募来一批机工，受过消防训练的人员也被派往火场灭火。接着是监狱。狱吏与囚犯全都逃之夭夭，苏克里顺水推舟，宣布大赦，民事犯、政治犯、军事犯一律适用。市民必须缴械——至少不得携带步枪。

随后是赈灾工作。穷人已挨饿好几天了。仓库中抢救出来的粮食优先供应这些穷人，接下来便必须供应全体市民。再过两天城中就要断粮了，大马士革没有存粮。只要我们能恢复信心，沿路戒护，并以掳获的牲口来取代被土耳其部队带走的运输用牲口，要暂时向邻近村落购粮很简单。英军不会来分一杯羹。我们用自己的牲口上路，即我们的陆军运输工具。

日常的粮食就得仰赖铁路，必须立刻召回铁路的相关人员回到原来的岗位。然后是电报。低阶幕僚人员可派上用场，必须先找个主管，也要派架线工人出去维修线路。哨站可以一两天后再设立，但是我们与英军的营舍必须先派卫兵站岗。此外，各行各业也要恢复营业，并要有可接受的货币。

货币问题很严重。澳洲部队抢走了数百万在此地唯一通行的土耳其纸钞，然后随手乱丢，使这种纸钞如今一文不值。有个骑兵请一个少年帮他牵马三分钟后，给了那少年一张五百镑的土耳其纸钞。休伯特·扬试着借我们由阿卡巴带来尚未用完的金币来解决货币问题，但新的物价必须重新订定，那又得有印刷机才行，而何时需要成立报社的问题仍悬而未决。此外，阿拉伯政府既然承袭土耳其政府，必须保存它的财库与财产的记录，包括人口的登记。然而原来那些官员都欢天喜地放假去了。

我们仍有断粮之虞，征购物资也是当务之急。肖韦尔没有粮秣，又有四万匹马嗷嗷待哺，如果没提供他粮秣，他就要自己去找，如此一来刚点燃的胜利之火又要如风中残烛了。叙利亚的安危全系于能否满足他，而且他对我们也不会讲情面。

百废待兴，这一晚忙得晕头转向。我们概略性地分派职务（在匆忙中，经常所用非人），才使事情略具规模。斯特林和蔼亲切，休伯特·扬精明干练，柯克布莱德果决明快，全都敞开心胸大展长才。

我们的目标只是先做好大构架，而不是搭盖扎实的建筑物。但效果出奇的好，当我在十月四日离开大马士革时，叙利亚人已经有可以实际运作的政府，而且这个政府虽然无外力协助，又因饱经炮火而满目疮痍，再加上有列强在觊觎，却仍能维持两年之久。

稍后我独自坐在房间，想由当天纷乱的思绪中理出个头绪，这时祭司们开始在这座欢天喜地的城市明亮的街灯下，召唤信徒做最后的晚祷。其中一个声音特别甜美，由附近一座清真寺传入我的窗口。我发觉自己不由自主地清晰听出他的召唤："唯有真主是伟大的，我愿作证没有众神，只有真主，穆罕默德是他的先知。来祈祷，来求平安。唯有真主是伟大的，没有神——只有真主。"①

他在结尾时将声音压低两个音阶，几乎像在交谈，然后轻声加上："他今天对我们很好，噢，大马士革的人民。"喧闹声静下来了，每个人似乎都遵从这召唤，在这光复后的第一晚前去祈祷。我则在这静得出奇的空当，看清自己的孤独，以及参与这场运动的无理——因为在所有听者中，唯有我觉得这件事很悲哀，那段词句了无意义。

---

① 我尚未见这段召唤词译成精确的英文，事实上也译不出来，因为阿拉伯语中隐含述词的量，我们的词形变化规则无法表达。——原注

第一百二十一章　战　俘

有个市民颤抖着将我叫醒，告诉我阿卜杜勒·卡德尔正在搞暴乱。于是我派人去找努里·赛义德，也暗自窃喜那个阿尔及利亚傻子在自掘坟墓。阿卜杜勒·卡德尔召集他的手下，告诉他们，那些族长都是英国的走狗，并呼吁他们趁现在还来得及挺身为伊斯兰教及哈里发而战。他们都是思想单纯的随扈人员，一向习惯唯命是从，他说什么他们就信什么，于是在他的煽动下对我们宣战。

我昨晚在论功行赏时，因为德鲁兹族作战时拖泥带水而坚拒犒赏他们，结果他们经阿卜杜勒·卡德尔一怂恿，决定倒戈相向。他们有强烈的派系观念，一向独善其身，根本不在乎什么伊斯兰教、哈里发、土耳其、阿卜杜勒·卡德尔。不过反基督徒的暴乱却意味着可以趁火打劫，或许还有马龙教派的教徒可杀。所以他们决定举兵，并开始打家劫舍。

我们按兵不动直到天亮，因为我们的兵力尚不足，必须借助火力上的优势，而摸黑作战会使傻瓜与正常人势均力敌。待曙光乍露，我们即刻率人马到城北的郊外，将暴民赶往市中心的河边，街道与桥梁在此交叉，局势比较好控制。

这时我们才发现这场暴动的规模真是微不足道。努里·赛义德的机枪队在一番扫射后，吓得德鲁兹族人抛下战利品，往各巷道中逃窜。穆罕默德·赛义德没他哥哥勇敢，在家中被捕，监禁在市政厅中。我忍不住想枪毙他，但还是决定等抓到另一个再说。

然而，阿卜杜勒·卡德尔逃回乡间了。到中午，动乱已敉平。我在动乱刚发生时，曾与肖韦尔联络，他立刻调派他的部队支援。我向他致谢，并要求另外派一连骑兵到土耳其营房中（最近的哨站）待命，不过战事规模太小，他们没派上用场。

这次暴动受惠最大的是住在一家旅馆内的记者，这家旅馆的一面墙壁在机枪进行掩护射击时挨了不少子弹。他们在起义的战役期间很少有机会出生入死，因为我们的推进速度比他们的车子还快。这次动乱则是可遇不可求的天赐良机，他们从房间窗户就可以看到战事的进行，所以拼命写稿、发稿，直到惊动正在拉姆拉的艾伦比，他送来一份报纸的特稿，那位记者在稿中回忆他曾参与巴尔干的两场战役，以及五场亚美尼亚人的大屠杀，但从来没有见过像今天这种杀戮战场：街道中死尸遍地，排水沟内流的都是血水，城内的喷泉喷出血红色的液体！我以寄上一份死伤名册当作回答，只有五人遇害，受伤者十名。死亡者中有三人是柯克布莱德用左轮手枪击毙的。

德鲁兹族人被赶出城，马匹与步枪全被大马士革的市民没收，那是我们为因应危机而组成的民兵。这些民兵一直四处巡逻，使全城看起来如临大敌，到下午一切恢复平静，街道交通也恢复正常，卖糖果、冰水、花朵、汉志旗帜等的小贩，也如往昔般沿街叫卖。

我们继续筹划城内的公共事务体系。我个人遇上一件趣事：西班牙的领事来正式拜访，他英文说得很流利，自称曾在十七个国家当过大使（包括所有参战国，土耳其除外），还说想找本城的合法当局，但却找不到。

午餐时，一个澳洲医师前来恳请我基于人道，留意一下土耳其医院的情况。我脑中闪过我们的三座医院：军用、民用及传教士医院，然后告诉他，我们已尽力照顾病患。阿拉伯人药品缺乏，巧妇难为无米炊，肖韦尔也不能提供。他进一步描述一处脏乱不堪的建筑物，连一个军医或看护兵都没有，堆满死者及奄奄一息的病患，主要是赤痢，但至少有几例是伤寒，也只能希望没有斑疹伤寒或是霍乱。

我依他的描述，知道是土耳其的一座营房，目前有两连澳洲部队住在其间。大门有卫兵吗？有，他说，就是那个地方，但里面全是土耳其病人。于是我前去与卫兵交涉，卫兵不相信我会独自走路前来。他们奉命不得让任何当地居民进去，以免他们去残杀病人——那是对阿拉伯作战方式的误解。最后我的英语让我得以经过那间小警卫室，营区内有两百名极为狼狈的战俘，疲惫又绝望。

我到那座营房门前朝满布尘埃的走廊叫喊。没有人回答。偌大的庭院中脏乱不堪。那名卫兵告诉我，此地有数千名战俘昨天被送到城外的另一个营区。

之后便没有任何人进出。我走到走廊的另一端，左手侧有一间大厅，窗板关着，外面虽然阳光普照，里面却一片阴暗。

我走进去，闻到一股令人作呕的恶臭，也看到一幅令人作呕的景象。石材地板上全是尸体，一个个并排着，有些穿着整齐的制服，有些只穿内衣，有些一丝不挂。总共大约三十人，他们身上爬满老鼠，将他们咬得尸骨不全。有几具或许只死了一两天，其他的必已陈尸多日了。有些肌肉已腐烂，呈黄色、蓝色与黑色。有许多肿得比常人大两三倍，他们的头颅肥大，黑嘴咧开像在笑，下巴还有粗硬的胡楂子，其他在肌肉松软的部分都已凹陷。有几具已胀裂，腐烂得呈液化，血水横流。

更里面还有一个大房间，我觉得似乎听到房内传来呻吟声。我跨过软垫般的尸体，他们的衣服因粪便而泛黄，被我踩到后劈啪作响。另一个房间空气阴寒浊滞，宁静得令我以为躺在病床上的人都死了。他们僵硬地躺在发出恶臭的床褥上，排泄物渗过床褥，滴落在水泥地面，凝固变硬。

我沿着病床往前走，撩起长袍下摆，以免赤脚沾到污泞的排泄物，这时我忽然听到一声叹息，一转身望见一个摊开四肢的人圆亮的眼珠，他扭曲的双唇叫着："Aman，Aman（可怜可怜我）。"有几个人试着举起手，房内出现褐色的晃动影像，以及他们躺回去时，发出像枯叶拍动的声音。

他们完全没力气说话，只能有气无力地细语，像有人在下令般，整齐划一。显然这两天来每当有人好奇地探视，然后离去时，他们便会一起发出这种低声的哀求。

我经过拱门进入花园，澳洲部队就驻扎在花园的另一头，我向他们要求提供一队工役。他们拒绝了。工具呢？他们没有。医生？正在忙。柯克布莱德来了，我们听说土耳其医生就在楼上，上楼后破门而入，有七个人穿着睡袍坐在大房间内凌乱的床铺上，正在熬煮太妃糖。我们很快就让他们明白，最好放聪明点，立刻去将生者与死者分开，并在半小时内将数目汇报给我。柯克布莱德人高马大，又穿长靴，很适合监督他们进行这项工作。我则去找阿里·勒扎，要求他将四名阿拉伯军医中的一名调给我们。

军医来时，我们由战俘中挑出五十名充当工役。我们买饼干让他们吃，接着拿土耳其人的工具给他们，要他们在后院挖一座公墓。澳洲军官抗议，说那地点不适合，因为臭味会使他们住不下去。我不假思索地回答，老天有眼，希望如此。

那些悲惨的土耳其战俘又累又病，找他们来劳动实在太残忍，但时间急迫，我们也别无选择。他们在监督的士官拳打脚踢后，总算乖乖听话了。我们开始在花园一侧挖一个六英尺深的坑。本想再挖深一点，但再往下是水泥地。所以我说只要能将边缘再挖宽一些就行了。附近有很多生石灰，很适合盖在尸体上。

医生告诉我们，共有五十六人死亡，两百人奄奄一息，七百人病况不严重。我们组了个担架队去抬尸体，有些轻易就可抬起，有些则必须用铲子一点一点地挖起来。担架队的体能其实也无力负荷这种工作，事实上，在结束前我们又多了两具尸体。

这墓坑太小了，但这些尸体都已柔软液化，所以每投入一具尸体，底下的被压后便形成胶状往旁边滑动。到午夜仍未完工，我精疲力竭，先告退上床就寝，因为自从四天前我们由德拉出发以来，我睡不到三小时。柯克布莱德（一个大孩子，这阵子常要一个人当两个人用）留下来完成埋尸工作，并将泥土混合石灰后回埋到墓中。

旅馆内有许多急事待办：有些死刑犯要行刑，还要遴聘新法官，如果明天火车没来，大麦就要断粮。还有肖韦尔抱怨，有些阿拉伯士兵纪律散漫，没有向澳洲军官敬礼！

第一百二十二章　卸下重担

到早上，所有的麻烦都如往昔般突如其来，然后迎刃而解。我们已如雨过天晴，一帆风顺。装甲车开进城了，看到弟兄们沉着冷静的脸，使我大感振奋。皮萨尼到达了，也使我发笑，这个好战士因政局的瞬息万变而茫然不知所措。他紧抓住他的军事任务当舵，带他航过这惊涛骇浪。大马士革已恢复正常，商店都已开张，街上的小贩也都展开营生，电车也开始行驶，谷物、蔬菜、水果的供应充裕。

街道上正在洒水，以免三年来因战争而聚积的尘埃四处飞扬。群众懒散但快乐，有许多英军在城市闲晃，没有武装。与巴勒斯坦联络的电报线已修复，阿拉伯部队昨晚攻下的贝鲁特，线路也已接通。我许久前在沃季便已警告过他们，若占领大马士革，不妨将黎巴嫩当诱饵留给法国，然后去占领的黎波里，因为就港口而言它比贝鲁特强，而且英国会在和谈时扮演诚实的中间人角色，替他们争取此地。所以我对他们的错误选择感到痛心，然而也对他们自觉羽翼已丰，可以否决我而觉得欣慰。

连医院的情况也已好转。我力劝肖韦尔接管，但他不肯。当时我认为他是想累垮我们，以便顺理成章地接管整座城市的大权。然而，我后来觉得我们之间的问题在于我那一阵子神经绷得太紧。最后一回合当然是肖韦尔赢了，也使我自觉卑鄙，因为当他听说我要离去时，便带着戈德温开车前来，为我在他身陷困境时助他一臂之力而向我道谢。尽管如此，医院还是自行改善了许多。有五十名战俘将庭院清理干净，烧掉污秽的废物。另一队工役又在营区中挖了另一座墓坑，一有人过世就埋进去。其他人到病房内替每个病人盥洗，帮他们换上干净的衬衫，替他们将床垫翻面，让较能忍受的一面朝上。我们已找到可供病人进食的食物，重病者除外。每个病房内也都有会说土耳其语的看护兵待命，供病人差遣。我们清理出一个房间，重新粉刷并消毒，打算将病情较轻者搬迁进去，再去清理他们原来的房间。

依这种速度，我们三天内便可使一切上轨道，我正自豪地沉思其他好处时，一个少校医官上前来，问我能否说英文。他看着我的长袍与凉鞋，满脸嫌恶地说："你负责的？"我谦逊地挤出笑脸，说可以算是，这时他破口大骂："太可耻了，丢人现眼，太过分了，应该被枪毙……"我被他劈头一顿臭骂，像小鸡般吱咯笑出声，然后狂笑不已。我刚为自己将无可救药的情况改善得已步上轨道而沾沾自喜时，却被如此咒骂，实在可笑。

那位少校昨天没有到这停尸间来，没闻过那股恶臭，也没看到我们埋葬那些已残缺不全的腐尸，这一幕幕曾使我于半夜惊醒，冷汗直流，浑身发抖。他瞪着我，喃喃骂了声"该死的畜生"。我再度狂笑不止，他赏了我一记清脆的耳光，然后扬长而去，留下我在原地满心羞惭而毫无怒意，因为我内心深处觉得他骂得有理，而且每个成功地推动弱者挺身反抗他们主人的人，事后在价值观上必已受到严重污染，而觉得周遭没有什么是洁净的。然而，一切即将成为过眼云烟。

我回到旅馆时，外头围着一波波人潮，门口停着一辆灰色劳斯莱斯，我知道那是艾伦比的车。我跑进去，发现他与克莱顿及柯瓦利斯还有其他大人物都来了。他言简意赅地嘉许我在胜利后的混乱局面中，力排众议在此地与德拉建立起阿拉伯政府。他也正式委任阿里·勒扎担任他的军事总督，由他的陆军司令费萨尔指挥，管理阿拉伯与肖韦尔阵营的大小事务。

艾伦比同意接管我的医院及铁路的运作。十分钟后，所有令人疯狂的困难都已迎刃而解。艾伦比独力挑起全部重担，我可以安心地松一口气了。

这时我们听说费萨尔由德拉驶来的专用列车刚抵达。休伯特·扬亲自去向他传递口信，我们在窗外一波波雷动的欢呼声中等他莅临。两位领袖在胜利的中心点首度会晤，恰如其分，我则充当他们的翻译。

艾伦比交给我一封外交部拍来的电报，承认阿拉伯在交战国中的地位。他要我将这封电报翻译给费萨尔听，可是我们在座没有一个人看得懂这封英文电报在说些什么，更甭论要译成阿拉伯文了。费萨尔因受到他的子民热烈的拥戴，喜极而泣，这时含泪带笑，将那封电文摆在一旁，向艾伦比致意，感谢他的信任，才能造就他与阿拉伯起义运动今日的成果。他们是很奇特的对比：费萨尔浓眉大眼，脸色苍白，面容憔悴，像一把精致的匕首；艾伦比则虎背熊腰，脸色红润，踌躇满志，是掌握世局的列强最适合的代表人物。

费萨尔离去后，我向艾伦比提出最后一个（我想也是第一个）私人要求——调职。他一时不肯答应。但我据理力争，提醒他当年的承诺，并指出如果没我在，新法推行起来会更轻松。最后他同意了。这时我也立刻知道自己有多后悔了。

后记　一己之私

　　我刚到阿拉伯时，大马士革似乎不是我的最终目标，但攻占此城之后，我行动的主要源泉显然也为之枯竭。从开始到结束，我参与起义最强烈的动机一直是基于一己之私，本书对此并未着墨，但我想，在这两年期间，它无时无刻不在我脑海浮现。我生活中强烈的喜怒哀乐或许像高塔般醒目，然而我这秘而不宣的强烈动机则如朝四面八方流动的空气，随时以不同的面貌浮现，成为生命中不可或缺的元素，直到接近尾声。在我们到达大马士革前，它就死了。

　　其次的动机是好大喜功，希望打赢这场战争。也是基于这种信念，认为如果没有阿拉伯的协助，英国无法攻下土耳其的版图。在攻陷大马士革时，东线战事，或许整场大战已悄然落幕。

　　接着就是受到好奇心的驱使。我小时候读过的《在巴比伦的河上》使我渴望能亲身体验参与一场建国运动的感受。我们入主大马士革后，我感到惶恐了。让我大权在握三天以上，我就会根深蒂固地想独断孤行。

　　还有就是基于历史野心，将这一点当成动机其实是牵强附会。我在牛津的市立学校时，就曾梦想要扛起时代赋予我们的使命，在有生之年建立新亚洲。从麦加通往大马士革，从大马士革通往安纳托利亚，随后到巴格达，接着还有也门。对于那些称我的初试啼声为区区小事的人而言，这不啻痴人说梦。

附录一　汉志装甲车连与十磅炮兵连人员名册

一、汉志装甲车连人员名册

机枪部队（M.G.C.）

吉尔曼（Gilman）

道塞特（Dowsett）

葛里森斯威特（Grisenthwaite）

韦德（Wade）

格林希尔（Greenhill）

格兰特（D.M. Grant）

肯奈特（G.V.P. Kenknight）

邦德（G.S. Bond）

戴维斯（F.J. Davies）

弗罗斯特（A. Frost）

曼恩（H. Mann）

安德森（D. Anderson）

巴顿（G. Barton）

博蒙特（T.W. Beaumont）

贝利（H.W. Bailey）

德雷柏（G.A. Draper）

汉考克（A. Hancock）

赫德（J.H. Hurd）

杰克森（Jackson）

洛威（E. Lowe）

麦克唐纳（W. McDonald）

帕尔默（E. Palmer）

彭德（J.L. Pender）

罗威（W. Rowe）

沙克尔顿（H.M. Shackleton）

滕尼克利夫（A. Tunnicliffe）

韦斯特沃特（G. Westwater）

威尔森（J. Wilson）

古德柴尔德（J. Goodchild）

韦勒姆（H. Wareham）

威廉斯（G. Williams）

英格拉姆（H.J. Ingram）

费瑟斯通（E. Featherstone）

威尔森（F. Wilson）

亚萨普（W. Axup）

伯德（C.J. Bird）

布兰德（F. Brander）

柯梅里（H. Comery）

菲尔格雷夫（R. Fairgrave）

霍兹华斯（W.A. Holdsworth）

霍尔登（V. Holden）

琼斯（R.P. Jones）

默里（D.M. Murray）

麦肯齐（R. McKenzie）

帕克（H.E. Parker）

皮凯特（G.A. Pikett）

斯托勒（E. Stoller）

撒克（W. Thacker）

特温尔（H.W. Twiner）

怀特雷格（F. Whitelegg）

伍德伯恩（A. Woodburn）

皇家陆军后勤部队（R.A.S.C.）

蒙克斯（H. Monks）

巴恩斯（A. Barnes）

考克森（W. Coxon）

达夫（A. Duff）

埃文斯（S. Evans）

加尼特（F. Garnett）

海密斯（S. Haymes）

赫斯特（R.W. Hurst）

赫尔姆（H.H. Helme）

诺尔斯（A. Knowles）

麦凯（J. Mackay）

麦克坎南（O. McCarnen）

马德（F. Mudd）

拉姆斯博顿（J.W. Ramsbottom）

罗尔斯（S.C. Rolls）

罗比森（T.R. Robison）

塞登（J.O. Seddon）

瓦德兰（J.E. Wadland）

温赖特（A. Wainwright）

阿诺特（R.B. Arnott）

巴克尔（G. Buckle）

迪克森（D. Dickson）

埃尔菲克（G.T. Elphick）

埃克斯顿（J.E. Exton）

格林（H.R. Green）

霍斯克（H. Hosker）

赫斯特（W. Hurst）

基德（W.W. Kidd）

凯斯雷克（E.J. Keslake）

马修斯（L. Matthews）

麦基奇尼（J. McKechnie）

佩奇（W. Page）

罗克利夫（E. Rawcliffe）

罗斯（S.D. Ross）

桑德森（J.E. Sanderson）

托马斯（C.W. Thomas）

韦尔斯（W.E. Wells）

二、十磅炮兵连人员名册

皇家野战炮兵（R.F.A.）

布罗迪（Brodie）

帕斯科（Pascoe）

帕森尼吉（L.W. Parsonage）

巴塞特（W. Bassett）

艾弗森（H. Iverson）

埃克尔斯（H.B. Eccles）

斯坦佛（W. Stanford）

肖（J. Shaw）

尼科尔（R. Nicol）

巴克斯特（J. Baxter）

斯托克斯（P. Stokes）

福西特（A. Fawcett）

德雷威特（H.E. Drewitt）

加雷特（E. Garrett）

黑尔（C.H. Hare）

林恩（A. Lynn）

麦金尼斯（W. McInnes）

帕尔默（H.M. Palmer）

理查森（T. Richardson）

索顿（C.W. Sorton）

斯梅尔（J. Smail）

斯内登（R. Sneddon）

布莱克（J. Black）

凯特雷（A. Catley）

皇家陆军后勤部队（R.A.S.C.）

伯恩（J. Bourne）

哈珀（M. Harper）

法兰奇斯（A.G. Frankis）

道格拉斯（J. Douglas）

约翰逊（W. Johnson）

戴维斯（A. Davies）

哈里森（Harrison）

本特利（A. Bentley）

昆丁（D.P. Quentin）

海塞德（Heysed）

格思里（R. Guthrie）

德雷卡夫（Draycuf）

帕佛（Puffer）

霍里欧克（J.W. Holyoak）

附录二　行军日志

　　下表是我依日记的大纲所整理出的行动或扎营地点。意外、粗心大意、过于慎重都可能造成漏失。本书是依日期顺序撰写，不过有若干枝节略而未提。此处所提日期与本文不见得完全契合。有时候我是借着新月的月光帮助我记忆，而我又偏好借助记忆而不看日历。阿拉伯名字还是勉强拼凑了出来，免得好像我赞同那些现有的"音译系统"。

一九一七年

一月

1 奈赫勒穆巴拉克

2 那格布狄夫兰

3 延布

14 在"苏瓦"号上等等

17 瓦黑地井

18 塞姆纳

19 哈雷特杰利布

20 杜勒姆河谷

21 阿布杰雷贝特

23 库尔纳

24 哈班

25 沃季

27 在"哈丁吉"号上

28 开罗等地

二月

1 苏伊士

4 "阿瑞塞莎"号上

6 沃季等地

20 "阿瑞塞莎"号

22 开罗等地

三月

2 在"拉马"号上

3 沃季等地

10 协尔阿加

11 阿布杰雷贝特

12 基坦河谷

13 加拉河谷

14 特雷河谷

15 阿布马克哈

26 瑟瓦地伦河谷

27 梅雪吉河谷

28 哲夫

29 阿布纳姆

30 图拉河谷

31 阿姆里井

四月

1 阿布马克哈

3 马格拉塞姆

4 费夏

5 铁路 1121 公里

6 费夏

7 阿姆里井

8 阿布马克哈

10 贾拉亚河谷

11 哈姆德河谷

14 沃季

27 马格拉拉艾尔

28 哈姆德河谷

五月

1 马拉哈等地

3 沃季

6 哈姆德河谷

7 沃季

9 卡拉特杰雷布

10 库尔

12 阿努瓦河谷

13 阿布萨阿德

14 阿布拉加

17 雪格

18 艾什河谷

19 狄查德

20 阿布阿拉德河谷

21 菲哲井

22 卡布拉特阿贾

23 贾阿拉

24 卡塞姆阿法加

25 阿法加

26 美瑟里

27 伊沙威亚

30 阿布塔菲雅特

六月

1 拜尔河谷

2 阿杰拉

3 那布克等地

19 威格夫

20 拜尔

21 贾达夫

22 米希纳格河谷

23 汉米

24 密尼菲尔

25 依夫丹

26 德哈巴

27 马贾拉河谷

28 拜尔

29 里吉特赫拉尔

30 杰佛

七月

1 铁路 479 公里

2 富维拉

3 那格布席塔

4 圭威拉

5 伊腾河谷

6 阿卡巴

7 穆罕默德井

8 苏德海丹

9 苏伊士

10 开罗

12 亚历山大勒塔

13 开罗等地

15 亚历山大勒塔

16 开罗

17 在"达弗林"号上

19 杰达

20 在"达弗林"号上

22 吉达

八月

1 吉达

2 在"哈丁吉"号上

4 伊腾河谷等地

6 在"哈丁吉"号上

7 开罗

14 亚历山大勒塔

16 在"哈丁吉"号上

17 阿卡巴等地

21 孔蒂拉

22 阿卡巴等地

九月

7 伊腾河谷

8 梅戴芬河谷

9 圭威拉

10 黑斯马

11 瓦地伦

12 阿卡巴

13 瓦地伦等地

16 杜马河谷

17 慕达瓦拉

18 铁路 587 公里

19 慕达瓦拉

20 瓦地伦

21 伊腾伊姆兰

22 阿卡巴

26 伊腾河谷

27 哈瓦拉

28 瓦地伦等地

十月

1 哈菲尔河谷

2 巴特拉

3 雪狄亚

4 铁路 489 公里

5 卡斯尔

6 伊夏希黑斯马

7 瓦地伦

8 伊腾河谷

9 阿卡巴

11 苏伊士

12 克拉布

13 伊斯梅利拉

14 苏伊士

15 阿卡巴等地

24 伊腾河谷

25 瓦地伦

26 哈菲尔河谷

27 雪狄亚

28 杰佛等地

30 雪格

31 拜尔

十一月

1 狄尔瓦河谷

2 阿马里

3 贝达

4 哈马德

5 基瑟勒哈拉巴特

6 卡迪尔阿比阿德

7 塔勒谢哈布

8 阿布沙瓦纳

9 密尼菲尔

11 阿布沙瓦纳

12 阿兹拉克等地

23 布坦河谷

24 拜尔

25 杰佛

26 阿卡巴

30 伊腾河谷

十二月

1 哈瓦拉河谷

2 伊腾河谷

3 阿卡巴

8 坎塔拉

9 加沙

10 苏亚法

11 总指挥部等地

12 加沙

13 开罗

21 苏伊士等地

25 阿卡巴

26 圭威拉

27 阿布沙瓦纳

28 阿卡巴

29 圭威拉

30 拉姆拉

31 泰勒夏哈姆

一九一八年

一月

1 阿布塔菲雅特

2 阿卡巴等地

10 伊腾河谷

15 那格布席塔

11 圭威拉

16 阿巴里森

18 慕沙河谷

19 修北克

20 塔菲拉

28 梅兹拉等地

二月

4 欧德罗

5 圭威拉

8 卡布勒阿比德

9 巴斯塔

10 修北克

11 塔菲拉等地

13 布塞拉

14 哥尔沙菲

16 达哈尔河谷

17 协尔赫萨

18 黑斯班等地

19 塔菲拉

20 阿拉巴河谷

21 贝尔谢巴

22 拉姆拉等地

27 耶路撒冷

28 拉法

三月

1 开罗

4 阿卡巴

6 在"勃路洛斯"号上

8 开罗

12 苏伊士

13 在"勃路洛斯"号上

15 阿卡巴

16 圭威拉

17 阿卡巴

18 那格布席塔

19 修北克

20 沙达卡

21 阿卡巴等地

30 圭威拉

四月

1 卡布勒阿比德

2 阿巴里森

3 安内札

4 金兹河谷

5 哈菲尔河谷

6 阿塔拉

11 哲夫德拉威什

12 欧德罗

13 圭威拉

14 瓦黑达

18 雷特姆

19 夏姆

20 拉姆拉

21 狄西

22 阿巴里森

23 瓦黑达

25 阿巴里森

27 在"阿瑞塞莎"号上

29 开罗

五月

1 西奈

2 总指挥部

3 耶路撒冷

4 阿巴里森

5 总指挥部

6 西奈

7 开罗

14 西奈

15 总指挥部

16 哈菲拉河谷

17 开罗

19 在"伊莫根"号上

21 阿卡巴

22 阿巴里森

23 阿卡巴

24 狄西

25 慕达瓦拉

26 阿卡巴

27 阿巴里森

28 法格

29 桃万尼

30 赫萨等地

六月

1 沙坦尼

3 乌姆鲁萨斯

5 瑟梅德

6 莫杰布河谷

7 哲夫

8 阿巴里森

10 在"阿瑞塞莎"号上

12 苏伊士

13 开罗

15 亚历山大勒塔

17 开罗

18 西奈

19 总指挥部

20 开罗

21 在"曼苏拉"号上

25 吉达

七月

1 在"曼苏拉"号上

3 沃季

4 在"曼苏拉"号上

6 开罗

8 亚历山大勒塔

9 开罗

11 巴勒斯坦

13 开罗

26 在"勃路洛斯"号上

28 阿卡巴

29 阿巴里森

31 阿卡巴

八月

1 阿卡巴

2 伊腾河谷

3 内志河谷

4 瓦地伦

5 阿卡巴

6 阿巴海兰

7 阿卡巴

8 阿巴里森

11 杰佛

12 乌姆卡鲁格

13 阿姆里等地

15 拜尔

17 哈地

18 贾达夫河谷

19 乌姆戴希萨特

20 慕亚加尔

21 库塞勒阿姆拉

22 阿兹拉克

23 阿马里

24 乌姆卡鲁格

25 施来苏克瓦特

26 阿巴里森

九月

1 阿巴里森

5 拜尔

6 阿兹拉克

13 吉安古纳

14 乌姆泰耶

16 穆宰里卜

17 纳西布

18 乌姆泰耶

19 依夫丹

20 阿兹拉克

21 拉姆拉

22 乌姆索拉布

24 乌姆泰耶

25 努埃米

26 谢赫密斯金

27 谢赫萨阿德

28 德拉

30 基斯沃

十月

1 大马士革

4 库奈特拉

5 塞巴斯特

6 拉姆拉

7 西奈

8 开罗

附录三　T. E.劳伦斯年表

一八八八年　八月十六日清晨诞生于英国威尔士，全名托马斯·爱德华·劳伦斯，家人昵称为奈德。父亲托马斯·查普曼原是爱尔兰地区大片产业的继承人，婚后与女儿的家庭教师萨拉·朱纳私奔，改姓为劳伦斯。他们共生了五个私生子，T. E.劳伦斯排行老二。

一八九六年　在苏格兰、法国，以及英国南部的新林镇等地居住过后，全家迁居至牛津定居。

九月，进入牛津中学就读。

一九〇七年　七月，牛津中学毕业。

十月，进入牛津大学耶稣学院就读。

一九〇八年　夏季，为了撰写普获好评的论文《十字军城堡》，到法国进行脚踏车之旅。

一九〇九年　夏季，为了调查研究，到巴勒斯坦与叙利亚徒步旅行。

一九一〇年　七月，获得牛津大学现代史荣誉榜一流成就奖榜首。

十二月，为了大英博物馆的考察研究，前往叙利亚。

一九一一年　三月，在幼发拉底河畔的卡赫美士展开挖掘研究。

一九一二年　一月，前往埃及协助皮特里博士进行遗址挖掘活动。

三月，回到卡赫美士，继续考古挖掘工作。

十二月，因为圣诞节而暂时回国。

一九一三年　一月底，因第四次挖掘活动而回到叙利亚。

十月，开始卡赫美士的第五次挖掘研究。

一九一四年　一月至二月，调查西奈半岛。

三月，前往卡赫美士开始第六次挖掘研究。

七月二十八日，第一次世界大战爆发。

八月四日，英国加入第一次世界大战。

十月，任职伦敦参谋总部陆军地理测量部门。

十月二十九日，土耳其参加大战。

十二月，转任开罗陆军情报部。

一九一五年　五月，排行老四的胞弟弗兰克战死。

十月，排行老三的胞弟威尔（威廉·乔治，昵称威尔）行踪不明。

一九一六年　三月，获颁法国荣誉勋章。

三月至五月，奉派赶赴美索不达米亚，取得阿拉伯人的配合，替被困在库特阿马拉的汤森将军解围。但因当地的英印官员拒绝支持阿拉伯建国主义者的活动，劳伦斯的任务被取消。

四月底，库特阿马拉沦陷。

五月底，返回埃及，成为霍格思博士领导的阿拉伯局成员。

六月，阿拉伯起义开始。

十月，在汉志与费萨尔碰面。

一九一七年　一月，占领沃季。

三月，占领艾斯河谷。

五月，向阿卡巴进发。

六月，在西奈半岛突袭土耳其军队。

七月六日，抵达阿卡巴。占领阿卡巴。

七月，横越西奈，在埃及与艾伦比将军会面。

十一月，抵达阿兹拉克。在德拉被捕，遭受拷问。

十二月十一日，与联合军队会合，进入耶路撒冷。

一九一八年　一月，抵达塔菲拉。

四月，抵达瓦黑达。

八月，到达阿兹拉克。

九月，抵达塔法。

十月一日，进入大马士革。

十月四日，离开大马士革，前往英国。

十月三十日，晋见国王乔治五世。

十一月十一日，第一次世界大战结束。

十二月，在英国与费萨尔见面。

一九一九年　一月，出席凡尔赛和会。

二月，开始动笔撰写《智慧七柱》。

四月，父亲过世。

五月，前往开罗途中，坠机受伤。

六月底，到达开罗。随即返回巴黎。

八月底，《智慧七柱》第一次草稿完成。

十一月，被选为全灵学院特别研究员。在雷丁车站丢失了《智慧七柱》的原稿。

一九二〇年　七月，法军将费萨尔逐出叙利亚。

九月，完成《智慧七柱》第二份草稿。

十二月，担任英国殖民部中东部顾问。

一九二一年　三月十二日，开罗会议开始。

四月中，为了与费萨尔及阿卜杜拉会面，拜访叙利亚。

五月，返国。再次任职于殖民部。

七月至九月，和费萨尔及阿卜杜拉交涉。

八月二十三日，费萨尔在巴格达就任王位，成为伊拉克国王。

十二月，回国。

一九二二年　一月，决心自费出版《智慧七柱》。

七月，辞去殖民部职务。《智慧七柱》印刷完毕。

八月，以约翰·休姆·罗斯之名入空军服役，被分发到阿克斯布里奇受训。写下《阿克斯布里奇手记》。

十一月，被分发到法因堡的空军摄影学校。

十二月二十七日，《每日快报》披露了他在军队中的消息。

一九二三年　一月，被空军强制退伍。

三月，以 T. E. 肖之名，加入陆军战车部队。隶属波维顿基地。

一九二四年　一月，美国名记者洛厄尔·托马斯在美国出版劳伦斯传记《与劳伦斯在阿拉伯》，主要是以其早先的演讲稿当内容。依劳伦斯的说法，"这些演说与文稿都是极尽哗众取宠之能事，因我既没有钱，也没有意愿，维持他替我塑造的妖言惑众之形象……"

一九二五年　六月，以自杀威胁周围的人。

七月，再度回到空军，隶属克伦威尔空军官校。

一九二六年　十二月一日，发行认捐版《智慧七柱》。

一九二七年　一月，奉派调任印度，隶属卡拉奇市外七英里的英国皇家空军基地。

三月，《沙漠起义》出版。

夏季，为了《铸造厂》而开始改写《阿克斯布里奇手记》。

罗伯特·格雷夫斯撰写的劳伦斯传记《劳伦斯与阿拉伯人》出版。

八月，正式改名为托马斯·爱德华·肖。

一九二八年　三月，描写英国皇家空军训练生活的非人性作品《铸造厂》完成。

五月，申请调派，改属阿富汗边界附近的米拉姆沙阿岗哨。

秋季，开始以散文体翻译荷马史诗《奥德赛》。

一九二九年　二月，返国。

三月，调派到英国空军位于普利茅斯港的卡德瓦特基地。

九月，筹备"施奈德国际水上飞机锦标赛"。

一九三〇年至　在普利茅斯、海斯和布里德灵顿进行水上飞艇救生艇和
一九三五年　曳航艇的研究。

一九三二年　《奥德赛》翻译完成出版。

一九三四年　利德尔·哈特所著的劳伦斯传记《T. E. 劳伦斯在阿拉伯及其后岁月》出版。

十一月，调派至布里德灵顿从事他在英国皇家空军服役期间

的最后一项任务，监督十艘快艇的岁修。

一九三五年　二月底，空军除役。

五月十三日，骑摩托车回农舍途中，因要避开两位脚踏车骑士而摔出车外，头部严重受创。

五月十九日，意识不清过世。享年四十六岁。

五月二十一日，埋葬在摩里顿教会的墓地。

附录四　T. E.肖所著《智慧七柱》附注

编按：此为一九二六年版《智慧七柱》中作者所撰写的四页文稿夹页，读者由此夹页中可了解劳伦斯撰写此书的曲折过程以及对文字的谨慎，故收录于下。

原稿

※ 初稿

一九一九年二月至六月间，我在巴黎撰写了第二、三、四、五、六、七、十卷。前言是我于一九一九年七月和八月搭乘亨德里-佩奇号列车前往开罗时，在巴黎和埃及之间完成的。随后我在英国完成第一卷，后来却在雷丁车站换车时，遗失了前言和第九、十卷之外的全部文稿。这大约发生在一九一九年圣诞节前后。

初稿若能完稿，全书应有二十五万字，比自费付印的认捐版稍短。我在战时的笔记，也就是该书的主要蓝本，在每个章节完成后便悉数销毁。只有三个人在我遗失文稿前读过这份初稿。

※ 二稿

大约一个月后，我在伦敦设法将记忆所及的初稿重新完成。原来的前言当然还可以派上用场。其他的十卷我在不到三个月内完稿，通常一坐下来便振笔疾书，洋洋洒洒写上数千言才起身，像第六卷就是不眠不休写了一个昼夜完成的。也因此，这份二稿的风格未经任何斧凿，字数也超过四十万字（虽然这个版本增添了若干新情节）。我在一九二〇年抽空修改，将之与《阿拉伯公报》的档案资料，以及我的两本日记和若干残存的战地笔记相比对。虽然毫无文采，不过好歹是完稿了，也堪称精确。一九二二年，我自行将这份文稿付之一炬，只留下一页。

※ 三稿

有了二稿在手边当蓝本，我在一九二一年于伦敦开始撰写三稿，随后移防吉达和安曼时仍撰述不辍，然后又回到伦敦埋头著述，一直到一九二二年二月完稿。这个版本字斟句酌，原稿也还在，全长约三十三万字。

自费出版的版本

※ 牛津一九二二年版

虽然我觉得三稿的内容仍拖泥带水，不甚满意，不过为防万一，还是于一九二二年初春时，在《牛津时报》人员的协助下，由英国牛津排版付梓。由于需要八份，而且该书篇幅庞大，所以用印的比用打字的划算。其中五份装订成书，以便让昔日在汉志远征军中的袍泽帮我严格审稿，这五份书册至今（一九二七年四月）仍完好无损。

※ 认捐版 i.xii.26

这个在一九二六年十二月至一九二七年一月间专为认捐者发行的版本，是牛津一九二二年版的修订版。这版本是我在一九二三年至一九二四年（皇家坦克部队）以及一九二五年至一九二六年（皇家空军）期间，利用夜间闲暇将原书浓缩而成（唯一的修订标准是使文笔更精简）。初次写作的人总爱卖弄词藻，利用许多形容词来堆砌。不过，到了一九二四年，我对写作窍门已略有领悟，常可将一九二一年所写的两三个句子精简成一句。

浓缩时只精简文句这个原则有四个例外：

一、有段插曲，长度不及一页，因为我们部队中的两位长官认为内容令人不悦且并非必要，而加以删除。

二、书中有两名英国人的角色已加以修改：其中一名令其凭空消失，因为这个可怜虫已不值得我践踏；另一名则改为对他歌功颂德，因为我原本只是信手拈来发发牢骚，却被某位当局人士曲解。

三、简介中有一章悉数删除。我最敬重的文评家告诉我，那一章还逊于其他章节。

四、第八卷摆在较精彩刺激的第七卷以及最后进军大马士革这两卷之间，原本是用来当"平淡的过场"，如今也大幅删除约万余言。有些读过牛津版的友人抱怨，这段过场太枯燥了，我几经深思后也深表同意，或许这段过场平淡得太成功了。

以上四个例外删除了约百分之三，其余篇章在文句精简后，字数也浓缩了百分之十五，所以认捐版的篇幅约在二十八万字左右。这个版本的节奏较快，文笔则较牛津版更辛辣；如果我能有更多余暇，还可以将这个版本更进一步加以精简。

《智慧七柱》付印和装订的方式，让我成为唯一知道这个版本共发行了几本的人。我打算将发行份数秘而不宣。媒体所估计的一百零七份当然是不足采信的，因为光是认捐者便不止此数，另外还得加上我分送给在阿拉伯起义期间的袍泽，以及在成书期间助我一臂之力的友人（或许不是我想送几本就印几本，而是看赞助我的银行家能负担几本）。

正式印行版

※ 纽约版

有一份认捐版的校样稿寄到纽约，由乔治·多兰出版社重印。这是要取得该书美国版权的必要程序。其中十本公开销售，我定了个高得令人却步的底标，以防真的被买走。

在我有生之年，再也不会发行《智慧七柱》了。

※《沙漠起义》

这是《智慧七柱》的删节版，长约十三万字。我在一九二六年亲手删节，为保持原书风味与一贯性，只作了微乎其微的修改（全文大概只有三个新段落）。这版本曾有部分于一九二六年十二月在《每日电讯报》连载。全书在英国由强纳森·开普印行，在美国则由乔治·多兰出版社于一九二七年三月出版。